# *IL BAMBINO*
## *DALLA NASCITA AI 6 ANNI*

PENELOPE LEACH

# IL BAMBINO
## *DALLA NASCITA AI 6 ANNI*

*Fotografie di Jenny Matthews*

MONDADORI

**A Dorling Kindersley Book**
Titolo originale: *Baby and Child*
Settima edizione riveduta e aggiornata



Libri Illustrati
Prima edizione: ottobre 1978
Prima edizione riveduta e ampliata: aprile 1991
Settima edizione riveduta e aggiornata: luglio 1998

Traduzione:
Renata Gessner, Paola Unnia,
Rosalba Williams Vinci, Pier Angela Mazzarino

Coordinamento editoriale:
Maria Luisa Viviani

Redazione, editing, impaginazione:
Studio Editoriale Menabò, Como

http://www.mondadori.com/libri/

ISBN 88-04-44746-X

Stampato presso Star Standard Industries, Singapore

*Ai bambini*
*che ieri erano il futuro*
*e oggi sono il presente*

Una nuova generazione di bambini ha ispirato questa versione aggiornata del mio libro *Il bambino dalla nascita a 6 anni*. Desidero ringraziare tutti quelli le cui fotografie compaiono nel libro (specialmente Cassie, Rory e i loro amici) come pure genitori, nonni, baby-sitter e bambinaie, oltre naturalmente tutti gli adulti e i bambini le cui fotografie non sono state alla fine utilizzate. Un ringraziamento speciale anche a Jenny Matthews, autrice delle fotografie, per la particolare sensibilità dimostrata verso i soggetti, che non erano modelli, ma comuni bambini.

Grazie anche a Sally Smallwood e Hilary Krag per l'entusiasmo con cui hanno curato la veste grafica di questa nuova edizione, e a Caroline Greene, senza il cui intervento tutti noi saremmo stati sopraffatti dalle dimensioni e dalla complessità dell'opera. La sua abilità professionale e il suo interesse per la materia hanno reso la nostra collaborazione un autentico piacere.

*Penelope Leach*

# Sommario

## Il neonato

## I primi sei mesi

# Introduzione

Questo libro è stato scritto tenendo soprattutto conto del punto di vista del neonato e del bambino perché, sebbene il metodo di allevare i bambini possa cambiare e modificarsi, quel punto di vista è il più importante, anche se spesso viene trascurato.

In queste pagine si è preso in considerazione tutto quanto avviene nel bambino dal momento della nascita fino a quando lo avvierete nel mondo più vasto della scuola. Si prendono in esame i passaggi evolutivi che via via affronta, il tipo di pensieri di cui è capace, l'intera gamma delle emozioni che lo accompagnano. I neonati e i bambini vivono di minuto in minuto, di ora in ora, di giorno in giorno ed è di queste piccole unità di tempo che vi dovete occupare maggiormente nelle vostre cure quotidiane. Ma tutto ciò che il bambino fa in ogni momento della giornata riflette quello che è, quello che è stato e quello che sarà. Quanto più sarete in grado di capirlo e di individuare a quale punto si trova nel cammino che lo porterà a diventare una persona, tanto più lo troverete interessante e gli dedicherete la vostra attenzione. E più il bambino otterrà l'affettuosa attenzione degli adulti che contano per lui, più sarà gratificato e reagirà in modo positivo.

Tener conto del punto di vista del bambino non significa trascurare quello dei genitori. Insieme cercate di raggiungere lo stesso obiettivo: essere felici e stare bene. Se lo rendete felice, il bambino vi renderà felici; se è infelice lo sarete anche voi, nonostante cerchiate di tenere separati i vostri sentimenti dai suoi. Se avete passato anni a cercare di non farvi coinvolgere nelle vite altrui, adesso scoprirete con stupore quanto sia difficile non farsi coinvolgere dai bambini. Spero che questo libro vi sia utile: non intendo dirvi come comportarvi, ma incoraggiarvi a considerare tutti i problemi anche "dalla parte del bambino".

Allevare un bambino seguendo un manuale, attenendosi a regole o a idee predeterminate, può anche funzionare se le regole che scegliete si adattano al bambino che dovete aiutare a crescere. Ma anche la minima discordanza provoca infelicità. Basta pensare a un dettaglio semplice e ovvio, per esempio, al modo "giusto" di tener pulito un neonato. Il bagnetto quotidiano per alcuni neonati può essere un grande divertimento, procura loro piacere e dà a voi un senso di soddisfazione e di orgoglio per aver raggiunto il grado di pulizia desiderata. Ma altri manifestano a gran voce la loro intensa paura dovuta forse al fatto di ritrovarsi nudi o a contatto con l'acqua. Nonostante facciate il bagnetto nel modo "giusto" a questo tipo di neonato, i suoi strilli di panico vi faranno tremare le mani e contrarre lo stomaco. State seguendo quanto dice il libro, ma non quello di cui ha bisogno il vostro bambino. Se date retta a lui, che è il protagonista principale del compito che vi siete assunto, lascerete perdere il bagno e userete una spugna.

Questo modo attento e sensibile di badare al bambino tenendo conto di come è, rispettando la persona che si sta formando, è l'elemento essenziale dell'amore. Amare così un bambino significa fare un investimento ottimale: dà i suoi frutti sin dall'inizio e continua a darli per il resto della vita. Un neonato è un essere umano completamente nuovo e siete voi che lo formate, che ci siano tra voi legami di sangue oppure no. Quando lo guardate, lo ascoltate, quando vi preoccupate del suo benessere e vi adattate a lui, state formando un nuovo essere umano, state gettando le basi di un nuovo membro della vostra specie e di un'amicizia che potrà durare per sempre. Conoscerete questa persona meglio di chiunque altro. Nessun altro al mondo, incluso il vostro partner, per quanto vi sia devoto, vi amerà quanto il vostro bambino nei suoi primi anni di vita se glielo consentirete. Il vostro è un rapporto unico che potrà ricompensarvi in modo unico.

Amare un bambino dà il via a una reazione a catena. Più date, più ricevete. Se parlate al bambino mentre lo tenete tra le braccia, vi accorgerete che vi ascolta e piange meno. Piangerà sempre meno e vi ascolterà sempre di più: e in voi nascerà sempre più spesso il desiderio di dirgli quelle parole che sembrano tanto deliziarlo. Se seguiterete, vi ascolterà con sempre maggior attenzione e un giorno collegherà il suono della vostra voce con il vostro viso e vi sorriderà. Così facendo si crea un rapporto in cui vi darete reciprocamente piacere.

E così avverrà anche in seguito. Il bambino cercherà di seguirvi, carponi, ogni volta che abbandonate la stanza. Se la sua determinazione a seguirvi fa crescere la vostra determinazione a lasciarlo, basterà un passo in direzione della porta di casa o di un'altra stanza per provocare in lui un fiume di lacrime e in voi irritazione e quasi un senso di claustrofobia. Ma se invece accettate questa sua necessità e siete disposte ad aspettarlo e ad aiutarlo a seguirvi, vi ripagherà dimostrando la sua gioia e trasformerà i vostri vari compiti casalinghi in un gioco che soddisferà entrambi. Più tardi, in età prescolare, il bambino chiacchiererà con voi senza fine. Se l'ascolterete distrattamente dandogli risposte casuali, la conversazione finirà per sembrare, ed essere, senza senso per entrambi; ma se l'ascolterete veramente e gli darete risposte adeguate, il bambino parlerà di più e ciò che dirà avrà sempre più senso. Voi sarete di conseguenza sempre più invogliate ad ascoltare e a rispondere e la comunicazione fra di voi diventerà sempre più ricca. Tutto il libro è rivolto a voi e al vostro bambino, in quanto, insieme, si presume abbiate formato un'unità dispensatrice di piacere reciproco. Il piacere del bambino sarà il vostro. Il vostro piacere vi renderà più pronti e disponibili a crearne dell'altro per lui e più piacere proverete entrambi, minori saranno i problemi inerenti il vostro rapporto.

Ho scritto il libro seguendo questa traccia perché ritengo che l'esperienza personale raggiunta con i miei figli e nipoti, e con i figli di molte altre famiglie, che mi hanno consentito di vivere i loro personali rapporti come parte della mia ricerca, mi ricorda costantemente che quel piacere è il punto di partenza per desiderare dei bambini. Ma quel piacere è in balia dello stress della vita quotidiana. Oggi stiamo rivedendo lo stereotipo secondo il quale ogni coppia stabile desidera avere dei bambini. Fare figli è o dovrebbe essere una scelta, ma non ci rendiamo ancora del tutto conto dei sempre maggiori costi pratici ed emotivi che questa decisione comporta. Allevare dei figli ha sempre significato ansia e fatica, ma oggi questi aspetti, combinati con acuti sensi di colpa, rischiano di distruggere tutto il piacere. Ci sentiamo in ansia perché non riusciamo a trovare il giusto equilibrio tra il tempo che dedichiamo ai bambini e quello che dedichiamo a guadagnare il denaro da spendere per loro; ci sentiamo in colpa perché passiamo troppo o troppo poco tempo con i figli, perché dedichiamo loro troppa o troppo poca attenzione. E poi c'è comunque la fatica, perché prendersi cura dei bambini *è* faticoso, sia se si sta a casa, sia se si lavora, sia se si fanno entrambe le cose.

Per milioni di genitori problemi di denaro e di lavoro non lasciano possibilità di scelta. Ma anche nelle coppie più fortunate ci sono donne che si sentono colpevoli di amare la vita che conducono a casa con il loro bambino, perché "dovrebbero" guadagnare, magari non per il presente, ma nella prospettiva di un divorzio o di dover allevare da sole il bambino; oppure madri che non amano la vita casalinga e che provano un senso di colpa per il fatto di trovare soddisfazione nel lavoro fuori casa quando i figli "hanno bisogno di loro". Ci sono anche donne che, avendo lottato per raggiungere l'indipendenza, si sentono colpevoli perché devono dividersi tra lavoro e famiglia e temono di non riuscire a occuparsi né dell'una né dell'altra cosa in modo appropriato. La situazione non è certo migliore per i padri. Per ogni maschio sciovinista che crede ancora che i bambini, anche i suoi, siano faccende da donne, un altro desidera condividere le esperienze di vita di suo figlio e occuparsi della sua educazione, ma non può farlo perché si trova a lottare contro una lunga tradizione e radicati pregiudizi in materia, dato che la nostra società mette sempre il lavoro prima delle persone.

Chiunque siate e dovunque abitiate, avere un bambino vi cambierà la vita; per quasi tutti la nascita di un figlio significa dover scendere a compromessi, e per molti significa anche dar vita a nuovi modelli familiari e a nuovi modi di essere genitore. Ma se tutto va bene e anche l'organizzazione quotidiana si rivela efficiente, non sprecate tempo a rimproverarvi di non essere dei genitori "perfetti". Nessuno lo è. Un genitore perfetto è un mito, difficile da descrivere, e non sarò certo io a tentare di farlo. Comunque i bambini non hanno bisogno di genitori superumani. Hanno sempre avuto a che fare con genitori abbastanza buoni: quei genitori che è capitato loro di avere e che, in virtù del loro amore, essi vedono come perfetti.

Il senso di colpa è uno dei sentimenti più dannosi; serve solo a farci recriminare su quanto è avvenuto nel passato e non aiuta a strutturare un comportamento equilibrato che deve servirci per affrontare i nostri problemi presenti e futuri. Questo libro intende aiutarvi a trovare il coraggio di liberarvi da inutili sensi di colpa e a concretizzare una linea di condotta positiva, che sia di reale beneficio al bambino, mentre il vostro senso di colpa non lo è. Se tenete conto delle indicazioni che vi dà il bambino, se ascoltate i vostri sentimenti, qualsiasi cosa facciate, in qualsiasi modo cerchiate di farlo, finirete sempre con il comportarvi in modo equilibrato. Se il bambino piange ogni volta che lo mettete nella culla, l'affannarvi a scoprire, con senso di colpa, dove avete sbagliato, non vi porterà a nulla. Smettete di stare in ansia, date ascolto al bambino. Pensate allo stato d'animo in cui vi ha messo il suo pianto: non certo di gioia. Dove pensate che il bambino possa stare bene? Sulla vostra schiena? In tal caso mettetecelo. Portarlo in giro insieme a voi non sarà, probabilmente, la soluzione ideale, ma sarà sempre meglio che ascoltare quel pianto incessante che tanto vi preoccupa. Solo quando fra voi sarà tornata la quiete, avrete la possibilità di cercare, con calma, una soluzione più comoda. Se il vostro bambino di tre anni è preso dal panico quando spegnete la luce, fermatevi. Dategli retta, seguite il vostro impulso e riaccendetela. Non ci sarà riposo sereno per lui né pace meritata per voi se non lo fate. Non importa se sia "giusto" o no che abbia paura del buio; l'essenziale è accettare un fatto: il bambino ha manifestato la sua paura e bisogna tenerne conto.

Allevare un bambino con questa flessibilità e attenzione richiede tempo e fatica. Comporta un notevole impegno ma offre anche

grandi gratificazioni. Tutti i lavori, se creativi ed essenziali, sono faticosi. Allevare un bambino è uno dei lavori più soddisfacenti, creativi e sottovalutati che esistano. Inoltre mentre tutte le vostre precedenti esperienze, abilità o competenze professionali confluiscono nel vostro modo di essere genitore, nessuna, neppure la più importante, si dimostrerà capace di prepararvi a questo compito. Non aspettatevi che saper dirigere in modo efficiente un'azienda o insegnare a una classe di venti ragazzini significhi automaticamente essere un buon padre o una buona madre: un neonato lungo cinquanta centimetri e pesante tre chili può riuscire a ridurre come stracci due o più adulti intelligenti, competenti e organizzati.

Così come un artigiano deve imparare a usare gli arnesi del suo mestiere, anche voi dovrete impratichirvi nella vostra arte. Una volta accettato il principio che nel vostro modo di agire con il bambino dovrete cercare di salvaguardare la felicità di entrambi, perché la felicità di ciascuno dipende da quella degli altri, scoprirete che esistono maniere facili e difficili, efficaci e inefficaci di affrontare ciò che deve essere fatto. Per questo ho dedicato gran parte del libro ad aiutarvi a trovare il modo di agire che più vi si addice, sia che si tratti di cambiare un pannolino a un neonato che odia rimanere nudo o a un bambino di due anni che non sta fermo, sia che si tratti di affrontare la vostra ansia nel lasciare un neonato di tre mesi o l'ansia di un bambino di tre anni nel lasciare voi. Non commettete l'errore di pensare che si tratti di minuzie per cui non vale la pena di perdere tempo né lasciate che lo commettano gli altri. La vita quotidiana trascorsa con un neonato è composta da centinaia di minuti dedicati a tante piccole attività apparentemente secondarie. Se questi minuti trascorrono serenamente, se lavargli i capelli, preparargli i pasti, metterlo a letto, se tutte le azioni della giornata si svolgono senza intoppi, avrete più tempo ed energia per divertirvi e godervi vostro figlio. Non esistono dettagli, per insignificanti che siano, ai quali non valga la pena di pensare. Potete organizzare il cambio dei pannolini in molti modi diversi, ma un'azione che dovrete ripetere dalle cinque alle dieci volte in un giorno *deve* essere organizzata in qualche modo. Potete disporre i giocattoli in mille modi diversi, ma quello che vi permette di riordinarli e mantenere la stanza sufficientemente in ordine, dando al bambino la possibilità di raggiungere comodamente i suoi giochi preferiti, è sicuramente il migliore.

Non vi sto dettando delle regole perché non ne esistono. Non vi sto dicendo che cosa fare, perché non posso sapere che cosa dovreste fare. Vi sto solo trasmettendo un insieme complesso di abitudini e di consuetudini, secondo me affascinante, su come crescere i bambini: tutte cose che potreste anche avere già imparato dalla vostra famiglia. Spero che questo mio manuale vi piaccia e vi aiuti a osservare con serenità e gioia il vostro bambino mentre sta formando la sua personalità. Se questo libro vi aiuterà a rendere felice il bambino e quindi voi stessi, e a trovare gradevole la sua compagnia come lui troverà gradevole la vostra, avrà assolto il suo compito.

Il bambino per cui starete leggendo questo libro potrebbe anche non essere il vostro primo figlio. Ci si illude sempre che allevare un secondo bambino sia più "facile" ma potreste trovare i primi mesi di questo secondo ciclo inaspettatamente difficili, soprattutto se negli ultimi due anni la prima figlia (supponendo che si tratti di una femmina) ha assorbito la maggior parte del vostro tempo e della vostra energia. Se lei aveva tanto bisogno di voi, come potrà il nuovo arrivato pretendere di meno? E, se ogni cosa che date all'ultimo arrivato deve essere sottratta alla bambina, come potrete conciliare queste due esigenze? Sapete perfettamente che la bambina più grande deve essere aiutata ad accettare il nuovo fratellino, ma prima ancora della nascita potreste provare un sordo risentimento nei confronti del nascituro, sentendovi più dalla parte della bambina. Lei è una persona che conoscete e che amate; il bambino è ancora un estraneo. Dopo la nascita, i vostri sentimenti potrebbero cambiare radicalmente a favore del neonato. Sapete che vostra figlia maggiore è facilmente predisposta a essere gelosa, ma l'interesse per il neonato è superiore a qualsiasi altra cosa. Involontariamente urtate i sentimenti di lei assumendo un comportamento iperprotettivo per il nuovo arrivato, anche se subito dopo ve ne pentite amaramente.

La cura di neonati e bambini dimostra la legge di Parkinson alla rovescia: in qualche modo, tempo ed energia si espandono per andare incontro alla quantità della domanda. Farete per il nuovo bambino quanto avete fatto per la maggiore senza che nessuno subisca privazioni o ingiustizie. Non tanto perché sia più facile occuparsi del secondo bambino, ma perché l'intera situazione nel complesso risulta diversa.

I primi figli hanno il compito non invidiabile di trasformare due persone in genitori. Allora dovevate apprendere i vari aspetti pratici delle competenze che vi erano richieste. Era necessario imparare a cambiare un pannolino sporco senza dovervi poi cambiare a vostra volta; dovevate capire come maneggiare un seno o una bottiglia con una sola mano, e come tenere nello stesso tempo il telefono con l'altra; addirittura non sapevate quanto fossero larghe le porte di casa, prima che foste costretti a fermarvi per la paura di sbattere accidentalmente la testolina del piccolo contro gli stipiti. Anche se

in un primo momento il nuovo bambino può sembrare sorprendentemente minuscolo e fragile, ora sapete già tutte quelle cose. L'esperienza è dalla vostra parte. Accudire il secondo figlio è come andare in bicicletta: una volta imparato non si dimentica più, basta rimettersi in sella per ritrovare i movimenti giusti.

I primi figli assorbono ogni attimo del vostro tempo perché quando non vi state occupando di loro perché sono addormentati, state comunque aspettando che si sveglino e che comincino a piangere da un momento all'altro. Questa volta sapete che il bambino piangerà quando avrà bisogno di voi e, liberi da questo stato di apprensione, potrete approfittare di ogni momento per trascorrere del tempo con il figlio maggiore. Le vostre giornate saranno sicuramente più intense, non avrete certo tempo per un pisolino, ma questo non significa che vi sentirete per forza esausti.

Il primo figlio aveva veramente bisogno della vostra totale attenzione, perché doveva aiutarvi ad assumere il ruolo di genitore: doveva insegnarvi a non pretendere di scrivere un romanzo durante il giorno e a invitare solo gli amici che avevano davvero voglia di conoscere il neonato. Il secondo figlio riuscirà a richiamare prontamente la vostra totale attenzione (anche se a volte dovrà condividerla con il maggiore) e troverà più occasioni di intrattenimento proprio grazie alla presenza di una sorellina o di un fratellino.

La prima figlia non l'avreste mai lasciata seduta nel suo seggiolone per un solo minuto dopo il pranzo, ma il secondo può stare lì, assorto mentre osserva la sorellina dipingere con lo yogurt e poi guarda voi che ripulite. La prima figlia la portavate sempre fuori per una passeggiata dopo il sonnellino pomeridiano. Invece il secondo verrà portato fuori quando dovrete portare lei ai giardini, ma potrà giocare con la sabbia e andare sull'altalena molto tempo prima. Rimanere a casa un pomeriggio (perché lei ha il raffreddore) per lui può essere un cambiamento piuttosto che un'ingiusta privazione. Per quanto riguarda lei, la vostra amata primogenita, potrebbe essere difficile per un certo periodo, ma lei ha avuto tutta la vostra attenzione per compensarla di essere stata quella su cui avete fatto la vostra esperienza, e può renderla felice il fatto di vedervi costretta a stare a casa a causa di un nuovo bambino, persino prima di cominciare a volergli bene. E un giorno, con un po' di fortuna, comincerà anche a volergliene.

E se i bambini sono due (o più) gemelli? I gemelli dividono un grembo, i genitori, la maggior parte della loro reciproca compagnia e quasi tutti i momenti fondamentali che determinano la loro crescita, dai vari compleanni al giorno in cui inizieranno ad andare a scuola. Né loro né gli altri dimenticheranno mai che sono gemelli e la loro diversità rispetto i bambini "singoli", quindi evitate di sottolineare inutilmente questa condizione. Fate molta attenzione affinché la loro individualità non si perda nella dualità. Per voi sarà sicuramente più facile trattarli come due individui ben distinti piuttosto che come una coppia, se vi ricorderete che essere giusti non significa comportarsi con entrambi esattamente nello stesso modo, ma affrontare i problemi di ognuno equamente per soddisfare i rispettivi bisogni. Potreste però incontrare qualche difficoltà con le altre persone.

Per chiunque non sia il padre o la madre, un bambino non è che un bambino come tanti. Se ne aveste avuto uno solo, la vostra famiglia e gli amici non avrebbero avuto bisogno di studiarlo attentamente per riconoscerlo come Andrea. Cercate di aiutare gli altri a fare un piccolo sforzo per riuscire a distinguere qual è Andrea e qual è Mario, altrimenti le persone continueranno pigramente a riferirsi a loro chiamandoli "i gemelli" e quando arriverete in una stanza con solo uno dei due non sapranno chi devono salutare. I gemelli non identici possono assomigliarsi o no, perché sono semplicemente fratelli o sorelle. Persino i gemelli identici probabilmente non sembreranno uguali nei loro primi mesi di vita a causa della differenza di peso e della diversa esperienza di nascita. Più sforzi farete per convincere gli altri che non sono uguali, più le persone li vedranno come due bambini ben distinti e sarà più facile per voi crescerli considerandoli come due individui.

Soddisfare i bisogni di due (o più) gemelli nello stesso tempo è molto più difficile che occuparsi di due bambini di età diversa, anche se diventerà più semplice dopo alcuni mesi. Il problema di base è l'assoluta impreparazione dei neonati, soprattutto la loro incapacità a sostenere le loro testoline o a girarle per trovare il capezzolo. Prendere in braccio un neonato, tenerlo in modo da farlo sentire sicuro e aiutarlo a succhiare dal seno e a respirare contemporaneamente, sono tutti lavori che richiedono l'impiego di entrambe le mani. Se avete due bambini nello stesso tempo avrete veramente bisogno di un paio di braccia in più per occuparvi di loro. L'aiuto costante di un'altra persona sarebbe la soluzione ideale. Questa persona non dovrà necessariamente essere coinvolta a fondo o assumersi responsabilità pesanti (in fondo, è solo di braccia che avete bisogno), ma sarà utile che vi stia accanto quando non c'è nessun altro, almeno per le prime settimane.

Far fronte ai bisogni di bambini che hanno problemi particolari è naturalmente ancora più difficile. Molte anomalie di ordine genetico o neurologico diverranno manifeste solo dopo diversi mesi e persino condizioni diagnosticate alla nascita, come per

esempio la sindrome di Down, sono irrilevanti dal punto di vista delle cure da prestare a un neonato. Le difficoltà vengono semmai dagli altri adulti. Può esservi d'aiuto ricordare che il bambino, in questa prima fase della sua vita, qualsiasi sia la diagnosi e la prognosi, è prima di tutto un neonato come gli altri. Sarà comunque importante che cominciate a pensare al futuro e a prepararvi a fronteggiare tutto quello che seguirà. Non stancatevi di chiedere informazioni agli specialisti e cercate di mettervi in contatto con altri genitori che abbiano lo stesso problema.

## Struttura del libro

Il volume è suddiviso in base alle fasce d'età del bambino; inizia con quello che sappiamo della vita intrauterina e termina, dopo cinque sezioni, al quinto anno di età circa. Questa suddivisione per fasce d'età intende essere un aiuto per il lettore (ogni genitore sa esattamente che età ha il *suo* bambino) ma non deve essere usata come metro di giudizio. Lo sviluppo di un bambino è un processo, non una corsa. Varia quindi da bambino a bambino, ma la sequenza è la stessa per ogni essere umano. Il percorso sarà compiuto in tempi diversi, con pause e accelerazioni diverse e non conta la velocità. Perciò, sia che il vostro bambino abbia o non abbia raggiunto l'età indicata nel titolo della sezione, sarete pronti per la sezione successiva quando il bambino avrà completato la maggior parte delle fasi contemplate nella precedente.

Questa edizione de *Il bambino. Dalla nascita ai cinque anni* non comprende un repertorio medico separato: oggi esistono libri interi dedicati alle malattie e ai possibili incidenti che possono capitare ai bambini; contiene invece alcune sezioni, contraddistinte dal fondo colorato, dedicate alle domande più comuni dei genitori, a pareri e opinioni spesso diversi dai miei e a informazioni su particolari problemi.

Naturalmente il bambino per il quale state leggendo queste pagine può non essere vostro nel senso convenzionale o biologico del termine; potrebbe essere stato adottato o essere figlio del vostro partner, o essere affidato a voi in qualità di balia o di bambinaia. Con la parola "voi" intendo riferirmi a entrambi i genitori, visto che tutti e due sono coinvolti, o a uno dei due nel caso in cui lui o lei debbano occuparsi da soli del bambino. Ma con questo termine voglio anche rivolgermi a tutte quelle persone che si prendono cura, profondamente e coscienziosamente, per un lungo periodo, di qualche bambino appena nato. Ricordate che i bambini non danno importanza al legame di sangue, a loro importa solo l'affetto.

"Voi" è una parola bisessuale, per cui coloro che riversano il loro bene sul bambino possono essere persone di entrambi i sessi. Per quanto riguarda i bambini, non potendo aggirare il problema servendomi di una parola neutra, ho deciso di riferirmi al neonato in termini maschili. Dove però è importante e indispensabile che il sesso del bambino sia specificato, troverete "bambino" o "bambina". Nelle parti in cui il testo non distingue i sessi, ciò che viene detto si addice indifferentemente a entrambi: anche al vostro bambino dunque, o al bambino di cui vi prendete cura.

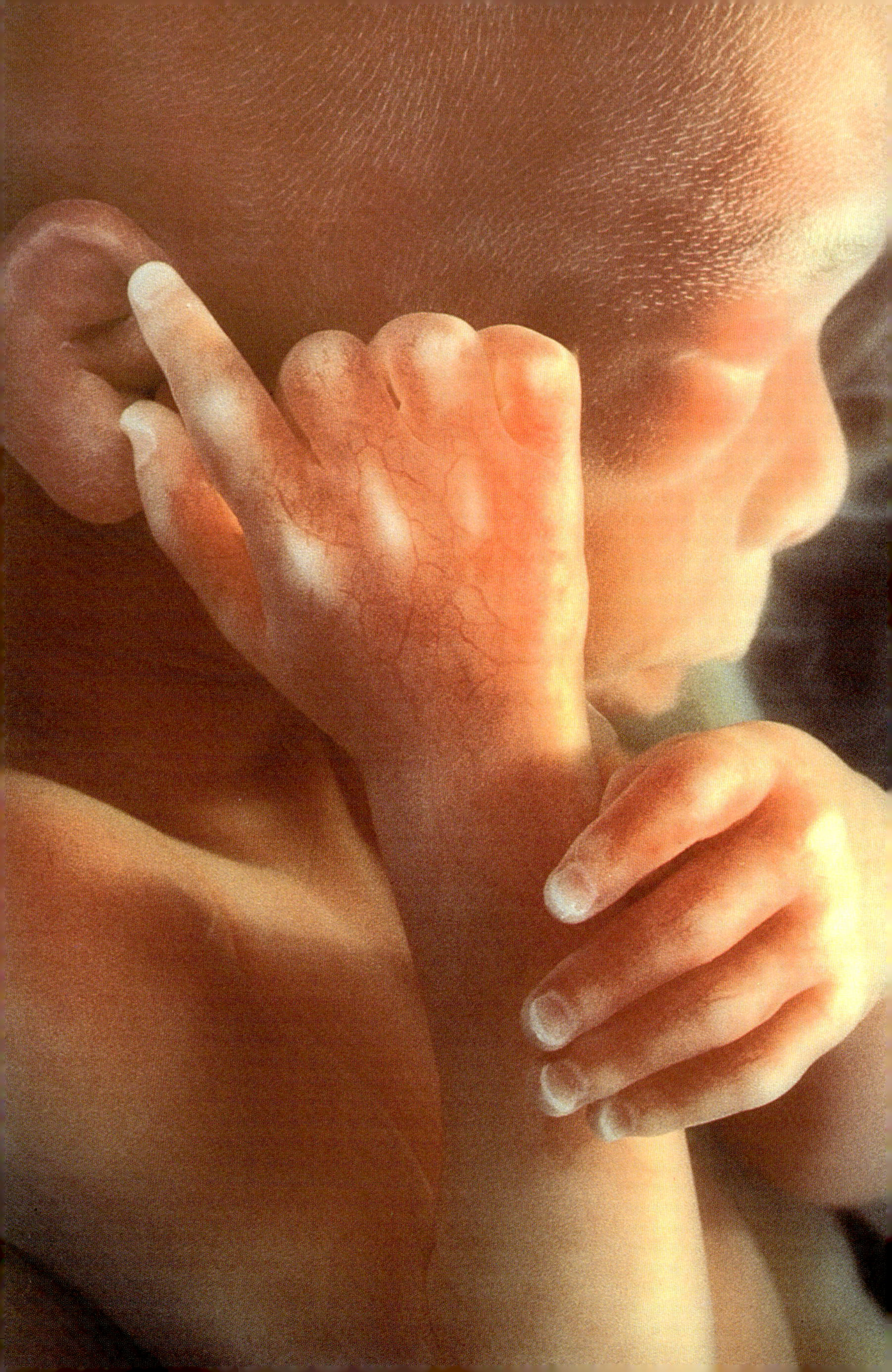

# IL NEONATO

## *La nascita*

Una nascita cambia la vita di tre persone. La maggior parte delle madri e un numero crescente di padri ricordano la nascita del primo figlio come l'esperienza più importante della loro vita. Ma la persona per la quale quel giorno è davvero importante è il neonato.

Riconoscere che il bambino è una persona reale, distinta, anche se ha cominciato a vivere come parte di voi e continuerà a dipendere da voi, è un aspetto importante della consapevolezza di essere genitori, consapevolezza che la moderna tecnologia può favorire. Ancora due generazioni fa non si sapeva quasi nulla della vita intrauterina e il feto era un essere misterioso fino a che non veniva alla luce. Oggi, grazie alle nuove tecniche, sappiamo sempre più cose su di lui. Sappiamo per esempio che si muove esattamente come fanno i neonati; che alla fine del primo trimestre apre e chiude i pugnetti, inghiotte e respira; che a quindici settimane, prima ancora che la madre avverta i suoi energici movimenti, si succhia il pollice e che durante l'ultimo trimestre di gravidanza beve, fa pipì, tossisce e ha il singhiozzo; nei suoi ritmi vitali si riconoscono già cicli di riposo e di attività, e quest'ultima ha già l'aspetto del gioco.

Avrete forse visto il vostro bambino non ancora nato sul monitor dell'apparecchiatura per l'ecografia e magari avrete anche una fotografia sfocata di quell'esserino tanto piccolo da poter essere inquadrato sullo schermo. Potreste sapere anche se si tratta di un maschietto o di una femminuccia. Tutte queste immagini sono per voi la prova che esiste davvero un bambino dentro di voi, tanto più se sullo schermo l'avrete visto muoversi. Ma perfino quelle immagini non vi renderanno pienamente consapevoli del fatto che quel feto è vostro figlio non solo in virtù della genetica, ma anche grazie all'influenza che avete esercitato e continuerete a esercitare su di lui. Mentre contemplate la vostra pancia che cresce, la consapevolezza dell'influenza che potete esercitare sul vostro bambino contribuisce a

luce che ferisce i suoi occhi: ricordatevi che prima non aveva mai visto la luce diretta. E smorzate anche tutti quei rumori che potrebbero farlo trasalire.

Se tutto è tranquillo e silenzioso, caldo e sereno, il bambino si può rilassare dopo il trauma del suo primo viaggio. Il suo respiro si fa regolare. Il faccino raggrinzito si distende, gli occhi si aprono; la testa si solleva leggermente e le membra si muovono contro la vostra pelle. Appoggiatelo delicatamente sul seno nudo: può darsi che succhi e scopra, così, una nuova forma di contatto umano che lo farà sentire un po' meno solo. Sono i primi contatti del bambino con il suo nuovo mondo: permettetegli di viverli senza angoscia. Sono i suoi primi attimi di vita: lasciateglieli vivere in perfetta serenità.

Il bambino deve essere pesato. Ma perché subito? Il suo peso non cambierà nello spazio di mezz'ora. Deve essere lavato. Ma perché subito? La vernice caseosa che ha protetto la pelle per mesi non può certo fargli male solo perché è nato. Deve essere vestito. Ma perché subito? Il vostro calore, un panno morbido e il caldo della sala parto sono tutto ciò di cui ha bisogno. Si devono mettere le gocce negli occhi, lo si deve vestire, bisogna medicargli l'ombelico, deve essere visitato, adagiato nella culla. Anche voi dovete essere lavata, spostata in un letto, dovete bere, sistemarvi per dormire. Sono tutte cose che devono essere fatte, ma non c'è bisogno di farle subito. Il bambino è nato. Vive una vita autonoma. È passato il momento in cui erano necessarie una tecnologia avanzata e cure mediche efficienti. È giunto il momento di offrire al neonato un'accoglienza affettuosa, voi tre insieme per la prima volta.

È importante che i genitori siano aiutati ad accogliere il loro bambino nel momento in cui finalmente possono toccarlo. Essere il primo conforto fisico per suo figlio colloca una madre nel punto esatto in cui deve essere: al centro dell'esistenza del bambino. Tuttavia, anche se i primi momenti di vita nel mondo non sono stati come avreste voluto, non temete, non c'è nulla di irreparabile. La sicurezza fisica viene prima di tutto. Se il bambino è nato con un taglio cesareo o con il forcipe, ha dovuto essere posto in terapia intensiva e accudito dal personale medico invece che dai suoi genitori, non dovete pensare che il legame affettivo tra voi sia compromesso. I primi minuti sono importanti, possono influire sul futuro, ma se le cose sono andate in modo diverso non pensate che il vostro rapporto ne sarà indebolito. In fondo, fino a due generazioni fa, i padri non erano mai presenti e la maggior parte delle madri erano anestetizzate, e tuttavia il legame affettivo si instaurava comunque.

La verità è che quel legame solo certe volte è il lampo d'amore che i genitori si aspettano. Quell'esserino scivoloso e grinzoso che emerge dal vostro corpo con una grande testa, un cordone ombeli-

cale primitivo e piccole e perfette orecchie vi toccherà il cuore e le viscere. Ma la sensazione sarà più vicina alla sorpresa e al panico che non all'amore. Per molti genitori (forse quasi tutti) il legame affettivo è un lento processo di apprendimento e di adattamento che si trasforma in vero amore forse solo quando sembra diventare reciproco. Se un padre non è stato presente alla nascita e ai primi attimi di vita del proprio figlio e per una settimana l'ha visto per poche ore il giorno durante le visite in ospedale, può trovare normale non sentirsi coinvolto emotivamente; ma quando è la donna a non sentire quel legame, non è mai solo una questione imputabile alle circostanze esterne, ma è un rifiuto più profondo e avere il coraggio di confessarlo e affrontarlo è il solo modo per superarlo.

I neonati hanno bisogno di conforto dopo il trauma fisico del travaglio, della nascita e del primo respiro. Ma se le cose non sono andate come voi avevate programmato e, nonostante le vostre speranze, è stato necessario intervenire stimolando le contrazioni, monitorando il parto, assumendo analgesici, il senso di fallimento può essere più forte della sensazione di trionfo per aver dato vita a quel meraviglioso bambino. Ma la preparazione al parto avrà mancato il suo obiettivo se vi avrà indotto a considerare il parto in sé come un fine invece che un mezzo. Se siete concentrate sulla vostra prestazione o su come vi giudicano il vostro partner o il personale medico, non potrete concentrarvi sul bambino.

I neonati hanno bisogno di conforto dopo il trauma della nascita. Ma se questi eventi vi hanno traumatizzato al punto che avete bisogno voi stesse di conforto e affetto, sarà difficile che possiate darne al bambino. E se l'affetto e il conforto non arrivano, potreste considerare quel bambino la causa della vostra infelicità, vederlo come un aggressore invece che come un compagno della vostra esperienza.

I neonati hanno bisogno di conforto, ma se c'è qualcosa che non va nell'aspetto del vostro bambino, un'anomalia fisica, un labbro leporino, potreste non riuscire ad accettare che quel bambino è lo stesso che avete amato quando ancora non era nato. Con il tempo il rifiuto lascia di solito posto a sentimenti di protezione, ma una corretta informazione può aiutarvi a superare quel momento negativo.

I neonati hanno bisogno di conforto dopo il trauma fisico del travaglio e della nascita, ma se un bambino ha anche bisogno di interventi di emergenza può sembrarvi di non poterglieli dare. Se viene portato nel reparto di terapia intensiva, messo nell'incubatrice, intubato, se la sua vita dipende dalle apparecchiature mediche e dal personale che le fa funzionare, potreste sentirvi impotenti, avere l'impressione che il bambino appartiene all'ospedale e non a voi.

Questi sentimenti sono molto comuni. Non ne resterà traccia tra voi e il bambino, ma essi potrebbero perdurare più a lungo del necessario se, spaventate nello scoprire in voi questa supposta mancanza d'amore, cercherete di nasconderla sotto un colpevole silenzio. Quasi tutte le neomadri hanno un effettivo bisogno di parlare della loro esperienza, almeno al personale dell'ospedale, certamente al partner o a chi ha assistito al parto o anche a qualche amica, anch'essa madre, magari conosciuta durante i corsi di preparazione al parto. Più l'esperienza è stata problematica, più il bisogno è impellente. Non sorprendetevi se vorrete ripercorrere quell'evento momento per momento, riviverlo, parlarne in ogni dettaglio, elaborarlo, capire che cosa è successo. Le madri che non possono parlarne con nessuno o che sono troppo sconvolte per riuscire a farlo tendono a rimuginarci sopra e il parto diventa un episodio al quale non desiderano pensare, ma che non possono scordare. Solo quando l'esperienza è stata rielaborata a sufficienza potrà scivolare nel passato, lasciandovi libera di dedicarvi, mente e cuore, al bambino che è nato.

Condividere l'evento della nascita lo rende un'esperienza diversa per entrambi i genitori e anche per il bambino, anche se nel suo caso non possiamo dire in che modo. Le donne che hanno vissuto il parto insieme a un partner tendono a considerare quest'esperienza l'ideale. L'aspetto più bello è che il partner (o anche la partner) è emotivamente coinvolto senza esserlo fisicamente. Ciò significa che egli sarà in grado di ricordarvi le tecniche che vi sono state insegnate, di darvi conforto fisico, ma anche, man mano che voi vi abbandonate al vostro corpo, di diventare il vostro *alter ego*, attento al benessere vostro e del bambino che sta per nascere. Via via che le doglie progrediscono, trascinandovi sempre più giù nel vortice del parto, egli potrebbe essere per voi l'unico legame con la realtà. Medici e infermiere vanno e vengono, eseguendo tutto quanto è necessario dal punto di vista fisico, ma quando tutto si perde confusamente in una straordinaria fatica, è il suo viso quello che continuerete a vedere con chiarezza e sono le sue parole quelle che potrete ancora capire. E quello che infine apparirà sarà un bimbo che appartiene davvero a tutti e due.

Sebbene sempre più coppie decidano di vivere insieme l'esperienza del parto e anche se il numero di ospedali disposti ad accettare la presenza dei padri, biologici o no, in sala parto aumenta, ci saranno sempre coppie che preferiranno affrontare diversamente la situazione. Se una coppia decide di comune accordo che è meglio che il padre aspetti fuori o che in sala parto ci sia un'amica donna invece del padre, non significa necessariamente che il legame della coppia sia più debole o insicuro. Non conta tanto stare insieme, quanto vivere insieme gli stessi sentimenti.

# *I primi giorni di vita*

Il parto viene vissuto come il momento culminante di lunghi mesi di attesa, ma in realtà non lo è: non stavate aspettando il parto, stavate aspettando il bambino. Il travaglio l'ha portato alla luce e non c'è pausa fra l'evento sorprendente di diventare genitori e il compito di esserlo. Non pretendete troppo da voi stessi durante questi primi singolari giorni. Tutti e tre dovete adattarvi a una situazione nuova e più sarete calmi e capaci di accettare la nuova situazione e più lo sarà anche il bambino. In ogni caso non preoccupatevi: i sentimenti e il comportamento di oggi hanno poco a che fare con quelli dei prossimi mesi, perché sarete cambiati tutti e tre. Dopo un mese il vostro bambino si sarà adattato alla sua nuova vita fuori dall'utero e voi vi sarete adattati al vostro ruolo di genitori.

La maggior parte delle coppie ricorda questi giorni come un periodo di grande emozione e confusione. E anche se tutti sottolineano in continuazione che il travaglio si chiama così perché è una dura fatica, la maggior parte delle donne si stupiscono dell'immensa stanchezza che provano. Per la prima settimana circa tutti i sentimenti che vi agitano (dolore e piacere, responsabilità e orgoglio, egoismo e altruismo) sono sentiti con troppa intensità. Se questo può aiutarvi, ricordate che il vostro equilibrio ormonale non si è ancora ristabilito, il latte non si è completamente formato, il collo uterino non si è ancora completamente richiuso: il vostro corpo sta lottando per riacquisire il suo equilibrio. Ma non cercate scuse perché non ne avete bisogno. È perfettamente normale che vi sentiate strane. Capita a tutte le donne che hanno appena partorito e capita anche al loro partner, benché egli non abbia avuto alcun ruolo fisico nel parto in sé. Ma diventare genitori è comunque una faccenda sconvolgente.

Per quanto riguarda il bambino, ciò che deve affrontare non ha eguali nell'esperienza umana. Mentre si trovava dentro di voi, il vostro corpo si occupava del suo. Gli procurava nutrimento e ossigeno, asportava i suoi rifiuti, lo manteneva al caldo e protetto, lo difendeva dal mondo esterno. Ora che è separato da voi il suo corpo deve provvedere a se stesso. Deve succhiare e inghiottire nutrimento e acqua, digerirlo ed eliminarne i rifiuti. Deve utilizzare l'energia proveniente da quel nutrimento per far funzionare il suo corpo, per mantenere il suo calore e continuare a crescere. Deve respirare per ricevere l'ossigeno e mantenere liberi i canali per il passaggio dell'aria con colpi di tosse e starnuti. Oltre ad accettare tutti questi nuovi doveri deve anche far fronte al bombardamento di stimoli che lo assalgono. Improvvisamente c'è dell'aria sulla pelle, ci sono il caldo e il freddo, ci sono il ruvido e il morbido, movimenti, limitazioni. Ci sono la luce e il buio e ci sono cose da vedere che il bambino riesce a mettere a fuoco e che poi svaniscono di nuovo. Ci sono la fame e il senso di vuoto, il succhiare, la sazietà e i ruttini. Ci sono suoni, odori e sapori. Ogni cosa è nuova, diversa, e tutto è stupefacente.

Il comportamento del neonato è una serie di reazioni a ciò che percepisce sotto forma di stimoli casuali: essendo fornito di istinti e riflessi, i suoi sensi funzionano, ma non ha né conoscenza né esperienza. Non sa di essere se stesso, che l'oggetto che si muove davanti al suo viso è la sua mano (né che si chiama mano) o che questa fa sempre parte di lui anche quando gli scompare dalla vista, adagiata sulla coperta. Non sa neppure che voi siete persone, né tanto meno genitori. Ha la capacità innata di dedicarvi attenzione, di osservare il vostro viso e ascoltare la vostra voce. Ha la capacità innata di succhiare quando gli offrite il capezzolo, di riconoscere l'odore del vostro latte e di preferirlo a quello di altre madri. È programmato per sopravvivere, crescere e apprendere, ma ci vorrà un po' di tempo.

Quando è un neonato e non ancora un bambino assestato nella vita extrauterina il suo comportamento è casuale e imprevedibile. Può darsi che pianga perché vuole mangiare ogni mezz'ora per sei ore di seguito, per poi dormire per tre o sei ore di fila. La "fame" del mattino non ha riferimento alcuno con la fame del pomeriggio, perché la fame non ha ancora né ritmo né schema. La digestione non è ancora assestata; non sa riconoscere i sintomi della fame. Semplicemente reagisce a sensazioni momentanee. Anche il sonno è instabile, non strutturato: pisolini di dieci minuti di notte e un sonno di cinque ore durante il giorno non vi daranno indicazioni precise su come dormirà domani. Potrebbe anche piangere senza nessun motivo, per quanto possiamo capire noi, poi smettere improvvisamente e inspiegabilmente come aveva cominciato. Il pianto segue un preciso schema di causa ed effetto, perché, tranne per quanto riguarda il dolore fisico, non ha ancora imparato a distinguere il piacere e il disagio.

Quando cominciate a occuparvi di questo piccolo essere umano, sia che lo facciate in quanto madre biologica, adottiva o bambinaia, vi manca l'elemento indispensabile per una cura vigile: una linea di condotta avveduta. Il bambino è appena nato. Per quanto ne sappiate sui bambini in generale, non conoscete, né alcun altro le conosce, le sue reazioni. Non sapete com'è e come si comporta quando sta bene ed è contento: vi è quindi difficile intuire se sta male o se è infelice. Non sapete quale sia la sua "normale" dose di pianto perché non è con voi da abbastanza tempo per aver già instaurata una "norma" usuale. Non è facile sapere se il pianto significa disagio o dolore. Non sapete quanto mangia di solito né quanto dorme e non siete in grado di giudicare se ha mangiato e dormito a sufficienza. Eppure il benessere del neonato è nelle vostre mani. Anche senza norme su cui basarvi sarete comunque costrette a valutare le situazioni e ad affron-

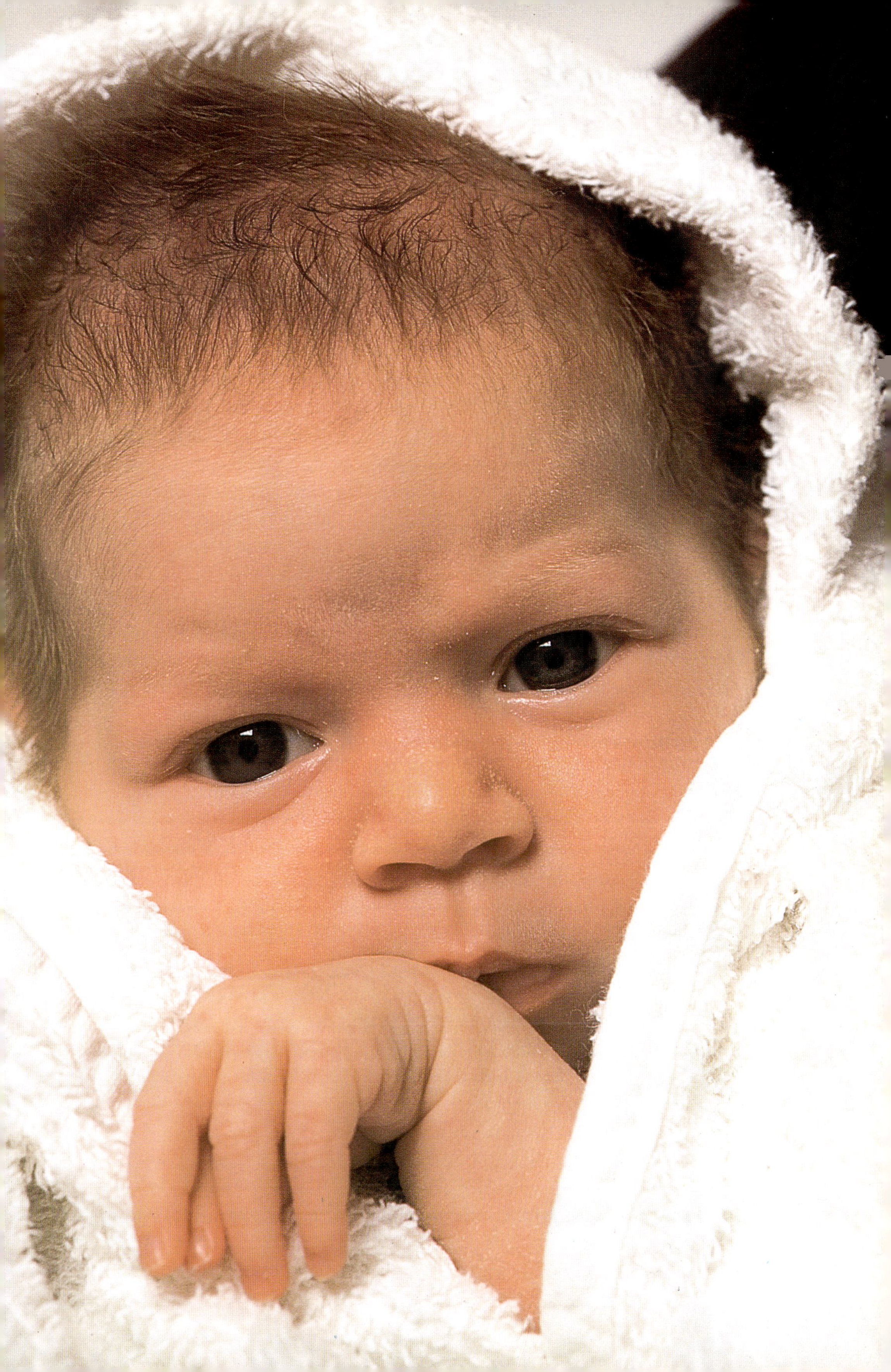

tarle mentre imparate a conoscere il vostro bambino e lui impara a conoscere la vita. Può darsi che vi sia sufficiente solo una settimana dalla nascita per avere la sicurezza di curarlo nel modo giusto e perché lui si senta sicuro nel suo mondo. Ma potreste anche impiegare un mese. Quando avrete stabilito una linea di condotta, quando avrete fatto conoscenza, tutto sembrerà più semplice. Avrete a che fare con un bambino che è già una persona e non più un neonato.

Durante i primi giorni non tormentatevi se vi rendete conto di non provare per il bambino quel sentimento che può essere definito amore, anche se siete la madre biologica. L'amore verrà, ma ci vorrà tempo. E perché no? Qualunque sia la definizione di amore, questo sentimento si collega comunque all'interazione fra persone che si conoscono, che amano ciò che conoscono e desiderano approfondire la conoscenza. Voi e il vostro bambino non vi conoscete affatto. Non si può subito amare un neonato che non si è ancora personalizzato, che non è riconoscibile e non ha ancora avuto il tempo di manifestare le caratteristiche che riveleranno l'unicità del suo essere. Un neonato lo amate a prima vista perché è vostro, perché forse rappresenta la realizzazione di un desiderio o di un sogno, ma non lo amate certo come si ama una persona e non sarà una persona finché non si sarà costruito come tale. Il neonato inoltre non può amare perché non ha ancora la consapevolezza della sua esistenza, e neppure della vostra. In seguito vi amerà con una passione assoluta e incrollabile che non ha uguali nelle relazioni umane: ma dategli tempo.

I sentimenti confusi che provate per lui non sono né una guida per il presente né un avvertimento per il futuro. L'irresistibile tenerezza che vi sommerge quando lo cullate può trasformarsi improvvisamente in irritazione per il suo pianto, o in un senso di claustrofobia al pensiero che vi siete legata a lui per sempre e che non sarete mai più libera di essere una persona completamente separata e distinta. È vero che nulla sarà più come prima, ma è anche vero che quando l'altalena dei vostri sentimenti si arresterà, quel pensiero non vi spaventerà più. Perciò se siete tentate dall'idea di tornare al lavoro prendendovi così una pausa di libertà, non cedete. Concedetevi tempo per adattarvi alla vostra nuova realtà prima di strapparvi dal bambino per rifugiarvi in un luogo dove dovrete quasi far finta che nulla sia accaduto e che il bambino non esista. Quando sarà il momento e dovrete tornare al lavoro, fatelo con la consapevolezza di essere un genitore piuttosto che di pensare di scappare dalle responsabilità.

Se siete la madre biologica, sarà il vostro corpo, se glielo consentirete, che comincerà ad amare il bambino, ancora prima che diventi una persona vera. Qualunque siano i pensieri e le abitudini profondamente radicate della vostra vita precedente, il vostro corpo è pronto e non aspetta che lui. La vostra pelle freme al contatto con la sua.

Il suo corpicino si adatta perfettamente al vostro ventre, al vostro seno, alla vostra spalla. Quella testolina calda è lì per essere accarezzata e non appena il piccolo avrà imparato a succhiare e voi comincerete a produrre latte, il piacere dell'allattamento sarà reciproco e costituirà la base di un solido rapporto.

Ma anche senza il legame di sangue, quel piccolo essere che vi sta perfettamente fra le braccia, la dimensione ridicolmente minuscola della sua mano nella vostra, tutto concorre a creare fra voi un rapporto fondamentale di amore. Se gliene date la possibilità, il neonato non rimarrà passivo, lasciando a voi ogni iniziativa. Se ve lo terrete vicino, anche lui tenterà degli approcci. Il suo interesse per voi è parte del piccolo essere a cui sono indispensabili per la sopravvivenza le vostre cure amorevoli. Ci penserà lui a far sì che l'amore sbocci.

Le reazioni fisiche del bambino sono la guida migliore per imparare come trattarlo nei primissimi giorni di vita. Per ora non vi serve seguire né programmi né metodi di puericultura. Programmi e metodi possono essere valutati solo in base alle reazioni effettive che provocano, ma da un neonato, per quanto facciate, non è ancora possibile ottenere reazioni coerenti.

Il bambino deve essere trattato in modo tale che la sua nuova vita si differenzi il meno possibile dalla sua vita nel grembo materno. I suoi bisogni sono semplici, ripetitivi e immediati. Ha bisogno di nutrimento e di acqua sotto forma di latte; ha bisogno del calore e del conforto di braccia che lo cullino, del morbido tepore di una copertina che lo avvolga e della sicurezza di una culla; ha bisogno di essere pulito quel tanto che basta a evitare irritazioni alla pelle, ha bisogno di protezione. Questo è tutto ciò di cui ha bisogno. Borotalco e lozioni, spazzole e scarpette, giocattoli e abitini che vi tentano in ogni negozio per bambini sono oggetti graziosi e potrete procurarveli in seguito, se vi diverte farlo. Per ora il vostro bambino è un fagottino e tale deve essere. Avvolgetelo bene, tenetelo stretto, maneggiatelo con delicatezza, dategli da mangiare quando ha fame, parlategli quando vi guarda, lavatelo quando è sporco e dategli modo di venire a patti con la vita da solo e con serenità. Se non è ammalato e non deve seguire delle cure mediche, non vi è assolutamente nulla che sia indispensabile: evitategli perciò tutto quello che lo fa trasalire o piangere. La sua serenità sarà la prova che avete agito nel modo giusto; il suo dolore la prova che avete sbagliato. Lasciatevi guidare dalle sue reazioni.

Se riuscite a seguire questi consigli il bambino a poco a poco imparerà a riconoscere i suoi bisogni e a capire che questi, quando si presenteranno, saranno soddisfatti. Quando sarà una piccola persona strutturata e amabile avrà imparato che si può vivere bene anche nel mondo. E questo sentimento è, dopotutto, quanto di meglio possiate dargli all'inizio della vita.

## *Che cosa si può fare se il legame affettivo tarda?*

***Se il legame affettivo tra madre e bambino non si instaura subito, che cosa si può fare per favorirlo?***

Non pensate che un legame affettivo immediato sia la regola e che perciò la sua mancanza costituisca un problema. E non pensate neppure che tale legame sia un'esclusività tipicamente femminile.

Il "legame affettivo" non è un'entità fisica e non riguarda solo le madri biologiche e il loro bambino. Riguarda anche il padre, biologico o no, anzi riguarda la *coppia* di genitori e il loro bambino. Qualsiasi siano i rapporti dei genitori tra loro e con il bambino, le persone che faranno da "madre" e da "padre" devono rivedere i loro rapporti in funzione di questi ruoli e stabilire un legame affettivo con il bambino fino a creare una famiglia. Tutto questo ha più probabilità di avvenire in modo rapido e senza problemi se potrete stare insieme senza essere disturbati. Un'oretta in sala parto è meglio di niente, ma due settimane a casa (e ancora di più se potete) saranno molto meglio.

Programmare questo periodo è importante quanto programmare il parto ed è meglio pensarci in anticipo. È essenziale ottenere un congedo di paternità per il padre. Chiedete che sia ufficiale e retribuito, ma se non è possibile, prendetevi due settimane di ferie. Sarà un peccato non disporre di giorni di vacanza a Natale o in estate, ma ci saranno altre vacanze, mentre non ci sarà un altro inizio della vostra vita a tre.

A meno che non abbiate programmato un parto a casa, chiedete quanto dovrete restare in ospedale. Ovunque decidiate di avere il bambino, tornate a casa appena possibile. Anche se l'ospedale vi lascia tenere il bambino con voi e incoraggia l'allattamento al seno, non è il luogo ideale per conoscervi reciprocamente, perché non è *casa* vostra. Inoltre anche solo due notti lontano dal vostro partner sono due notti perse; due giorni nel ruolo di visitatore, mentre altre persone si occupano di voi e voi vi occupate del bambino, lo faranno *sentire* un estraneo: «Come state tu e il bambino? Posso prenderlo in braccio?».

Trasformate i primi giorni a casa in una specie di luna di miele, specialmente se non ci sono altri figli a spingervi verso la "normalità". Rendete la camera da letto, dove starete con il piccolo, il centro della casa. Riempitela di piccoli lussi, dalle riviste ai vassoi di frutta, dall'impianto per CD alla TV, e di tutto quello che servirà al bambino. Considerate l'idea di passare a un telefono cordless: più facile da usare a letto e indispensabile dopo, quando dovrete fare o ricevere telefonate mentre state allattando, facendogli fare il ruttino o anche solo cullandolo.

Pensate bene all'aiuto di cui potreste avere bisogno e a chi potreste chiederlo. Se il vostro partner si occuperà di voi mentre voi vi occuperete del bambino, un aiuto extra non sarà indispensabile. Se invece non potrà essere presente tutto il tempo, qualcun altro dovrebbe stare con voi. Molte donne sono costrette a rimanere sole a casa, ma la prima settimana può essere problematico. L'aiuto ideale sarebbe una quarta persona disposta a occuparsi di entrambi voi adulti senza essere invadente, consentendovi così di dedicarvi a tempo pieno al bambino. La qualifica essenziale di questa persona è che pensi che il vostro è il bambino più bello del mondo; il fatto poi che disponga di qualche utile nozione su pannolini e rigurgiti e sia disposta a trasmettervela *se glielo chiedete*, è una qualifica extra.

Pensate anche ai visitatori. Avrete certo voglia di vedere amici e parenti: in effetti questo periodo è caratterizzato da un'atmosfera di festa, congratulazioni, fiori e regali. Ma non vorrete certo ricevere visite improvvise né troppo prolungate; né vorrete dover cucinare per gli ospiti o ascoltarli fare i soliti vecchi discorsi di prima. I veri amici si organizzeranno per venire a turno, mentre gli altri verranno tutti insieme. Potete anche dire a tutti di telefonare prima di passare, poi munirvi di una segreteria telefonica e rispondere al telefono solo se sentite che è la persona che volete vedere in quel momento.

# Caratteristiche del neonato

Potete sapere tutto del vostro bambino prima ancora che nasca, potete averlo visto sul monitor dell'apparecchiatura per l'ecografia, potete persino avere una fotografia del piccolo feto, ma quando lo vedrete in carne e ossa per la prima volta sarete sopraffatti dall'emozione. Mille domande e mille preoccupazioni si affollano nella vostra mente, ma tutto quello che volete sapere subito è se quell'esserino tutto sporco di sangue e di vernice caseosa è sano. E l'ostetrica ve lo dirà. Lo avrà esaminato già mentre lo aiutava a nascere. Lo controlla ora mentre fa il primo respiro, pronta a intervenire liberandogli le vie respiratorie dal muco se ce ne sarà bisogno. Aspetta a recidere il cordone ombelicale (privilegio che può essere offerto al padre) perché il bambino possa approfittare ancora un po' del sangue che fluisce dalla placenta, e intanto controlla il colorito e il tono muscolare.

A meno che non ne conosciate già il sesso, adesso scoprirete se si tratta di una femminuccia o di un maschietto, ma rimarrete sorpresi rendendovi conto del ritardo con cui vi è venuta questa domanda: un bambino vivo e sano è la cosa che conta, il suo sesso viene dopo.

Se l'ostetrica rileva nel neonato qualcosa che può preoccuparvi o interessarvi, ve lo farà notare, per esempio i segni lasciati dal forcipe o una capigliatura particolarmente rigogliosa. Altrimenti, una volta accertato che il bambino respira normalmente, si concentrerà sulla terza fase del parto e vi aiuterà a mettervi più comoda per ricevere il bambino tra le braccia.

Dopo il sesso, il peso è la prima informazione che vi comunicheranno. I neonati sono molto diversi fra loro per aspetto e dimensioni: allora, per quale motivo tutti si preoccupano di sapere quanto pesa un neonato? Perché il peso alla nascita è il punto di partenza della sua crescita personale.

*Neonati medi*

Il peso medio dei neonati è di circa 3,400 kg. Ma la media non rivela le molte possibili variazioni. I maschi pesano in genere qualche etto più delle femmine; i primogeniti sono di solito più leggeri dei fratelli o delle sorelle minori, mentre in media genitori grandi hanno bambini grandi e genitori piccoli hanno bambini più piccoli. Il vostro bambino, quindi, ha probabilmente il peso che meglio gli si addice, anche se si discosta dal peso medio ordinario.

*Neonati grossi*

Se date alla luce un bambino di 4,500 kg vi sentirete giustamente orgogliosa: è probabile che il bambino sembri più bello e più maturo di gran parte degli altri neonati del reparto per via del suo aspetto paffuto. Non preoccupatevi se il personale medico lo terrà sotto osservazione per un paio di giorni, perché un peso eccezionale non sempre è indice di buona salute. Alcuni neonati sono grossi perché hanno una madre diabetica o predisposta al diabete e un eccesso di zucchero è entrato nel loro sangue attraverso la placenta. Questi bambini possono avere problemi di metabolismo nei primi giorni di vita. È quindi importante per i medici assicurarsi che il vostro abbia per sua natura una struttura più massiccia, ma sia sano.

*Neonati piccoli* Se alla nascita il bambino ha un peso inferiore alla media, ma supera i 2,500 kg, lo si tratta come un bambino dal peso normale. Unica differenza: lo allatteranno più spesso. Potrebbe anche darsi che voi stessa siate di corporatura piccola e in questo caso il neonato non è altro che un bambino sano destinato a essere piccolo.

Se il bimbo pesa 2,300-2,500 kg lo metteranno probabilmente nell'incubatrice, per quanto sembri vivace e in buona salute. Questo perché alcuni neonati con un peso alla nascita inferiore ai 2,500 kg sono facilmente soggetti a disturbi di respirazione e hanno più difficoltà a regolare la temperatura corporea e a succhiare. Quindi, per non correre inutili rischi, tutti i neonati al di sotto di questo peso medio sono seguiti all'inizio in modo particolare. Consideratela solo una precauzione. Non preoccupatevi. Se non ci sono problemi lo toglieranno dall'incubatrice e lo metteranno in una culla normale nel giro di alcune ore.

I bambini sottopeso sono solitamente tenuti in ospedale fino a quando non avranno riguadagnato il peso che avevano alla nascita o perlomeno finché non avranno raggiunto un peso indicativo considerato normale. Oggigiorno la decisione di lasciarvi portare a casa il vostro bambino si basa principalmente sul modo con cui il neonato sembra affrontare questa sua nuova dimensione di vita e, soprattutto, sul modo in cui regola la sua alimentazione.

Se il vostro bambino pesa alla nascita meno di 2,300 kg, pesa probabilmente meno di quanto dovrebbe; inoltre, minore è il peso, maggiore sarà il bisogno di cure speciali che variano a seconda che il bambino sia nato prima del termine o prematuro.

*Neonati prima del termine* La maggior parte dei neonati molto piccoli sono tali per il semplice motivo che sono nati prima del termine, cioè prima del completamento delle normali 40 settimane di vita intrauterina. Se il tempo trascorso nell'utero è inferiore, significa che il neonato ha avuto meno tempo per svilupparsi e prepararsi ad affrontare una vita indipendente. Meno sono le settimane trascorse nell'utero, maggiori sono le difficoltà che deve probabilmente superare. Un bambino che nasce dopo 36-38 settimane di gestazione avrà solo bisogno di un modesto aiuto supplementare, per cui lo metteranno nell'incubatrice per dargli più calore, più ossigeno e piccole poppate, a brevi intervalli, di un nutrimento facilmente digeribile. Un neonato più "giovane" ha naturalmente bisogno di un aiuto più complesso. Può per esempio darsi che gli debbano risparmiare alcune responsabilità della vita indipendente, nutrendolo con una cannula che dal naso raggiunge lo stomaco, perché non è ancora in grado di succhiare e deglutire da solo, e aiutandolo a respirare con un respiratore.

*Neonati prematuri* Sono bambini che non sono cresciuti quanto avrebbero dovuto crescere durante il periodo di gestazione e, pur essendo rimasti nell'utero per le 40 settimane previste, alla nascita sono troppo piccoli. È anche possibile che nascano prima del termine e che, alla nascita, siano più piccoli di quello che avrebbero dovuto essere dopo quel dato periodo di gestazione. Il trattamento di un neonato prematuro è simile a quello di uno nato prima del termine, ma i medici dell'ospedale cercheranno di scoprire al più presto se si tratta di un immaturo o di un pretermine. Di solito un neonato realmente immaturo ha ricevuto scarso nutrimento nell'utero. La placenta può aver funzionato in modo insufficiente o voi avete avuto dei disturbi che hanno impedito al bambino di ricevere quanto gli era necessario per una crescita regolare. Si ritiene che il mancato accrescimento sia di solito un meccanismo *protettivo* che, riducendo il fabbisogno calorico del feto, gli consente di svilupparsi normalmente nonostante il deficit nutritivo. Comunque, qualunque sia la causa, un peso scarso alla nascita mette il bambino a rischio di complicazioni neonatali. Appurato che si tratta effettivamente di un immaturo, i medici potranno cercare di scoprire qual è la causa del cattivo funzionamento dell'utero e correggerlo per un'eventuale gravidanza successiva.

Benché l'assistenza prenatale preveda oggi che l'accrescimento del feto venga costantemente misurato e la sua effettiva età gestazionale controllata con gli ultrasuoni e registrata su una scheda, nessuno di questi controlli è infallibile. I medici ricontrolleranno queste schede e vi faranno probabilmente molte domande per conoscere la data precisa delle ultime mestruazioni prima dell'inizio della gravidanza. Se vi siete sbagliate di un mese e le ecografie non smentiscono questa nuova possibilità, il vostro bambino di 1,800 kg non sarà immaturo ma solo nato quattro o più settimane prima del termine.

## CURE SPECIALI

L'assistenza perinatale ha oggi raggiunto un tale grado di sofisticazione che anche i bambini più sottopeso riescono a superare il momento critico della nascita. Il trattamento può iniziare ancora prima che vengano alla luce. Se i medici giudicano che il travaglio sia iniziato troppo presto, possono cercare di arrestarlo o dilazionarlo per mezzo di farmaci. Anche poco tempo in più può consentire loro di accertare le condizioni del feto e di prepararsi a riceverlo in modo adeguato. Se per esempio i polmoni sono ancora immaturi, si può somministrare al feto ancora nell'utero un particolare ormone che ne acceleri la maturazione, così da prevenire sindromi respiratorie alla nascita.

*L'incubatrice*

L'incubatrice è una sorta di utero artificiale. Per il bambino che non può più fare affidamento sul vostro corpo per far funzionare il suo, l'incubatrice rappresenta una specie di tappa intermedia fra la totale dipendenza fisica e l'essere un'entità fisica completamente indipendente. Se il bambino, dopo la nascita, sta abbastanza bene, si ricorre all'incubatrice solo per dargli calore costante, isolamento, tranquillità, umidità controllata e forse un po' di ossigeno in più. Se il neonato ha delle difficoltà, l'incubatrice può servire per aiutarlo a svolgere quasi tutte le funzioni fisiologiche. Qualunque sia la misura dell'aiuto che l'incubatrice deve dare, offre comunque un ambiente sicuro al neonato: per tutto il tempo in cui vi rimane, egli sarà sotto il costante controllo di personale specializzato. Medici specialisti seguiranno i suoi progressi, mentre il meccanismo molto sofisticato dell'incubatrice registrerà qualsiasi cambiamento delle sue condizioni e segnalerà il suo bisogno di assistenza. Ma pur sapendo che per il vostro bambino l'incubatrice è la soluzione migliore, il solo fatto che stia lì vi avvilirà. Tutto il vostro essere era teso verso il contatto fisico con il bambino che avevate appena messo al mondo; invece quel susseguirsi di eventi

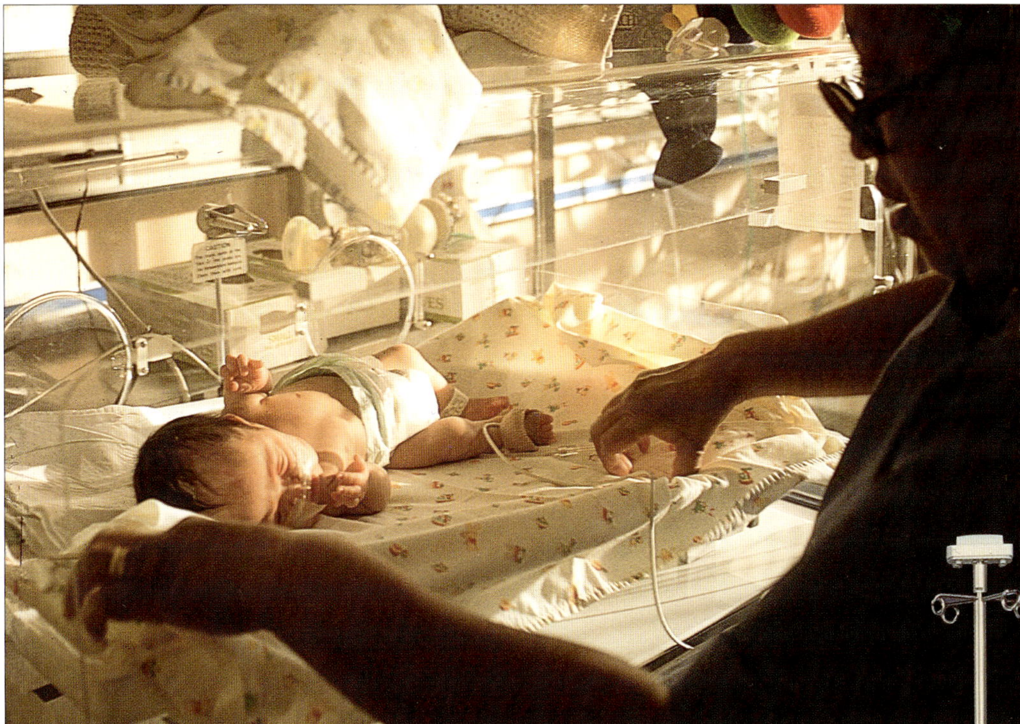

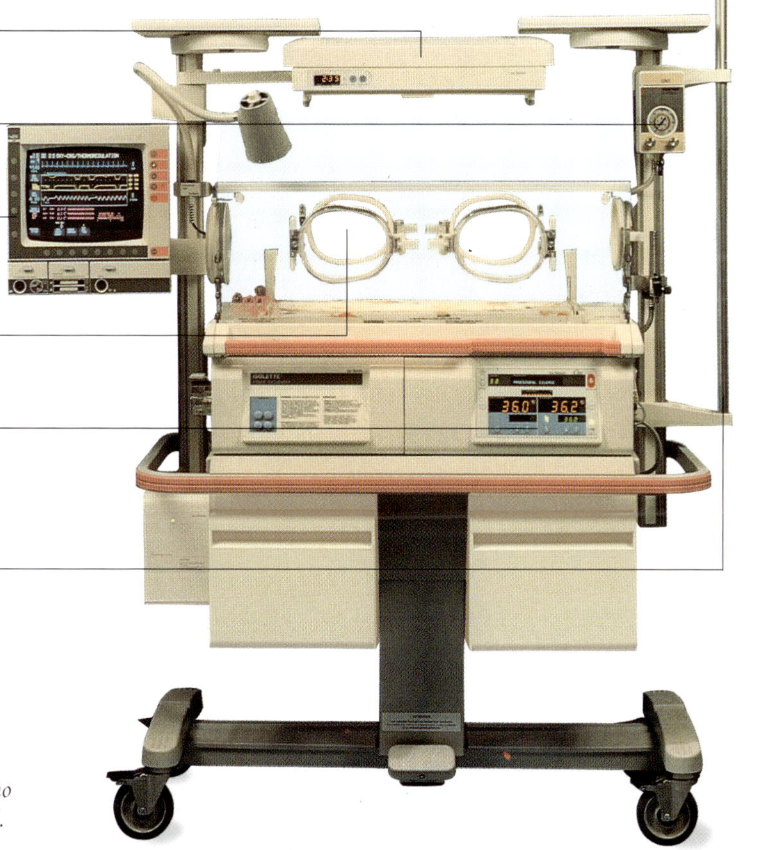

Luce ultravioletta
È usata per i bagni di luce dei bambini con ittero.

Aspiratore
Serve a tenere sgombre le vie respiratorie del neonato.

Monitor
Monitorizza il battito cardiaco e il respiro del neonato.

Oblò
Permettono al personale e a voi di toccare il neonato.

Controlli
È il "cervello" dell'incubatrice; controlla le condizioni ambientali (umidità, calore, ossigeno e così via).

Allarmi
Sono collegti al monitor e alla stanza delle infermiere. Spie e allarmi sonori scattano a ogni segnale di pericolo per il bambino. L'asta serve invece a sostenere i flaconi per le flebo.

*Considerate positivamente l'incubatrice: tiene il bambino al sicuro non lontano da voi.*

che comincia con il concepimento, prosegue durante la gravidanza e che dopo il parto dovrebbe culminare con un bambino da tenere in braccio, viene bruscamente interrotto. Il vostro corpo desidera ardentemente il bambino, ma lui, invece di essere nel vostro caldo e accogliente abbraccio starà lì, con il suo aspetto di creatura proveniente da un altro mondo, in un'apparecchiatura che si addice più a una base spaziale che alla terra.

*Come affrontare il periodo in cui il neonato è nell'incubatrice*

Il periodo che il bambino trascorrerà nell'incubatrice sarà penoso per voi genitori; peggiori saranno le sue condizioni e più agonizzante sarà l'attesa e l'ansia. Se avete anche altri bambini piccoli che hanno bisogno delle vostre cure, questi giorni vi sembreranno impossibili da superare. Se a tutto questo aggiungete il dolore fisico di un taglio cesareo o dei punti di sutura, potreste davvero chiedervi come riuscire a farcela. Per il bene di tutti, la vostra ripresa fisica viene al primo posto; potreste dover rinunciare alla compagnia del vostro partner, in modo che mentre voi riposate, lui si prenda cura dei bambini a casa.

Tuttavia, più tempo voi e il vostro compagno riuscirete a trascorrere con il neonato e meglio sarà. Il fatto che il piccolo non sia pronto a vivere senza l'aiuto dell'incubatrice non significa che non sia pronto a stabilire un legame con i suoi genitori, come già avveniva quando era nell'utero. Non abbandonatelo proprio ora. Se l'incubatrice è nella nursery del vostro reparto, avrete il permesso di andarci quando volete. Se si trova in un reparto speciale, separato dal vostro, ma nel medesimo ospedale, l'infermiera del vostro reparto potrà procurarvi una sedia a rotelle per permettervi di muovervi, finché non sarete in grado di camminare. Se il bambino è stato trasferito in un altro ospedale, perché quello in cui siete ricoverata non dispone delle attrezzature adatte, potreste farvi trasferire anche voi. In caso contrario dovrebbero permettervi di andarlo a vedere non appena sarete in condizioni di muovervi.

*Collaborare con il personale medico*

Il personale addetto all'incubatrice, oltre che a occuparsi dei prematuri, è addestrato ad aiutare i loro genitori ad affrontare la situazione. Sanno quanto sia importante che vi sentiate non semplici osservatori ma parte dello staff, pienamente coinvolti nella cura del bambino, e volentieri vi spiegheranno quali sono le sue condizioni e a che cosa servono le varie apparecchiature: solo quando avrete capito esattamente quali sono le difficoltà del bambino e lo scopo delle cannule e degli altri congegni, quel piccolo essere non vi sembrerà più un bambino ricoverato in ospedale, ma comincerà a sembrarvi vostro.

*Prepararsi ad allattare*

Quel bambino *è* vostro e c'è una cosa che potete fare per lui che nessun altro può fare: curare che la secrezione lattea sia regolare. Tutti i bambini sottopeso, e soprattutto quelli con problemi fisici, hanno bisogno di latte materno quando finalmente sono in grado di digerirlo. Spesso il latte viene dato attraverso un sondino o un contagocce finché il bambino non è in grado di succhiare da solo. Ma anche se il bambino non è ancora pronto per il latte, avrà sempre bisogno di latte materno non appena si sarà rinforzato. Nel frattempo potrete fare in modo che la secrezione lattea sia regolare. Il personale ospedaliero vi mostrerà come usare il tiralatte elettrico. Si tratta di un sistema molto più semplice e veloce della spremitura o del tiralatte manuale (vedi p. 59). Se tornerete a casa prima del bambino, e questo non prende ancora il latte da voi, potrete usare il sistema della spremitura, almeno per mantenere la secrezione lattea per quando verrà a casa.

*Sistema canguro*

A meno che il bambino sia veramente molto fragile, sarete probabilmente incoraggiata a toccarlo attraverso gli oblò dell'incubatrice. Presto potrebbero permettervi anche di accudirlo, massaggiarlo e accarezzarlo. Se starà abbastanza bene ve lo faranno tenere in braccio per qualche minuto.

In molti ospedali sarete incoraggiata a prendere in braccio il bambino subito, per quanto piccolo e pieno di tubicini egli sia. Si chiama metodo "canguro" ed è usato per il trattamento dei bambini nati prima del termine: al posto dell'incubatrice si utilizza il corpo della madre. Il sistema copia quello del marsupiale australiano che, venendo partorito ancora incapace di sopravvivere, trova rifugio nella tasca ventrale della madre, dove finisce la gestazione.

Il metodo è stato messo a punto in America Latina per far fronte alla scarsità di incubatrici e all'elevata mortalità infantile. I bambini, con indosso solo un pannolino e una cuffietta, vengono posti tra i seni della madre, pancia contro pancia e pelle contro pelle, e poi ben coperti. In America il sistema si dimostrò ottimo e i neonati sottoposti al trattamento se la cavarono bene, proprio come quelli messi in incubatrice. Oggi un numero crescente di ospedali europei sta introducendo il sistema addirittura in sostituzione dell'incubatrice. Alcuni studi hanno dimostrato che un po' di tempo trascorso così, per esempio un'ora al giorno, porta a un più rapido accrescimento ponderale del neonato, stimola il riflesso di suzione e consente ai bambini di lasciare prima l'ospedale. Il metodo non serve solo ai bambini, ma aiuta anche i genitori a sconfiggere quel terribile senso di impotenza che li assale quando vedono il loro bambino lottare per la vita senza poter far nulla.

*L'età effettiva del bambino nato prima del termine*

Comunque, una volta superato il trauma e la delusione di non poter avere con loro il bambino, alcuni genitori riescono a considerare questo periodo come un prolungamento della gravidanza, una specie di pausa tra il parto e l'inizio della maternità, un intervallo tra l'avere un bambino ancora invisibile perché nascosto nell'utero materno e l'averlo davvero tra le braccia. Dal punto di vista di un bambino nato prima del termine, è un modo corretto di considerare la cosa, perché, benché il bambino continui a crescere e a svilupparsi durante le settimane che separano la sua nascita effettiva da quella per la quale era atteso, ossia la data presunta del parto (D.P.P.), c'è comunque uno iato nello sviluppo e dovrete tenerne conto quando lo confronterete con altri bambini della "stessa" età anagrafica. Sebbene il suo giorno natale sia quello in cui è anagraficamente nato, come per qualsiasi altro bambino, dovete abituarvi all'idea che il suo vero punto di partenza sarà il giorno in cui all'ospedale decideranno che è abbastanza grande e forte da poter venire a casa. Per i primi due anni dovrete tener conto di questa "correzione" temporale. C'è infatti molta differenza tra un bambino che ha effettivamente tre mesi e uno la cui età effettiva è invece di *tre settimane*. È una differenza destinata comunque a divenire sempre meno evidente, tanto da passare quasi del tutto inosservata, quando il piccolo avrà raggiunto i due anni.

# Il primo controllo medico

Entro 24 ore dalla nascita, il bambino verrà sottoposto a un accurato controllo medico. La visita dovrebbe essere eseguita in presenza dei genitori, in modo che il medico, accertando che il bambino è sano e perfetto, possa farne partecipi i genitori. Se non potete andare nella nursery, la visita dovrebbe aver luogo nella vostra camera. Se il vostro partner deve lasciare l'ospedale per occuparsi di un fratellino rimasto a casa, avvisate la levatrice che anch'egli desidera essere presente, chiedendo l'orario in cui la visita verrà presumibilmente effettuata. In queste pagine sono indicati i normali controlli ai quali il bambino viene sottoposto.

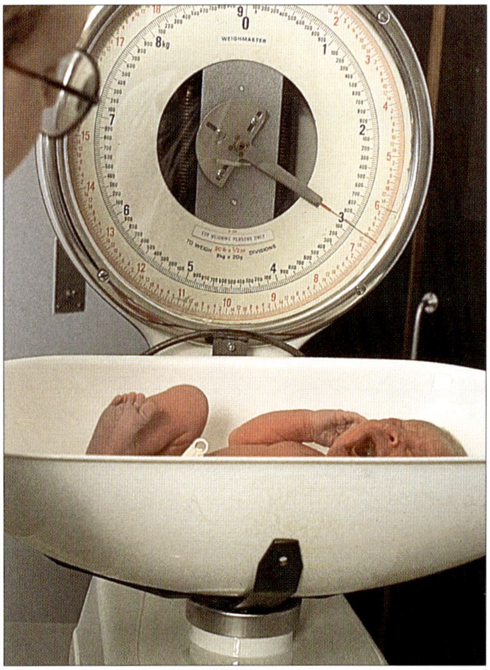

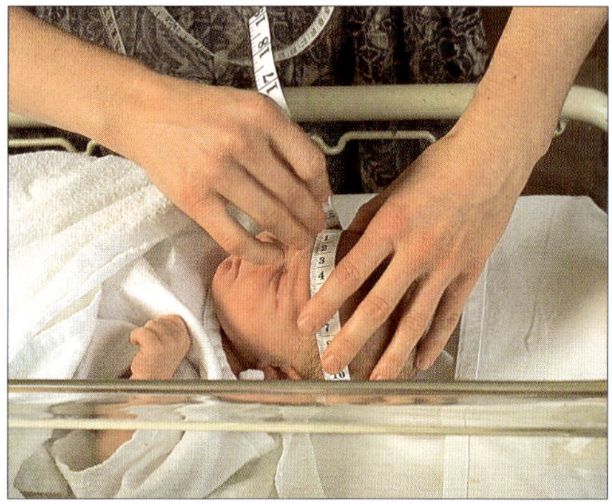

**Peso e misure.** *Il bambino verrà nuovamente pesato (a sinistra): il peso medio di un neonato è di 3,4 kg; il 95% dei bambini infatti pesa tra i 2,5 e i 4,5 kg. In un secondo momento verrà misurata la sua lunghezza: in media è di 50 cm; la lunghezza del 95% dei neonati oscilla tra i 45 e i 55 cm. Viene poi misurata la circonferenza della testa (sopra): in media è di circa 35 cm, ma può variare tra i 33 e i 37 cm.*

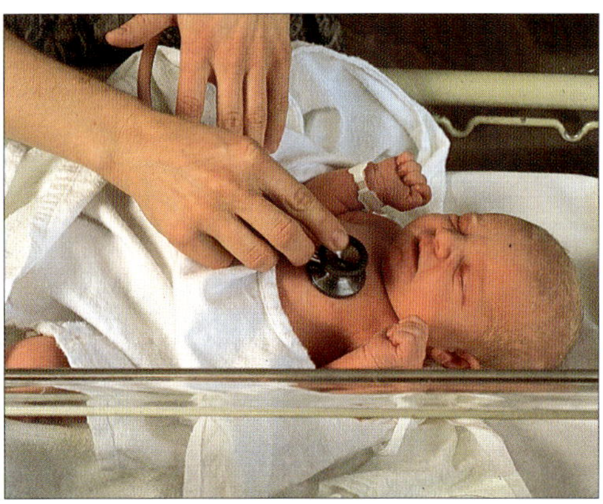

**Controllo del cuore e dei polmoni.** *Il medico auscultera il torace del bambino con lo stetoscopio per accertare che respiro e battito cardiaco siano forti e regolari, senza rumori sospetti. I soffi cardiaci non sono né inconsueti né patologici nei neonati.*

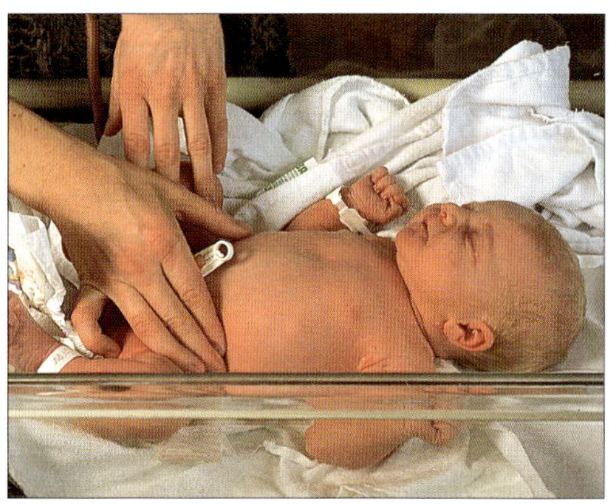

**Controllo degli organi interni.** *Con la palpazione dell'addome, il medico si accerterà che i principali organi interni (fegato, reni, milza) siano delle giuste dimensioni e in posizione corretta. Controllerà anche le normali pulsazioni all'inguine.*

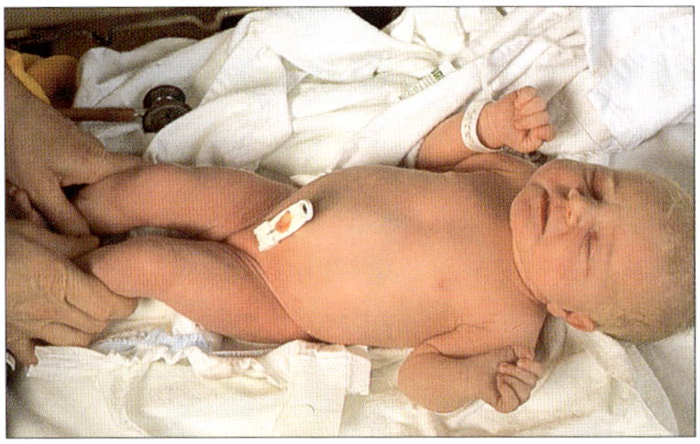

**Controllo degli arti.** *Il medico controllerà che braccia e gambe siano della stessa lunghezza, che piedi e mani abbiano dieci dita e che gambe e piedi siano correttamente allineati, senza traccia di talismo.*

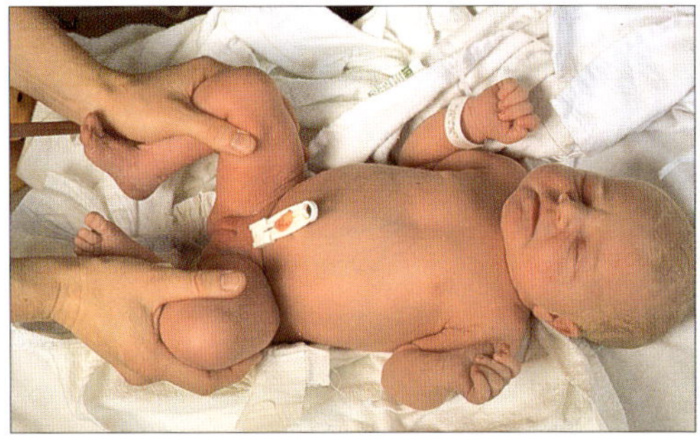

**Controllo delle anche.** *Si accerterà con il movimento che non ci sia displasia delle anche, né il classico schiocco che potrebbe suggerire una predisposizione a una displasia futura.*

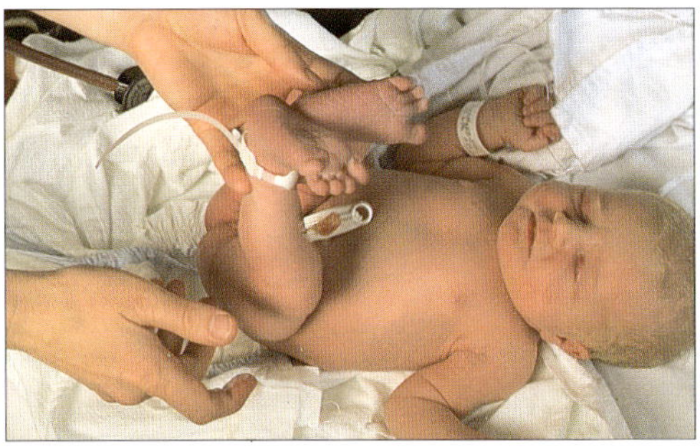

**Controllo dei genitali.** *Conoscete già il sesso del neonato, ma il medico controllerà che gli organi genitali esterni siano normali e, nei maschietti, che i testicoli siano scesi (vedi p. 49).*

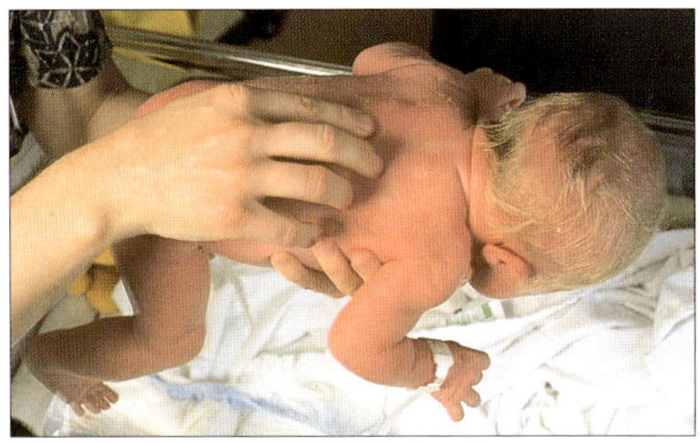

**Controllo della spina dorsale e dell'ano.** *Tenendo il bambino a pancia in giù sull'avambraccio, il medico controllerà che tutte le vertebre siano a posto e che l'ano sia pervio.*

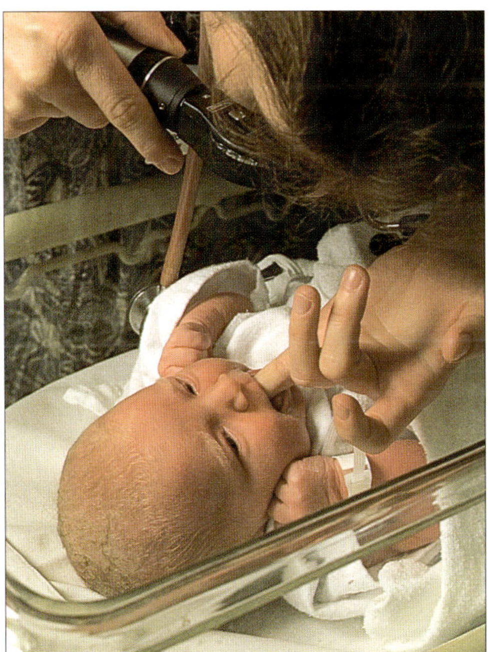

**Controllo degli occhi e del palato.** *Un dito da succhiare calma il bambino durante l'esame degli occhi e permette di accertare l'assenza di palatoschisi.*

---

Durante la prima visita medica i neogenitori avrebbero l'occasione per porre domande, ma raramente riescono a farlo. I medici sono spesso di fretta e intorno ci sono gli altri neonati che piangono a squarciagola. Loro stessi spesso hanno ancora difficoltà a dare forma coerente ai loro dubbi, per non parlare della capacità di capire a fondo le risposte. Ma domande e dubbi affioreranno in seguito. Finché siete in ospedale ci sarà sempre qualcuno a cui chiedere, perciò approfittatene, perché poi, durante la prima settimana a casa, né le visite della levatrice né un numero telefonico di emergenza a cui rivolgervi fra una visita e l'altra saranno sufficienti: il tempo di attesa vi sembrerà interminabile e tante le cose che possono suscitare preoccupazione in un neonato.

## Peculiarità del neonato

La fisiologia del neonato è diversa da quella del lattante più grandicello, del bambino o dell'adulto e ci vuole un po' di tempo perché il suo corpo, non più nell'utero, si adatti alla vita e diventi completamente efficiente. In questo periodo di adattamento il neonato presenta spesso alterazioni di colore, macchie, edemi, gonfiori e secrezioni. Possono apparire strane, e in effetti lo sarebbero in un adulto, ma sono normali o, perlomeno, senza importanza nelle prime due settimane di vita. Medici e infermiere le danno per scontate nei neonati e, sapendo che non è il caso di preoccuparsi, spesso trascurano di avvertire i genitori, che si spaventano inutilmente proprio quando hanno bisogno della massima tranquillità d'animo.

Nell'elenco seguente troverete la descrizione di alcuni dei fenomeni più comuni con la spiegazione della causa e del loro significato. Se però avete bisogno di maggiori rassicurazioni e non siete certa che quello che vedete in vostro figlio corrisponda alla descrizione, consultate l'ostetrica o il medico. Ma ricordatevi anzitutto che queste manifestazioni sono normali solamente in un bambino appena nato. Se si presentano dopo due o tre settimane di vita, dovete rivolgervi subito al medico.

### *Pelle*

La pelle del neonato è rosa acceso (indipendentemente dal colore che assumerà in seguito) perché è così sottile che lascia trasparire il colore dei vasi sanguigni sottostanti.

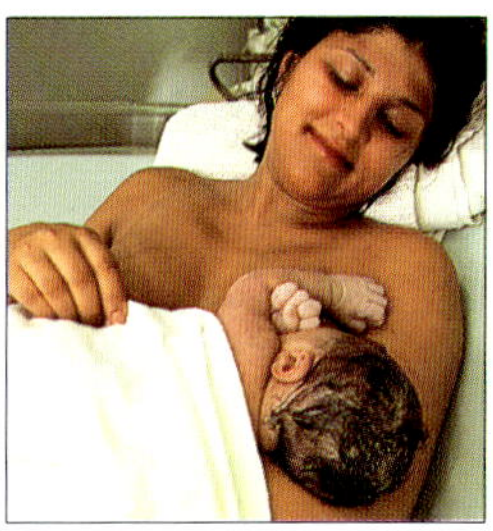

*Colorito non omogeneo*

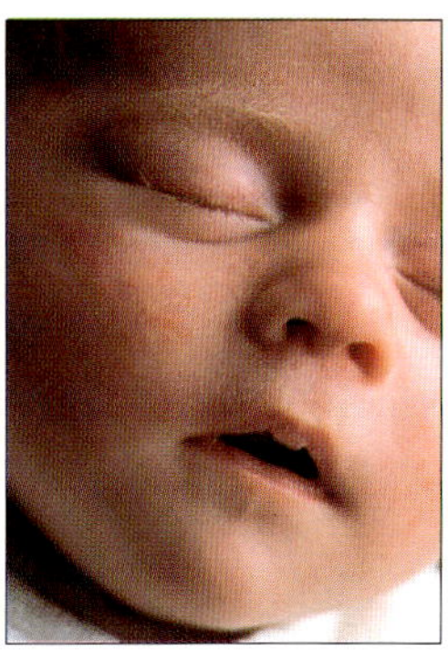

*Macchie di latte (milia)*

***Colorito non omogeneo.*** Poiché il sistema circolatorio del neonato è ancora immaturo, quando il bambino rimane fermo a lungo, il sangue si accumula nella parte inferiore del corpo, che appare più rosea. Talvolta, mentre il bambino dorme, il sangue fatica a circolare nelle mani e nei piedi che diventano bluastri. I fenomeni scompaiono se muovete o girate il bambino.

***Macchioline.*** La pelle è fragile e si irrita facilmente: l'eritema da pannolini non è il solo danno provocato dallo sfregamento dei vestiti. Inoltre, dato che i pori non funzionano ancora perfettamente, è facile che compaiano alcune macchioline, fra cui le più comuni sono: l'"orticaria neonatale", un eritema costituito da puntini rossi in diversi punti del corpo che durano al massimo qualche ora; le macchiette bianche sul naso o sulle guance, chiamate "macchie di latte" (milia), che durano invece diverse settimane; l'innocuo "eritema tossico", formato da macchiette rosse irregolari più pallide al centro, che può far pensare a punture di insetto e sciupare l'incarnato del bambino per qualche tempo, ma che è innocuo e non necessita di cure.

***Macchie bluastre.*** Chiamate "macchie mongoliche", sono accumuli temporanei di pigmento sotto la pelle. Più comuni in neonati di discendenza africana o mongolica, si possono anche manifestare in neonati di origine mediterranea e comunque in quelli con la pelle piuttosto scura. Non sono lividi, né disturbi della circolazione.

***Segni provocati dal parto.*** Sono di vario tipo. Solo un medico vi può dire se il segno che vi preoccupa è la conseguenza del parto e se scomparirà, ma tenete presente che le macchie rosse sono spesso dovute alla compressione della nascita e se ne andranno in pochi giorni.

***Desquamazione.*** La pelle della maggior parte dei neonati si squama un po' nei primi giorni, soprattutto sul palmo della mano e sotto la pianta dei piedi. I bambini che

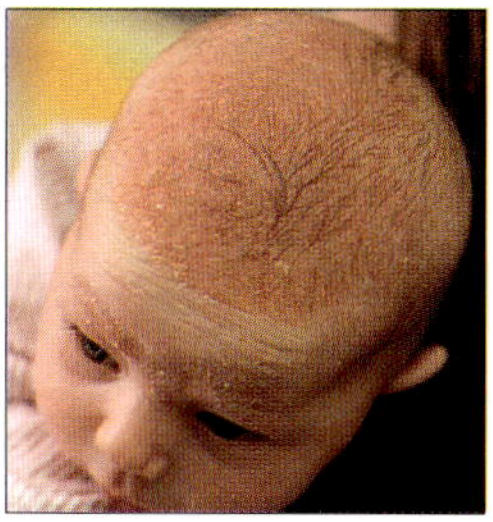

Crosta lattea

nascono dopo il termine si squamano di più, mentre quelli di origine afrocaraibica e asiatica hanno spesso pelle e capelli molto più secchi dei bambini europei. In linea generale, più i prodotti che userete sulla pelle dei neonati sono semplici e meglio sarà. Se la pelle è molto secca e dovete usare un emolliente per evitare che si screpoli, scegliete una lozione ipoallergenica per lattanti o un olio vegetale.

***Crosta lattea sulla testa.*** È del tutto normale come la desquamazione in altre parti del corpo. Non ha nulla a che fare con la "forfora" e non è dovuta a mancanza di igiene. A volte le squame formano uno strato spesso su tutto il cuoio capelluto e coinvolgono anche le sopracciglia. Se siete preoccupata, il medico vi potrà prescrivere uno shampoo speciale, un unguento o un olio da applicare sulle zone interessate.

## Capelli

Alcuni neonati hanno una chioma folta, altri sono quasi pelati. È normale. I capelli dei bambini che nascono in ritardo sono spesso piuttosto ispidi. Di solito i capelli dei neonati, di qualunque tipo o colore siano, cadono per poi ricrescere, non di rado di un colore completamente diverso.

***Peli.*** Quando sono ancora nell'utero materno i nascituri sono ricoperti da una peluria (lanugine). Alcuni neonati, soprattutto se nati prima del termine, ne hanno ancora, perlopiù sulle spalle e lungo la colonna vertebrale, ma la perderanno nel giro di una o due settimane.

## Testa

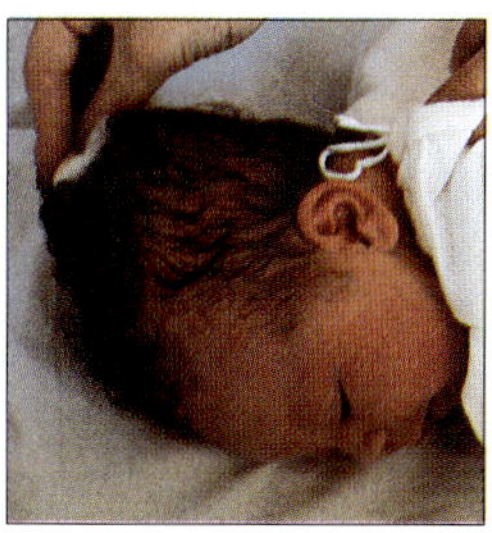

Testa che è stata compressa

***Forma strana.*** Il cranio dei neonati è fatto in modo da "cedere" sotto una pressione. La compressione della seconda fase di un parto naturale può provocare un forte allungamento del capo, mentre il forcipe lascia talvolta depressioni e abrasioni. L'estrazione con ventosa invece non influisce sulla forma, ma lascia una specie di rigonfiamento sulla cima del cranio. Se il bambino ha l'aspetto di un pugile dopo un combattimento, significa che il parto è stato duro, ma non implica in realtà nessun danno permanente.

***Fontanelle.*** Sono le zone molli nei punti in cui le ossa del cranio non si sono ancora saldate. La più evidente si trova sulla sommità della testa del neonato. Le fontanelle sono ricoperte da una membrana molto resistente e non vi è pericolo di danneggiarle maneggiando normalmente il bambino.

Nei neonati con pochi capelli si può notare una pulsazione sotto la fontanella. È perfettamente normale. Se la fontanella appare leggermente abbassata e forma una depressione visibile nella testa, significa che il bambino è disidratato, il più delle volte perché fa molto caldo o ha la febbre. È bene dargli acqua o latte. Se la fontanella è tesa e dura e sporge in fuori anche quando il bambino non sta strillando potrebbe essere il sintomo di una malattia ed è necessario interpellare il medico.

## Occhi

***Strabismo.*** Molti neonati, con gli occhi perfettamente normali, nei primi giorni di vita sembrano strabici. Se si osserva il bambino attentamente si scopre che sono le pieghe profonde della pelle attorno agli occhi a dare l'impressione di strabismo. Tali pieghe sono normali e nel giro di poche settimane diventano sempre meno evidenti. Finché i muscoli attorno agli occhi non si rafforzano e il neonato non ha imparato a controllarli, accade sovente che abbia difficoltà a tenere gli occhi fissi su un medesimo oggetto per un certo tempo. Quando il bambino guarda il vostro viso potreste improvvisamente accorgervi che un occhio pare vagare per conto suo. Gli occhi "vagabondi" si raddrizzano di solito da soli nei primi sei mesi. Fatelo comunque presente al medico in occasione della visita di controllo, in modo che possa seguirne il miglioramento. Un vero strabismo significa che il bambino non può mai fissare lo stesso oggetto con tutti e due gli occhi. Anziché spostarsi insieme, uno si allontana sempre, gli occhi non sono mai paralleli. Se il bambino presenta uno "strabismo costante" dovreste comunicarlo subito al medico. Un trattamento precoce è indispensabile e quasi sempre efficace.

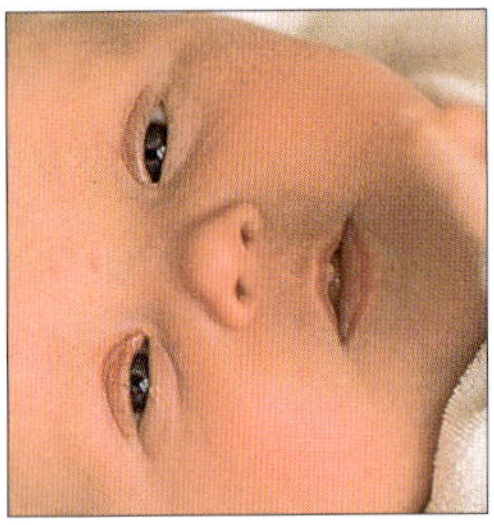

*Occhi gonfi*

***Gonfi, tumefatti, iniettati di rosso.*** Questi fenomeni si manifestano spesso poche ore dopo la nascita e sono provocati dalla compressione durante il parto. Il gonfiore può rendere difficile al neonato aprire gli occhi, ma si risolve presto. Se questi disturbi si ripetono, una volta superato il primo periodo di assestamento, è bene consultare il medico.

***Secrezione giallastra e/o incrostazione sulle palpebre e sulle ciglia.*** Si tratta di una lieve infezione, i cosiddetti "occhi cisposi", dovuta al contatto con il sangue durante il parto. Non è grave, ma è meglio far visitare il bambino dal medico che prescriverà delle gocce o una soluzione per il lavaggio degli occhi.

***Occhi che lacrimano.*** Il pianto del neonato non è accompagnato da lacrime, che possono invece scendere quando *non* sta piangendo, se il drenaggio attraverso le vie nasali non è aperto. I dotti si aprono verso la fine del primo anno.

## Orecchie

***Secrezione.*** Se è normale che le orecchie del neonato producano cerume, che serve a proteggere il canale auricolare, qualsiasi altro tipo di secrezione non lo è mai. Se non siete sicura che si tratti di cerume consultate il medico: se lo è la visita sarà servita a rassicurarvi; se per caso è pus bisogna intervenire subito. Non introducete nulla all'interno dell'orecchio perché potreste danneggiare il timpano. Come tutti gli orifizi del corpo, anche le orecchie si puliscono da sole. Limitatevi a pulire l'esterno del padiglione auricolare.

***Orecchie a sventola.*** Anche se le orecchie di alcuni bambini sembrano eccessivamente sporgenti, questo non significa che lo siano davvero. Le orecchie dei neonati sono infatti tenere e malleabili e assumono un aspetto molto diverso quando la testa ha raggiunto una forma più matura e i capelli sono cresciuti.

## Bocca

***Frenulo corto.*** La lingua del neonato è fissata in lunghezza per un tratto molto più lungo di quella degli adulti. In certi bambini la piega della pelle che trattiene la lingua è così lunga che il tratto libero e mobile è quasi inesistente. In passato si pensava che questi bambini avessero la "lingua legata" e che, se non si fosse tagliato il frenulo, non avrebbero potuto né succhiare né imparare a parlare. Oggi sappiamo che il frenulo realmente troppo corto (malformazione che non scompare da sola con la crescita) è molto raro. La lingua dei neonati nel primo anno di vita cresce in punta e a un anno è completamente mobile. Nel frattempo, il fatto che sia fissata strettamente non influisce sulla capacità di succhiare, mangiare o parlare.

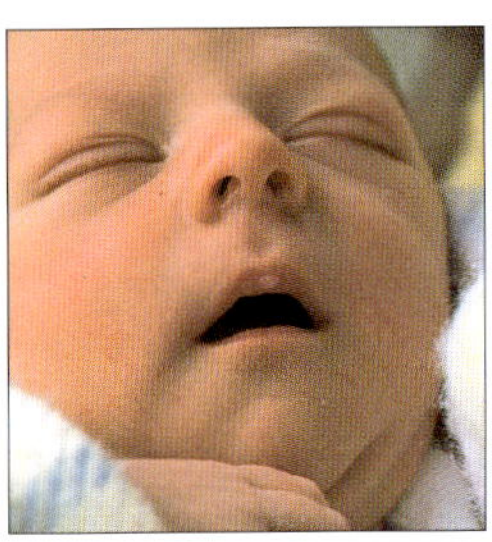

*Vescicola da suzione*

***Vescicole sul labbro superiore.*** Si chiamano "vescicole da suzione" perché si formano quando il bambino succhia. Possono insorgere in qualsiasi momento durante l'allattamento e scompaiono facilmente tra un pasto e l'altro. Non hanno importanza.

*Lingua bianca.* I neonati, nel periodo in cui sono alimentati solo a latte, hanno spesso la lingua bianca. È del tutto normale. In caso di infezione o di malattia la lingua non è bianca su tutta la superficie, ma presenta delle macchie bianche su una superficie rosea.

*Papule contenenti siero.* Appaiono sulle gengive: sono innocue e comuni cisti. Macchie bianco-giallastre sul palato, visibili quando il neonato sbadiglia, sono altrettanto innocue. Entrambe scompariranno senza l'aiuto di nessun medicamento prima della dentizione.

## Mammelle

*Seni gonfi.* È perfettamente normale che nei primissimi giorni di vita le mammelle dei neonati di entrambi i sessi siano gonfie. Ciò dipende dagli ormoni trasmessi al bambino dalla madre appena prima del parto. Gli ormoni erano destinati alla madre, ma a volte passano nel bambino. Può anche capitare che le mammelle contengano una piccola quantità di latte. Non bisogna assolutamente toccarle tentando di spremere il latte, per il rischio di provocare un'infezione. Il gonfiore sparisce in pochi giorni, non appena il neonato elimina gli ormoni.

## Addome

*Cordone ombelicale.* L'ostetrica controllerà che il moncone del cordone si stia cicatrizzando nel modo migliore (vedi p. 100). Se notate segni di arrossamento o essudazione parlatene al medico.

*Ernia ombelicale.* Una piccola protuberanza nella regione ombelicale, che aumenta quando il bambino piange, non è del tutto "normale", ma abbastanza comune. È dovuta a una leggera debolezza dei muscoli della parete addominale che lasciano sporgere l'intestino. Questo tipo di ernia si risolve quasi sempre spontaneamente entro l'anno e molti medici ritengono che guarisca molto più rapidamente se non si applica un cerotto. Pochi casi richiedono l'intervento chirurgico.

## Organi genitali

I genitali dei neonati, maschi e femmine, in proporzione al resto del corpo sono più grandi alla nascita che in qualsiasi altro periodo prima della pubertà. Nei primi giorni di vita può anche darsi che siano più grandi del normale perché gli ormoni della madre, attraverso la placenta, sono passati nel bambino provocando un gonfiore temporaneo. Lo scroto e la vulva sono talvolta anche arrossati e l'insieme dei genitali può apparire molto vistoso e strano. Non preoccupatevi. Il medico e l'ostetrica che hanno aiutato il bambino a nascere si sono senza dubbio assicurati che tutto fosse a posto. Gonfiore e infiammazione diminuiranno nel periodo di assestamento del neonato, che crescerà rapidamente ristabilendo le giuste proporzioni.

*Testicoli non scesi.* I testicoli di un maschietto si sviluppano nell'addome e scendono nello scroto poco prima della nascita a termine. Se il medico non riesce a sentirli durante la visita, può darsi che siano "mobili", cioè sono discesi, ma tornano nell'addome al tocco di una mano fredda. Con il tempo scenderanno comunque da soli in maniera definitiva. Si parla invece di criptorchidia vera e propria quando non si riesce a spingere il testicolo nello scroto di un bambino nato a termine o di un bambino nato pretermine, una volta che abbia raggiunto la data di nascita prevista. Se i testicoli non sono posizionati in modo corretto nello scroto, parlatene al medico, che effettuerà un controllo quando il bimbo avrà raggiunto la sesta settimana di vita.

*Prepuzio aderente (fimosi).* Nel feto il pene e la pelle che ne ricopre la punta si sviluppano da un unico elemento. Alla nascita sono ancora uniti e si separano gradualmente solo nei primi anni. Il prepuzio aderente è quindi un falso problema. Non si deve tirare indietro la pelle del prepuzio, né lavarlo all'interno perché non è previsto che si possa fare a questa età. Il medico consiglia la circoncisione (asportazione chirurgica del prepuzio) in pochissimi casi, evenienze la cui causa deve essere spesso fatta risalire ai tentativi di ritrarre la pelle prima che il prepuzio si sia staccato da solo.

---

## *Feci, urine e secrezioni*

L'alimentazione e quindi la digestione e l'espulsione dei prodotti di rifiuto sono processi che si stabilizzano a poco a poco nei primi giorni di vita. Se siete abituati ai pannolini di bambini più grandicelli, il contenuto di quelli dei neonati potrà sorprendervi.

*Meconio.* È una sostanza appiccicosa di colore nero-verdastro che si accumula negli intestini del bambino quando è ancora nell'utero e che deve essere evacuata prima dell'inizio della digestione. Quasi tutti i neonati si liberano del meconio nelle prime 24 ore. Se un bambino nasce in casa e non elimina il meconio entro il secondo giorno si deve informare l'ostetrica, perché potrebbe trattarsi di un'occlusione intestinale.

*Sangue nelle feci.* Il primo o il secondo giorno si nota, anche se molto di rado, sangue nelle feci. Di solito si tratta del sangue della madre inghiottito durante la nascita. Conservate il pannolino per mostrarlo all'ostetrica.

*Urina rossastra.* All'inizio l'urina contiene spesso degli "urati" che colorano di rosso il pannolino. Poiché sembra sangue è meglio conservare il pannolino per mostrarlo all'ostetrica.

*Minzione frequente.* Una volta iniziato il flusso urinario, il neonato può bagnarsi anche 30 volte in 24 ore. È assolutamente normale, mentre se rimane asciutto per 4-6 ore dovrebbe essere visitato dal medico o da un'ostetrica perché le vie urinarie potrebbero essere ostruite.

*Perdite vaginali.* Nelle neonate si verificano spesso, in qualsiasi momento della prima settimana di vita, piccole perdite di sangue. Sono provocate dagli estrogeni che la madre ha trasmesso alla bambina appena prima che nascesse.

*Secrezioni vaginali.* Anche una secrezione vaginale trasparente o biancastra è normale. Cesserà in pochissimi giorni.

*Secrezione nasale.* Spesso si raccoglie nel naso dei neonati una certa quantità di muco che provoca difficoltà nella respirazione o fa "colare" il naso. Non significa che il bambino abbia il raffreddore o qualche altra infezione.

*Lacrime.* Quasi tutti i neonati piangono senza lacrime fino a 4-6 settimane. Solo pochissimi piangono con le lacrime dall'inizio. Entrambi i casi sono normali.

*Sudore.* La testa dei neonati è grande rispetto al corpo e perciò accumula e disperde molto calore. Tenergli la testa coperta lo aiuterà a stare caldo, ma se fa troppo caldo e il piccolo comincia a sudare, ciò impedirà l'evaporazione e quindi la dispersione del calore in eccesso. Molti neonati sudano copiosamente alla testa e al collo anche quando queste parti sono scoperte. È normale, a meno che il bambino non dia segni di febbre o di malessere. È un buon motivo, tuttavia, per sciacquare spesso la testa e i capelli, perché il sudore potrebbe irritare la pelle nelle pieghe del collo.

*Vomito.* Il rigurgito di un po' di latte dopo i pasti è normale.

## L'opinione dei genitori

### *Opporsi alla circoncisione è una moda sciocca; a me non ha fatto alcun male*

***Siamo in attesa del nostro secondo figlio, un maschietto, e io avevo dato per scontato che il bambino sarebbe stato circonciso direttamente in ospedale; ma con mio grande stupore mia moglie si è opposta. Pensai che avesse cambiato idea dopo aver letto qualche articolo in cui si affermava che la circoncisione era dolorosa. Dissi che ero favorevole all'anestesia, ma ciò non ha fatto cambiare parere a mia moglie. Secondo lei la circoncisione è una pratica crudele e arcaica; io invece sostengo che a me non ha fatto alcun male e che anzi è importante per questioni di igiene.***

È sempre difficile per un adulto rifiutare il suo passato in nome dei figli. Ed è specialmente difficile per un uomo quando l'argomento tocca temi delicati come quello dell'"integrità" dei propri organi sessuali. Lei nega qualsiasi conseguenza, ma altri uomini circoncisi affermano che l'operazione li ha lasciati con l'incancellabile impressione di essere stati mutilati. Il mondo ha fatto molta strada da quando lei era piccolo e sua moglie vuole appunto che il vostro bambino sfrutti questo progresso delle conoscenze umane.

Non ci sono infatti ragioni plausibili che giustifichino l'escissione di "routine" del prepuzio. Si riteneva che il taglio migliorasse l'igiene perché consentiva di pulire lo smegma che si accumula sotto il prepuzio (che in un bambino non si può ritrarre), ma l'idea è del tutto ingiustificata. Sappiamo oggi che prepuzio e glande sono ancora fusi alla nascita, e così devono essere; solo gradualmente si separano. Non si può e non si deve cercare di ritrarre il prepuzio di un neonato. Non è possibile né necessario né desiderabile farlo finché il bambino non ha quattro o cinque anni, quando sarà in grado di lavarsi da solo. Prima di quell'epoca i tentativi di far scorrere indietro il prepuzio provocano minute lacerazioni. Queste piccole ferite guariscono lasciando del tessuto cicatriziale che può impedire la separazione naturale dei tessuti e rendere più tardi necessaria la circoncisione. Suo figlio non ha bisogno che il suo prepuzio venga reciso per mantenere il pene pulito più di quanto non abbia bisogno che gli si allarghino le narici per mantenere il naso sgombro. Né la circoncisione riduce l'incidenza di cancro della cervice nella partner: si tratta di un'affermazione gratuita, del tutto priva di ogni fondamento!

Ma se non ci sono ragioni fisiche *a favore* della circoncisione dei neonati, ce ne sono molte contro. E così fondate che in molti paesi questa pratica è eseguita solo per motivi religiosi. Solo negli Stati Uniti continua a essere una prassi ospedaliera comune.

La circoncisione non è solo un piccolo taglietto come molti pensano. Uno dei massimi pediatri americani la descrive come "uno dei più dolorosi interventi eseguiti sui neonati". Tutti i bambini reagiscono con pianto e spavento, molti con crisi isteriche; alcuni sono colti da shock. L'anestesia locale, non sempre efficace né del tutto indolore, è certamente meglio che niente, ma quando l'effetto dell'anestetico finisce rimane il dolore della ferita al pene e il bruciore durante la minzione, oltre al trauma subito dal bambino. Con o senza anestesia la circoncisione significa giornate spiacevoli per tutti.

Quando un bambino deve essere operato per il suo bene, i genitori devono far buon viso a cattivo gioco, sperando che il piccolo dimentichi presto il dolore, il senso di impotenza e di tradimento. Ma perché rovinarsi la prima settimana di vita insieme quando non ci sono ragioni accettabili per controbilanciare il dolore inflitto?

## Il ritorno a casa

Il ritorno a casa sarà probabilmente più faticoso e meno eccitante del previsto. Per quanto impaziente di lasciarlo, l'ospedale vi apparirà un rifugio sicuro e tranquillo quando dovrete arrangiarvi da sola e, benché vi sentiate molto meglio rispetto alle madri che hanno appena partorito, sarete stremata; gli ormoni stanno lavorando a pieno ritmo per produrre latte e nonostante tutti questi sconvolgimenti fisici dovrete anche affrontare le difficoltà emotive derivate dalla presenza di un'altra persona nella vostra vita e in quella della vostra famiglia.

Ma per quanto vi sentiate strana, in capo a poche settimane tutto vi sembrerà tornare normale. Cercate di essere paziente e gentile con voi stessa. Perché non ve ne state a letto con il bambino e il vostro compagno concedendovi una specie di luna di miele a tre (vedi p. 37). Appoggiatevi, senza riserva, al partner o a chi vi offre aiuto. Lasciate che si prendano cura di voi mentre badate al bambino. Non cercate di strafare. Questo è il momento di pensare alle persone e ai loro sentimenti. Esprimete le vostre opinioni, parlate con il compagno, occupatevi di ciò che provano gli altri bambini se non siete primipara e, soprattutto, coccolate il piccino.

*Malinconia* La malinconia non è una fase inevitabile dei giorni successivi al parto, ma è molto comune. Talvolta ci sono motivi concreti: non vi sentite bene o magari il bambino è nell'incubatrice, oppure è la temporanea lontananza del vostro compagno a pesarvi.

Ma persino se il parto è stato facile, se il bambino è bello e sano e non vi viene in mente nessuna ragione valida per sentirvi così avvilita, potreste improvvisamente scoppiare in lacrime. Non lasciatevi spaventare da queste crisi di pianto e non deducetene che dovete essere infelice. In questo caso le lacrime sono causate, oltre che da un cambiamento di umore che vi coinvolge dal punto di vista sia fisico sia emotivo, anche dallo squilibrio ormonale in atto mentre il corpo lotta per adattarsi al fatto di non essere più incinta e di dover produrre latte. Se le lasciate fluire, magari piangendo abbondantemente sulla spalla del partner, probabilmente cesseranno nello stesso modo in cui sono cominciate.

*Depressione dopo il parto* La depressione postnatale è diversa dai temporanei sbalzi d'umore a cui si può essere soggette nei primissimi giorni dopo il parto. Può sopraffarvi in qualsiasi periodo, anche mesi dopo, e durare a lungo.

La depressione è una vera malattia. Qualsiasi grande sconvolgimento può farla esplodere: un lutto o un divorzio, un trasloco o un licenziamento. Alla fine le persone riescono quasi sempre a ritrovare il proprio equilibrio da sole. Ma quando lo sconvolgimento è dovuto al parto, c'è un bambino a cui pensare.

Nel profondo, la depressione postnatale riguarda il vostro essere madre, quindi riguarda voi ma anche il bambino. Mette infatti in discussione l'immagine che avete del bambino e quindi l'immagine che egli avrà di sé e, sia pure in modo più superficiale, tocca quindi anche il neonato. Il bambino ha bisogno del vostro amore e se siete depresse non sarete in grado di darglielo. La depressione ha la capacità di privare ogni cosa di gioia e colore, di minare la fiducia che nutrite in voi stesse e la vostra energia, facendovi precipitare in una spirale di ansia. Anche se trovate la forza di soddisfare i bisogni fisici del bambino o di incaricare qualcuno di farlo per voi, la depressione vi negherà il piacere connesso a questa attività, impedendo che il bambino diventi per voi una gioia oltre che una responsabilità. Quindi, se dovreste soffrire di depressione postnatale, oltre che dal punto di vista medico avrete bisogno anche di un aiuto pratico e psicologico. E subito, per il vostro bene e per quello del bambino.

La questione è: vi prenderete la briga di cercarlo? Se vi sentite totalmente senza valore, probabilmente non vi sentirete degne del tempo che vi potrà dedicare il medico. Se il semplice fatto di vestirvi implica sforzi sovrumani, parlare a qualcuno di come vi sentite potrebbe essere superiore alle vostre forze. Partner, nonne e amici farebbero bene a considerare la possibilità di una depressione postnatale così che, se i sintomi si confermano, invece di ripetervi semplicemente "fatti coraggio" possano offrirvi un aiuto pratico. Le amiche sono preziose in questo caso. L'esperienza della depressione postparto e l'aiuto necessario sono diversi da donna a donna, ma tutte le ricerche suggeriscono che mentre l'allontanamento del bambino non giova affatto, il sostegno e la vicinanza di altre madri sono preziosi.

*Vasta o ristretta che sia la vostra cerchia di amicizie, ora avere accanto un'amica sarà di fondamentale importanza.*

*Provate ad allattare; in poco tempo diventerà probabilmente un piacere per entrambi.*

# L'ALIMENTAZIONE E LA CRESCITA

La decisione di allattare un neonato al seno spetta unicamente alla madre, perché è lei che poi lo dovrà fare: è il suo corpo, il suo stile di vita, il suo modo di essere madre che entrano in gioco. Ma il fatto che i padri non possano allattare al seno non li esime dal prendere parte alla decisione, né li libera dalla responsabilità implicita nella scelta. È più probabile che la madre scelga l'allattamento al seno se il suo compagno si aspetta che lei lo faccia o se le dimostra di apprezzarlo. Ed è spesso il sostegno del partner quello che consente a una donna di superare le difficoltà iniziali dell'allattamento al seno. Perciò la decisione spetta alla madre, ma non solamente a lei, a meno che non sia sola a prendersi cura del bambino.

Ma alla fin fine c'è davvero qualcosa da decidere? A meno che l'allattamento al seno non sia qualcosa al di là delle vostre possibilità, qualcosa che rifiutate in assoluto, nonostante tutto quello che vi hanno detto in gravidanza, vi conviene cominciare ad allattare. In questo modo potete rimandare la decisione finale a un'epoca successiva e intanto offrire al bambino molti benefici. Se scoprite che non vi piace o che non intendete continuare a lungo, potrete sempre passare (gradualmente) al biberon, sapendo di avere comunque dato al vostro bambino una buona base di partenza. Ma se avrete cominciato con il biberon, poi sarà troppo tardi per cambiare: non potete passare dall'allattamento artificiale a quello al seno, perché, a meno che il bambino non abbia succhiato regolarmente, non avrete latte da dargli.

*Vantaggi immediati dell'allattamento al seno*

Non ascoltate chi vi dice che, a meno che non intendiate allattare per molti mesi, è inutile anche cominciare. Vale comunque la pena anche per un brevissimo periodo. Per il bambino è un vantaggio essere nutrito al seno anche solo per uno o due giorni perché:

- Mentre il bambino sta regolarizzando la vostra produzione di latte, prenderà per prima cosa il colostro che, oltre a fornirgli la giusta quantità di acqua e zucchero (che il neonato può anche assimilare sotto forma di acqua zuccherata da un semplice biberon, se non è allattato al seno) gli fornisce anche il giusto apporto di proteine e sali minerali, più molti anticorpi che proteggono la sua salute mentre il sistema immunitario è ancora in formazione. Non esiste nessun equivalente artificiale del colostro, e questa è la ragione per cui persino pochi giorni di allattamento al seno possono costituire un ottimo inizio per la vita del bambino.
- Il *vostro* latte (non quello di altre madri) è il latte giusto per il vostro bambino. Si adatta infatti alla sua età e al suo stadio di sviluppo, tanto che la sua composizione iniziale dipende dal fatto che il bambino sia nato a termine o prima del termine. E si adatterà anche alle condizioni esterne; così se per esempio fa molto caldo, e il bambino ha bisogno di più acqua, il vostro latte sarà meno denso.
- Se il bambino è geneticamente predisposto alle allergie, l'allattamento al seno lo proteggerà dall'assunzione di proteine "estranee" mentre il suo sistema digestivo matura.

- Le ricerche suggeriscono che i benefici dell'allattamento al seno, (anche se dura solo poche settimane) per la salute del bambino sono enormi e si fanno sentire per tutta la vita. Sembra per esempio che esso contribuisca allo sviluppo del cervello e riduca le possibilità di problemi neurologici.

Allattare per sole due settimane significa passare attraverso tutte le difficoltà dell'allattamento e perdersi invece il piacere, ma vi offrirà comunque dei vantaggi fisici:

- Il vostro utero tornerà più in fretta alle sue normali dimensioni.
- Le poppate notturne risultano molto meno complicate.
- Quando la produzione di latte si è stabilizzata, gli ormoni rilasciati durante la poppata vi aiuteranno a rilassarvi e a combattere lo stress.

In pochi giorni l'allattamento al seno diventerà piacevole sia per voi sia per il bambino. Invece quello fatto controvoglia non lo diventerà affatto. Nutrire il bambino diventerà più facilmente un'esperienza positiva se non darete ascolto a chi vi dice che non lo è, a chi sostiene che vi stancherà troppo o che non avrete abbastanza latte. Il pessimismo sembra spesso profetico, specialmente nei primi giorni, quando contiene un nocciolo di verità. E tuttavia fidatevi di voi e del bambino, confidate di essere capace di dargli tutto quello che gli occorre, e circondatevi di persone che abbiano la vostra stessa fiducia in tutti e due. Biberon e latte in polvere non comprateli neppure, a meno che la farmacia non sia a più di un'ora di distanza.

*Vantaggi a lungo termine dell'allattamento al seno*

È il latte materno quello che la natura ha previsto per i cuccioli di uomo, non il latte di mucca. Le diversità compositive fra i due tipi di latte assommano a più di 100 e non possono certo essere tutte compensate dai preparati artificiali. Le ultimissime ricerche in questo campo non fanno che ampliare la gamma dei vantaggi che l'allattamento al seno offre al neonato:

- Il vostro latte (il vostro, ricordate, non quello di un'altra madre) continua a essere l'unico latte su misura per il vostro bambino, e si adatta di continuo alla sua età, al suo sviluppo e alle condizioni esterne in cui vivete entrambi.
- Il latte materno si adatta all'appetito del bambino anche nell'ambito di ogni poppata, in modo da saziarlo senza farlo ingrassare. Il primo latte che esce dal seno ha infatti un basso tenore calorico e serve a calmare la sete e il desiderio di succhiare del piccolo senza però saziarlo troppo. Quello che esce verso la fine è più ricco di grassi e di calorie e gli procurerà un senso di sazietà, spegnendone l'appetito.
- Finché il bambino è allattato al seno è meno esposto alle infezioni, in particolare alle gastroenteriti, ma anche ai raffreddori e alle otiti.
- Se il bambino è geneticamente predisposto alle allergie, l'allattamento al seno lo proteggerà a lungo.
- Oltre ai vantaggi offerti dal latte materno, succhiare al seno è di per sé più soddisfacente che succhiare dal biberon, perché il bambino può continuare a farlo a suo piacere anche quando il seno è ormai vuoto: il gusto è comunque migliore dell'aria della bottiglia.

A lungo termine l'allattamento al seno è vantaggioso anche per voi una volta che sarete riuscita a organizzare la vostra vita in tal senso:

- L'allattamento vi costringerà a sedervi o a sdraiarvi e così anche a riposarvi un po': forse è uno dei pochi momenti in cui potete farlo.

## L'opinione dei genitori

### *Le madri che allattano al seno hanno meno libertà*

*Non siamo giovanissimi e stiamo per avere il nostro primo bambino. Siamo naturalmente consapevoli dei vantaggi dell'allattamento al seno, ma siamo rimasti colpiti da come esso sembri costituire una restrizione per i genitori. Di recente abbiamo dato una festa a cui sono stati portati anche cinque lattanti perché le madri non potevano lasciarli a casa, dovendo allattarli. Deve essere pur possibile allattare al seno senza essere ridotti in schiavitù.*

L'allattamento al seno è indubbiamente un legame tra madre e figlio, ma che tale legame diventi una pesante catena dipende dalla madre (e dal suo compagno), dal bambino, dallo stile di vita e dalla particolare giornata.

Se il bambino è nutrito solo con latte materno e lo prende esclusivamente dal seno, ci vorranno almeno tre mesi prima che possiate fidarvi a lasciarlo per più di un'ora per volta: e di fronte a un bambino tre mesi vi sembrano una schiavitù?

Alcuni neonati hanno orari così regolari che si può stare sicuri che non avranno né fame né sete prima di tre ore dall'ultima poppata: il tempo sufficiente per andare al cinema o a cena o magari a tutti e due. Per la maggior parte dei bambini però non è così. Il problema è che se un ruttino o un rumore svegliano il piccolo dopo due ore dall'ultima poppata, vorrà succhiare un po' per riaddormentarsi e se voi non siete lì niente lo potrà calmare.

Non lasciatevi convincere da chi vi dice che se si sveglia e piange quando non ci siete non ci sono problemi. Una volta che un bambino, che non conosce altro mezzo per mangiare o bere, ha deciso che vuole succhiare, niente lo potrà distrarre e piangerà sconsolatamente, talvolta istericamente, perché più si stanca e più aumentano la fame e la sete. Sarà un'agonia per lui e per chi se ne sta prendendo cura, che sicuramente desidera aiutarlo ma è del tutto impotente.

Ma finché il bambino è allattato esclusivamente al seno, è proprio necessario lasciarlo a casa? Se lo porterete con voi, potrete andare praticamente dappertutto. Certo, cinema e teatri sono rischiosi, ma le festicciole vanno benissimo (i vostri piccoli ospiti non hanno certo dato fastidio) e lo stesso vale se dovete fare delle spese o andare al ristorante, purché scegliate esercizi attrezzati per i bambini.

Le poppate notturne, benché più frequenti, saranno meno faticose.

- Allattare vi farà riprendere rapidamente la linea perché consumerete il grasso extra accumulato in gravidanza (che doveva servire proprio per la lattazione) passandolo al bambino. In certi casi vi potrebbe anche far piacere che un po' del grasso che avevate sul seno sia stato sostituito da tessuto ghiandolare, così che dopo lo svezzamento il seno avrà dimensioni leggermente più piccole di quelle che aveva prima della gravidanza.
- L'allattamento vi libererà nell'immediato dalle mestruazioni, e a lungo termine dalla fastidiosa tensione mammaria premestruale. Però non vi metterà al riparo da un eventuale concepimento.
- L'allattamento sembra ridurre il rischio di cancro al seno prima della menopausa.
- Con l'allattamento al seno risparmierete tempo e fatica: niente da comprare, niente da mischiare e sterilizzare, niente da mettere in frigorifero o da riscaldare, niente da preparare nel mezzo di un film alla televisione o nel cuore della notte, niente da lavare. Ed è sicuramente anche meno costoso (e più gratificante) comprare il cibo per voi, cu-

cinarvelo, mangiarvelo e produrre latte, che non comprare il latte artificiale preparato da qualche industria alimentare.

■ A meno che non vi sentiate in imbarazzo allattando in presenza di estranei, l'allattamento al seno rende più facile qualsiasi uscita dobbiate fare con il bambino, e persino recarsi in luoghi pubblici o al lavoro. Infatti, dovrete solo portarvi dietro i pannolini e tutto l'occorrente per pulirlo quando lo cambiate.

*Vantaggi dell'allattamento artificiale*

Quasi tutte le madri sono in grado di produrre latte e quasi tutti i neonati imparano a nutrirsi al seno. Il "quasi" tiene conto delle poche eccezioni a questa regola. Se il bambino non può prendere il vostro latte perché voi state assumendo dei farmaci che potrebbero nuocergli, o se ne avrebbe molto bisogno ma non può succhiare perché è immaturo o malato o ha un difetto fisico che glielo impedisce (labbro o palato fesso), i vantaggi dell'allattamento artificiale saranno chiari ed evidenti a tutti. Anche se non riuscite a far coincidere domanda e offerta con piena soddisfazione vostra e del bambino, sarete tutti e due indotti a pensare che il biberon è più vantaggioso, benché in realtà i problemi siano spesso fittizi o risolvibili. Fate comunque attenzione, perché talvolta il biberon sembra all'inizio più vantaggioso solo perché l'allattamento al seno richiede più tempo per diventarlo. Infatti:

■ È più facile abituare un bambino a succhiare dalla bottiglia che non dal seno perché nel primo caso vi dovrete preoccupare solo della capacità di succhiare e del comfort del neonato e non del vostro.

■ Il biberon vi esime dall'intenso (e spesso sconvolgente) coinvolgimento fisico ed emotivo necessario perché l'allattamento al seno abbia successo.

■ Se non siete incinta e non state allattando, il vostro corpo non è più responsabile del benessere del bambino e vi appartiene di nuovo. Non vi preoccupate più che quel corpo possa nutrire il bambino, perché sapete già che chiunque può farlo, anche il padre e fin dall'inizio. Proprio per questo il legame tra padre e figlio sarà più stretto. Ma per la stessa ragione il vostro potrebbe esserlo meno.

*Vantaggi dell'allattamento misto*

Molti dei vantaggi fisici dell'allattamento materno sono dovuti al latte piuttosto che al succhiare dal seno. Con l'aiuto del biberon potreste dare al bambino il vostro latte senza allattarlo fisicamente e dover quindi essere presente. Questo è particolarmente importante se volete assolutamente dare il vostro latte al bambino (o se lui ne ha particolarmente bisogno per motivi medici, per esempio perché soffre di allergie), ma dovete tornare a lavorare molto presto (tuttavia non troppo presto, si spera).

Se la secrezione lattea ha avuto tempo di stabilizzarsi, può essere così abbondante che allattando liberamente (e spesso) la notte e prima di uscire la mattina, sarete in grado di spremere dal seno latte a sufficienza per tutto il giorno. Se pensate di far ricorso a questo metodo misto, vi occorrerà un tiralatte. Spremere il latte manualmente è una tecnica utile per i casi di emergenza, ma raccogliere intere bottiglie di latte è defatigante e lungo. Esistono in commercio tiralatte manuali ed elettrici più o meno sofisticati. Non è detto che il più raffinato sia anche il più comodo. Prima di acquistarne uno, affittatelo per un periodo di prova.

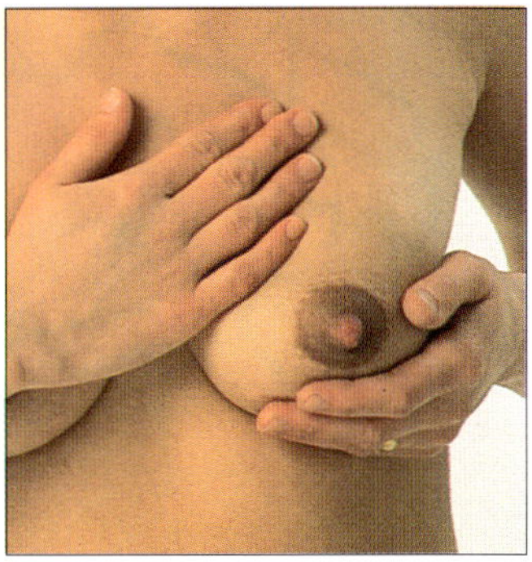

**1** Sostenete il seno con una mano e con l'altra premetelo tutt'intorno e più volte verso il basso fino all'areola.

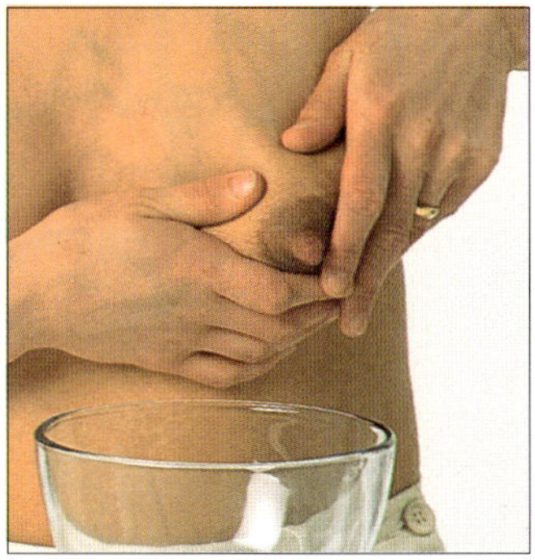

**2** Con le dita sotto il seno, fate scorrere il pollice verso il basso fino al margine dell'areola e sui dotti lattiferi sottostanti.

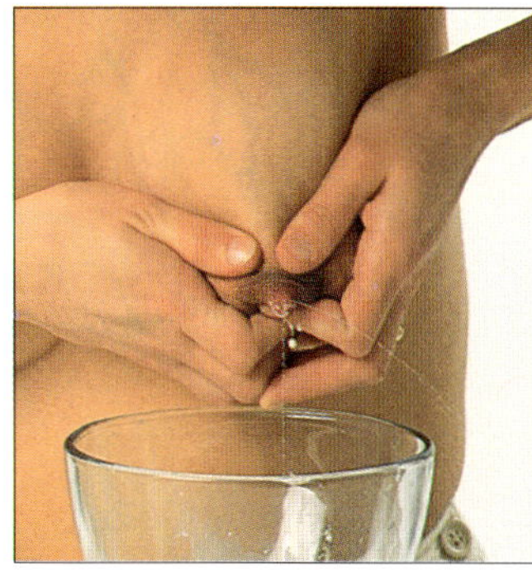

**3** Continuate a premere con il pollice: il latte sgorgherà dal capezzolo non toccato. Ripetete tutt'intorno al seno.

Molti dei vantaggi emotivi e sociali dell'allattamento al seno derivano in effetti dall'intimità che si instaura tra madre e figlio. Ma non fissatevi sulla formula o tutto o niente. Potete allattare voi stessa il bambino quando siete presente e lasciare che lo faccia qualcun altro con il biberon quando non potete esserci.

Tuttavia non tutti i bambini passano con facilità dal biberon al seno e viceversa, e pochi riescono a farlo prima dei due o tre mesi di vita. Ma se il bambino ha accettato il biberon, consentendovi di andare al lavoro, non c'è ragione che non possa farlo, occasionalmente, anche durante un fine settimana. E se il sabato l'avete allattato di giorno e avete estratto il quantitativo di una bottiglia per la sera, il padre, un nonno o una baby-sitter affidabile potrebbero incaricarsi di dargli da mangiare, permettendovi così di uscire e svagarvi un po' o di andare a dormire presto.

Se, come molte donne, avete problemi a spremere il latte dal seno (o a trovare il tempo per farlo) e non ci sono particolari ragioni contro l'allattamento artificiale, il biberon può sembrare, e risultare, il sistema più pratico quando dovrete tornare al lavoro. Ma se avete cominciato ad allattare al seno, l'uso del latte artificiale di giorno non significa automaticamente la rinuncia all'allattamento al seno. Non in tutte le donne la secrezione lattea dipende dalla continua spremitura. La vostra potrebbe continuare anche se sollecitata solo la mattina presto e poi la sera e la notte: il bambino potrebbe prendere il latte artificiale di giorno e succhiare al seno la notte, senza fare confusione tra le due alternative o rifiutare una delle due.

Benché ci siano bambini che non hanno mai visto un biberon o assaggiato latte artificiale e altri che non hanno mai provato a succhiare al seno, spesso le madri preferiscono poter usare entrambi i sistemi. Molti bambini allattati al seno succhiano occasionalmente dal biberon, anche quelli nutriti esclusivamente con latte materno, che in tal caso riceveranno latte spremuto in precedenza. Di fatto vi potrà capitare di usare entrambi i metodi in sequenza, in modo intercambiabile oppure episodicamente.

## SENO, BIBERON O TUTTI E DUE?

I piani fatti per l'allattamento, così come i piani per il parto, vengono spesso travolti dagli avvenimenti. Per quanto chiari e decisi possano essere i vostri progetti, potreste essere costrette a cambiarli, come è capitato alle tre neomadri citate negli esempi che seguono. I piani sono un'ottima cosa, ma se non funzionano per voi e per il bambino non esitate ad abbandonarli.

### *La storia di Angela*

***Progetto.*** Allattare al seno per il bene del neonato durante i tre mesi di congedo di maternità; poi passare al latte artificiale.
***Come sono andate le cose?*** Solo allattamento al seno per cinque mesi e poi misto per quasi un anno. I biberon erano di latte materno. Il latte artificiale solo in tazza.
***Perché i piani sono cambiati?*** Con sua sorpresa Angela scoprì che le piaceva allattare e che non voleva smettere, per il bene suo e del bambino. Forse la piccola Amy intuì che la madre non era del tutto convinta quando le offriva il biberon; riuscì comunque a far capire che non intendeva rinunciare al seno e che non ne voleva sapere di latte artificiale in bottiglia. Poiché il congedo di maternità stava ormai per finire, Angela provò a spremere il suo latte per darlo ad Amy con il biberon. L'operazione si rivelò facile e Amy fu disposta ad accettare il biberon di latte materno, purché le fosse offerto da qualcuno che non fosse Angela. Venne quindi nutrita in questo modo fino ai cinque mesi, quando iniziò a sostituire il biberon del pranzo con cibo solido e una tazza di latte. Infatti Angela e la persona che si prendeva cura della piccola scoprirono che Amy prendeva volentieri il latte artificiale purché le fosse offerto da una tazza. Così Angela smise con sollievo di spremere il latte per i biberon da usare durante il giorno. Ma l'allattamento al seno continuò: con grande piacere Angela scoprì che la secrezione lattea restava abbondante anche se allattava Amy solo la mattina, la sera e durante la notte.

### *La storia di Maria*

***Progetto.*** Allattamento al seno per il primo anno o almeno fino allo svezzamento, sfruttando i cinque mesi di congedo di maternità più un permesso di un anno, e il nido aziendale.
***Come sono andate le cose?*** Biberon di latte artificiale per integrare il latte materno a partire da due mesi; passaggio definitivo al latte artificiale a quattro mesi.
***Perché i piani sono cambiati?*** Allattando, Maria non si è mai trovata a suo agio come aveva sperato. Benché suo figlio, Jonathan, succhiasse bene, la madre non si era resa conto di quanto spesso doveva allattarlo per aumentare e mantenere la secrezione lattea. Il suo compagno era favorevole all'allattamento al seno, ma non lo riteneva poi così importante. Se Maria aveva dormito male o era depressa, suggeriva sempre di dare a Jonathan il biberon perché lei potesse riposarsi. A due mesi dalla nascita, Jonathan mangiava ancora molto spesso, specialmente la sera, e il padre cominciò a rendersi conto che in quel modo non avrebbero mai potuto uscire tra una poppata e l'altra. Un mese più tardi non solo Maria era molto stanca, ma provava anche un misto di sensi di colpa e rabbia nei confronti del partner. Decise così di vedere se un biberon di latte artificiale la sera saziava Jonathan abbastanza a lungo per dare a loro due un po' di respiro. L'esperimento funzionò così bene che presto i genitori poterono uscire la sera, affidando il bambino a una baby-sitter. All'inizio Maria voleva che quei biberon serali fossero

l'eccezione, ma aver eliminato le poppate serali ridusse drasticamente la quantità di latte da lei prodotta, e il bambino cominciò a chiedere il biberon a ogni pasto. A quattro mesi, Jonathan era passato all'allattamento artificiale. Per Maria non dover lottare per allattare fu un sollievo, tuttavia rinunciare le spiacque. Si rendeva però conto che ora sapeva perlomeno cosa aspettarsi e che l'esperienza le sarebbe servita con un secondo bambino, anche senza il sostegno del suo compagno.

*La storia di Jessica*

***Progetto.*** Allattamento al seno finché il bambino avesse voluto. Jessica aveva atteso a lungo un figlio e ora poteva permettersi di dedicarsi con calma al bambino prima di tornare a lavorare part time nell'azienda familiare, dividendosi senza problemi tra lavoro e cure materne. L'allattamento era parte dell'immagine che aveva di se stessa: una madre matura e serena.

***Come sono andate le cose?***
Allattamento artificiale a partire dal terzo giorno di vita del bambino.

***Perché i piani sono cambiati?***
La seconda fase del parto fu molto lunga. Però il bambino, Sam, si mise a succhiare pochi minuti dopo la nascita. Così, benché le ostetriche avrebbero preferito trattenerli in ospedale almeno per la notte, cedettero alle insistenze di Jessica che voleva tornare a casa subito. Senza di loro, tuttavia, Jessica non riuscì a far attaccare Sam al seno nonostante l'aiuto volenteroso del marito. Il bambino dormì a lungo quella notte, ma i genitori erano sulle spine. La mattina seguente erano esausti e convinti che Sam fosse ormai disidratato. Quando infine arrivò la levatrice, i capezzoli di Jessica erano dolenti e il suo umore depresso. La levatrice rassicurò tutti e aiutò Jessica ad attaccare Sam. Quella notte tuttavia la montata lattea fu così improvvisa che lasciò Jessica dolorante e Sam incapace di afferrare il capezzolo e altrettanto piangente. Il padre chiamò la suocera e uscì a comprare i biberon.

## L'alimentazione nei primi giorni

I neonati non hanno bisogno di molto nutrimento per i primi tre o quattro giorni. A quelli allattati al seno basta il colostro.

Ai neonati allattati artificialmente vengono dati acqua e zucchero prima di tutto; quando si somministra loro del latte, ciò di cui hanno maggior bisogno è l'acqua che vi è contenuta. È probabile che non ne prendano molto: devono ancora imparare a succhiare.

I neonati, poiché all'inizio mangiano poco, perdono peso per quattro o cinque giorni prima di ricominciare a crescere (calo fisiologico). Di solito perdono 225 g in cinque giorni e li recuperano nei successivi cinque. Un neonato di dieci giorni dovrebbe perciò avere lo stesso peso che aveva alla nascita.

Quando un lattante ha sete o fame si sente a disagio, perciò piange. Ma in questa prima fase non piange perché vuole mangiare. Non sa ancora che il suo disagio deriva dalla fame, o che succhiando troverà il latte, o che il latte lo farà sentire meglio. Solo con l'esperienza scoprirà che succhiare = latte = benessere. Alcuni neonati sono così pronti a succhiare che imparano in fretta e con facilità questa funzione vitale. Probabilmente si erano già esercitati a succhiarsi le dita quando erano ancora nell'utero (sappiamo che alcuni lo fanno) e quando nascono succhiano qualsiasi cosa capiti loro in bocca. Natu-

**1** Avvicinate il bambino al biberon come se fosse il seno: invece di cercare di infilargli in bocca la tettarella, strofinategliela sulla guancia e il bambino volterà la testa.

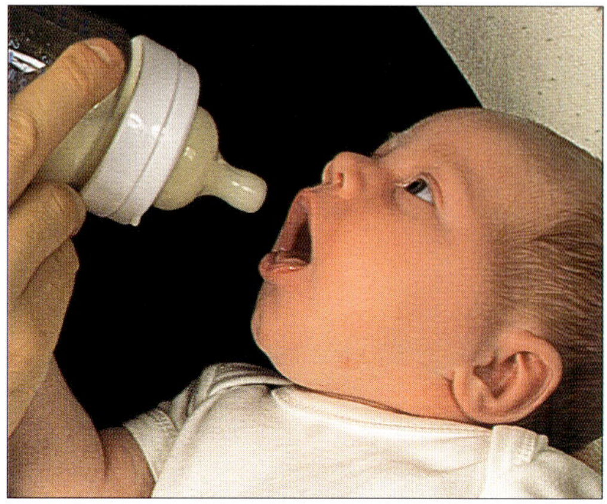

**2** Mentre si volta verso di voi incresperà le labbra: se le toccate con la tettarella si apriranno. Quella bocca spalancata vi dice che il bambino è pronto a ricevere il latte.

**3** Se ora gli infilate la tettarella in bocca, il bambino l'afferrerà a fondo e comincerà a succhiare ritmicamente. Tenete la bottiglia inclinata (per evitare che inghiotta anche aria) e ben salda. La suzione può essere molto energica e tendere a strapparvi la bottiglia di mano.

ralmente se a questo bambino si offre il seno o il biberon subito succhia anche quello. Succhiando riceve il colostro o il latte, che lo fanno sentire bene. Dopo due o tre volte avrà già imparato la lezione.

Altri sono diversi. Piangono in modo lamentoso per la fame, ma quando la mamma cerca di introdurre in bocca il capezzolo o la tettarella strillano senza prenderla. Neppure il sapore del colostro o del latte li fanno smettere di piangere, perché non hanno ancora collegato il sapore al benessere. Con questo tipo di neonato spesso i primi tentativi di allattarlo si trasformano in una vera e propria lotta. Tuttavia che il vostro bambino sia o no un "succhiatore", potete star certa che è venuto al mondo provvisto dei riflessi della suzione. Se invece di tentare di infilare il capezzolo o la tettarella nella sua bocca urlante stimolerete questi riflessi, succhierà e, quando avrà succhiato alcune volte e avrà scoperto il benessere derivante dal cibo, andrà tutto bene.

*Attenzione alla confusione fra seno e tettarella*

Prendere il latte dal seno o dalla bottiglia richiede tecniche di suzione completamente diverse e pochissimi neonati sono disposti o capaci di impararle entrambe nello stesso tempo. Un morbido e caldo capezzolo più l'areola riempiono la bocca e producono un'impressione ben diversa da una pallina più piccola, e più rigida, di gomma, lattice o silicone. Già questa differenza è sufficiente a provocare problemi, perché se il bambino cerca di succhiare il capezzolo come fa con la tettarella, vi farà male e non riuscirà a bere. Se invece cerca di succhiare la tettarella come fa con il seno, se la spingerà troppo in fondo alla bocca e il latte gli andrà di traverso.

È opinione comune che i bambini trovino più "facile" succhiare dal biberon e che perciò, quando hanno provato una volta, rifiutino il seno. Ma poiché è spesso difficile convincere a nutrirsi dal biberon i bambini che di solito succhiano al seno, si deve supporre che i neonati preferiscano semplicemente il metodo a cui sono abituati.

Alternare capezzolo e tettarella può provocare una scarsa secrezione lattea e problemi al seno. Infatti la secrezione dipende dalla suzione (cosa che non accade con il biberon); evitate quindi di correre rischi. Se siete decisa ad allattare, non proponete al neonato il biberon (anche se pieno di acqua o di latte materno) fino a che la secrezione si sia ben stabilizzata e lui non abbia imparato a nutrirsi. Alcune coppie madre-figlio riescono a usare un biberon di tanto in tanto già a tre settimane, ma sarebbe meglio aspettare sei settimane o anche dodici se ritenete l'allattamento al seno davvero prioritario.

Quando dovrete introdurre la tettarella, ci vorrà tatto e pazienza. Se state per tornare al lavoro, cominciate ad abituare il bambino una settimana prima, in modo che impari intanto che voi siete ancora presente. Può darsi che sia più disponibile ad accettare il biberon da voi, perché siete la persona che lo nutre abitualmente; ma può anche darsi che si rifiuti categoricamente di prenderlo dalle vostre mani perché sente l'odore del vostro latte, mentre lo accetterà volentieri dal padre o dalla baby-sitter. Dovrete anche provare vari tipi di tettarelle e diverse dimensioni del foro.

*Riflesso di suzione*

Se con il seno sfiorate la guancia di un neonato sveglio, attento e un po' affamato, egli reagirà voltando la testa in direzione del tocco e protendendo le labbra in cerca del capezzolo. Appena le labbra percepiscono qualcosa di simile al capezzolo, lo afferrano.

Se tenete il bambino appoggiato al braccio sinistro in modo da offrirgli il seno sinistro, girandolo verso di voi provocherete in lui il riflesso di suzione. Con il seno sfiorerete infatti la sua guancia destra o l'angolo della sua bocca. E se nel momento in cui sarete voltati uno verso l'altro la bocca del piccolo sarà all'altezza del capezzolo, probabilmente il bambino lo afferrerà.

Se usate il biberon, il meccanismo sarà identico, con la differenza che anziché girato verso di voi, il bambino dovrà stare a faccia in su. Per stimolare il riflesso di suzione potete sfiorargli la guancia e l'angolo della bocca con un dito.

*Come sfruttare il riflesso di suzione*

Ciò che accade subito dopo è cruciale (anche se nella pratica non percepirete i vari stadi separati, come sono descritti di seguito). Il bambino avverte la sensazione del capezzolo o della tettarella sulle labbra e reagisce subito spalancando la bocca. Se in quel momento (ma solo allora) gli infilate in bocca la tettarella o il capezzolo con una buona parte dell'areola, il bambino li afferrerà e probabilmente comincerà a succhiare.

Perché probabilmente? Perché il riflesso di suzione che gli fa afferrare la tettarella o il capezzolo non è ancora la capacità di succhiare. Questa si sviluppa in seguito (i neonati pretermine presentano il riflesso di suzione molto prima di sviluppare la capacità di succhiare) e i primi giorni deve competere con l'istintivo timore di venire soffocato. Per il neonato è molto più vitale mantenere libere le vie respiratorie che riempire lo stomaco. Perciò non dovete stupirvi né sentirvi rifiutata se, una volta afferrato il capezzolo, il bambino reagirà tossendo e sputandolo.

Nella realtà le cose sono più semplici di quanto non sembrino messe per iscritto. Quando le prime poppate si svolgono senza problemi, non vi interesserà né vi preoccuperete di conoscere la funzione dei vari riflessi istintivi su cui si basa la capacità di nutrirsi del bambino. Solamente se qualcosa non va per il verso giusto vi potrà servire sapere quali meccanismi soggiacciono al processo, in modo tale da favorirli anziché contrastarli:

- Non date stimoli contraddittori. Se gli toccate entrambe le guance, il neonato non saprà da che parte voltarsi; se per esempio gliele afferrate con le dita cercando di voltargli la testa, invece di lasciare che lo faccia da solo, andrà in confusione e cercherà solo di liberarsi della vostra presa.
- Rispettate la giusta sequenza. È importante fargli voltare la testa e fargli aprire la bocca prima di invitarlo a succhiare. Perciò non cercate per prima cosa di spingergli in bocca il capezzolo o la tettarella.
- Siate tempista. Se il seno è ancora nel reggiseno o il biberon è troppo caldo quando il bambino spalanca la bocca, perderete l'attimo giusto per attaccarlo e dovrete ricominciare tutto da capo.
- Soprattutto ricordate che nutrirsi è un'azione che deve compiere il bambino e che voi potete solo cercare di facilitare. Poiché fare in modo che il bambino si attacchi al seno o alla tettarella sembra la cosa più importante e anche la più difficile, spesso si corre il rischio di interferire per eccesso di buona volontà nel tentativo di aiutarlo. Ma il bambino non può essere forzato a succhiare ed è meglio non cercare di farlo.

*Il momento più favorevole per le prime poppate*

Se si rispettano e stimolano i riflessi della suzione di un neonato nelle sue prime esperienze di allattamento, egli imparerà molto presto la lezione: suzione = latte = piacere. Ma la imparerà più facilmente e con entusiasmo se i suoi pasti si svolgono in un'atmosfera di benessere e tranquillità. E più lui sarà entusiasta e più *voi* sarete a vostro agio. Non sarà sempre facile offrire al bambino un ambiente favorevole, specialmente se vi trovate in un reparto affollato o il bambino è nella nursery e non nella vostra stanza. Se il regolamento dell'ospedale non vi consente di tenerlo con voi, potreste affrettare le dimissioni. Alcuni errori si possono comunque evitare. Li elenchiamo.

- Evitate di allattare un neonato che è infelice e piange. Non succhierà bene perché è sopraffatto dalle sue emozioni. A casa è meglio cercare sempre di offrirgli il latte prima che raggiunga questo stadio. All'ospedale può essere difficile. Può darsi che le infermiere, se allattate il bambino al seno, aspettino a farlo mangiare perché desiderano farvi riposare, soprattutto di notte. I bambini allattati artificialmente seguono un orario e talvolta vengono nutriti dal personale, né ci sono biberon supplementari disponibili se il bimbo ha fame alle ore "sbagliate". Quindi se il piccolo ha dovuto aspettare ed è infelice, avrà bisogno anzitutto di essere confortato. Tenetelo stretto contro di voi, cullatelo o passeggiate un po' prima di cercare di farlo succhiare.
- Evitate che rumore e movimento distraggano il lattante. Se siete a casa, cercate di allattarlo senza la presenza di altre persone, perlomeno i primi giorni. Se siete all'ospedale, interponete il vostro corpo fra lui e gli altri e chinatevi su di lui in modo che il vostro viso gli stia direttamente sopra. Se riesce a fissare il vostro volto, sarà meno distratto da altre sollecitazioni. Inoltre parlategli dolcemente: la vostra voce neutralizzerà gli altri suoni.
- Evitate di tenere sveglio un neonato che ha sonno. Nei primissimi giorni di vita molti neonati sono troppo addormentati per succhiare a lungo, specialmente se nel loro sangue è presente ancora della petidina (l'anestetico usato durante il parto). Non importa se il bimbo si addormenta dopo alcune poppate. Si sveglierà di nuovo quando ne sentirà il bisogno. È invece importante che *non* lo facciate sobbalzare e che non gli muoviate i piedini nel tentativo di svegliarlo per fargli mangiare la quantità "giusta". Succhiare il latte deve essere un momento di beatitudine e di dolcezza.
- Se desiderate che il bambino scopra che succhiare significa latte e che il latte è benessere, è importante che, succhiando, si senta gratificato. Nell'allattamento naturale un seno un po' pendulo (soprattutto quando non è ancora colmo di latte, ma solo di colostro), può bloccare il naso del neonato quando cerca di succhiare, spaventandolo anziché gratificarlo, perché non riesce a respirare. Spostategli un po' i piedi verso di voi in modo che la fronte si allontani dal seno, oppure comprimete leggermente il seno sopra l'areola con le dita della mano destra, in modo da lasciare libero il naso.

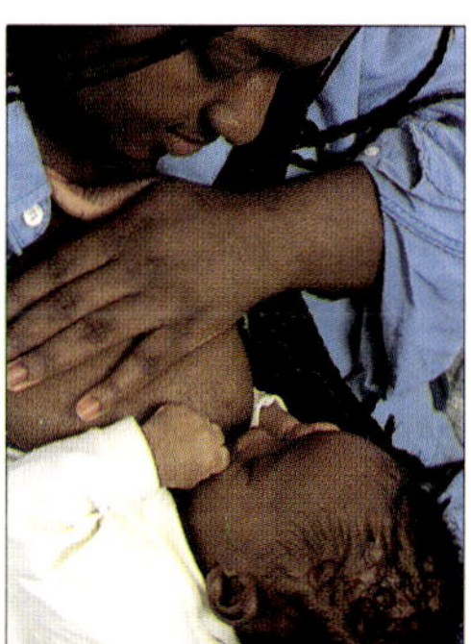

*Durante i primi giorni di allattamento, dovrete cercare la posizione più comoda per tutti e due.*

Nell'allattamento artificiale può darsi che il foro della tettarella sia troppo piccolo. Invece di essere gratificante, succhiare diventa uno sforzo per procurarsi ogni goccia di latte e nei primi giorni il neonato potrebbe facilmente rinunciare. Dal biberon capovolto dovrebbero uscire parecchie gocce al *secondo*. Se il ritmo è più lento, usate una tettarella con il foro più largo o allargate il foro.

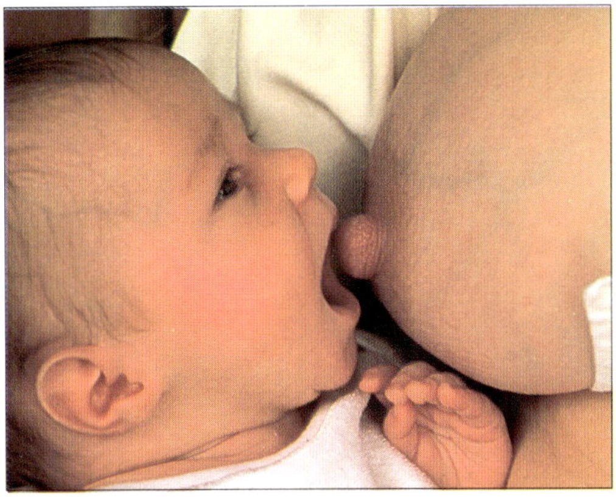

**1** Se il bambino si attacca bene al seno, l'allattamento sarà facile per entrambi. Girate tutto il suo corpo verso di voi (non solo la testa). La bocca spalancata vi segnala che è pronto...

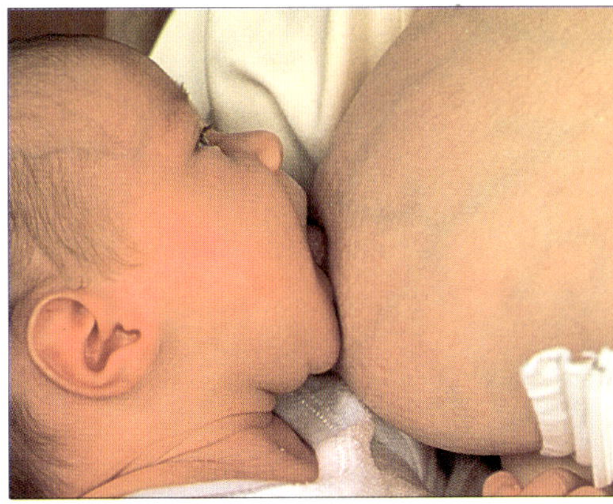

**2** ...allora accostatelo al seno (e non viceversa), la mascella inferiore sotto l'areola, le labbra tutte intorno e il capezzolo in fondo alla bocca, in modo che non subisca sfregamenti.

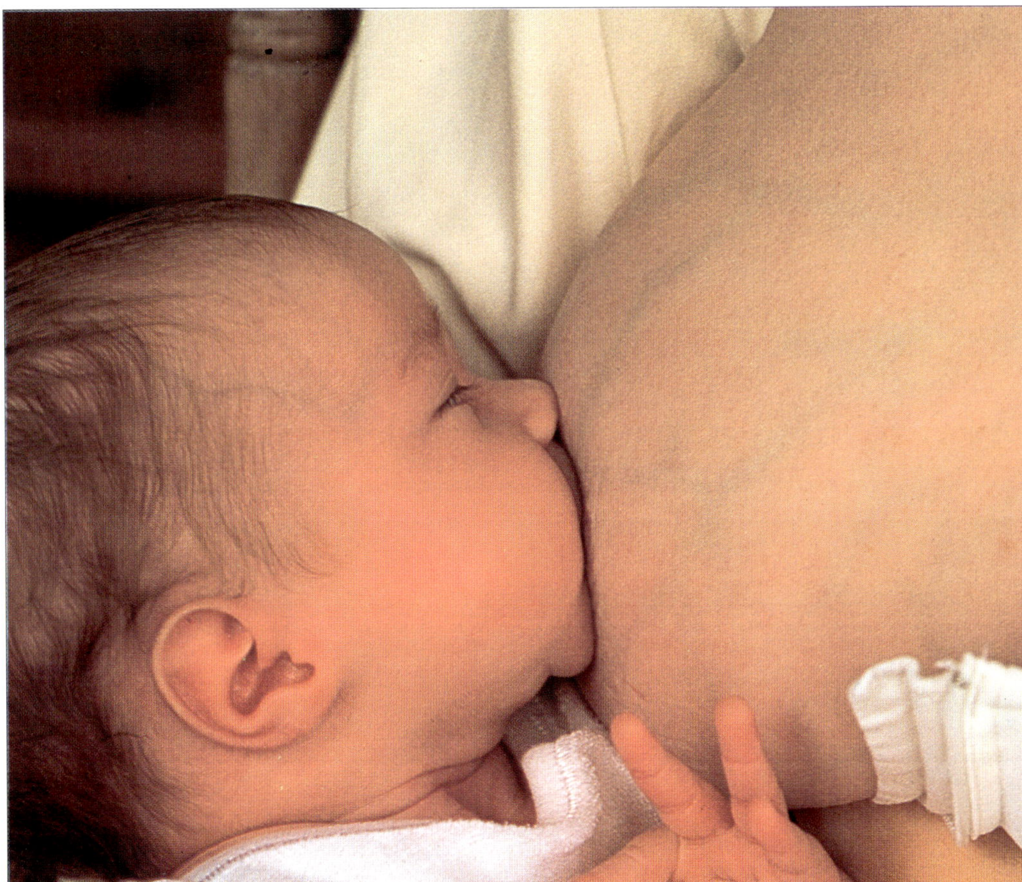

**3** Il mento appoggiato al seno, le labbra ritratte e non sporgenti; il bambino non succhia dal capezzolo, ma spreme il latte dai dotti con le mascelle e la lingua, facendoselo sprizzare in gola. Sta succhiando? Guardate se deglutisce e osservate le orecchie che si muovono.

## L'ALLATTAMENTO AL SENO

Non è sempre facile prepararsi all'allattamento al seno. Come capita di dover insegnare ad alcuni neonati, con delicatezza, a utilizzare il loro istinto di suzione, anche i seni vanno abituati a poco a poco a svolgere la loro funzione naturale. Per molte madri primipare questi primi giorni sono fonte di preoccupazione, di disagio, tanto che alcune abbandonano il tentativo di allattare in capo a una settimana. Non rinunciate, perlomeno finché non avrete sperimentato quel momento bellissimo quando, superate le prime difficoltà, il latte sarà lì, come per incanto, ogni volta che il bambino lo desidera. Le madri che hanno già avuto dei figli non si lasciano infatti scoraggiare facilmente dalle prime difficoltà.

Non stupitevi e non lasciatevi scoraggiare se allattare al seno, finché rimanete all'ospedale, sembra una lotta. La presenza di un esperto può sembrare rassicurante, ma può anche non essere di grande utilità pratica. Aiutare qualcuno a persuadere un neonato ad attaccarsi al seno è come aiutarlo a fare il nodo alla cravatta. Potete farlo voi stessa o lasciarglielo fare; insieme farete solo un pasticcio. Probabilmente tutto andrà meglio quando voi, il vostro compagno e il bambino potrete stare insieme da soli, a casa (magari con un aiuto esperto), nel vostro ambiente, là dove tutto è sotto il vostro controllo e potrete finalmente godere dell'intimità di cui avete bisogno per sperimentare senza complessi.

Talvolta in ospedale vanificano i vostri sforzi dando al bambino il biberon o il succhiotto. Finché il bambino non ha imparato a succhiare al seno per ottenere cibo e conforto, dargli biberon o succhiotti può solo creargli confusione. Inoltre se otterrà cibo, acqua o conforto da una tettarella, sarà meno determinato ed entusiasta quando cercherete di attaccarlo al seno. La secrezione lattea dipende invece proprio dalla sua urgenza, dal suo entusiasmo e dalla sua capacità di succhiare.

A meno che il bambino non sia nato prima del termine o sia malato o nell'incubatrice, non serve che venga nutrito dal personale dell'ospedale. Lo potete fare benissimo voi. Voi siete in grado di procurargli *tutto* quello che gli serve ora che è nato, come avete fatto nei mesi precedenti il parto. Il vostro colostro è ciò gli serve oggi. Il vostro latte quello che gli servirà tra un paio di giorni. Siete in grado di produrre la quantità di latte che gli occorre e di darglielo. Il suo sapore piacerà al bambino, la sua composizione sarà per lui la più digeribile e la più nutriente.

Occorrono probabilmente da tre a cinque giorni prima che si formi il latte. In questo primo periodo dovreste attaccare il bambino al seno regolarmente, sia per fargli prendere il colostro, per lui vitale, sia perché si eserciti a succhiare mentre il vostro seno è ancora morbido; se non lo farà, gli sarà più difficile riuscire ad attaccarsi e succhiare quando il seno sarà più grosso, più teso e più turgido di latte.

Quando infine il latte arriva, non pensate che non sia buono perché vi sembra annacquato e ha un colore azzurrino se paragonato al colostro, cremoso e giallastro, e neppure che il bambino starebbe molto meglio con un latte artificiale dall'aspetto uniforme e sostanzioso. Il latte materno è così ed è perfetto.

*Per stare comode scegliete una sedia bassa, che vi sostenga la schiena e vi permetta di tenere i piedi sul pavimento; oppure appoggiatevi a dei cuscini (qui accanto). Non chinatevi sopra il bambino né alzatelo verso di voi. Usate un cuscino per portare la sua bocca all'altezza del seno. Provate a tenerlo come se fosse un pallone da rugby (a destra), appoggiando il braccio a un cuscino: può essere comodo se avete un seno dolente o avete subito un cesareo. Provate anche ad allattare sdraiate (sotto).*

*Scegliere una posizione comoda* Comodità e tranquillità sono complementari; essere rilassate contribuirà ad aumentare la secrezione, e stare comode è quindi importante. A seconda delle ore del giorno e dell'età del piccolo potete provare posizioni diverse, ma per stare davvero a vostro agio per tutta la durata della poppata vi serviranno comunque dei cuscini. La bocca del bambino deve essere all'altezza del capezzolo senza che sia necessario dovervi chinare o sollevarlo verso di voi.

*Possibili problemi iniziali* Quando arriva il latte, potrebbero verificarsi alcuni problemi di breve durata, ma fastidiosi e talvolta anche dolorosi. La loro comparsa non significa che ci sia qualcosa che non va in voi o nel vostro modo di allattare il bambino. Per esempio la dimensione dei seni non è legata alla capacità di fornire latte in abbondanza. Questo viene prodotto in ghiandole che sono collocate in profondità e non nei tessuti adiposi che le circondano.

*Ingorgo* Dopo il parto nel vostro corpo avvengono grandi cambiamenti ormonali: si riduce la produzione di progesterone e di estrogeni in favore della prolattina, l'ormone che stimola la secrezione del latte, e dell'ossitocina, l'ormone che ne stimola la fuoriuscita. Spesso la montata lattea si verifica di notte e i seni diventano grossi, tesi e turgidi perché vi fluiscono il latte e una maggiore quantità di sangue. Talvolta i messaggi di natura chimica che arrivano ai seni sono troppo forti e le mammelle diventano dure, calde, doloranti e anche le areole attorno ai capezzoli si tendono. Se si verifica questo fenomeno significa che i seni sono ingorgati.

Quando le mammelle sono in questo stato danno fastidio e a volte sono molto dolenti. Fortunatamente l'equilibrio ormonale si ristabilisce in un giorno o due e i seni non saranno più così grossi, tesi e indolenziti, neppure quando produrrete molto più latte per sfamare un bambino più grande e che mangia di più.

Se il bambino riesce a prendere in bocca l'areola e a succhiare, eliminerà abbastanza latte da ridurre la tensione mammaria. Ma se l'areola e il seno sono gonfi e duri, il bambino non riuscirà ad attaccarsi e i vari tentativi saranno frustranti per lui e dolorosi per voi. Dovrete prima ammorbidire i seni con frequenti impacchi caldi e spremendo poi un po' di latte come descritto a pagina 59. Usate molta delicatezza: i tessuti gonfi si rompono facilmente. Tra una poppata e l'altra applicate al seno delle compresse fredde per provocare una vasocostrizione e ridurre il gonfiore. A questo scopo potete usare una busta di piselli surgelati: dividetela in due sacchetti di plastica che potrete far aderire perfettamente al seno in modo da coprirlo tutto. Se non riuscite a stare ritte senza il sostegno del reggiseno e non riuscite a infilare le buste nelle coppe, provate con delle foglie di verza della misura adeguata messe a raffreddare nel surgelatore; cambiatele quando sono calde.

*Riflesso di lattazione e contrazioni* Alla nutrizione del bambino al seno contribuisce il riflesso di lattazione. Quando l'ossitocina entra in circolo, le fibre muscolari intorno alle ghiandole mammarie si contraggono spingendo il latte nei dotti lattiferi e talvolta addirittura all'esterno. Tutte le donne che allattano hanno questo riflesso, ma alcune ne sono più consapevoli di altre e man mano che il tempo passa scoprono che basta uno stimolo sem-

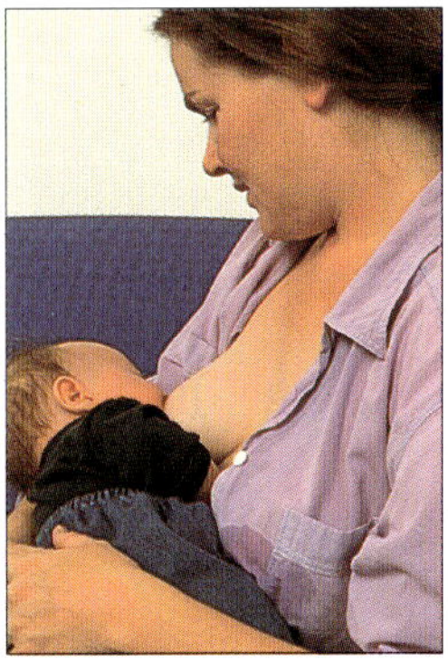

*Per fermare lo sgocciolamento premete piano il capezzolo con la punta del dito come se fosse un pulsante.*

pre più lieve per stimolare la fuoriuscita del latte. La sensazione di caldo al seno e una macchia umida sull'abito possono comparire mentre il bambino succhia all'altro seno o se lo sentite piangere; talvolta basta addirittura il pensiero del vostro bambino o di un qualsiasi altro bambino a provocarli.

Tutte le madri che allattano hanno bisogno di tamponi per assorbire le gocce di latte, collocati all'interno di un buon reggiseno per sostenere le mammelle. Ma se avete un riflesso di lattazione vivace e molto latte, vi servirà anche un po' di senso dell'umorismo. Se sentite il bambino piangere per avere la poppata mentre vi state lavando i denti, il latte potrebbe spruzzare tutto lo specchio del bagno.

Quando già allattate potreste scoprire che il latte non scende quando siete tese, ansiose o imbarazzate. Il bambino si attaccherà e non riuscendo a ottenere il latte strillerà. La fuoriuscita di latte non si ristabilirà finché non riuscirete a ritrovare intimità e tranquillità.

L'ossitocina fa contrarre anche l'utero, e perciò l'allattamento tende a riportarlo più in fretta alle dimensioni che aveva prima della gravidanza. Alcune donne percepiscono queste contrazioni come lievi dolori addominali, simili alle contrazioni mestruali. Altre le giudicano un fastidio legato all'inizio dell'allattamento. Sono più accentuate dopo il primo figlio, ma comunque non vengono più avvertite dopo due o tre giorni.

## *Capezzoli dolenti*

L'errata idea che i capezzoli diventino dolenti perché la poppata si prolunga è stata responsabile di molta infelicità sia per le madri (che sentivano male) sia per i neonati (a cui si impediva di succhiare a piacimento). Indirettamente era spesso anche la causa della rinuncia ad allattare, perché il dolore influiva negativamente sull'offerta di latte e il "razionamento" sulla domanda.

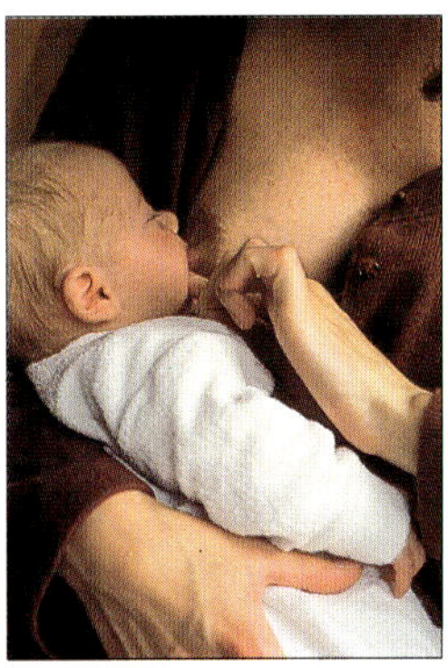

*Non staccate il bambino tirando; approfittate di una pausa nella suzione.*

La causa prima del dolore ai capezzoli non è un'eccessiva suzione, ma *qualsiasi* suzione. I capezzoli non sono fatti per essere succhiati. Se il capezzolo non è collocato bene in fondo alla bocca, la pressione delle gengive e della lingua del neonato lo infiammerà e il piccolo riceverà ben poco latte. Perciò spesso la causa di questo disturbo è una posizione scorretta. Il bambino deve prendere in bocca non solo il capezzolo, ma anche l'areola fino ai bordi esterni: questi sono i due elementi che insieme compongono una "tettarella". La suzione del bambino tratterrà il seno nella sua bocca, mentre le mascelle premendo ai margini dell'areola spingeranno il latte nei dotti di uscita. Non staccate mai un neonato dal seno tirando. Aspettate quando si ferma per respirare e sfilategli il capezzolo di bocca. Oppure cercate di interrompere la suzione infilandogli delicatamente un dito nell'angolo delle labbra.

Se avvertite un bruciore nel punto dell'areola dove le gengive hanno premuto di più, fate in modo che alla poppata successiva la pressione si eserciti su un altro punto.

Evitate di lavare i capezzoli con il sapone negli ultimi mesi di gravidanza o durante l'allattamento. Essi hanno sviluppato una "lubrificazione" naturale attraverso le minuscole ghiandole situate attorno all'areola (i tubercoli di Montgomery), che non va rimossa: è molto più efficace di qualsiasi crema che potreste utilizzare in alternativa, e anche più igienica. Non massaggiate né sfregate i capezzoli per indurirli. Sono stati fatti per l'allattamento e non dovete pretendere che siano duri, ma, al contrario, flessibili ed elastici.

Alla fine di ogni poppata spremete qualche goccia di latte dal seno e distribuitelo su capezzolo e areola come una lozione. Lasciate asciugare il seno all'aria, eventualmente accelerando il processo con l'asciugacapelli tiepido se siete di fretta.

È importante lasciare i capezzoli il più asciutti possibile. Le coppe foderate di plastica tendono a non far filtrare l'aria e a mantenerli umidi, anche se salvano gli abiti; perciò usatele solo in casi eccezionali. I normali tamponi sono più indicati e lo stesso vale per un reggiseno asciutto. Benché quelli appositi per l'allattamento siano costosi è meglio averne una scorta per poterli cambiare non solo tutti i giorni, ma ogni volta che si bagnano.

*Macchie rosse e noduli dolenti*

Accade, anche se di rado, che uno dei dotti lattiferi che portano il latte dalle ghiandole ai capezzoli si blocchi. Il latte si accumula intorno a quel punto e la zona si arrosserà e diventerà gonfia e dolente. Non è una mastite né un ascesso, o almeno non ancora.

Se riuscite a eliminare il blocco tutto andrà a posto. Fate impacchi di acqua calda alle mammelle e massaggiate delicatamente dal punto sopra l'arrossamento verso il capezzolo, poi provate ad attaccare il bambino. Se il nodulo e il dolore diminuiscono significa che avete favorito lo sblocco del canale. In caso contrario interpellate il medico il giorno stesso.

*Mastiti*

Se il latte non riprende a fluire, eliminando il blocco, il gonfiore aumenterà, finché le proteine del latte finiranno per travasarsi nel tessuto connettivo del seno e nei piccoli capillari. Il nodulo diverrà sempre più grosso e dolente. Quelle proteine non dovrebbero trovarsi lì e il vostro corpo reagirà con un'infiammazione, come farebbe con qualsiasi altra sostanza estranea. Avrete febbre, brividi e malesseri. Questa *è* una mastite anche se non è ancora infetta. Chiamate il medico e continuate a cercare di sbloccare il seno con l'aiuto del bambino. Se ci riuscite tutto si risolverà. In caso contrario, soprattutto se non riuscite ad allattare il bambino e siete costrette a mettere a riposo il seno, l'infiammazione si trasformerà in un'infezione: la mastite si è infettata. Se si forma una sacca di pus finirete per avere un ascesso mammario.

Oltre che consigliarvi di massaggiare il seno e di attaccare il bambino in posizione corretta per svuotare tutte le parti della mammella, il dottore vi prescriverà probabilmente degli antibiotici. Vi ristabilirete talmente in fretta che farete fatica a credere che ci fosse un'infezione da curare. E forse non c'era. Probabilmente gli antibiotici, alleviando l'infiammazione, hanno anche ridotto il gonfiore e il dolore, permettendovi di attaccare nuovamente il bambino e di ripristinare così il flusso di latte.

Stando attente che tutto il seno venga svuotato, potrete evitare in futuro altri blocchi. E sbloccando subito eventuali altri ristagni, eviterete le mastiti. È la posizione scorretta della bocca del bambino che provoca infezioni ricorrenti. Invece di assumere farmaci a scopo preventivo, cambiate la tecnica di allattamento. Perciò se il seno si blocca una seconda volta, controllate la posizione del bambino durante l'allattamento: magari parlatene con il medico o la levatrice.

Per caso sia voi sia il bambino preferite un seno all'altro? Se è così (spesso le donne non mancine e i loro bambini preferiscono il seno sinistro), controllate che anche quando allattate al seno meno preferito il bambino afferri correttamente capezzolo e areola. Forse riuscirà a farlo meglio se lo terrete sotto il braccio come un pallone da rugby (vedi p. 68).

La secrezione lattea è così abbondante che il bambino non deve neppure succhiare, ma gli basta inghiottire il latte che gli arriva in bocca? Perché usi le mascelle e la lingua per spremere e svuotare i dotti lattiferi, tenetelo attaccato a quel seno finché lo vedrete succhiare in modo irregolare e inghiottire solo ogni tanto: capirete così che il seno è vuoto. Talvolta non serve neppure attaccarlo al secondo.

*Domanda e offerta*

Quanto latte avete? Con quale frequenza dovete allattare il bambino? Nell'allattamento al seno queste domande sono collegate, perché la formazione del latte dipende dalla quantità che viene succhiata. Più il lattante ne prende, più se ne forma e più spesso lo prende più presto se ne forma. Perciò una mamma può produrre la quantità sufficiente sia per un neonato di 2,700 kg sia per dei gemelli del peso complessivo di 5,900 kg e per lo stesso motivo è in grado di produrne a sufficienza per un neonato di due settimane come per un bimbo di ventidue settimane.

Tutte le madri possono produrre latte a sufficienza, ma non tutte lo sanno. L'allattamento materno rispecchia un sistema naturale di domanda e offerta, perciò è importante che il neonato possa comportarsi in modo naturale. Spesso, infatti, questo sistema fallisce se il bambino è costretto a un orario molto rigido, innaturale. E talvolta non funziona bene se elementi minori interferiscono con il meccanismo. È perciò importante capire come funziona il sistema naturale.

Non appena la lattazione si è instaurata, i seni producono il latte, il neonato lo beve e i seni, svuotati, cominciano subito a produrne dell'altro. Se il lattante è soddisfatto di questo primo pasto, starà tranquillo per qualche tempo, probabilmente per circa due ore e i seni produrranno circa la stessa quantità di latte. Ma se il bambino non ne ha avuto a sufficienza in questa prima poppata, gli verrà fame prima e chiederà di succhiare ancora. Se gli si consente di farlo, svuoterà nuovamente i seni che saranno stimolati a produrre più latte.

Quanto più spesso il lattante svuota i seni, tanto più latte si riformerà. Alla fine, forse dopo un giorno, forse dopo una settimana, la secrezione lattea sarà sufficiente ad appagare il neonato, che non avrà più fame tanto spesso. Invece di nutrirsi ogni due ore, svuoterà il seno ogni tre o quattro ore e la secrezione rallenterà a questo livello. Ma questa produzione non soddisferà il lattante per molto tempo. Dopo un giorno o dopo una settimana vorrà più latte di quello che fino ad allora ha preso, perciò, affamato, ne chiederà più spesso. Le poppate supplementari hanno il duplice scopo di saziare il bambino e di segnalare al seno che deve produrre più latte. Quando la secrezione lattea si sarà adeguata alla nuova domanda, la frequenza della poppate del lattante diminuirà di nuovo, stabilizzando così la produzione di latte. E il sistema andrà avanti con questi successivi aggiustamenti. È un metodo semplice e funziona quasi sempre, purché seguiate gli accorgimenti descritti nella pagina successiva.

*Il colostro (a sinistra) è il primo alimento e al tempo stesso la prima medicina. In seguito il lattante dovrebbe succhiare da un solo seno per volta: il primo latte secreto (al centro) lo disseterà, mentre quello successivo, più concentrato, lo nutrirà (a destra).*

- Lasciate che il bambino succhi ogni volta che ha fame. Per una settimana circa dopo la montata lattea il bambino vorrà essere nutrito appena si sveglia, quasi una volta l'ora, con un intervallo leggermente più lungo una o due volte nelle 24 ore. In questa fase 12 o 15 poppate non sono insolite e neppure da scoraggiare, purché riusciate a far attaccare bene il bambino in modo da non danneggiare i capezzoli e sfruttiate questa poppata quasi ininterrotta come un'occasione per riposarvi, non ha importanza quante poppate gli darete.
- Lasciate che il bambino succhi fino a che ne ha voglia. Un tempo si consigliava di nutrirlo per "due minuti (o cinque minuti) a ogni seno", ma era un consiglio poco saggio, al quale vanno fatti risalire molti "fallimenti" nell'allattamento al seno. La composizione del latte cambia durante la poppata. Quello che esce all'inizio è il primo latte, a basso tenore calorico e dissetante. Poi il latte diviene più ricco e più concentrato. I lattanti ai quali erano concessi solo due minuti per ogni seno era come se potessero prendere solo la minestra, senza arrivare mai al secondo piatto. Lasciate che il bambino succhi quanto vuole a un seno. È bene infatti che lo svuoti del tutto, riducendo così i rischi di blocco dei dotti lattiferi. Svuotare il seno è meglio anche per il lattante: farà un pasto completo, avrà l'opportunità di succhiare anche all'altro se sarà ancora affamato e probabilmente non soffrirà di coliche del lattante. Offrite al bambino il secondo seno quando il primo è vuoto, ma non stupitevi se lo rifiuterà. Alla poppata successiva dategli il seno che non ha svuotato in quella precedente.
- Per quanto frequenti siano le poppate, non offrite al bambino un biberon al posto di un seno che ritenete vuoto. Anche se ha appena succhiato, nel seno sarà comunque rimasto un po' di latte, e lo stimolo della suzione sarà il modo migliore per accelerare la produzione di altro latte.
- Per quante poppate il lattante faccia, non offritegli il biberon dopo il seno, pensando che non abbia preso abbastanza latte. Poppate più frequenti lo nutriranno lo stesso, mentre segnaleranno al seno di produrre più latte.
- A meno che il bambino non sia ammalato e il medico non vi abbia detto di farlo, non offritegli dell'acqua supplementare se ha potuto succhiare al seno a suo piacimento, anche se fa molto caldo. Il latte materno placa la sete e la fame, e la sua composizione si adatta alle circostanze. Quindi il bambino non ha bisogno di altro. Anche un solo biberon di acqua ridurrà il suo bisogno di succhiare e gli farà fare confusione tra la tettarella di gomma e i vostri capezzoli.

### *Non preoccupatevi della quantità del vostro latte*

Non abbiate fretta di proporre al neonato dei biberon supplementari. Anche se la vostra produzione di latte non è abbondante, voi e il bambino insieme riuscirete a farla aumentare, purché abbiate fiducia in voi stesse e concediate al piccolo tutto il tempo che vuole al seno, mentre qualcuno si occupa affettuosamente di voi.

Chiedetevi perché temete di avere poco latte. Ci sono solo due indizi sicuri che possono farvelo pensare. Il primo è la mancanza di accrescimento ponderale del lattante, cioè il bambino continua a perdere peso anche una settimana dopo la nascita, oppure non aumenta più dopo aver riguadagnato il peso che aveva alla nascita, o ancora non è aumentato di almeno 30 g in una qualsiasi delle settimane successive. Non aspettatevi però che il vostro bambino allattato al seno aumenti con lo stesso ritmo della vostra nipotina allattata artificialmente o secondo quanto indicato nelle tabelle di accrescimento (che in alcuni libri si basano appunto sull'allattamento artificiale). Non è esatto dire che il bambino non cresce perché è aumentato solo 85 g in una settimana invece dei "raccomandati" 225 g o perché l'accrescimento varia molto da una settimana all'altra. Il secondo indizio di scarsità di latte si riferisce alla scarsità di fluidi piuttosto che di cibo. I neonati urinano così spesso che è difficile trovarli con un pannolino asciutto. Se il bambino rimane asciutto per due o più ore, o non inzuppa almeno dai sei agli otto pannolini nelle 24 ore, probabilmente non riceve abbastanza latte (vedi sotto).

Se siete preoccupata di non avere latte a sufficienza perché il bambino piange molto, la causa del pianto sarà più facilmente da cercare nel *modo* in cui lo nutrite piuttosto che in *quanto* lo nutrite. Ponetevi le seguenti domande:

- Permettete al bambino di succhiare ogni volta che ne ha voglia? Indipendentemente dal fatto che lui sia sazio o meno, è questo il modo migliore per correggere una temporanea carenza di latte.
- Siete preoccupata per il troppo lavoro? Una temporanea carenza di latte nel momento in cui tornate a casa dall'ospedale o quando co-

CONSIGLI AI GENITORI

## *Disidratazione*

Bere a sufficienza e trattenere abbastanza liquidi è importante per la salute e il benessere di chiunque, ma specialmente per i bambini. Più piccolo è il bambino e più facilmente si può disidratare, e più grave sarà il problema quando ciò accade. È soprattutto per il rischio di disidratazione che molti sintomi sono considerati più gravi nei bambini piccoli che in quelli più grandi, anche solo di pochi mesi. La febbre per esempio fa aumentare la necessità di bere. Anche il vomito o la diarrea privano il corpo dei liquidi che gli occorrono. Se i sintomi compaiono tutti e tre insieme consumeranno le riserve di acqua di un bambino piccolo in un tempo molto rapido. Inoltre stomaco e intestino infiammati non saranno in grado di trattenere i liquidi necessari, anche se il bimbo beve. Perciò chiamate subito il medico.

Ma non c'è bisogno che il bambino sia ammalato per disidratarsi. Nei primi mesi quello che beve è in realtà quello che mangia. Se non riceve latte a sufficienza, oltre che avere fame, a poco a poco si disidraterà e il suo accrescimento sarà lento. Se l'alimentazione che riceve è appena sufficiente, un consumo supplementare di liquidi, come quello che può verificarsi in un giorno molto caldo, può rendere quell'alimentazione decisamente insufficiente. I lattanti che ricevono e trattengono liquidi in modo adeguato si bagnano tanto spesso che un pannolino asciutto è una rarità. Perciò un pannolino che rimane asciutto per più di un paio d'ore è un campanello di allarme. Se tuttavia impiegate pannolini da buttare molto assorbenti, state attenti a usarli come segnali, perché è difficile capire davvero se sono bagnati o no. Il tipo ultrasottile è così efficiente e trattiene talmente i liquidi nella parte centrale, mantenendo la pelle del bambino asciutta, che le piccole quantità di urina emesse da un neonato sono difficili da notare: a meno che il pannolino non sia fradicio, può sembrare asciutto. Se usate quel tipo di pannolino, prendete l'abitudine di soppesare quello sporco in mano confrontandolo con uno pulito: un pannolino anche efficiente, ma comunque bagnato, è sempre più pesante dello stesso pannolino pulito.

minciate a occuparvi delle faccende domestiche e magari del bambino maggiore, oltre che del neonato, può considerarsi normale. Ma se dura più di un giorno o due, o coincide con il ritorno al lavoro del vostro partner o il ritorno a casa di vostra madre, avete sicuramente bisogno di più aiuto e di più riposo.

■ Avete spesso intorno molti ospiti o altri bambini? Nei primissimi giorni la montata lattea può essere inibita dalla presenza di altre persone, così che il bambino non può ricevere la quantità di latte di cui ha bisogno.

■ Avete dubbi sulla qualità del vostro latte? Non preoccupatevi. Salvo il caso in cui siate malata o prendiate dei farmaci, il vostro latte è sempre perfetto. Se il bambino allattato presenta macchie o fa un'indigestione, tali macchie si presenterebbero nello stesso modo o anche peggio se il bambino fosse nutrito con latte artificiale.

■ Avete cominciato a prendere la pillola anticoncezionale? Fate bene a usare un metodo contraccettivo quando riprendete ad avere rapporti completi dopo il parto, perché l'allattamento non garantisce da solo una sicura protezione contro un'altra gravidanza, anche se non vi sono ancora tornate le mestruazioni. Gli ormoni possono ridurre l'apporto di latte. Se sceglìete la contraccezione orale, fatevi prescrivere una pillola a basso dosaggio. Anche allora potreste produrre meno latte per i primi giorni, poi il corpo si adatterà.

■ Avete chi vi può dare consigli appropriati? Il medico o un operatore sanitario possono darvi ottimi suggerimenti e un valido aiuto, ma un consulente per l'allattamento è specializzato proprio in questo. Anche una madre che ha alle spalle molta esperienza riguardo all'allattamento sarà in grado di offrirvi un appoggio più personale.

## L'allattamento artificiale

Poiché non esiste un'alternativa valida al colostro, il neonato allattato artificialmente può cominciare, già dopo un paio di poppate di acqua zuccherata, a prendere il latte il secondo giorno, molto prima che se fosse allattato al seno. È quindi probabile che mangi poco; non preoccupatevi: ha più bisogno dell'acqua che di altro nutrimento.

Se il lattante beve tutto il latte che gli viene offerto potrebbe aumentare di peso dalla nascita, anziché perderne per qualche giorno. La perdita di peso preoccupa spesso inutilmente i genitori. Non entusiasmatevi troppo per ogni grammo in più se gli date il biberon: potrebbe diventare troppo grasso.

*Scelta del latte* Il latte di mucca è ideale per i vitelli, ma non è il nutrimento naturale dei "cuccioli" umani. I bambini al di sotto di un anno non dovrebbero essere nutriti con latte di mucca o di capra, per cui non si deve utilizzare il latte liquido, in polvere o evaporato così come lo si trova nelle latterie, nei supermercati o nei negozi di alimentari. È bene far assaggiare ai bambini i derivati del latte, come lo yogurt, a partire dal quarto mese, quando cominciano a prendere i primi cibi "solidi", ma è meglio usare il latte artificiale anche per le pappe a base di cereali almeno fino a sei mesi, e continuare ancora con quel latte fino a un anno di età se viene somministrato in tazza o nel biberon. I moderni tipi di latte artificiale hanno come base il latte di mucca, ma tutti sono più o meno modificati per avvicinarli il più possibile al latte materno. Essi devono costituire il nutrimento completo per i primi mesi di vita, senza altre aggiunte, eccetto l'acqua bollita.

I preparati artificiali si differenziano l'uno dall'altro in base al prezzo e agli elementi costitutivi. Di tanto in tanto nascono preoccupazioni di ordine medico o dietetico su particolari latti artificiali. Fate la vostra scelta con l'aiuto del medico. Non usate, senza precise indicazioni mediche, latti preparati per casi particolari (per esempio il latte di soia destinato ai bambini allergici al latte di mucca) né passate da un latte all'altro perché il bambino ha le "coliche". Leggete con attenzione le etichette, per sapere che cosa state dando al bambino:

- I preparati artificiali a base di siero sono quelli che più si avvicinano al latte materno, con livelli simili di proteine e minerali. I latti a base di caseina (a volte consigliati per neonati con molto appetito) possono essere meno facili da digerire.
- Nel latte artificiale c'è un'aggiunta di vitamine e di ferro: è quindi indispensabile chiedere al medico se dovrete somministrare al bambino anche le consigliate gocce polivitaminiche oltre al particolare prodotto che avete scelto.
- Tra i vari prodotti disponibili, quelli da mischiare sono i più economici, ma quelli in polvere costano meno di quelli concentrati. Sono meno facili da dosare e da mischiare e bisogna fare attenzione all'igiene, ma sono più leggeri da trasportare e, una volta aperti, non devono essere conservati in frigorifero come i prodotti concentrati.
- Esistono anche latti pronti all'uso venduti in lattine e cartoni, anche in confezione monodose. Sono però più cari e inoltre c'è il problema del trasporto e dello spazio che occupano nella dispensa.
- Se non vi preoccupano i costi, vi interessa la comodità e non avete problemi né di trasporto né di stoccaggio a casa, potete acquistare prodotti venduti in biberon presterilizzati usa e getta, ai quali dovete solo attaccare la tettarella sterilizzata.

*Preparazione del biberon*

Non illudetevi di poter intraprendere la preparazione dei biberon a cuor leggero, soprattutto se il bambino ha pochi giorni di vita. L'igiene è importantissima per la sua salute: la gastroenterite è ancora una delle principali cause del ricovero ospedaliero dei neonati.

I batteri si trovano ovunque. Noi tutti abbiamo dei germi sulle mani e sui vestiti. Li respiriamo, li inghiottiamo e li espelliamo. La maggior parte dei batteri è innocua e pochissimi provocano delle malattie, a meno che ne assumiamo in numero tale da sopraffare le difese del nostro organismo. Ma il neonato, soprattutto se non è allattato al seno, ha poche difese contro i germi e gli ci vorrà un po' di tempo perché si formino gli anticorpi. In una casa normalmente pulita farà fronte ai germi che succhia dalle mani o dai giocattoli, ma, quando mangia, è diverso. Il latte, soprattutto se è a temperatura ambiente, è un terreno ideale per lo sviluppo dei batteri e mentre non importa se ne prende alcuni dalle sue dita perché li sopporterà benissimo, è grave se ne assume un numero enorme, superiore alle sue difese, da un biberon lasciato per un certo tempo in un locale caldo. Ecco i consigli per eliminare il più possibile i batteri dal latte:

- Controllate la data di scadenza sui contenitori del latte artificiale prima di acquistarli e prima di usarli dopo averli tenuti in dispensa.

*Preparare il biberon è seccante, ma allattare il bambino è un vero piacere.*

## L'opinione dei genitori

# *L'allattamento artificiale è quasi un tabù*

***Benché secondo le statistiche la maggior parte dei bambini siano allattati artificialmente, a lato pratico sembra che solo il mio lo sia. Ho subito pressioni sia durante il corso di preparazione al parto sia in ospedale e ora che comincio a uscire con il bambino, ogni volta che tiro fuori il biberon ricevo sguardi sorpresi, persino di rimprovero. Vorrei che la gente tenesse presente che non tutte le madri vogliono allattare al seno o che non tutte possono farlo.***

Solo una minoranza di bambini vengono allattati al seno per più di una settimana dopo la nascita e solo un numero ancora più ristretto riceve solo latte materno per parecchi mesi. Perciò è vero che la maggior parte dei neonati sono allattati artificialmente. Se a voi non sembra è solo perché l'allattamento al seno è più comune durante le prime settimane dopo la nascita, oppure perché lo si preferisce nella vostra area geografica o nel vostro gruppo sociale.

Naturalmente è sbagliato far sentire in imbarazzo una donna che allatta con il biberon. Lo stesso vale per una donna che allatta al seno. Qualunque sia la scelta, quello che conta è solo il vostro benessere e quello del bambino. Tuttavia non mi stupisco delle pressioni fatte prima della nascita. Ostetriche, operatori sanitari, medici e infermiere tendono a spingere i futuri genitori a valutare attentamente la decisione di come allattare il nascituro e ritengono che un atteggiamento equanime da parte loro finirebbe per penalizzare soprattutto l'allattamento al seno.

L'allattamento artificiale è in un certo senso più reclamizzato. Oggi nei nostri nuclei familiari, molte giovani coppie non hanno mai visto un neonato mangiare prima di avere il loro primo figlio e l'allattamento al seno non è quindi dato per scontato. D'altra parte l'industria dei prodotti per bambini spende miliardi in pubblicità, sponsorizzando anche convegni di pediatri e neonatologi, tanto che marchi e immagini di succhiotti e biberon si imprimono nella memoria delle giovani coppie fino a sembrare parte integrante dell'allattamento del loro bambino.

Se una donna decide di allattare al seno, la decisione deve essere presa prima della nascita, perché il bambino possa cominciare subito ad attaccarsi al capezzolo. Più si aspetta e più sarà facile andare incontro a un fallimento. La decisione di allattare artificialmente può invece essere presa in qualunque momento e messa in atto subito.

Una donna non ha nulla da perdere decidendo di allattare al seno; anzi il suo bambino avrà molto da guadagnare. Se la scelta si rivela sbagliata o lei cambia parere o mutano le circostanze, potrà sempre passare al biberon. Ma una donna che decide di non allattare, si priva di un'opportunità, così come il bambino verrà privato del colostro. Inoltre, la decisione, una volta presa, sarà irreversibile.

Se durante la gravidanza si riesce a convincere la donna ad allattare al seno, sarà molto triste per lei scoprire di non poterlo fare. È vero infatti che non tutte le donne riescono ad allattare. Alcune sono troppo malate per farlo o sono costrette ad assumere farmaci che potrebbero far male al bambino. Altre non riescono ad avere la montata lattea o a conservarla mentre il bambino, malato o nato in anticipo, è nell'incubatrice.

Ma dire queste cose alle madri in attesa non giova, anche perché il timore di non riuscire è una delle cause principali del fallimento. Quasi tutte le donne, comprese quelle che rinunciano per le difficoltà iniziali che l'allattamento comporta o perché temono che il bambino non cresca, avrebbero potuto allattare se solo avessero avuto più fiducia in se stesse e il sostegno del partner o di altri (soprattutto la madre) e un aiuto efficace da parte di professionisti sensibili ed esperti.

- Non usate scatole danneggiate o intaccate.
- Richiudete accuratamente i pacchetti di latte in polvere e riponete in frigorifero, ben chiuse, le scatole di latta o i cartoni di preparati liquidi dopo averli aperti.
- Lavatevi le mani prima di maneggiare il latte o quanto vi serve per la sua preparazione, soprattutto dopo aver usato il bagno o toccato degli animali domestici e il loro cibo. Se usate un concentrato liquido, tenete a disposizione uno speciale apriscatole per aprire solo quei particolari barattoli e sterilizzate il coperchio con dell'acqua bollita prima di inciderlo con la lama.
- Lavate con acqua calda e detersivo (o nella lavastoviglie) e poi sterilizzate qualsiasi oggetto usato per misurare, mescolare o conservare il latte già preparato, vale a dire misurini, recipienti per la miscelazione degli ingredienti e della stessa acqua da aggiungere.
- Sterilizzate i biberon, le tettarelle e i coperchi delle tettarelle. Se appoggiate la tettarella sterilizzata capovolta dentro l'imboccatura dei biberon già riempiti e poi li richiudete con il loro coperchietto anch'esso sterilizzato, quando toglierete il coperchio per nutrire il bambino quella tettarella sarà ancora sterile.

I batteri che sfuggono alle vostre precauzioni (finendo, per esempio, sulla tettarella sterilizzata mentre l'applicate al biberon) non possono moltiplicarsi in maniera eccessiva se il latte è bollente e neppure se è gelato. È la temperatura media che ne favorisce lo sviluppo. Esistono alcuni accorgimenti per ridurre al minimo la riproduzione dei batteri:

- Fate raffreddare molto rapidamente il latte già preparato, preferibilmente su un ripiano centrale del frigorifero (non nella porta) quando è ancora caldo.
- Mantenete freddo il biberon pronto (anche quello usa e getta) finché il bambino non vuole mangiare. Non riscaldate il biberon prima che si svegli e non tenetelo al caldo quando si addormenta a metà pasto se dorme per più di cinque minuti. Non mettete mai un biberon caldo nel termos o nello scaldabiberon elettrico: tenete pronta *l'acqua* calda che vi servirà per scaldare la bottiglia *fredda*.
- Gettate il latte avanzato. Non conservate quel mezzo biberon per la volta seguente e non rimettete il latte avanzato nel recipiente che tenete nel frigorifero con il resto del latte sterilizzato.

*Preparazione del latte*

Il bambino ha bisogno di nutrimento e di acqua: questa combinazione si ottiene mescolando il latte in polvere o concentrato con l'acqua bollita. Se rispettate esattamente le proporzioni indicate dalla casa produttrice nelle istruzioni otterrete un pasto che è, per quanto possibile, simile al latte materno e il bambino potrà quindi ricevere la giusta quantità di nutrimento e di acqua.

Le ricerche in proposito hanno dimostrato che spesso i biberon non sono preparati in modo accurato. In paesi molto poveri si cerca di far durare di più il latte in polvere aggiungendo più acqua, riducendo così quasi a zero la capacità nutritiva del latte. Nel mondo occidentale sembra invece che certi genitori considerino la preparazione di un biberon un'operazione di alta cucina. Preparare il latte artificiale non è come fare un caffè. Non pensate di poterlo migliorare aggiungendo un pochino di polvere in più, né di renderlo più dissetante aggiungendo più acqua. Se aggiungete troppa polvere il latte sarà troppo concentrato: conterrà troppe proteine, troppi grassi, troppi minerali e non abbastanza acqua. Il bambino ingrasserà perché gli date troppe calorie e avrà sete perché gli date troppo sale. Se ha sete piangerà e se piange gli darete un altro biberon. Se anche quello è troppo "forte" avrà ancora più sete. E così via. Risulterà che il bambino piange molto, che non ha un aspetto particolarmente sano e felice, che aumenta esageratamente di peso e che sembra aver bisogno di mangiare molto. Seguite attentamente le istruzioni riportate sulla confezione. In particolare:

- Misurate bene le quantità. Misurate l'acqua dopo averla bollita (per sterilizzarla) e versatela nel misurino quando si è raffreddata. Non misurate l'acqua prima di bollirla, perché una parte evapora.
- Non siate approssimative. Misurate attentamente il latte in polvere riempiendo l'apposito misurino ed eliminate la quantità eccedente livellandola con la lama di un coltello. Se togliete l'eccedenza con il bordo della lattina o con un cucchiaio la quantità non sarà precisa; quasi certamente avrete un misurino troppo pigiato o troppo colmo. Se eliminate l'eccedenza scuotendo il misurino finirete per avere una quantità di latte in polvere troppo scarsa o troppo abbondante.
- Misurate il latte concentrato versandolo direttamente nel biberon o in un misurino e controllate la quantità sollevandolo all'altezza degli occhi. Se controllate il livello tenendolo più in basso, potreste avere l'impressione che vi sia meno latte di quanto ce ne sia in realtà.

Se preparate correttamente il biberon come indicato dalle istruzioni e resistete alla tentazione di aggiungervi un cucchiaio di cereali nella vana speranza di passare una nottata migliore, o un cucchiaino di zucchero per addolcirlo in modo da convincere il bambino a berne più di quanto il suo appetito gli suggerisca, potete trattare questo tipo di latte come se fosse quello materno. Il bambino può mangiare avidamente la quantità di latte che desidera ogni volta che è affamato, e lasciarne se non ne vuole più. Non è necessario nutrire il neonato con la stessa precisione scientifica con cui avete preparato il latte!

Tuttavia il latte artificiale *non* è latte materno e non si modifica per adeguarsi ai bisogni del lattante. Quando fa molto caldo o quando ha la febbre, il bambino non avrà voglia di mangiare, ma avrà sete. Può allora aver bisogno di semplice acqua bollita fatta raffreddare, per poter bere senza mangiare. Non c'è comunque nulla da perdere a offrirgli regolarmente dell'acqua.

E ancora: la bottiglia non è un seno. Un bambino che cerca di succhiare per il solo piacere quando la bottiglia non è ancora vuota, non potrà fare a meno di mangiare troppo, mentre ingoierà boccate d'aria, se la bottiglia è vuota. Se vi sembra che il bambino abbia solo voglia di succhiare, provate a dargli il vostro dito (pulito e con le unghie corte!).

*Domanda e offerta*

Quanto dovrebbe mangiare un neonato e con quale frequenza? Se il vostro bambino è allattato artificialmente starà meglio se lo trattate esattamente come se fosse allattato al seno. Dategli da mangiare ogni volta che sembra affamato e smettete di allattarlo non appena ha finito di succhiare. Il fatto di poter constatare quanto ha mangiato rende comunque le cose diverse. Se avrà preso meno latte di quanto vi aspettavate, potreste essere tentate di forzarlo a berne ancora. Non fatelo. Allattandolo al seno non avreste potuto accorgervi della quantità eventualmente avanzata. Se vostro figlio piange già un'ora dopo aver bevuto 85 ml di latte, vi chiederete come è possibile che abbia di nuovo fame. Cercate invece di accettare il fatto che il suo stomaco non può certo essersi svuotato, ma ha bisogno di sentirsi pieno. Dopotutto se l'aveste allattato al seno, avreste pensato che non ne aveva preso abbastanza.

Il bambino appena nato che prima, nella vita intrauterina, era abituato a soddisfare il proprio fabbisogno di nutrimento attraverso la costante trasmissione di alimenti dalla madre, deve ora soddisfarlo digerendo il cibo nello stomaco che, da pieno, si svuota a poco a poco. Mentre il bambino si abitua a questo cambiamento, potrebbe voler mangiare a intervalli irregolari e frequenti.

Se gli offrite il biberon ogni volta che sembra affamato succhierà solo la quantità che gli è necessaria. Se lo beve tutto, vuol dire probabilmente che ne aveva bisogno. Se ne prende poco, il piacere di succhiare e di stare in braccio lo fanno stare meglio. Se non ne beve per nulla, che cosa avrete perso? Una razione di latte.

Seguendo questi principi fondamentali già a partire dalle primissime settimane di vita non dovrete neppure affrontare il problema se allattare o no seguendo degli orari, perché il bambino, a lungo andare, stabilirà un suo orario personale. Se accettate di buon grado queste richieste irregolari vedrete che cesseranno in poche settimane. Il neonato ha bisogno di più tempo per digerire il latte artificiale rispetto a quello naturale: circa tre o quattro ore. Veri e propri segnali di fame vengono emessi quando il processo della digestione è quasi terminato e infatti, quando il sistema digerente del neonato sarà più maturo e si sarà abituato a questo nuovo tipo di fame, non sentirà né esprimerà il disagio finché non avrà digerito l'ultima poppata e le sue richieste seguiranno spontaneamente uno schema molto simile a degli orari convenzionali.

Anche il bambino costretto fin dall'inizio all'orario molto rigido di un pasto ogni quattro ore attraversa questo stesso processo di maturazione e di adattamento a uno schema regolare. Se nutrite il bambino alle 2, alle 6, alle 10, alle 14, alle 18 e alle 22, alla fine si aspetterà di mangiare a questi orari, con la differenza, però, che queste prime settimane saranno una sofferenza per tutti. Il bambino si sveglia e piange. Se non gli date il latte perché "non è l'ora", cercherete di confortarlo con ogni mezzo, il che è faticoso. Poiché ciò che vuole, in realtà, è mangiare e ha sempre più fame via via che voi continuate a cercare di confortarlo, nulla riuscirà a calmarlo veramente e finirete per provare un misto di senso di colpa, rabbia e disperazione impotente. A completare il quadro, quando l'orologio indicherà che è l'"ora giusta" e gli darete il biberon, il piccolo non succhierà bene e non mangerà abbastanza da rimanere quieto fino alla poppata successiva. Tutto quel pianto l'avrà tanto stancato che si addormenterà esausto dopo aver ingoiato pochi grammi di latte, si sveglierà di nuovo un'ora dopo e si ripeterà la stessa scena penosa.

Non commettete l'errore di pensare che, se consentite al vostro bambino di mangiare tutte le volte che lo richiede, prenderà poi l'abitudine di voler mangiare a tutte le ore. Il bambino non si sveglia per abitudine, si sveglia perché ha fame e, quando sarà abbastanza grande e maturo e non avrà più fame tanto di frequente, non si sveglierà e non piangerà più.

## Il ruttino

C'è sempre una certa quantità di aria nello stomaco del lattante. Ne inghiotte un po' nei momenti in cui piange, quando respira e anche quando si nutre. Se gli date da mangiare tenendolo in una posizione abbastanza eretta, il latte, essendo più pesante, scende nella parte inferiore dello stomaco e l'aria si raccoglie in alto. Quando lo stomaco è fastidiosamente pieno di latte e di aria, il bambino farà un ruttino per espellere l'aria e diminuire la pressione.

*Il ruttino a metà pasto*

Alcuni neonati inghiottono tanta aria da provocare una tensione fastidiosa allo stomaco prima di aver preso la quantità sufficiente di latte e devono perciò espellerla durante il pasto, per far posto al latte che devono ancora ingerire. Un neonato allattato al seno, se ha questa necessità, farà probabilmente il ruttino quando viene spostato da un seno all'altro; quello allattato artificialmente smette invece di succhiare. Se lo si tiene diritto appoggiando la sua testolina alla vostra spalla per un momento farà un ruttino e ricomincerà.

Non avete bisogno di togliere il biberon o il capezzolo a un bimbo che succhia contento, pensando che potrebbe avere dell'aria nello stomaco. Se non smette di succhiare vuol dire che non prova fastidio e deve essere lasciato mangiare in pace.

*Il ruttino dopo il pasto*

Il ruttino è fondamentale per alcuni lattanti, ma non per tutti. Quasi tutti alla fine del pasto hanno lo stomaco teso, ma mentre alcuni provano fastidio e si agitano a disagio, altri si addormentano soddisfatti. Quasi tutti alleviano il senso di tensione con un ruttino, ma mentre alcuni lo fanno appena vengono messi diritti, altri hanno bisogno di lunghi minuti e molti incoraggiamenti. Ad alcuni poi basta un solo ruttino alla fine, ad altri invece ne occorrono diversi.

Se il bambino dopo la poppata si addormenta soddisfatto, non c'è bisogno di fargli fare subito il ruttino. Potrebbe però aver bisogno di farlo più tardi. Tenetelo diritto contro la vostra spalla, massaggiandogli la schiena o dandogli dei leggeri colpetti, e state a vedere che cosa succede. Non c'è comunque bisogno di aspettare a metterlo nella culla finché non l'abbia fatto. Se non fa il ruttino dopo tre minuti, vuol dire che probabilmente non ha bisogno di farlo: può darsi che questa volta non abbia inghiottito tanta aria. Se più tardi sentirà questa necessità, lo farà, con o senza il vostro aiuto.

Se il vostro bimbo è di quelli che sembrano a disagio finché non espellono l'aria, ma è lento nel farlo, potreste aiutarlo provando varie posizioni. Badate però che la vostra inventiva o la tensione del momento non vi facciano perdere di vista l'anatomia. La posizione seduta con il busto eretto è spesso raccomandata, ma in un neonato seduto lo stomaco è piegato, e ciò rende difficile la fuoriuscita dell'aria; se lo tenete in grembo a pancia in giù, una posizione che ai neonati piace molto, latte e aria si mescoleranno e l'una non potrà uscire senza l'altro. Quella diritta rimane dunque la posizione migliore per fargli fare il ruttino senza rigurgiti.

*Ecco la posizione migliore per far fare il ruttino a un neonato. Potete anche dargli dei colpetti leggeri sulla schiena, camminare, ballare un po', dondolarlo piano intanto che lui sbircia il mondo di sopra la vostra spalla.*

### *Rigurgito di latte*

Quasi tutti i neonati fanno uscire anche un po' di latte insieme con l'aria, specialmente se gli adulti hanno cercato di far loro fare il ruttino con metodi un po' troppo energici, per esempio facendolo sobbalzare troppo. Di solito si tratta di una quantità esigua di latte, anche se può sembrarvi molta perché è mischiata con la saliva e si sparge sulla vostra spalla. Se siete preoccupate, versate circa 5 ml di latte e fate un paragone.

I bambini "deboli di stomaco" rigurgitano il latte dopo ogni pasto, spesso anche più di una volta. Possono rovinarvi i vestiti e farvi disperare, ma non si procurano alcun danno. Parlatene al medico se siete preoccupate, ma se il bambino continua a bagnare il pannolino come al solito (senza che gli sia stato dato un supplemento di acqua da bere) e a crescere di peso, potete stare tranquille che quello che rifiuta è solamente cibo in eccesso.

Se è davvero molto invece, le ragioni possono essere diverse:

- Può darsi che il bambino abbia mangiato più latte del necessario e molto saggiamente abbia eliminato l'eccedenza.
- Oppure l'avete allattato tenendolo sdraiato e impedendo così all'aria di salire oltre il livello del latte. Cercate di tenerlo più diritto.
- Forse l'avete mosso troppo bruscamente, facendo mescolare l'aria e il latte o gli avete dato dei colpetti alla schiena prima che la bolla d'aria fosse salita alla superficie dello stomaco. Maneggiatelo con molta delicatezza subito dopo i pasti.
- Può darsi che abbiate tardato troppo ad allattarlo quando piangeva, o che l'abbiate fatto piangere a metà pasto cercando di fargli fare il ruttino quando invece voleva succhiare. Il pianto fa entrare altra aria nello stomaco, sulla quale poi scende il latte che il bambino seguita a succhiare.
- Forse non avete tenuto il biberon con la giusta inclinazione, in modo che la tettarella fosse sempre piena di latte. Il bambino in questo caso prende anche delle poppate di sola aria che nello stomaco si mescola al latte. Tenete il biberon più inclinato.
- Può anche darsi che il foro della tettarella fosse troppo piccolo: il bambino ha dovuto fare un grande sforzo per succhiare e ha inghiottito dell'aria a ogni boccata di latte. Controllate il foro tenendo rovesciato il biberon: il latte dovrebbe uscire a un ritmo di alcune gocce al secondo (non fate questo controllo con l'acqua, perché esce più velocemente del latte).

*Vomito* Se il bambino rigurgita un po' di latte qualche tempo dopo la poppata, il latte sarà cagliato perché è già stato lavorato dai succhi gastrici. Dopo un'ora o più ha un cattivo odore. Può darsi che il bimbo avesse ancora dell'aria nello stomaco che ora esce con un po' di latte in parte già digerito, oppure che abbia un disturbo della digestione o che stia per ammalarsi. Se sembra non star bene, soprattutto se ha la febbre o sintomi di diarrea, chiedete il parere del medico o portatelo all'ambulatorio. Se sta bene, lasciatevi guidare dal suo appetito e tenetelo sotto controllo, pronte a cogliere i primi sintomi di allarme.

*Vomito a getto* È molto diverso sia dal rigurgito di latte frammisto ad aria sia dal comune vomito. Il neonato rigetta alla fine del pasto con tanta forza che il latte può finire per terra o sulla parete anche alla distanza di un metro. Se il bambino lo fa regolarmente finirà per non mangiare abbastanza, perciò rivolgetevi al medico. Forse vi chiederà di assistere a un pasto per osservare il fenomeno di persona.

La causa del vomito a getto è spesso un disturbo chiamato "stenosi pilorica". È un difetto dei muscoli della valvola di uscita dello stomaco: il latte risale perché non può scendere. È più comune nei maschi che nelle femmine e si elimina con un piccolo intervento.

## L'alimentazione e la crescita

I neonati hanno bisogno della quantità di latte che desiderano prendere, che si tratti di latte materno o artificiale. Solo in casi eccezionali hanno bisogno di qualche cosa d'altro prima dei quattro mesi.

A differenza dei bambini allattati al seno, quelli allattati fin dall'inizio con il biberon possono non avere il calo fisiologico, oppure riguadagnare più rapidamente il peso della nascita. Una volta raggiunto tale peso, il bambino aumenterà di circa 28 g al giorno indipendentemente dal tipo di allattamento. Vi saranno naturalmente delle variazioni da un giorno all'altro, ma la media di aumento settimanale sarà di 170-225 g.

Molti genitori sono restii a lasciare che sia il bambino a decidere la quantità di latte da prendere. Hanno bisogno di sapere esattamente quanto "dovrebbe" mangiare per essere sicuri che mangi abbastanza. Ma nutrire un neonato non è una scienza esatta perché i bambini, per quanto riguarda il fabbisogno di nutrimento, sono diversi l'uno dall'altro, come del resto gli adulti. Il neonato con un metabolismo lento ed efficiente ha molta energia e cresce bene con un minor numero di calorie rispetto a quello che brucia gli alimenti più in fretta.

Molti adulti non sanno adattare la quantità di cibo al loro metabolismo: il nostro modo di mangiare è influenzato dalle abitudini, dalla cultura e dalla golosità; i neonati, invece, si sanno regolare in modo quasi perfetto, perlomeno finché non li confondiamo introducendo succhi di frutta o altro. Qualunque quantità il vostro bambino mangi sarà sicuramente quella giusta, purché possa mangiare quanto e quando vuole; vi accorgerete, inoltre, che sarà quasi sempre soddisfatto e lo sarà di più via via che cresce e si assesta; quando si sveglia sarà vivace e lo sarà sempre di più crescendo.

*Aumento di peso previsto*

Non esiste una quantità precisa di cibo che il neonato deve prendere. Esiste però un tasso di accrescimento previsto per tutti i neonati sani e nati a termine. Il peso del vostro bambino alla nascita è il punto di partenza individuale della sua crescita, ma quando la crescita è cominciata (a circa 10 giorni dalla nascita, quando il calo fisiologico è stato compensato), il lattante aumenterà all'incirca allo stesso modo e con lo stesso ritmo di tutti gli altri neonati, qualunque sia stato il suo peso alla nascita. I parametri di crescita possono essere precisati con meno margini di incertezza raggruppando i bambini per insiemi omogenei. Abbiamo già visto che vi sono differenze percettibili tra gli schemi di accrescimento di un bambino allattato al seno e quelli di un neonato allattato artificialmente, ma di solito non se ne tiene molto conto perché in realtà l'accrescimento dei due gruppi è abbastanza simile. Un'altra differenza esiste tra i sessi, poiché i maschi tendono a essere un po' più grossi delle femmine; anche i gemelli (benché nati a termine) sono quasi sempre più piccoli degli altri bambini. Differenze esistono anche tra gruppi etnici: per esempio i bambini di origine asiatica sono un po' più piccoli di quelli europei, mentre gli afrocaraibici sono un po' più grossi.

L'accrescimento generale segue uno schema predeterminato, come un razzo che, una volta lanciato, segue una traettoria prestabilita. Se alimentate la crescita con il nutrimento e le cure adeguati, la curva di accrescimento del bambino salirà in modo regolare. A differenza del razzo però la traettoria dell'accrescimento giorno per giorno o settimana per settimana non sarà perfettamente uniforme, ma può subire sbalzi anche notevoli. Se siete preoccupate perché il bambino aumenta di 225 g una settimana, ma solo di 60 g quella successiva, cercate di abituarvi a controllare l'accrescimento sul suo *grafico* individuale (vedi p. 88) invece che in astratto.

*Grafici percentili*

I grafici percentili per registrare la crescita dei bambini sono molto utili. Benché le statistiche su cui si basano e il modo di presentarsi possano variare da paese a paese, tutti consentono ai genitori di controllare che la curva ottenuta unendo con un tratto di penna i singoli punti delle successive pesate del loro bambino corrisponda alla curva ideale indicata della tabella in base al peso alla nascita, e che perciò la crescita settimanale o mensile continui a essere quella prevista (vedi p. 89) benché magari il peso acquistato nella settimana precedente fosse inferiore alla media. Se invece un dato anomalo che si colloca sotto la curva prevista è seguito da altri dati simili e la curva di vostro figlio finisce per abbassarsi sulla curva sottostante, la crescita prevista ha subito un rallentamento e qualcosa, scarso nutrimento, malattia o altro, ha interferito. In questo caso il bambino avrà bisogno di una spinta, di un'alimentazione più ricca per rimettersi in sesto. Se invece la somministrazione di latte a una concentrazione troppo alta o l'aggiunta di cereali nel biberon dovessero far aumentare il suo accrescimento fino a oltrepassare la sua curva ideale, sarà necessario ridurre l'alimentazione a base di latte e attenersi alla composizione corretta perché il bambino riacquisti il giusto peso.

*Anche la statura ha la sua importanza*

Controllare l'aumento di peso non basta per stabilire la crescita del neonato. Il bambino non deve solo ingrassare, ma svilupparsi in modo equilibrato e quindi crescere anche in altezza. L'altezza cambia più lentamente del peso ed è più difficile da misurare con precisione, ma, a prescindere dalla sua altezza alla nascita, il bambino aumenterà di circa 2 cm al mese, o poco più di 5 cm in tre mesi. Nello stesso modo in cui esiste un peso previsto per ogni età del bambino, calcolato in base al peso che aveva al momento della nascita, così c'è un'altezza prevista, in rapporto all'altezza del bambino alla nascita. Un'accurata registrazione della sua crescita prevede un diagramma in cui compaiono entrambi i dati. Se le misurazione sono fatte dal pediatra, verrà registrato anche l'aumento graduale della circonferenza del capo.

*Cambiamenti ed eccezioni nelle normali fasi di crescita*

Ma i bambini non continueranno sempre a crescere seguendo uno schema costante uguale per tutti. Se così fosse non avrebbe senso approntare grafici e basterebbe conoscere il peso alla nascita. Noi stessi ostacoliamo una crescita regolare dei bambini nutrendoli troppo o troppo poco o introducendo nella dieta alimenti solidi troppo presto o troppo tardi. Anche la vita influisce, rendendo un bambino facilmente soggetto alle infezioni e un altro più resistente, uno molto attivo e l'altro di meno. Gli stessi ormoni di un bambino possono avere rilievo nel suo accrescimento. Infatti il rapido accrescimento del periodo puberale si verifica in tempi diversi e con ritmi differenti nei vari individui. Ma per la maggior parte dei bambini le curve di accrescimento indicate nel grafico delle pagine seguenti saranno considerate normali per il primo anno. Ci sono tuttavia delle eccezioni:

- Bambini nati prima del termine: fra questi ci possono essere due o più gemelli. Il loro peso alla nascita non sarà il punto di partenza ideale e poiché anche l'allattamento sarà più difficile, sarà più lenta anche la crescita, tanto che probabilmente, rispetto agli altri bambini, manterranno una posizione bassa per molto tempo.
- Bambini immaturi: anche il loro punto di partenza sarà molto basso, ma questi neonati possono crescere in modo stupefacente nelle

prime settimane, soprattutto se nell'utero non ricevevano un nutrimento sufficiente. Seguiti con molta cura, possono modificare la loro posizione, passando dal settore inferiore del grafico fino a raggiungere la punta massima della curva che rappresenta i neonati piccoli.

- I neonati che si ammalano dopo la nascita o nelle prime settimane di vita potrebbero avere un arresto dell'aumento di peso o potrebbero addirittura perderne. Anche in questo caso, se il neonato è seguito con particolare attenzione da voi e dal pediatra di fiducia, potrebbe poi crescere molto rapidamente, quasi con uno scatto di recupero. La sua curva personale di crescita perciò si innalza per poi stabilizzarsi a un livello diverso, più alto.
- Bambini allattati artificialmente dalla nascita: questi neonati non subiscono talvolta il calo fisiologico. Possono crescere molto fin dall'inizio, specialmente se il latte è molto ricco o vengono spinti a prenderne più del necessario. La curva di accrescimento di questi bambini può salire ancora, se al latte si aggiungono molto presto alimenti solidi. È in un caso come questo che si dimostra l'importanza di registrare l'altezza oltre al peso, perché un neonato che aumenta di più rispetto al suo peso ideale non aumenta in altezza con lo stesso ritmo. Questa differenza è l'avvertimento che il bambino non sta semplicemente crescendo, ma sta diventando obeso.

*È più semplice parlare di accrescimento "medio"*

È importante che vi rendiate conto che in ambito sociale ci si regola su neonati medi e se il vostro bambino alla nascita non ha un peso che rientra nella norma, dovete accettare questa differenza. Sugli indumenti per neonati sono indicati età e peso (meno spesso l'altezza), ma è facile venire tratti in inganno. Un pigiamino che porta l'indicazione "dalla nascita a 3 mesi" sembra adatto a un neonato, ma l'indicazione significa che è previsto per un neonato che pesa dai 3,200 kg ai 5,500 kg con un'altezza proporzionale al peso, e quindi non durerà molto per il vostro bambino che alla nascita pesava 4,500 kg. State anche attente quando somministrate al bambino farmaci da banco, perché talvolta le istruzioni indicano le dosi in base all'età anziché al peso. Un neonato piccolino ha bisogno di una dose inferiore di qualsiasi farmaco, a prescindere dalla sua età.

Quando poi si tratta di norme di sicurezza, per esempio per i viaggi in automobile, le indicazioni che tengono conto dell'età *e* del peso possono lasciarvi perplesse. Se per esempio il vostro bambino è più grosso della media, vi chiederete quando è il caso di spostarlo dalla culla al seggiolino, se in base al peso o all'età: in realtà quello che conta è la maturità della sua spina dorsale.

Quanto più il bambino si discosta dalla media, tanto più dovrete fare attenzione. Non fatevi influenzare da "detti" considerati verità assolute come "il neonato dovrebbe raddoppiare il suo peso a sei mesi e triplicarlo a un anno". Se osservate il grafico della crescita vedrete che il neonato di peso medio, rappresentato dalla curva centrale, raddoppia in effetti il suo peso a sei mesi e lo triplica in un anno, ma il neonato piccolo, rappresentato dalla curva inferiore, riesce quasi a raddoppiare il suo peso a tre mesi e lo triplica in sei. Il neonato più grande, rappresentato dalla curva superiore, raddoppia il suo peso in sei mesi, ma non lo triplica in un anno. Se dovesse aumentare stando al detto, diventerebbe enorme.

# *Grafico della crescita*

Il grafico riprodotto nella pagina a fronte è quello di una neonata reale. Le curve centili sono valide per tutti gli individui della nostra specie, ma queste in particolare sono basate sulle statistiche di crescita della popolazione infantile di sesso femminile in Gran Bretagna. I dati per gruppi etnici diversi possono variare leggermente.

La linea rossa al centro è il 50° centile e corrisponde all'esatta media della popolazione presa in esame. Quella linea significa che su un gruppo di 100 individui presi in esame dalle statistiche (in questo caso le neonate inglesi), 50 (50%) peserà o misurerà di più e 50 di meno.

Le due righe blu sono il "98° centile" in alto e il "2° centile" in basso. Corrispondono ai limiti massimo e minimo normali. La lunghezza e il peso di quasi tutte le bambine si collocheranno all'interno di queste due linee: su 100 soggetti del gruppo di riferimento, solo due (cioè il 2%) saranno più lunghe e più pesanti del 98° centile e solo due (2%) più piccole e meno pesanti. Perciò in ognuno dei due settori delimitati dalla linea rossa e dalla linea blu si collocheranno 48 individui (48%) del gruppo di 100 neonate prese in esame.

Benché siano tutte da considerare nella norma, ci sono grandi differenze di peso e di lunghezza tra le bambine che si collocano sulla linea media e quelle che si collocano sulle linee massima e minima. Questi spazi presentano ulteriori suddivisioni, per dar conto non solo degli individui medi, molto grandi o molto piccoli, ma anche delle categorie intermedie. È utile sottolineare ancora un paio di coppie di centili: il 91° e il 9° (9% di bambine più pesanti o meno pesanti) e il 75° e il 25° (il 25%, ossia un quarto, di bambine più pesanti o meno pesanti).

L'utilità di un grafico percentile come quello della pagina accanto è testimoniata dalla serie di misurazioni (non molto frequenti) di una neonata allattata con solo latte materno. Il suo peso alla nascita la collocava sul 75° centile (solo il 25% di neonate pesano di più alla nascita; il 75% pesa di meno). La lunghezza era un po' superiore. Tuttavia durante le prime otto settimane la neonata è cresciuta molto in fretta (come accade a molti bambini allattati al seno), tanto che ha raggiunto il 91° centile.

Nei successivi due mesi, benché abbia continuato ad aumentare di peso, l'incremento è stato più lento, tanto che le misurazioni sono tornate sul 75° centile da dove era partita.

Dopo di allora gli aumenti di peso sono stati variabili, ma sempre nella norma prevista dalla sua curva ideale. Guardando il grafico si nota che il peso si colloca quasi sempre sul 75° centile, mai al di sotto e spesso un pochino al di sopra. Nel frattempo la lunghezza è aumentata in modo più costante e relativamente più rapido. Alla nascita la neonata aveva l'altezza prevista per il suo peso, ma a nove mesi l'altezza si era spostata sul 98° centile: solo due bambine su 100 erano più lunghe.

I genitori (si trattava della loro prima bambina) hanno sottolineato che, senza questo metodo di registrazione e di osservazione dei progressi della neonata, avrebbero finito per preoccuparsi di fronte a certe misurazioni singole. La madre in particolare ha ammesso che il rallentamento nella crescita registrato verso il terzo mese di vita della bambina le avrebbe fatto dubitare dell'efficacia dell'allattamento al seno e magari l'avrebbe spinta a utilizzare qualche biberon supplementare o a introdurre cibi solidi. Invece aveva potuto rilevare dal grafico che tale rallentamento non faceva che riportare la bambina sul suo centile ideale.

*I grafici percentili rendono più facile accertarsi se la crescita in lunghezza (a destra in alto) di un bambino si accorda con il suo accrescimento ponderale (a destra in basso) e se la crescita complessiva si mantiene nei limiti di quella prevista nonostante i temporanei picchi in su o in giù.*

## Grafico della crescita (sesso femminile)

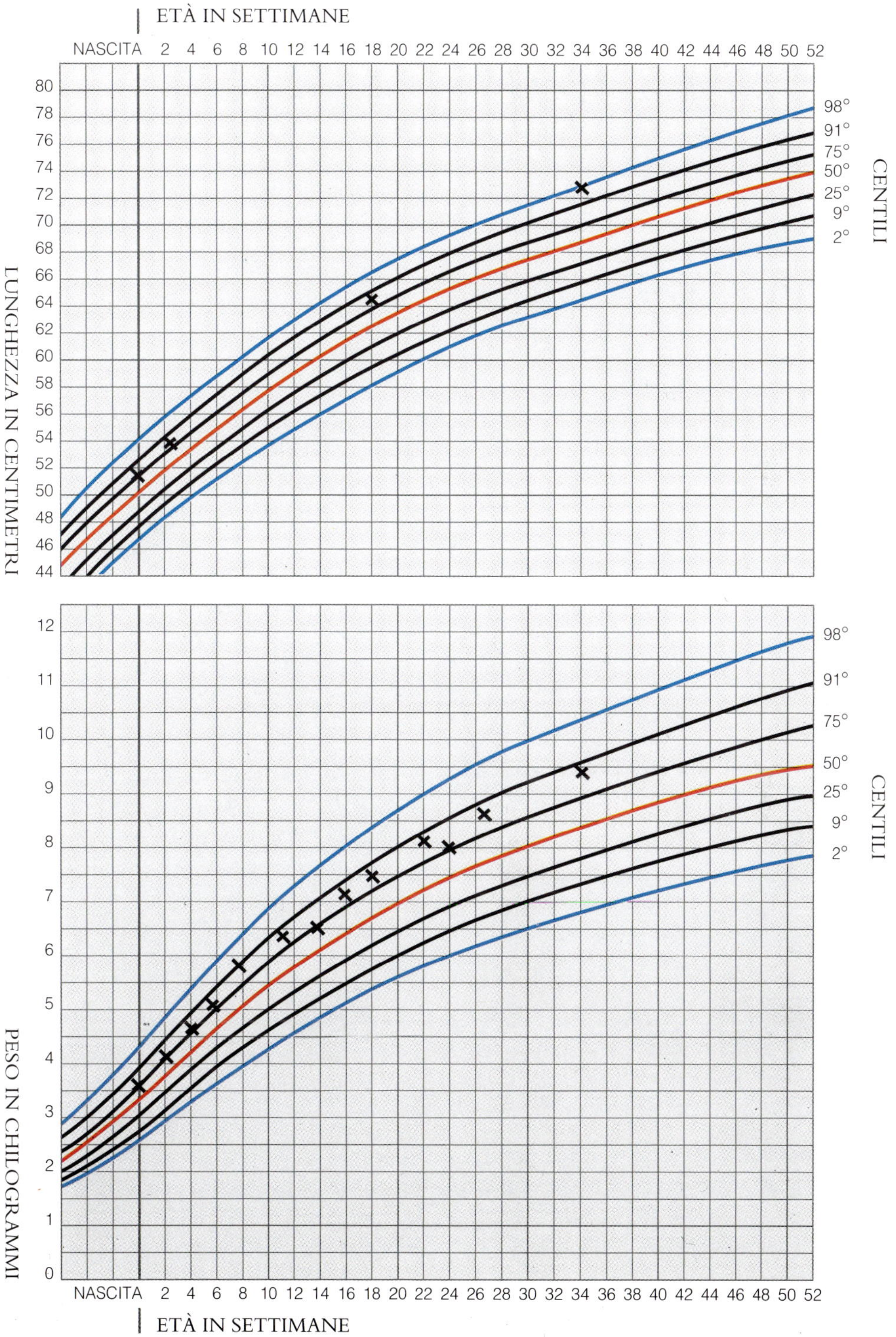

# Le cure quotidiane

Prendersi cura del corpo del vostro bambino non è più difficile che occuparsi di voi stessi, ma finché non sarete diventati abili nel sostenergli la testa e le membra, i suoi strilli indignati saranno scoraggianti e senza fine. Questi brevi suggerimenti vi sembreranno inutili dopo una quindicina di giorni o se siete già esperti, ma essi intendono essere una base di partenza per un adulto che voglia occuparsi di un bambino piccolo. Se durante i primi giorni la cura del neonato sarà affidata a una sola persona, la madre o la bambinaia, riconosciute quali esperte, sarà poi difficile per il padre o chiunque altro riuscire a riportarsi in pari.

## Come maneggiarlo

Il neonato ha una paura istintiva di cadere quando gli si lascia ciondolare la grossa testa e penzolare nel vuoto le gambine che ancora non riesce a controllare. Non è in grado di sostenere la testa o di controllare i muscoli e si sente bene e felice solo quando qualcuno glieli sorregge. Quando è adagiato nella culla o nella carrozzina il materasso lo sostiene; quando lo tenete in braccio, lo sostiene il vostro corpo; quando invece lo sollevate o lo adagiate vive probabilmente un momento allarmante, in cui viene a mancare un sostegno prima che sopravvenga l'altro.

Per evitarlo è meglio fornirgli entrambi i sostegni prima di toglierne uno. Se volete prendere in braccio un neonato disponete le mani e le braccia attorno a lui mentre è ancora sdraiato sul materassino. Non cominciate a sollevarlo prima che si senta sicuramente sostenuto. Quando invece lo mettete giù, invertite il procedimento: aspettate che si senta sicuro sul materasso prima di lasciarlo.

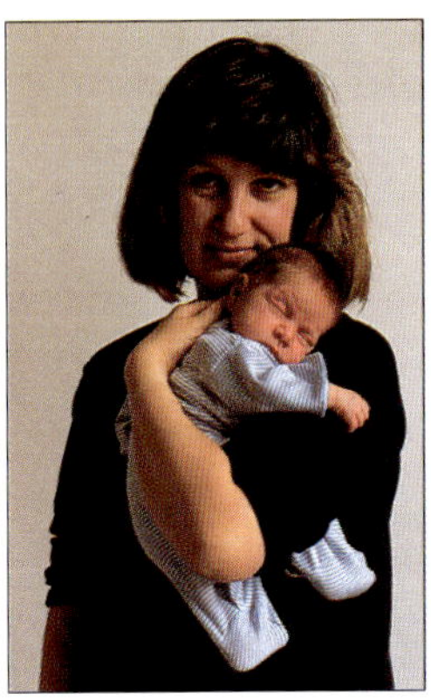

*Quando il bambino è così piccolo basta un solo braccio per sostenerlo. Tenetelo passandogli il braccio sinistro attraverso la schiena. Avrete così la mano destra libera.*

Occorre un po' di pratica prima di riuscire a fare questi movimenti con abilità. Comunque non sbaglierete di molto provando a trattare il piccolo come maneggereste un pacco malfatto. Se lo prendete sostenendolo in mezzo, le estremità ciondoleranno nel vuoto. Se vi preoccupate solo della testa, ciondoleranno le gambe.

Dovete sostenerlo tutto insieme in modo da poterlo muovere come se fosse un fagotto. Ma è particolarmente importante che il bambino si renda conto di quello che state per fare: spostatelo piano piano e cercate di limitare al massimo la distanza che deve attraversare. Se, per esempio, il bambino è nel baby-pullman sul pavimento, prima di prenderlo in braccio mettetevi in ginocchio e alzatevi in piedi solo quando è saldamente tenuto dalle vostre braccia.

Ma il bambino non è un pacco, è una persona e merita di essere trattato con rispetto. Ciò significa anche avvertirlo di quello che state per fare, o quantomeno fargli sapere che state per fare *qualcosa,* prima di farlo. Non sollevatelo mai prima di avergli fatto notare la vostra presenza, parlandogli o toccandolo, e quando lo muovete, date sempre ai suoi muscoli il tempo di adattarsi alle varie sollecitazioni che sta per incontrare. Se un bambino viene tolto dalla culla e strappato dal suo dormiveglia senza neppure un "posso?", avrà l'impressione di essere afferrato di colpo e sollevato in aria da un gigante invisibile.

*Infilategli la mano sinistra sotto il collo e la destra sotto il sedere. Piegatevi in modo che il vostro avambraccio sinistro segua la linea della sua spina dorsale e allargate le dita per sostenergli la testa.*

*Sollevatelo dolcemente. Le vostre braccia lo sostengono mantenendolo nella posizione che aveva sul materassino. Tenendolo così, potete appoggiarlo alla spalla senza sballottarlo.*

*Quasi tutti i bambini amano questa posizione, ottima per tenerli, trasportarli, cullarli, coccolarli e far loro fare il ruttino. Anche a voi genitori piacerà, perché sarete molto vicini: non potete vederlo in viso, ma lui sente il vostro cuore.*

## Come vestirlo

Alcuni bambini non sopportano di essere vestiti e cambiati e poiché si tratta di un'operazione da fare diverse volte al giorno, non piacerà neppure a voi. Il neonato in particolare non ama:

- Venire appoggiato su una superficie dura e fredda. Usate un fasciatoio imbottito o qualcosa di simile, coperto con un asciugamano.
- Avere la pelle nuda esposta all'aria, specialmente dalla vita in su. Cambiatelo in un ambiente caldo e, cosa più importante, tenetegli la pancia coperta con un asciugamano mentre lo svestite.
- Essere girato e capovolto. Non gli piace neppure infilare i vestiti dalla testa. Scegliete indumenti aperti sul davanti, meglio se in tessuti elastici. Controllate che il collo si possa aprire o allargare bene e che le maniche siano a raglan. Potrete così infilare la vostra mano a rovescio e tirargli la manica sul braccio invece che viceversa.
- Avere le gambe scoperte per tutto il tempo necessario a togliere le feci con dei fazzolettini o dei batuffoli di cotone. Togliete il grosso con l'angolo del pannolino sporco, poi usate l'*acqua*.

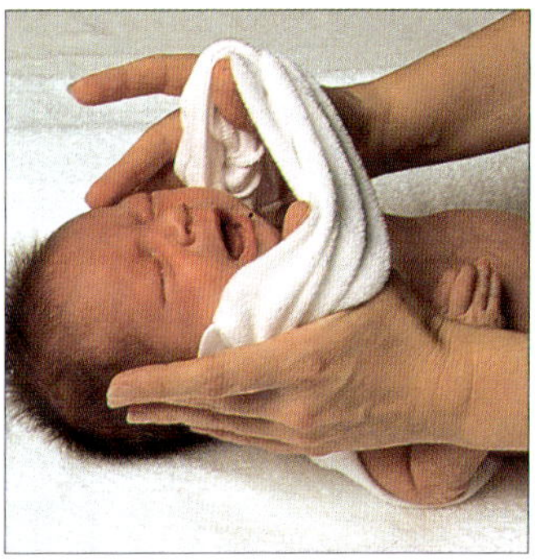

*Non gli piace rimanere nudo o sentirsi sfregare il naso. Dovrete essere veloce e precisa: allargate il collo dell'indumento con i pollici facendoglielo passare sulla testa.*

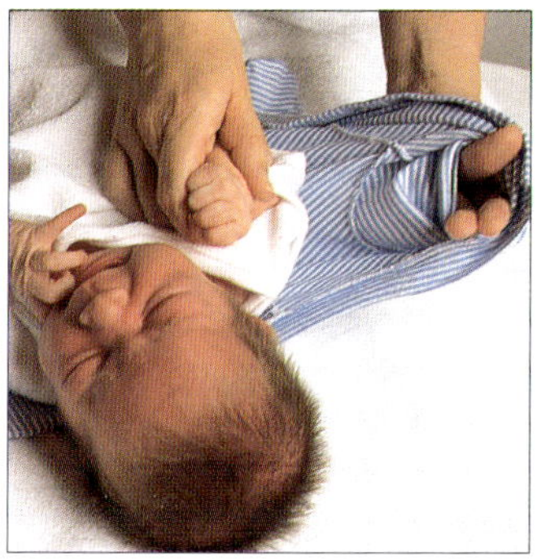

*Non tirate o spingete i suoi pugnetti. Infilate la vostra mano nella manica a rovescio, poi afferrategli la manina e tirategli la manica sul braccio e non viceversa.*

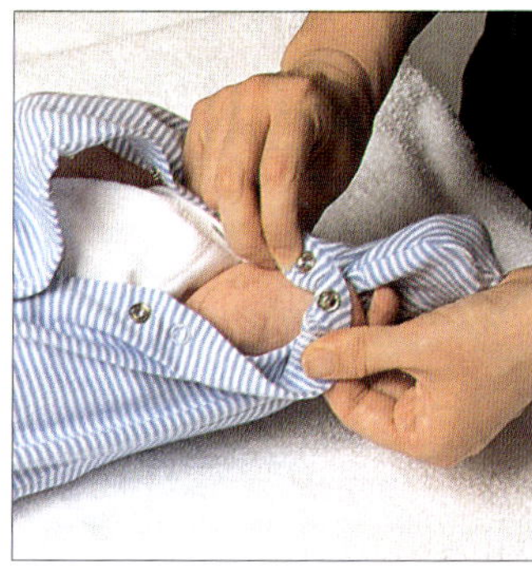

*Più strilla e più è facile sbagliare i bottoni. Cominciate ad abbottonare dalla caviglia, prima la gamba destra poi la sinistra. Arrivate al cavallo, non potete più sbagliare.*

*Accertatevi che non abbia troppo caldo o troppo freddo*

Il calore è molto importante per i neonati. Infatti, benché i bambini sani e nati a termine siano in grado di produrre calore fin dai primi giorni di vita, non sono altrettanto capaci di conservarlo. Se l'ambiente si raffredda, devono consumare molta energia per scaldarsi, a discapito di altre attività fondamentali come vivere e crescere; diventeranno anche irrequieti e infelici. Se la temperatura scende molto, si possono avere conseguenze anche più gravi. Perciò una temperatura adeguatamente calda nell'ambiente dove il neonato vive contribuirà a non fargli sprecare energia per riscaldarsi e a farlo rimanere più rilassato e più tranquillo.

Anche il caldo eccessivo li renderà nervosi e irrequieti. A circa quattro settimane avere molto caldo costituirà per un bambino sano e nato a termine un problema altrettanto grave dell'avere freddo perché a questa età sarà per lui più difficile disperdere il calore che conservarlo. Indumenti pesanti e avvolgenti, copertine isolanti, cuffiette, il tettuccio della carrozzina o tutti questi elementi insieme possono impedire all'aria di circolare sulla pelle sudata per raffreddarla con l'evaporazione, con il rischio che il bambino si surriscaldi.

*Stare caldo ma non troppo*

Esperimenti in questo campo hanno dimostrato che un neonato nudo smette di utilizzare energia per produrre calore quando la temperatura a diretto contatto con il suo corpo raggiunge i 29 °C. È certamente un valore troppo elevato per gli ambienti in cui si vive normalmente o dove il neonato rimane quando è vestito, ma è quella giusta per la stanza in cui fate il bagno a un bimbo appena nato. Di solito, perché l'aria a diretto contatto con il suo corpo rimanga a questa temperatura ideale, è sufficiente vestire il neonato in modo adeguato: tre strati leggeri, per esempio una maglietta e il pannolino, una tutina e uno scialle manterranno al caldo il corpicino del bambino con una temperatura ambientale sui 18-20 °C.

Il bambino perfeziona il suo sistema di termoregolazione a mano a mano che cresce e aumenta di peso. Un bimbo nato prima del termine, che pesa solo 2,700 kg, non deve assolutamente essere portato fuori; la temperatura del locale dove sta abitualmente deve essere costante e il locale nel quale viene cambiato molto caldo. Un bimbo di tre mesi, invece, che pesa circa 5,500 kg, ha già in parte sviluppato la capacità di mantenere il calore ed è in grado di consumare dell'energia per riscaldarsi per un certo periodo di tempo. Tra questi due estremi, alcune semplici precauzioni dettate dal buon senso vi aiuteranno a tenerlo al caldo senza eccedere:

- Vestite il bambino a seconda della temperatura e cambiatelo se la temperatura cambia. È importante togliergli gli abiti pesanti quando entrate in casa o in un negozio riscaldato e rimetterglieli quando uscite. Altrettanto importante è regolare le coperte del letto per la notte in base alla temperatura *del momento*. Se occorrono due coperte quando il riscaldamento si spegne a notte fonda, ne occorrerà certo solo una quando metterete il bambino a letto la sera. Diversi strati di abiti e di coperte faciliteranno gli aggiustamenti sia di giorno sia di notte. Abiti e coperte molto isolanti, come per esempio i piumini isolanti per la carrozzina, sono troppo caldi per essere usati in casa.
- La testa del neonato è molto grossa rispetto al resto del corpo, e anche così poco protetta dai capelli che può raffreddarsi molto se non è ben coperta. Se temete che prenda freddo, copritegli quindi il capo. Se fa molto caldo, scopritegli la testa e, fuori casa, mettetegli un cappellino da sole.
- Quando è profondamente addormentato, il neonato è più esposto sia al freddo sia al caldo; perciò quando il bambino si assopisce ricordatevi di coprirlo prima che si raffreddi o di scoprirlo prima che si surriscaldi.
- Il bambino è meno protetto dal caldo o dal freddo eccessivo quando è fuori casa, dove può trovarsi esposto al vento o al pieno sole. Nelle prime settimane fate attenzione a queste due condizioni.

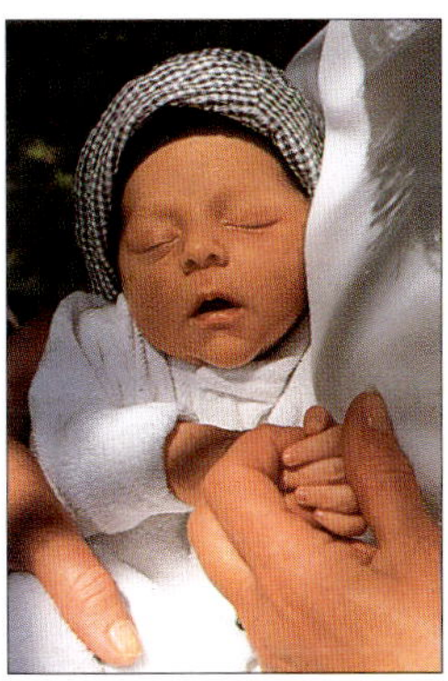

*Copritegli la testa con un berretto per tenerlo caldo o con un cappellino per proteggerlo dal sole diretto. Ma quando siete in casa lasciatelo a testa scoperta.*

*Sintomi di raffreddamento*

Se le condizioni esterne costringono il neonato a faticare per mantenere il proprio calore corporeo, il piccolo mostrerà segni di irrequietezza. Il suo respiro, in questo caso, diventa più rapido del solito; probabilmente si metterà a piangere. Avrà manine e piedi freddi, mentre il torace e lo stomaco saranno ancora caldi al tatto. Appena lo porterete in un ambiente più caldo, soprattutto lontano dalle correnti d'aria, si calmerà e si rilasserà. Quando invece sta perdendo la battaglia per rimanere caldo e corre il rischio di raffreddarsi, si comporta in modo molto diverso. È silenzioso e tranquillo e non piange: lo farà solo quando comincerà a riscaldarsi, perché per ora non ne ha l'energia. Se oltre alle mani e ai piedi anche la pelle del torace è fredda è inutile coprirlo di più. Il bimbo ha molto freddo e vi sta dimostrando che non è in grado di produrre altro calore per se stesso, quindi altri indumenti non farebbero che isolare il freddo che è già all'interno. Dovrete prima riscaldarlo, per esempio portandolo in un locale caldo e dandogli una bevanda calda oppure abbracciandolo avvolto in uno scialle o in una coperta di lana.

Un neonato che si trova in queste condizioni deve essere aiutato a riscaldarsi: se lo si lascia dormire mentre il meccanismo per la produzione di calore non funziona, potrebbe continuare a dormire fino allo stadio successivo di raffreddamento, la cosiddetta "sindrome di raffreddamento neonatale". È un caso molto raro, ma pericoloso. Le funzioni fisiche vitali sono tanto rallentate che il bimbo è apatico, molle, non si sveglia e non riesce a succhiare. Le mani e i piedi sono gonfi e di un rosa acceso. La pelle è molto fredda al tatto. Un neonato in queste condizioni ha urgente bisogno di assistenza medica perché dovrà essere riscaldato lentamente e con molta cautela.

*Quando fa troppo caldo*

Il caldo disturba raramente i neonati, perlomeno finché hanno la possibilità di bere molto e di indossare abiti leggeri, che permettano loro un'adeguata traspirazione. Ma se il bambino è nato in un periodo molto caldo o se si rompe l'impianto di condizionamento non pensate automaticamente che starà male. Comunque, se fa molto caldo evitate gli indumenti di fibre sintetiche, che impediscono la traspirazione. Preferite il cotone. Se il bambino è a suo agio nudo, potete lasciarlo così con indosso solo un pannolino. Tuttavia la maggior parte dei neonati preferisce indossare almeno un camicino. Se lo portate fuori in carrozzina, togliete il tettuccio che intrappola il caldo intorno al suo capo e usate invece un ombrellino parasole o, se possibile, tenetelo all'ombra degli alberi.

In auto fate attenzione al calore del sole che batte sul finestrino e anche alla differenza tra la temperatura esterna e quella interna se avete l'aria condizionata o tra quella di un'auto surriscaldata perché ferma e quella di un'auto in moto: dovrete continuare a coprirlo e scoprirlo. Usate delle tendine parasole, che evitano, oltre al caldo eccessivo, anche che i suoi occhi vengano abbagliati dalla luce del sole.

Se è nervoso e ha la pelle umida, fategli un po' di vento per rinfrescarlo. Se la pelle è secca, fategli prima delle spugnature con acqua tiepida e poi fategli vento. Se la stanza (o l'auto o lo scompartimento ferroviario...) è troppo calda e soffocante, un asciugamano bagnato appeso alla finestra produrrà un sorprendente effetto rinfrescante.

Il calore diretto è un grande pericolo per i bambini molto piccoli. La pelle del neonato è fragile, almeno finché il contatto con gli indumenti e l'esposizione all'aria non l'avranno irrobustita. Proteggetela non solo da pericoli evidenti, come un colpo di sole o una bottiglia piena di liquido caldo, ma anche da quelli meno evidenti, come lampadine accese e radiatori bollenti.

*La termoregolazione è un problema serio.*

*E se il bagnetto non gli piace? Appoggiate il bambino su un piano morbido e caldo, tenendo il necessario a portata di mano, e pulite solo i punti indispensabili.*

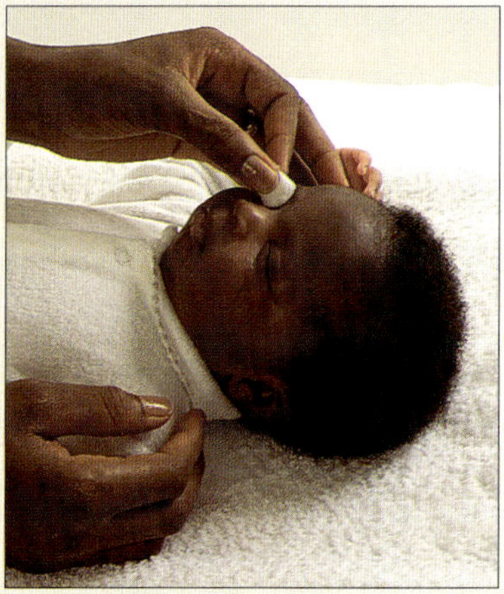

*Per prevenire infezioni, pulitegli gli occhi con acqua bollita tiepida (un batuffolo di cotone diverso per ogni occhio) con un movimento dall'angolo interno dell'occhio verso l'esterno.*

## IGIENE E PULIZIA

I neonati non hanno bisogno di essere tenuti tanto puliti come in genere siamo portati a fare. Sono gli adulti che vogliono che profumino di borotalco. Naturalmente è importante eliminare l'urina e le feci, che altrimenti irriterebbero il sederino, il latte secco che si deposita nelle pieghe sotto il mento e il sudore dal collo e dalla testa. Ma non servono lozioni, liquidi o fazzolettini speciali, anzi nelle prime settimane è meglio non usarli affatto. Quello che vi serve è acqua calda in abbondanza, ma non è necessario fare sempre al piccolo un bagno completo.

Se vi è stato consigliato di non bagnare il piccolo finché l'ombelico non si è completamente cicatrizzato o se il bagnetto non dà piacere né a voi né al bambino, non fateglielo. Potete tenerlo pulito lavandolo parzialmente, senza spaventarlo ed evitando quella pericolosa esperienza di dover tenere saldamente un esserino urlante e scivoloso in una vasca piena d'acqua.

È sufficiente concentrarsi semplicemente sulla pulizia dei punti che devono realmente essere sempre puliti: gli occhi, il naso, le orecchie, il viso, le mani e il sederino. Il vestire e lo svestire si riducono al cambio dei pannolini, che può avvenire senza neppure prendere in braccio il bambino.

La pulizia deve però essere sempre limitata all'esterno. Non si deve introdurre nel naso del cotone, né pulire le orecchie con i bastoncini di cotone e neppure tirare indietro la pelle che ricopre il pene. Tutti gli orifizi dei neonati sono ricoperti da uno strato di muco che serve a espellere lo sporco. Limitatevi perciò a togliere solo ciò che si vede dall'esterno. Non accanitevi a pulire il naso e le orecchie introducendo bastoncini ricoperti di cotone, altrimenti finireste con lo spingere all'interno lo sporco. È un sano principio quello di non occuparsi mai delle parti del corpo di un neonato che non siano visibili dall'esterno.

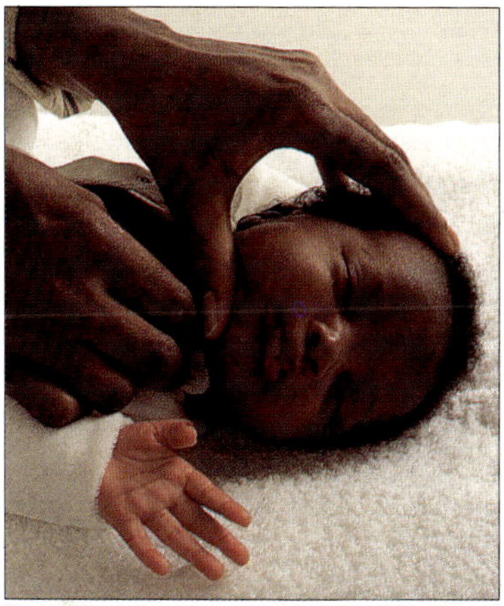

*Quante pieghe sotto il mento ha il vostro bambino? Togliere le gocce di latte che si depositano tra una e l'altra è una vera impresa e non basta certo una rapida passata.*

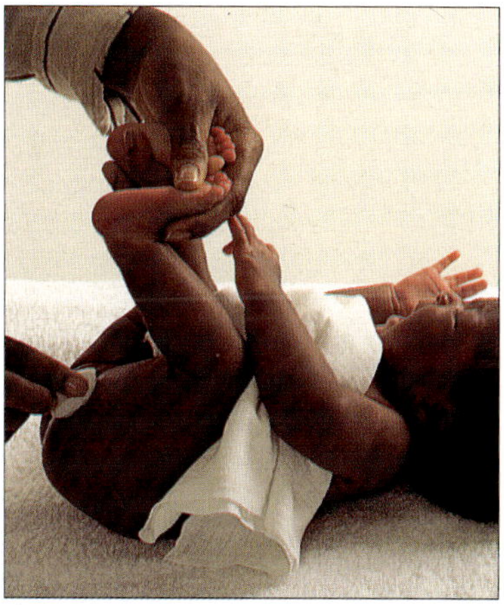

*È raro che un neonato se ne stia tranquillo a pancia scoperta, ma basta appoggiargli sopra un piccolo asciugamano per calmarlo un po' intanto che lo pulite.*

## Che tipo di pannolino usare?

*Quali sono i vantaggi e gli svantaggi dei pannolini usa e getta e di quelli lavabili?*

Entrambi i tipi, soprattutto nelle fasce di prezzo superiore, hanno beneficiato dei moderni ritrovati tecnologici e i miglioramenti si ripercuotono naturalmente su genitori e neonati. Ad alcuni bambini viene ancora l'eritema da pannolino, ma non è più molto frequente né dipende dal tipo di pannolino usato.

In quelli da buttare l'assorbenza non è più legata allo spessore. Quelli ultrasottili con uno strato interno di materiale gelatinoso sono più assorbenti (anche se più costosi) della maggior parte di quelli più spessi, che sfruttano l'assorbenza, non eccezionale, della cellulosa. Alcuni dei pannolini da buttare più costosi sono così assorbenti, il loro strato filtrante è così efficace e la vestibilità tanto ottimale che, se non sono zuppi, è facile dimenticarsi di cambiarli.

Userete circa otto o dieci pannolini al giorno, perciò quelli più spessi e meno costosi rappresenteranno un bel carico da portare a casa. Se non avete problemi di spazio, potete sfruttare le consegne a domicilio offerte dagli ipermercati, ma non ordinatene troppi di una marca, specialmente i primi tempi. Sarebbe meglio provarne diverse prima di decidere quale scegliere.

"Da buttare" significa da mettere nella spazzatura, non da buttare nel water, perché non si disintegrano. I pannolini da buttare contribuiscono a incrementare la massa di spazzatura domestica e benché l'uso di sacchetti di plastica individuali, alcuni addirittura deodorati, riducano il fastidio di vicini e addetti alla spazzatura, si tratta comunque di un notevole carico per l'ambiente. Presto saranno disponibili sul mercato pannolini usa e getta completamente riciclabili, prodotti con tecniche a basso impatto ambientale.

Anche i pannolini lavabili sono in commercio in un'ampia gamma di tipi e fasce di prezzo. Quelli quadrati di spugna e di cotone sono ancora i più economici, ma anche i meno sofisticati. Qualsiasi tipo di pannolino usate, è meglio tenerne di scorta qualcuno di cotone a grande assorbenza.

I migliori del tipo lavabile sono costituiti da molti strati di cotone leggero sagomato, con uno strato di plastica e chiusure di velcro. Sono convenienti da usare come quelli da buttare, a parte il fatto di doverli lavare e far asciugare.

I pannolini da usare con le mutandine di plastica e quelli sagomati da abbinare a uno strato esterno di plastica con le chiusure di velcro sono un po' meno costosi.

I "multistrato" di cotone con la sezione centrale più spessa risultano ancora meno cari. Sono quelli in dotazione a quasi tutti i servizi di lavanderia a pagamento, i quali vi forniscono i pannolini, mentre voi dovete disporre della parte in plastica, delle allacciature in velcro o delle mutandine impermeabili.

Dal punto di vista del bambino non ha importanza che tipo di pannolino usiate, purché lo cambiate spesso. Né quelli da buttare né quelli lavabili presentano rischi intrinseci di eritema.

Per gli adulti la convenienza è spesso un elemento decisivo nella scelta, ma è chiaro comunque che più spendete e migliore è il prodotto che acquistate.

Se preferite i pannolini lavabili, ma non vi sentite di affrontare la fatica e l'impegno del lavaggio, prendete in considerazione il servizio di lavanderia a pagamento. In quasi tutte le città vi consegneranno i pannolini a casa a un costo pari all'incirca a quello dei pannolini da buttare. Una scelta ecocompatibile presenta aspetti molto complessi. A prima vista quelli riutilizzabili sembrerebbero i migliori da questo punto di vista, ma per fare un bilancio valido bisogna mettere in conto il consumo di energia per i lavaggi, i risciacqui e le asciugature e considerare anche gli effetti inquinanti di tutti gli agenti chimici sterilizzanti, detergenti e sbiancanti che finiscono negli scarichi e nei fiumi. Le ricerche condotte fino a oggi non hanno dato una risposta definitiva al riguardo.

## *Cambiare i pannolini*

Il cambio dei pannolini è un'operazione destinata a punteggiare le vostre giornate per molto tempo a venire, perciò è meglio farlo diventare una cosa semplice e rapida. Ciò significa avere accanto a voi, magari su un ripiano di servizio, tutto quello che vi potrà servire: pannolini puliti, sacchetti di plastica o cestino per quelli sporchi, fazzolettini detergenti o un recipiente con l'acqua e del cotone. Il fasciatoio è comodo ma non indispensabile; se lo usate, copritene la plastica con un telo. Potete effettuare il cambio anche su un asciugamano. Se abitate in una casa a più piani, procuratevi un secondo set di tutto il necessario per il cambio. Tenete dei pannolini di ricambio in auto e portate sempre con voi una borsa con tutto l'occorrente.

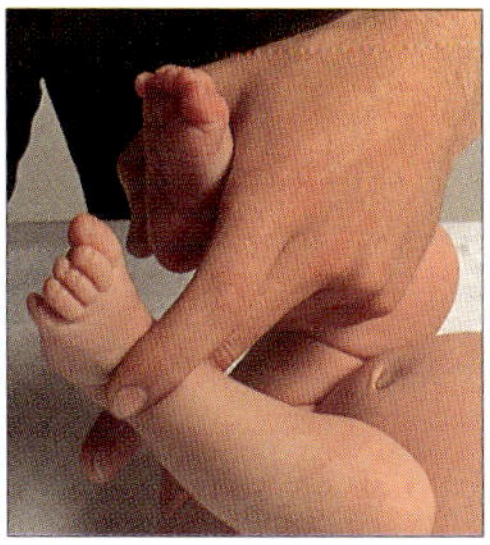

*Per evitare che i suoi malleoli sfreghino tra loro, teneteli separati con le dita.*

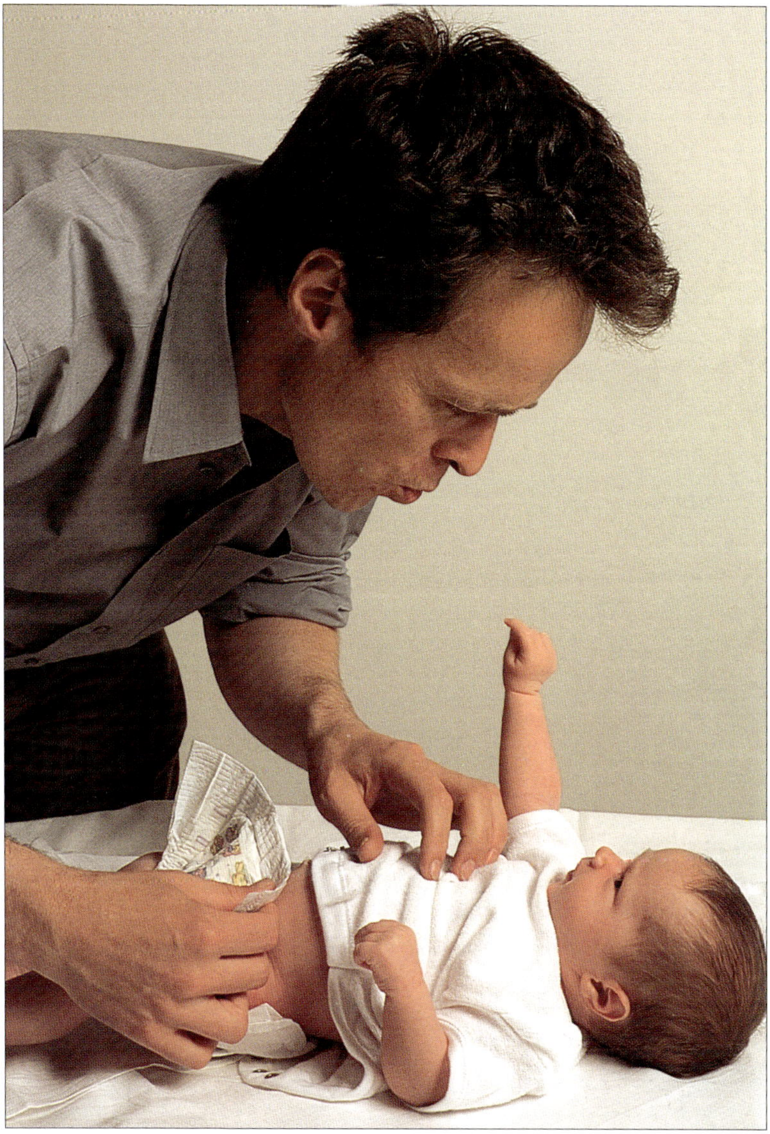

*Cambiare i pannolini è un'operazione ripetitiva, ma non necessariamente noiosa per voi e il bambino. Può anzi essere un'ottima scusa per fare tante coccole e lunghe e appassionate conversazioni.*

## La cura dell'ombelico e delle unghie

Alcuni genitori si sentono intimiditi davanti al moncone del cordone ombelicale. Quel mozzicone di tessuto bruno sembra loro straordinario e nonostante le assicurazioni fanno fatica a credere che, poiché il cordone non è innervato, il taglio non fa male. Inoltre si dice loro che un'emorragia o un'infezione sarebbero pericolose. Dopo una quindicina di giorni il cordone cadrà e rimarrà solo un bell'ombelico. Nel frattempo non duole e il pericolo di emorragie o di infezioni è comunque remoto. Soprattutto, nessun inconveniente potrà verificarsi così in fretta da non avere il tempo di accorgervene e di avvertire il medico.

Per il primo giorno dopo la nascita gli verrà lasciata la pinza che lo stringe. Se quando lasciate l'ospedale non sarà ancora stata tolta, lo faranno il medico o la levatrice. In quel momento può verificarsi un leggerissimo sanguinamento (poche gocce).

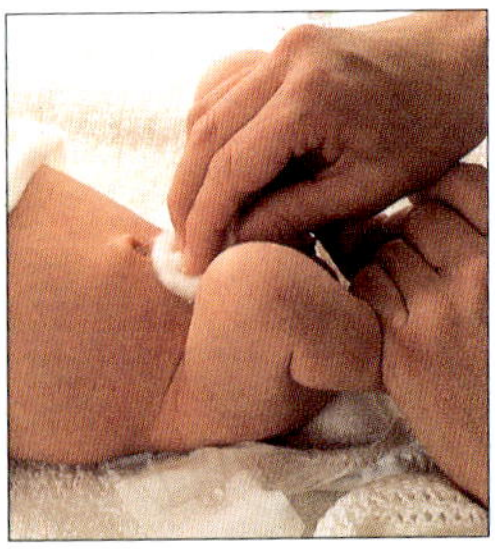

*Quando il cordone ombelicale cade, il sottostante ombelico può essere un po' dolente. Maneggiatelo con delicatezza.*

Il mozzicone si essiccherà e cadrà da solo, di solito in una o due settimane. Nel frattempo deve essere mantenuto il più possibile asciutto, ma non si tratta di una questione di vita o di morte: se si dovesse bagnare accidentalmente non accadrà nulla. Cercate tuttavia di non bagnare quella zona quando lavate il sederino al bambino e se gli fate il bagnetto prima che il mozzicone sia caduto, tenetegli l'addome sopra il pelo dell'acqua.

Alcuni medici raccomandano di tamponare il cordone con alcol o di applicare una polvere cicatrizzante. Altri consigliano invece di lasciarlo stare e di pulire solo la zona circostante. Seguite le indicazioni del vostro medico. In qualsiasi caso, se vedete del siero giallastro nel punto in cui il cordone si congiunge con la pelle dell'addome, oppure più di qualche goccia di sangue, o se il cordone o la zona intorno diventano rossi, caldi o mollicci, fatelo vedere all'ostetrica o al medico il giorno stesso, in modo che qualsiasi incipiente infezione dell'ombelico possa essere stroncata sul nascere.

L'ombelico può talvolta guarire più rapidamente se riuscite a evitare gli sfregamenti a cui è soggetto. Se il bambino è di taglia normale, potete usare i pannolini per neonato di forma apposita, studiata proprio per evitare di sfregare l'ombelico. Altrimenti potete provare ad adattare il tipo di pannolino che usate, ripiegandolo indietro.

Quando infine il cordone cade, l'ombelico può non essere ancora del tutto guarito. Questa parte permanente del corpo del bambino è innervata e quindi *potrebbe* dolere per un giorno o due; potrebbe anche essere molto sensibile, perciò siate pazienti e molto delicati. Quando il bambino avrà due o tre settimane sarà rimasto solo un normale ombelico, ma nessuno può dire in anticipo se sarà sporgente o rientrato.

### *Tagliare le unghie*

Un neonato può nascere con le unghie già lunghe; comunque gli cresceranno in fretta. Se non sono tenute corte, il bimbo può provocarsi dei brutti graffi sul viso mentre le muove o cerca di sfregarsi gli occhi o di succhiarsi il pugno. Dei guantini possono evitare l'inconveniente, ma hanno lo svantaggio di impedirgli di vedersi le mani.

Tagliarle con le forbici non è facile perché le dita sono così minuscole che è difficile tenerle saldamente in mano, specialmente se il bimbo si divincola. Usate solo le apposite forbicine: la dimensione ridotta e le punte arrotondate le fanno sembrare meno pericolose. Cercate di afferrare il ditino del bambino tra l'indice e il pollice, chiudendo le altre dita nella mano. Così, se anche si agita non correte il rischio di ferirlo. Se si divincola troppo (o voi siete troppo ansiosi) provate a farlo quando dorme. Se si sveglia, fatelo fare a qualcun altro mentre lo allattate.

Se non riuscite proprio a usare le forbici, nelle prime tre settimane, mentre le unghie sono ancora morbide, potete provare un'altra tecnica: eliminate la parte troppo cresciuta (che apparirà bianca e a lamine) prendendola tra l'unghia del pollice e dell'indice o con i denti, facendo affidamento sulla sensibilità della labbra e della lingua. Tuttavia, a mano a mano che le unghie si induriscono, questo metodo non è più applicabile. Provate a limarle con una limetta da unghie invece di tagliarle.

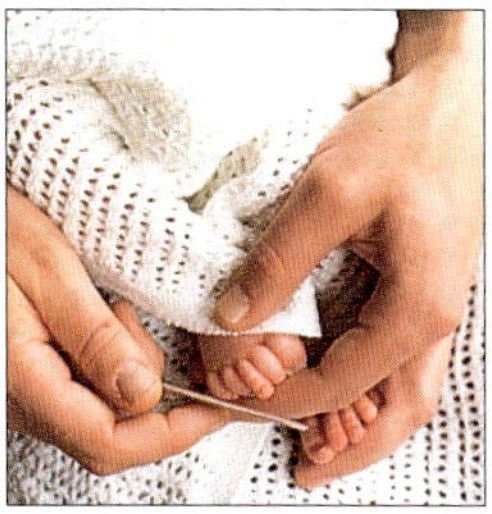

*Non dimenticate le unghie dei piedi. Se sono lunghe, quando il bambino comincia a scalciare può graffiarsi le gambe.*

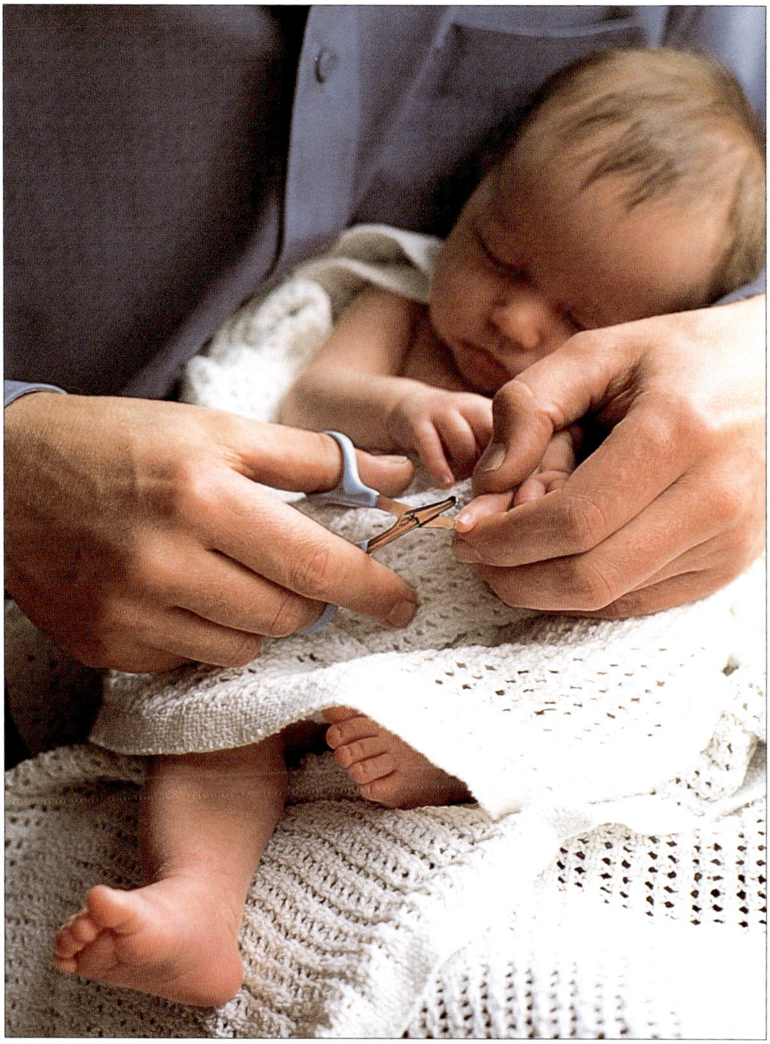

*Tagliare le unghie al bambino è indispensabile, ma per nulla facile. Se si sveglia mentre lo state facendo, riprovate mentre succhia il latte beato, oppure "tagliategliele" usando le vostre unghie o i denti.*

## Il bagno

Il bagnetto quotidiano è dato per scontato in molti paesi del mondo. In Occidente, se il bambino è nato in ospedale, il personale vorrà farvi vedere come si fa un bagnetto prima che torniate a casa, anche se ci tornate il primo giorno dopo il parto.

L'apposita vaschetta per neonati non è indispensabile, ma facilita le cose. Esistono vaschette dotate di supporto o che si possono agganciare alla vasca grande, con una forma speciale che aiuta a sorreggere il neonato. Ma vanno benissimo anche quelle che si appoggiano al tavolo o al pavimento. L'importante è scegliere un locale caldo e collocare la vasca a un'altezza che non vi faccia venire il mal di schiena. Fatevi aiutare a trasportare e a svuotare la vasca. Se non disponete di una vasca per neonati non pensate di fare il bagno al bambino nella vasca grande: non è adatta, perché è troppo bassa per voi e troppo fredda per lui. In tal caso vi conviene fargli il bagno in un bagnino per la biancheria ben risciacquato o nel lavabo o anche nel lavello della cucina. Fate attenzione ai rubinetti però: potreste farci urtare la testa del bambino o scottarlo con l'acqua bollente che magari sgocciola da quello dell'acqua calda.

Non molti neonati apprezzano il bagnetto: non amano rimanere nudi e neppure nell'acqua. Perciò non stupitevi e non deprimetevi se urlerà tutto il tempo. Dopo qualche settimana il bagnetto gli piacerà molto. Nel frattempo cercate di rendere l'operazione più rapida e facile possibile. Fatevi passare l'occorrente da qualcuno (non importa che abbia 3, 33 o 63 anni); se siete sole, tenete tutto quello che serve a portata di mano, in modo da fare *in fretta*. Lavatelo a pezzetti, ma terminate sempre avvolgendolo in un grande asciugamano morbido.

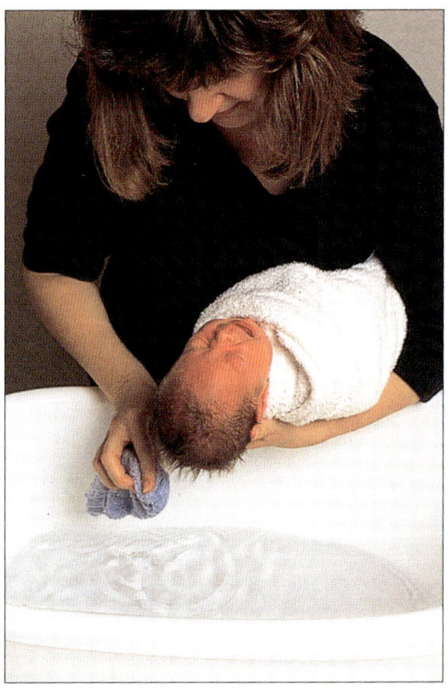

*Risciacquategli i capelli e lavategli la faccia mentre è ancora in braccio, confortevolmente avvolto nell'asciugamano. In questi primi giorni non serve lo shampoo.*

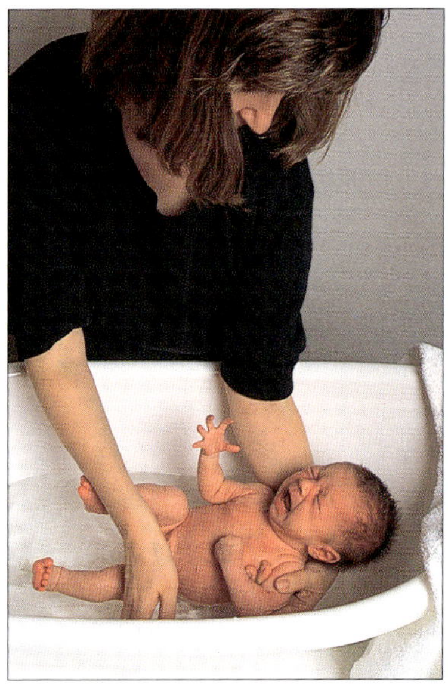

*Toglietegli l'asciugamano e immergetelo nell'acqua, tenendogli la destra sotto il sederino. Passategli il braccio sinistro dietro la schiena afferrandolo per l'ascella e sorreggendogli la testa con il polso.*

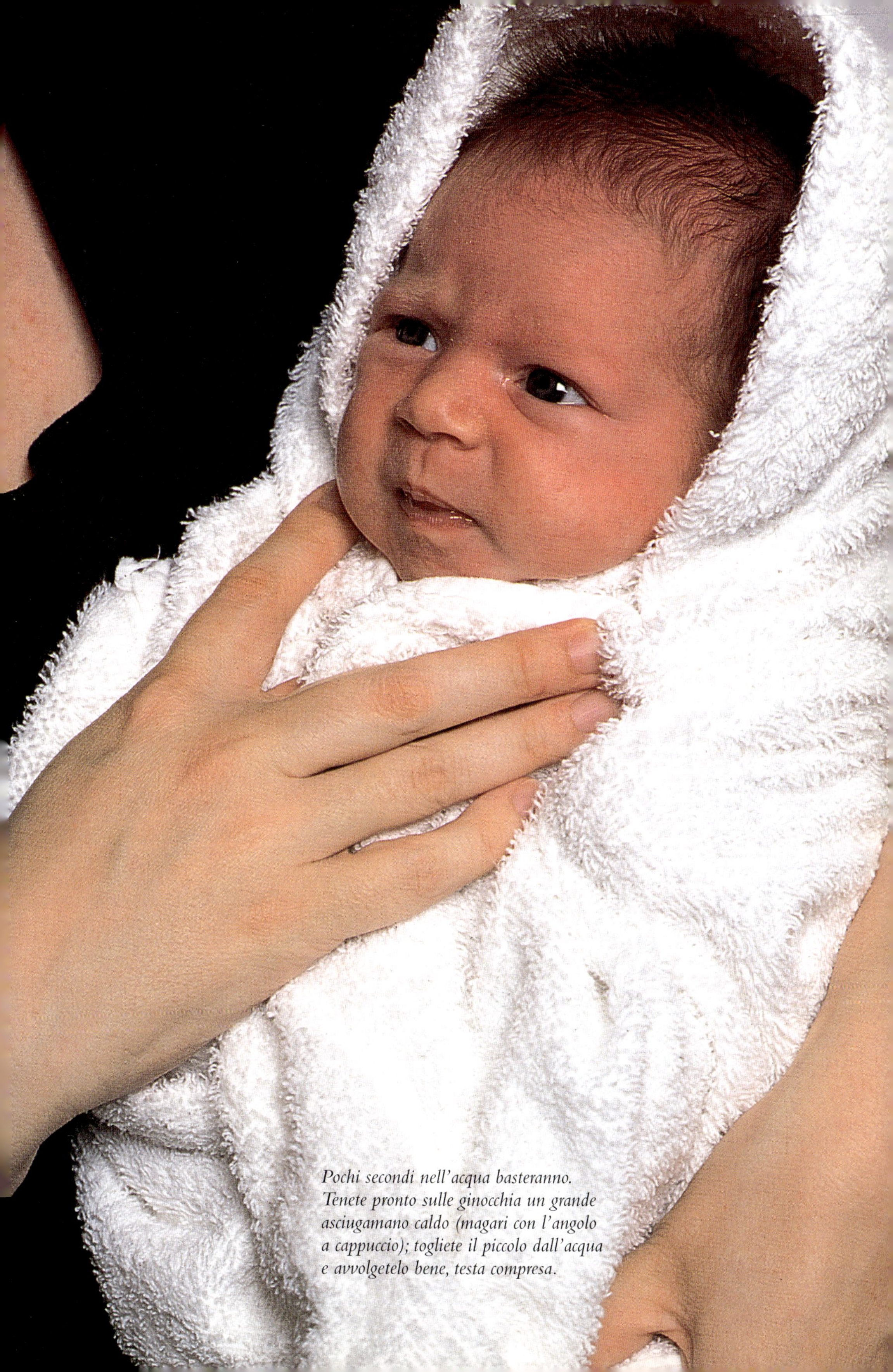

*Pochi secondi nell'acqua basteranno. Tenete pronto sulle ginocchia un grande asciugamano caldo (magari con l'angolo a cappuccio); togliete il piccolo dall'acqua e avvolgetelo bene, testa compresa.*

## L'EVACUAZIONE

La prima evacuazione intestinale del bambino non è costituita da feci, ma dal meconio appiccicoso e verde-nerastro che riempie l'intestino del feto. L'espulsione del meconio prepara l'intestino alla funzione digestiva e dimostra che non ci sono blocchi intestinali. Il neonato deve essere nutrito solo con il colostro (vedi p. 55) finché il meconio non sarà stato espulso. È quindi importante sapere se ciò è accaduto o no.

Mentre siete in ospedale, le infermiere controlleranno i pannolini per annotare l'espulsione del meconio. Se sarete voi a cambiarli, diranno a voi di controllare. L'espulsione può avvenire in una o più volte, ma anche una sola volta elimina ogni dubbio di eventuali blocchi intestinali. Se portate il bambino a casa subito dopo il parto, chiedete prima se l'evacuazione di meconio è già avvenuta. In caso negativo, tenete sotto controllo i pannolini finché il meconio non sarà stato espulso. Se non accade nulla, avvertite il medico entro 24 ore.

*Feci di "assestamento"*

Quando il neonato ha eliminato il meconio e ha cominciato a prendere il latte, dal seno o dal biberon, evacuerà delle feci di "assestamento", così chiamate perché il loro aspetto è dovuto al passaggio dall'alimentazione che nell'utero avveniva per trasfusione a un processo digestivo vero e proprio.

Le feci di "assestamento" sono di solito di colore marrone-verdastro, semifluide e frequenti. Ma a volte sono di un verde deciso, piene di grumi e di muco e vengono espulse con violenza. Non giungete alla conclusione che il bambino ha la diarrea: in questi primi giorni le feci hanno spesso questo aspetto.

Se però siete veramente allarmata, portate il bambino dal medico con un pannolino sporco ben chiuso in un sacchetto di plastica, in modo che egli possa controllare se è affetto da una forma di diarrea infettiva (gastroenterite). Se è allattato al seno è molto difficile che abbia una gastroenterite; se è allattato artificialmente questa possibilità esiste, ma è pur sempre improbabile se il bambino ha un buon aspetto e mangia volentieri. Il neonato può impiegare fino a tre settimane o anche più prima di evacuare feci normali o "assestate".

*Feci "normali"*

Finché il neonato prende solo latte materno e acqua, le feci sono di colore giallastro, hanno consistenza pastosa e un vago odore di latte acido. Ma a volte potrebbe anche espellere feci di colore verdastro per la presenza di muco o di grumi senza per questo sentirsi poco bene. Non fate molta attenzione ai pannolini: concentratevi soprattutto sul suo benessere generale.

Il neonato può talvolta evacuare tante volte in un giorno che non vi capiterà di cambiare un pannolino che sia solo bagnato. Oppure potrebbe avere una scarica ogni tre, quattro o persino sette giorni. Tanto l'evacuazione molto frequente quanto quella molto rara, e tutta la gamma di frequenza compresa fra questi due casi limite, sono normali. È anche normale che il neonato passi da scariche frequenti a scariche rare da un giorno all'altro.

Le feci dei neonati allattati artificialmente sono più solide e più frequenti, perché il latte artificiale lascia più residui del latte materno.

Il colore è marrone chiaro e l'odore quello solito delle feci. Il latte materno è l'elemento più completo e ideale per il neonato. Quello artificiale potrebbe non esserlo. Se non è adatto al bambino, ve ne accorgerete subito dalle feci. Non fate esperimenti cambiandolo senza prima consultare il medico.

*Stitichezza* Il neonato allattato artificialmente, come quello allattato al seno, spesso ha più scariche al giorno, difficilmente non ne ha neppure una. Se rimane senza evacuare per un paio di giorni, per poi emettere feci dure che provocano evidente disagio, significa che è stitico. La causa più comune è la mancanza di liquidi. Dategli più acqua.

*Diarrea* Se un neonato allattato artificialmente manifesta improvvisi sintomi di diarrea, interpellate il medico perché potrebbe trattarsi di gastroenterite. Se vomita, non mangia e/o ha la febbre e mostra segni di malessere, la visita medica è urgente. La gastroenterite può essere molto pericolosa per i neonati, soprattutto se hanno solo pochi giorni. Il primo pericolo è la disidratazione dovuta alla diarrea e al vomito. Dategli tanta acqua bollita quanta ne può bere.

Ma in generale le feci liquide sono dovute più alla dieta che a un'infezione. Può darsi che abbiate messo dello zucchero o dei cereali nel biberon quando la preparazione non lo prevedeva o che abbiate dato al bimbo troppo succo di frutta o acqua e zucchero.

La diarrea può essere dovuta anche a una quantità eccessiva di grassi. Se il bambino fa fatica a digerire i grassi contenuti nel latte artificiale, le feci avranno un cattivo odore. Anche in questo caso portate bambino e pannolino dal medico. Se il medico ritiene che il latte non sia adatto al piccolo, vi consiglierà di cambiare formula.

*Mutamenti di colore* Ancor prima di introdurre alimenti solidi, altri fattori possono provocare cambiamenti di colore piuttosto allarmanti. Un infuso alla rosa canina, per esempio, conferisce colore rossastro alle feci; se il medico ha prescritto al bambino del ferro, le feci saranno scure, quasi nere. Anche diversi farmaci da banco influiscono sulla loro colorazione.

*Urina* Non importa se un neonato si bagna molto spesso; può averne invece se non lo fa. Se dopo un paio d'ore è ancora asciutto, deve essere sorvegliato attentamente. Può darsi che consumi più liquidi del solito perché gli sta salendo la febbre, oppure perché fa molto caldo. Dategli dell'acqua in più o succhi di frutta e controllate dopo un paio d'ore se è ancora asciutto. In tal caso interpellate il medico. Potrebbe trattarsi di un'occlusione delle vie urinarie.

Se i liquidi sono scarsi, soprattutto se fa caldo o se il neonato ha la febbre, l'urina potrebbe essere troppo forte e concentrata. Se è così macchierà il pannolino di giallo e farà arrossare la pelle del bambino. Anche in questo caso il bambino ha bisogno di più liquidi.

Se l'urina continua a essere troppo forte anche se il bambino beve molto, e soprattutto se comincia ad avere un cattivo odore, consultate il medico. Può darsi che si tratti di un'infezione alle vie urinarie.

Se vi viene il dubbio che ci sia del sangue nelle urine, l'intervento del medico è urgente. Se è veramente sangue, potrebbe tuttavia provenire dalla vagina. Le perdite vaginali di sangue sono normali in una neonata nei primi giorni di vita (vedi p. 50) e sul pannolino bagnato può facilmente sembrare che il sangue sia uscito con l'urina.

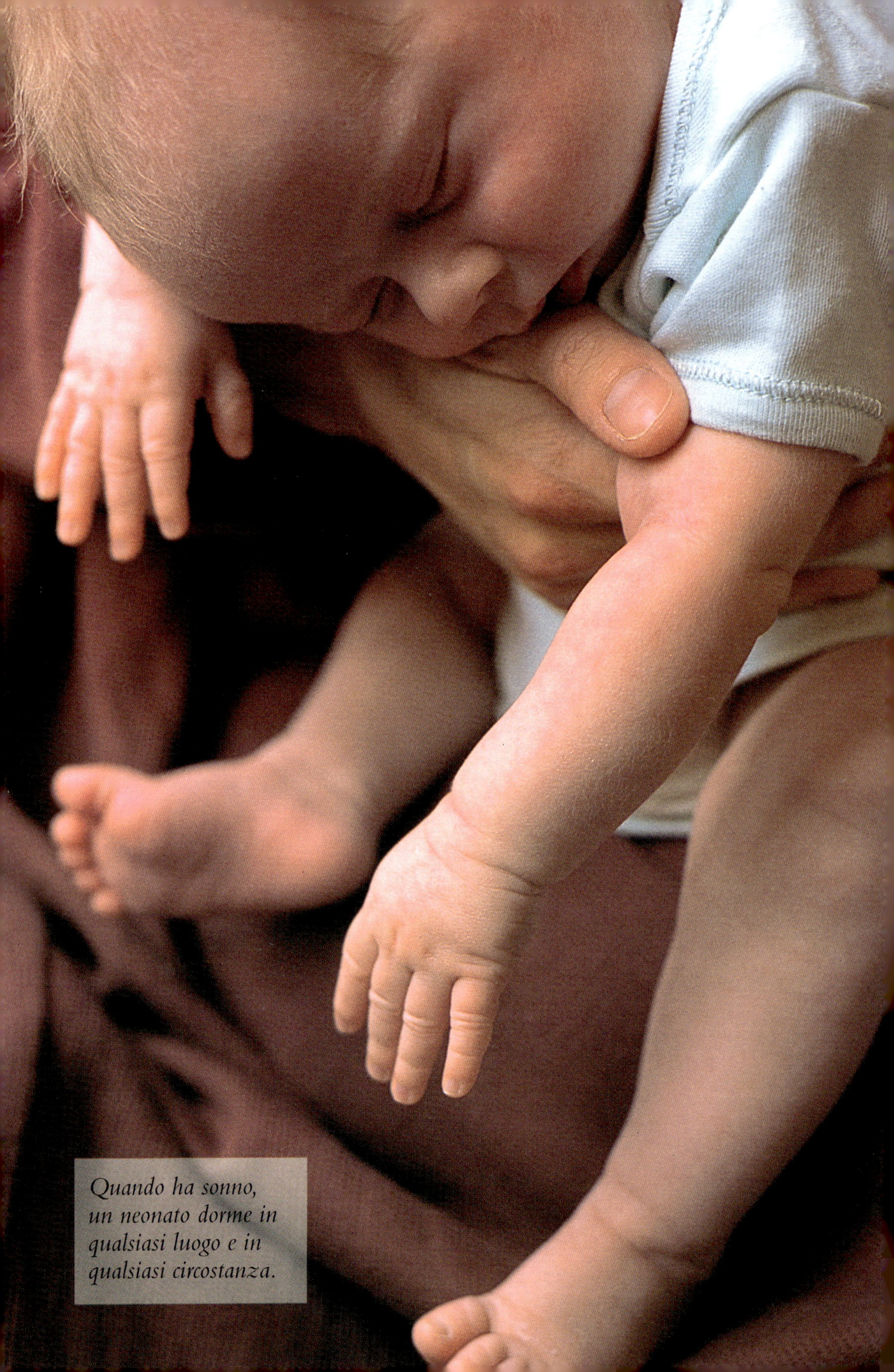

*Quando ha sonno, un neonato dorme in qualsiasi luogo e in qualsiasi circostanza.*

Il bambino dormirà esattamente il numero di ore di cui ha bisogno. Non c'è nulla che possiate fare perché dorma di più o di meno. Se non è ammalato, non ha dolori o qualche altro disagio, dormirà in qualsiasi luogo e in qualsiasi circostanza. Il vostro intervento in questo senso è molto limitato. Se lo sistemate in modo confortevole gli assicurerete un riposo sufficiente, ma non potete farlo dormire quando volete voi. D'altra parte, se vi trovate in una situazione che non vi permette di farlo star comodo, per esempio in bus, non preoccupatevi se sta sveglio, vuol dire che non ha bisogno di dormire.

*Differenziare il sonno dallo stato di veglia*

Nei primi tempi di vita il neonato passa spesso dalla veglia al sonno così impercettibilmente che è difficile stabilire se in un dato momento dorme o è sveglio. Può succedere che cominci a succhiare sveglissimo e con ingordigia, per passare quindi sempre succhiando a uno stato di estasi beata, interrotto di tanto in tanto da poppate più forti, unico segno che non dorme del tutto; di lì a poco sarà immerso in un sonno tanto profondo che niente lo potrebbe svegliare.

Passare senza soluzione di continuità dalla veglia al sonno va benissimo per il bimbo, ma per voi è bene aiutarlo a differenziare la veglia dal sonno. Vi sarà più facile organizzare la vostra vita più avanti se sapete che il bambino è sveglio (e quindi desidera attenzione o compagnia) oppure dorme (ed è quindi improbabile che abbia bisogno di qualcosa).

Per esempio, fin dall'inizio, se ha bisogno di dormire, invece di lasciare che si assopisca in braccio a qualcuno, è meglio metterlo a letto, mentre è bene "tenerlo alzato" quando è sveglio. Se lo mettete sempre nella carrozzina o nella culla quando ha sonno, farà ben presto un'associazione fra queste situazioni e il sonno. E se lo fate partecipare a qualunque compagnia sia disponibile quando è sveglio, sarà in grado di associare la compagnia allo stato di veglia.

*Disturbi del sonno*

Un neonato che dorme non significa una casa completamente silenziosa. I soliti rumori e le normali attività della famiglia in questo primo periodo non lo disturbano, mentre se quando dorme tutti si muovono in punta di piedi sussurrando è probabile che, crescendo, non riesca a dormire se non c'è silenzio assoluto. È perciò importante comportarsi normalmente quando il bambino dorme. Se gli stimoli provenienti dal mondo esterno lo disturbano, ciò avviene perlopiù per dei cambiamenti improvvisi. Può darsi, per esempio, che si addormenti pacificamente con la televisione accesa e si svegli quando la si spegne. Un bimbo che gioca nella stessa stanza non gli impedisce di dormire, mentre se qualcuno entra il rumore lo può svegliare.

Nei primi giorni di vita il neonato è più che altro disturbato da stimoli interni: fame, freddo se non dorme ancora profondamente, dolore, oppure una scarica intestinale o un ruttino. A volte, anche le contrazioni e i suoi stessi movimenti, quando entra in quello stato di rilassamento che precede il sonno profondo, lo disturbano.

*Distinguere il giorno dalla notte*

Gli esseri umani sono creature diurne, dormono di notte e vivono di giorno, ma a quanto pare i neonati sono sprovvisti di un meccanismo chiaro e innato che li faccia agire in questo senso. All'inizio si addormentano e si svegliano senza seguire uno schema regolare. Occorre del tempo e molta saggezza per persuadere il bambino a dormire di notte e a stare sveglio di giorno. Quasi tutti i neonati adottano questo schema abbastanza rapidamente, ma quelli che hanno trascorso settimane nell'incubatrice, con le luci accese e molta gente sempre intorno, lo fanno più lentamente.

È possibile accelerare questo processo differenziando, sin dall'inizio, il sonno notturno dai sonnellini diurni, per esempio lavandogli faccia, mani, sederino, vestendolo per la notte o anche dandogli la poppata serale nella stanza dove dormirà. Ma, soprattutto, mettetelo a dormire nella culla e in camera da letto e non nella carrozzina messa in qualche altro posto della casa, come fareste durante il giorno.

- Dedicategli più tempo per metterlo a suo agio. Se lo adagiate nella culla per un sonnellino durante il giorno, non ha molta importanza se poco dopo si sveglia per fare un ruttino. Ma la sera assicuratevi che l'abbia fatto e che non vi sia nulla che possa disturbarlo.
- Avvolgetelo in modo confortevole (vedi p. 116). Durante il giorno non importa se i suoi movimenti lo svegliano quando il sonno è leggero, ma la sera avvolgetelo bene in modo che non si svegli nei periodi di sonno leggero che si alternano al sonno profondo.
- Abbassate le luci. Per dare alla stanza un aspetto diverso dal giorno assicuratevi che il neonato, svegliandosi (tutti lo fanno di tanto in tanto durante la notte) non rimanga attratto da una luce forte o ben visibile. Lasciate invece accesa una luce soffusa sui 15 watt per poterlo accudire di notte senza dover accendere altre luci più intense.

*Per ora è piacevole tenerlo in braccio mentre dorme, ma metterlo nella culla vi renderà la vita più facile dopo.*

*I neonati di pochi giorni hanno bisogno di dormire in una culla vicino a voi.*

- Controllate che la stanza sia sufficientemente calda (18-20 °C) e che rimanga tale. Se il neonato ha freddo, nel periodo di sonno leggero si sveglia, ma se accade mentre dorme profondamente possono sopravvenire gravi conseguenze.
- Organizzatevi in modo che i pasti notturni siano veloci e che il bambino non si svegli completamente. Il piccolo si sveglia perché non può superare la notte senza mangiare né bere, ma meno si sveglia, meglio è. La sera controllate che tutto l'occorrente per la notte sia pronto e a portata di mano. Non vorrete certo portarlo in giro alla ricerca di un pannolino asciutto.
- Quando piange cercate di consolarlo subito prima che entri in uno stato di disperazione che lo sveglierebbe del tutto. Non giocate con lui e non parlategli; calmatelo, cullatelo e coccolatelo. I pasti durante il giorno sono anche momenti di gioco e di rapporto con gli altri, ma i pasti notturni servono solo a nutrirlo.

## *Come poter dormire durante la notte*

La mancanza di sonno, e in particolare il sonno interrotto, costituiscono per molti il lato peggiore del fatto di essere genitori. Non sono solo i neonati a svegliarsi nel bel mezzo della notte perché hanno fame; tutti i bambini si svegliano di tanto in tanto e la maggior parte di loro cerca la compagnia dei genitori e le loro coccole. Incrociate le dita perché il vostro bambino sia di quelli che dormono tutta la notte, ogni notte, dalle sei settimane di età in poi, ma non contateci troppo. Ci sono genitori che non riescono a passare una sola notte di sonno ininterrotto finché il bambino non ha tre anni.

Ci sono due modi diversi di affrontare questo periodo ed è importante scegliere fin dall'inizio quello che meglio vi si adatta. Il primo consiste nell'accettazione di questo esserino non solo nella vita diurna, ma anche in quella notturna e nel vostro letto. Un letto matrimoniale non impedirà certo al bambino di svegliarsi e non vi salverà dalle poppate notturne delle prime settimane. Ma se il bambino dorme con voi, i suoi risvegli e i pasti notturni vi disturberanno meno di quanto non vi disturberebbero se foste costretti ad alzarvi per prenderlo dal suo lettino. E siccome si trova dove ama stare di più al mondo, vicino a voi, si riaddormenterà più velocemente e facilmente.

I bambini che sono abituati sin da piccoli a dormire nel letto matrimoniale si sveglieranno meno degli altri quando saranno più grandi. Una volta cresciuti potranno anche svegliarsi di notte, ma non vi disturberanno. Dopotutto un bambino che dorme con voi e che si sveglia non ha bisogno di piangere per essere coccolato, perché lo è già.

Dividere il letto con il bambino non è pericoloso (vedi p. 183). Ma dormire insieme nel letto matrimoniale potrebbe causare dei problemi che è bene valutare prima. Una volta che lo avrete abituato a dormire con voi, incontrerete difficoltà a convincerlo, senza una lunga battaglia, che è più bello dormire in stanze separate. E anche se inizialmente amerete molto dividere il letto con il bambino di sei mesi, cambierete presto idea. Un bambino che dorme con voi vi priva della vostra intimità e, dovendo trascorrere con lui sia la notte sia il giorno, a un certo punto potreste sentirvi soffocare dalla sua presenza.

Il secondo tipo di approccio, pur dando il benvenuto al bambino nella vostra vita, lo esclude dalle vostre notti e dal vostro letto. Consiste nel fare qualsiasi cosa per aiutarlo a dormire bene e serenamente, ma da solo; significa andare da lui ogni volta che piange perché ha bisogno di voi, ma non portarlo mai nel letto matrimoniale né permettergli di venirci da solo quando sarà più grande. Questo sistema vi renderà più libere quando dorme tranquillamente, ma vi condannerà ad andare avanti e indietro, per vedere come sta, molte volte quando spunteranno i dentini o quando farà brutti sogni, e questo potrebbe anche verificarsi notte dopo notte per un lungo periodo di tempo.

Nessuno può scegliere all'infuori di voi. Del resto potreste anche contraddirvi: anche se avete deciso per il secondo metodo, una settimana terribile può spingervi a prendere il bambino e a portarlo nel letto matrimoniale con voi alle tre del mattino, perché in quel momento niente sembra avere più importanza del sonno. Cercate di essere coerenti con la scelta fatta. L'atteggiamento peggiore è senz'altro quello di cercare un compromesso, a volte lasciandolo dormire con voi e a volte insistendo perché dorma da solo nella sua camera.

*Come garantirvi sonno a sufficienza*

Se decidete di farlo dormire nel suo lettino, ci sono delle regole da seguire per sfruttare le ore di sonno, anche tra le poppate notturne.

- Svegliatelo per la poppata notturna prima di andare a letto. Se aspettate che il bimbo si svegli da solo, perderete ore di sonno. Se invece andate a dormire e lui si sveglia dopo un'ora, sarete disturbati. Non gli farà male essere allattato prima che capisca di avere fame.
- Organizzatevi in modo che le alzate notturne siano abbastanza confortevoli. Se gli date il latte artificiale il biberon già pronto in frigorifero e uno scaldabiberon elettrico vi faranno risparmiare tempo.
- Dategli da mangiare appena comincia a piangere. Se lo lasciate piangere e il bimbo non ha molta fame, può darsi che si riaddormenti. Ma finché piange vi terrà svegli e si sveglierà di nuovo molto affamato appena vi sarete riaddormentati. Se lo fate aspettare vi terrà svegli con il suo pianto, e quando gli darete da mangiare sarà troppo stanco e infelice per riuscire a prendere l'intero pasto e si sveglierà di nuovo prima dell'ora in cui si sarebbe svegliato se gli aveste dato da mangiare subito. Se gli date acqua, il fatto di succhiare e di aver placato la sete lo farà riaddormentare, ma neppure così la pace durerà a lungo. Ci penserà il suo stomaco a svegliarlo per la fame.
- Cercate di riaddormentarvi appena avete sistemato il bambino. Spesso state svegli chiedendovi se il bambino abbia bisogno di mangiare un pochino di più. Se ne ha realmente bisogno, ve lo farà sapere. Se non lo fa, aspettando che pianga, perderete altro sonno.
- Decidete se uno o entrambi i genitori debbano occuparsi del bambino. Sebbene all'inizio anche i pasti notturni vi sembreranno parte dell'esperienza esaltante di avere un bambino e tutti e due vorrete parteciparvi, ricordatevi che vi aspetta un lungo periodo di sonno insufficiente. È inutile che vi svegliate tutti e due ogni volta che il bimbo ha fame, a meno che il farlo insieme vi faccia risparmiare tempo. Le mamme che allattano al seno giungono alla conclusione che una tazza di tè e due chiacchiere nel cuore della notte non valgono la contropartita di un marito stanco quanto loro e preferiscono cavarsela da sole e magari essere ripagate con qualche pisolino nei fine settimana. I genitori che ricorrono all'allattamento artificiale a volte organizzano dei turni: una notte per ciascuno. Ma per molte coppie neppure questo sistema funziona, perché la madre si sveglia comunque.

## *Che cosa si può fare per prevenire la morte bianca in culla?*

***Siamo ossessionati dall'idea della morte bianca in culla, ma non sappiano esattamente di che cosa si tratti. Che cos'è? Perché i medici sono così imprecisi e non riescono a dire in modo chiaro come evitarla? E noi genitori che cosa possiamo fare per prevenirla?***

Capita talvolta che un bambino apparentemente sano, di solito di età inferiore ai sei mesi, muoia durante il sonno. Le morti bianche in culla (dovute alla sindrome di morte improvvisa infantile) sono per definizione morti imprevedibili (anche per i medici) e *rimangono inspiegabili* (anche dopo gli accertamenti *post-mortem*). Fanno parte di un più vasto gruppo di malattie mortali che colpiscono l'infanzia, ma di tutte le altre, per quanto imprevedibili, sono state individuate le cause.

Poiché non se ne conosce la causa, i medici non sono in grado di dire ai genitori come prevenire la morte bianca in culla. È probabilmente il risultato di una concomitanza di circostanze e della loro interazione, piuttosto che di una causa singola. Gli esperti stanno oggi cercando di identificare quelle circostanze e in parte ci sono riusciti, tanto che le morti bianche in culla sono diminuite drasticamente.

La ricerca si svolge mettendo a confronto gruppi omogenei di neonati, alcuni dei quali siano stati vittime della morte bianca. Naturalmente le differenze osservate non sono necessariamente correlate alla sindrome mortale. Se in uno solo dei gruppi esaminati sono morti più bambini biondi invece che bruni, la circostanza può essere considerata casuale. Ma quando in molti gruppi si nota un maggior numero di morti bianche in culla negli ambienti dove sono presenti dei fumatori, quasi certamente questa circostanza non è casuale. L'inquinamento da fumo è infatti un fattore di rischio accertato per quando riguarda le morti bianche dei neonati.

Gli esperti di molti paesi sono oggi d'accordo su molti fattori di rischio, e il consiglio dato ai genitori è quello di cercare di evitarli. Tuttavia questi fattori di rischio non sono vere e proprie "cause" delle morti bianche in culla e la loro eliminazione non esclude tutti i rischi. Tuttavia sembrano in grado di ridurre in modo drastico l'incidenza già minima di morti bianche in culla.

- ***I bambini devono essere messi a dormire sul dorso.*** La posizione supina è più sicura di quella sul fianco; evitate invece di metterli a dormire sulla pancia.
- ***La testa del bambino deve rimanere scoperta mentre dorme.*** Mettetelo a dormire con i piedi che toccano il fondo della culla o del lettino, in modo che non possa scivolare sotto le coperte. Usate copertine leggere rimboccate in modo che la testa rimanga fuori. Non mettetegli il cuscino o un pupazzo morbido nel letto, non usate piumini o copertine sciolte né nastri. Accertatevi che non rimanga uno spazio tra il materasso e il bordo della culla in cui la testa del bambino possa incastrarsi.
- ***Non tenete i bambini troppo caldi quando dormono, soprattutto se hanno la febbre.*** La temperatura dell'ambiente dove dormono non dovrebbe essere superiore a quella adatta a un adulto che dorme. Se il bambino ha la febbre, copritelo di meno, non di più.
- ***I bambini non dovrebbero essere esposti al fumo né prima né dopo la nascita.*** Se in casa ci sono dei fumatori, un bambino sarà in parte protetto se nessuno fumerà mai nella sua camera, neppure se il piccolo non è presente.

Le ricerche sulle morti bianche in culla proseguono. Mentre sui punti citati gli esperti di tutto il mondo sono d'accordo, altri fattori di rischio non sono unanimemente riconosciuti. Tra essi ci sono: lentezza dei genitori nel riconoscere sintomi di malattie e nel richiedere aiuto medico; allattamento artificiale invece che al seno; livelli e metodi di cura prenatale. Dividere lo stesso letto con i genitori (vedi p. 183) è stato riconosciuto un fattore di rischio, ma anche di protezione ed è quindi un aspetto controverso. Il rischio maggiore rimane comunque un fattore di ordine generale che le coppie di genitori

*Potreste non sapere mai perché piange, ma prima che abbiate provato di tutto, avrà smesso.*

# IL PIANTO E COME CONSOLARLO

Tutti i bambini piangono, soprattutto nelle prime settimane di vita. L'ideale, per molti genitori, sarebbe che il loro bambino non piangesse mai, ma senza pianto non potrete essere sicure di soddisfare pienamente i suoi bisogni. Si sa che il neonato, quando ha bisogno di qualcosa, piange, perciò in circostanze normali, se non piange, si può supporre che non abbia bisogno di nulla. Solo un bimbo gravemente ammalato, in stato di grave raffreddamento o che stia per soffocare, soffrirebbe in silenzio.

I neonati non piangono mai senza un motivo. L'affermazione che il pianto serve a rafforzare i polmoni non ha senso; i polmoni lavorano abbastanza con la respirazione. Ma mentre in generale il pianto significa sempre che il neonato non è a suo agio né felice, nelle prime settimane di vita esso non sempre indica che c'è qualcosa che non va. Le ricerche attuali hanno dimostrato che molti neonati piangono perché si stanno sviluppando, ossia perché non si sono ancora adattati alla vita fuori dall'utero o perché qualche aspetto del loro sviluppo neurofisiologico straordinariamente rapido e complesso li mette in tensione e li rende irrequieti.

Molte volte, naturalmente, il neonato piange perché vuole qualcosa e se siete fortunati riuscirete a capire che cosa: lui ha fame, voi lo nutrite, il pianto si placa ed entrambi siete contenti.

A volte può accadere che non riusciate a capire il perché del suo pianto inconsolabile; allora proverete a offrirgli di tutto, ma il pianto proseguirà ed entrambi sarete infelici. Ma ci sono anche volte in cui sapete che cosa vuole, ma non potete darglielo: il bambino è disperatamente stanco, ma niente riesce a rilassarlo perché possa tranquillamente addormentarsi; forse un disturbo interno (un mal di pancia, o anche solo dell'aria nell'intestino) lo tiene sveglio e quindi tiene svegli anche voi.

Il pianto inconsolabile è uno degli aspetti più sconfortanti dell'essere genitori. Il pianto del vostro bambino ha certamente lo scopo di attirare la vostra attenzione (se non fosse così potreste tranquillamente ignorarlo) ma non dovrebbe in ogni caso andare avanti all'infinito: dovrebbe cessare quando il bisogno è soddisfatto, come il suono del telefono quando sollevate il ricevitore. Più il pianto prosegue, più diventa intollerabile e più i genitori vengono sopraffatti dal panico o dallo sconforto. È veramente difficile continuare a essere affettuosi e calmi quando un neonato sembra rifiutare tutti i vostri sforzi per aiutarlo, sembra addirittura rifiutare *voi*. Se il pianto del bambino e gli inutili tentativi degli adulti per consolarlo proseguono per lungo tempo (ma quant'è un "lungo tempo" alle 3 di notte?), molti genitori cominciano a sentirsi inutili e frustrati. Cominciano addirittura a provare rabbia e perdono di vista il fatto che il bambino non può smettere di piangere finché non ottiene ciò di cui ha bisogno. Arrivano a pensare che *non smetterà più* e che sta piangendo per tormentarli. Se siete a questo punto di esasperazione, consolatevi pensando che non siete gli unici.

## Cause e rimedi del pianto

Le cause del pianto e i rimedi descritti di seguito hanno lo scopo di aiutarvi a trovare una risposta alla domanda che una volta o l'altra quasi tutti i genitori si pongono ansiosamente: "Che cos'ha?", "Che cosa posso fare?". La risposta corretta sarebbe "non molto". Ma in qualche punto di questo capitolo troverete pure qualcosa che serva a consolare (o a spiegare) il pianto del vostro bambino. E se così non fosse, nel tempo che impiegherete a tentare un approccio o l'altro, il pianto sarà probabilmente cessato. Fino alla prossima volta.

*Fame* La fame è il motivo più comune del pianto di un neonato e anche il più facile da risolvere. Le ricerche hanno dimostrato che quando il bimbo ha fame non c'è che il latte per calmarlo. Gli si può dare dell'acqua zuccherata, un succo di frutta o un succhiotto, ma dopo alcuni istanti ricomincerà a piangere, perché il suo bisogno può essere soddisfatto solo dal latte che arriva nello stomaco. Succhiare o sentire in bocca un gradevole sapore non possono avere alcun effetto.

*Dolore* Fino a poco tempo fa si riteneva che i neonati fossero insensibili al dolore e le levatrici dicevano ai genitori in ansia che il bambino non sentiva pungere quando gli si prelevava il sangue, mentre i medici circoncidevano i maschietti o eseguivano interventi chirurgici di lieve entità senza anestesia. Dovevano tuttavia essere ciechi perché il dolore fa piangere il bambino fin dai primi istanti di vita, anche se può essere difficile capire se è dolore o qualcos'altro. Per esempio, può darsi che se lo prendete in braccio smetta di piangere ed elimini aria da una parte o dall'altra. È giusto dedurre che il dolore era provocato dall'aerofagia. Forse gli faceva male il pancino, gli dava una fastidiosa sensazione di tensione allo stomaco, ma forse il pianto non aveva nulla a che fare con l'aria, che è uscita per caso appena preso in braccio. Certi tipi di dolore provocano una reazione molto chiara: il bambino urla a squarciagola se il biberon o l'acqua del bagnetto sono troppo caldi anche solo di pochi gradi.

*Stimoli troppo forti, spavento e paura* Uno stimolo troppo forte di qualsiasi tipo può provocare il pianto. Rumori improvvisi, l'accendersi inaspettato di una luce abbagliante, sapori forti o amari, mani fredde, acqua troppo calda, il troppo ridere, il solletico, sballottamenti o abbracci troppo esuberanti sono tutte cose che possono turbarlo.

Gli spostamenti repentini, soprattutto se danno al bambino l'impressione di cadere, provocano facilmente spavento o paura. In questo caso, oltre che piangere, potrebbe anche tremare o impallidire.

Se si tratta di un incidente lieve, come un colpetto alla testa passando attraverso una porta, il neonato piange più per lo spavento che per il dolore.

*Stimoli o interventi intempestivi* Il fatto che uno stimolo sia troppo forte dipende dall'umore e dallo stato d'animo del bambino. Quello che gli procura piacere quando è sveglio, allegro e ben nutrito, potrebbe farlo piangere quando ha sonno, è nervoso o ha fame. È contento se lo fate giocare o muovere quando desidera la compagnia degli altri, ma se lo fate per distrarlo quando non ne ha voglia potreste portarlo a uno stato di vera disperazione. Un bimbo stanco e infelice ha bisogno di essere coccolato, non di giocare, e un bimbo che ha fame ha bisogno di mangiare. Non osservare l'orario dei pasti lo farà piangere per la fame, ma non rispettare il ritmo con il quale prende il latte può causare un disagio maggiore. Se gli date da mangiare troppo lentamente, per esempio se il buco della tettarella è troppo piccolo o se allontanate il bambino dal seno o dalla tettarella per fargli fare il ruttino, il disagio della fame supera il benessere che gli viene dal mangiare: il bambino, che stava piangendo a causa della fame, continuerà ad aver fame, anche perché ora piange troppo per poter succhiare.

Fare il bagno o cambiare un bambino che ha molta fame può provocare il pianto, sia perché il cibo tarda ad arrivare, sia perché si irrita a essere maneggiato quando invece vuole essere nutrito. Non si dovrebbe fargli il bagno subito dopo la poppata perché tutto quel movimento gli farà rigurgitare il latte; per fargli il bagno scegliete il momento in cui è sveglio, o svegliatelo un po' prima della poppata. Gli si può cambiare il pannolino dopo i pasti, purché venga fatto con delicatezza; ma approfittate per cambiarlo se deve fare il ruttino a metà pasto, altrimenti si addormenta e lo dovete svegliare.

Spesso i neonati hanno difficoltà a passare dal dormiveglia al sonno profondo. Cercate di non renderglielo ancora più difficile modificando il suo ambiente proprio quando si sta assopendo. Se lo portate con voi a fare la spesa in carrozzina, uscite prima che cominci ad assopirsi, in modo che si possa addormentare con il dondolio della carrozzina, oppure aspettate che sia addormentato.

*Trovarsi svestito* Molti genitori credono che siano la loro goffaggine e la loro inesperienza a far piangere il neonato quando lo svestono. Anche se certamente l'abilità serve a rendere quest'operazione più semplice e rapida, molti piccoli piangono perché vengono tolti loro i vestiti. Solitamente succede così: il bimbo si allarma sempre più a mano a mano che gli vengono tolti gli indumenti esterni, per poi urlare a squarciagola quando gli si sfilano quelli a diretto contatto con la pelle, come la maglietta o la camicina. La reazione non ha nulla a che fare con il freddo; il bambino piange anche se l'ambiente o le mani che lo svestono sono caldi: piange perché sente la mancanza del contatto del tessuto sulla pelle nuda e non gli piace la sensazione dell'aria sulla pelle. Smetterà di piangere appena lo avrete rivestito. Nel frattempo lo si può calmare appoggiandogli sul torace e sul pancino uno scialle o un asciugamano che gli dia quella sensazione di calore.

*Il freddo* Come abbiamo visto, il neonato che sente freddo quando è sveglio o semisveglio si mette a piangere. Spesso i bambini continuano a piangere quando sono in carrozzina all'aperto perché hanno freddo, specialmente se c'è vento. Non si tratta di un freddo pericoloso, perché il fatto stesso di piangere fa loro produrre calore, ma non lo gradiscono e infatti smettono non appena li si riporta in un ambiente caldo.

*Spasmi e tremori* Molti neonati presentano dei tremori e dei sussulti durante lo stato di sonnolenza che precede il sonno. Alcuni si svegliano di soprassalto varie volte per i loro stessi movimenti. Piangono, sonnecchiano, sobbalzano e piangono di nuovo, incapaci di superare questo stato di tensione e passare al sonno profondo. In questo caso provate ad avvolgerlo stretto in uno scialle e forse si calmerà (vedi p. 117).

*Mancanza di contatto fisico* Il neonato che smette di piangere quando lo si prende in braccio, se ne sta buono e contento e ricomincia quando lo si mette nella culla, piange per la mancanza del contatto fisico, di quel benessere che gli viene dalla vicinanza fisica. È un bisogno che viene spesso frainteso. Ai genitori si dice sempre che il bambino piange perché vuole essere preso in braccio, sottintendendo che la sua richiesta è irragionevole e che, cedendo, lo si vizia. Caso mai è vero il contrario. Non è il bambino a fare delle richieste irragionevoli, siete voi. Il neonato non sta piangendo perché vuole essere preso in braccio, ma perché voi vi allontanate e lo private del conforto del contatto fisico. È naturale, istintivo che un neonato si senta meglio in braccio a qualcuno e in molte parti del mondo (non solo nelle società cosiddette "primitive") i neonati stanno in braccio quasi tutto il tempo. Le nonne e le sorelle maggiori si danno il cambio quando la mamma ha bisogno di essere libera, ma spesso la mamma svolge le faccende portandosi il neonato sulla schiena. Rispetto ai bambini occidentali, questi neonati piangono molto poco.

Se prendete in braccio il vostro bimbo e lo cullate smette quasi sempre di piangere, altrimenti tenetelo contro la vostra spalla in modo che il petto e il pancino siano ben stretti contro il vostro seno. Se nonostante questo continua a piagnucolare, passeggiate tenendovelo stretto: il dondolio e il movimento lo calmeranno e ritornerà la pace.

Probabilmente non potrete passeggiare con il bambino in braccio per tante ore di seguito, anche se siete in due a darvi il cambio e se usate un marsupio o uno zainetto. Ma potrete sempre soddisfare il suo bisogno di essere coccolato avvolgendolo con una copertina che gli dia la stessa sensazione di calore e di sicurezza che gli date voi quando lo tenete stretto.

Si può comunque diminuire la dose di pianto dovuto a questa mancanza di conforto e benessere assicurandovi che tutte le superfici su cui il bambino giace siano calde e morbide. Qualsiasi tipo di lenzuolino o di rivestimento in materiale sintetico sarà sì pratico, ma per lui è orribile. Quindi ricoprite tutti i materassi e i fasciatoi con un tessuto di spugna o flanella.

## QUANDO NIENTE LO CALMA

Se avete preso in considerazione tutte queste cause del pianto e tentato tutti questi rimedi, ma il bambino continua, inspiegabilmente, a piangere a squarciagola, provate a ricorrere a una delle tecniche seguenti. "Provate" è la parola giusta, perché potrebbe non esserci nulla da fare in quel momento o nell'immediato futuro. Tutti i neonati piangono, ma alcuni più di altri, e i genitori non sono responsabili né in un caso né nell'altro. Saranno comunque settimane dure per tutti.

*Avvolgerlo* È un po' il vecchio sistema di "fasciare" i neonati. Lo scopo non è quello, assurdo, di tenerlo diritto, ma semplicemente quello di dare al bambino un senso di benessere e di calore avvolgendolo con qualcosa di caldo, soffice e morbido che gli impedisca di essere disturbato dai suoi stessi piccoli movimenti e sobbalzi.

Avvolgere un neonato nel modo giusto ha quasi sempre un effetto magico, mentre la fasciatura troppo lenta può avere l'effetto opposto.

**1** Adagiate il bambino su una copertina leggera e un po' elastica o uno scialle. Sollevate un lato all'altezza della nuca.

**2** Ripiegatelo in diagonale sopra la spalla sinistra del bambino, trattenendo il gomito e lasciando la mano libera. Rimboccate l'angolo sotto il bimbo.

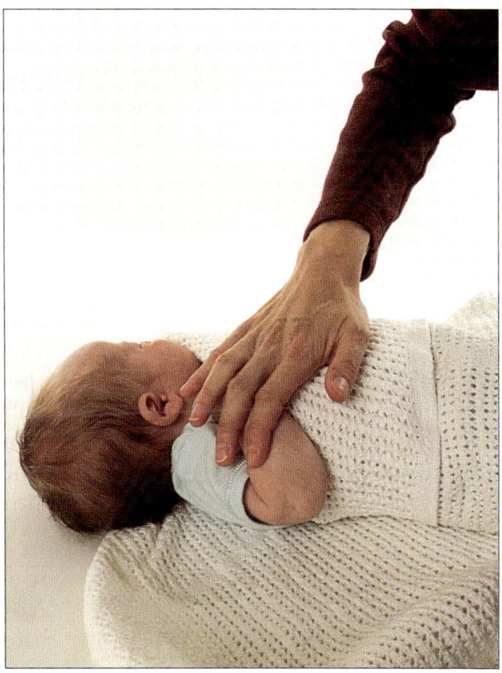

**3** Sollevate l'altro angolo tendendolo bene senza spostare il piccolo e ripiegatelo sopra fermando il gomito destro e lasciando libera la mano.

**4** Sollevate il bambino per assicurare il lembo sotto di lui. Il risultato: un fagottino compatto, caldo, rilassato, pronto per il sonno.

Lo scopo è quello di racchiudere il piccolo completamente, in modo che le braccia e le gambe siano tenute nella sua posizione preferita e che il bambino si muova tutto insieme come se fosse un fagottino, senza avere la sensazione dei suoi stessi movimenti all'interno della copertina. Se seguite il metodo qui descritto non dovrete temere di avvolgerlo troppo stretto, perché la copertina è tenuta a posto dal peso stesso del bambino e quindi non può essere tanto stretta da dargli fastidio. Il tessuto ideale per avvolgere un neonato è morbido, leggermente elastico e cedevole. Uno scialle o una copertina traforata andrà bene d'inverno. D'estate un lenzuolino di flanella di cotone gli darà la sensazione di calore, senza tenere troppo caldo. Quando la temperatura è molto elevata ma al bambino piace la sensazione di essere avvolto, andrà benissimo un tessuto di garza. Qualsiasi stoffa usiate, il bambino starà più caldo, di conseguenza dovrete ridurre lo strato di coperte nel letto.

La posizione naturale del neonato è a braccia e gambe ripiegate e quando lo avvolgete dovrete mantenere questa posizione senza cercare di tenerlo più disteso. Lasciategli libere le manine perché possa succhiarsele se ne ha voglia e se ne è capace.

Non si può prevedere fino a quando vostro figlio avrà bisogno di essere avvolto così per potersi rilassare: varia da bambino a bambino. Lasciate che sia lui a decidere; quando vorrà liberarsi dal suo "involucro" comincerà a scalciare e a lottare per disfarsene.

*Ritmo*

Vi sono vari tipi di stimoli ritmici che possono aiutare un neonato che non riesce a rilassarsi. Sembra che questo sistema funzioni perché diminuisce la percezione dei disagi interni o esterni che lo disturbano. È come se fosse immerso in un'atmosfera calmante che ne elimina qualsiasi altra. Evidentemente non funzionerà se il bambino piange per un motivo specifico che non siete riusciti a scoprire. Se, per esempio, ha fame, nulla riuscirà a calmarlo, mentre sarà efficace se si tratta di un'irritabilità generale e diffusa o di una tensione che impedisce al bimbo di addormentarsi.

*Cambiargli posizione mentre lo tenete in braccio, potrebbe calmare entrambi.*

I movimenti ritmici sono molti efficaci. Cullare un neonato che piange per calmarlo e farlo addormentare è un sistema vecchio quanto il mondo, e i genitori che non riescono a calmare il bambino con questo metodo è perché forse lo cullano troppo lentamente. Alcune ricerche hanno dimostrato che il ritmo efficace è di almeno 60 oscillazioni al minuto con un'ampiezza di circa 10 cm. È difficile raggiungere questo ritmo con la mano, anche con una culla a dondolo. Esistono in commercio alcuni dondoli automatici, ma forse è più semplice camminare con il bambino in braccio. Se fate un calcolo, scoprirete che facendo un giro attorno alla stanza lo cullate più o meno con questo ritmo. Sembra che l'effetto calmante del dondolio a questo ritmo sia da ricondursi alla precedente esperienza del bambino quando si trovava ancora nell'utero materno. Un sistema per cullarlo in questo modo dandogli anche il conforto della vicinanza fisica, pur lasciandovi abbastanza liberi di accudire alle vostre faccende, è di portare il bambino nel "marsupio". Ne esistono in commercio vari tipi, ma a quest'età e per calmare un bimbo che piange più che per trasportarlo in giro, una semplice striscia di tela che lo tiene confortevolmente stretto a voi è la cosa migliore.

Per molti neonati i suoni ritmici hanno un effetto calmante. Acquistate la registrazione del battito del cuore materno come il neonato lo sentiva nell'utero o provate a cantargli una ninna nanna. Anche il suono basso di una musica ritmica può essere efficace, ma trattandosi in genere della radio o del giradischi è bene assicurarsi che la musica non smetta prima che il bambino si sia addormentato, perché il cambiamento improvviso dello stimolo lo sveglierebbe.

Il ronzio di un ventilatore, della lavatrice o dell'aspirapolvere può essere molto calmante, come pure il rumore del motore dell'automobile. Molti neonati dormono pacificamente in macchina, ma si svegliano appena si spegne il motore: quindi è probabile che un giro disperato in auto attorno all'isolato a notte fonda non risolva nulla!

*Succhiare* Succhiare non fa smettere il pianto di un neonato affamato, ma calma quasi sempre un bambino che non ha fame.

Vi sono dei pro e dei contro all'uso del succhiotto (vedi p. 186). I bambini abbastanza tranquilli e sereni possono cavarsela perfettamente senza il succhiotto e in questo caso è meglio che non lo usino. Ma un bimbo che è spesso infelice, che si consola difficilmente in qualsiasi altro modo, con il succhiotto si tranquillizza. Quella bocca che strilla furiosamente si chiude sul succhiotto e tutta quell'energia la impiega nel succhiare anziché nel piangere. Vedrete che a poco a poco rallenterà il ritmo con cui succhia e alla fine si addormenterà. Ma anche quando dorme il succhiotto può evitare un nuovo accesso di pianto, infatti, non appena qualcosa lo disturba, il bambino ricomincia a succhiare e non si sveglia.

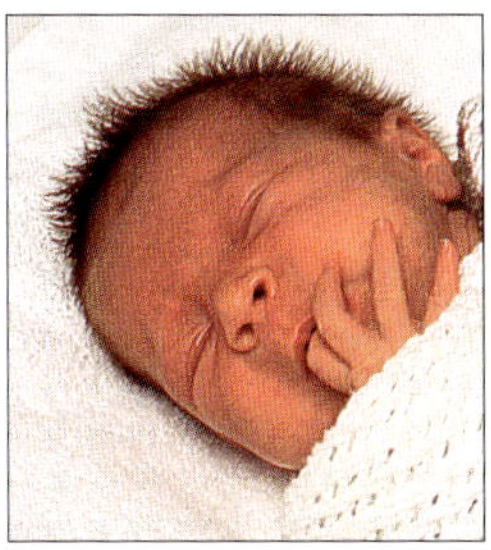

*I pochi bambini che riescono a calmarsi succhiandosi il pollice sono bambini fortunati.*

Se decidete che a vostro figlio serve un succhiotto, evitate di abituarvi a infilarglielo in bocca ogni volta che piange, prima di scoprire di che cosa ha bisogno e di provvedere. Il succhiotto dovrebbe essere l'ultima risorsa, da usarsi solo quando avete provato tutto il resto.

Alcuni neonati si succhiavano il pollice ancor prima di nascere e continuano a farlo anche dopo. Altri non riescono a trovare le loro mani da soli per varie settimane. Se il bambino piange molto, se non trovate il rimedio giusto e non vi piace l'idea del succhiotto, potete giungere a un compromesso dirigendo voi la sua manina verso la bocca per vedere se si calma succhiandola. Potrebbe però trovare il suo ditino meno gratificante del vostro, tanto più grosso.

*Tenerlo al caldo* Come abbiamo già visto i neonati da svegli si innervosiscono se devono produrre calore da soli e stanno benissimo quando sono al caldo purché non siano troppo coperti. Se vostro figlio piange e non riuscite a farlo smettere, provate ad aumentare il calore della stanza. Il caldo non elimina la causa del pianto, ma portando la temperatura sui 21 °C il neonato reagisce meno al disagio. Mantenete la temperatura a questo livello finché si calma. Se si addormenta, prima di uscire in punta di piedi controllate che non abbia troppo caldo.

Se un neonato è spesso infelice e non si consola facilmente, sarà meglio, sia per voi sia per lui, tenerlo sempre al caldo durante i primi giorni di vita. Avvolgetelo con cura quando lo portate in braccio. Non mettetelo mai all'aria aperta in carrozzina se fa freddo. Mantenete la sua camera e i locali in cui di solito trascorre la maggior parte del tempo a una temperatura media di 21 °C finché non sarà più tranquillo e non si sarà stabilizzato.

## LA COLICA

C'è un tipo di pianto molto comune che non riuscirete a consolare seguendo questi consigli. Di solito comincia secondo delle particolari regole: il bambino di tre o quattro settimane piange di più rispetto a prima, in maniera più penosa, e più di sera che in qualsiasi altro momento della giornata. Di giorno trova un proprio equilibrio, così che il tempo in cui piange diminuisce e diventa più facile consolarlo; ma i pianti che lo colgono la sera aumentano di intensità e assumono una certa regolarità fino a verificarsi quasi tutte le sere.

Vi capiterà intanto di portare il bambino dal medico per i normali controlli e giustamente gli chiederete la causa di queste regolari e incontrollabili crisi di pianto contro cui le vostre attenzioni sembrano non avere alcuna efficacia. Che cosa gli sta succedendo?

Il medico lo visiterà e vi farà delle domande. Si assicurerà dello stato di salute del bambino e che non ci siano delle altre ragioni fisiche, quali un'indigestione, alla base di questo apparente malessere. Alla fine della visita scoprirete che niente di serio disturba il bambino, ma continuerete a non sapere perché piange né che cosa fare per gestire la situazione.

La risposta più verosimile è "colica" (o "colica serale", "colica dei tre mesi" o "colica gassosa"). Se il medico non usa questi termini con voi, è solo perché sono privi di fondamento scientifico. "Colica" suona come il nome di una vera e propria malattia, potenzialmente seria, che richiede una diagnosi e una particolare cura. Ma una colica di questo genere non è una malattia: si tratta semplicemente di una fase particolare della crescita del neonato che non ha cause ben precise, che non prevede nessun trattamento speciale e che non ha nessun effetto nocivo all'infuori dell'irritazione che può provocare ai nervi dei genitori. Di fatto alcuni ricercatori respingono la diagnosi e ritengono queste crisi come una variazione del normale pianto del neonato. Nel libro è usato questo termine, anche se improprio, perché può esservi d'aiuto, a livello psicologico, poter almeno dare un nome a un tormento che può durare due o tre mesi. Dovrete abituarvi a vedere vostro figlio che, normalmente allegro, ogni sera si trasforma in un esserino urlante. Proverete di tutto per farlo stare un po' meglio, ma alla fine vi convincerete che non riuscite a dargli più di un momentaneo sollievo: niente all'infuori del tempo pone davvero fine a ogni crisi di pianto.

*Come affrontare le coliche*

C'è ben poco che potete fare per un bambino che soffre di coliche. L'impossibilità di aiutarlo, unita al fatto che gli attacchi più forti si presentano proprio quando siete più stanchi e avete più bisogno di tranquillità e riposo, rende la colica una delle cose più difficili da affrontare per i nuovi genitori. Accettate il fatto che non si conoscono le ragioni di questo disturbo. Se continuerete a ricercare una causa, non farete altro che complicare la situazione e finirete per cambiargli l'orario dei pasti, le tecniche di alimentazione, le abitudini alimentari, senza ottenere risultati. Di volta in volta si sono date diverse spiegazioni della colica: superalimentazione, sottoalimentazione, alimenti troppo ricchi o troppo poveri, latte troppo caldo o troppo freddo bevuto troppo in fretta o troppo lentamente, allergie, ernia, appendicite, cistifellea, aria o esaurimenti nervosi della madre! Tutte queste spiegazioni tra loro contraddittorie hanno un errore in comune: se uno di questi elementi fosse la causa delle coliche, perché il problema dovrebbe verificarsi solo dopo una delle poppate avvenute nelle 24 ore? In qualunque modo nutriate il bambino non ne riserverete certo uno speciale per la poppata delle 18. Se il bambino avesse un problema fisico, non aspetterebbe quest'ora per manifestarlo. Se la causa fosse la stanchezza della madre, il problema non dovrebbe presentarsi quando tocca al padre allattare il bambino.

Perciò non commettete l'errore di pensare che il bambino deve per forza essere soggetto a coliche. Non saltate subito a questa conclusione se piange per tre sere di seguito, e ricordatevi che esistono tanti altri generi di malessere. La tabella qui sotto potrà aiutarvi a identificare la sindrome.

| È probabile se: | Non è probabile se: |
|---|---|
| Non riesce a rilassarsi dopo la poppata del tardo pomeriggio o della sera e incomincia a piangere subito dopo o si addormenta per svegliarsi nel giro di mezz'ora piangendo disperatamente. | Non riesce a rilassarsi dopo la poppata del pomeriggio o della sera, ma piange, si lamenta per molto tempo prima di addormentarsi. La lagnanza può significare molte cose, ma mai una colica. |
| Non soltanto piange, ma urla e piega le gambine sull'addome come se avesse un acuto dolore alla pancia. | Le sue urla sono quelle di un pianto normale, anche se sembrano più acute e piega le gambe sull'addome. |
| Qualsiasi cosa facciate si calma solo per un minuto. Succhierà il capezzolo o un succhiotto, ma mentre pensate di aver risolto il problema, lui ricomincerà a strillare. Un ruttino lo fa smettere di urlare, ma poi ricomincerà di nuovo. Se lo cullate smetterà di piangere, ma solo per alcuni secondi. Se gli massaggiate il pancino rimarrà in silenzio, ma non durerà a lungo. | Qualsiasi cosa facciate, il pianto si placa nel giro di mezz'ora. Se dandogli da mangiare o facendolo succhiare, smette di piangere, aveva solo fame o voglia di succhiare: non era una colica. Se un ruttino gli permette di dormire, aveva aria nel pancino. Se le coccole o un massaggino lo calmeranno, forse si sentiva un po' solo e voleva essere consolato prima di addormentarsi. |
| Quando riuscite a calmarlo, il piccolo rimane tremante, singhiozza e poi ricomincia a piangere. | Quando riuscite a farlo smettere di piangere, resterà calmo finché continuate a coccolarlo. |
| L'intero episodio continua per circa un'ora e magari anche per altre tre o quattro ore; ma, una volta finito, non si verifica più per tutta la notte. | L'episodio si conclude in mezz'ora e il bimbo si addormenta o resta tranquillo per almeno 15 minuti prima di ricomiciare a piangere. |
| Un episodio simile si ripete ogni giorno più o meno alla stessa ora, e non si verifica mai in nessun altro momento della giornata. | Le crisi di pianto occasionali possono aver luogo sia di giorno sia di notte. Sono difficili da sopportare, ma non preoccupatevi: non sono coliche. |

## *Non solo odio sentire il bambino piangere, ma certe volte odio lui quando piange*

*Spesso la bambina piange senza un motivo plausibile: quando la lavo, strilla come se le fosse andato il sapone negli occhi e per quanti sforzi io faccia non riesco a calmarla. Non so perché si comporta così, so solo che io faccio quello che deve essere fatto. E non so perché non smette neppure quando mi sforzo di assecondarla. Certe volte penso di essere una pessima madre, altre volte penso invece che lei sia la peggiore bambina del mondo. Probabilmente sono vere entrambe le cose.*

Per la sua bambina il mondo intorno è eccitante e nuovo, pieno di cose che possono turbarla. E quando è turbata piange. Per lei quella bambina rappresenta un aspetto eccitante e nuovo del suo ambiente familiare, ma non deve lasciarsi sconvolgere dal suo comportamento: i sentimenti della bambina vanno capiti, non condivisi.

Con il pianto la bimba le segnala che qualcosa non va, ma è un messaggio vago: dice che c'è un problema, ma non qual è, né quanto è grave. Se la bambina piange mentre la lava, può essere che non sopporti di sentirsi sfilare i vestiti dalla testa o le sia andato il sapone negli occhi. È giusto usare indumenti aperti sul davanti e fare attenzione con il sapone, ma è anche importante riuscire a mantenere la calma: lei sa che il *problema non è così grave*. E non lo è, davvero. Perciò tenga duro, non si lasci prendere dal panico.

Intanto accetti il fatto che la bambina piange per delle piccolezze, talvolta anche per delle minuzie. Ciò significa che non ha senso camminare sempre in punta di piedi per paura di svegliarla. Da buona madre, lei farà del suo meglio per non farle andare il sapone negli occhi, ma è giusto anche che dica a se stessa: "Il latte non deve essere lasciato nelle pieghe del mento. Sto cercando di fare il più delicatamente possibile, ma devo andare avanti e toglierlo anche se urla...". Questo non significa certo ignorare il pianto di un neonato. Significa anzi stare in ascolto e cercare di capire. Ma bisogna anche accettare il fatto che, pur sapendo che cosa un bambino vuole, non sempre si può darglielo, *per il suo stesso bene*. La bambina piange perché non vuole essere lavata sotto il mento. Se lei si arrenderà e rinuncerà a farlo, la bimba potrebbe smettere di piangere (o forse no) per il momento, ma ci sono molte probabilità che più tardi piangerà perché il mento le brucia. La bambina non lo sa, ma lei, la madre, sì.

Se riesce a stare calma mentre la bambina piange per qualcosa che deve essere fatto, non solo sarà in grado di fare più facilmente quello che serve alla bambina (sia che si tratti di soddisfare un bisogno a lungo termine, o di consolare la sua infelicità), ma l'aiuterà anche ad accettare con più calma le esigenze quotidiane. La spugna sul viso non fa male. La sua certezza aiuterà la bambina ad accettare quella quotidiana carezza bagnata.

La fiducia nella sua competenza di madre, in cui entra naturalmente anche il suo amore per la piccola, la metterà in grado di far fronte in modo adeguato anche alle peggiori crisi di pianto, quando davvero non riuscirà a capire che cosa la sua bambina voglia o senta. Più la piccola piange e più un senso di panico e di colpa si insinua nel suo affetto, finché quel miscuglio comincia ad assomigliare tanto all'odio da scatenare i suoi sensi di colpa per essere stata capace di quel *sentimento*.

La sua bambina non sa giudicare, non è in grado di "pensare" come fanno gli adulti. Perciò di certo non la sta giudicando né è arrabbiata con lei, né le sta dicendo qualcosa che lei non riesce ad afferrare. Se grida come se fosse in agonia, probabilmente *si sente* in agonia, ma ciò significa che ha bisogno della sua simpatia, raramente implica un'emergenza medica da affrontare. Il suo pianto le dice: "Qualcosa non va". Lei capisce che la bambina è a disagio e fa del suo meglio per consolarla, ma quale sia il problema, quanto serio sia e che cosa si può fare per aggiustare le cose (se mai è possibile farlo) o per aiutare la sua bambina ad attraversare quel momento, sta a lei giudicarlo. Perché la sua bambina possa fidarsi di lei, lei per prima deve fidarsi di se stessa.

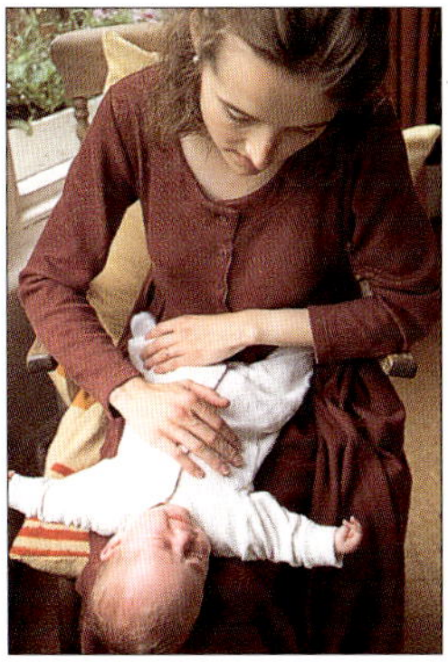

*Cullatelo, massaggiatelo, cantategli una ninna nanna, in successione o tutto insieme. Forse riuscirete a calmarlo.*

Cercate di mantenere la ricerca di una "cura" per queste crisi nei limiti del buon senso. Il medico potrebbe darvi delle gocce antispastiche da somministrare al bambino prima dei pasti; oppure consigliarvi di cambiare tipo di latte artificiale o il vostro tipo di dieta se allattate al seno, per esempio eliminando i latticini. Ma se nulla di tutto quello che vi suggerisce serve a qualcosa, non andate a caccia di altri consigli, né tentate di dare al bambino altre medicine. Se ci fosse una cura per questi attacchi di pianto ve l'avrebbero già indicata.

Invece di arrovellarvi, di chiedervi se avete commesso qualche errore o di temere che il bambino sia ammalato, cercate di accettare la situazione con rassegnazione, ma in modo costruttivo. Non siete voi a causare il pianto e non c'è molto che possiate fare per farlo cessare. Dovrete affrontare delle settimane difficili: preparatevi quindi a farlo.

Benché i genitori non possano far nulla per curare le coliche, quasi tutti sentono che devono tentare di farlo, che non possono lasciare il bambino solo mentre soffre. Le ricerche più recenti dimostrano che hanno ragione. I bambini non cessano di avere questi attacchi perché i genitori tentano di confortarli, ma piangono molto meno (pur continuando a lamentarsi) di quelli che sono lasciati a loro stessi. In effetti gli affannosi e faticosi tentativi dei genitori possono trasformare tre ore di pianto disperato in una mezz'oretta di pianto effettivo e due ore e mezzo di piagnucolii insistenti.

Qualche volta uno o più rimedi fra i tanti provati si dimostrano efficaci. In questo caso vale la pena di riprovare, magari ripetendo l'intera sequenza: passeggiata, dondolio, offerta di succhiotto, massaggio, passeggiata, dondolio... Tutte quelle pause trasformano la crisi di pianto disperato in una serie interrotta di piccole crisi. Talvolta quello che fate produce solo un lievissimo cambiamento, ma anche allora, se prestate orecchio alla nota di disperazione che compare nel pianto del bambino quando lo mettete giù, vi accorgerete che il piccolo si rende conto se qualcuno cerca o non cerca di aiutarlo. Organizzate i vostri impegni in modo da essere il più possibile liberi durante le ore in cui le crisi si presentano di solito, in modo da ridurre al minimo l'esasperazione. Sfruttate il forno a microonde per preparare la cena; inserite la segreteria telefonica: i veri amici capiranno. Quelle ore saranno comunque snervanti, perciò cercate anche di fare a turno nell'occuparvi del bambino: 30 minuti per ciascun genitore possono costituire un sollievo. Se siete sola, provate a chiedere a qualche amica di darvi una mano in questo modo. Uscire in carrozzina per una lunga passeggiata nel momento in cui il neonato comincia a piangere aiuta certi genitori (e il loro bambino). Provate anche a mettere della musica a tutto volume o a danzare con il bambino in braccio, in modo da cullarlo e intanto fare esercizio fisico... Soprattutto ricordate: per quanto spaventose possano essere le coliche (e possono esserlo davvero), non provocheranno alcun danno al bambino e non dureranno più di 12 settimane al massimo.

# Adeguatevi al vostro bambino

Alcuni bambini sono molto più difficili da accudire di altri, lo sanno bene i genitori che hanno due o più figli. È però meno ovvio che per certi adulti è particolarmente difficile occuparsi di certi bambini. Non si può scegliere il temperamento del proprio figlio, come non si può sceglierne il sesso e bisogna prendere quello che capita. Ma quello che capita può rendere molto difficile il compito di essere il padre o la madre di quel particolare bambino. Può trattarsi di un neonato che vi riesce facile capire e trattare, per cui provate un'affinità istintiva o, invece, una creatura che ha bisogno di essere trattata in un modo che non vi è naturale né congeniale.

Tutti i neonati sani hanno molti tratti e comportamenti in comune; sono più simili che dissimili. Ma questo non significa che anche nei primi giorni di vita i neonati siano tutti uguali o che le persone che "ci sanno fare con i bambini" possano occuparsi indifferentemente dell'uno o dell'altro. Un bambino è un individuo unico, che ha già fatto tutta una serie di esperienze uniche durante la vita intrauterina, alla nascita e subito dopo la nascita. Questi fattori influiscono sul suo modo di adattarsi alla vita, di reagire alla madre e al mondo. E anche voi siete individui unici, con alle spalle anni di esperienze particolari. Tutto questo influirà sulle vostre aspettative e sulle vostre reazioni nei confronti di vostro figlio.

Se le vostre aspettative corrispondono alla realtà di vostro figlio e se il modo in cui vi viene naturale trattarlo è anche quello che gli si addice, il vostro rapporto sarà relativamente facile e sereno fin dall'inizio. Se invece c'è discrepanza, sia voi sia il bambino dovrete faticare di più per raggiungere un adattamento reciproco. Supponiamo che si tratti del secondo figlio e che il primo fosse un bambino fondamentalmente calmo e placido a cui faceva bene ricevere stimoli forti e che godeva nell'essere maneggiato in modo energico. Probabilmente all'inizio vi metterete a trattare il nuovo nato come avevate fatto con il primo (in fondo è questo l'atteggiamento parentale che il primo figlio vi ha insegnato), e se le sue reazioni sono dello stesso tipo tutto andrà per il meglio. Ma se per caso è un bambino particolarmente sensibile e sovreccitabile, che si terrorizza di fronte a qualunque gesto che non sia la più delicata carezza, il vostro rapporto non sarà affatto facile. Dovete cambiare entrambi: il suo comportamento modificherà il vostro modo di trattarlo, insegnandovi a essere più delicati; il vostro modo di trattarlo modificherà il suo comportamento, insegnandogli a essere più rilassato.

In questi primissimi mesi il vostro sforzo sarà duplice: dovrete imparare a trattare il bambino nel modo che gli necessita ora, e nello stesso tempo dovrete tener conto del fatto che certi aspetti più estremi del suo comportamento possono rappresentare una reazione a esperienze prenatali e natali, e potranno quindi modificarsi radicalmente una volta che il bambino si sia assestato. Dovete quindi accettarlo per quello che è, lasciandogli però aperta la possibilità di essere totalmente diverso tra un mese o tra un anno. Può succedere che una

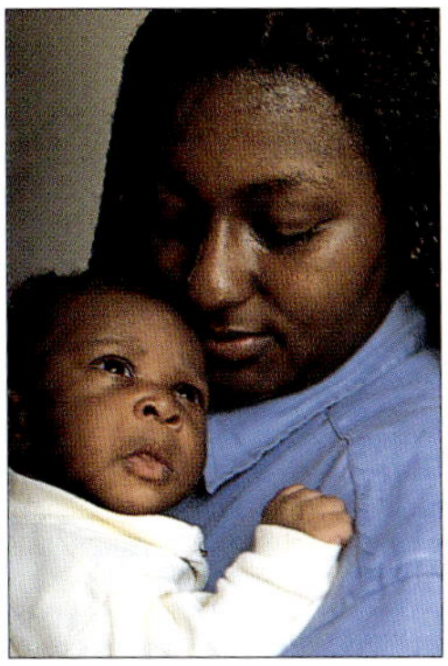

*Reagite con sensibilità alle sue esigenze attuali, ma non classificatelo: cambierà presto e dovete dargli la possibilità di farlo.*

madre per natura estroversa ed energica e un padre atletico ed esuberante, il cui bambino da neonato è ipersensibile, facciano sforzi enormi per adattare il loro comportamento al figlio e finiscano per abituarsi a tal punto all'idea che il loro bambino è "nervoso" o "ipersensibile" da continuare a trattarlo con particolare delicatezza anche quando questi ha ormai superato la sua fragilità di neonato ed è pronto a essere trattato in modo più sbrigativo. Se i genitori non sono aperti alla possibilità di un cambiamento nel figlio, può succedere che non venga loro neppure in mente di proporgli giocattoli rumorosi o di fare giochi un po' violenti con lui quando avrà sei mesi; oppure cercheranno di proteggerlo più del ragionevole da bernoccoli e ruzzoloni quando, intorno all'anno, imparerà a camminare. E sui due o tre anni il bimbo dovrà conquistarsi a forza la sua indipendenza.

Perciò, trattate il bambino nel modo che, secondo voi lo rende felice e tranquillo. Ma pur reagendo con sensibilità alle sue esigenze attuali, cercate di non classificarlo. Di certo voi influirete su di lui e lui su di voi. Quello che risulterà dall'interazione reciproca, il tipo di persona che diventerà il vostro bambino, nessuno lo può sapere: questo è uno degli aspetti più affascinanti dell'avere un figlio.

Troverete di seguito una tipologia dei diversi temperamenti dei neonati, ma ricordate che è una distinzione empirica e non certo scientifica. Gli studi sul temperamento infantile non prendono in considerazione bambini al di sotto dei quattro mesi, perché qualsiasi classificazione più precoce potrebbe venire vanificata non appena il neonato si assesta.

## *Bambini che non amano essere abbracciati*

Qualunque siano le caratteristiche individuali di un bambino, quella comune alla maggior parte dei neonati è un estremo bisogno di calore e contatto fisico con gli adulti. Quando un neonato che ama essere abbracciato si sente infelice, ipersensibile o soffre di insonnia, potrete calmarlo prendendolo in braccio e cullandolo, accarezzandolo, cantando e ballando. E quando non potete fare nessuna di queste cose, gli potrete ugualmente trasmettere la stessa sensazione di sicurezza avvolgendolo in una coperta o portandolo in un marsupio.

Il bambino che non sopporta di essere abbracciato si ribella alla costrizione fisica di due braccia che lo circondano o di uno scialle. Non vuole assolutamente abbandonare la testolina pesante sulla spalla di una persona adulta né appoggiarvi i piedini in grembo. Anziché rilassarlo e farlo sentire al sicuro, l'abbraccio lo rende furioso.

I bambini di questo tipo hanno solitamente bisogno di un altro genere di contatto: preferiscono il contatto visivo a quello fisico, i discorsi alle carezze. Se il bambino si ribella ai vostri abbracci, non dovete sentirvi feriti:

- Provate ad adagiarlo su un letto o su un tappetino e sedetevi accanto a lui in modo che possa studiarvi il volto mentre gli parlate. Desidera guardarvi e potrebbe anche cominciare a sorridervi e a "parlarvi" piuttosto presto.
- Se morite dalla voglia di accarezzargli le manine e di baciarlo, fatelo quando è nella culla o sdraiato sul fasciatoio, in modo che possa accettare le vostre effusioni senza sentirsi imprigionato. Sarà felicissimo se giocherete con le sue dita, gli farete fare la "bicicletta" con le gambine e gli farete il solletico al pancino.

■ I bambini "coccoloni" hanno bisogno anche di stimoli visivi e vocali, così come gli altri hanno bisogno anche di contatto fisico. Dopo alcuni mesi il bambino apprezzerà qualsiasi tipo di contatto. Ma, in queste prime settimane, riconoscere la sua tendenza per l'una o l'altra cosa può facilitare la vostra e la sua vita.

*Neonati infelici*

Proprio come esistono adulti che vedono sempre il lato negativo della vita, così ci sono neonati inclini all'infelicità. Sono bambini che impiegano tempo, a volte settimane, a trovare il loro ritmo secondo uno schema che li veda addormentati, svegli e famelici, sazi, svegli e contenti, e poi di nuovo addormentati. È come se nel loro comportamento fossero mescolate alla rinfusa tutte queste situazioni, sicché rimangono imprevedibili e non riescono ad assestarsi abbastanza per godere la vita.

Il bambino è stanco e irritabile ma non riesce a rilassarsi abbastanza da addormentarsi. Piagnucola, fa sonnellini brevi finché gli viene fame, piagnucola ancora, succhia, ma senza evidente piacere. Spesso mangia lentamente e con difficoltà. Finita la poppata rimane sveglio, ma non è molto socievole. Si stanca presto di stare in braccio; sembra che non gli interessi se gli si parla, ma non è contento quando viene messo di nuovo nella culla. È probabile che di notte si svegli spesso.

Sovente i bambini di questo tipo aumentano di peso più lentamente della media; imparano più tardi anche a sorridere e a giocare con le proprie mani. Spesso sembrano infelici. Sono l'esatto contrario dei bambini della pubblicità.

Un neonato che non si riesce a rendere felice è molto deprimente. Come quello che piange spesso, tenderà a farvi sentire un genitore incapace. Alla lunga finirete per pensare che lo fa apposta. Vi sembrerà di riversare amore e cure su un bambino che non dà niente in cambio. Anche se si tratta di sentimenti più che naturali davanti a un bambino sempre scontento, è importante tenerli a bada. Cercate di ricordarvi che la sua infelicità non è una critica nei vostri confronti. Non siete voi che non gli piacete, ma la vita fuori dall'utero. Immedesimatevi in lui, siate dalla sua parte, altrimenti non sarete in grado di offrirgli il calore, l'attenzione amorevole e paziente che alla fine riuscirà a renderlo più felice. Fate il possibile perché vi guardi, vi ascolti, vi sorrida. Se resisterete fino a quando si dimostrerà più ricettivo, vedrete che riuscirà anche a superare la sua infelicità. Oltre a dargli il vostro amore, che il bambino risponda o no, provate a mettere in pratica i consigli dati a pagina 114, e anche i seguenti:

■ Fate in modo che prenda molto latte, tutto quello che vuole, quando lo vuole.

■ Cercate di capire se il contatto con il vostro corpo lo rende più felice. Se vi sembra che gli piaccia essere portato in braccio quando è sveglio, per alcune settimane cercate di accontentarlo e portatelo sempre con voi in un marsupio.

■ Evitate di introdurre novità fino a quando non accetta più volentieri quello che ha già sperimentato. Rimandate il primo giro in auto e il primo succo di frutta finché non sarà più così infelice.

*Neonati ipersensibili*

Tutti i neonati trasaliscono ai rumori troppo forti, voltano la testa dall'altra parte se la luce è troppo violenta e piangono alzando le braccia di scatto se sembra loro di stare per cadere.

I neonati ipersensibili portano all'estremo queste reazioni. Trasaliscono e piangono, tremano di fronte a stimoli minimi. Sembra che tutto li spaventi: forse rimpiangono la penombra calda e rassicurante dell'utero.

Questo neonato reagisce in maniera esagerata a qualunque tipo di stimolo, non importa se proveniente dal mondo esterno o dal suo stesso corpo. La fame lo porta ben presto a un parossismo di pianto disperato. I suoi stessi sussulti e contrazioni gli impediscono di addormentarsi e lo svegliano se dorme. A sollevarlo dalla culla si irrigidisce, a metterlo giù trasalisce. La minima modificazione dell'ambiente lo mette in allarme: basta lo squillo del telefono nella stanza accanto.

Non è certo con i continui spaventi che questo tipo di neonato imparerà a non avere più paura. E non è continuando a ricevere scosse che il suo sistema nervoso imparerà a tollerarle. Solo due cose potranno calmare il vostro bambino: maturare lentamente ed essere trattato con tanta tenerezza e gentilezza così da poter affrontare sempre meno difficoltà e disagi nel corso della sua vita quotidiana. Accudire e curare un neonato ipersensibile è problematico, ma proprio per questo può rappresentare una specie di sfida. Se riuscite a considerare l'impegno che vi dovete assumere da questo punto di vista, potrà risultare persino piacevole. Provate a proporvi di riuscire a far trascorrere l'intera giornata, o parte di essa, senza fare nessun gesto o senza che succeda qualcosa che lo spaventi o che lo faccia piangere. Lo scopo a cui mirare è mantenere al di sotto della sua soglia di tolleranza gli stimoli che riceve, finché non sarà abbastanza maturo da accettare senza turbamento stimoli più intensi.

- Non abbiate mai fretta quando lo accudite. Quando, per esempio, state per sollevarlo dalla culla, dategli un preavviso sufficiente, in modo che i suoi muscoli possano prepararsi al cambiamento di posizione. Quando l'avete in braccio, muovetevi lentamente e senza scosse, sostenendogli la testa e dandogli la sensazione di essere al sicuro.
- Maneggiatelo il minimo indispensabile. Per esempio, il neonato ipersensibile odierà certamente fare il bagno; perciò, finché non sarà più sicuro, lavategli soltanto faccia, mani e sederino. Probabilmente detesterà anche gli scossoni della carrozzina e lo stare all'aperto. Potrebbe però piacergli andare in macchina.
- Riducete gli stimoli fisici avvolgendolo in una copertina o in uno scialle, senza farlo stare troppo caldo. I cambiamenti di posizione e gli spostamenti gli riusciranno molto meno preoccupanti se avrà intorno al corpo qualcosa che lo avvolga bene (vedi p. 116), creando tra lui e il mondo esterno una sorta di bozzolo protettivo.
- Badate che tutti usino con lui molta delicatezza: bisogna che il bambino scopra che il mondo e le persone che lo popolano non sono pericolosi. Basterà una risata fragorosa per spaventarlo e renderlo ancora più schivo. Proteggetelo da questi piccoli traumi: ha tutto il tempo per socializzare.

*Neonati dormiglioni*

I neonati che praticamente non fanno altro che dormire, si sentono con ogni probabilità impreparati alla vita extrauterina quanto quelli infelici o ipersensibili. La loro reazione è però molto diversa: invece di protestare o di rinchiudersi in se stessi, evitano di affrontare la vita dormendo il più possibile.

Con il neonato dormiglione non pare neppure di avere un bambino. Non avanza pretese; bisogna svegliarlo per farlo mangiare e spesso è difficile tenerlo sveglio abbastanza a lungo da finire la poppata; se succhiando si riaddormenta, diventa impossibile svegliarlo di nuovo. Si direbbe che a questo tipo di bambino non importi granché di quanto lo circonda. È raro che pianga a lungo, ma è altrettanto raro che abbia l'aria felice. È come se non volesse prendere posizione: a ogni buon conto, lui dorme.

Ma anche se la sua scarsa rispondenza può costituire una delusione, è piuttosto facile da accudire. Finché è così dormiglione, potete approfittarne per riacquistare la forza fisica e mentale, certo necessaria per quando sarà cresciuto.

- Assicuratevi che sia abbastanza sveglio per mangiare a sufficienza. Può accadere che un neonato molto dormiglione, allattato a richiesta, non aumenti di peso come dovrebbe, perché non chiede di mangiare. Lo dovrete svegliare e in tal caso non c'è nulla di male a scegliere l'orario che più vi conviene, purché il bambino mangi almeno ogni quattro ore. Se è tanto assonnato da non riuscire a succhiare per più di cinque minuti ogni volta, offritegli un paio di pasti in più.
- Può anche darsi che un bambino di questo tipo dorma, fin dall'inizio, per dodici ore consecutive la notte. Non lasciateglielo fare: un neonato non può rimanere per tante ore senz'acqua, a parte naturalmente il nutrimento. E se allattate al seno sono troppe anche per voi. Svegliatelo prima di andare a letto e alla mattina appena vi alzate.
- Non date per scontato il suo sonno e il suo isolamento, ossia non accettate passivamente questo suo desiderio di restarsene isolato per ore nella culla. Non perdete occasione per tenervelo in braccio e parlargli, cercando di risvegliare il suo interesse a guardare gli oggetti e ad ascoltarvi. Se dopo qualche minuto si addormenta rimettetelo nella culla, ma cercate di intrattenerlo durante ogni pasto. Il vostro compito consiste nel fargli scoprire che è bello essere svegli.

*Neonati insonni*

Il fabbisogno di sonno varia molto da un bambino all'altro, fin dalle prime ore di vita. La maggioranza dei neonati dormirà circa 16 ore su 24; i più dormiglioni arriveranno a 22 ore su 24; i neonati insonni raggiungono al massimo 12 ore di sonno, dormendo raramente per più di due ore consecutive.

Il bambino insonne non è particolarmente infelice o particolarmente ipersensibile; non c'è nulla di particolare che lo faccia star sveglio, semplicemente non dorme il numero di ore che ci si aspetta da un neonato. Dopo la poppata, si addormenta immediatamente, ma di lì a un paio di ore è di nuovo sveglio, e non perché abbia fame, ma solo perché ha finito di dormire. Dal momento che trascorre molte ore sveglio, svilupperà interesse per il mondo che lo circonda molto più presto della media dei neonati e il suo sviluppo sarà più rapido in tutti i campi.

Non è certo il tipo di bambino di cui ci si può occupare per brevi ma concentrati periodi, dimenticandosi della sua esistenza negli intervalli. C'è, è presente, per quasi tutto il giorno e spesso anche per buona parte della notte. Le vostre reazioni nei confronti di un bambino del genere dipenderanno in parte dal daffare che avete. Se avete un altro figlio di due o tre anni, questi avrà molti più problemi di gelosia se il fratellino appartiene al tipo insonne. Il guaio con i neonati insonni è che stanno svegli così a lungo a un'età in cui è piuttosto difficile trovare delle attività per intrattenerli.

Tenete comunque presente che il vostro bambino, quando avrà sonno, dormirà: non preoccupatevi se secondo le regole dovrebbe dormire, ma cercate di accettare il fatto che sta sveglio. Se pretendete che si comporti come gli altri bambini, non farete che sprecare un sacco di tempo cercando di fargli fare dei pisolini che lui non vuole fare e lo renderete anche infelice, perché lì, solo, nella culla si annoierà e si sentirà abbandonato.

### L'opinione dei genitori

## *Perché mai i bambini dovrebbero venire prima di tutto?*

***Calmare un bambino che piange; cercare di creare intorno a un bambino eccitabile un'atmosfera tranquilla; intrattenere un neonato insonne che non può neppure leggersi un libro... essere genitori è un vero inferno! Non capisco perché io, donna adulta, dovrei abbandonare lo stile di vita che mi sono costruita nel tempo e con fatica per il bene di un minuscolo essere pieno di pretese, né perché tutti cerchino di farmi sentire in colpa se non lo faccio. Non sono neppure sicura, così facendo, di fare il bene del mio bambino. Viziarlo non gli gioverà, perché la vita è dura: prima lo impara e meglio è.***

Alcuni aspetti dell'essere genitori sono in effetti infernali. Ma solo alcuni. Lo stesso bambino che ora le rovina tutte le serate piangendo, può un giorno fare di tutte le sue mattine una festa.

Avere un bambino *cambia* certamente la vita. Pochi genitori sono preparati (forse è impossibile esserlo); molti sono presi dal panico; la maggior parte si adatta. È raro incontrare un padre o una madre che rifiutino quel particolare figlio, benché alcuni sostengano che avrebbero preferito non avere figli in generale.

Cercare di soddisfare le necessità del suo bambino non serve solo a lui, ma anche a lei, perché più i bambini sono felici, meno in tensione sono i genitori. Supponiamo che lei non ci provi neppure, che lasci piangere il bambino tra una poppata e l'altra. Pensa che riuscirebbe a godersi quelle sue abitudini che tanto rimpiange? È l'esistenza di suo figlio che ha messo sottosopra la sua vita, non il suo pianto. Quello che la disturba non è il bambino, ma il suo ruolo di madre.

Se lei non cerca di soddisfare al meglio i bisogni del suo bambino, per delega se non di persona, è giusto che si senta in colpa: lei è responsabile di suo figlio e lui dipende da lei. Ma l'aspetto più difficile per un genitore, e anche per lei, mi sembra di capire, è tentare senza riuscire. È quando un genitore si sente rifiutato, quando gli sembra che il suo bambino non lo ami che gli viene voglia di rinunciare a tentare, di lasciarlo a se stesso. Se il piccolo non la ama, perché lei dovrebbe darsi tanta pena per lui?

È un atteggiamento infantile e lei non è certo una bambina, è un adulto che si prende cura di un neonato, un piccolo essere che tra poco la amerà come nessun altro ha mai fatto finora. Ma che per ora non sa farlo e può impararlo solo dal suo amore per lui.

Niente di quello che farà per il suo bambino può "viziarlo" nel senso negativo che si dà a questo termine. Coccolarlo ora è il modo migliore per prepararlo alle avversità future. Questo non è "cedere" alla volontà del bambino. Lui non sa ancora di essere una persona diversa da lei, tanto meno di avere una sua volontà: non può quindi desiderare di contrapporla alla sua.

*Neonati e bambini si attraggono a vicenda. Ma i disegni in bianco e nero sono irresistibili per i più piccini.*

## Come intrattenere i neonati

I neonati non sanno maneggiare giocattoli o prendere parte a giochi, ma si annoiano e si sentono soli, specialmente se trascorrono da svegli molte più ore di quanto gli adulti possano dedicare loro.

Dovrete quindi escogitare vari modi per tener compagnia al vostro bambino. Provate a sistemare la carrozzina o la culla vicino all'adulto con più tempo a disposizione e chiedete a tutti i membri della famiglia di fermarsi di tanto in tanto a chiacchierare con il bambino. Mettetevelo vicino anche quando telefonate o guardate la televisione e cercate un sistema comodo per tenerlo in braccio. Un marsupio vi permetterà di sbrigare le faccende di casa più leggere o di portare il bambino con voi nei negozi o in altri luoghi per lui interessanti.

Andarsene in giro in braccio a qualcuno è il passatempo ideale per un neonato. Il ritmo dei movimenti dell'adulto sarà piacevole come un massaggio o un ballo e ciò che vede e ascolta mentre voi passeggiate in giardino o per strada è interessante quanto un bel film. Provate a sistemarlo anche in posizioni diverse e meno ovvie. Per esempio, quando lo portate in giro per intrattenerlo e mostrargli le cose e la gente, tenetelo con la schiena rivolta contro di voi.

I neonati inevitabilmente passano molto tempo sdraiati sulla schiena e si annoieranno certamente meno se li sposterete in vari ambienti. Quando il piccolo sarà un pochino cresciuto, potrete sistemarlo sul pavimento, per esempio, su un materassino o un tappetino imbottito, che sposterete di stanza in stanza. Finché è molto piccolo vi sentirete più tranquille (e lui stesso si sentirà più sicuro) in un lettino, una carrozzina, una cesta o una culla da spostare da un ambiente all'altro. Il neonato non vede i dettagli degli oggetti a oltre 25 cm di distanza, ma gli piacerà osservare i disegni del parasole o del tettuccio della carrozzina, le ombre su un muro, una tenda colorata e leggera mossa dall'aria, le foglie di una grande pianta da appartamento o quelle di un albero o di un cespuglio in giardino.

Per ora i suoi giocattoli sono solo tutti gli oggetti che può osservare da vicino, come per esempio quelli fissati alle carrozzine; ma gli piaceranno moltissimo le figure geometriche in bianco e nero dei primi "libri", sistemati accanto a lui nella culla in modo che li possa vedere girando la testa. Appendete sopra di lui dei *mobiles* da guardare da sotto in su oppure oggetti leggeri dalle forme interessanti e ricordatevi di cambiarli spesso, in modo che il bambino abbia sempre qualcosa di nuovo da osservare.

*Dopo aver guardato a lungo la spirale, il piccolo si è concentrato sugli scacchi e sta anche tentando di toccare ciò che vede.*

# Come il bambino usa il suo corpo

Accudire un neonato, soprattutto quando non è ancora assestato, richiede all'adulto tante nozioni da assimilare che il seguirlo diventa un impegno a tempo pieno. Si finisce per essere talmente coinvolti che il bambino viene trattato come un "oggetto prezioso", dimenticando che è un individuo in crescita, ossia un nuovo essere umano. Ricordate: è un essere umano nuovo, il cui sviluppo progredisce in ogni istante della giornata. Cercate dunque di non lasciare che il pasto notturno e i pannolini sporchi vi facciano perdere di vista gli affascinanti mutamenti quotidiani che si verificano, quei minuscoli ma importanti segni della sua crescita.

## *Posizioni e controllo della testa*

I neonati assumono sempre una postura raccolta. In qualunque posizione li si metta, tendono a rannicchiarsi e il corpo si adegua in base alla posizione della testa, in questa fase così grossa e pesante rispetto al resto del corpo da svolgere la funzione di ancora e di perno.

Finché anche il resto del corpo non è cresciuto un po', in modo che la testa in proporzione diventi meno pesante, e fino a quando il bimbo non ha imparato a controllare in qualche modo i muscoli del collo, i suoi movimenti volontari rimangono piuttosto limitati. In principio riesce a sollevare appena la testa e la sa girare istintivamente di lato, per evitare di soffocare, ma i movimenti delle braccia e delle gambe sono impediti dalla posizione rannicchiata che il corpo tende ad assumere, mentre il fatto che la testa sia sempre girata di fianco gli impedisce di vedere ciò che si trova direttamente sopra di lui.

Nei neonati il controllo muscolare viene raggiunto a partire dall'alto verso il basso. Subito dopo la nascita, se lo tenete contro la spalla, vi appoggerà la testa nell'incavo del collo e, se non gliela reggete, ciondolerà da tutte le parti. In una settimana, riuscirà ad allontanare la testa dalla spalla per un paio di secondi. Pochi giorni dopo noterete che il bambino si esercita a controllare i muscoli del collo, tanto che sembra vi voglia dare deliberatamente delle testate: prova e ricade più e più volte. A 3 o 4 settimane, se rimanete immobili, il bambino riuscirà a mantenere la testa in equilibrio per diversi secondi. Ma quando vi muovete e soprattutto quando fate per sollevarlo dalla culla o lo rimettete giù ha sempre bisogno che gliela sorreggiate.

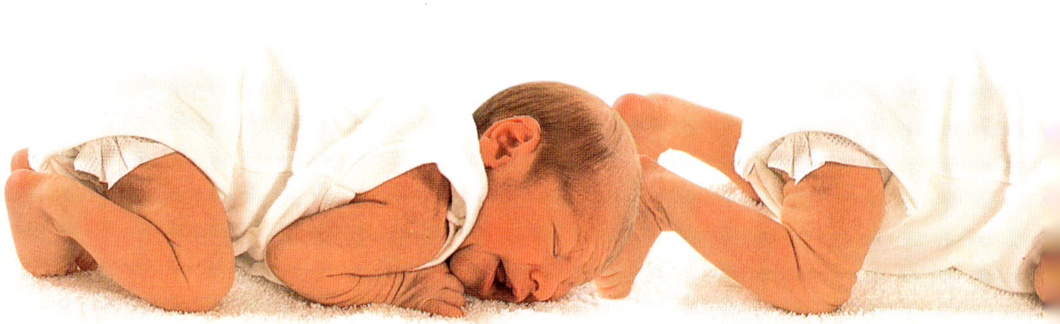

*Questo esserino tutto raggomitolato e grinzoso non sta tentando di andare da nessuna parte. Ma mentre punta i piedi e ritira le ginocchia verso il pancino per assumere la posizione rannicchiata, può dare l'impressione di stare provando a "gattonare".*

*Attività fisiche del riflesso* Durante la prima settimana di vita, i neonati, i cui muscoli sono incapaci persino di reggere la testa, esibiscono certi comportamenti apparentemente così maturi da far pensare talvolta ai genitori orgogliosi di aver messo al mondo un bambino che imparerà a camminare decisamente molto presto. Non si tratta però di movimenti volontari o controllati, ma di riflessi che senza dubbio si estingueranno di lì a pochi giorni, per essere appresi di nuovo alcuni mesi dopo, nella fase evolutiva appropriata.

*Falso gattonare* Se lo adagiate sulla pancia, il neonato tenderà istintivamente a rannicchiarsi su se stesso, piegando braccia e gambe come se stesse per mettersi a camminare gattoni. Si agiterà tanto da sgualcire il lenzuolino, ma non è certo ancora pronto a "gattonare". La posizione viene "dimenticata" quando il bambino impara a stare supino senza più rannicchiarsi.

*Falsa deambulazione* Se tenete il bambino sospeso in posizione eretta, con i piedi che sfiorano appena una superficie dura, lo vedrete muovere dei "passi" decisi, un piede dietro l'altro. Anche questo movimento verrà "dimenticato" in capo a una settimana: allora, se cercherete di metterlo in piedi si affloscerà.

*Falso aggrapparsi* Nei primi giorni di vita la presa delle manine del neonato è incredibilmente forte. In teoria lo si potrebbe appendere per le mani e lui si aggrapperebbe così stretto da non cadere. Ma non fate la prova con il vostro bambino: il riflesso scompare da un giorno all'altro, e potreste scegliere il giorno sbagliato.

Tuttavia, anche se la forza della presa scompare, il riflesso di prensione permane in qualche misura. Se gli infilate nel pugnetto chiuso il dito o un sonaglio, la sua manina si stringerà forte intorno all'oggetto e, se cercate di sfilarglielo di mano, la stretta si farà ancora più forte. Questa reazione riflessa a uno stimolo tattile sulla palma della mano non viene "dimenticata", ma permane nelle settimane successive, benché il bambino non sappia afferrare gli oggetti intenzionalmente. Il riflesso di prensione non è come il riflesso di deambulazione e di strisciamento, che devono essere dimenticati e poi nuovamente appresi. In questo caso la reazione riflessa si trasformerà a poco a poco in un'azione volontaria.

È probabile che il riflesso che induce il neonato ad aggrapparsi a qualunque cosa si ritrovi in mano sia un residuo dell'era preistorica, quando era vitale per i piccoli degli antropoidi tenersi aggrappati alla

pelliccia del ventre materno, come vediamo fare dai piccoli delle scimmie. Per i cuccioli dell'uomo questo non è più possibile, ma si direbbe che ne abbiano serbato il ricordo e la nostalgia. Infatti essere portati in giro premuti contro il seno della madre, le braccia attorno al suo collo e le gambe penzoloni sul suo ventre, li rende felici e tranquilli, oppure, quando non sono in braccio, li rassicura e li calma l'essere fasciati stretti o sentirsi comunque contro il viso e il corpo una stoffa morbida e calda.

*Riflesso di Moro*

Quando il neonato ha l'impressione che stiano per lasciarlo cadere, reagisce immediatamente con violenza ed evidente allarme esibendo il cosiddetto "riflesso di Moro". Se gli date uno scossone mentre gli tenete le mani, vedrete che cercherà di aggrapparsi a voi con un moto convulso delle braccia e delle ginocchia. Se nell'adagiarlo allentate la presa prima che si senta al sicuro sul materassino, butterà in fuori braccia e gambe per poi fletterle spasmodicamente, mentre la testa ricadrà all'indietro per la violenza della reazione: probabilmente si metterà a strillare dalla paura.

Al pari di altri riflessi, anche questo ha perduto la sua applicabilità immediata, perché, a differenza dei suoi antenati quadrumani, il piccolo dell'uomo non possiede la forza muscolare sufficiente a sostenere il peso del suo piccolo corpo quando si aggrappa. Tuttavia questo riflesso mantiene ancora una sua funzione: è un segnale che vi manda vostro figlio. Ogni volta che il bambino ha questa reazione, vuol dire che l'avete trattato in modo troppo brusco, o troppo inaspettato o senza preoccuparvi di sostenergli la testa: è come se vostro figlio vi ammonisse a fare più attenzione.

*Per evitare una caduta, non c'è la pelliccia della madre a cui attaccarsi. Tuttavia il riflesso di Moro serve a ricordare agli adulti di fare più attenzione.*

# L'USO DEI SUOI SENSI

I cinque sensi del neonato funzionano perfettamente non solo dal momento della nascita, ma anche prima. Tuttavia non c'è molto da odorare o da assaporare nell'utero, né molte cose da toccare; di certo però i nascituri possono udire e vedere, quanto meno riescono a distinguere vari gradi di luce e di oscurità. Ma se il neonato non deve imparare a vedere, udire, sentire con il tatto, odorare e persino gustare i sapori, deve però imparare a interpretare i messaggi sensoriali che riceve. Infatti, benché possa vedere le differenze tra una cosa e l'altra, non ha l'esperienza per stabilire che quel certo oggetto è un viso, un seno, un orsetto o la sua stessa manina. Tutti i suoi sensi sono sottoposti a un vero e proprio bombardamento di stimoli dall'attimo stesso in cui esce dall'utero: in quel preciso momento inizia il suo processo di apprendimento attraverso i sensi.

Poiché il neonato non ci può dire che cosa prova, per noi è estremamente difficile saperlo e dobbiamo cercare di dedurlo dalle sue reazioni. I ricercatori hanno quindi inventato dei sistemi per misurare le risposte del neonato senza la sua diretta collaborazione. Data una certa scelta di oggetti da guardare, per esempio, si cerca di scoprire quale oggetto il bambino guarderà per primo o più a lungo o riguarderà più volte, cioè che cosa preferisce. Grazie all'intensificarsi del riflesso di suzione, sappiamo che già 48 ore dopo la nascita un bambino preferisce ascoltare la registrazione della voce della madre piuttosto che quella di un'estranea. Il più delle volte però il massimo che possiamo dire è che i neonati rispondono con piacere a certi tipi di stimoli sensoriali e con dolore ad altri.

*Toccare ed essere toccati*

Ai bambini piace molto essere toccati, anzi il loro è un vero e proprio bisogno. Il contatto diretto li conforta e li rilassa, inducendo una respirazione più profonda e una migliore ossigenazione. Neonati e bambini reagiscono con piacere alla pressione di qualcosa di caldo e di soffice sul petto e sulla pancia, pressione assimilabile a un segno precursore dell'abbraccio, gesto che tutti, adulti e bambini, amano. La pelle dei neonati è molto sensibile alla consistenza delle superfici, all'umidità, alla pressione e alla temperatura. Potrete notare voi stessi come il bambino sia consapevole della morbidezza dei tessuti, dell'umidità di un pannolino o della temperatura dell'acqua del bagnetto. Dal primo giorno di vita al neonato non piace essere nudo, anche se l'ambiente circostante è caldo, ma basta un panno sull'addome per confortarlo.

I bambini reagiscono anche al tocco: un oggetto avvertito sulla palma della mano stimola il riflesso di prensione, un tocco sulla guancia quello di suzione e una superficie solida sotto i piedi il riflesso di deambulazione.

Per anni si è ritenuto che le reazioni dei neonati al dolore, per esempio alla puntura del tallone per prelevare qualche goccia di sangue da esaminare, fosse solo una questione di riflessi, tanto che ancora nel 1986 i chirurghi statunitensi erano convinti che fino a 15 mesi di età i bambini non provassero alcun dolore fisico. In seguito, una ricerca approfondita ha dimostrato il contrario. Le conclusioni dello studio (ossia che le risposte dei neonati a stimoli dolorosi sono "simili ma più accentuate di quelle degli adulti") sono oggi comunemente accettate, ma non sempre se ne tiene conto. Ricordate: se un determinato intervento può far male a voi, lo farà certamente anche al vostro bambino.

*L'odore e il sapore*

Come gli adulti, anche i neonati reagiscono a un odore sgradevole, per esempio quello di uovo marcio, girando la testa con un'espressione disgustata, mentre assumono un'espressione deliziata in presenza dell'odore di miele. Anzi, in un certo senso la loro capacità di riconoscere gli odori è di gran lunga superiore alla nostra. Se si collocano da una parte e dall'altra della testa di un neonato due tamponi imbevuti uno del latte della madre e l'altro di quello di un'estranea, il piccolo girerà la testa verso quello della madre nel 75% dei casi. Nello stesso modo il neonato reagisce con una smorfia, girando la testa, o piangendo al sapore amaro, acido o aspro. Sa anche distinguere con molta precisione l'acqua semplice da quella leggermente zuccherata o molto dolce. Si è giunti a questa conclusione perché anche se beve qualsiasi tipo di acqua, più è dolce e più a lungo e con maggiore entusiasmo la beve. Non c'è da stupirsi che sia così difficile limitare il consumo di zuccheri dei bambini più grandicelli.

*Udito, ascolto e produzione di suoni*

Il neonato sente dal momento in cui nasce; ma già prima di nascere, ancora nell'utero, percepisce le vibrazioni dei suoni e dopo la nascita reagisce con piacere a quelli che riconosce: non solo il battito del cuore materno, ma anche brani musicali o canzoni che ha udito ripetutamente durante le ultime settimane di gravidanza. Un rumore forte, improvviso, lo fa invece sobbalzare, e più il rumore è acuto più violenta sarà la sua reazione. Se non fa molto caso al brontolio del tuono, reagisce al rumore di un piatto che cade su una superficie dura. Tanto lo disturbano questo tipo di rumori quanto gode invece dei suoni ritmici e ripetuti che lo calmano e lo rilassano. Gli piace per esempio la musica ritmica del tamburo o il ronzio dell'aspirapolvere.

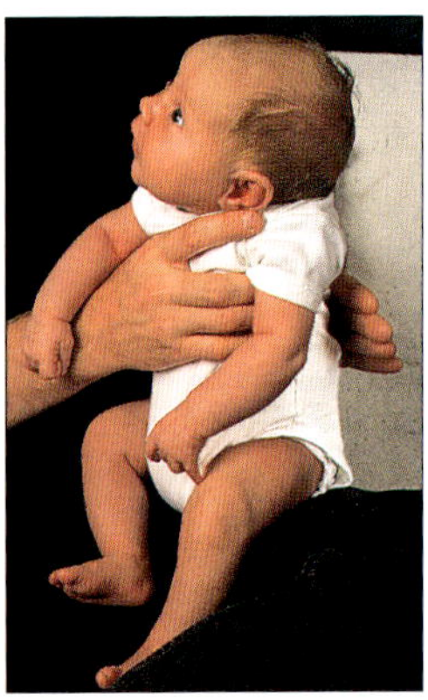

*Le voci, soprattutto quelle che conosce da quando ancora era nell'utero, sono i suoni che il bambino preferisce: vi ascolta anche quando non vi guarda.*

Questi sono tutti suoni che il bambino sente, ma quello che ascolta con evidente concentrazione è la voce degli adulti che parlano. Il suo interesse per la voce e per i suoni simili alla voce è innato, perché proviene dai genitori senza i quali non può sopravvivere e tende naturalmente ad ascoltarli.

Potreste non accorgervi del piacere con il quale il vostro piccolo ascolta la vostra voce nelle prime settimane se non badate a questo aspetto. In questa prima fase la vista e l'udito funzionano ancora in modo separato: il bimbo ascolta la voce senza cercare di capire da dove proviene il suono e quindi capita spesso che vi ascolti senza guardarvi. Ma se lo osservate con attenzione potrete notare le sue reazioni alle parolette affettuose che gli rivolgete. Quando piange, spesso smette non appena sente che vi state avvicinando alla culla, prima ancora di vedervi o di essere toccato; quando se ne sta tranquillo nella culla e cominciate a parlargli si muoverà tutto contento; se sgambetta si immobilizza per concentrare l'attenzione sulla vostra voce. Quando parlate, il bambino vi ascolta; quando gli parlate direttamente, il battito cardiaco aumenta e se, come già detto, gli si dà la possibilità di scegliere tra la voce della madre e quella di un'estranea, sceglie quasi immancabilmente la prima.

Passerà molto tempo prima che il bambino capisca le vostre parole, ma fin dai primi giorni reagisce al tono della voce. Se gli parlate con dolcezza e affetto dimostra di provare piacere, ma se vi rivolgete a un bimbo più grande con un tono brusco mentre lo tenete in braccio, scoppierà probabilmente a piangere; se poi qualcosa dovesse spaventarvi al punto da farvi piangere mentre lo avete tra le braccia, sarà terrorizzato.

L'unico suono che i neonati riescono a emettere nei primi giorni di vita è il pianto. Anche se apparentemente il neonato piange sempre allo stesso modo, ha tutto un suo repertorio di pianti diversi che corrispondono a stati d'animo e a sensazioni diverse. Può anche darsi che non riusciate a distinguere la differenza fra un pianto e l'altro, ma vi accorgerete di reagire automaticamente in modo diverso a un pianto piuttosto che a un altro. La diversità del pianto, del resto, è stata scientificamente provata con l'esame spettrografico che ne rivela la diversità di tono, di durata e di ritmo. Il pianto di un bambino che prova dolore assume un'intensità e un ritmo particolari e l'istinto vi spingerà a correre precipitosamente quando lo sentirete.

Il pianto per la fame è molto diverso: ha dei suoni e delle pause particolari, simili in tutti i neonati, ma si differenzia dagli altri tipi di pianto. Se la mamma allatta, quel pianto particolare potrebbe mettere in moto il riflesso dell'espulsione del latte, che comincia a fluire ancora prima di prendere in braccio il bambino. Se invece gli dà il biberon, reagirà probabilmente senza pensarci, andando in cucina per scaldare il latte. Comunque, anche se il neonato dimostra di aver bisogno di voi, non comunica quel senso di urgenza che accompagna il pianto da dolore.

Anche il pianto per paura è diverso. È un pianto desolato e struggente che provoca una reazione immediata: il tempo di correre dal piccolo e l'immissione nel sangue di adrenalina vi avrà preparato ad affrontare qualsiasi pericolo per proteggerlo.

A circa quattro settimane il bimbo comincia a emettere dei suoni che non sono più solo pianto. Saranno dei gorgoglii, dei gorgheggi quando è rilassato dopo il pasto, o quasi un piagnucolio quando si sta preparando a piangere per la fame. Il bambino si sta avvicinando alla fase successiva della comunicazione, quella del balbettamento e del brontolio.

### *Vista, sguardo e messa a fuoco*

Il neonato è in grado di vedere con chiarezza ed è capace di distinguere gli oggetti fin dalla nascita. Se trascorre molto tempo contemplando una finestra illuminata o una tenda che si muove non è perché non vede oggetti più dettagliati, ma perché non c'è niente da vedere alla portata della sua vista.

Il neonato *può* mettere a fuoco lo sguardo sugli oggetti che lo circondano e vedere le cose chiaramente quando si trovano a distanza diversa. Può, ma lo fa raramente, perché fino a quando il muscolo ottico non si è rafforzato questo processo risulta molto difficile per lui. La distanza focale a cui un bambino riesce a vedere facilmente è di circa 20-25 cm a partire dalla punta del suo nasino. A questa distanza può vedere con chiarezza, mentre gli oggetti più lontani gli appaiono

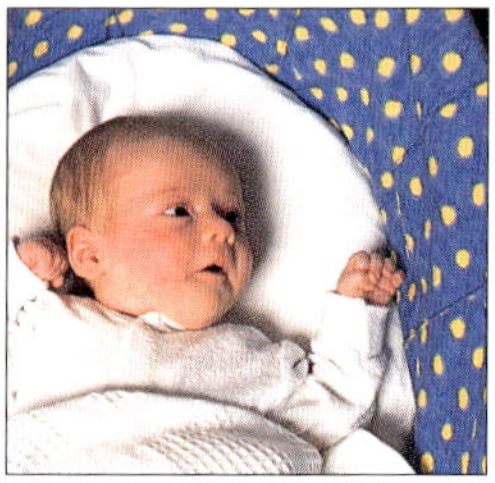

*Il bambino studierà con interesse qualsiasi cosa abbia a portata di sguardo: l'interesse per i motivi ripetuti è secondo solo a quello per i volti umani.*

confusi. Quando è steso nella culla, senza nulla di interessante da osservare, volgerà lo sguardo verso la stanza e vedrà solo ciò che si muove o è luminoso (come ben sanno i miopi).

Se, forti di questa conoscenza, ponete vicino agli occhi del piccolo degli oggetti, vedrete che la sua "scelta" si basa su stimoli molto più sottili della luminosità e del colore. Si può fare un esperimento sulla sua capacità di scegliere facendogli vedere due oggetti contemporaneamente. Guarderà un semplice anello rotondo di colore rosso se accanto non c'è altro da vedere, ma se aggiungete un foglio con un disegno complicato in bianco e nero, dedicherà la sua attenzione a quest'ultimo. Guarderà un semplice cubo, ma se gli fate vedere una forma più complessa, come un colino da tè, lo preferirà al cubo. È come se fosse programmato per dedicare la sua attenzione a modelli e forme complessi perché deve imparare a conoscere un mondo visivo complesso.

Non a caso il neonato vede bene a una determinata distanza: è esattamente la distanza che lo separa dal vostro volto quando lo tenete in braccio e gli parlate o lo allattate. Così come le voci sono i suoni che ascolta più volentieri, i volti sono gli oggetti che guarda con più interesse, ed è istintivo nel neonato studiarli intensamente ogni volta che ne ha l'occasione. Potrebbe anche darsi che l'impossibilità di vedere con chiarezza a una distanza maggiore abbia uno scopo evolutivo preciso, in quanto lo spinge a concentrare la sua attenzione su quei volti tanto importanti senza essere distratto da altre cose.

I neonati non sanno che le persone sono persone e quando il bambino guarda il vostro volto non sa che sta guardando voi. Dedica semplicemente la sua attenzione a qualsiasi viso o a qualsiasi cosa simile a un viso. Sono stati fatti degli esperimenti approfonditi sui criteri del neonato di considerare un oggetto "simile a un volto". Se un oggetto o un disegno ha il contorno dei capelli, gli occhi, la bocca e la linea del mento, il neonato reagisce come se fosse un volto. Se gli osservate attentamente gli occhi, vedrete che comincia a guardare in alto, segue il contorno dei capelli, sposta lo sguardo in basso verso la linea del mento e infine osserva gli occhi. Quando guarda gli occhi li contempla molto più a lungo di qualsiasi altra cosa.

Pur essendo interessante verificare queste reazioni mostrando al vostro bimbo lo schizzo di un viso, o un palloncino su cui è disegnata una faccia, per lui è importante guardare dei volti veri. Quando avrà imparato a conoscerli, riceverete finalmente la vostra ricompensa per avergli dato il vostro da studiare. Un giorno, molto presto, l'esplorazione del vostro volto terminerà come sempre agli occhi, ma a questo punto il bimbo farà il suo primo gesto di apertura verso il mondo esterno rappresentato da voi: sorriderà.

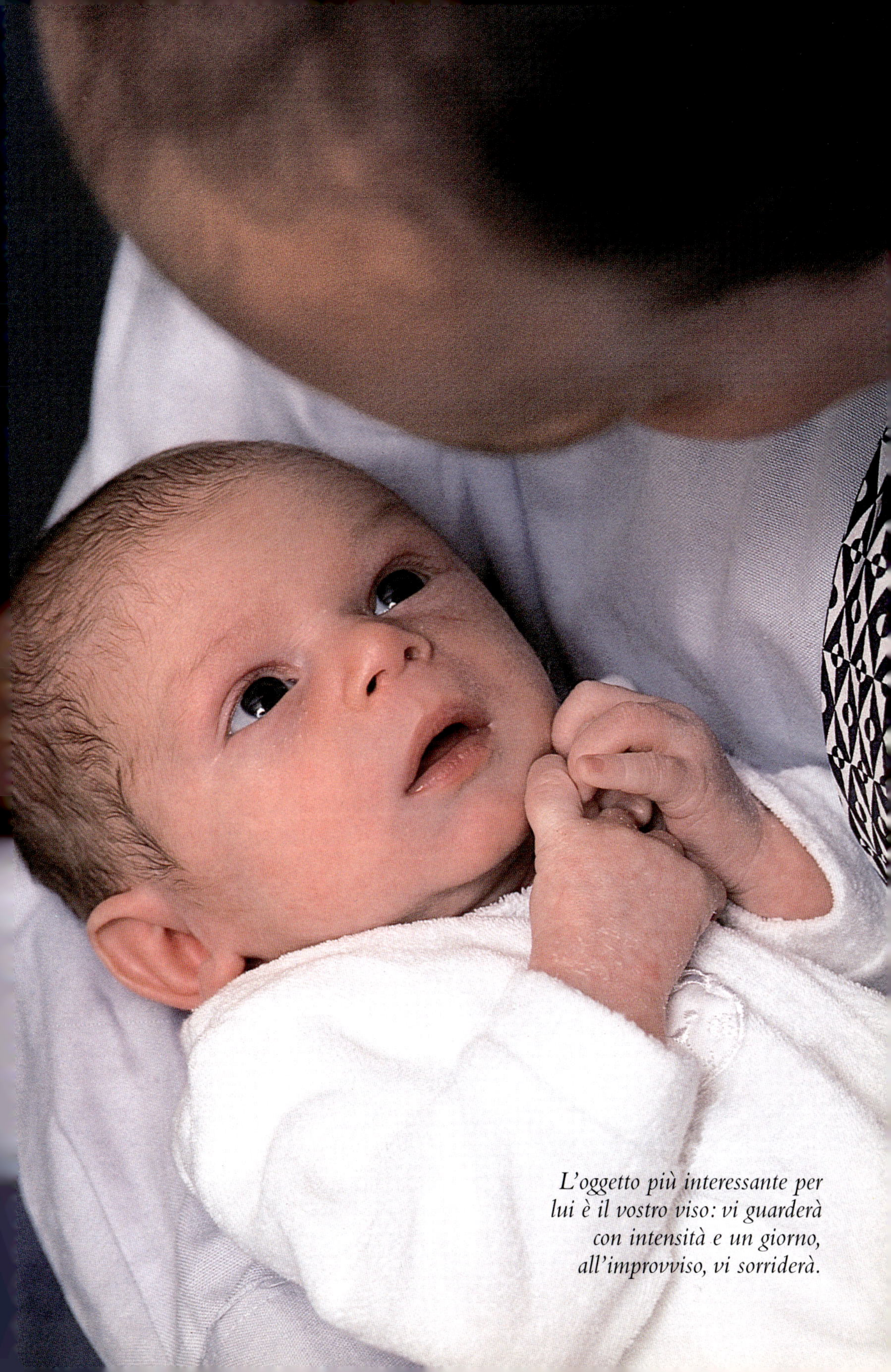

*L'oggetto più interessante per lui è il vostro viso: vi guarderà con intensità e un giorno, all'improvviso, vi sorriderà.*

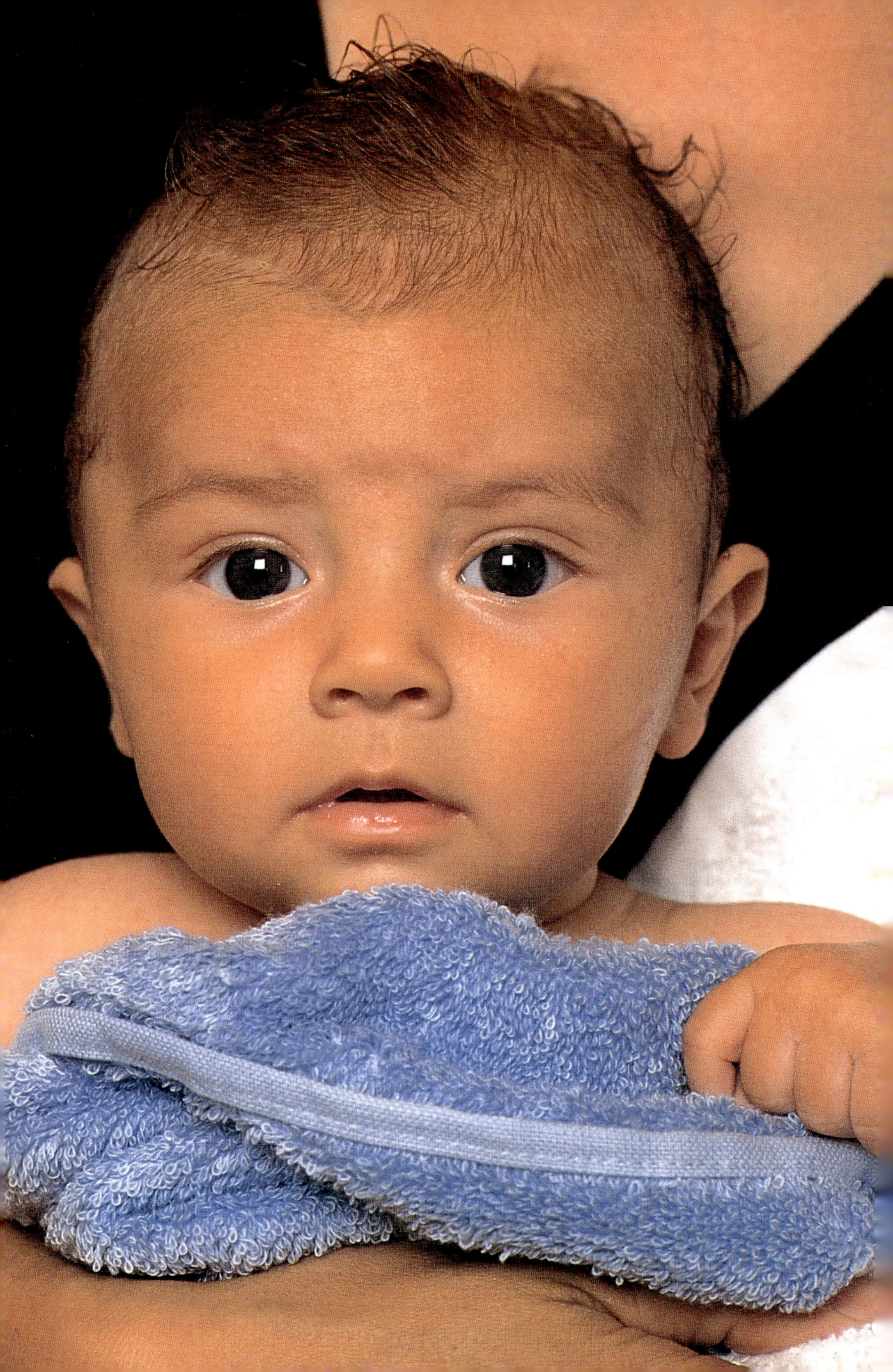

# I PRIMI SEI MESI

## *Un nuovo equilibrio*

Un bel giorno vi accorgerete che vostro figlio non è più quell'essere assolutamente imprevedibile che vi metteva in un costante stato di apprensione, come del resto accade sempre di fronte a un fatto nuovo. Ora è un individuo, con i suoi gusti, le sue preferenze e le sue caratteristiche particolari. Non è più un neonato instabile, si è assestato nella sua nuova vita. Il piccolo potrà raggiungere questa tappa a due settimane o a due mesi, ma non conta che sia presto o tardi. Quello che conta è che sarà un momento importante per voi e per chiunque si prenda cura del bambino.

Ormai vostro figlio è un bambino che avete imparato a controllare. Se è un diavoletto, è un diavoletto che almeno conoscete. Sapete come gli piace essere trattato, anche se avreste preferito poterlo trattare in un modo diverso. Sapete cosa aspettarvi da lui; sapete che cosa lo spaventa anche se praticamente lo spaventa tutto; e, soprattutto, sapete quando è felice, anche se capita di rado, e quando è triste, anche se capita spesso. Invece di cercare di sopravvivere di ora in ora, di riuscire a superare un altro giorno cercando di non pensare a quello seguente, potrete cominciare a organizzarvi per raggiungere un compromesso ragionevole fra i suoi bisogni e quelli degli altri.

Il bambino vi farà capire chiaramente che, a parte il nutrimento, ha soprattutto bisogno della vicinanza delle persone, in particolare delle persone che si occupano costantemente di lui. Può darsi che il vostro amore sia ancora problematico, ma il suo attaccamento per voi è una questione di necessità. Se vuole sopravvivere deve attaccarsi a voi per garantirsi la vostra assistenza. Con il passare di queste prime settimane, il suo interesse per le persone si fa sempre più evidente. Il vostro volto lo affascina e ogni volta che riesce a metterlo a fuoco lo studia con grande intensità partendo dal contorno dei capelli, passando poi alla bocca per fermarsi a guardare incantato i vostri occhi. Ascolta intento la vostra voce, agita le gambine quando la sente o si immobilizza nello sforzo di capire da dove proviene. Ben presto girerà gli occhi e la testa per vedere chi sta parlando. Se lo prendete in braccio smette di piangere, se lo cullate o passeggiate con lui è contento. Tra tutte le cose che gli piacciono, voi siete ciò che gli piace di più. Comincerete così ad acquisire una certa fiducia in voi stessi come genitori di questo nuovo essere umano.

Ma se per caso queste sue reazioni ben definite alle cure affettuose che gli rivolgete non fossero sufficienti a intenerirvi, il piccolo ha ancora una carta da giocare: il suo sorriso. A un certo punto, fra le quattro e le otto settimane, vi sorriderà. Un bel giorno, osservando il vostro volto in quel suo modo intento e serio, prima la vostra bocca e poi gli occhi come al solito, sul suo viso comincerà a sbocciare quel piccolo miracolo che è il largo sorriso sdentato del lattante. Per molti genitori è quello il momento in cui nasce l'amore. È il bambino più meraviglioso del mondo anche se ha la testa ancora un po' schiacciata; è il bambino più caro del mondo anche se si sveglia spesso di notte. Sono pochi gli adulti che sanno resistere al primo sorriso di un bimbo e anche i visitatori più restii, che vengono a vedere il neonato solo per dovere, sono stati visti tornare furtivamente alla culla per strappargli ancora un sorriso.

Quando il bambino sorride sembra che vi esprima amore; in realtà non può ancora veramente amare perché non è ancora in grado di distinguere una persona dall'altra. I suoi primi sorrisi sono un modo per accattivarsi la vicinanza di una persona contro la trascuratezza e per ottenere un'attenzione che gli è necessaria. Più sorride e "parla" e agita i pugnetti alla gente, più gli altri gli sorrideranno e gli parleranno. Più attenzione riceve, più risponde. Attirerà sempre di più a sé le persone con quei suoi sorrisi sdentati. Le sue risposte creano una reazione a catena: i suoi sorrisi vi spingono a sorridergli e i vostri a farlo sorridere di più.

È del tutto naturale pensare che questi primi sorrisi siano diretti a voi personalmente. Ben presto lo saranno davvero. Attraverso l'esperienza soddisfacente con gli adulti che si sentono gratificati dalle sue manifestazioni e gli rispondono dedicandogli attenzione, il bambino fa un altro passo in avanti e da un interesse generalizzato per le persone a poco a poco riconosce e si affeziona a una o più persone in particolare. Verso i tre mesi vi riconosce chiaramente. Sorride a tutti, ma le espressioni più tenere e i sorrisi più deliziosi li tiene in serbo per voi. Diventa sempre più socievole, ma anche più esigente nella scelta delle persone con le quali vuole intrattenere un rapporto. Ora è ormai in grado di creare un legame appassionato ed esclusivo con qualcuno in particolare e questo qualcuno siete inequivocabilmente voi. I bambini che vivono in quella che definiamo una "famiglia normale" scelgono di solito la mamma come oggetto del primo

amore. Ma non è il legame di sangue a darvi questo privilegio. È un privilegio che bisogna guadagnare e lo guadagnate non solo perché siete la madre, ma perché fate la mamma. Fare la mamma, in questo senso, non significa accudirlo dal punto di vista fisico. L'amore a cui il piccolo sta dando forma non è un amore interessato che si basa unicamente sul piacere di mangiare. Darà il suo amore alla persona che lo cura con affetto, che gli parla, lo coccola, gli sorride e gioca con lui. Se doveste condividere la cura del bambino con qualcuno e delegaste a questa persona tutto ciò che riguarda le necessità del bambino serbando il vostro tempo per amarlo, sareste sempre la persona più importante per lui. Ma se invece lo accudite solo dal punto di vista fisico e lasciate il rapporto affettivo a un'altra persona, sarà lei quella a cui il piccolo si affezionerà maggiormente. Naturalmente nutrirsi è il più grande piacere della sua vita e perciò la cura fisica si combina con l'attenzione emotiva, ma il bambino non ha bisogno solo di qualcuno che lo nutra quando ha fame; ha bisogno di qualcuno che sia sempre presente quando ha bisogno di aiuto o di compagnia, che si accorga quando sorride e gli restituisca il sorriso, che senta quando "parla", che ascolti e che risponda. Qualcuno che giochi con lui e che lo aiuti a prendere contatto con il mondo. È questo ciò di cui ha bisogno un bimbo di tre mesi ed è questo il rapporto da cui nasce l'amore.

Tutti i bambini hanno bisogno di affezionarsi a una persona particolare, perché è attraverso questo primo rapporto d'amore che impareranno a conoscere le persone e la vita. È attraverso quest'esperienza che imparano a sperimentare le emozioni e ad affrontarle ed è attraverso questo amore infantile che sapranno vivere un amore più maturo e, in un futuro ancora lontano, sapranno dimostrare ai loro figli la stessa devozione che ora chiedono per sé. I bambini che non hanno mai una persona particolare che si dedichi a loro, che pur ricevendo le cure necessarie non vivono un rapporto affettivo sufficiente, o quelli che sono accuditi da tutta una serie di persone, hanno spesso uno sviluppo lento o, addirittura, non riescono a evolvere la propria personalità sfruttando l'energia e le risorse di cui sono dotati. Lo sviluppo dei bambini che vengono bruscamente separati dai genitori è a rischio. Ma una volta abituato ad avere almeno una persona speciale da amare, il piccolo può rendere anche le altre persone speciali. La capacità di amare di un bambino non è limitata, come non lo è la vostra. L'amore genera amore.

Se entrambi sarete così fortunati da dividervi il tempo da dedicargli, il bambino risponderà a entrambi (anche se con una certa differenza, visto che dopotutto siete due persone diverse), e la sua vita emotiva risulterà essere sicuramente più ricca e più sicura, non essendo affidato a una sola persona. Tuttavia questo non vuol dire che entrambi riceverete la stessa dose di sorrisi e dimostrazioni di affetto. Il bambino che se lo può permettere, farà subito delle preferenze. La maggior parte dei piccoli mostra all'inizio un attaccamento incondizionato alla madre naturale, dovuto forse alla lunga familiarità con il suo odore, il suo battito cardiaco e la sua voce, oltre che all'intimità che si stabilisce con l'allattamento al seno. Ma a quattro o cinque mesi il fatto che il padre non possa essere sempre presente e sempre coinvolto nella cura del bambino lo rende particolarmente prezioso. Quando torna a casa o vi rimane durante le feste, il suo volto, il suo modo di parlare e i suoi giochi colpiscono il bambino come qualcosa di nuovo e di interessante. Per il fatto poi di non aver dovuto trascorrere tutto il giorno a casa cercando di appagare i bisogni del bambino, avrà più energia e più disponibilità a offrire quella compagnia che il bambino desidera tanto.

Quando quel rapporto interpersonale così speciale si è creato, dividere il tempo tra il bambino e un lavoro fuori casa non potrà più minacciarlo, né compromettere il benessere di vostro figlio, purché teniate a mente che lui rimane la cosa più importante (lo sa anche lui) e purché chi si prende cura di lui al vostro posto lo faccia con amore ed entusiasmo. Condividere la cura del bambino con il padre, con un altro membro della famiglia o con un estraneo a pagamento non è così insolito: in fondo succedeva così anche nelle famiglie allargate di un tempo e succede così ancora oggi nei paesi in via di sviluppo. Tuttavia non potete pensare che mentre non ci siete la vita si fermi: il piccolo continua a vivere e ad amare anche in vostra assenza. Forse vi capiterà che il piccolo veda la prima neve con qualcun altro, ma questo non ha importanza (tanto non ricorderà questi primi anni). Che ami qualcun altro più di voi avrebbe invece importanza, ma non può capitare. Una volta che un figlio ha capito chi sono i suoi genitori tra le persone che lo circondano, non lo scorda più. E una volta che ha imparato ad amarli più di tutti gli altri, continuerà a farlo.

Alcune madri non vogliono condividere il bambino con nessuno perché amano molto questa fase della maternità. Il bambino le lusinga con le sue attenzioni, le fa sentire speciali, preferite oltre che insostituibili. Ha bisogno di loro per qualsiasi cosa. Deve essere accudito per quelle che sono le sue necessità fisiologiche, ma ha anche bisogno di essere aiutato a sviluppare l'emotività e l'intelligenza: il gioco e i giocattoli lo aiutano e gli permettono di esercitarsi nelle nuove abilità. Qualsiasi cosa il piccolo impari a fare, ha bisogno di farlo (e lo vuole fare); ed è la madre che può dargliene l'occasione. Nonostante tutti questi bisogni, tuttavia, occuparsi del piccolo è un compito abbastanza semplice. Non è più il neonato irrazionale e incomprensibile, ma durante il giorno non è sempre sveglio né così attivo come quando andrà carponi. Ci sono ancora dei periodi di pace, degli spazi vostri durante il giorno e potrete lasciarlo da solo sul pavimento sapendo che in questa situazione non correrà alcun pericolo.

Ma vi sono donne che trovano sgradevole questo periodo. L'essere così amate e richieste non le gratifica, anzi, si sentono costrette e consumate dalla dipendenza del bambino. Non vedono l'ora che arrivi il momento in cui, almeno per qualche istante, il bambino smetta di dipendere dalla madre per soddisfare i suoi bisogni pratici o emotivi. Lo sforzo costante di identificarsi con i suoi sentimenti, di doversi accorgere dei suoi bisogni e di proteggere il viaggio che il bambino compie di giorno in giorno le esaurisce. Nutrire un neonato o pulirlo quando è sporco sembra semplice in confronto al compito di intrattenere un bimbo che si sente solo o si annoia.

Forse se vi rendeste conto della vostra importanza potreste evitare o superare questa sensazione. Tutte le risorse vitali di questi mesi sono come in boccio nel bambino. Ha una forza innata che lo spinge a imparare a diventare un essere umano: dall'emettere suoni all'usare le mani e rotolarsi, dal mangiare del cibo vero al fare una risata. Ma tutti questi aspetti del suo sviluppo sono nelle vostre mani. Lo potete aiutare a evolversi e a imparare, o potete frenarlo non lasciandovi coinvolgere. Potete farne un bambino felice, attivo e che impara in fretta, oppure potete renderlo scontento e annoiato: un bimbo che non si sviluppa quanto potrebbe.

Se l'aiutate veramente, ne sarete avvantaggiati tutti e voi in particolare, perché avrete un bambino quasi sempre allegro e che non crea problemi, una delizia da avere attorno. Se non lo aiutate e cercate di economizzare le vostre attenzioni ne soffrirete tutti e voi più di tutti: sarà un bambino difficile, irritabile e che non dà nessun piacere. Sarete anche infelice perché, per quanto l'idea possa non esservi di gradimento, il vostro piacere e il suo sono strettamente correlati. Se gli procurate gioia, la sua felicità vi darà piacere e sarà più facile per voi andare avanti. Se lasciate che sia infelice, la sua infelicità vi deprimerà e vi renderà la vita più difficile. Il suo pianto vi darà fastidio, vi disturberà il fatto che abbia bisogno di voi, sempre e costantemente. Ma ignorando il suo pianto non solo lo condannate a piangere, ma vi condannate ad ascoltarlo. Perciò, quando cercate di soddisfare i suoi bisogni, entrate in sintonia con vostro figlio, trattatelo come desidera essere trattato: non lo state facendo solo per lui, ma anche per voi stessa. Che vi piaccia o no, ora non siete più soli, siete una famiglia: sarete felici o infelici insieme.

## *Perché i medici non parlano chiaro?*

*Ho capito subito che c'era qualcosa che non andava con il nostro secondo figlio. La pediatra dell'ospedale ammetteva che il piccolo aveva "qualche problema", ma non specificava quale e si limitava ad annuire quando lo facevo io. Cercava di convincermi che "cresceva bene", ma lo diceva come se ne fosse sorpresa lei stessa. Quando mio marito ha chiesto senza mezzi termini di cosa si trattasse, ha risposto che era presto per dirlo; e quando io le ho chiesto di farci un quadro del futuro del bambino, mi ha consigliato di non anticipare le cose. Perché non ci dicono quello che sanno o quello che sospettano?*

Di fronte alla devastante scoperta che "c'è qualcosa che non va" nel loro bambino, i genitori spesso dicono che la notizia è stata loro data nel modo peggiore. A volte viene loro detto molto, ma troppo presto e troppo in fretta e loro, sconvolti dallo shock, non riescono a capire. Altre volte si dice loro molto di quello che non va, senza dare risalto a quello che invece va (accade spesso con i genitori di bambini prematuri); e quando invece solo una parte del problema è ovvio – per esempio un labbro leporino – si insiste a parlare della palatoschisi invece che dell'intervento che può correggere i due difetti. In molti casi comunque ai genitori non si dice abbastanza anche quando essi sono consapevoli che *qualcosa* non va.

Dire ai genitori che il loro non è quel bambino sano che si aspettavano è una cosa che i medici odiano fare. Inoltre spesso la diagnosi con è così certa. Molte malattie di origine genetica, per esempio, si manifestano dopo qualche tempo e i primi sintomi che mettono in allarme i medici possono non significare nulla per i genitori. Se, per esempio, un neonato presenta alla nascita un blocco intestinale, i medici vorranno accertare che non soffra di fibrosi cistica. Si tratta di una malattia cronica non evidente, a meno che i genitori non sappiano di esserne portatori. La loro ansia si concentrerà sul problema immediato del blocco intestinale e giustamente i medici preferiranno tacere i loro timori, finché la diagnosi non sia certa. Spesso però sarebbe comunque meglio per i genitori venire informati dei sospetti dei medici, anche se non ancora confermati da una diagnosi certa.

Scambiarsi le informazioni di cui ognuno, medici e genitori, è in possesso è essenziale per una buona diagnosi. Questo scambio può avvenire durante l'esame generale e completo del bambino. Quel momento rappresenta infatti un'opportunità per entrambi: si possono raccogliere informazioni sulla gravidanza (in fondo la madre conosce il bambino da 40 settimane), osservare il piccolo insieme (un buon pediatra può attirare la vostra attenzione su particolari del comportamento del bambino che altrimenti non avreste notato) e mettere a punto una strategia per il futuro. Medici e genitori devono essere alleati per il bene del bambino, valutare quello che può e non può fare e concentrarsi comunque sempre sul bambino e non sul problema.

Se le cose non vanno in questo modo, finirete per sentirvi voi stessi esaminati per via del bambino, senza peraltro riuscire a capire che cosa i medici pensino di lui. Se ciò dovesse accadere, rivolgetevi altrove per informazioni e sostegno. Vi sarà tuttavia più facile farlo se avrete almeno una definizione, una diagnosi da cui partire. Tale diagnosi, sia pure in forma di sospetto, appare certo nella cartella clinica del piccolo che, in quanto genitori, avete il diritto di vedere. Se vi imbarazza chiederla, domandate al vostro medico di farlo per voi.

La diagnosi non è utile in sé, ma vi permette di sapere a chi rivolgervi per informazioni e supporto. Ci sono moltissime associazioni che raggruppano genitori di bambini disabili. Partendo dalla diagnosi potete cercarle sull'elenco telefonico o nelle apposite rubriche o anche su Internet. Potrete così mettervi in contatto con altre coppie che hanno passato quello che state passando voi e che possono aiutarvi meglio dei medici a capire quale sarà il futuro che si prospetta al bambino.

# L'ALIMENTAZIONE E LA CRESCITA

*Quando sia voi sia il bambino vi sarete abituati all'allattamento al seno, insieme potrete andare dappertutto.*

A circa due settimane di vita il neonato avrà trovato un suo ritmo nel mangiare, sia che prenda il latte materno sia che venga allattato artificialmente. Sono finalmente finiti quei giorni confusi in cui nessuno di voi due sapeva bene che cosa stesse facendo.

Il piccolo vuole mangiare, vuole che voi lo nutriate perché non lo può fare da solo e voi lo volete nutrire perché sapete che deve mangiare per crescere sano e robusto. Tutti e due state perseguendo lo stesso scopo. Preoccuparsi per l'alimentazione e farne un problema è uno spreco di energie e una perdita di divertimento e di piacere sia per voi sia per vostro figlio. Il lato piacevole dell'allattamento è molto importante. Osservate il bambino all'inizio del pasto: la sua evidente fame, la sensazione del latte che scendendo nello stomaco placa il disagio più acuto della fame, il piacere di essere tenuto teneramente in braccio mentre succhia. È persino evidente l'importanza che ha per lui succhiare. Dopo due o tre minuti di sorsate più ingorde si stabilizza a un ritmo perfetto: qualche succhiata, un respiro e un riposino, poi di nuovo altre succhiate. Il suo viso esprime una profonda beatitudine e soddisfazione. Il ritmo rallenta leggermente, le pause si allungano, le succhiate sono più brevi: è come ubriaco di latte e di piacere. È quasi assopito, solo una pigra succhiata di tanto in tanto gli ricorda che c'è ancora del latte da ingoiare.

L'alimentazione sembra un fatto semplice: per alcuni genitori e per alcuni bambini lo è. Se vostro figlio è contento per la maggior parte del tempo, se aumenta di peso con regolarità e diventa sempre più attivo da sveglio, sicuramente, dal suo punto di vista, non esistono grossi problemi di alimentazione. Se a voi piace allattare e il bambino dimostra che quello è il momento migliore della sua giornata, potete saltare le prossime pagine. Ma purtroppo non per tutti è così. Un bambino potrebbe presentare il comportamento irregolare e instabile tipico del neonato per un periodo più lungo del previsto; è spesso il caso dei bambini nati prima del termine o di un piccolo che abbia avuto qualche difficoltà subito dopo la nascita. Può darsi che manifesti un comportamento imprevisto e sconcertante nel mangiare, oppure che voi stessa siate tanto preoccupata di fare le cose bene da non poter credere che una cerimonia così importante risulti in realtà tanto semplice.

## ALLATTAMENTO AL SENO

Una volta raggiunta una produzione di latte regolare, la secrezione si stabilizza e si ha l'impressione che ormai tutto debba procedere regolarmente. Invece è proprio questo il momento in cui possono sorgere problemi e, poiché la secrezione risente molto dello stress cui siete sottoposta, anche preoccupazioni lievi la minacciano.

*Rifiuto del seno*

Non è inconsueto che un lattante rifiuti a volte il seno o si dimostri irrequieto mentre mangia; è invece difficile che la madre reagisca a

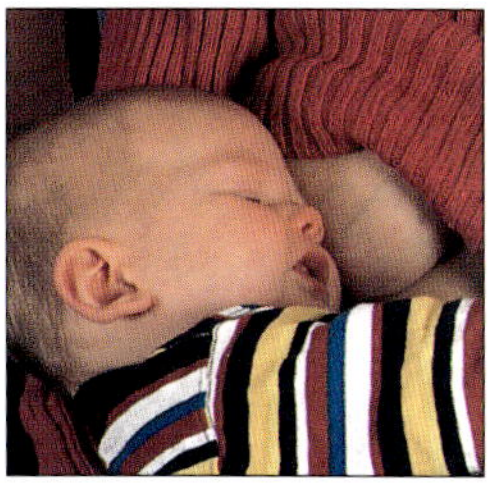

*Cercate di non prendere il suo rifiuto come un'offesa: non ce l'ha con voi.*

questo comportamento rimanendo calma. Se il vostro bambino rifiuta il seno con apparente disgusto, lotta per staccarsene e non si decide a succhiare vi sembrerà che rifiuti *voi*. Più lui insisterà nel suo comportamento, più voi non saprete più che cosa fare per confortarlo: perché se il piccolo non accetta quello che è il suo primo e più grande piacere, che cosa altro potrete offrirgli? A rendere peggiori le cose, tutto quel piangere, cercare di succhiare, staccarsi, succhiare un altro po', provocheranno la fuoriuscita del latte che sgocciolerà dappertutto. I capezzoli potrebbero diventare dolenti, tanto da farvi temere la poppata, sia per il dolore fisico sia per le conseguenze emotive del rifiuto del bambino. Se l'episodio si ripete più volte di seguito consultate il medico: il bambino potrebbe avere un'infezione, come per esempio il mughetto, che gli rende doloroso succhiare.

Più spesso però il suo comportamento è dovuto al fatto che non riesce a inghiottire tanto velocemente da tenere il passo con il fluire rapido del primo latte e si sente quindi soffocare; oppure può avere il naso tappato e non riuscire a respirare mentre succhia. Può anche darsi che abbia dovuto aspettare troppo a lungo e ora sia esausto per la fame o esasperato, oppure che nonostante tutti i suoi sforzi per succhiare non riceva sufficiente latte. È difficile capire che cosa può aver influito negativamente su una poppata o fatto precipitare le cose al punto che ogni poppata sarà un problema per settimane.

Il modo migliore per affrontare un episodio singolo è accettare che qualche cosa sia andato storto all'inizio (anche se non sapete che cosa), e ricominciare tutto da capo. Il padre può prendere in braccio il bambino allontanandolo da voi e dall'odore del vostro seno, cercando di calmarlo, mentre voi vi asciugate e vi calmate a vostra volta. Cercate poi di mettervi nella posizione migliore per riprovare. Se per esempio l'episodio è avvenuto mentre c'era gente, trovate un angolino più appartato. Se sapete che il bambino preferisce la posizione sdraiata, mettetevi sul letto o su un sofà. Se il bambino comunque non succhia bene o addirittura si addormenta, non svegliatelo, lasciate perdere per questa volta. È probabile che quando si sveglierà mangerà con piacere.

Basteranno però pochi episodi ripetuti per minare la vostra fiducia, perciò rivolgetevi subito a qualcuno che possa aiutarvi: il medico, il pediatra o una persona di fiducia. Sia le cause, sia i rimedi per questa situazione avranno probabilmente a che fare con la posizione del bambino al seno e il modo in cui succhia (vedi p. 66).

## *Quantità di latte*

La principale preoccupazione che coglie le madri al loro primo bambino riguarda la quantità di latte: consapevoli che non possono né misurare né controllare quanto latte producono o quanto ne beve il loro piccolo, si chiedono se possono essere sicure che il bambino ne prenderà a sufficienza.

La risposta è quasi sempre affermativa, ma solo se si lascia che il lattante succhi quando e quanto vuole. Il bambino contribuirà a mantenere la vostra produzione di latte se lo allatterete quando vuole, anche se è trascorsa solo un'ora dall'ultima poppata o va avanti a succhiare per mezz'ora. Per quanto lunghe o frequenti possano essere le sue poppate, il bambino non prenderà più latte di quanto gli serve. Non è possibile sovralimentare un bambino allattato al seno, a meno che gli si dia qualche altro alimento oltre al latte. Un bambino affamato la cui madre abbia latte in abbondanza crescerà più in fretta e potrà sembrare più rotondetto di un altro. Ma è pericoloso fare paragoni. Per quanto grassoccio il bambino diventi, non è e non può diventare "troppo grasso", cioè più grosso di quanto dovrebbe essere in base all'età, a meno che la sua dieta non sia integrata con cibi solidi o bevande dolci.

Molte neomadri, per le quali la poppata è ancora una specie di combattimento, vorrebbero tanto potersi preoccupare perché il bambino sembra crescere troppo, perché ciò significherebbe che potrebbero smettere di preoccuparsi perché cresce troppo poco. Se il vostro bambino cresce poco e non sembra vivace e allegro, consultate il medico. Ma non saltate subito alla conclusione che non mangia abbastanza, specialmente se lo state paragonando ai bambini allattati con il biberon. I criteri validi per questi ultimi non sempre si adattano ai bambini nutriti al seno (vedi p. 73).

Spesso per esempio si suppone che i bambini che chiedono spesso di mangiare siano sottoalimentati. Ma quanto è "spesso"? Alcuni bambini (ma non tutti) alimentati con latte bovino modificato lasciano passare tre o quattro ore tra una poppata e l'altra, ma quelli allattati al seno non lo fanno quasi mai. Per questi lattanti l'intervallo normale è di due ore o due ore e mezzo e questo tempo non è neppure tutto di sonno. Gli intervalli tra le poppate si contano dall'inizio della prima fino all'inizio della successiva. Ma la prima può durare a lungo e l'intervallo essere quindi breve. Infatti la poppata al seno di solito dura di più di quella al biberon perché il bambino la prolunga per il piacere di succhiare. Il vostro bambino può cominciare a succhiare a mezzogiorno e finire alle 12.45 per poi ricominciare poco dopo le 14...

I bambini allattati artificialmente che sporcano pochi pannolini o producono feci scarse e di aspetto strano sono spesso sottoalimentati. Ma lo stesso non vale per quelli allattati al seno: il fatto che un bambino che sporcava tre o quattro pannolini a due settimane, ne sporchi ora solo uno ogni due giorni, non è indice di scarsa alimentazione o di stitichezza. Infatti certe volte i bambini digeriscono il latte naturale completamente e i prodotti di rifiuto sono quindi scarsi.

Il lattante deve crescere e questo significa che, comunque sia allattato, cresce di peso (e di lunghezza). Il mancato accrescimento suggerisce naturalmente che l'alimentazione è insufficiente, ma è difficile stabilire quando il ritmo e la costanza della crescita sono sufficienti.

Meglio basarsi sulla tendenza generica della curva di accrescimento. Tuttavia poiché tale tendenza richiede diverse settimane per diventare evidente e stabilizzarsi, il controllo del grafico percentile di crescita non vi salverà dal panico immediato. Per rassicurarvi, controllate i pannolini, non quelli sporchi di feci, ma quelli bagnati.

Finché il bambino non prende altro che latte, cibo e bevanda coincidono e non può scarseggiare l'uno senza scarseggiare anche l'altra. Se il lattante bagna dai sei agli otto pannolini nelle 24 ore non è né disidratato né denutrito. Naturalmente il conteggio dipende da quante volte lo cambiate e anche dal tipo di pannolino usato. Sul tipo usa e getta superassorbente la pipì di un lattante è quasi impercettibile (vedi p. 74).

*Alimentazione insufficiente*

Se allattate al seno vi potrebbe capitare di non avere latte a sufficienza senza accorgervene. È una situazione che insorge molto gradualmente e sovente in modo piuttosto subdolo: una volta raggiunta una produzione di latte regolare il bambino ne ha a sufficienza per le prime due o tre settimane quando la mamma può condurre una vita abbastanza riposata e non deve, o perlomeno non dovrebbe, preoccuparsi eccessivamente dell'andamento della casa. Il neonato trova un suo orario più regolare (che può essere ogni due ore di giorno e ogni quattro la notte) e tutto fa pensare che il latte sia sufficiente per il suo fabbisogno.

Ma prima o poi dovrete dedicarvi di nuovo alla conduzione della casa e al vostro compagno e, magari, chi vi ha dato una mano finora dovrà tornare alle sue faccende. L'improvviso fervore di attività o la tensione indotta dal trovarvi sola con il bambino tutto il giorno possono farvi stancare molto. Non importa se il neonato ha solo due settimane o quattro: riprendere la vita precedente con tutto il lavoro che comporta e in più badare al nuovo bimbo sarà molto faticoso.

La stanchezza e la tensione tendono a ridurre la formazione del latte proprio nel periodo in cui il piccolo sta crescendo e ogni giorno ha bisogno di mangiare di più; il bambino non trova latte a sufficienza e avrà fame. Il suo appetito è facile da saziare: lasciatelo succhiare più spesso. Ma una delle ragioni per cui siete stanche e tese è il bisogno che egli ha di pasti più frequenti. Più impegni avete, più vi sarà difficile lasciare che il bambino succhi quanto vuole.

Non è facile accorgersi di questa situazione. Probabilmente il comportamento del bambino non vi può essere utile in questo senso: l'irrequietezza, il pianto, la tendenza a svegliarsi due ore dopo i pasti e a voler mangiare due o tre volte per notte non è un comportamento nuovo; è simile a quello instabile e disorganizzato del bimbo appena nato ed è quindi difficile rendersi conto che, se ora non avesse fame, si comporterebbe in modo più stabile, più definito.

Anche lo stato dei seni della madre può trarre in inganno. È probabile che vi svegliate tutte le mattine con una sovrabbondanza di latte che sgocciola nella camicia da notte. Come è possibile che il piccolo non trovi abbastanza latte da succhiare? Invece è possibile, specialmente se, come spesso accade, vuole più latte nei momenti in cui ce n'è di meno.

La spiegazione va ricercata nel fatto che la produzione di latte aumenta quando la madre è in stato di riposo e diminuisce via via che si stanca con il passare delle ore. Se ripensate attentamente ai pochi giorni precedenti probabilmente vi accorgerete che il vostro bimbo si dimostrava soddisfatto, per periodi di tempo ragionevoli, in determinate ore, per esempio dalle 4 del mattino alle 16, mentre diventava via via più agitato e irrequieto dalle 16 in poi, fino a quando vi potevate concedere un buon sonno. Se le faccende domestiche vi tengono molto occupata, il latte sarà più scarso per il pasto delle 18, che è il momento più caotico, in cui bisogna occuparsi del figlio più grande, riordinare la casa e preparare la cena. Peraltro questa situazione può instaurarsi non perché voi avete meno latte la sera, ma perché è proprio la sera il momento in cui il bambino ne vuole di più.

In questo caso la soluzione dipende da quanto a lungo volete allattare. Se volete continuare è necessario dare al piccolo la possibilità di aiutarvi a produrre più latte, come faceva all'inizio prima della montata lattea. La secrezione è stimolata dalla suzione e più spesso il bambino succhia, più latte si forma. Quando lo svuotamento frequente dei seni ha stimolato la produzione di latte sufficiente a soddisfare la sua fame, il bambino succhierà meno spesso. È un sistema meraviglioso per la sua semplicità e funziona veramente. Ma tenete presente che occorrono almeno due settimane perché la produzione di latte si normalizzi. Nella prima settimana la suzione stimolerà una maggiore secrezione e solo nella seconda settimana avrete la gradevole sorpresa di osservare l'aumento di peso di vostro figlio e di trovarlo più contento e più calmo.

### *Come stimolare la produzione di latte*

Aiutare il bambino a stimolare la vostra produzione di latte significa dargli da mangiare tutte le volte che vuole e per quanto tempo vuole. Può non essere facile, specialmente se tutti in casa pensavate che la luna di miele con il bambino fosse finita e si potesse tornare alla vita di sempre o se il vostro permesso di maternità sta ormai per scadere. Ma nessun'altra soluzione, né una via di mezzo, può essere utile: perciò dovete trovare lo spazio e il tempo da dedicare al vostro bambino. Alcune madri, in questo caso, proclamano una specie di "stato di emergenza allattamento" e si chiudono per 36 ore in camera da letto con il bambino.

Se riuscite a trascorre una notte, un giorno e un'altra notte, allattando vostro figlio tutte le volte che vuole, anzi incoraggiandolo a succhiare, concedendo intanto a voi stesse un bel riposo, riuscirete a far scattare l'aumento della secrezione. L'ideale sarebbe che il vostro compagno potesse farvi compagnia o almeno prepararvi golosi vassoi di cose buone da mangiare. Ma anche se dovrete andare a prepararvi

*Prendervi il tempo e lo spazio che vi serve per allattare il bambino non significa escludere la sorellina più grande.*

da mangiare da sola o portarvi nel letto il bambino più grandicello con tutti i suoi giocattoli per buona parte del tempo, vale la pena di rimanere in camera, dove potete essere più pronta a rispondere alle richieste di latte del piccolo e dove non avrete fretta di terminare una poppata, perché non avrete altro da fare che dargli la successiva.

Non c'è nient'altro che possiate fare. Bere molto non vi farà produrre più latte a meno che non foste già un po' disidratata. Né lo potranno fare cibi particolari, se non nel senso di farvi sentire particolarmente appagata. Le donne possono (e purtroppo molte devono) produrre ottimo latte per i loro bambini anche quando la loro nutrizione è scadente o al limite della fame. Naturalmente è importante mangiare bene per sentirsi in forze, ma un panino con il formaggio, un frutto, uno yogurt e, alla sera, una pizza ordinata per telefono sostituiscono egregiamente quei "veri pasti" che non avete tempo di acquistare, cucinare o consumare.

Prima ancora che il bambino ricominci a prendere peso, capirete da molti indizi che la quantità di latte è aumentata:

- Il piccolo comincerà ad alimentarsi a intervalli più lunghi, sia dormendo di più tra le poppate, sia svegliandosi senza piangere immediatamente per mangiare.
- Succhierà abbastanza da un seno, tanto che, certe volte prenderà ben poco latte dal secondo o addirittura non ne prenderà, perché si sarà addormentato prima.
- Accadrà più facilmente che abbia dei rigurgiti di latte quando fa il ruttino.
- Bagnerà più pannolini di prima o li inzupperà di più.

Quello che non farà sarà di lasciarvi dormire la notte. Le maratone serali o i pasti notturni non significano però che il bambino non sta prendendo latte a sufficienza: fanno parte del metodo con il quale riuscirà a prenderne a sufficienza. Sembra anzi che le poppate notturne stimolino un ormone che influisce sulla produzione di latte.

*Come mantenere la produzione di latte*

Una volta che il latte è abbondante ed è sufficiente al fabbisogno del bambino, non rituffatevi nel vortice frenetico dell'attività. Essere quieta, anzi felice, aiuta la produzione di latte, e gli ormoni messi in circolo dall'allattamento a loro volta vi fanno sentire più quieta... Dovete solo assicurarvi che la produzione di latte non diminuisca e potete farlo solo lasciando che il bambino succhi quando e quanto vuole. Se la definizione "allattamento a volontà" vi preoccupa (o preoccupa vostra suocera) perché suona come se si trattasse di viziare il bambino, provate a pensare in termini di "allattamento a richiesta".

Tuttavia ci sono alcune cose che *non* dovete fare, perché influiscono negativamente sulla produzione di latte: per esempio preoccuparvi. Non si sa perché le preoccupazioni e l'ansia influiscano su alcune funzioni fisiologiche, tra cui l'allattamento, ma non c'è dubbio che ciò avvenga. Sono molte le madri che se ne rendono conto quando cercano di allattare in circostanze che non permettono loro di sentirsi a proprio agio: il seno è colmo, il bambino succhia, ma la tensione della madre frena il riflesso dell'espulsione del latte, impedendogli di uscire in risposta allo stimolo della suzione. I contadini quando hanno a che fare con una mucca irrequieta dicono: "Fatela calmare, altrimenti non darà latte". Anche voi cercate di stare quieta e di rilassarvi.

Cercate di non imporre un orario al bambino, anche se si tratta di quello che il lattante ha magari già adottato da circa una settimana. I seni devono ricevere la stimolazione di una maggiore suzione se volete che producano più latte. In questa fase della vita di un bambino non si può razionare il tempo in cui succhia senza razionare anche il cibo. E certamente vorrete evitare di compensare questa scarsità con un biberon. Se gli date il biberon avrà meno fame e non stimolerà i seni a produrre la quantità di latte di cui ha bisogno. Solo quando avrete deciso di non volervi preoccupare di aumentare la secrezione lattea potrete dargli qualche biberon supplementare.

Finché volete continuare ad allattare non lasciate che di tanto in tanto sia la baby-sitter a nutrire il piccolo con il biberon. Se i seni rimangono colmi per parecchie ore senza essere stimolati dalla suzione, automaticamente producono meno latte. Se uscendo non volete portare il bambino con voi, lasciate un biberon contenente il vostro latte nel caso l'assenza durasse più di due o tre ore.

Non trarrete alcun giovamento dalle specialità farmaceutiche che dovrebbero aumentare la secrezione. Al pari dei ricostituenti e dei prodotti medicinali che dovrebbero stimolare la sessualità, la maggior parte di questi farmaci sono semplicemente dei polivitaminici e dovrebbero agire per magia. È probabile che non siano dannosi (benché mentre state allattando è meglio non prendere nessuna medicina senza il consiglio del medico), ma, a meno che la vostra dieta non abbia un sufficiente apporto di vitamine, non vi faranno neppure bene.

Per il momento è meglio anche non usare la pillola anticoncezionale. È risaputo che molti contraccettivi diminuiscono la secrezione del latte. Discutete con il vostro medico l'adozione di un altro sistema anticoncezionale o rivolgetevi ai consultori di zona. Vi potrebbero consigliare di usare la minipillola e di ritornare a quella che usavate prima quando il bambino avrà quattro o cinque mesi. Se per tutto quel periodo avete allattato con facilità, la situazione di "domanda e offerta" si sarà ormai stabilizzata e riuscirete a far fronte alla leggera diminuzione dovuta alla pillola.

### *Se la situazione non migliora*

Se avete la possibilità di dedicare due settimane per far aumentare il vostro latte, per soddisfare maggiormente la fame del bambino, è quasi certo che avrete successo, sia che cominciate con due giorni a letto oppure no. Ma il successo ha un prezzo e solo voi potete decidere di pagarlo. Quasi tutte le donne, se in buona salute, sono in grado di produrre abbastanza latte per il proprio bambino (e anche per due), indipendentemente dal suo peso e dal suo appetito, ma non tutte ci riescono se hanno molti altri impegni oltre all'allattamento. Alcune donne sono felici di considerare l'allattamento come un'attività quasi a tempo pieno nelle prime settimane, e abbandonano l'idea di nutrire il piccolo seguendo un orario preciso o di dormire per tutta la notte, concentrandosi solo sul bambino. Altre invece non vogliono o non possono adottare questa soluzione. Se avete un bambino più grande, già rattristato dalla vostra assenza per il parto e dall'attenzione che dedicate al neonato, sentirete che trovare del tempo per giocare con lui o per portarlo fuori per una passeggiata, come facevate prima che nascesse il piccolo, è tanto importante quanto l'allattamento. Se non avete nessuno che si occupi della casa al posto vo-

*Avere abbastanza latte per due gemelli non è difficile. Difficile è cercare di fare altre cose oltre che allattare.*

stro, stare stesa quasi tutto il giorno mentre il bambino vi abbraccia, succhia e sonnecchia, può significare niente cibo in casa, nessun vestito pulito e solitudine per voi. E se i capezzoli diventano doloranti e la casa sembra opprimervi o pensate che anche il vostro matrimonio o il vostro lavoro hanno bisogno della vostra presenza, potreste convincervi di aver dato il massimo e che adesso ne avete abbastanza.

Visto che la decisione di allattare è stata presa solo da voi, spetta solo a voi decidere se continuare o meno con l'allattamento al seno, accettando i sacrifici che questo comporta. Tuttavia non escludete il padre del bambino da questa decisione, a meno che lui stesso non si sia fatto da parte materialmente o emotivamente. Può fare molto per darvi una mano ad allattare. Se desidera che il bambino continui ad essere allattato da voi ed è disposto ad aiutarvi fino dove è possibile, potreste sentirvi sostenuta da questo nuovo spirito fatto di responsabilità condivisa, collaborazione e colazioni a letto.

*Biberon supplementari*

Adottate comunque una soluzione definitiva o potreste ritrovarvi gradualmente a non allattare più senza averlo voluto. E vi dispiacerà. Potete star certa che il bambino si sazierà altrettanto pienamente se compenserete la diminuzione del tempo dedicato all'allattamento con un latte di complemento. Una volta iniziato a integrare regolarmente la sua alimentazione con il biberon, c'è però un'alta probabilità che la quantità di latte che il piccolo beve dal biberon aumenti gradualmente, che il vostro latte al contrario diminuisca e che nel giro di un paio di mesi finiate per allattarlo unicamente con il biberon.

Se avevate già deciso di svezzare il bambino passando dal seno alla bottiglia, la cosa non ha importanza e il biberon supplementare può essere un buon metodo, perché il passaggio graduale sarà più facile per tutti e due. E anche se non state consapevolmente cercando di smettere di allattare, ma non vi importa se il bambino prende il latte da voi o dal biberon purché ne abbia a sufficienza, il passaggio dal latte materno integrato con un po' di quello artificiale al latte artificiale integrato con un po' di latte materno non importerà né al bambino (che ha già potuto avvantaggiarsi del colostro e del primo latte) né a voi. Ma se invece avevate intenzione di allattare per un anno o più, vi spiacerà terribilmente.

Se volete continuare ad allattare, cercate di non supplire alla scarsità del vostro latte con il biberon supplementare invece di usare tempo e sforzi per aumentare la secrezione lattea. La somministrazione di tali biberon riduce la secrezione. Una volta che il piccolo si sarà abituato a succhiare dal biberon e prenderà da questo tutto il latte in più di cui ha bisogno, avrà fame meno spesso di prima. I vostri seni riceveranno quindi una minore stimolazione perché il bambino succhia meno e se non è facile mantenere la secrezione attuale sarà certo impossibile aumentarla. La somministrazione di biberon supplementari tende a diminuire la motivazione del bambino a prendere il latte materno.

Anche se all'inizio è riluttante ad adattarvisi, quando il piccolo capisce che il latte esce non solo dal capezzolo ma anche dal biberon può darsi che si impigrisca nel succhiare dal seno, soprattutto se deve faticare per quegli ultimi grammi che comportano un notevole sforzo di suzione. Appena il flusso è meno abbondante, si stacca e cerca il biberon. Quando questo succede anche la motivazione della madre ad allattare al seno diminuisce. Se anche il bambino prende solo pochi grammi di latte artificiale al giorno, dovrete comunque provvedere alla sterilizzazione di tutto l'occorrente per il pasto e alla preparazione del latte: la sensazione che facilmente subentra di sperimentare solo il lato negativo dei due tipi di allattamento potrebbe indurvi ad abbandonare completamente quello materno.

*Abituare il bimbo ai biberon supplementari*

Scegliete il latte artificiale e preparatelo seguendo le istruzioni indicate per l'allattamento artificiale (vedi p. 75). Allattate il bambino al seno come sempre, ma alla fine di ogni pasto, quando ha svuotato completamente i seni, offritegli un biberon di latte artificiale. La quantità che beve corrisponde alla quantità di cui ha ancora bisogno oltre a quella che ha già succhiato. Può darsi che ad alcuni pasti non ne prenda affatto, ma ad altri potrebbe prenderne molto.

Se accetta il latte artificiale solo dopo determinati pasti (quasi sempre quelli del tardo pomeriggio o della sera, quando la secrezione è più scarsa) offritegli il biberon solo a questi pasti.

Ci vorranno molti giorni prima che il bambino impari a mangiare dal biberon. I neonati che sono stati abituati a succhiare il latte dal seno della madre non si adattano facilmente a una tettarella. Se il vostro rifiuta qualsiasi tipo di preparato gli proponete, è difficile capire se lo fa perché ha già bevuto abbastanza latte materno o perché non gli piace quello artificiale. Il solo modo per scoprirlo è insistere a nutrirlo con quest'ultimo per almeno cinque giorni. Se è affamato il bambino imparerà a mangiare anche questo e, con il tempo, l'accetterà completamente. Se lo rifiuta è perché non ha abbastanza fame. Tuttavia, controllate il suo aumento di peso.

## Allattamento artificiale

Allattare artificialmente un bambino significa avere molto più controllo su quanto il bambino mangia. Sarete contenta di potergli dare tutta la quantità di latte che il bambino vuole e di vedere esattamente quanto ne sparisce giù nel suo piccolo stomaco a ogni poppata. A differenza della mamma di un bambino allattato al seno, sarà meno probabile che vi assalga il dubbio che il bambino sia denutrito. Semmai correte il rischio di sovralimentarlo.

### *Sovralimentazione*

Il bambino allattato artificialmente che mangia quanto vuole e quando vuole non ingrassa, purché il latte sia preparato nelle giuste proporzioni. Di solito ingrassa perché il dosaggio del latte non rispetta le istruzioni o perché prende altri cibi o bevande zuccherate oltre al latte. Ricordate che, salvo indicazione del pediatra (nel caso di un bambino con sviluppo precoce), non gli dovete somministrare alimenti solidi prima che abbia raggiunto i quattro mesi. Inoltre, quando glieli darete non mescolateli mai al latte; è meglio offrirglieli a parte con il cucchiaino. È altrettanto importante preparare accuratamente il latte. Un cucchiaio di crema di riso o un altro po' di polvere nella bottiglia significano che il biberon contiene un eccesso di calorie nella stessa quantità di latte. Se il bambino prenderà tutto il latte, non potrà fare a meno di prendere le calorie in più che esso contiene.

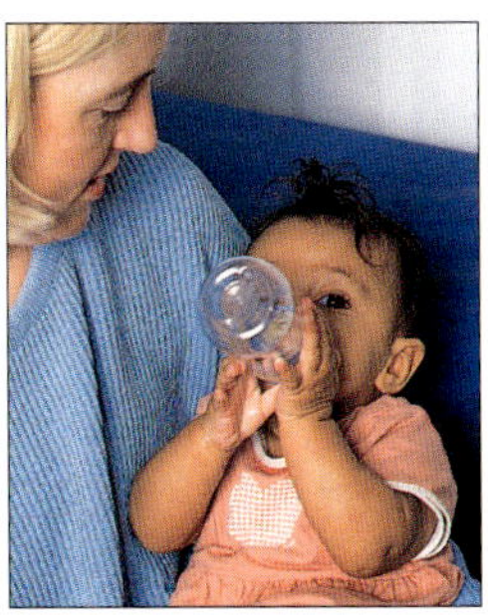

*Quando il bambino allattato artificialmente ha sete ma non fame, dategli dell'acqua, non il latte.*

Ricordatevi che un bambino può avere sete senza per questo avere fame. Il latte artificiale, a differenza di quello materno, non si adatta alle condizioni climatiche e la sua percentuale di acqua rimane invariata. Ai bambini allattati con il biberon bisogna ogni tanto offrire dell'acqua, soprattutto se fa molto caldo o se hanno la febbre.

Se date da bere al bambino che ha sete, cercate di dargli solo acqua. È un'ottima abitudine che potrebbe sostituire i succhi di frutta ora e le bevande gassate più tardi. I succhi di frutta alla vitamina C contengono molto fruttosio anche se sono del tipo "senza zuccheri aggiunti". Lo zucchero naturale della frutta significa calorie e una minaccia per i suoi futuri dentini. I moderni tipi di latte per bambini contengono solitamente un'adeguata quantità di vitamina C, per cui il bambino non ha alcun bisogno di queste bevande, meno ancora se prende già delle gocce polivitaminiche. Se volete che beva spremute per puro piacere, limitatevi a una sola al giorno e molto diluita.

*Alimentazione insufficiente*

È raro che un bambino allattato artificialmente non riesca a mangiare a sufficienza, ma può accadere. Se il piccino piange molto, è spesso infelice e cresce lentamente è probabile che non mangi abbastanza. Verificate i punti seguenti:

- Forse cercate di controllare troppo la quantità di latte che il bambino beve o vi aspettate che ne prenda la stessa quantità a ogni pasto invece di lasciare che sia lui a decidere. Come tutti, anche i lattanti certe volte hanno più fame di altre. Assicuratevi che possa prendere sempre la quantità di latte che vuole aggiungendo qualche millilitro alla quantità di latte prevista per ogni biberon e lasciandolo succhiare quanto vuole, senza sforzarlo a finire la bottiglia. Se il bambino beve tutto il latte non potrete mai sapere se ne avrebbe voluto ancora.
- Forse seguite un orario troppo rigido. Il lattante impiega circa quattro ore a digerire un pasto completo, quindi di solito manterrà questo intervallo fra una poppata e l'altra. Ma il suo appetito varia e non sempre finisce tutto il biberon. Se non gli permettete di compensare, per esempio, una poppata mattutina più scarsa del solito con uno spuntino a metà mattina, ma lo fate aspettare fino all'ora "giusta" del pasto successivo, è probabile che non riesca a bere tutto il latte che vorrebbe semplicemente perché non ci sta. Supponendo che al mattino invece dei soliti 170 ml ne beva solo 85: un paio d'ore dopo avrà di nuovo fame. Se lo fate aspettare fino all'ora di colazione non potrà bere i suoi soliti 170 ml più gli 85 ml che non ha bevuto al pasto precedente, perché il suo stomaco non può contenere tutto quel latte. Se questa situazione si ripete ogni giorno il piccolo sarà sempre più irrequieto e crescerà più lentamente.
- Forse il foro della tettarella è troppo piccolo. Un lattante che ha molta fame è disposto a faticare molto e a succhiare con pazienza per avere il suo latte, ma 60-90 ml calmano il disagio più acuto e, a causa della fatica rinuncerà a succhiare il resto; gli ci vorrà troppo tempo a succhiare tutto il latte e il bambino finirà con il rinunciare a mangiare e si addormenterà. È quasi certo però che si risveglierà in capo a un paio d'ore e vorrà mangiare ancora, e se questo comportamento si ripeterà finirete con l'avere un bimbo che vuole mangiare spesso perché non mangia mai abbastanza a ogni pasto, che non è mai tranquillo e cresce lentamente. Capovolgete il biberon per controllare se il latte esce abbastanza rapidamente. Il bambino dovrebbe essere in grado di vuotare almeno mezzo biberon nei primi cinque minuti.
- Può darsi che il bambino sia un gran dormiglione (vedi p. 127). È un fatto che si risolve nel giro di alcune settimane, quando sarà cresciuto abbastanza da riuscire a rimanere sveglio più a lungo. Nel frattempo non fate assegnamento su di lui per sapere quando ha bisogno di mangiare. Guardate l'orologio, svegliatelo per dargli da mangiare a intervalli ragionevoli e ricorrete a ciò che più lo affascina per tenerlo sveglio mentre succhia: la vostra voce e il vostro volto. Se, nonostante questi sforzi, si addormenta, non cercate di versargli del latte in bocca mentre dorme; non si può obbligare un lattante a mangiare e non morirà di fame se mangia poco e spesso finché non sarà cresciuto.

## I pasti notturni

Incontrerete certo genitori il cui bambino dorme tutta la notte, prima ancora che abbia sei settimane di vita, ma la maggior parte dei bambini non lo fa e probabilmente neppure il vostro. Fino a quell'epoca, il lattante nutrito con il biberon mangia sei volte al giorno. Molti hanno bisogno di cinque pasti fino all'età di quattro mesi. Queste cifre potrebbero non avere significato per voi se lo allattate al seno senza preoccuparvi della quantità di latte che assume a ogni poppata. Se vostro figlio mangia sei volte al giorno, dovrete per forza svegliarvi almeno una volta mentre state dormendo, ma con un po' di accortezza potrete evitare di svegliarvi due volte per notte. Quando il piccolo si accontenta di cinque pasti dovreste essere in grado di farvi una bella dormita di sei o sette ore di seguito quasi ogni notte.

Doversi svegliare tutte le notti costituisce uno sforzo enorme, uno sforzo di cui spesso medici, infermiere, amici o parenti non si rendono conto. Non sono le ore di sonno perduto a stancare tanto, perché si possono sempre recuperare andando a letto prima o con un sonnellino pomeridiano. La stanchezza è dovuta all'interruzione del ritmo normale del sonno. Se vi svegliate, anche solo per pochi minuti, due o tre volte per notte per diverse settimane, finirete con il sentirvi sfinite dalla stanchezza.

*Accorgimenti per poter dormire di più*

Per riuscire a dormire il più a lungo possibile senza scontentare il bambino è necessario essere flessibili sull'orario del pasto notturno a seconda dell'età e della fase di crescita di vostro figlio. Durante i primi mesi farlo aspettare vi farà perdere preziose ore di sonno; più tardi nutrirlo subito quando si sveglia vi condannerà a settimane di sonni interrotti.

Il segreto per riuscire a giocare sull'orario dei pasti notturni adattandoli alle vostre esigenze sta nel non pensare in termini di disciplina. Perciò non mettetevi in mente che sia un bene per il bambino eliminare il sesto pasto; la virtù non c'entra. E non mettetevi neppure in mente che, dandogli da mangiare prima che abbia troppa fame o dandogli la possibilità di succhiare un pochino fra i pasti, correte il rischio di viziarlo. Si tratta di semplice buon senso.

Se riuscite ad accettare questo atteggiamento, scoprirete che è solitamente possibile anticipare o prevenire la richiesta di cibo a ore impossibili. Svegliate il bambino e dategli da mangiare invece di aspettare che si svegli per conto suo. Perché piombare esausta a letto a mezzanotte sapendo che il bimbo vorrà mangiare verso le 2 e verso le 6 di mattina, quando lo potete svegliare prima di andare a dormire ed essere perciò sicura che non vi disturberà prima delle 4?

---

*La storia di Abeola e Jake*

Abeola e Jake cominciavano ormai a sentirsi come zombi. Jewel, la loro bambina, non dormiva poco, anzi dormiva molto. Ma gli intervalli tra i pasti notturni erano uguali a quelli diurni. La maggior parte dei giorni mangiava alle 17.30 e poi alle 21.30 circa, ma poi si svegliava tra l'1 e le 2 di notte e *di nuovo* verso le 5 di mattina. I genitori decisero che era necessario fare qualcosa.

***Ma che cosa?*** Abeola sapeva che cercare di *ritardare* un pasto quando la bambina era affamata significava solo più pianto per Jewel e meno sonno per loro. E se avessero provato a offrire a Jewel il primo pasto notturno *prima* che si svegliasse per la fame e loro andassero a letto? Forse era un modo per continuare a dare a Jewel quello di cui aveva chiaramente bisogno, concedendo a loro stessi un po' più di quello di cui anche loro avevano bisogno, ossia il sonno. Jake fu d'accordo che era necessario tentare di fare in modo che Jewel si svegliasse una volta sola, invece che due, perciò dopo che la bambina aveva preso il latte delle 21.30, i genitori, invece di aspettare che si svegliasse all'1 o alle 2, la svegliarono verso mezzanotte, proprio prima di andare a letto.

***Che cosa accadde?*** Dopo un paio di notti confuse, in cui Jewel si svegliava all'1 anche se non aveva fame, la piccola cominciò a dormire fin verso le 4. Non era un'ora civile per essere svegliati, ma era sempre meglio che essere svegliati due volte, all'1 e alle 5. Il sistema di spostare gli orari si rivelò efficace. Dopo poche settimane Jewel non aveva più bisogno dei due pasti notturni, la sera tardi e la mattina presto, e Abeola e Jake si resero conto che, applicando lo stesso metodo, avrebbero potuto scegliere quale dei due pasti eliminare. Decisero allora di provare a sopprimere il pasto della sera tardi, in modo da poter andare a letto prima. Così, invece di aspettare fino quasi a mezzanotte, svegliarono Jewel qualche minuto prima ogni sera, finché in pratica il pasto notturno coincise con quello serale, collocandosi all'incirca verso le 22. Quando Jake e Abeola andavano finalmente a letto, potevano contare (quasi sempre) su circa sei ore di sonno ininterrotto.

***Per dormire di più la mattina.*** Se avessero preferito mantenere il pasto della sera tardi ed eliminare quello delle 4 di mattina, avrebbero dovuto fare la stessa cosa, spostando gradualmente il pasto delle 17.30 verso le 19 e quello delle 21.30 fin verso le 23 o le 24. In questo modo avrebbero convinto Jewel a lasciar loro quelle preziose sei ore di sonno ininterrotto prima di svegliarsi verso le 6 di mattina, un orario perlomeno civile.

---

*Si può convincere un bambino a non svegliarsi di notte?*

Pochissimi neonati (a differenza di quanto si legge nei manuali di puericultura) rinunciano di buon grado al sesto pasto, e non tutti a tre o quattro settimane sono disposti a collaborare con i genitori che cercano di spostare il quinto pasto a un'ora conveniente. Se vostro figlio è uno di quelli che vorrebbero mangiare più spesso la notte che il giorno, e continua a svegliarsi costantemente anche quando non "dovrebbe" affatto, è probabile che per stanchezza la vostra pazienza e il buon senso svaniscano. Cercate di resistere. Alla fine gli dovrete dare da mangiare, perciò vi conviene darglielo subito. Il bambino si sveglia perché ha fame: ha fame e quindi piange. Se mangia smetterà immediatamente di piangere, ma nient'altro lo calmerà per un tempo abbastanza lungo e le raccomandazioni di tipo moralistico sulla necessità di ritardare il pasto non faranno che ritardare il vostro sonno.

Lasciarlo piangere è un consiglio comune, ma prematuro e decisamente insensato a quest'età. Più lo lasciate piangere, più aumenta la sua fame: alla fine sarà esausto e quando dovrete arrendervi è probabile che il bambino, stanco, riesca a mangiare molto poco. Si riaddormenterà, ma non tarderà a risvegliarsi per la fame.

Se avete deciso di non arrendervi e lasciate che il piccolo urli a squarciagola per un'ora circa, finirà con l'addormentarsi esausto: ma non avrete ottenuto nulla. Dopo mezz'ora sarà più sveglio e più affamato di prima. Il pianto precedente vi avrà tenuti svegli e un'ora dopo sarete di nuovo svegliati.

Somministrare delle bevande che non nutrono potrebbe far riaddormentare il piccolo per alcuni minuti se non ha molta fame; l'acqua zuccherata o il succo di frutta contengono poche calorie, il benessere derivante dal succhiare, una coccola affettuosa, una temporanea sensazione di sazietà lo fanno riaddormentare. Ma non impiegherà più di mezz'ora per scoprire che il suo stomaco è ancora vuoto e vi sveglierà di nuovo appena vi sarete riaddormentati.

Un pasto più abbondante la sera non serve, a meno che durante il giorno non abbia mangiato troppo poco. Le case produttrici di alimenti per lattanti a volte, per vendere di più, approfittano del bisogno di sonno dei genitori con una pubblicità del genere: "Per una notte tranquilla, per il vostro bambino e per voi, dategli...". Ma l'appetito e la digestione di un lattante non funzionano come un motore; non potete farlo resistere più a lungo ed evitare un "rifornimento" introducendo più "carburante". Se di sera beve tutta la sua razione di latte, sarà la quantità che desidera e non ne vorrà di più. Un aumento delle calorie con l'aggiunta al latte di cereali non prolunga il suo sonno: al massimo lo farà ingrassare.

## L'alimentazione mista

Il latte, materno o artificiale, è un alimento completo ma gli esperti ritengono che i bambini allattati al seno verso i quattro mesi devono assumere del ferro che è scarso nel latte materno; altri tuttavia giudicano che anche le piccole quantità presenti sono sufficienti, in presenza di una forte capacità di assorbimento. Teoricamente i lattanti potrebbero andare avanti all'infinito solo a latte, ma vedremo perché in pratica la dieta di solo latte non è sufficiente.

Il latte contiene tutte le sostanze indispensabili, ma essendo composto in gran parte di acqua le sostanze contenute sono molto diluite. Il bambino cresce, il suo fabbisogno di calorie aumenta e beve più latte; a un certo punto berrà a ogni pasto tanto latte quanto ne può contenere il suo stomaco, ma quella quantità non gli dà più le calorie sufficienti. Poiché non ne può bere altro, l'unico modo per nutrirlo di più è nutrirlo più spesso. Se continuasse a prendere solo il latte, potrebbe richiedere di nuovo quelle poppate notturne che ha appena abbandonato e voler mangiare a intervalli più frequenti durante il giorno. Per fortuna c'è qualcos'altro che gli potete dare: gli alimenti solidi che, rispetto alla quantità, contengono più calorie del latte. Dati a piccole dosi forniscono al piccolo le calorie di cui ha bisogno senza dovergli riempire il pancino di latte.

Esistono anche dei motivi culturali per somministrare gli alimenti solidi al vostro bimbo. State allevando un essere umano e gli esseri umani mangiano "vero" cibo. Il bambino deve perciò abituarsi alle varietà di sapori e alle diverse consistenze dei cibi; deve imparare che un buon cibo, oltre che dal biberon o dal seno, lo può trovare anche in un piatto, e solo quando avrà imparato queste cose potrà partecipare con gioia al pasto di tutta la famiglia.

I primi cibi "solidi" in realtà non sono così solidi. Sono cremosi e allungarli con il latte, a cui il bambino è abituato, glieli rende più accettabili. Quando il piccolo è pronto per i cibi solidi è meglio darglieli con il cucchiaino anziché nel biberon. Offrirgli un biberon che contiene un cucchiaino di cereali equivale a un'alimentazione forzata, nel senso che per prendere la quantità di latte (e quindi anche di acqua) a cui è abituato è obbligato a mangiare anche i cereali che sono stati aggiunti. Gli togliete la possibilità di rifiutare i cereali senza dover rifiutare anche il latte. Se siete tentate di aggiungere qualcosa al latte artificiale, ricordatevi che il latte materno è l'ideale dal punto di vista nutrizionale, ma non potreste certo aggiungervi dei cereali.

*Quando è meglio cominciare*

Non esistono norme precise e rigide valide per tutti i lattanti, ma non si dovrebbe mai cominciare prima dei quattro mesi, a meno che non vi siano delle precise ragioni mediche. Per i bambini nati prima del termine ciò significa quattro mesi dalla data presunta del parto, non dalla nascita. Perciò se i vostri gemelli sono nati a 30 settimane, darete loro cibi solidi solo quando avranno circa 6 mesi, salvo diversa prescrizione medica. Benché a intere generazioni di bambini siano stati dati alimenti solidi molto precocemente senza danni apparenti, la ricerca attuale sostiene che fino a circa 18 settimane l'intestino del bambino è privo di importanti enzimi e ciò non gli consente di digerire altro cibo se non il latte. Dargli cibi solidi prima non gli farà forse male, ma neppure bene e potrebbe invece ridurre i benefici del latte materno, limitando per esempio l'assorbimento di ferro o la protezione contro le allergie.

Dopo i quattro mesi, cercate di scoprire quando si sta avvicinando il momento in cui la sola dieta di latte non basterà più e sarà necessario introdurre anche i cibi solidi. Per questo dovrete tenere in considerazione il peso del bambino, l'appetito e il numero dei pasti.

Se il bambino allattato artificialmente beve il più delle volte 200 ml di latte, ha quasi raggiunto il limite di capacità del suo stomaco. Per mangiare di più, i pasti potranno essere solo più frequenti, non più abbondanti.

L'accrescimento degli ultimi mesi vi consentirà di capire se la sua alimentazione è stata fino a quel momento adeguata. Se è aumentato in modo costante, avrà certamente mangiato a sufficienza. Tuttavia, man mano che il lattante aumenta di peso, cresce anche la sua necessità di cibo. Ma voi, ben lontani dall'idea di aumentare il numero dei suoi pasti, starete già sperando che abbandoni in fretta il pasto della sera tardi o quello della mattina presto, per consentirvi di dormire un po' di più. Ciò non potrà accadere, a meno che non gli offriate del cibo solido; anzi la fame potrebbe cominciare a svegliarlo anche in piena notte.

Se il bambino è allattato al seno e non potete quindi sapere esattamente quanto mangi, vi potete basare sul suo peso e sulle sue richieste per sapere quando cominciare a dargli alimenti solidi. Se pesa 5,500 kg, mangia a sufficienza solo se prende cinque pasti al giorno. Quando raggiunge questo peso e vuole un sesto pasto, saprete che ha bisogno di qualche altro alimento. Se rifiuta di allungare gli intervalli fra un pasto e l'altro o comincia ad accorciarli, magari tornando a chiedere le poppate notturne che voi pensavate ormai superate, è giusto ritenere che ha bisogno di mangiare di più: o prende più latte o integra la dieta con qualche altro cibo.

L'altro tipo di segnali che vi dicono che il bambino è pronto a provare cibi diversi dal latte è più soggettivo: vi *sembra* che il bambino abbia voglia di sperimentare un modo nuovo e più adulto di mangiare? Riesce a stare seduto ritto nel seggiolone, per esempio, o si affloscia ancora e sembra triste quando non è sostenuto da qualcuno?

Se riesce a stare seduto, è interessato a quello che vede sul tavolo? Se gli capita di guardarvi mangiare seguendo il percorso del boccone dal piatto alla vostra bocca, muovendo le mascelle come se volesse masticare o emettendo gridolini di piacere significa che ha capito che state facendo qualcosa che vi piace fare e che vorrebbe provare anche lui. Non c'è motivazione migliore per tentare di fargli assaggiare alimenti diversi dal latte.

Se qualcuno dei cibi che state mangiando in sua presenza è adatto (una minestra di verdura non ancora salata o pepata, per esempio) non c'è ragione perché non proviate a fargliene assaggiare un pochino sul vostro dito. Se nel momento in cui il cibo sul dito tocca la sua lingua, lingua e cibo vengono buttati fuori, significa che è ancora in atto il riflesso che protegge i neonati dalla possibilità di soffocare inghiottendo corpi estranei, compresi i cibi solidi. In questo caso, il bambino non è ancora pronto. Se invece afferra il dito, lo succhia con gusto e si mostra deluso quando non sa più di cibo, sarà pronto ad assaggiare con entusiasmo un mezzo cucchiaio di qualcosa preparato apposta per lui.

*Se il bambino riesce a farvi sentire egoisti quando non gli offrite il cibo che state mangiando, è sicuramente pronto per alimenti diversi dal latte.*

"Piacere" è la parola chiave. I primi assaggi di cibi solidi hanno più lo scopo di educarlo che di nutrirlo e l'entusiasmo è il miglior insegnante. È meglio che il bambino cominci ad assaggiare dei cibi diversi quando ancora si nutre a sufficienza con il latte, non solo in ca-

so abbia bisogno di una piccola aggiunta di nutrimento, ma soprattutto per abituarlo a nuovi sapori. Sono solo delle piccole aggiunte alla sua dieta e non hanno lo scopo né di modificarla né di sostituirla, neppure in parte. Soprattutto la nuova, e per lui scomoda, abitudine di mangiare da un cucchiaino non deve sostituire o ridurre il piacere fisico di succhiare. L'inizio dell'alimentazione mista non è l'inizio dello svezzamento.

Non diminuite la dose di latte. Non lasciatevi convincere dalla pubblicità delle case produttrici di alimenti per lattanti secondo la quale a una maggiore quantità di alimenti solidi dovrebbe corrispondere una minore quantità di latte. Dategli il suo solito quantitativo di latte e solo dosi molto piccole di pappa, aumentandole se il bambino ne vuole ancora dopo aver bevuto la sua razione di latte.

Non obbligate mai un lattante a mangiare la pappa. Fategliela assaggiare e lasciate che sia lui a decidere se la vuole oppure no. All'inizio non è facile distinguere tra incapacità e rifiuto di mangiare cibi solidi: in entrambi i casi il bambino gira la testa e sputa. Meglio sbagliare dandogli troppa poca pappa che il contrario. In fondo avrà tutta la vita per mangiare le carote.

*Quali alimenti fargli assaggiare?*

La dieta del bambino è ancora costituita in gran parte di latte. Anche quando comincia a berne meno perché vuole mangiare più pappa, il latte che continua a prendere gli fornisce quasi tutte le proteine, i sali minerali e le vitamine di cui ha bisogno. Le prime pappe sono necessarie per il loro contenuto in calorie e quasi tutti i tipi di cibi ne contengono. I costosi cereali ad alto contenuto proteico non apporteranno più benefici rispetto ai cereali comuni. Non ha bisogno di una maggiore quantità di proteine contenute nei cibi più costosi, ma solo delle calorie che sono contenute in entrambi i tipi. Perciò più che scegliere alimenti che gli facciano particolarmente bene, si tratta soprattutto di scegliere alimenti che non gli provochino reazioni allergiche. Il bambino può mangiare praticamente qualsiasi alimento, purché sia semiliquido, gli piaccia e lo digerisca con facilità. Quando si è abituato all'idea che il cibo si può prendere anche senza succhiare, fategli assaggiare vari alimenti, cercando di scoprire quali sono i suoi gusti. Anche quando sono così piccolini, i bambini hanno delle preferenze ben precise che bisogna rispettare.

*Cibi da evitare nei primi sei mesi*

Alcuni alimenti possono facilmente provocare reazioni allergiche nei bambini piccoli e dovrebbero quindi essere evitati, almeno fino ai sei mesi di età e poi introdotti in piccole quantità e uno alla volta: cereali, farinacei (compreso il pane), uova (tuorlo e albume), agrumi (compreso il succo d'arancia già pronto destinato ai bambini piccoli), noci e burro di arachidi.

*Cibi a cui fare attenzione*

Se qualcuno in famiglia soffre di allergie, compresi asma e raffreddore da fieno che non sembrerebbero a prima vista collegati all'alimentazione, il piccolo può essere particolarmente esposto a questi disturbi. Se appena è possibile, alla nascita alimentatelo solo con il latte materno e consultate il medico o un consulente alimentare prima di dargli *qualsiasi* altra cosa, che si tratti di latte artificiale o di alimenti solidi. Rivolgetevi al medico anche prima di introdurre nella dieta del bambino uno dei cibi considerati a rischio di allergia.

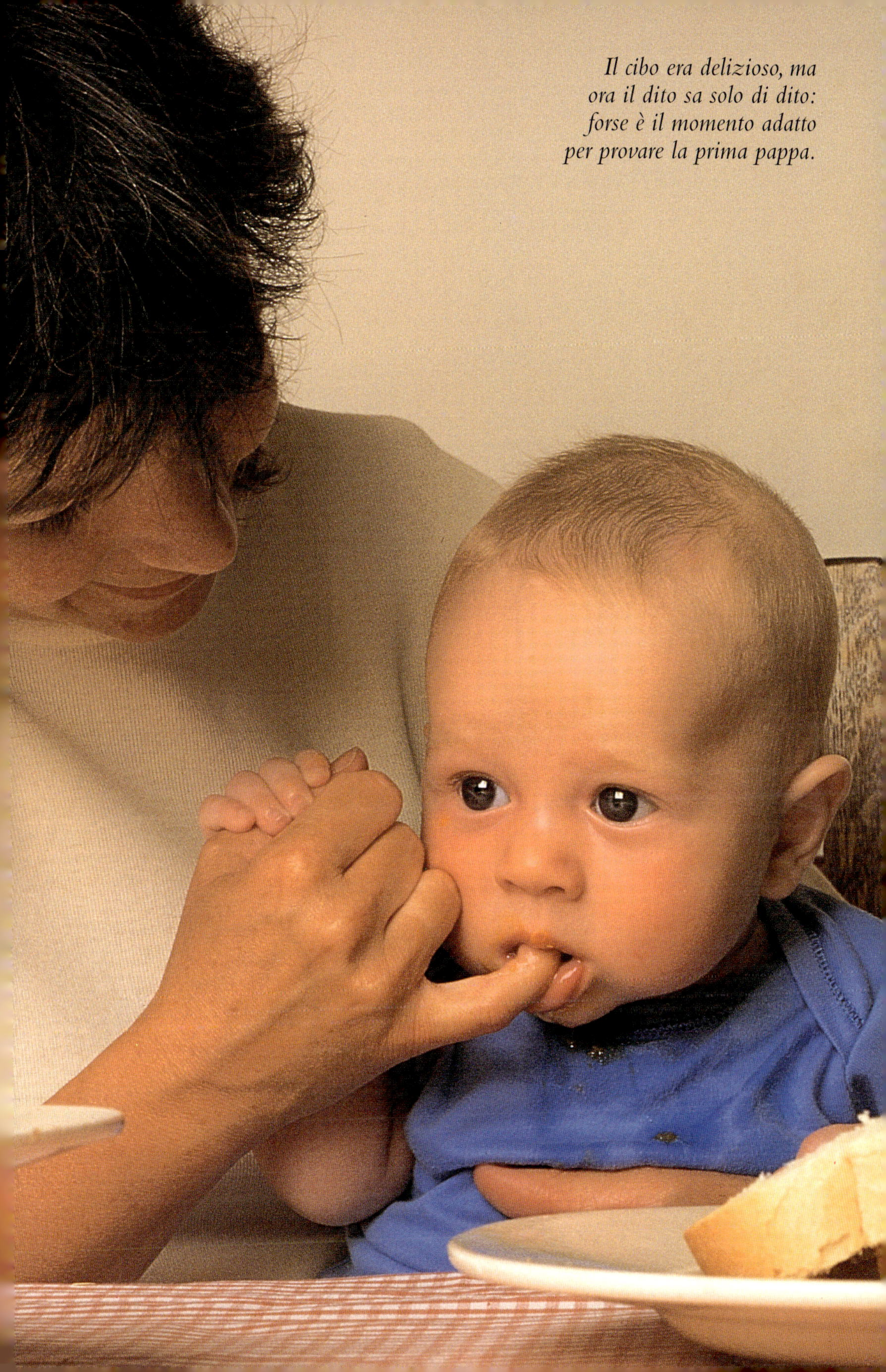

*Il cibo era delizioso, ma ora il dito sa solo di dito: forse è il momento adatto per provare la prima pappa.*

Evitate di aggiungere sale agli alimenti di un lattante perché può affaticare i reni; evitate anche le spezie piccanti, che possono fargli bruciare la bocca o infiammare lo stomaco, o alimenti come tè, caffè o alcolici, tutti dannosi.

Non aggiungete troppo zucchero e assicuratevi di fargli assaggiare cibi dolci e cibi salati nella stessa quantità. Molti bambini hanno una spiccata preferenza per i cibi dolci, il che mette a rischio la salute dei denti. Fate in modo che quando verrà il momento degli spuntini, il bambino sappia apprezzare anche un pezzetto di pane e un po' d'acqua invece delle sole merendine al cioccolato e del succo di frutta.

Non usate latte di mucca, di capra o di pecora salvo che per mescolare i cibi. Durante tutto il primo anno, date da bere al bambino solo latte materno o artificiale. Se volete dargli un latte per bambini "cresciuti", ci sono in commercio prodotti appositi da somministrare dopo i nove mesi di età. Ma questo tipo di latte per bambini che prendono anche cibi solidi non presenta particolari vantaggi rispetto al tipo usato fin dalla nascita e naturalmente neppure rispetto al latte materno. Il latte di soia, benché venga spesso raccomandato per i bambini che soffrono di intolleranza ai latticini, può provocare reazioni allergiche. Usatelo solo su prescrizione del pediatra e solo nel tipo adattato come latte artificiale per bambini.

Quando offrite al bambino un cibo nuovo, dategliene solo un cucchiaino per le prime volte; se non gli piace aspettate qualche settimana prima di riprovare.

Ricordate che il lattante non ha i denti molari con cui masticare e se gli date del cibo a pezzetti li inghiottirà completamente interi; oltre al rischio che gli vadano di traverso, non gli piaceranno affatto. È quindi meglio preparare delle pappe passando questi primi alimenti al setaccio, con il passaverdure o frullandoli. Se usate il frullatore tenete presente che non elimina i semi o le bucce, che il bambino non riesce a digerire; in questo caso è meglio passare al setaccio gli alimenti che ne contengono.

*Cibi con cui cominciare*

I cereali costituiscono per tradizione il primo alimento solido che si somministra ai lattanti. Sul mercato se ne trovano già precotti, che basta mescolare al latte artificiale, a quello materno spremuto o a quello di mucca bollito.

I cereali hanno il vantaggio di essere ricchi (o arricchiti) di ferro, di cui hanno particolarmente bisogno i bambini allattati al seno. Il sapore vagamente simile al latte non è molto diverso da quello a cui è abituato il lattante e quindi il piccolo lo accetta più volentieri. Molti bambini però preferiscono la frutta o la verdura passata, il cui gusto non solo è più singolare di quello dei cereali non addolciti, ma è anche più interessante e gradevole.

Potete provare a dare al bambino banane o avocado passato, mele cotte, patate, spinaci e carote bollite e schiacciate.

*Cibi casalinghi*

Una volta che il bambino mostra di gradire uno o due alimenti è meglio variarne la qualità. Esistono dei cibi preparati specificatamente per i bambini oppure potete frullare una piccola dose dei cibi che cucinate per voi (qualcuno ne surgela porzioni minuscole nelle vaschette dei cubetti del ghiaccio). Se desiderate abituarlo alla vostra cucina, dategliene un po' fin dal principio, perché se si abitua al sapo-

## *Gli alimenti commerciali per bambini sono da evitare?*

***È vero che gli alimenti per bambini in commercio sono di qualità scadente, troppo zuccherati e pieni di additivi? Non sarebbe meglio per la salute dei bambini usare solo cibi preparati in casa?***

Dipende dalla marca degli alimenti per bambini e da quali cibi preparate a casa.

È certamente vero che alcuni alimenti per bambini sono troppo lavorati. Certi omogeneizzati di verdure, per esempio, sono diluiti e poi fatti addensare di nuovo per mezzo di amido o di agenti addensanti; talvolta la maggior parte del gusto originale scompare del tutto ed è sostituito da aromi artificiali. Spesso i cibi contengono molti additivi chimici che dovrebbero migliorarli. Leggete l'etichetta. Se qualche ingrediente vi è sconosciuto, ricordate che essi sono elencati in base alla quantità presente nel cibo. Se per esempio l'acqua viene per prima, il preparato contiene soprattutto acqua; più l'elenco è breve e meglio è. I migliori alimenti per bambini contengono più o meno solo l'alimento in questione.

L'impiego di cibi preparati in casa è ottimo, purché siate in grado di conservarli e cucinarli in modo adeguato e gli ingredienti freschi (o surgelati) siano stati prodotti, preparati e venduti in modo igienicamente corretto. I bambini piccoli, come gli anziani, sono più vulnerabili degli adulti a ogni tipo di intossicazione alimentare. Le precauzioni da prendere in cucina sono ferree, ma non potranno proteggere il vostro bambino dall'incuria dell'industria produttrice o del supermercato. La carne cruda, rossa o bianca, deve essere tenuta lontana da qualsiasi cibo destinato a essere consumato crudo e deve essere mangiata ben cotta. Le uova crude o poco cotte (comprese le meringhe e la maionese) dovrebbero essere evitate. Ma, più importante ancora, i cibi dovrebbero rimanere pochissimo tempo a temperatura media (non bollente o gelida), che favorisce la rapida proliferazione batterica. Resistete alla tentazione di risparmiare tempo riscaldando il cibo già cotto: portatelo ad alta temperatura, cuocetelo e consumatelo. Evitate i cibi precotti e surgelati (compresi molti cibi per bambini) da scaldare nel forno a microonde: in molti punti potrebbe non scaldarsi bene e se il piatto è di quelli ben preparati che non potete rimestare, non potrete accorgervi se non è tutto bollente allo stesso modo.

Più grande è la varietà di cibi interessanti che il vostro bambino ha modo di provare e meglio è, ma chiunque cucini in casa vostra deve tener conto di lui ed evitare ingredienti potenzialmente allergenici, come le noci, scarseggiare con lo zucchero e ricordarsi di aspettare ad aggiungere sale, spezie piccanti e vino finché la porzione del bambino non sarà stata tolta. Tenete conto anche di quando tutti arriveranno tardi a casa e nessuno vorrà cucinare. Il cinese da asporto non è adatto al bambino, anche nei piatti più semplici.

Tuttavia nell'alimentazione il rischio maggiore per la salute del bambino non viene da un inadeguato potere nutrizionale o da troppi additivi. La maggior parte degli esperti sono concordi nel ritenere che il pericolo maggiore sia costituito dai residui di pesticidi (vedi p. 246). Il solo modo di evitare i pesticidi è consumare cibi prodotti biologicamente, sia nel caso di cibi per bambini in vasetto o liofilizzati, sia nel caso di verdure e frutta fresca cucinate da voi.

Ogni genitore vorrebbe poter garantire a suo figlio un'alimentazione sana, ma non tutti hanno il tempo, il denaro o la voglia di escludere i cibi non biologici o gli alimenti per bambini di tipo industriale. Si può però arrivare a un compromesso cercando di offrire al bambino un'alimentazione molto variata, sia industriale sia preparata in casa. Se l'omogeneizzato di vitello che il bimbo preferisce contiene molti addensanti e poca carne, non gli farà male mangiarlo una volta alla settimana, purché mangi anche altri omogeneizzati e cibi preparati in casa. Allo stesso modo, se una volta berrà un insipido succo di mela troppo dolce e che contiene tracce di agenti chimici, non si rovinerà la salute, né il gusto, né rifiuterà in seguito la vostra cucina.

re blando e uniforme degli omogeneizzati e dei liofilizzati più tardi potrebbe avere un rifiuto per i sapori più forti e più definiti dei cibi casalinghi. Non c'è per esempio confronto tra una mela cotta e l'omogeneizzato di mela.

Cucinare per un lattante non è difficile, serve solo una maggiore attenzione all'igiene: strofinacci, beccucci dei contenitori, apriscatole e avanzi riscaldati possono ospitare batteri in quantità tali da non poter essere combattuti efficacemente dal bambino. Poiché per ora non vi dovete preoccupare che questi primi assaggi costituiscano una dieta equilibrata, potete dare al bambino delle piccolissime porzioni di qualsiasi alimento leggero, purché sia passato o frullato. Potete renderlo più liquido aggiungendo altro brodo, latte o acqua. La maggior parte dei bambini preferiscono cibi a consistenza cremosa; un purè di patate molto consistente tende a dare un senso di soffocamento. Anche i cibi contenenti semi, filamenti o fibre, come la carne, devono essere passati al setaccio. Si può mitigarne il sapore mescolandoli al latte o allo yogurt. Evitate di dare al bambino cibi che lo possano disgustare: un pezzo di grasso può fargli passare la voglia di assaggiare nuovi cibi per settimane.

Quando il bambino è ancora molto piccolo è poco raccomandabile nutrirlo con alimenti in scatola. Ne avrà bisogno solo di uno o due cucchiaini alla volta, mentre la scatoletta ne contiene almeno tre cucchiai da tavola. Una volta aperta, si deve consumarne il contenuto entro 24 ore anche se viene tenuto in frigorifero e non potrete certamente offrire al piccolo lo stesso cibo per tre pasti consecutivi. Potete invece usare liofilizzati a volontà. Compratene di diverse qualità, dolci o salati, in modo che il bimbo possa conoscere diversi sapori.

## *Come aiutare il bambino a mangiare*

Non c'è fretta, andate adagio. Imparare a mangiare cibi solidi è un compito difficile per un bambino. Se lo costringete o lo frustrate, cercando di infilargli il cibo a forza nella bocca quando non lo vuole, potreste rovinare tutto.

Non pensate che la fame lo spingerà a provare. Quando ha molta fame, il bambino vuole succhiare del latte: è il solo modo che conosce per soddisfare questo bisogno. Ora deve imparare che può soddisfarlo anche con altri alimenti oltre al latte e che questi non si succhiano ma si mangiano in modo diverso. Se piange perché ha fame e poi continua a piangere tra un boccone e l'altro, non pensate che non vuole o non gli piace quel cibo. Se lo prende volentieri, il pianto significa solo che non ne ha abbastanza, che è ancora affamato.

*Se all'inizio lo lasciate pasticciare un po', sarà più disposto ad accettare nuovi sapori in seguito.*

Sfruttate la sua curiosità e il suo interesse per il vostro modo di mangiare e per i cibi che vede ingerire dalle altre persone. Condividere i piaceri del pasto in famiglia è il modo migliore per abituarlo all'idea che esiste altro cibo che non sia latte.

Usate la sua abilità di giocare con le manine. A questa età non trarrà molto nutrimento mangiando da solo con le mani, ma sarà un'esperienza che lo divertirà. Permettergli di afferrare e succhiare un pezzettino di cibo serve a prepararlo all'alimentazione passiva con il cucchiaino, e il fatto che il bambino introduca da solo del cibo in bocca rende più probabile che trovi interesse in quel gusto nuovo piuttosto che arrabbiarsi. Tuttavia, sorvegliatelo continuamente per intervenire al primo accenno di difficoltà nel deglutire.

*Mangiare con il cucchiaio è una tecnica difficile da imparare, anche concentrandosi.*

Scegliete il momento giusto. Non cercate di insegnargli a mangiare alimenti solidi durante i pasti, proprio quando il bambino è sempre agitato. Il pasto del mattino, per esempio, non sarà quello adatto. Anche se non è del tutto sveglio, il piccolo sarà affamato. Lasciatelo succhiare in pace.

Qualsiasi momento della giornata scegliate per fargli assaggiare cibi solidi, non cercate di dargli un po' di pappa con il cucchiaino quando desidera succhiare. Se lo fate, strillerà affamato e irritato ogni volta che gli presenterete il cucchiaino. D'altra parte è meglio non aspettare finché sia sazio di latte. Avrà troppo sonno e sarà troppo indifferente per esserne incuriosito. Il momento migliore è a metà pasto; lasciatelo succhiare per qualche minuto perché la fame si calmi, fategli capire che il seno o il biberon sono ancora a sua disposizione, offritegli un pochino di pappa e in seguito tutto il latte che vuole.

Il bambino fa molta fatica a mangiare senza succhiare e gli ci vuole un po' di tempo per abituarsi. Se gli mettete un po' di pappa sulla lingua, non riesce a spingerla indietro nella gola per inghiottirla e la sbrodola, se gliela infilate in fondo alla bocca, si sentirà soffocare e per qualche settimana è probabile che rifiuti questi nuovi alimenti. È meglio usare un cucchiaino piccolo, simile al cucchiaino del sale, e tenerlo fra le labbra del bambino in modo che possa succhiarne il contenuto. Se succhia, riesce a spingerne un po' in fondo alla bocca e a inghiottire la nuova pappa. Se il sapore è di suo gradimento questa esperienza potrebbe entusiasmarlo.

Smettete al momento giusto. Se usate questo sistema il bimbo sarà in grado di "dirvi", quando non ne vuole più, girando la testa o tenendo chiusa la bocca invece di succhiare. Se invece gli infilate il cibo in bocca non saprete se non ne vuole più. Il bambino che piange, la pappa che gli cola sul mento o che gli va di traverso sono tutte indicazioni che dovrebbero farvi capire che è meglio non insistere, ma potrebbero anche essere la conseguenza di un modo sbagliato di somministrargli la pappa o dell'incapacità del bambino a inghiottirla.

*Come spostare l'orario dei pasti quando si nutre di cibi solidi*

Intorno ai cinque o sei mesi la maggior parte dei bambini sono in grado di adattarsi all'orario dei pasti seguito dal resto della famiglia, anche se, tra un pasto e l'altro, fanno molti spuntini succhiando latte dal seno della mamma o dal biberon. Il bambino potrebbe anche non resistere senza mangiare nell'intervallo di tempo che intercorre tra la cena e la prima colazione, per cui potreste doverlo allattare o dargli da mangiare del latte artificiale a notte tarda o il mattino presto, come preferite. Se scegliete di dormire più a lungo la mattina e di andare a coricarvi più tardi, è meglio che gli proponiate il latte la sera.

Dopo qualche settimana il bambino che ha già assaggiato con gusto i primi cibi imparerà che anche quello che mangia con il cucchiaino serve a soddisfare la fame. Continuerà ancora per parecchi mesi a succhiare il latte che gli è indispensabile, ma aspetterà con impazienza di mangiare anche la pappa. È il momento giusto per aumentare, gradualmente, la dose dei vari cibi: il bambino è disposto a mangiarli non importa se con il cucchiaino o con le dita, e a dipendere un po' meno dal seno o dal biberon.

Il sistema di dare la pappa a metà pasto vi permette di accorgervi facilmente quanto il lattante ha raggiunto questa fase. Preparategli la pappa e cominciate ad allattarlo. Riconoscendo il suo piattino, il bimbo comincerà a succhiare avidamente le prime poppate perché vuole subito quel piattino. Se ne apprezza il contenuto potrebbe mangiarlo tutto e bere poi solo un pochino di latte alla fine.

A questo punto gli si può aumentare leggermente la dose, per esempio tre cucchiaini invece di uno, e abbandonare il sistema di dare la pappa a metà pasto quando vi dimostra, a gesti, che desidera cominciare il pasto con la pappa: dopo aver succhiato un po' e mangiato, non desidererà altro latte. Sta cominciando a divezzarsi da sé, spostando molto gradualmente la sua preferenza dal latte al "vero" cibo. Ma lo sta facendo perché lo vuole lui, senza essere costretto. È importante che sia il bambino a stabilirne il ritmo. Vi saranno giorni, o anche settimane, in cui vorrà ancora solo il latte e ogni giorno vi saranno pasti particolari in cui vorrà solo succhiare. Se vi lasciate guidare da lui, prenderà quel tanto di latte e di pappa che desidera e siate certi che sarà sicuramente quello di cui ha bisogno.

Alla fine il bambino arriverà a stabilire un suo schema. Al mattino è probabile che preferisca succhiare prima di mangiare. Questo potrebbe essere un pasto di solo latte che gli darete ora, di mattino, piuttosto che la sera tardi. Ma se è invece la sua prima colazione, lasciate che succhi quanto vuole e dategli da mangiare cibi solidi solo successivamente.

A pranzo vorrà probabilmente la pappa e non sembrerà interessato alla poppata. Offritegli il seno o il biberon alla fine del pasto, ma se si mostra indifferente, dategli il latte in tazza.

All'ora di cena può darsi che abbia bisogno di succhiare prima di mangiare: questo lo calma e lo distende dopo il bagno e le attività di gioco. Solo dopo aver succhiato sarà disposto a mangiare per terminare poi con qualche poppata (presa magari nella sua stanza), che lo predisporrà meglio al sonno.

Se più tardi gli dovrete dare il suo latte, sarà ovviamente un pasto in cui, in uno stato di dormiveglia, succhierà beatamente.

In questa fase di passaggio il bambino sta imparando a mangiare di più, e a intervalli più lunghi tra un pasto e l'altro, di quanto era abituato, e lo farà tanto più in fretta e volentieri quanto più gli renderete quest'esperienza piacevole. Sovente avrà bisogno di uno spuntino: invece del latte offritegli qualcosa che possa tenere in mano e masticare. Se si esercita a mangiare il cibo da solo, arriverà più velocemente alla fase in cui il maneggiarlo non è solamente divertimento ma anche nutrimento.

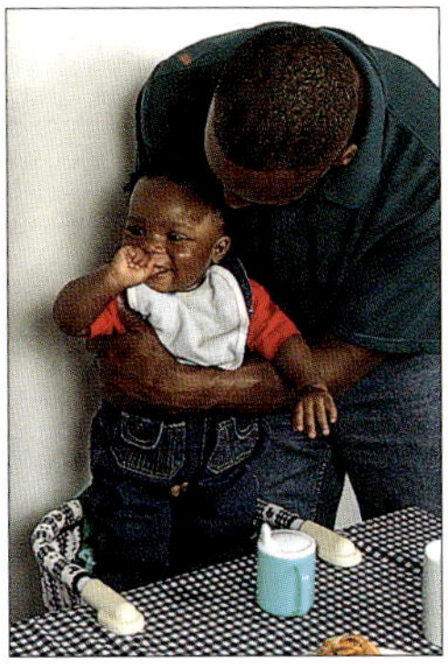
*Sedersi a tavola è molto divertente, ma qualsiasi seggiolone deve avere le cinghie di sicurezza.*

Vorrà giocare con il cibo e se lo lasciate pasticciare con le mani e gli permettete di sbrodolarsi usando il cucchiaino imparerà molto presto a mangiare da solo. Il bambino ha ancora bisogno che lo teniate stretto e lo coccoliate mentre succhia, ma per il resto del tempo un seggiolino con il tavolino inseribile o un seggiolone che gli consenta di stare alla tavola degli adulti sarà più comodo per entrambi e vi consentirà di essere più libera per aiutarlo.

D'ora in avanti cercate di pensare che state aiutando il bambino a mangiare, non lo state nutrendo. Una volta che prenderà i pasti seduto, vorrà certamente usare le mani oltre che la bocca. Lasciatelo pasticciare, intingere le dita nel piatto e succhiarsele, cercando di capire a cosa serve il cucchiaio. Farà pasticci, ma è molto importante. Più si

## CONSIGLI AI GENITORI

### *Il rischio di soffocamento*

Il rischio di soffocamento causato da oggetti rotondi, come bottoni, biglie o batterie per orologi (velenose), è molto più grave di quanto la gente pensi, a differenza di quello causato da pezzetti di cibo, che difficilmente ostruiscono del tutto la trachea. Il terrore che il bambino possa soffocare non deve comunque impedirvi di lasciarlo mangiare con le mani.

A molti bambini il cibo resta in gola se è offerto sul cucchiaio, soprattutto se lo assaggiano per la prima volta, oppure se il boccone è troppo grosso. Sentirsi soffocare è spiacevole e il bambino si spaventa. In questi casi, istintivamente il bimbo riporta il cibo in bocca, così da poterlo sputare o inghiottire di nuovo. Quando il piccolo mangia con le mani, può accadere che si metta in bocca un pezzo troppo grosso, e più tardi che stacchi con i nuovi incisivi un boccone eccessivo, che dovrebbe essere masticato con i denti che ancora non ha. Riesce infatti a schiacciare tra le gengive un pezzetto di pane già ammorbidito dalla saliva, ma non ce la farà se è troppo grosso. In questo caso il boccone gli rimarrà in gola e se non riesce a risputarlo può cominciare a tossire. Aiutatelo infilandogli un dito in bocca ed estraendo il boccone.

Un pezzetto di cibo più piccolo può essere più pericoloso perché è più facile che venga inghiottito e gli vada di traverso. Avrà bisogno di aiuto per liberarsi la trachea da un pezzetto di carota o di mela che ha cercato di ingoiare intero, ma benché l'episodio possa spaventarlo molto, difficilmente è davvero pericoloso, perché il pezzetto non bloccherà del tutto l'ingresso dell'aria. E finché può respirare sarà in grado con il vostro aiuto di tossire per espellerlo. Il pericolo c'è se il bambino è solo. Se non riesce a liberarsi la gola, i muscoli della laringe potrebbero contrarsi intorno al corpo estraneo, impedendo del tutto all'aria di entrare. Il bambino non dovrebbe mai essere lasciato solo mentre mangia o beve.

sente padrone della situazione, più gli piacerà mangiare. Più si divertirà meno problemi avrete più avanti quando verrà il momento in cui rifiuterà certi cibi. E più si esercita ora più presto imparerà a mangiare da solo. Perciò cercate di intervenire il meno possibile. La pelle è facile da lavare, anzi si lava tanto più facilmente di qualsiasi altra cosa: se il tempo lo permette, togliergli i vestiti mentre mangia è molto più comodo che coprirli con un bavaglino. Comunque, un bavaglino ripiegato a vaschetta sul fondo è molto efficiente per salvare gli indumenti sottostanti. Se vi preoccupa che sporchi il pavimento, stendete un telo di plastica sotto il seggiolone.

*Bere dalla tazza*

Il bambino che prende meno latte dal seno o dal biberon perché sta prendendo più cibo con il cucchiaino deve riuscire a distinguere tra i liquidi, bevendo da una tazza. Il vostro bambino può trovare più difficile bere senza succhiare piuttosto che mangiare senza succhiare. È difficile insegnargli a bere da una tazza normale: vale la pena di acquistare il bicchierino con il coperchio forato che offre un compromesso tra succhiare e bere, e gli permette di esercitarsi a tenerlo in mano senza versarne il contenuto. Ne esistono anche dotati di vari coperchi, da quello che ha il beccuccio lungo e morbido da cui un "principiante" può praticamente succhiare, a quelli successivi in cui il beccuccio è sempre più corto, fino a quello che ne è quasi sprovvisto.

Il bambino non ha bisogno di bere molti liquidi dalla tazza perché sta ancora assumendo la maggior parte di quelli che gli servono dal latte, e anche i cibi che prende ne contengono molti. Non sforzatelo a bere più di quanto voglia e non tentatelo riempiendogli il bicchiere con del succo di frutta. Se ha sete, gli basta l'acqua.

*Una tazza con due manici significa più indipendenza per lui e meno acqua rovesciata per voi.*

## Crescita

Quando si è stabilizzata, la maggior parte dei bambini cresce di circa 28 g al giorno, ossia 170-225 g la settimana, fino ai tre mesi di vita. Naturalmente non sempre l'accrescimento di un bambino segue questi ritmi o li segue costantemente. Tuttavia, guardando un grafico di crescita (vedi p. 89) vedrete che questo è l'accrescimento medio non solo per i bambini di taglia media (la curva centrale del grafico), ma anche per quelli di peso maggiore alla nascita (la curva alta) o di peso inferiore (la curva più bassa).

Alla fine del primo trimestre, il tasso di crescita rallenta un po'. Nel trimestre successivo il bambino crescerà di circa 140-170 g a settimana e di circa 6 cm al trimestre. La regolarità della crescita continua a essere più importante della quantità. Un bambino il cui accrescimento ponderale, settimana per settimana, si colloca appena sotto il 50° centile, e la cui curva reale segue fedelmente quella di quel centile, è difficile che aumenti tanto poco da finire improvvisamente al 9°. Se lo fa, significa che non mangia abbastanza. Invece, un bambino la cui curva all'inizio si collocava appena sotto il 50° centile e che ha continuato a crescere più lentamente della maggior parte dei bambini, tanto che la sua curva reale rimane più piatta della media, è probabilmente solo un bambino destinato a crescere in modo più lento degli altri.

# La dentizione

I denti spuntano secondo un ordine particolare e più o meno a una determinata età, che però può variare molto da un bambino all'altro. Quindi un bambino con una dentizione precoce non è certo più intelligente o più maturo di un bambino che presenta una dentizione tardiva. L'età non ha importanza, a eccezione del fatto che quando il vostro piccolo avrà il suo bel dentino non godrete più di quel suo tenero sorriso sdentato.

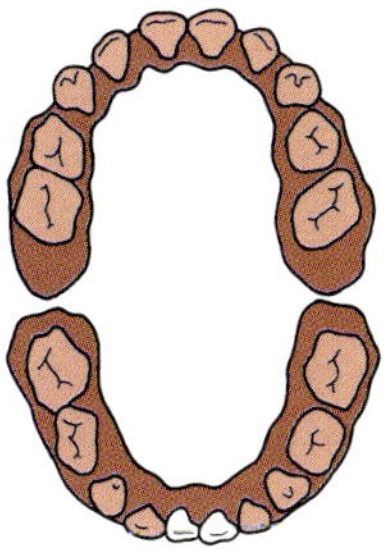

*Il primo dente a spuntare, a circa sei mesi, è di solito l'incisivo inferiore, seguito in breve tempo dall'altro.*

Nella maggior parte dei bambini la dentizione comincia tardi ed è meno problematica di quanto normalmente si creda. Poiché è raro che la dentizione cominci prima che il bambino abbia cinque o sei mesi, è assurdo attribuire l'irritabilità di un bimbo di tre mesi a questo evento futuro, che peraltro non produrrà grandi problemi. I primi quattro denti sono così piatti e taglienti che escono provocando solamente una leggera congestione alla gengiva, un po' di salivazione e una gran voglia di mordicchiare. Se il bambino ha la gengiva un po' gonfia e cerca continuamente di masticarci sopra, provate a massaggiargliela con il dito.

Troppo spesso si tende a spiegare l'agitazione e l'irritabilità dei lattanti con l'eruzione dei denti. È quasi sempre un errore che può avere gravi conseguenze. Ogni anno qualche bambino raggiunge l'ospedale in serie condizioni, perché i genitori hanno attribuito i sintomi di ciò che si è rivelato una grave malattia alla dentizione e hanno quindi aspettato troppo a chiedere aiuto. L'eruzione dei denti non provoca febbre, diarrea, vomito, perdita di appetito, convulsioni o crisi di rabbia, né a questa età né dopo. Se il bambino che sta mettendo i denti sembra malato, rivolgetevi al medico: può darsi che stia mettendo i denti *e* sia ammalato o che sia solo ammalato.

## Denti e masticazione

I primi denti non servono a masticare, ma a mordere. Il bambino comincia a masticare con le *gengive* e perfeziona la masticazione molto prima di mettere i molari. Quindi non è vero che un lattante con un unico dente non può masticare. I lattanti imparano a masticare non appena riescono a portarsi alla bocca le mani e i giocattolini. Non appena il bambino ha acquistato questa capacità, e comunque prima dei sei mesi, è importante dargli dei pezzetti di mela sbucciata o di carota pulita. I bambini che mangiano solo pappe semiliquide finché non hanno i denti della masticazione, verso l'anno spesso si rifiutano di masticare del tutto: tale è l'abitudine alla consistenza della pappa che il cibo solido li disgusta e li fa soffocare. Masticare alimenti solidi fa bene allo sviluppo delle mascelle del bambino e cominciare a nutrirsi da solo con le mani lo renderà entusiasta e indipendente nei confronti del cibo. Ma non bisognerebbe mai dargli qualcosa da masticare quando è solo, perché potrebbe facilmente infilarsi un pezzo di carota o di pane negli occhi. E appena il dentino comparirà, lo dovrete controllare in modo particolare: i dentini nuovi sono molto taglienti e il bambino potrebbe morsicare un pezzettino di mela e rischiare di soffocare se voi non foste presenti per aiutarlo a espellere il boccone dalla trachea.

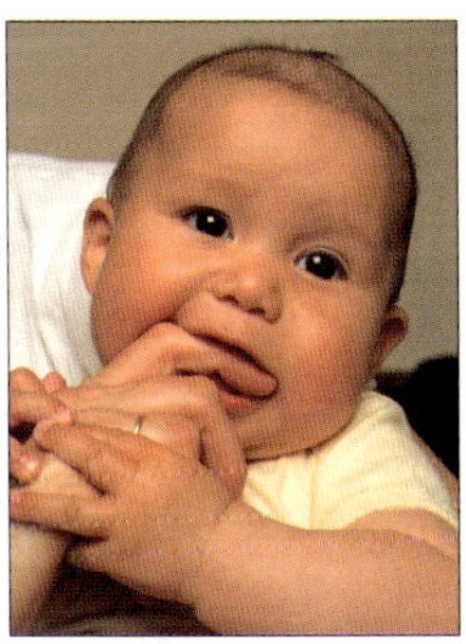

*Quando il bambino sta mettendo il primo dentino, vorrà strofinarsi le gengive con il vostro dito e mordicchiarlo.*

# Le cure quotidiane

Nelle prime due settimane il bambino se ne sta di preferenza tutto rannicchiato come se si trovasse ancora nell'utero e quando non è tenuto tra le braccia di un adulto, prova piacere a essere avvolto strettamente. Si sente insicuro quando viene sollevato e si spaventa se corpo, arti e specialmente il collo e la testa non sono continuamente sostenuti. Per questo è meglio cambiarlo, fargli il bagno e pulirlo il meno possibile.

Tuttavia il neonato cambia molto velocemente. Man mano che cresce, acquista confidenza con il proprio corpo e impara a controllare certi muscoli. Nel secondo mese comincia a distendere il corpo, muove le gambe e le braccia, cerca di liberarsi dalla copertina. Ora inizia a provare piacere sia nel sentirsi libero da costrizioni, sia nello stare in braccio; gli piace essere maneggiato e si diverte molto a essere portato in giro.

## Portare in giro il bambino

Ai bambini non dispiace essere lasciati nella culla quando dormono, ma si annoiano e si sentono soli se rimangono isolati dal resto della casa quando sono svegli. Ci sono diversi metodi per portare comodamente in giro un bambino anche quando sarà più cresciuto. Dopo qualche settimana dalla nascita potrete usare un marsupio portato sul dorso o sul petto. Nelle prime settimane invece il bambino sta meglio in braccio e qualche variante può fargli piacere.

*Portate il marsupio sul petto con il bambino rivolto verso l'esterno: il piccolo potrà così vedere dove state andando e condividere la vostra visione del mondo.*

*Quando sa tenere la testa diritta, potete appoggiare il piccolo all'anca. Il vostro braccio lo sostiene in diagonale dalla spalla all'inguine. L'altra mano è libera.*

*Un "seggiolino" umano è l'ideale per il piccolo: gli sostiene tutta la colonna vertebrale.*

*Portarlo in giro a pancia in giù spesso calma il bambino che piange. Mettetegli una mano tra le gambe per sostenerlo da sotto. Con l'altra mano sorreggetegli la testa e le spalle.*

## La pulizia

Quando il bambino non sta più tutto rannicchiato e comincia a sgambettare, spesso gli piace molto fare il bagno. Invece di rimanere nell'acqua tutto teso, sempre sull'orlo di una crisi di panico e di pianto, si lascia andare; l'acqua lo sostiene e lo fa sentire più leggero, libero e potente. Riesce anche a scalciare con più vigore. Per molti bambini di tre mesi il bagno è uno dei giochi preferiti e tre minuti di spruzzi tutte le sere permettono loro di esercitare i muscoli e scaricare le tensioni, tanto da trasformarsi in una piacevole abitudine prima di andare a dormire.

*La vasca grande*

*Se lo lasciate scalciare bagnerà dappertutto. È il momento di usare la vasca grande.*

A un certo punto, fra i sei e i nove mesi, il bagnetto sarà diventato troppo piccolo per un bambino cresciuto che agita energicamente braccia e gambe e gli dovrete fare il bagno nella vasca. Occorre molta delicatezza. Può darsi che in un primo momento quella distesa d'acqua e quelle pareti incombenti spaventino il bambino. Se vi sembra preoccupato, per i primi giorni mettete nella vasca vuota il bagnetto piccolo in modo che si abitui alla nuova situazione. Servirà almeno a non bagnare dappertutto.

È più difficile tenere ben saldo il lattante nella vasca perché è bassa. Non chinatevi, ma inginocchiatevi sul pavimento con tutto l'occorrente accanto. Un tappetino di gomma o un vecchio asciugamano sul fondo impediscono che il bambino vi scivoli via e lo fa sentire più sicuro. Non riempite troppo la vasca; se l'acqua è profonda il bambino galleggia. Ricordatevi che la vasca è ampia. Se non gli afferrate la spalla con le dita, oltre a reggergli la testa con il polso, potrebbe girarsi e affondare la faccia nell'acqua.

Al bambino potrebbe piacere scalciare, ma non l'acqua. Siccome non si supera una paura con lo spavento, non forzatelo. Continuate con la vasca piccola, magari dentro la vasca grande o facendogli fare il bagno insieme a qualcuno tra le cui braccia si senta sicuro.

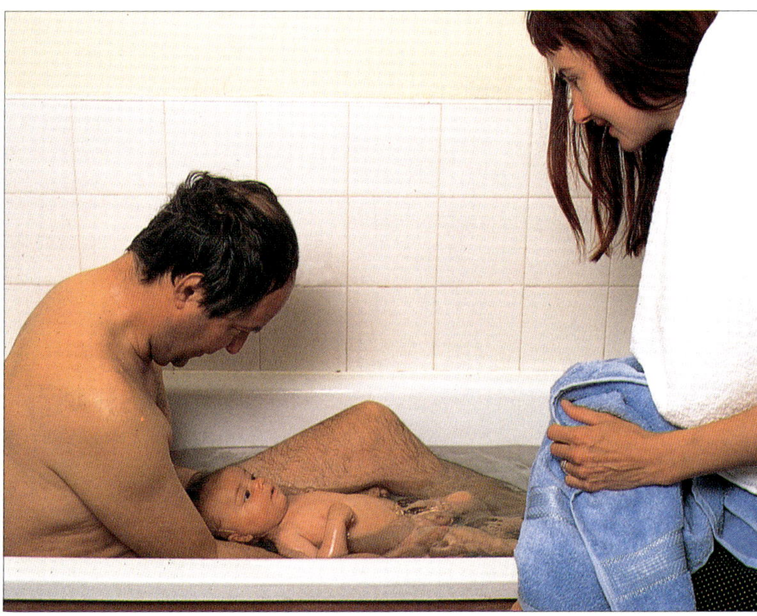

*Se un bambino ha paura dell'acqua, potrebbe preferire stare nella vasca insieme a voi. L'acqua non dovrà essere troppo calda e vi serviranno due mani (bagnate) per tenerlo saldamente e qualcun altro che vi aiuti per tirarlo fuori dall'acqua.*

# L'EVACUAZIONE

Le funzioni digestive del neonato raggiungono un assestamento graduale. Non aspettatevi di capire quali siano i ritmi delle funzioni intestinali di vostro figlio: possono essere molto variabili. È più difficile che un bambino allattato interamente al seno soffra di disturbi intestinali come diarrea o stitichezza. Non allarmatevi se si scarica più volte al giorno per poi saltare giorni interi. La frequenza non ha alcuna importanza. Anche una settimana intera senza defecazione può essere considerata normale e un faccino arrossato dallo sforzo dell'espulsione non significa stitichezza, ma solo inadeguatezza muscolare.

Il latte vaccino contiene un maggior numero di sostanze che il piccolo deve eliminare, perciò i bambini allattati artificialmente producono feci più voluminose, più consistenti e si scaricano da una a quattro volte al giorno. La gastroenterite è una possibilità reale che può avere gravi conseguenze per i bambini allattati artificialmente e, nel caso di un improvviso attacco di diarrea, con feci liquide e frequenti, è necessario consultare il medico il giorno stesso portando un pannolino sporco in un sacchetto di plastica (il medico potrebbe voler fare analizzare le feci in laboratorio). Se poi il bambino mostra segni di malessere con febbre e/o vomito portatelo subito dal medico.

I bambini allattati con latte artificiale possono soffrire di stitichezza. Se il bimbo consuma più acqua (per esempio quando fa caldo o se ha la febbre) la espelle dalle scorie con notevole indurimento delle feci. In questo caso dategli molta acqua, ma se, come accade sovente fra i tre e i quattro mesi, l'inconveniente si verifica spesso, del succo di frutta molto diluito dato giornalmente può essere la soluzione.

Quando si aggiungono alimenti solidi alla dieta del bambino, non importa se allattato al seno o artificialmente, le feci assumono un aspetto diverso. Un cambiamento di colore o la presenza di particelle di cibo significa che il sistema digerente del lattante non si è ancora adattato alle nuove sostanze. Se continuate a dargli dosi molto piccole riuscirà a digerire il nuovo alimento in breve tempo. Se le feci contengono muco, oltre al cibo, significa che il bambino non riesce ancora a digerire quel particolare alimento oppure che non era stato passato a sufficienza. Sospendetelo per due o tre settimane, riprovate sempre con quantità molto piccole e passatelo al setaccio.

*Eritema da pannolino*

L'eritema va da un lieve arrossamento e riscaldamento della pelle a un'infiammazione dolorosa con piaghe e pustole. La pelle nuova e sensibile reagisce ai prodotti detergenti anche se ipoallergenici; l'umidità fa sfaldare la pelle e l'urina, acida, brucia e peggiora le cose: la zona diventa terreno di coltura per batteri o micosi (come la Candida) contenuti nelle feci. Usate detergenti semplici o solo acqua tiepida, e tenete il sederino del bambino il più asciutto possibile, pulito e senza pannolino. Lavatelo e asciugatelo dopo ogni scarica intestinale e cambiatelo spesso. Usate filtranti che fanno respirare la pelle. Lasciatelo senza pannolino, magari mettendoglielo sotto aperto, tutte le volte che potete. Appena la pelle si arrossa, cospargetela di crema protettiva. Se peggiora consultate il medico. Alcune creme protettive impediscono allo strato filtrante dei pannolini da buttare di assorbire l'umidità e perciò peggiorano le cose.

*Un bambino che dorme non deve costringervi a stare in casa. Carrozzina, passeggino o la vostra spalla per lui sono lo stesso.*

# Il sonno

Mentre il neonato scivola spesso dal sonno alla veglia impercettibilmente, standosene per lunghi periodi in uno stato di dormiveglia, come in sospeso, il lattante ormai assestato ha un comportamento molto più differenziato nel sonno e nella veglia. Quando si addormenta si può presumere che non si sveglierà per un certo periodo e quando si sveglia si sa già che non si riaddormenterà fino al pasto successivo. Non sempre però dorme tanto tranquillo da spingervi a controllare che respiri. Nei neonati le fasi REM (da *Rapid Eye Movement*) sono quasi doppie che nell'adulto. Si ritiene che questo tipo di sonno svolga un ruolo fondamentale (anche se ancora oscuro) nello sviluppo del cervello. Per il bambino esso significa un corpo rilassato ma una mente in piena attività e molti sogni; per chi osserva corrisponde a molte smorfie e frequenti movimenti di suzione.

A tre, quattro settimane di vita il sonno e l'alimentazione seguono uno stesso ritmo: se si lascia che il piccino segua le sue inclinazioni, si sveglia quando ha fame e si addormenta quando è sazio. A circa sei settimane il rapporto fra l'alimentazione e il sonno comincia a diminuire. Il bambino tende ancora ad addormentarsi quando ha mangiato bene, ma comincia a svegliarsi prima di essere affamato, a volte semplicemente perché, per il momento, ha dormito abbastanza.

Per ora comunque il bambino dorme ancora quanto gli è necessario dormire. Studi condotti sul sonno indicano che la media giornaliera di un neonato è di 16 ore di sonno, ma nella realtà i singoli casi possono variare moltissimo, tanto che sia un bambino che dorme 19 ore sia quello che dorme solo 10 ore sono nella norma, solo che uno è un dormiglione e l'altro no.

*Periodi di veglia*

Molti lattanti preferiscono stare svegli in un determinato momento della giornata, perlopiù nel tardo pomeriggio. Il bambino dorme dopo la prima colazione del mattino, mangia all'ora di colazione, dorme di nuovo ma si tratta questa volta solo di un sonnellino di un paio d'ore e non del solito sonno prolungato fino al pasto successivo. Molte mamme incoraggiano questo ritmo perché il pomeriggio è un momento favorevole per intrattenere il piccolo. Quando si sveglia gli si può dare un succo di frutta, poi si potrà fargli fare una passeggiata in carrozzina, oppure lasciarlo sul pavimento senza pannolini a sgambettare fornendogli tutta l'attenzione che desidera. Se volete potete svegliare voi il bambino, se non si sveglia da solo, dandogli acqua o un succo di frutta per arrivare fino all'orario del pasto. Dopo un'ora o due sarà pronto per il bagnetto e per mangiare. L'esercizio fisico e il gioco l'avranno stancato e probabilmente dormirà fino all'ultimo pasto della sera.

Alcuni lattanti preferiscono stare svegli in un altro momento della giornata, che forse sarà meno conveniente per i genitori. Se il vostro bambino tende a fare un sonnellino di un'oretta dopo la prima colazione e sta sveglio per quasi tutto il mattino, è possibile, volendo, modificare il suo ritmo spostando a poco a poco l'orario dei pasti. Uno spuntino quando si sveglia a metà mattina potrebbe indurlo a riaddormentarsi. Se lo lasciate dormire fino all'ora di colazione in capo a un paio di giorni tenderà a star sveglio durante il pomeriggio. Il sistema però non sempre funziona. Alcuni bambini, svegliati quando non hanno ancora fame, si rifiutano di mangiare. Altri accettano volentieri lo spuntino e si riaddormentano, ma non dormono più di quanto avrebbero fatto se non fossero stati svegliati.

Cercare di adattare gli orari notturni vale lo sforzo, ma per quelli diurni non vale la pena perché comunque a tre o quattro mesi lo schema cambierà di nuovo ed è probabile che il bimbo starà sveglio per due o tre periodi durante il giorno. Come abbiamo già detto, un buon pasto facilita il sonno, ma via via che cresce i sonnellini si faranno sempre più brevi.

*Difficoltà a dormire* A quest'età se ci sono delle difficoltà sono dovute a voi, quasi mai al bambino. A meno che non sia ammalato o abbia dei dolori, il bambino dormirà quanto ha bisogno di dormire, senza preoccuparsi né dove né quando: non è capace di stare sveglio se ha sonno come non riesce a svegliarsi di proposito (voi neppure, del resto). Quindi non aggiungete alla vostra preoccupazione di non dormire abbastanza quella che non dorma a sufficienza anche il bambino.

*La notte* Diventare una creatura diurna, che cioè dorme la notte e sta sveglia di giorno, è un adattamento biologico che si compie fra i tre e i quattro mesi. Se vostro figlio a quest'epoca non sa ancora distinguere il giorno dalla notte, dovrete aiutarlo a farlo (vedi p. 107).

Controllate che niente lo disturbi. Se dorme ancora nella vostra stanza può darsi che i rumori che fate per controllare che sia addormentato lo sveglino del tutto nei momenti di sonno leggero, e se sbirciate spesso nella culla potreste peggiorare la situazione. Se sgambetta in modo energico è probabile che si scopra e prenda freddo. In questo caso l'ideale sarebbe un pigiama a sacchetto, simile a una vestaglia e chiuso in fondo, che gli dà un senso di sicurezza e lo tiene al caldo. Se cominciate a usarlo ora potrete evitare un problema più avanti, quando tenterà di uscire da solo dal lettino.

*Abbastanza caldo quando il bambino si scopre, ma non troppo caldo quando invece è coperto, il pigiama a sacchetto in cotone combina praticità e sicurezza.*

Molto spesso, quando i bambini non si addormentano la sera, la causa è da attribuirsi a una precedente sofferenza dovuta alla colica (vedi p. 120) che si manifestava verso il tramonto e che quindi lo ha reso più irritabile e lo ha abituato a stare sveglio di sera. Se il vostro bambino ha avuto un periodo di coliche che ora ha superato, quando si sveglia prendetelo in braccio, coccolatelo un pochino e rimettetelo a dormire. Non avendo alcun dolore che lo tenga sveglio si riaddormenterà subito.

Se l'agitazione serale non ha nulla a che fare con la colica e il bambino è ancora allattato al seno, controllate che il vostro latte sia sufficiente per i pasti del pomeriggio e della sera. Può darsi che abbia bisogno di uno spuntino anche se a voi non sembra. Dateglielo. Il problema non è solo che la produzione di latte diminuisce con la stanchezza della giornata, ma anche che spesso il lattante ha un forte accrescimento ponderale il secondo mese, con conseguente maggiore necessità di nutrimento. Può darsi quindi che il bambino stia stimolando il vostro seno a produrre la quantità di latte che gli necessita. In tal caso vorrà continuare a succhiare tutta la sera e, poiché i livelli di prolattina sono molto alti la notte, queste maratone serali sono di solito efficaci.

Inoltre, crescendo, dormirà sempre meno e, se dorme praticamente tutto il giorno, rimarrà sveglio la sera o la notte e toccherà a voi stabilirgli un ritmo tra sonno e veglia. Sia che vi occupiate personalmente del bambino sia che dividiate la cura con il vostro partner o con una baby-sitter, dovrete comunque riorganizzare gli orari in modo tale da ridurre le ore di sonno diurno e programmare più uscite con il bambino. Se lasciate il bambino al nido o se lo affidate a qualcuno, assicuratevi che riceva tutti gli stimoli di cui può aver bisogno. Se non è così, non sempre la colpa è da attribuire a chi se ne occupa: ci sono infatti bambini che dimostrano chiaramente di essere annoiati e di volere più attenzioni, ma ce ne sono altri che non lo danno a vedere. Se il vostro bambino non riceve abbastanza stimoli da parte di chi se ne occupa a casa vostra o ne riceve troppi nel nido, invece che annoiato o allarmato può sembrare inattivo e propenso a dormire finché non accade qualcosa di veramente interessante, come può essere l'arrivo dei genitori.

Se la mattina il bambino si sveglia a ore impossibili significa che ha dormito abbastanza. Quando prende ancora cinque pasti, la poppata del mattino presto potrà farvi godere ancora di un paio d'ore di sonno, ma se non ha bisogno di mangiare fino a colazione non c'è nulla che possiate fare per farlo riaddormentare. Sarà però felice di venire nel vostro letto; potrete così sonnecchiare ancora un pochino. Più avanti forse si abituerà a giocare per un po' da solo nel lettino.

*Il giorno* Durante le prime settimane vi accorgerete che mentre il piccolo è sveglio vi sarà praticamente impossibile rilassarvi o occuparvi di qualsiasi altra cosa: solamente quando dorme avrete la possibilità di riprendere le vostre attività abituali. Se poi non si addormenta o si sveglia in continuazione avrete la sensazione di non aver concluso nulla tutto il giorno.

È uno stato d'animo naturale quando si ha un bimbo appena nato e ancora in fase di assestamento, ma è importante superarlo al più presto. Solo per poche settimane lo stato normale del neonato è quello di dormire e l'eccezione quello di essere sveglio. Ma è un essere umano e, in quanto tale, la sua condizione naturale durante il giorno sarà quella di essere sveglio, mentre il sonno, o meglio i sonnellini, saranno l'eccezione. Dovete imparare ad accettare vostro figlio e a gioire della sua presenza considerandolo un membro della famiglia a tutti gli effetti: un essere presente e sveglio. Quando avrete superato la fase in cui si rimanda qualsiasi occupazione al momento in cui il piccolo dorme, scoprirete che è possibile fare quasi tutto in sua compagnia. Una volta accettata l'idea che questo bimbo è una persona alla quale si può parlare mentre si sbucciano le patate, riuscirete anche a dedicarvi alle vostre occupazioni abituali pur accudendo il piccolo.

*Il lettino* Quando il bambino comincia a essere troppo grande per la culla o a scalciare troppo e a tentare di rotolarsi, è il momento di abituarlo a dormire nel lettino che gli servirà fino a quando sarà diventato tanto grande da poter dormire in un letto vero e proprio. Le spalliere dei lettini sono molto alte per impedire che il bambino cada fuori quando sarà in grado di alzarsi in piedi o di arrampicarsi. Tutti dispongono anche di un lato che si abbassa per consentire di sollevare il bam-

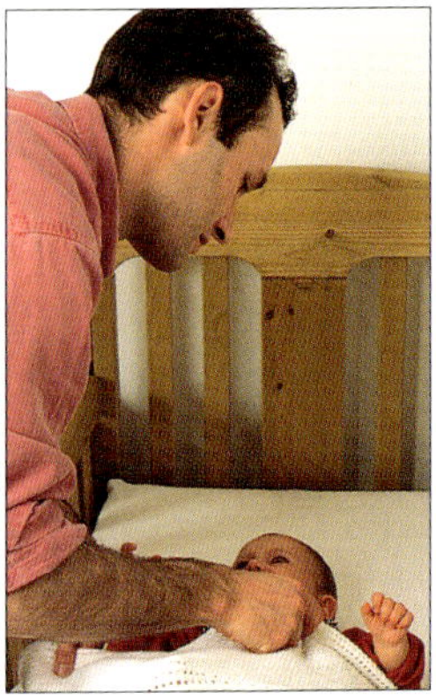

*Per il bambino il lettino non è solo un posto per dormire, ma una specie di santuario per i prossimi due anni.*

bino con facilità. In alcuni casi anche la base e il materasso hanno due posizioni, in modo da rendere impossibile la scalata anche al bambino più grandicello. Se ritenete che tutto quello spazio pieno di sbarre intorno possa spaventare il vostro bambino, fatelo abituare gradatamente mettendo per qualche sera la culla con il bambino dentro il lettino più grande.

I lettini non possono naturalmente essere spostati di stanza in stanza, ma questo non significa che durante il giorno il bambino non possa dormire in un altro ambiente. Potrebbe continuare a usare la culla ancora per un po' di tempo, e poi dormire nel passeggino o nella poltroncina inclinabile ancora per alcuni mesi, purché sia assicurato con le cinghie.

Se il bambino dorme insieme a voi e volete che continui a farlo, potrete domandarvi a che cosa vi serve il lettino. Fare senza comporta alcune difficoltà: per esempio ora che il bambino sa girarsi, non sarà sicuro nel vostro letto a meno che qualcuno non lo sorvegli e gli impedisca di cadere. Inoltre se il piccolo non ha un suo lettino non vorrà coricarsi fino a quando almeno uno dei due genitori non andrà a dormire.

## *Pensare in anticipo a come farlo addormentare*

Finché il pasto e il sonno del bambino sono ancora interconnessi, probabilmente lo vedrete succhiare finché si addormenta. Rimane attaccato al seno o continua a mangiare dal biberon finché il capezzolo o la tettarella gli sfuggono dalla bocca. Anche se lo sollevate per il ruttino, non si sveglia e potete infilarlo già profondamente addormentato nella culla o nel lettino. È un'esperienza ricca di piacere per il piccolo ed è importante anche per voi, perché, sapendo che sta già dormendo, potete dedicarvi ad altre persone o ad altre faccende.

Tuttavia, come è importante valutare con anticipo il modo in cui organizzare i pasti di notte, è altrettanto importante pensare al modo in cui far addormentare il piccolo. Un bambino che si addormenta mentre sta mangiando, o mentre lo state cullando e accarezzando per fargli liberare un po' d'aria, non va a dormire, ma *viene messo* a dormire. All'inizio può anche essere un compito piacevole, ma non lo sarà più se dovrete continuare a farlo per i successivi due o tre anni.

Molte delle difficoltà che i bambini già grandicelli incontrano nell'addormentarsi sono causate almeno in parte dall'abitudine che hanno di essere coccolati prima di dormire. Ed è facile capirne il motivo. Cullate il bambino finché non è completamente inconsapevole di quanto lo circonda. Poi lo infilate nel lettino e ve ne andate. Questo funziona finché non si sveglia, ma quando questo accade (e ricordatevi che ognuno di noi si sveglia di tanto in tanto) ogni cosa è cambiata. L'ultima cosa che ricorda era di essere nelle vostre braccia; ora si trova nel letto da solo. Sicuramente non si rannicchierà per cercare di riaddormentarsi ancora. Si metterà a piangere: "Che cosa è successo? Dove sei?". Quando vi precipiterete da lui pretenderà che lo prendiate in braccio e lo facciate addormentare di nuovo coccolandolo. Può essere capace di addormentarsi solo fra le vostre braccia; può persino aver bisogno di succhiare ancora al seno per addormentarsi. Si riaddormenterà e lo rimetterete nella culla. La volta successiva che si sveglierà si ripeterà la stessa storia. Ci sono molte famiglie con bambini di un anno o più che sono ancora allattati al seno o con

## *Il letto dei genitori è sicuro?*

***Far dormire il bambino nel letto con i genitori è sicuro? Sappiamo che ci sono pro e contro al riguardo, ma quello che ci preoccupa ora è esclusivamente l'aspetto della sicurezza. Nessuno però sa darci una risposta precisa.***

La ragione per cui non ricevete una risposta precisa è che tale risposta non c'è; o perlomeno non c'è una risposta su cui le autorità e gli esperti di tutto il mondo si trovino d'accordo. I risultati di alcuni studi dicono che dormire nel letto dei genitori aumenta il rischio (sia pur minimo) di morti bianche, perché le coperte potrebbero soffocare o surriscaldare il bambino; secondo altre ricerche, invece, non esistono prove che confermino questa teoria e, a complicare ulteriormente le cose, altri studi ancora hanno stabilito che dormire con i genitori *protegge* i neonati da tale pericolo. Sembra infatti che i bambini che potrebbero essere colpiti da arresto respiratorio se fossero soli, potrebbero venire stimolati dal respiro, dai movimenti e dai suoni emessi dai genitori che dormono accanto a loro.

Forse c'è del vero in ognuna di queste affermazioni. Le apparenti contraddizioni sono probabilmente dovute alla complessità dell'argomento. Le morti in culla sono, per definizione, inesplicabili (vedi p. 111). I fattori di rischio – come far dormire il bambino in posizione prona o esporlo al fumo di sigaretta – sono gli aspetti più simili a "cause" che si conoscono e interagiscono potenziandosi a vicenda in modo molto complicato. Perciò dormire con i genitori potrebbe essere talvolta rischioso (se i genitori sono alcolizzati o drogati, per esempio), altre volte indifferente e altre ancora può rappresentare un fattore di *protezione* (quando un bambino sta per ammalarsi, per esempio).

La morte bianca in culla è un evento così traumatico che comprensibilmente le autorità sanitarie preferiscono eccedere con le precauzioni. Ciò significa che ogni aspetto che possa sembrare correlato alla sindrome da morte bianca verrà inserito nell'elenco dei possibili fattori di rischio, rendendo questi consigli guida confusi e in grado di allarmare i genitori. In Gran Bretagna, per esempio, recenti rapporti governativi affermano che mentre "è consigliabile e vantaggioso che i genitori prendano con loro nel letto il bambino per nutrirlo o coccolarlo, poi è meglio che lo facciano dormire nel suo lettino, soprattutto se sono fumatori o abituali consumatori di alcolici". Ma che vantaggio può esserci a nutrire il bambino nel letto dei genitori, se invece di rilassarsi la madre deve sforzarsi per rimanere sveglia (e tenere sveglio il piccolo)? E che conseguenze può avere il fatto che la madre si sentirà colpevole tutte le volte che perderà la battaglia e si addormenterà, svegliandosi solo dopo un paio d'ore?

Le singole coppie possono, con l'aiuto e il sostegno di un medico, decidere se far dormire o meno il bambino nel loro letto tenendo pur sempre conto della complessità dell'argomento, della sensibilità e delle circostanze individuali. Naturalmente condividere il letto con un adulto *può* essere un fattore di rischio per la morte bianca come anche per qualsiasi altro tipo di morte improvvisa di un neonato. È fin troppo facile immaginare che cosa potrebbe succedere se un genitore fosse troppo ubriaco o drogato per rendersi conto che il bambino è rotolato sotto di lui o è finito sotto il cuscino che nel frattempo si era spostato. Tuttavia, ciò non significa per forza che condividere il letto con i genitori *sia* rischioso e che si dovrebbe sconsigliare ai genitori di farlo, anche se sembra loro una cosa piacevole e utile.

La questione del letto comune non è così chiara come, per esempio, quella della posizione prona. La diversità sta nelle prove a favore o a sfavore dell'una e dell'altra. Il fatto che la posizione prona sia pericolosa è accertato e trova tutti concordi, perciò sarebbe irresponsabile da parte dei genitori non tenerne conto. Invece, per quanto riguarda il dormire insieme ci sono anche elementi a favore. Perciò, con le debite precauzioni, ogni coppia deve decidere per conto suo.

*Sazio e assonnato ma non ancora addormentato: è il momento di provare a metterlo a dormire da solo*

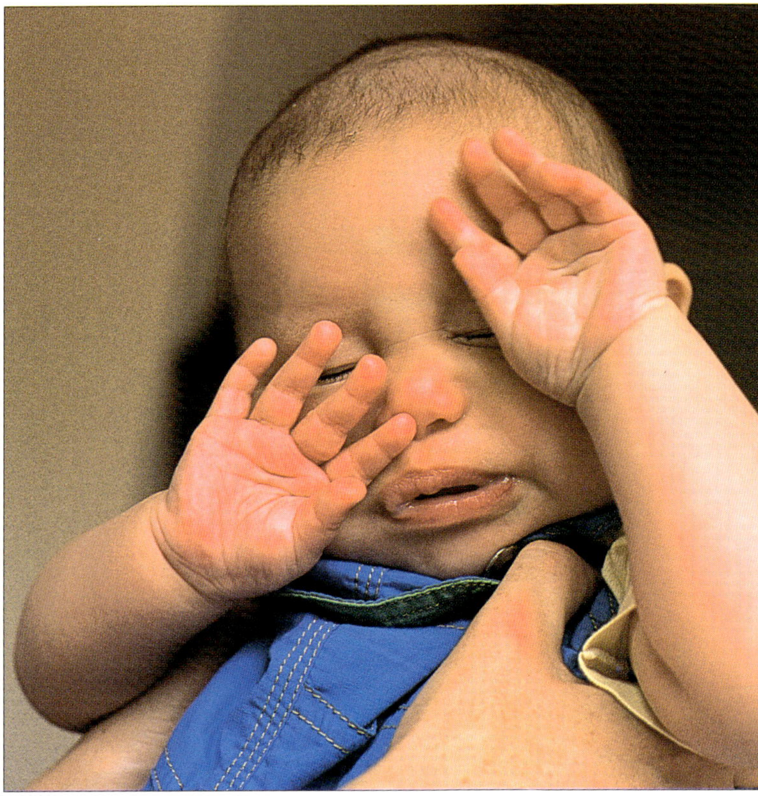

il biberon due o tre volte ogni notte, perché non c'è nessun altro modo per farli riaddormentare dopo che si sono svegliati nel sonno.

Permettere al bambino di succhiare per dormire e infilarlo già addormentato nel lettino non è una cosa che potete o dovete evitare del tutto. Ma è giusto che non si addormenti sempre in questo modo. Fatelo rilassare e addormentare fra le vostre braccia, ma assicuratevi che sia consapevole e cosciente nel momento in cui lo adagiate nel lettino; che possa quindi rendersi conto della comodità del letto e del fatto che voi non lo state più abbracciando e possa addormentarsi solo perché è il sonno a sopraffarlo.

Se preferite farlo dormire cullandolo la sera e durante la notte, potreste proporvi di lasciarlo addormentare da solo durante i sonnellini quotidiani, quando non vi importa più di tanto dover andare avanti e indietro se vi chiama. Ma è bene che prima o poi cominci a imparare ad addormentarsi da solo anche la notte. Se lo adagiate nel lettino e non si addormenta, ma comincia a piangere, andate subito da lui. Non è una questione di disciplina, il bambino si sta esercitando ad addormentarsi da solo. Se necessario correte da lui diverse volte, finché non riuscirà più a resistere al sonno. Se questo vi può sembrare molto più complicato paragonato al fatto di cullarlo finché non si addormenta, pensate al futuro. Una volta che ha perso questa abitudine e ha imparato a sistemarsi da solo per il sonno, quando si sveglierà durante la notte sarà in grado di ricominciare a dormire come fanno gli adulti. Se non ha imparato a riaddormentarsi senza di voi, continuerà a chiamarvi ogni volta che si sveglia.

# Il pianto e come consolarlo

Alcuni bambini piangono più di altri. Anche una volta "assestati" vi sono bambini più inclini all'infelicità, più sensibili e in genere più scontenti di altri. Ma anche se il vostro bambino ha sempre pianto più degli altri e continua a farlo, probabilmente piangerà meno man mano che crescerà. La media di tempo che i bambini trascorrono a piangere diminuisce drasticamente (a due-tre ore nelle 24 ore) intorno alle sei settimane.

Mentre qualsiasi diminuzione del pianto di un bambino durante il giorno sarà ben accolto, la scomparsa delle interminabili crisi di un tempo vi darà grande sollievo. Nel secondo e nel terzo mese, il bambino comincerà a piangere ancora molte volte al giorno, ma senza continuare come prima a dispetto di tutti i vostri sforzi per calmarlo (a meno che non si tratti di una colica: vedi p. 120). Se ora lo si prende in braccio e gli si parla dolcemente, probabilmente si calma. Quando è molto infelice perché avverte un dolore acuto, o è abbagliato dal sole, o infastidito dal vento, oppure molto affamato, il pianto può riprendere fino a quando l'inconveniente non viene eliminato. Ma la maggior parte delle volte il bambino rimane tranquillo fra le vostre braccia.

Molti genitori ammettono che questo cambiamento è quello che rende anche i bambini più "difficili" creature più trattabili e più facili da amare. Invece di quella orribile sensazione di assoluta impotenza che a volte vi assaliva, ora vi rendete conto di avere un potere quasi magico, anche se è un potere a cui talvolta rinuncereste volentieri. Ma è sempre meglio sentirsi utile che impotente!

Inoltre il pianto acquista un significato più comprensibile. Il bambino piange ancora per la fame, fa quegli strilli che vi fanno saltare il cuore in gola se ha un dolore, anche se sapete che si tratta solo di un ruttino da fare, ma ora, in più, emette una specie di piagnucolio, quasi un lamento ed è il tipo di pianto a cui ricorre più spesso. Non dice "Ho male" oppure "Ho fame", ma "In questo momento non sono molto felice". A questo piagnucolio segue di solito un particolare urlo di rabbia. È come se vi gridasse a gran voce: "Vieni qui!"oppure "Lo voglio!" o ancora "Non farlo!".

Forse non riuscite a descrivere questi diversi modi di piangere, ma siete in grado di riconoscerli. Quando il bambino inizia a piagnucolare sapete già che comincia ad avere fame o ad annoiarsi, sapete che è il momento di occuparvi di lui e che è più facile intervenire quando non si è spinti ad agire precipitosamente da un bambino che urla a squarciagola. Siete perlomeno giunti al punto di capire meglio le cause del suo pianto e riuscite a farlo smettere, anche se solo momentaneamente. Ma come intervenire perché il piccolo cominci a piangere meno spesso?

Le osservazioni sulle possibili cause del pianto e i rimedi suggeriti per il neonato (vedi p. 114) sono ancora validi per questo bimbo un pochino più grande. Vanno tuttavia presi in considerazione alcuni aspetti nuovi.

## *Bisogno di succhiare*

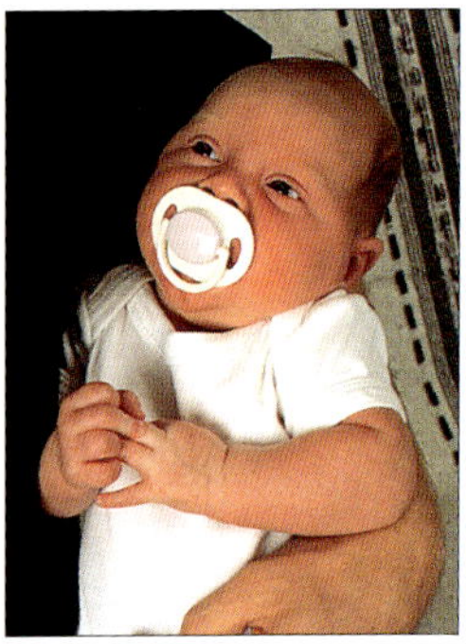

*In effetti funziona, ma ne ha davvero bisogno?*

Per alcuni bambini non c'è nulla che li calmi quanto il succhiare e può essere difficile distinguere il bisogno di succhiare dal bisogno di mangiare. Un bambino allattato al seno riuscirà a succhiare tutto il tempo che vuole se non gli razionate il momento della poppata e se gli permettete di succhiare da entrambi i seni. Invece, un bambino allattato artificialmente non può succhiare senza mangiare anche se nutrito "su richiesta", ma potrebbe avere un ulteriore bisogno di succhiare per puro piacere. La soluzione migliore in questo caso potrebbe essere di lasciargli succhiare le manine. Incoraggiatelo, aiutandolo per un po' di volte a portarsi il pugnetto alla bocca e abbiate cura di lasciargli le braccia libere, altrimenti non potrà raggiungere il suo prezioso pollice. Tuttavia succhiare il pollice è un'abitudine che di solito si sviluppa più tardi. La maggior parte dei bambini non riescono a mettersi le manine in bocca e a ottenere una suzione soddisfacente su un dito piccino.

Se il bambino piange molto, non è ancora capace di succhiarsi le dita o non lo vuole fare o succhia le vostre, potreste dargli un succhiotto. L'uso del succhiotto è diventato molto comune e non v'è dubbio che per alcuni lattanti infelici o ipersensibili l'effetto è miracoloso. Ma non tutti ne hanno bisogno e ci sono comunque vantaggi e svantaggi. Se tuttavia il vostro piccino è veramente molto infelice, potreste provare a dargli un succhiotto per qualche mese, fino a che non comincia a mettersi in bocca i giocattoli o il cibo, ma solo prima di addormentarsi. Non sottovalutate il fatto che la tranquillità di sera e di notte potrebbe risollevare il morale di tutta la famiglia. Se a sei mesi il vostro bambino, crescendo, è più contento, cercate di togliergli l'abitudine del succhiotto prima che sia abbastanza grande da ricordarlo e sentirne la mancanza. Quando comincia a camminare a quattro zampe o a stare in piedi il succhiotto diventa antigienico e li-

| VANTAGGI | SVANTAGGI |
|---|---|
| Se il lattante si abitua al succhiotto si addormenta più facilmente, si calma quando è irritato e si tranquillizza dopo uno spavento. | Una volta presa l'abitudine può darsi che non possa farne a meno e che continui a volerlo per alcuni anni, usandolo in ogni occasione. |
| Se dorme con il succhiotto in bocca comincia a succhiare ogni volta che uno stimolo lo disturba, calmandosi senza svegliarsi. | Se il succhiotto gli cade di bocca mentre dorme potrebbe svegliarsi e piangere perché lo rivuole. Finché non sarà in grado di ritrovarlo da solo, avrà sempre bisogno del vostro aiuto per riaddormentarsi. |
| È probabile che usando il succhiotto non prenda l'abitudine di succhiarsi il pollice. | Il succhiotto di giorno limita la produzione di suoni e l'esplorazione orale degli oggetti. Sareste tentata di darglielo in ogni occasione. Inoltre non è igienico, a meno che non lo sterilizziate continuamente. |

mita le sue capacità di esplorazione. Qualunque sia la vostra decisione a proposito del succhiotto, non giungete al compromesso di lasciargli nel lettino un piccolo biberon riempito con una bevanda zuccherata: è il mezzo più rapido per provocare la carie ai primi dentini e il bambino corre inoltre il rischio di soffocare se si addormenta mentre sta succhiando. Quando volete dargli da bere, dateglielo con il biberon tenendolo in braccio.

*Lattanti che si annoiano*

Gran parte del pianto può essere dovuta al desiderio dell'adulto che il bambino dorma più spesso e per periodi più lunghi di quanto abbia realmente bisogno. Può darsi che si tratti di un bambino che ha bisogno di dormire molto meno rispetto alla media; tenete presente che alcuni lattanti di tre o quattro mesi non dormono mai per più di 12 ore su 24. Oppure non avete ancora imparato ad accettarlo sveglio nella vostra vita, tenendolo accanto a voi quando fate le cose.

Se è un bambino molto vivace (e molti bambini insonni lo sono), le copertine e gli indumenti che gli impediscono di muoversi lo innervosiscono, perciò quando lo lasciate da solo nel lettino o nella carrozzina fate in modo che sia libero di dimenarsi quanto vuole. Se ha freddo, un sacchetto per bebè lo terrà al caldo senza impacciarlo troppo (vedi p. 180).

Ma anche se è libero di muoversi, si annoia a starsene a lungo da solo sveglio. Sarà molto più contento se gli date degli oggetti interessanti da guardare, da colpire e da toccare. Sistemate la carrozzina sotto un albero o vicino allo stenditoio, in modo che qualcosa attiri la sua attenzione, oppure appendete sopra la culla vari oggetti interessanti e cambiateli frequentemente.

*Prima guarda, poi colpisce, quindi afferra. Aggiungete dei giocattoli da mettere in bocca e il divertimento sarà assicurato.*

Ma neppure l'oggetto più affascinante può sostituire le persone. Se il vostro bimbo sta sveglio a lungo è molto probabile che pianga perché si sente solo. Dopotutto, un bambino che dorme nella sua stanza o sul terrazzo non sa di essere solo, mentre un bambino sveglio, se è solo, se ne rende conto. Se quando è sveglio lo tenete con tutta la famiglia è probabile che smetta di piangere da un giorno all'altro.

Fargli compagnia non significa stare a casa seduti aspettando che si svegli sperando di avere qualcuno che tenga compagnia a voi. Approfittate del fatto che può essere trasportato facilmente per trasformare il permesso di maternità in una specie di vacanza. L'allattamento al seno può costituire un legame, ma non c'è ragione che insieme non possiate andare quasi dappertutto. In questi mesi, prima che cominci a camminare e abbia bisogno di pappe e altri cibi, è facile portarlo con voi, al lavoro o per divertimento: quando non ha fame si guarderà intorno incantato.

Ricordatevi che il bambino è sempre affascinato dagli adulti e da tutto ciò che fanno. Purché abbia vicino una persona che gli parla non ha quasi bisogno di uscire o di altri divertimenti. Se qualcuno sta facendo dei lavori in casa o in giardino, il piccolo sarà deliziato dal guardarli dall'osservatorio strategico costituito da un marsupio. Se non c'è nessuno che possa portarlo in giro può comunque partecipare alle attività degli adulti, specialmente quando comincia a stare seduto. Cercate di abituare tutti i membri della famiglia a fermarsi a dirgli due paroline o a raccontargli che cosa stanno facendo. Ve lo potete tenere accanto seduto nella carrozzina con un cuscino sotto il materasso; oppure nella poltroncina trasportabile sul tavolo di cucina o dovunque stiate lavorando. Tutto quello che fate sarà interessante per *lui*, anche se per voi si tratta di un'attività monotona: voi forse non ne potete più di sbucciare patate, ma lui non ha mai visto una patata in vita sua. Mostrategliela.

Quando il bimbo è stanco di stare seduto, non c'è luogo migliore che un tappetino sul pavimento, a meno che in casa vi siano cani, gatti o bimbetti più grandi. Non guarderà la televisione, ma gli piacerà osservarvi mentre fate yoga o passate l'aspirapolvere. Forse la soluzione migliore per un bambino che dorme poco è il "balla balla baby" che si appende, per mezzo di corde elastiche, all'infisso della porta o a un gancio del soffitto, nel quale egli può guardarsi attorno con la meravigliosa sensazione di libertà quando, al tocco dei piedini sul pavimento, riesce a saltellare, a ballonzolare e a fare piroette... Il "balla balla baby" può trasformare un bimbo scontento in un bambino più felice e un bimbo già felice in un bambino entusiasta; e i suoi fratellini cominceranno a considerarlo un compagno di giochi. Vi potrete ricorrere non appena vostro figlio sarà in grado di sostenere la testa e la parte superiore della schiena.

*Pochi bambini resistono al piacere di guardarsi intorno e di potersi muovere liberamente.*

# Come il bambino usa il suo corpo

Il bambino alla nascita ha uno scarsissimo controllo delle gambe, delle braccia e del corpo e la sua posizione è determinata in gran parte dalla testa molto pesante. Guardandolo è difficile pensare che tra un anno circa starà in piedi. Il controllo muscolare parte dall'alto: il bambino impara prima a tener dritta la testa su quei muscoli del collo così molli e procede poi gradualmente verso il basso, secondo sequenze e un ordine uguali in tutti i bambini. Verso i sei mesi il lattante ha rafforzato i muscoli della schiena e riesce a stare seduto, verso l'anno cerca di controllare i muscoli delle ginocchia, delle caviglie e dei piedi per stare in posizione eretta.

In tutti i bambini lo sviluppo motorio progredisce seguendo uno schema ben preciso, ma ciascun individuo procede lungo il suo cammino evolutivo secondo un suo ritmo particolare. Come i partecipanti a una corsa, che partono insieme e coprono lo stesso percorso, ma vanno a velocità diverse. Accade quindi che bambini perfettamente normali presentino uno sviluppo più precoce o più lento (con una differenza anche di settimane) rispetto ad altri bambini altrettanto normali: tutti apprendono tuttavia le nuove acquisizioni motorie secondo un medesimo ordine. Ciò significa che un bambino potrebbe imparare molto presto a stare seduto, ma certamente imparerà a stare seduto prima di camminare. Un altro potrebbe saltare la fase del camminare a quattro zampe, ma se non dovesse saltarla, gattonerebbe prima di camminare.

Per questo motivo la conoscenza di queste tappe evolutive, ossia l'imparare a rotolarsi, a stare seduti, a camminare carponi, a stare in piedi e a camminare, vi potrà essere utile per sapere quale sarà la conquista successiva del vostro bimbo, ma non per sapere quando questo sviluppo avrà o dovrebbe avere luogo.

Poiché il passaggio da una fase in cui il bambino raggiunge una determinata abilità a quella successiva in cui ne impara un'altra avviene in modo molto discontinuo, il livello dello sviluppo motorio raggiunto da diversi bambini varia costantemente. Se poi la conoscenza di queste tappe induce a fare dei confronti con altri piccini, si rischia di lasciarsi prendere da un senso di competizione, che è spesso causa di gelosia e anche di preoccupazione e disperazione del tutto infondate. Vostro nipote può saper stare seduto settimane prima di vostro figlio e poi magari non mostrare interesse a gattonare per un paio di mesi. Intanto vostro figlio potrebbe "avere raggiunto" il cugino avendo imparato a stare seduto, per poi "superarlo" cominciando subito a gattonare.

Tuttavia non si tratta di "raggiungere" o "superare" nessuno: quelle tappe fanno parte di un processo; non è una gara. Il vostro bambino non è né migliore né peggiore del figlio della vostra vicina che fa qualcosa prima o dopo il vostro. Il bambino è un individuo che procede nel suo cammino evolutivo secondo il suo ritmo personale. Vostro figlio è un individuo e in quanto tale, è unico. I confronti si fanno sempre, ma i giudizi sono del tutto ingiustificati.

*Controllo della testa*

*Il bambino sa reggere la testa, ma non se lo sollevate bruscamente.*

A sei settimane dalla nascita la maggior parte dei neonati ha imparato a controllare sufficientemente i muscoli del collo e riesce a mantenere la testa abbastanza in equilibrio se chi li tiene in braccio non si muove molto. Se invece camminate o vi chinate tenendo il bambino in braccio la sua testa potrebbe oscillare. Se lo prendete in braccio e lo rimettete giù, o comunque ogni volta che vi spostate anche solo di poco, il suo equilibrio è ancora precario e ha ancora bisogno che gli reggiate la testa con la mano.

Nelle successive sei settimane si rafforzano i muscoli del collo e il controllo muscolare procede gradualmente verso il basso fino a comprendere le spalle. La testa, via via che il bambino cresce e aumenta di peso, diventa più leggera rispetto al resto del corpo. A tre mesi (o l'equivalente di tre mesi se il bambino è nato prima del termine) il bambino saprà tenere dritta la testa e gliela dovrete reggere solo quando lo sollevate o fate manovre strane, come per esempio toglierlo dal seggiolino della macchina.

Man mano che il controllo muscolare progredisce, cambiano anche le posture, ossia le posizioni fisiche che il bambino adotta spontaneamente. Non rimane più rannicchiato nella posizione neonatale. Quando è supino comincia a distendersi allungando le braccia e le gambe. In posizione prona, impara ad allungare le gambe e gira la testa invece di tenerla voltata sempre dalla stessa parte. Quando lo tenete appoggiato alla vostra spalla sta ritto invece di raggomitolarsi appoggiando la testa nell'incavo del vostro collo. Dopo poco tempo, se lo tirate su per le braccia, sostiene la testa in linea con la schiena, senza lasciarla ricadere indietro o in avanti.

*Sgambettare*

Questi piccoli e graduali progressi fisici cambiano totalmente ciò che il bambino può fare con il suo corpo e con ciò che lo circonda. Prima, rannicchiato in posizione fetale con la testa girata in un'unica posizione non poteva vedere nulla oltre il bordo della culla. Ora, sdraiato sul dorso ha una visione più ampia anche perché può girare la testa. Adesso comincerà a divertirsi a osservare giocattoli, *mobiles* e altre cose appese per farlo divertire. Inoltre i suoi arti sono liberi e scopre il piacere dell'attività fisica.

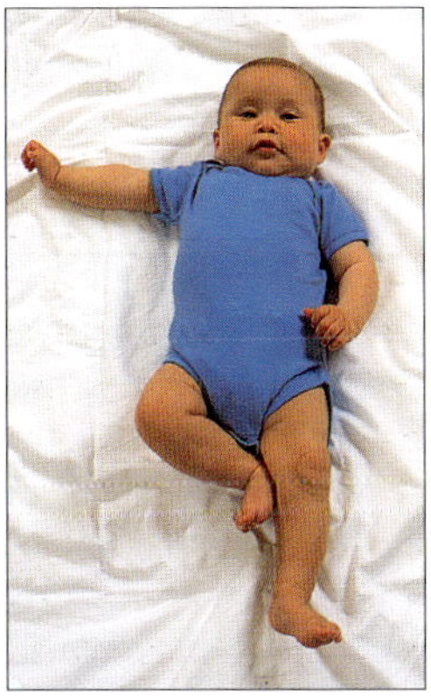

*Non sta più rannicchiato, ma disteso e muove gambe e braccia per divertirsi.*

La maggior parte dei lattanti abbandona la posizione neonatale entro tre mesi. Una volta raggiunta questa fase il vostro bimbo comincerà a trovare interesse nel proprio corpo e a provare piacere nell'imparare a usarlo. A questa età, quando è sveglio, il piccolo si muove. Sdraiato sulla schiena muove una gamba dopo l'altra come se andasse in bicicletta. Muove anche le braccia.

Vedremo in seguito come le mani, che vede comparire e scomparire, diventeranno il suo "giocattolo" preferito (vedi p. 198). Quando è sdraiato sullo stomaco pratica un nuovo controllo della testa: la solleva dal materassino come l'aveva allontanata dalle vostre spalle poche settimane prima, e impara a tenerla eretta per alcuni secondi. Quando riesce a tenerla in questa posizione imparerà a stare sugli avambracci, fino a sollevare la testa e le spalle.

*Rotolarsi*

Già a nove o dieci settimane il bambino è così vivace fisicamente da riuscire a girarsi dal fianco (se lo mettete a dormire in questa posizione) alla schiena, che offre una base più ampia. Forse si tratta solamente di leggeri spostamenti aiutati dalla forza di gravità, ma a tre mesi il lattante avrà imparato a fare un movimento molto più difficile, che gli procurerà spesso bernoccoli in testa: riesce a rotolarsi dal dorso su un fianco. Fate molta attenzione: quando ha imparato a rotolare, potrebbe diventare rischioso cambiarlo su quel tavolo che finora consideravate sicuro.

Pensate all'indipendenza che vostro figlio ha raggiunto e alla gioia che gli deriva dall'aver imparato a compiere questi piccoli movimenti. Può fare degli esercizi, osservare piedi e mani, rotolarsi per cambiare posizione, osservare la stanza da un'angolazione diversa, sollevare la testa. Ma pensate anche a quanto sia facile frenare questo processo. Indumenti e coperte troppo stretti gli impediscono di sgambettare; un lenzuolino troppo teso non gli permette di girarsi; una parete nuda gli toglie il piacere di guardarsi attorno. Aiutarlo con gioia a fare ciò che sta tentando di fare non significa spingerlo a fare delle cose per cui non è ancora pronto: per poter sfruttare al massimo le sue capacità di sviluppo il bambino ha bisogno del vostro aiuto.

*Comincia a imparare a stare seduto*

Quando il bambino, in braccio a qualcuno che si muove lentamente, riesce a tener dritta la testa e, sdraiato sul pancino, riesce a sollevarla, il suo controllo muscolare raggiungerà la parte superiore della schiena. Se lo tirate lentamente fino a metterlo seduto non ricade in avanti lasciando pendere la testa come faceva prima, ma riuscirà a tenere dritte testa e spalle; solo la parte inferiore della schiena si incurva ancora.

Fra i tre e i quattro mesi l'essere aiutato a mettersi seduto sarà uno dei giochi preferiti da vostro figlio. Basta prendergli le manine ed egli cercherà di tirarsi su da solo usando le vostre mani come appiglio. Anche senza il vostro aiuto, a questa età farà comunque dei tentativi per mettersi a sedere. Quando è sdraiato sul dorso, per riposarsi dopo aver dimenato le gambe con energia, riuscirà a sollevare la testa dal pavimento. Un mese dopo solleverà sia la testa sia le spalle e avrà la fugace visione dei suoi piedi.

Il bambino, a questo punto, quando è sveglio deve stare un po' di tempo seduto con un appoggio. È una posizione che gli consente di partecipare attivamente alla vita familiare. Quando si è indaffarati, si

*Se non lo aiutate voi a mettersi seduto, tenterà comunque di farlo da solo.*

*La maggior parte dei bambini impara a stare seduta prima di cominciare a gattonare. Benché al bambino piaccia stare prono, ci vorrà ancora del tempo prima che riesca a sollevare il pancino dal pavimento.*

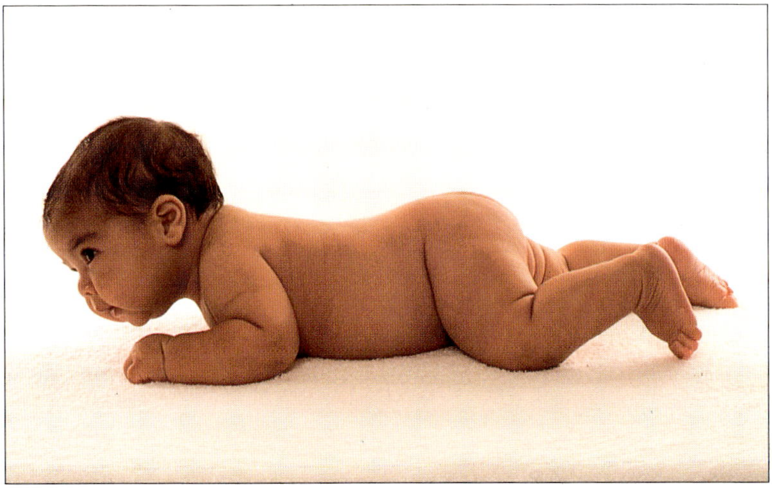

può passare accanto a un neonato disteso nella culla senza fermarsi. Quando invece il bambino è seduto, chi gli passa accanto incontra il suo sguardo e automaticamente si ferma per sorridergli e dirgli due paroline; un bambino seduto invita gli adulti a considerarlo una persona e non un giocattolo.

Ma è importante metterlo seduto nel modo giusto. Appoggiato nell'angolo di un divano o di una poltrona il bambino tende a scivolare, la schiena si curva sempre più e la testa viene spinta in avanti. Non è capace di risistemarsi da solo per raggiungere una posizione più comoda. Starà meglio nella carrozzina con dei cuscini sotto il materassino in modo da avere un appoggio solido. Ma la soluzione migliore è la poltroncina portatile che permette di regolare l'inclinazione. Con questo tipo di seggiolina vi potete facilmente accorgere fino a che punto il bambino riesce a stare seduto comodamente. Se lo assicurate con le cinghie a metà corpo, a due mesi vi si rilassa comodamente. Dopo un paio di giorni o di settimane osserverete che cerca di sollevare la testa e le spalle dallo schienale per star seduto più dritto. Se diminuite l'inclinazione di un punto, questo processo si ripete. Scegliete una seggiolina che sia leggera, facile da trasportare e stabile, e usatela in modo che il piccolo possa rimanervi abbastanza vicino e osservare quello che state facendo. Il tipo ideale è quello che fa parte di una combinazione comprendente struttura di sostegno e vassoio (e magari anche il dondolo), che permettono di trasformarla in seggiolone per il tavolo (o sediolina con tavolino per giocare in casa): la potrete usare fin quando il bambino sarà già grandicello. Se preferite acquistare i singoli articoli separatamente, man mano che vi servono, potrete comunque trovare delle combinazioni tra seggiolina e dondolo.

A cinque-sei mesi il controllo muscolare che continua a procedere verso il basso ha raggiunto i muscoli del dorso: il bambino riesce a sostenere tutta la schiena fino all'altezza dei fianchi che ancora si ripiegano. Se lo aiutate a mettersi seduto farà tutto lo sforzo muscolare da solo, usando le vostre mani solo per mantenersi in equilibrio. Se lo mettete seduto avrà bisogno di essere sostenuto solo nella parte inferiore della schiena: se è nella carrozzina, per esempio, un cuscino sistemato sotto il sederino sarà l'ideale. A sei mesi, se lo mettete seduto sul pavimento e poi togliete le mani, riesce a stare seduto per un po' senza afflosciarsi, ma dondolerà: deve ancora risolvere dei problemi di equilibrio prima di riuscire a stare seduto da solo.

*Comincia a imparare a camminare a gattoni*

Benché molti bambini diano l'impressione di stare per mettersi a gattonare prima di aver raggiunto i sei mesi, è raro che lo facciano effettivamente. Gattonare è una tappa che viene dopo l'imparare a stare seduto, spesso diversi mesi più tardi e, nonostante questi tentativi apparenti, è una tappa che molti saltano del tutto.

Per cominciare a considerare l'idea di andare a quattro zampe bisogna che il bambino sia abituato, e gli piaccia, stare a lungo a pancia in giù. Tuttavia da sempre ci sono bambini che rifiutano categoricamente la posizione prona fin da quando sono piccoli e il loro numero è destinato certamente ad aumentare, poiché ormai si preferisce coricare il neonato supino. Sono quindi pochi i bambini che passano molto tempo sdraiati sulla pancia.

Una volta che il bambino, sdraiato sul ventre, ha imparato a tenere diritta la testa e a sollevarsi sugli avambracci, riuscirà poco tempo dopo a tirar su le ginocchia rannicchiate sotto di sé e a spingere in aria il sederino. A quattro o cinque mesi molti bambini scoprono che possono avere più presa sul materasso o sul pavimento se sollevano il bacino e spingono con i piedini invece che con le ginocchia. Circa nello stesso periodo imparano a sollevare le spalle sostenendosi sulle mani anziché sui gomiti. Ora il bambino ha raggiunto un discreto controllo sia delle braccia sia delle gambe e sarebbe nella condizione di poter camminare a gattoni, se non fosse che non riesce ancora a coordinare questi movimenti e a stare sulle ginocchia e sulle braccia contemporaneamente.

Spesso i bimbi si esercitano con tanta foga a coordinare queste due posizioni che pare facciano l'altalena: testa in giù, sedere in su, sedere in giù e testa in su. È difficile che un bambino cammini realmente a quattro zampe sollevando anche il ventre prima di sei mesi; badate però che un bimbo che fa spesso l'altalena è già in grado di percorrere delle buone distanze, sufficienti a fargli raggiungere il bordo del letto o l'inizio di una scala... Non si muove ancora bene, ma è il momento di adottare alcune misure di sicurezza.

Alcuni bambini che rimanevano proni da piccoli non vogliono più starci dopo i tre mesi e perciò abbandonano ogni tentativo di camminare gattoni. Si tratta in genere di bambini che preferiscono guardarsi attorno e avere un rapporto con le persone. Non sopportano che la visuale attorno a loro sia in parte limitata; si sforzano di girarsi per rimettersi sulla schiena, e può anche darsi che prima dei sei mesi ci riescano.

Un bambino che reagisce in questo modo smetterà di opporsi alla posizione prona quando riuscirà a mettersi sulla pancia da solo rotolandosi dalla posizione supina. E probabilmente riuscirà a farlo quando avrà perfezionato la capacità di rotolarsi nella direzione opposta.

Non c'è ragione di supporre che un bambino che si rifiuta di esercitarsi nelle posizioni preliminari del camminare a gattoni prima dei sei mesi non riesca poi a farlo alla stessa epoca degli altri. Probabilmente farà questi tentativi più tardi rispetto alla maggior parte degli altri bambini, quando sarà ormai fisicamente in grado di gattonare; in questo caso imparerà a spostarsi in due giorni, invece che in due mesi. Alcuni bambini non solo non tentano di camminare a gattoni, ma non lo fanno proprio. Tuttavia la cosa non ha importanza. Infatti, a differenza delle altre tappe del controllo muscolare, camminare a quattro zampe è una fase comune, ma non a tutti. Il vostro bambino potrebbe saltarla per passare direttamente a quella successiva: stare in piedi.

*Comincia a imparare a stare in piedi*

La posizione eretta è una conquista che il bambino raggiunge più tardi rispetto allo stare seduto e al camminare a gattoni. Lo sviluppo motorio progredisce sempre dall'alto verso il basso: il bambino non riesce a sostenere i muscoli delle gambe finché non ha raggiunto il controllo della schiena e del bacino.

Tuttavia comincia presto a esercitarsi. Il vostro piccolo di tre mesi, tenuto in posizione eretta mentre lo avete in braccio, si ripiega su se stesso in modo patetico, ma ben presto comincia a sostenere una piccolissima parte del suo peso spingendo con le dita dei piedi, mentre tenta di raddrizzare le ginocchia. A quattro o cinque mesi questo movimento diventa ritmico e pare che il bimbo saltelli. Raggiunta questa fase è probabile che non voglia più stare seduto in braccio, si gira verso di voi, si aggrappa ai vostri vestiti e cerca di tirarsi su. Stare in piedi gli permette di guardarvi in viso e di guardarsi attorno. Quando vostro figlio avrà sei mesi, avrete la sensazione di tenere in braccio un ginnasta che vi scambia per un trampolino. In realtà il bambino non è pronto per un trampolino, ma lo è per il "balla balla baby" (vedi p. 188), da non confondere con il girello, in cui il piccolo, facendo forza sui piedi, riesce a spingersi intorno sul pavimento. Per il suo sviluppo è meglio e più sicuro che impari a camminare senza questo sostegno.

## CONSIGLI AI GENITORI

### *Informare chi si occupa saltuariamente del bambino*

Lo sviluppo motorio dei bambini procede a salti e certi progressi che avvengono da un giorno all'altro possono cogliere i genitori di sorpresa. Accade così che lattanti che avevano *quasi* imparato a rotolarsi il lunedì, il martedì mattina cadano dal tavolo dove la mamma sta cambiando loro il pannolino.

Per una madre che sta con il bambino sempre è facile tener conto dei suoi progressi, ma per gli altri è quasi impossibile. Una balia o una baby-sitter che accudisce il bambino tre giorni la settimana, la nonna che lo tiene il sabato o il personale del nido dove lui *non* va nei fine settimana, devono essere informati. Oltre ai pericoli derivanti dall'accresciuta mobilità, è necessario fare attenzione:

- Ai bambini che sanno colpire un oggetto appeso: imparano all'improvviso ad afferrarlo e a tirare. Un bel giocattolino può non andar bene da masticare e un nastro o una fettuccia potrebbero attorcigliarsi intorno al collo.
- Ai bambini che cominciano ad afferrare: può essere il piatto della pappa, ma anche la tazza di tè bollente o i capelli del fratellino.
- Ai bambini che afferrano le cose e se le mettono in bocca: tenere fuori della loro portata oggetti di uso quotidiano (penne, forbici, giornali, aghi, ecc.) non è difficile quando lo si sa, ma è meglio non doverlo imparare a proprie spese.

# Vedere e comprendere

I neonati hanno una tendenza innata a osservare i volti, le forme e i modelli complessi. Tutte queste attitudini hanno ovvi vantaggi evolutivi: istintivamente i bambini prestano attenzione alle persone per il semplice motivo che sono le persone a occuparsi di loro, e agli oggetti complessi perché devono imparare ad affrontare un mondo complesso.

### *Vi riconosce*

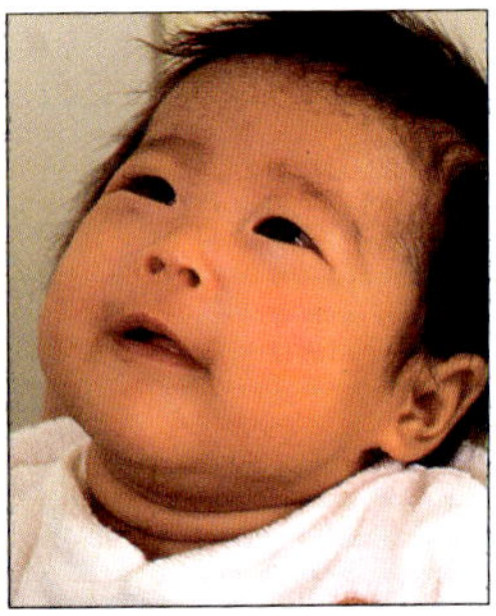

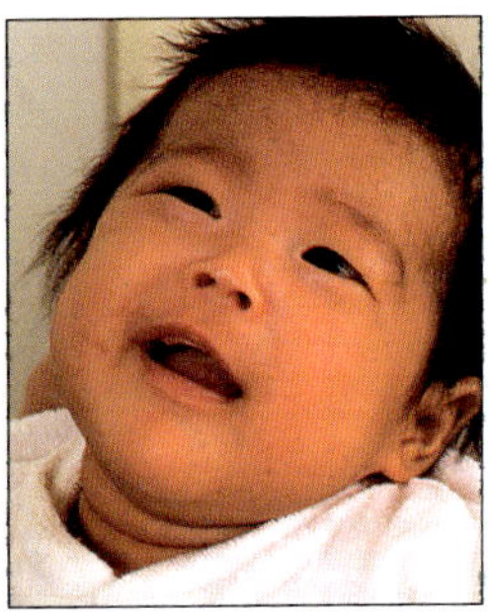

*E un giorno la sua espressione concentrata mentre vi scruta verrà improvvisamente illuminata da un sorriso.*

Nel corso di questi sei mesi avrete osservato come il piccino comincia a conoscere le cose che vede. Impara a distinguere gli oggetti e a utilizzarli in qualche suo modo particolare. Oltre a guardare, agisce, cioè coordina le mani con gli occhi.

Nei primi giorni di vita il neonato studia qualsiasi volto o oggetto o disegno con lo schema capelli-occhi-bocca che lo rendono simile a un volto umano, ma non molto tempo dopo riesce a distinguere i volti veri dalle imitazioni. Quando, fra le tre e le sei settimane, comincia a sorridere, sorride a voi, al vicino o al disegno di un viso. Ma più o meno a otto settimane sorriderà con più prontezza ed entusiasmo a voi e al vicino.

A tre mesi il bambino non solo distingue i volti veri da quelli raffigurati, ma comincia a distinguerli l'uno dall'altro e, in particolare, distingue i volti familiari da quelli estranei. Sorride ancora agli estranei che gli parlano, ma lo fa più prontamente con voi, con il padre o con chi lo accudisce, ossia le persone che conosce e ama. A quattro mesi vi riconosce e vi preferisce a tutti. Non ha paura degli estranei: questa è una fase che può verificarsi più tardi. Con voi è più spontaneo, ha più fiducia, è più felice. Prima che vostro figlio abbia sei mesi le sue manifestazioni di un attaccamento affettivo per voi in particolare sono ormai evidenti, con vostra grande felicità. In braccio si comporta come se il vostro corpo gli appartenesse; vi esplora il viso, vi succhia il naso, vi infila le dita in bocca... Accetta di essere preso in braccio da una persona estranea, ma si comporta "dignitosamente" e, non appena tendete le braccia per riprenderlo, torna da voi con grandi sorrisi e gridolini di gioia. Il bambino ha capito che quelle persone che vede sempre sono persone speciali e le spinge ad accettare il ruolo di persone speciali riservando loro le manifestazioni di tenerezza più deliziose.

### *Altri oggetti da guardare*

La posizione rannicchiata del neonato e la sua "miopia" gli impediscono di vedere molte cose, tranne quando viene preso in braccio o comunque gli si mostra qualcosa a circa 20 cm dal volto. Solo a questa distanza il bimbo riesce a mettere a fuoco l'oggetto e dimostra tutto il suo interesse con il movimento del corpo: se prima era sdraiato tranquillo, ora comincia ad agitarsi; se stava sgambettando, si immobilizza per concentrare l'attenzione. Se l'oggetto viene fatto dondolare lentamente, mantenendolo nel suo limitato campo visivo, lo segue con gli occhi. Se lo si muove troppo velocemente o viene allontanato troppo e non riesce più a vederlo bene, il bambino se ne disinteressa subito: nel momento stesso in cui il neonato perde di vi-

*Imparare a cercare di toccare e afferrare ciò che vede lo rende partecipe della vita che gli sta intorno.*

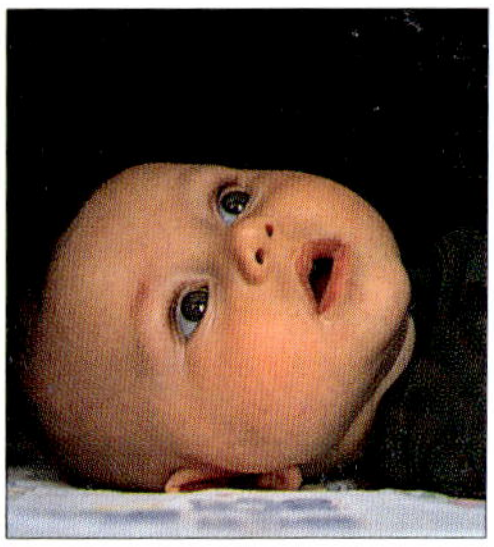

*Il bambino impara attraverso il guardare prima che attraverso il fare. Mettetegli alla giusta distanza oggetti interessanti da osservare.*

sta il giocattolo si dimentica di averlo mai visto. Finché il bambino tiene i pugnetti chiusi non è pronto per usare le mani e quindi non ha realmente bisogno di giocattoli. Tuttavia può guardare le cose ed è probabilmente utile che si eserciti a mettere a fuoco la vista su oggetti diversi, ad angolazioni e distanze diverse.

Tenete presente che il neonato vede a una distanza di 20-25 cm, perciò qualsiasi oggetto appendiate sopra il suo lettino deve essere abbastanza vicino. Se infilate nei bordi della culla uno dei primi libri per neonati in stoffa o in cartone plastificato con disegnate delle forme in bianco e nero oppure la fotografia di un volto, vi sorprenderà la concentrazione con cui li osserva. Tuttavia studierà il vostro volto con interesse ancora maggiore. I volti animati degli adulti che sorridono, parlano, cantano, chiedono sono per lui gli oggetti più interessanti in assoluto: al bambino piacerà molto "conversare" viso a viso con qualsiasi adulto disponibile.

## *Scopre le mani*

Il bambino impiega più tempo a trovare le sue mani di quanto gli occorra a riconoscere voi: il vostro volto, infatti, viene a trovarsi più volte al giorno nel suo campo visivo e alla giusta distanza, mentre le mani di solito non le vede e non se ne accorge finché non riesce a fare qualcosa che lo porti a questa scoperta. Finché il bambino tiene i pugnetti chiusi non è ancora pronto a usarle. Solo quando li aprirà gli si potrà mettere un oggetto in mano; ma prima le deve trovare.

Un neonato di sei settimane scopre le mani toccandole. Se le afferra, se le tira, apre e chiude le dita. Ma anche a otto settimane si comporta come se qualche volta non si rendesse conto che quelle manine gli appartengono e adopera una mano per giocare con l'altra come se si trattasse di un oggetto. Non le solleva per guardarsele. A circa otto settimane, quando gli mettete un sonaglio in mano, lo afferra e lo tiene con le dita come farebbe con l'"altra" sua mano.

Queste prime esperienze con i sonaglini possono portarlo alla scoperta che le mani gli appartengono. Poiché ora, sdraiato sulla schiena, può muovere liberamente le braccia, è probabile che con il movimento faccia risuonare il sonaglio. Il bambino segue il suono con gli occhi e vede, per la prima volta, le sue mani che tengono il sonaglio. Nelle due o tre settimane seguenti sono molto utili dei giocattolini sonori, che il piccino possa afferrare facilmente e tanto leggeri da non costituire un pericolo, perché dirigono la sua attenzione sull'attività delle mani e lo aiutano a stabilire un rapporto fra sé e le manine: il rapporto fra quello che le mani stanno facendo (muoversi attorno) e quello che accade (suono).

A dieci-dodici settimane il bambino non avrà più bisogno del suono, anche se gli piace ancora. Ormai ha veramente scoperto le mani, con la vista e con il tatto. Sa dove sono e ci gioca continuamente, osservandole tutto il tempo. Se ne sta sdraiato a lungo tutto impegnato ad afferrarsele, ad allontanarle finché non le vede più, a farle ricomparire, a tirarsi le dita... Manifesta la stessa concentrazione di un bimbo di cinque anni davanti alla televisione.

Quando, intorno ai tre mesi, il bambino ha raggiunto questo livello di controllo delle mani, oltre a studiarle guardandole e toccandole, le esplora con la bocca. Infila un dito in bocca, lo toglie, lo osserva, lo rimette in bocca, magari con il pollice, lo guarda di nuovo.

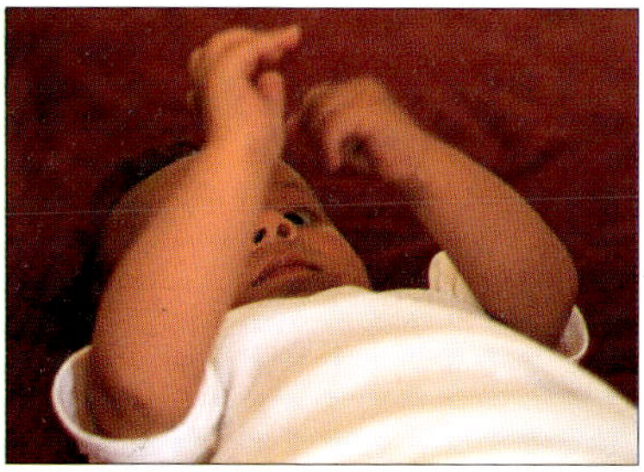

*Le mani sono il primo giocattolo del bambino, e le guarda con la stessa concentrazione con cui il fratellino più grande guarda la televisione.*

Ora che riesce a mettersi le mani in bocca anche tutto il resto farà la stessa fine. La bocca è diventata uno strumento di esplorazione e il bimbo non conosce a fondo un oggetto se non lo esplora mettendolo in bocca. Impedirgli di mettersi le cose in bocca, oltre che sbagliato, è fatica sprecata. Se l'igiene è un problema che vi preoccupa, procurate al vostro piccino degli oggetti per bebè che possa succhiare, guardare e afferrare e lavateli di tanto in tanto; abituate tutti i membri della famiglia a tenere fuori della portata del bambino tutti gli oggetti potenzialmente pericolosi. Per adesso il piccolo non è capace di allungare le mani per afferrarli, ma presto lo farà.

Poiché la bocca del lattante fa parte del suo equipaggiamento esplorativo, fate in modo che non sia sempre occupata dal succhiotto. Lattanti molto agitati e infelici con un costante e reale bisogno di succhiare non sono ancora pronti a giocare con le mani, mentre per la maggior parte dei bambini di questa età si può limitare il conforto del succhiotto all'ora del sonno o quando sono particolarmente infelici, in modo che oltre alle mani anche la bocca possa intervenire attivamente nel gioco.

## *Come aiutarlo a usare le mani*

Come abbiamo visto, all'inizio i lattanti cominciano a usare le mani senza partecipare con gli occhi e viceversa. Tastano un giocattolo senza guardarlo e lo guardano senza toccarlo. Finché non coordina la vista con il tatto, il bambino è passivo. Può solo guardare, ma non è in grado di fare niente con quello che vede. Per partecipare attivamente alla vita che lo circonda deve collegare questi due sensi e imparare a raggiungere, toccare e prendere le cose che vede.

Riuscire ad afferrare un oggetto è un processo molto complicato. Occorre prima vederlo, capire che cos'è o quanto meno decidere di volerlo, valutarne la distanza e infine ricorrere a movimenti complessi del braccio per raggiungerlo con la mano. Ma non è tutto: a questo punto bisogna coordinare il movimento della mano per prendere l'oggetto. Solo quando sa fare tutte queste cose il bambino è in grado di manipolare ciò che ha preso: di *fare* qualcosa con l'oggetto.

Questo apprendimento viene definito "coordinazione visivo-manuale": si tratta cioè di collegare l'azione delle mani con quella degli occhi, una cosa che noi tutti facciamo migliaia di volte ogni giorno senza pensarci. Lo sviluppo della coordinazione mani-occhi, nel primo semestre di questo anno fondamentale, è altrettanto importante quanto l'imparare a camminare a gattoni e a camminare in piedi nei successivi sei mesi. E, ciò che più conta, questo coordinamento visivo-manuale continuerà a essere molto importante per tutta la vita. Il bambino che gioca bene con una palla o con un martello di gomma

*Più guarda e più ha voglia di toccare e di afferrare. Sa che dovrebbe fare qualcosa con le mani, ma che cosa e come farlo?*

è un bambino con un buon coordinamento mani-occhi: lo stesso si può dire per un buon guidatore d'auto.

Non si può insegnare a un bambino a coordinare le mani e gli occhi, perché comincerà a imparare solo quando sarà abbastanza maturo per poterlo fare, ma è possibile offrirgli dei giocattoli che possano stimolare la coordinazione e che gli permetteranno di imparare in fretta e con piacere. Ricerche in proposito dimostrano che i neonati allevati in vecchi istituti con pochi giocattoli, scarsi rapporti con gli adulti e ore e ore di solitudine senza nulla da fare sono molto lenti nell'imparare a raggiungere e afferrare gli oggetti. Non appena questi bambini ricevono più attenzioni e vengono dati loro degli oggetti interessanti da guardare e maneggiare, la coordinazione tra mano e occhio si sviluppa molto più in fretta.

I bambini annoiati sono bambini deprivati. È quindi evidentemente importante che i genitori offrano ai loro bimbi questo tipo di stimoli. Accade tuttavia che anche dei genitori molto coscienziosi forniscano degli stimoli, per questo tipo di gioco, inferiori al bisogno reale del bambino, e non perché si tratta di genitori che non vogliono dare al bambino tutto quello che potrebbe adoperare, ma perché le fasi dello sviluppo della coordinazione visivo-manuale non sono facilmente riconoscibili.

*Coordinare le mani e gli occhi*

Quando il bambino gioca con le mani se le guarda, collega ciò che vede con ciò che fa. Benché riesca a vedere facilmente solo gli oggetti vicini, comincia a diventare rapido nel metterli a fuoco e nel seguirli con lo sguardo se si muovono, girando la testa se necessario, in modo da non perderli di vista. Tra poco non gli basterà più *guardare* qualcosa che lo interessa: vorrà cercare di fare qualcosa con l'oggetto, magari colpirlo con la mano più vicina; intanto si guarda la manina, poi l'oggetto, poi di nuovo la manina.

Riuscire a tendere la mano e a toccare l'oggetto dà al bambino un senso di potere e di controllo crescenti sul suo corpo e sul mondo circostante. Sfrutterà tutte le occasioni che gli fornirete. Ma non dovete aspettarvi troppo. Benché sia utile per lui esercitarsi a controllare le mani e imparare a valutare, a occhio, la distanza fra le mani e l'oggetto che desidera, non sarà molto bravo a farlo e l'insuccesso conti-

*Gli oggetti che dondolano sono divertenti e colpirli dà al bambino un senso di potenza: "Faccio così e qualcosa accade!".*

nuo non lo spronerà, come non motiva un bambino più grande o un adulto. Fate in modo che i suoi tentativi abbiano successo. Se gli offrite un oggetto, non mettetegielo in mano, aspettate con pazienza fino a che sarà riuscito a toccarlo e solo allora dateglielo. A questa età non c'è niente di meglio degli oggetti da colpire, appesi con un filo corto a una barra del lettino, in modo che pendano a circa 25 cm dal suo naso, a portata della sua manina tesa, che si allungherà verso una pallina di lana sospesa sopra di lui e riuscirà talvolta a colpirla. Un sonaglino, appeso nello stesso modo, costituisce una novità: il bambino scopre che colpendo l'oggetto, oltre al movimento, provoca anche un rumore piacevole. Appendete al filo oggetti diversi che avranno comportamenti diversi quando il bambino li colpirà (e che non gli possano far male se dovessero cadergli addosso) e osservate l'espressione di trionfo come se dicesse: "Lo vedo, faccio così, e *accade qualcosa!*".

*Toccare e afferrare*

Quando il bambino ha imparato a tendere la mano verso un oggetto e a toccarlo senza doversi fermare a pensare, vedrete che comincerà a tentare, con sempre maggior insistenza, non solo di toccarlo, ma anche di *afferrarlo*. Colpire gli oggetti appesi sopra il suo lettino non è più sufficiente ora: vuole anche afferrarli. Il suo comportamento tipico consiste nel guardare l'oggetto, guardare e sollevare la mano che si trova più vicina a ciò che gli interessa, "misurare" la distanza a occhio, e ripetere l'operazione finché riesce a toccare l'oggetto. Tuttavia non riesce ancora ad afferrarlo, perché perlopiù chiude la mano prima di averlo raggiunto.

Ora gli oggetti che dondolano non sono più divertenti ma frustranti. Potete sostituirli con l'apposito telaio da montare sul lettino che ha tutta una serie di giocattolini adatti a stimolare il piccolo. Scegliete però un tipo che abbia oggetti anche sui lati più bassi perché quelli sulla barra orizzontale saranno fuori della portata di un bambino di tre mesi. Se è seduto gli piacerà avere i giocattoli sul vassoio della seggiolina, ma ricordate che non è ancora maturo per manovre complicate, come per esempio premere qualcosa con un dito. La possibilità di giocare con un adulto lo aiuterà moltissimo nell'esercitarsi e nell'acquistare l'abilità di coordinare il movimento delle mani con il senso della vista.

Il movimento di allungare la mano, che il bambino esegue lentamente e con tanta concentrazione, gli riesce meglio se è seduto, con il corpo sostenuto e le braccia e le mani libere di muoversi. Se gli offrite un oggetto da toccare, non affrettatevi a metterglielo in mano: il piccolo sta lottando perché la mano gli obbedisca. Lasciategli fare lo sforzo fino al momento in cui riesce a toccare l'oggetto che desidera. Solo allora ha bisogno che glielo mettiate in mano in modo che, oltre al piacere di essere riuscito a toccarlo, abbia quello di averlo ottenuto. Gli piace molto anche toccare gli oggetti quando è in braccio a voi, specialmente quando non badate a quello che sta facendo e lui può prendersi tutto il tempo che vuole per concentrarsi. Se vi mettete una collana (non fragile) o un medaglione al collo, il bimbo sarà occupatissimo in autobus o durante una riunione di adulti. Anche le vostre reazioni a ciò che fa entrano ora a far parte del divertimento. Se qualcuno degli adulti che conosce porta gli occhiali, levarglieli sarà il suo primo gioco deliberato.

*Ora quando vuole qualcosa stende il braccio senza pensarci, con la mano più o meno aperta a seconda della dimensione dell'oggetto.*

Quando si avvicina ai sei mesi il bambino è ormai così bravo a mettere a fuoco le cose a qualsiasi distanza e a seguirle con gli occhi in qualsiasi direzione, che guarderà gli adulti mentre si occupano delle loro faccende. Può persino vedere ciò che accade dalla finestra. Ormai è anche diventato piuttosto abile con le mani. Sa dove sono senza dover controllare, perciò quando le allunga gli basta guardare l'oggetto. La mano rimane aperta fino a che non tocca il giocattolo intorno al quale poi si chiude. Oppure cerca di afferrare gli oggetti grandi con tutte e due le braccia aperte che poi stringe a sé.

Mostrategli più oggetti che potete e aiutatelo a scoprire quali si possono toccare e quali no. Vede l'autobus, così grosso, ma non lo può toccare perché è troppo lontano. Vede i raggi del sole che si riflettono su un muro, ma non può afferrarli. Vede i fiori sul tappeto, ma per quanto si sforzi non può raccoglierli come fa con quelli dell'aiuola in giardino. I libri illustrati lo aiuteranno molto a esplorare e ad arrendersi a questo dilemma e così faranno i tanti piccoli esperimenti che la sua capacità manipolativa in rapido sviluppo gli consentirà di compiere. A sei mesi alcuni bambini (ma non tutti) amano non solo avere degli oggetti da prendere in mano e da picchiare sul tavolino della seggiolina, ma vi osserveranno per vedere come si usano e cercheranno di copiare certi vostri movimenti, come lanciare e spingere. Al vostro bambino piacerà avere pezzetti di cibo da raccogliere e da mettersi in bocca e cercherà di tenere in mano il biberon o il vostro seno. Appena vede qualcosa di interessante, allunga la mano per prenderlo e diventa così veloce che dovrete fare molta attenzione a ciò che gli lasciate vicino, perché qualsiasi cosa afferra finisce sicuramente in bocca: carte di credito, forbicine, sonaglini e fette biscottate che dir si voglia.

*Certe cose si possono vedere e toccare ma non prendere. Il piccolo non sa ancora che cosa significa bidimensionale, ma lo scoprirà presto.*

# Udire e produrre suoni

A quattro o cinque settimane il neonato comincia a fare una connessione fra ciò che ascolta e ciò che guarda. Da un giorno all'altro, mentre lo cambiate sul fasciatoio, smette di fissare distrattamente l'ambiente che lo circonda: ascolta intento il suono gradevole della vostra voce, cominciando a cercare intenzionalmente, con lo sguardo, la fonte dalla quale proviene.

Se osservate il vostro piccolo con occhio attento durante questa fase potreste scorgere il primo sorriso dettato dal suo grande desiderio di socialità; non lo esibisce in risposta al vostro sorriso o al vostro volto sorridente che gli parla, ma in risposta alla voce. Quando avrà imparato a guardarvi mentre parlate, sorriderà al suono che sente e anche al volto che vede; e dopo due o tre settimane sarà sufficiente il vostro volto sorridente, senza quella voce tanto importante, a suscitare un suo sorriso.

A due mesi il bambino comincia a reagire a una maggiore varietà di suoni. Un rumore forte e improvviso lo fa ancora sussultare, la musica ha sempre un effetto calmante, ma acquistano via via una maggiore importanza anche i suoni intermedi. La reazione del piccolo a ogni tipo di suono dipende in genere dal suo stato d'animo: il ronzio dell'aspirapolvere quando è di cattivo umore potrebbe essere lo stimolo che scatena quel pianto che era lì lì per scoppiare, mentre se è di buon umore e pieno di allegria lo stesso rumore lo fa sorridere e sgambettare dalla contentezza. È come se questi suoni intermedi agissero da stimolo generale, esasperando le sensazioni del bambino. Solo la voce umana genera in lui una sensazione piacevole, in qualsiasi circostanza e qualunque sia lo stato d'animo del piccino.

*Primi suoni intenzionali*

Poiché il bambino è spinto da uno stimolo naturale a prestare attenzione alla voce umana, non ci dobbiamo stupire se spesso i primi suoni intenzionali li emette in una situazione sociale, quando l'adulto lo tiene in braccio o lo intrattiene. Già poco dopo la nascita il neonato produce qualche suono diverso dal pianto, ma quei gorgoglii di soddisfazione dopo il pasto o quel piagnucolio che precede il pianto non sono suoni intenzionali, sono piuttosto legati al suo stato fisico. Lo stomaco pieno, la gola rilassata e la bocca semiaperta lo inducono a emettere dei suoni gutturali di soddisfazione, mentre la gola tesa e una respirazione affannosa lo portano al piagnucolio.

Due o tre settimane dopo aver imparato a rispondere sorridendo, dimenando le gambe e le braccia e con movimenti di contentezza in tutto il corpo quando gli si parla e gli si sorride, il bambino comincia ad aggiungere dei suoni al sorriso. Emette qualche suono più personale e quando osserva il vostro volto sorride e scalcia, producendo piccole esplosioni di suoni per così dire "liquidi". Dopo circa due settimane distingue il sorriso dalla voce: se gli sorridete sorride, se gli parlate vi "parla".

Se parlate spesso al bambino egli diventerà ciarliero; se invece avete l'abitudine di curarlo in silenzio, se lo lasciate sovente solo o se vi

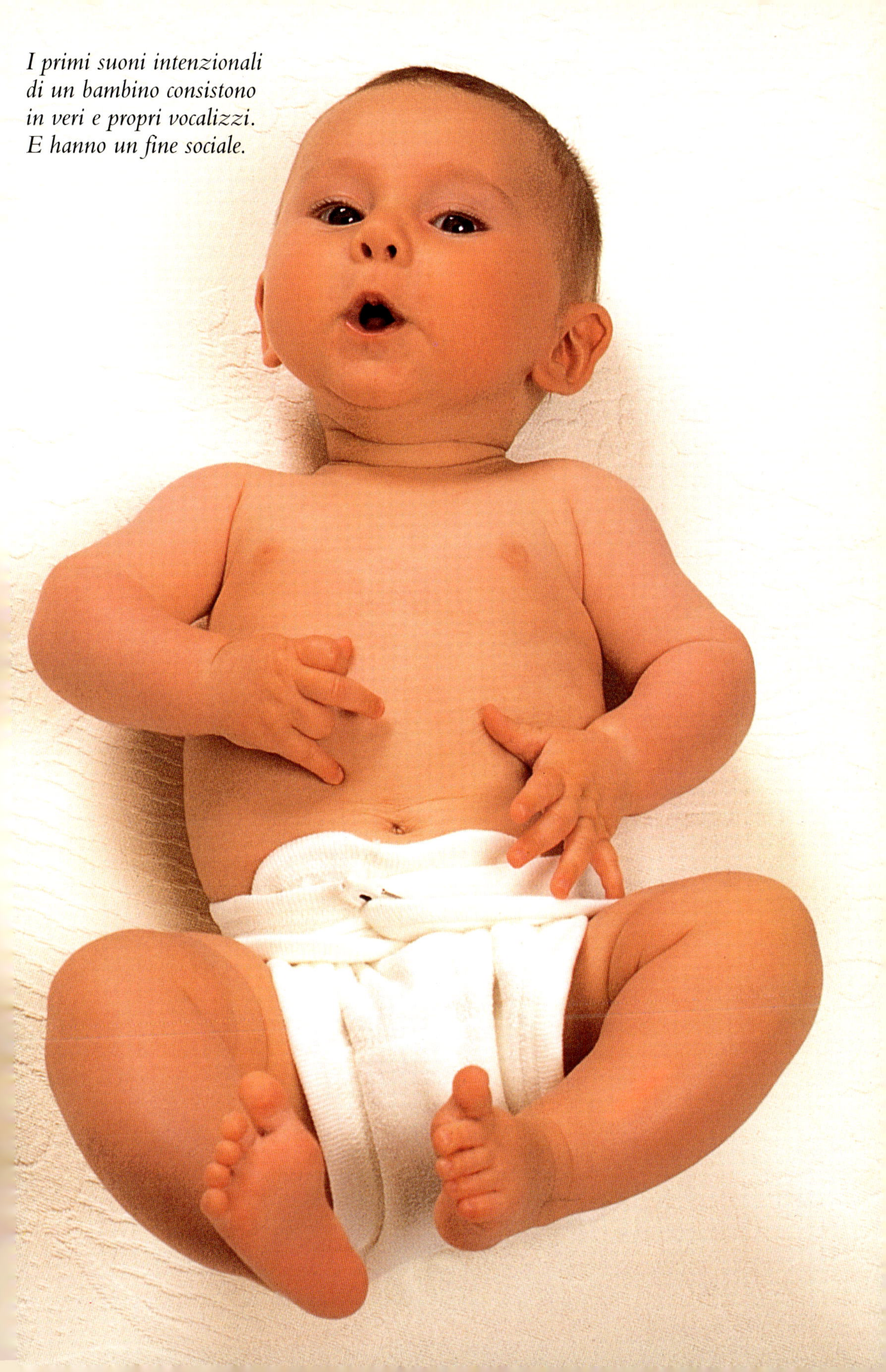

*I primi suoni intenzionali di un bambino consistono in veri e propri vocalizzi. E hanno un fine sociale.*

capita spesso di accudirlo parlando contemporaneamente con il figlio più grande, il bambino "parlerà" molto meno. Naturalmente i bambini non emettono dei suoni solo se si parla loro: lo fanno anche quando se ne stanno da soli nella culla o nella carrozzina. Tuttavia più il bambino ha occasione di sperimentare un rapporto fatto anche di parole più è stimolato a sperimentare la gamma dei suoni che conosce e a utilizzarli.

Anche quando è da solo i suoni che produce hanno il ritmo della conversazione. Lo udirete emettere un suono, poi fare una pausa come se stesse ascoltando la sua voce, un altro suono e un'altra pausa. Questo tipo di esercizio, insieme al gioco con le mani, è sovente l'attività preferita da un bambino di questa età. In realtà i bambini che parlano molto (sia agli adulti sia a se stessi) sono in genere più sereni anche quando sono soli rispetto a quelli che parlano meno: è un'ulteriore prova che i bambini che ricevono più attenzioni sono più soddisfatti e meno esigenti dei piccoli i cui genitori limitano il loro intervento nel timore di viziarli.

*Le prime conversazioni*

Queste prime vocalizzazioni non sono un vero e proprio linguaggio, nel senso che il bambino cerca di dire qualcosa di specifico, ma sono un tentativo intenzionale di comunicare con voi, e per entrare in rapporto con voi usa la voce. Se gli parlate, il piccolo risponde e fa una pausa come se attendesse un vostro commento; se gli parlate ancora aspetta finché avete terminato e produce poi ancora qualche suono. Le sue "intenzioni sociali" risultano più evidenti dal fatto che il bimbo reagisce con questo comportamento solo alla voce, mentre gli altri suoni non producono alcun effetto. Sono stati condotti degli esperimenti in proposito facendo seguire a ogni suono emesso dai bambini il suono di un campanellino. Questo suono non ha provocato alcuna risposta, né ha influito sulla quantità di suoni emessi. Il bambino risponde perché qualcuno gli parla, non solo perché sente un suono.

*Balbettio*

Nel secondo trimestre il bambino produrrà una vera e propria valanga di suoni, che di solito definiamo "balbettio". Il livello di sviluppo generale raggiunto gli rende la vita stimolante ed eccitante. Quando sgambetta, si gira, gioca con le mani, colpisce gli oggetti e quando, con sua grande soddisfazione riesce a toccarli, festeggia e commenta la riuscita dei suoi gesti con un fiume di suoni. Chiacchiera sempre molto quando gli si parla, ma anche quando si intrattiene da solo raramente rimane silenzioso a lungo.

A tre o quattro mesi la maggior parte dei suoni del bambino consistono in vocali aperte: "aaah" e "oooh"; sembra quasi che stia facendo dei vocalizzi.

Le prime consonanti che pronuncia dopo le vocali sono la *p*, la *b* e la *m*. I suoni assomigliano sempre più a delle parole. Quella che i genitori notano più facilmente è "maaa". Non è una coincidenza che in quasi tutte le lingue europee, questo suono corrisponda all'inizio della parola "mamma". Qualche madre pensa subito che il bambino stia cercando di chiamare lei, e capita anche che il padre si preoccupi perché il bambino dice "maaa" e non "paaa". Ma prima dei sei mesi è un'illazione pensare che il bambino stia cercando di chiamare qualcuno per nome. Pronuncia quelle vocali e quelle consonanti perché sono quelle che è in grado di pronunciare in base alle sue capacità di fonazione attuali.

L'apprendimento di balbettii più complessi attraverso queste sequenze di produzione di suoni fa parte del processo evolutivo del bambino. È vero che il piccolo produce questi suoni in modo tanto più scorrevole quanto più gli si parla, ma lo farà in una certa misura anche se viene molto trascurato o se non ode suoni dall'esterno perché è sordo. Non si può quindi dedurre che un bimbo con meno di sei mesi abbia un udito normale solo perché produce dei suoni e dei balbettii. La sordità si manifesta nel modo di parlare solo nel secondo semestre; è però possibile scoprire se il bambino non sente osservando le sue reazioni (o la mancanza di reazioni) ai suoni provenienti dall'esterno. Se vostro figlio non volge mai il capo per cercare la fonte di provenienza della voce o non sobbalza mai se si lascia cadere un piattino dietro di lui o si provoca un rumore in generale, è meglio consultare il medico, anche se parla molto.

*L'ascolto* Quando il bambino ha quattro o cinque mesi, ogni volta che gli parlate vi ascolta con molta attenzione osservandovi il volto, anche se vi muovete intorno a lui invece di parlargli direttamente. Se fate una pausa vi risponde con suoni diversi, con più o meno enfasi, e quando

*Quando parlate vi ascolta, quando vi fermate vi risponde. Il bambino impara l'arte della conversazione molto prima delle parole.*

si ritrova da solo si esercita a pronunciare tutto il suo repertorio di suoni. Molti genitori ritengono che i bambini, durante tutto il periodo di apprendimento del linguaggio, imparino a parlare per imitazione e quindi semplificano le parole che rivolgono loro, accentuandone alcune per facilitare il processo dell'imitazione. Ma i bambini non imparano a parlare per imitazione e i tentativi di farli rispondere a pappagallo sono inefficaci e inutili. Quando parlate al vostro piccolo non gli state solo dando un modello da copiare, ma molto di più: lo stimolate, con un rapporto sociale piacevole, a produrre i suoni che già conosce e a migliorarli.

I bambini di qualsiasi nazionalità producono una gamma di suoni simili. Quanti e quali dipende in parte dal grado di maturità del loro apparato vocale e in parte dal fatto di essere più o meno ciarlieri. Poiché i suoni sono universali ve ne sono sempre alcuni che assomigliano a delle parole, ma in quale lingua dipende da chi ascolta: se i genitori sono italiani individuano i vocalizzi che hanno un suono italiano, li interpretano estasiati come tentativi di parole e trascurano gli altri come "balbettio". Genitori inglesi captano suoni inglesi, genitori giapponesi colgono suoni giapponesi e così via. Il vostro bambino non sta tentando di pronunciare parole in nessuna lingua in particolare, anzi non cerca affatto di pronunciare delle parole; sta semplicemente producendo balbettii non diversi da quelli di bambini di altri paesi allo scopo (questo sì condiviso) di socializzare. Comincerà a pronunciare parole attorno all'anno d'età.

Il bambino, quando vi ascolta, non cerca di imitarvi, ma di imparare a riconoscere la vostra voce. Così come impara a distinguere i familiari dagli estranei guardandoli, impara a distinguerli anche ascoltandoli. La voce della madre gli è familiare da prima della nascita e quindi la riconosce facilmente fra tutte, ma a sei mesi vi accorgerete dalla sua eccitazione che ha individuato la voce di un'amica che parla in un'altra stanza. Se entrate nella sua camera parlando inizierà a sorridere prima ancora di essere riuscito a liberarsi dalle copertine che lo avvolgono per potervi guardare; se però arriva una persona estranea, il viso avrà un'espressione vigile e sospettosa.

### *Come aiutarlo a parlare*

L'età in cui il bambino dirà le sue prime parole e ne metterà insieme due per formare la sua prima frase dipende più dai cromosomi che dal comportamento dei genitori. Tuttavia la facilità e la scorrevolezza con la quale il piccolo emette i suoi balbettii è strettamente connessa alla facilità e alla velocità con cui imparerà a usare il vero e proprio linguaggio più tardi. La sua loquacità attuale dipende, almeno in parte, dalla quantità di stimoli che riceve dagli adulti che gli stanno intorno e la sua loquacità futura dimostrerà la sua disponibilità ad altri tipi di apprendimento. Stimolare il bimbo parlandogli è quindi una delle principali responsabilità dei genitori.

Il bambino sta cercando di diventare parte di una comunità che usa il linguaggio per comunicare. Non gli sarà molto utile trascorrere tutti i giorni lunghe ore con una ragazza alla pari che non parla italiano, o in un nido dove il personale è scarso e quindi ha poco tempo per parlargli, o con una parente che lo accudisce tenendo costantemente la televisione accesa, più interessata ad ascoltare ciò che proviene dall'apparecchio che a parlare con il piccolo.

Per alcuni parlare al bambino è più facile che per altri. I genitori loquaci di carattere chiacchierano con chiunque sia presente e, se è il bambino a essere presente, è a lui che parlano. Per alcuni genitori il loro piccolo è veramente una persona fin dalle prime settimane, per cui ignorare un bimbo lasciandolo inoperoso sarebbe altrettanto scortese che ignorare un vecchio amico. Certe persone sono invece silenziose per natura e non parlano molto volentieri nemmeno con gli altri adulti. Parlare poi con un bambino, che neppure risponde con delle parole, li fa sentire un po' sciocchi: sembra loro di parlare da soli, ad alta voce. Una loquacità naturale e spontanea è una buona qualità da ricercare in una balia, specialmente se è una qualità che a voi fa difetto.

È inutile fare sforzi per comportarvi in un modo che non vi corrisponde. Se cercate di assumere un comportamento che non è il vostro risulterete innaturali e i vostri discorsi non sembreranno al bambino delle conversazioni.

È però possibile creare situazioni che vi aiutino a parlare al vostro bambino. Vedrete che la sua rispondenza alla vostra conversazione vi stimolerà a parlargli sempre di più.

- Mostrategli un libro illustrato. Indicategli le figure definendole con il loro nome e, se si tratta di persone, spiegategli che cosa stanno fa-

## CONSIGLI AI GENITORI

### *Sordità*

I problemi di udito nel bambino possono provocare difficoltà di linguaggio e accorgersene per tempo aumenta moltissimo la possibilità di aiutarlo; perciò se avete il dubbio che vostro figlio non ci senta bene, non perdete tempo e rivolgetevi al medico.

L'incapacità di udire non è sempre evidente perché all'età in cui ha ormai imparato a reagire in modo consapevole, tanto da permettervi di capire che cosa può aver provocato il suo sorriso, qualsiasi bambino, anche quello sordo, balbetta come gli altri. Le prime emissioni sonore non costituiscono infatti la "risposta" a qualcosa che il bambino ha udito.

Quando, però, un bambino ha quattro o cinque mesi potrete notare degli indizi. Oltre che sobbalzare per un forte rumore improvviso (cosa che anche un bambino con problemi d'udito farà) quasi tutti i bambini cercano di individuare la fonte dei suoni, girando la testa verso chi parla o verso la televisione. Se vostro figlio non si comporta così, fate una prova: mettetelo sul seggiolone, lasciate che la sua attenzione sia attirata da qualcuno di fronte a lui e poi parlategli da dietro le spalle, ma abbastanza vicino, con un tono di voce normale. Se non reagisce non spaventatevi (forse vi ha sentito ma era troppo interessato per farci caso); ditelo comunque al medico.

Prima dei sei mesi il bambino passerà dai vocalizzi alle sillabe, emettendo i primi balbettii: a questo punto è possibile percepire la differenza tra i suoni prodotti da un bambino sordo e quelli prodotti da uno che non lo è; ma a meno che non conosciate altri bambini coetanei o ricordiate bene i balbettii del fratellino maggiore sarà per voi difficile notarla. Lo specialista però può farlo senza sforzo.

Se nulla vi fa pensare che il bambino sia sordo, salvo il fatto che non "parla" molto, probabilmente non lo è. Ci possono essere diverse ragioni per la sua relativa silenziosità:

- Può essere un bambino molto tranquillo.
- Può trattarsi di un bambino prematuro o che ha avuto problemi alla nascita.
- Può essere un gemello.
- Può provenire da una famiglia tranquilla o aver ereditato la caratteristica di parlare tardi.

*Guardare insieme un libro è uno dei modi più piacevoli di farsi compagnia a vicenda.*

cendo, come fareste con un bimbo di tre anni. Al bambino piacerà guardare le figure e ascoltare le vostre parole, anche se non le capisce.

■ Spiegategli che cosa state facendo quando lo accudite. Quando lo svestite, nominategli gli indumenti che via via gli togliete e le sue varie parti del corpo. Quando gli fate il bagno ditegli che cosa state insaponando e che cosa state cercando. Quando gli date da mangiare, ditegli che cosa sta mangiando e che cosa verrà poi.

■ Fategli delle domande. Non vi risponderà con delle parole, ma potrebbe farlo con l'espressione, le intonazioni, i gesti. Chiedetegli: "Bello?" o "Fa troppo freddo?".

■ Parlategli con naturalezza, senza cercare di semplificare le parole. A questa età è soprattutto il suono scorrevole e interessante della vostra conversazione che stimola il bambino. Se cercate di semplificare il linguaggio, di rallentare il ritmo, di rendere l'argomento più comprensibile, sembrerete innaturale e artificiale. Il bambino reagisce con gioia sia ai vostri commenti sui recenti sviluppi politici, sia al prezzo del formaggio, sia a frasi scelte con cura sul cane. Se vi viene spontaneo usare un linguaggio infantile, usatelo, in caso contrario parlate normalmente. A questa età, un modo o l'altro non fa differenza.

■ Fate in modo di trovare dei momenti in cui parlare al vostro bimbo da solo. È utile se chiacchierare con vostro figlio di fronte ad altre persone vi fa sentire a disagio, oppure se avete un altro bambino più grande e più abile nel monopolizzare la vostra attenzione.

■ È molto importante ascoltare il bambino e cercare di rispondergli ogni volta che si rivolge a voi con dei versetti. Non serve rispondergli né con un fiume di parole né con un monologo. Il bimbo desidera la conversazione. Se avete difficoltà a iniziarla, potreste almeno abituarvi a rispondere ogni volta che il bambino cerca di avviarne una.

*Il bagnetto è il momento adatto per divertirsi, ma anche per "chiacchierare".*

# Giocare e apprendere

Il gioco è molto più di un semplice divertimento per un bambino. Il gioco è anche apprendimento e pratica di ciò che impara. È scoperta ed esplorazione di ciò che trova nel suo ambiente. È tutto ciò che stimola l'uso del suo corpo, dei sensi, lo sviluppo del pensiero e dell'intelligenza. Il gioco deve essere divertente, altrimenti il bambino non lo farebbe, ma ciò non significa che tutti i giochi debbano avere lo scopo di divertire. Ci penserà il vostro bambino a trasformare in gioco qualsiasi cosa facciate con lui, dal cambiargli i pannolini al dargli da mangiare.

Ma quando decidete di giocare con lui nel vero senso della parola tenete presente che il vostro intervento è molto importante. Anche ai bambini più grandi piace molto giocare con gli adulti, ma possono farlo anche senza, mentre il piccolo non può. In effetti durante il primo anno circa la distinzione tra "giocare" e "imparare", fondamentale quando sarà cresciuto, non esiste. Quando giocate con lui gli state "insegnando" qualcosa. Quando voi, o chi si occupa del bambino, cominciate a giocare con lui non potete fare a meno di insegnargli qualcosa, perché il piccolo sa fare molto poco da solo e deve imparare tutto. Probabilmente il bambino, quando è sveglio, vorrà che giochiate con lui tutto il tempo e, dal momento che il tempo che gli potrete dedicare sarà certamente limitato, fate in modo di offrire al piccolo le esperienze più adatte, più interessanti e divertenti che vi riesce di escogitare.

*Come sfruttare al massimo i momenti di gioco con il bambino*

Adattate il tipo di gioco al suo umore. Il bambino, come qualsiasi persona, preferisce giochi diversi a seconda del suo umore, ma a differenza delle persone adulte o più grandi, il suo stato d'animo cambia rapidamente.

Quando sta bene e sprizza energia preferisce il gioco turbolento che lo fa esultare per i movimenti che riesce a compiere. Ma quando non si sente bene o è stanco lo stesso gioco lo può spaventare o turbare. Non si sente abbastanza forte e controllato e ha l'impressione di essere maltrattato.

Quando è tranquillo e ha bisogno di affetto desidera solo essere preso in braccio, cullato e coccolato da voi. Ma se è irrequieto e pieno di energia lo stesso tipo di gioco gli darà una sensazione di costrizione e lo infastidirà.

Quando è stanco, ha fame o è infelice nessun gioco gli andrà bene. Non vuole giocare: desidera solamente dormire, mangiare o essere cullato e confortato.

Quando giocate con il vostro bambino, adattatevi al suo ritmo. Le sue reazioni sono molto più lente delle vostre, soprattutto quando il gioco proposto stimola l'esercizio di nuove abilità fino al limite massimo delle sue capacità. Perché il bambino possa partecipare completamente al gioco abituatevi a rispettare il suo ritmo. Se, per esempio, gli parlate, poi fate una pausa di cinque secondi per dargli tempo di "rispondere", ma riprendete a parlare senza avere la pazienza di at-

*Il mondo visto con gli occhi di un bambino è terribilmente complicato.*

tendere più a lungo, gli avrete fatto saltare il suo turno. Dategli tempo: può darsi che gli occorrano quindici secondi prima di trovare il suono opportuno per rispondervi.

Se gli offrite un giocattolo da afferrare, aspettate che il piccolo metta in moto quel complesso processo che richiede molta attenzione da parte sua per raggiungere il giocattolo; se invece perdete la pazienza e glielo mettete in mano, gli fate di nuovo saltare il turno. Cercate di essere più pazienti, concedetegli tutto il tempo che gli è necessario per far arrivare la mano al posto giusto, per riuscire in quel gioco-lavoro.

Se gli sorridete per qualche secondo, gli inviate un bacio al volo e ve ne andate subito, gli avrete di nuovo impedito di partecipare al gioco. Probabilmente vi avrebbe restituito il sorriso, ma non gliene avete dato il tempo e allora il piccolo sorriderà, un po' perplesso, alla vostra schiena.

Adattate i giochi al suo temperamento. Per ogni bambino esiste un'intensità di stimolo ideale, sufficiente a risvegliare il suo interesse senza però turbarlo o indurlo a rinchiudersi. Il gioco di buttarlo in aria, che delizia un bimbo di cinque mesi, potrebbe spaventarne un altro. La dolce canzoncina che fa sorridere un bimbo, che a sua volta cerca di cantare, passa inosservata a un altro. Nessuno meglio di voi conosce vostro figlio e solo osservando con attenzione le sue reazioni sarete in grado di scegliere il gioco più adatto.

Se non gli piacciono i rumori forti non dategli un cucchiaio di metallo da battere sul piattino: meglio una spatola di plastica. Non offritegli un'ochetta di gomma che, premuta, squittisce, ma chiudete con un cerotto il forellino per attutire il suono finché il bambino non si sarà abituato a quel rumore; e non lasciate che il fratellino più grande se ne impadronisca facendogli vedere a forza "come funziona".

Se è insicuro nei movimenti non giocate a "trotta, trotta cavallino" facendolo ballonzolare sulle ginocchia. Scegliete invece una filastrocca da raccontargli giocando con le sue dita.

Se è un bambino molto vivace non relegatelo nella seggiolina con un sonaglio, ma lasciatelo libero sul pavimento e aiutatelo a sgambettare e a rotolarsi liberamente.

3-6 mesi

Variate "in equa misura" i giocattoli. I bambini fra i tre e i sei mesi sono molto attratti e interessati dagli oggetti abbastanza familiari, ma in qualche modo anche nuovi. Se conoscono molto bene un oggetto alla fine si annoiano perché hanno scoperto tutto ciò che c'era da scoprire e non vi è più nulla da esplorare. A vostro figlio piacerà un sonaglio nuovo, simile al primo, ma leggermente più grande o di un diverso colore; un pezzetto di carta come quello del giorno precedente, ma questa volta di velina che gli dà una sensazione tattile diversa e fa un altro rumore; degli oggetti da appendere di forma differente; un palloncino allungato invece di quello rotondo; una bottiglia di plastica invece di un barattolo.

Dategli modo di giocare nudo e di scoprire che la pelle fa parte del suo corpo e non si può togliere come si fa con i vestiti che indossa. Quando hanno due o tre mesi ai bambini piace molto stare nudi, in netto contrasto con la paura della nudità del neonato. Giocare nudi presenta molti vantaggi. Il bambino, libero da indumenti e copertine, può esplorare quelle parti del suo corpo che di solito non riesce né a vedere né a toccare con tutti quei pannolini e vestitini. Sperimenta inoltre una percezione completamente differente del mondo esterno quando l'aria o il sole gli accarezzano la pelle mentre rotola, ridacchia e fa i suoi versettini. Giocare e farsi fare le coccole da voi quando è nudo presenta nuove possibilità: potreste trovare il suo sederino irresistibile e baciarglielo oppure solleticargli il pancino, gesti che lo delizieranno.

Ma il piccino ha anche bisogno di calore e di sicurezza. Il centro di un letto matrimoniale con un grande asciugamano sotto di lui è il campo di gioco ideale, perlomeno finché non ha imparato a rigirarsi. Un tappetino sull'erba sotto un albero è un luogo incantevole per giocare quando fa abbastanza caldo.

Aiutatelo a esplorare angoli di mondo dove non può arrivare da solo: per esempio potete portarlo in giro per il salotto mostrandogli tutti i quadri alle pareti, i vari soprammobili o le piante che tenete in casa. Portatelo in giardino o al parco e alzatelo per permettergli di toccare il ramo di un cespuglio se tende la manina.

Quando fate delle cose che avete fatto un milione di altre volte, ricordate che per il bambino tutto è nuovo. Provate a guardarle con i suoi occhi e a rallentare il ritmo. Fategli conoscere i pomodori che state affettando, lasciategli mettere le mani nell'acqua dei piatti se non è troppo calda o fategli sentire per un attimo come è fredda la busta dei piselli surgelati.

*Anche le cose per voi più scontate sono nuove per il vostro bambino: fategliele conoscere.*

## GIOCATTOLI E OGGETTI DI USO COMUNE

Durante tutto questo periodo il giocattolo preferito da vostro figlio siete voi. Il vostro corpo è la sua attrezzatura da ginnastica; i vostri muscoli completano i suoi e con il vostro aiuto può compiere mille esercizi che da solo non riuscirebbe mai a fare. Il vostro volto e la vostra voce lo incantano; ciò che fate e che usate lo affascina; ma il gioco migliore sono le cure, l'affetto e l'aiuto che gli date. A poco a poco bisognerà che il bambino conosca il mondo degli uomini e delle cose che lo circondano e lo vorrà fare. Avrà bisogno di oggetti, di giocattoli tutti per lui.

I giocattoli creati per i bambini di questa età, che non guardano la televisione né le vetrine dei negozi, sono studiati per attirare gli adulti che li devono acquistare e pagare. Naturalmente sono progettati per essere sicuri e colorati con colori atossici, ma chi ha detto che i bambini piccoli preferiscono i colori primari brillanti? Provate a dare al bambino una figura in bianco e nero o un sonaglino color porpora (se riuscite a trovarne uno). I giocattoli in vendita sono studiati perché il bambino li possa tenere in mano con facilità, ma per convincere gli adulti che il loro prezzo elevato è giustificato sono spesso più elaborati di quanto sia necessario e perciò anche più pesanti di quanto sia opportuno. Il bambino non farà nulla con i suoi primi giocattoli salvo che farli dondolare (perciò qualsiasi altro meccanismo complicato è del tutto inutile) e facilmente finirà per tirarseli in faccia. I giocattoli davvero adatti a questa età sono semplici e leggeri: i migliori consentono al bambino di sperimentare, pur con le sue limitate capacità, una grande varietà di forme, di materiali diversi al tatto e di suoni.

*Qualsiasi oggetto gli diate, il bambino lo guarderà, lo toccherà, lo metterà in bocca, poi lo lascerà cadere e passerà ad altro.*

Per quanto scegliate con attenzione sonaglini e anelli, animaletti di peluche e oggetti che suonano, *mobiles* o palline, i giocattoli che si comperano non sono mai a sufficienza per un bambino di questa età. Nessun giocattolo dura a lungo, perché l'interesse del bambino per loro è limitato: consiste nel prenderli, guardarli, avvertirne la sensazione ed esplorarli con la bocca. Una volta esaminato a fondo un oggetto il bambino è pronto a esaminarne uno diverso. Per offrirgli il numero di giocattoli sufficienti a soddisfare la sua insaziabile curiosità dovreste essere milionari e avere uno spazio illimitato per riporli, mentre si può facilmente risolvere il problema lasciandolo giocare anche con una grande varietà di oggetti di uso comune, opportunamente selezionati.

### *Oggetti di uso comune per il gioco*

Tutti gli oggetti sono nuovi per un bambino, quindi si divertirà con qualsiasi cosa siate disposti a lasciargli usare. Non importa a che cosa serve: non sa comunque farla funzionare. Al bambino interessano il colore, la forma, il peso e la sensazione tattile.

Lasciargli maneggiare questi oggetti implica da parte dell'adulto molta attenzione, vigilanza e buon senso, uniche garanzie che il bambino non finisca per farsi male. E non dovete solo fare attenzione voi, ma dovete anche mettere in guardia gli altri adulti che si occupano del bambino. La persona che vi dà una mano ad accudirlo o anche la nonna che arriva a casa e trova il nipotino che sta giocando con un vostro oggetto potrebbero pensare che glielo avete dato voi e che è quindi sicuro.

*Deve poter esaminare molte cose: gli oggetti di uso quotidiano, purché non pericolosi, possono essere molto divertenti.*

Ricordate che il bambino succhia e morde qualunque cosa. Qualsiasi oggetto con cui gioca deve essere sicuro anche se messo in bocca. Oggetti apparentemente non pericolosi lo diventano se si rompono a pezzetti, quindi cercate di farlo giocare con oggetti infrangibili e non pericolosi per il piccolo. I bicchierini dello yogurt, per esempio, se si scheggiano sono molto taglienti e possono anche intrappolargli le dita o il labbro. È perciò indispensabile controllare attentamente il bimbo quando gioca ed esaminare i suoi giocattoli regolarmente. Il bambino diventerà bravissimo a fare a pezzi tutto ciò che passa dalle sue mani: badate quindi che non inghiotta il contenuto del sonaglio fatto in casa, soffocandosi. Lascerà cadere le cose: evitate quindi oggetti troppo pesanti che possano fargli male. Succhiare a volte significa inghiottire: evitate qualsiasi oggetto velenoso, come i giornali per via dell'inchiostro o il contenitore vuoto di un detersivo o di un altro liquido potenzialmente tossico. Per principio usate solo contenitori di alimenti che non potrebbero nuocergli, come il succo di frutta o l'acqua minerale.

Tutte queste precauzioni sono più difficili da attuare se in casa ci sono bambini più grandi. Il piccolo di quattro anni può sapere che cosa è pericoloso per il fratellino, ma non si può essere certi che se ne ricorderà. Potrebbe offrirgli i suoi pennarelli oppure un dolce o una caramella. E quando il bambino comincerà a spostarsi le cose peggioreranno. Iniziate perciò a pensare ora come risolvere il problema quando sarà il momento.

Durante questi mesi il bambino diventerà molto svelto nel raggiungere e toccare qualsiasi oggetto, ma avrà ancora qualche difficoltà nell'afferrarlo. Solo dopo i sei mesi imparerà a usare le dita e il pollice separatamente e a sviluppare una salda presa. Nel frattempo troverà più facile prendere le cose con entrambe le mani, afferrando il giocattolo che vuole tra i polsi e poi raccogliendolo con le palme. Riesce meglio in questo tipo di gioco se è seduto, bene appoggiato, con le due braccia libere e l'oggetto sul tavolino o sul vassoio davanti a sé. Il sostegno ideale per il piccolino è il vostro grembo mentre voi siete seduta davanti a un tavolo; altrimenti mettetelo nella sua seggiolina o nel seggiolone provvisto di vassoio.

Il bambino, in questa fase, si può occupare di un solo oggetto per volta, e non è in grado di scegliere fra molti giocattoli né tanto meno usarne due insieme. Un vassoio colmo di giochi serve solo a confonderlo e a non farlo giocare affatto. Gioca molto meglio se mettete sul suo tavolino una o due cose per volta, sostituendole di frequente, man mano che noterete che non gli interessano più.

Se per caso vostro figlio sta giocando con un oggetto da cucina che vi serve in quel momento, l'unico sistema per riaverlo senza molte proteste da parte sua è di offrirgliene un altro in cambio. Il piccino non è ancora capace di lasciarlo andare di proposito. Più cercherete di levargli di mano quel cucchiaio di legno che vi serve, più le sue dita si stringeranno intorno al manico e si risentirà moltissimo se glielo toglierete con la forza. Quindi a voi basterà approfittare della sua incapacità di occuparsi di due oggetti contemporaneamente per recuperare il cucchiaio di legno: offritegli un bel cucchiaio da minestra e vedrete che subito lascerà cadere quello che stringeva con tanta foga ed energia.

# Amare non vuol dire viziare

Amare un bambino, giocare con lui, mettersi nei suoi panni, preoccuparsi dei suoi bisogni e del suo stato d'animo cogliendo ogni suo più piccolo gesto e suono sono tutte attività che richiedono molta attenzione. Vi chiederete se sia giusto che a vostro figlio sia dato tanto, se non finirà per essere viziato.

È una domanda che molti genitori si sentono fare, si pongono l'un l'altro o rivolgono a se stessi. Dovete cercare di avere le idee chiare sull'argomento in modo da comportarvi di conseguenza senza incertezze ed esitazioni e da far capire a chi si prende cura del bambino come volete che si comporti con lui. Se non lo farete vi sentirete vulnerabili di fronte all'accusa di stare "viziando" il vostro bambino. Anzi, man mano che il bambino cresce queste incertezze per quanto riguarda la "disciplina" finiranno per costituire per voi un vero e proprio tallone d'Achille.

Lo spettro del bambino viziato aleggia su molti genitori quasi dal momento stesso della nascita. Il bambino è sano e splendido, ma se non faranno attenzione potrebbero "viziarlo". Ma che cosa si intende con questa parola? Nella realtà il suo significato è tanto ampio quando vago. Eppure è un concetto che può provocare molta infelicità e non solo nei bambini. Per il timore di viziare il loro bambino, madri che non vorrebbero altro che far smettere quel terribile suono si costringono a non intervenire e lasciano piangere il loro piccolo; padri che si precipitano a casa dal lavoro ma non arrivano prima del momento di andare a letto si negano il piacere di abbracciare il loro adorato piccolo; ai nonni si nega la gioia di regalare "troppi" giocattoli e intere famiglie razionano le loro affettuose attenzioni e quindi anche la felicità dei loro bambini.

Il vostro delizioso bambino non diventerà egoista, esigente e indisponente a quattro anni perché ora riceve "troppo" di qualsiasi cosa. Né c'è pericolo che il vostro piccolo che soffre di coliche diventi viziato perché lo cullate e lo coccolate quando ha un attacco. In effetti "troppo" è una categoria che non si dovrebbe applicare a concetti come attenzione, conforto, gioco, riso, abbraccio, affetto e neppure giocattoli, purché tutte queste cose vengano date dai genitori o da chi si cura del bambino spontaneamente e non come un dovere, volontariamente e non cedendo a un ricatto. L'egoista di quattro anni (o di quaranta) può essere stato trattato con indulgenza quando era piccolo; spesso però si scopre che queste persone sono state deprivate da piccole. Comunque sia, quello che è certo è che i bambini destinati a diventare viziati ottengono quasi tutto quello che ricevono dai genitori o dagli adulti che li accudiscono estorcendoglielo.

Essere viziati è grave. Bambini a cui non si può negare nulla, ragazzini più grandi e adulti che si comportano egoisticamente, preoccupati solo del proprio benessere e del tutto incuranti dei bisogni degli altri sono dei guastafeste. Ogni bambino dovrebbe imparare "che non è l'unica persona al mondo", così come gli adulti dovrebbero essere consapevoli che nessuno deve pensare solo a sé.

*L'affetto non è mai troppo quando è dato liberamente e spontaneamente e non perché è dovuto.*

## *Come giudicare la qualità di un nido d'infanzia?*

***Il mio permesso di maternità sta per finire e dovrò trovare un nido d'infanzia dove lasciare il bambino tutto il giorno. Come posso giudicare la qualità del servizio che offre?***

Nessun documento scritto vale quanto un sopralluogo e un incontro con il personale. I consigli che seguono possono aiutare i genitori a giudicare se il servizio offerto è valido.

Il livello qualitativo del servizio, cioè delle cure offerte a vostro figlio, dipende dalla professionalità di chi se ne occupa. Quindi è necessario verificare la preparazione e l'esperienza del personale nonché il sostegno e la supervisione di cui gode:

- Il bambino deve poter stabilire un rapporto intimo, permanente e individuale. Deve essere affidato a un'assistente che rappresenta la figura chiave del rapporto e che deve accudirlo e tenere una registrazione sia dei progressi del bambino sia di eventuali problemi. È per questo che alcuni nidi incoraggiano l'instaurarsi di un rapporto stretto tra il bambino e la sua assistente (che lo seguirà quindi fino all'età prescolare).

Più alto è il numero delle assistenti rispetto al numero dei bambini (ossia il rapporto adulto:bambini) meglio è. Il rapporto ottimale è di un adulto per non più di tre bambini nella fascia di età più bassa.

Ogni locale non dovrebbe accogliere più di sei bambini (e due adulti). I gruppi formati da bambini più grandi possono arrivare a nove unità (sempre con tre adulti). Nella fascia di età fra 18 e 36 mesi il rapporto adulto:bambini consigliato di solito è di 1:4 e i gruppi non devono superare i 12 bambini (e tre adulti).

Se nel nido sono presenti bambini di diverse età raggruppati in unità "familiari" non ci dovrebbero essere più di due bambini di età inferiore ai due anni in ogni unità.

Quando un bambino si è affezionato alla persona che lo accudisce, la sua tranquillità emotiva dipende dalla permanenza di questa persona e quindi ogni sforzo dovrebbe essere fatto per ridurre il turn-over di personale. Chiedere qual è stato il turn-over dell'anno precedente.

- Le cure date al bambino devono essere di livello qualitativo elevato. La qualità è correlata all'aspetto monetario e perciò, anche alla professionalità e al turn-over del personale, ma deve comprendere anche un programma "educativo" persino per i piccini. Non lasciatevi abbagliare da un programma altisonante. Al bambino non si devono insegnare materie, né abilità particolari. Ciò che conta è che ciascun piccolo venga incoraggiato a partecipare a una vasta gamma di attività ludiche commisurate ai suoi bisogni particolari e che queste evolvano con lui.

L'ambiente in cui il bambino si troverà è importante, ma dipende molto dai regolamenti legislativi correnti. Controllate la pulizia, il grado di temperatura, la luminosità degli ambienti, nonché lo spazio disponibile per ciascun gruppo (due bambini di un anno possono spingere i loro camion-giocattolo per la stanza senza terrorizzare tutti gli altri?).

Una stanza, per quanto spaziosa, è comunque un ambiente limitato per un bambino che ha tutto un mondo da scoprire. Controllate che ci siano spazi all'aperto per giocare e chiedete se i piccoli vengono accompagnati a passeggio fuori dal nido.

- Le cure offerte al bambino devono rispettarne l'individualità. Pur facendo parte di un gruppo, il bambino deve essere in grado di sviluppare la sua autostima. È un buon segno che il personale chieda di collaborare con i genitori.

Per quanto possibile anche le cure fisiche devono considerare le differenze individuali. Chiedete se ogni bambino deve mangiare quello che mangiano gli altri o dormire a ore prestabilite o se l'abitudine al vasino viene instaurata su base individuale o di gruppo.

Libri, giocattoli e abitudini devono tener conto delle diversità culturali, ma essere sempre antisessisti e contrari alla violenza. Il personale dovrebbe esprimersi senza stereotipi linguistici, essere molto sensibile a problemi e handicap e sapervi dire come intende gestire eventuali problemi interpersonali, come per esempio comportamenti violenti e aggressività verbale e fisica.

Queste frasi che abbiamo sentito riecheggiare nella nostra infanzia e che ora ripetiamo con tanta facilità ai nostri figli non hanno senso o significato per un lattante o per un bimbetto di due anni. Quando sostengo che un bambino piccolo non può prendere dei vizi non intendo dire che sia buono per natura. Dico solo che non è abbastanza cresciuto o abbastanza intelligente da diventare una persona viziata. Perché un bambino diventi viziato (o l'opposto, ossia altruista) deve riuscire a vedersi come una persona separata dagli altri; deve riconoscere i diritti degli altri e i propri ed essere in grado di rivendicare i suoi su quelli degli altri. Il lattante o il bambino piccolo non possono fare nulla di tutto ciò. Per ora il bambino sa a malapena che c'è una differenza tra la sua mano e la vostra. Se vuole un dito da succhiare, il primo che trova va bene, che sia il suo o il vostro. Il piccino sente un bisogno e lo esprime; ci vorranno mesi prima che possa rendersi conto che voi avete sentimenti e bisogni simili ai suoi. Il bambino più grandicello lo impara, naturalmente, ed è importante che lo faccia, ma dovrà arrivare verso i due anni prima di raggiungere uno sviluppo intellettivo che gli permetta di elaborare concetti complessi come "Se strillo e continuo a strillare, forse alla fine...".

Appagare i bisogni di un bambino è a volte molto faticoso. Infatti tutti i bambini attraversano delle fasi in cui le loro necessità cambiano e devono quindi riuscire a esprimerle. Non appena avrete imparato a conoscere i nuovi bisogni e a soddisfarli tempestivamente o addirittura ad anticiparli, il bimbo smetterà di esprimerli così rumorosamente e tanto spesso. Ma, se cominciate a preoccuparvi di non viziarlo o se permettete alle altre persone di sostenere che lo state viziando, finirete per opporvi alle sue richieste, invece di comprenderle e soddisfarle, e allora il bambino non potrà che continuare a ridirverle nell'unico modo in cui è capace di farlo. Amici e parenti che vi dicono che il piccolo è "furbo", che vi fa fare quello che vuole lui, sbagliano non tanto nella sostanza quanto nella colorazione negativa che attribuiscono a questo vostro comportamento. Verso i sei mesi il bambino ha ormai imparato molto sul suo mondo e sulle persone che lo popolano e sa quindi anche cosa aspettarsi da loro. Deve ora imparare come trattarli, ma questo è un bene. Se il bambino deve diventare un adulto competente, capace di comunicare e sicuro di sé è importante che capisca ora che se non può fare nulla per trattenervi presso di sé quando si addormenta, può farvi arrivare appena si sveglia e ha bisogno di voi. Sa che verrete se piange e quindi impara a chiamarvi piangendo. Questo significa saper "gestire" il mondo che lo circonda ed è importante che il bambino ci riesca. Tuttavia molti vi diranno che si tratta di "manipolazione" e che il bambino non deve riuscire a farlo: "Non bisogna cedere: la vita è dura, deve abituarsi che non può fare come vuole". Probabilmente non sarete capaci di cambiare il loro modo di pensare, per cui limitatevi a tener fede alle vostre opinioni, senza lasciarvi influenzare. È anche opportuno non condividere la cura del bambino con chi considera sbagliato per principio esaudirne le richieste.

Quando un bambino sonnecchia per mezz'ora invece delle due ore di pace che vi aspettavate, solo dei santi potrebbero essere felici. Quando il bambino è sveglio non c'è nulla che possiate fare per farlo riaddormentare e quindi la reazione più ovvia dovrebbe essere quella di prenderlo in braccio e farlo giocare. Guidati dal timore di viziarlo agirete esattamente nel modo opposto: "Pensavo di prenderti in braccio alle due, ma stai piangendo ed è solo mezzogiorno: adesso aspetterai fino alle due e un quarto, perché devi imparare...". Che cosa mai impara il piccolo da questo comportamento? Qual è il messaggio che gli giunge dal vostro atteggiamento disciplinare? "Non darti la pena di chiamarmi, tanto non verrò finché non sono pronta." "Non dirmi quando sei infelice, perché non mi interessa." "Più mi dici di che cosa hai bisogno, meno ho voglia di aiutarti." "Farò delle cose per te solo se non le chiedi." "Arrangiati piccolo; sei solo!"

Se si crea una simile situazione, tutti ne usciranno perdenti. Il bambino è perdente perché i suoi bisogni non vengono appagati o lo sono dopo tanto tempo, quando ha ormai perso quella fiducia per lui vitale che qualcuno si preoccupi del suo benessere. Se capita una volta, il bambino sarà solo infastidito dal pannolino sporco che l'ha svegliato, o si annoierà a rimanere solo. Ma se episodi simili si ripetono, saprà in anticipo che nessuno verrà e allora diventerà ansioso, piagnucoloso e irritabile e sarà più difficile consolarlo. Mentre prima, quando si svegliava, avrebbe potuto giocare da solo contento, ora, dopo quest'esperienza di abbandono, ha imparato ad associare il lettino alla solitudine e alla noia, e quindi piangerà non appena apre gli occhi; e piangerà prima di chiuderli, perché lo considererà la sua prigione.

Voi siete perdente perché meno appagate i bisogni del bambino più lui diventa esigente. Con l'aumentare della vostra determinazione a resistergli, le sue richieste, che prima erano naturali, ora sono dettate dall'ansia e alla fine vi troverete intrappolata in un circolo vizioso, il cui risultato è ciò che avete sempre cercato di evitare: un bambino eccessivamente esigente e piagnucoloso.

Tutta la famiglia è perdente perché dei genitori risentiti non sono una buona compagnia e non è piacevole vivere con un bambino sempre in ansia e capriccioso.

Se il compito di badare al bambino vi sembra già troppo opprimente e faticoso non sarà facile convincervi che dedicandovi di più a vostro figlio faciliterete a entrambi lo stabilirsi di un buon rapporto. Se già ora, pur limitando le vostre attenzioni, vi sembra di non farcela, avrete l'impressione che se non razionate il vostro intervento le richieste del bambino saranno superiori al tempo e all'energia di cui disponete. Eppure non è così. Se i vostri bisogni e quelli del bambino non si incontrano la soluzione non è rispondere di meno alle sue necessità, ma rispondere di più alle vostre. Forse avete bisogno di una mano per poter disporre di più tempo, oppure di maggior sostegno per ritrovare la vostra energia. Allevare un bambino è indubbiamente una fatica e nulla può cambiare questo dato di fatto. Ma i genitori che soddisfano i bisogni del loro bambino, senza inutili limitazioni o ritardi, in realtà fanno meno fatica e quindi si stancano meno.

Perché? L'esempio che segue descrive una notte trascorsa da due madri diverse che hanno un bambino di tre mesi. La madre A (che teme di viziare il suo bambino) ritiene di dover risparmiare tempo ed energia limitando le sue attenzioni. Lei e il padre del bambino erano decisi a fare in modo che il bambino imparasse ad adattarsi alla loro vita invece che dominarla, ma scoprirono che il suo pianto era più difficile da ignorare o da sopportare di quanto si fossero aspettati.

| | Madre A | Madre B |
|---|---|---|
| *3 di notte: i due bambini si svegliano e piangono* | Si sveglia, ascolta, guarda l'ora, si rende conto che il bambino ha dormito solo 3 ore dall'ultimo pasto. Nasconde la testa sotto il cuscino e cerca di riaddormentarsi, ma il pianto del piccino la tiene sveglia. Dopo 20 minuti si alza, irritata e di cattivo umore. | Si sveglia, ascolta per assicurarsi che il pianto continui; si alza assonnata, ma rassegnata. |
| *Tempo trascorso da sveglia prima di ritornare a letto* | **22 minuti** | **2 minuti** |
| | Il bambino è sconvolto. È troppo infelice per sorridere alla madre. È scosso dai singhiozzi mentre la madre si prepara ad allattarlo. Fa fatica a calmarsi per mangiare. L'aria inghiottita piangendo fuoriesce in frequenti ruttini. Impiega 30 minuti per bere 85 g di latte. | Quando la madre entra nella stanza il bambino smette di piangere. Le sorride quando lo prende in braccio. Si mette subito a succhiare avidamente. Fa un ruttino a metà pasto. Impiega 20 minuti a mangiare. |
| *Durata del pasto* | **30 minuti** | **20 minuti** |
| | Deve fare ancora dei ruttini e la mamma lo sistema nella culla prima che riesca ad addormentarsi. | Succhia fino ad assopirsi. Fa il ruttino mentre viene rimesso a letto e si addormenta subito. |
| *Tempo per rimettere a letto il bambino* | **15 minuti** | **2 minuti** |
| | La madre può tornare a letto. | La madre può tornare a letto. |
| *Tempo trascorso da quando il bambino si è svegliato* | **1 ora 7 minuti** | **24 minuti** |

La madre B è sola e le piace moltissimo occuparsi del suo piccolo. Non è ossessionata dal timore di viziarlo e considera più semplice fare quello di cui il bambino sembra aver bisogno.

Comunque la pensiate, dovete ammettere che nella realtà la madre A deve essere considerata perdente: ha trascorso un tempo più lungo sveglia e in modo meno piacevole della madre B. Facendo aspettare il bambino prima di dargli da mangiare la madre A ha provocato un pianto lungo e disperato e, quando finalmente si è recata da lui, il piccino non ha potuto dimostrarsi lieto di vederla: era troppo disperato per accoglierla con un sorriso gratificante. Quando finalmente la mamma si è messa ad allattarlo, lui era stato troppo infelice per mettersi a succhiare con piacere. Quindi la signora A non ha neppure la soddisfazione di vedere un bimbo che gode delle sue cure.

Allattarlo è perciò faticoso e frustrante; non solo, ma per la stanchezza che gli deriva dall'aver tanto pianto e per la difficoltà di digerire il bambino riesce solo a succhiare pochi grammi. La signora A si trova quindi di fronte alla possibilità che il bambino si svegli di nuovo dopo un paio d'ore...

A nessuno *piace* particolarmente dar da mangiare a un bambino durante la notte, ma a differenza della madre B, che torna a letto contenta e con la sensazione di avere assolto il suo compito in maniera piacevole e gratificante, la signora A deve per forza provare la sensazione che i bambini stancano molto e che i pasti notturni sono un vero e proprio tormento. Quando poi i richiami del piccolo risuonano di nuovo per la casa alle 5 del mattino è inevitabile che incominci un'altra giornata con un sentimento di ostilità e di risentimento nei confronti del bambino.

### *I bambini hanno bisogno di ciò che chiedono*

*Soddisfare i bisogni di un bambino con prontezza significa più piacere e meno tensioni oggi e più sonno domani.*

Che i bambini abbiano una reale necessità di quello che chiedono è relativamente evidente quando la richiesta riguarda un bisogno fisico. Tuttavia, se siete convinti che questo genere di bisogni sia l'unico che merita la vostra attenzione, potreste continuare a pensare che si possono ignorare le richieste di un bambino che ha appena mangiato, ha già fatto il ruttino e indossa un pannolino pulito o addirittura asciutto, perché "non può aver veramente bisogno di qualcosa, ma solo di attenzione".

Ma vostro figlio non è ancora abbastanza grande da volere qualcosa che non sia un bisogno e per lui l'attenzione da parte dell'adulto

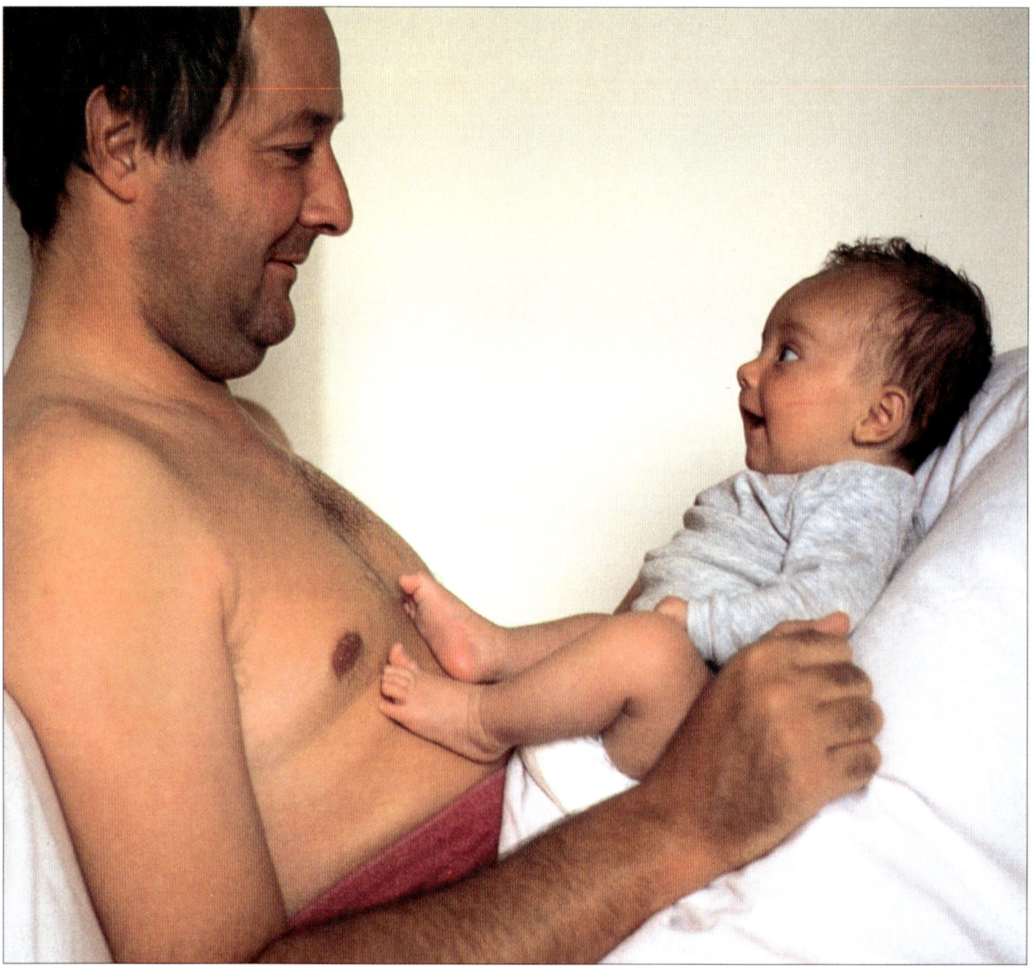

costisuisce un bisogno, così come lo è un bisogno fisico. Senza nutrimento e calore il bambino muore e senza il rapporto con l'adulto non può diventare un essere umano completo.

Vostro figlio ha estremamente bisogno di voi: non solo perché provvediate alle sue necessità fisiche, ma anche e soprattutto perché ha bisogno di conforto, coccole e sicurezza. Ha bisogno che voi, o qualcun altro al posto vostro, lo aiutiate a interpretare il mondo, ad apprendere con la pratica tutte le abilità che deve raggiungere; desidera che facciate per lui tutto ciò che al momento la sua immaturità intellettuale e fisica gli impedisce di fare. Ha bisogno di una persona speciale che gli parli, lo coccoli e lo ami per poter diventare a sua volta una persona in grado di amare e di vivere.

Dovrebbe riempirvi di gioia e orgoglio sapere che il vostro bambino ha un estremo bisogno di voi. Non permettete che la gelosia o l'invidia degli altri minino il vostro rapporto. Ricordatevi che vostro figlio sarà la sola persona al mondo capace di amarvi di un amore totale e senza riserve. Godetevi la sua compagnia e accettate la sua dipendenza. Non avete nulla da perdere e tutto da guadagnare, e sarete felici entrambi.

# Da sei mesi a un anno

## *Imparare ad amare*

Durante la seconda metà di questo primo anno di vita vostro figlio sarà pronto a servirsi del controllo fisico del corpo per il quale ha lavorato tanto. Saprà (certamente) stare seduto da solo, (probabilmente) camminare carponi, (forse) stare in piedi e (persino) dire una o due parole. Ognuna di queste tappe è fondamentale in sé, ma la sua importanza è nulla in confronto all'effetto cumulativo che esse hanno su quella persona che il vostro bambino sta diventando e sul suo modo di vivere. Quando il piccolo saprà muoversi, non importa se carponi o in piedi, non si accontenterà più del posto dove lo metterete e delle cose che gli offrirete. Andrà in tutti i posti che riuscirà a raggiungere, uscendo tranquillamente dalle porte (anche quella d'ingresso), afferrerà e metterà in bocca qualsiasi cosa lasciata alla sua portata. Grazie alla sua crescente abilità manuale e alla precisione di presa tra pollice e indice non gli sfuggirà nulla, neppure uno spillo, una graffetta o un pisello caduti per terra. Scoprirà anche usi affascinanti degli oggetti che non può masticare: vuoterà il cestino della carta straccia, farà a pezzi un libro, premerà i pulsanti della TV o della lavatrice, pasticcerà nella cassetta del gatto... Tenere le cose fuori della sua portata sarà un'impresa senza fine e il piccolo dovrà essere sorvegliato in continuazione.

Tuttavia questa vigilanza costante non darà fastidio al bambino, che al contrario, nel suo crescente attaccamento a voi, giudicherà questo aumento di attenzione nei suoi confronti molto piacevole, benché spesso le regole da voi stabilite gli appariranno incomprensibili e i rimproveri a volte divertenti. Ma nessuno è più devoto di un bimbo di sei mesi che ha avuto modo di affezionarsi alla mamma, nessuno tranne quel medesimo bimbo tre mesi dopo. È tipico di questo periodo che il legame del bambino con le persone che considera "speciali" si approfondisca sempre più e si differenzi nei confronti delle varie persone con cui è in contatto quotidiano. L'identità di queste persone speciali può essere diversa da famiglia a famiglia, ma il primo attaccamento del bambino è per chiunque condivida con lui la maggior parte del tempo quando è sveglio. Per molti bambini questa persona è la madre naturale. Per alcuni è il padre. Per altri ancora può essere un genitore adottivo o la nutrice, che abbia legami di parentela o meno.

Questo attaccamento primario a una persona non significa però che il bambino non si curi di nessun altro. I bambini non hanno una quantità limitata di amore da offrire, perciò avere più di una persona speciale non priverà di niente la madre. Se quest'ultima riesce a dedicargli la maggior parte del proprio tempo, pur lasciandolo alle cure di qualcun altro mentre lei è al lavoro, rimarrà probabilmente la figura più importante per lui, indipendentemente dal suo affetto verso l'altra persona. Lo stesso discorso vale per le famiglie in cui entrambi i genitori sono presenti e coinvolti. Se la madre è la costante compagna di giochi del bambino, sarà probabilmente lei la persona più importante, ma, considerato che il padre rappresenta una parte amorevole e costantemente presente nella sua vita, anche lui sarà "speciale" e, se la madre in confronto dovesse apparire noiosa, le preferenze del bambino intorno all'anno di età potrebbero passare al padre. Se il padre si assume il compito di occuparsi del bambino mentre la madre va e viene, sarà lui ad avere un rapporto privilegiato con il piccolo. E se due genitori, entrambi coinvolti ma molto occupati, dividono la cura del bambino con l'aiuto di una terza persona, la vita affettiva del piccolo non potrà che esserne positivamente arricchita. Credetemi. Se una Mary Poppins dovesse comparire nella vostra vita, approfittatene tranquillamente.

Tra tutte le persone che si occupano di lui e a cui è affezionato, il bambino ne sceglierà sicuramente una in particolare (supponiamo che siate voi, cioè sua madre) come suo primo, e ovviamente più importante, affare di cuore. Vostro figlio ha imparato a conoscervi e ad amarvi più di tutti e ora vi vuole sempre accanto a sé. Non vuole condividervi con nessuno, non vuole che dedichiate il vostro tempo e le vostre attenzioni a nessun altro e a nessun'altra attività. L'ideale, per il piccolo, sarebbe avervi sempre presente e sollecita. Avrà una grande attrazione fisica per voi: vorrà starvi in braccio, accarezzarvi, infilarvi del cibo (o peggio) in bocca, insomma si comporterà come se il vostro corpo gli appartenesse.

La possessività e le richieste emotive di una persona che amate vi sembreranno gradevoli e gratificanti, mentre vi irriteranno le medesime esigenze se provengono da una persona che vi ama, ma che voi non amate con il medesimo ardore. Così avverrà anche per una mamma. Se è felice e appagata dalla sua maternità, una donna si sentirà solo gratificata dal rapporto fisico ed emotivo che un bambino di questa età esige da lei. Ma una stessa profonda richiesta emotiva potrà invece sconvolgere e affaticare una madre che ha la sensazione che il bambino le chieda già troppo e che teme, incoraggiando l'attaccamento del figlio, di viziarlo. Per lei l'esuberanza del suo piccolo terremoto potrebbe risultare imbarazzante.

Ci sono degli adulti a cui per tutta la vita è stato insegnato a controllare le proprie emozioni e a non esprimerle. Messi di fronte a un bimbo che chiede di essere preso in braccio, coccolato, baciato, accarezzato, che tende le braccine perché ha bisogno di calore umano, che ride gioioso se gli si fa il solletico, che succhia il naso della mamma se gli capita a tiro, che si stira e gode, con la sensualità di un gattino, se lo si accarezza durante il bagno o quando gli si cambia il pannolino, non sanno come comportarsi e finiscono con l'assumere un atteggiamento distante.

Se riuscite ad accettare l'idea che per il vostro piccolo voi siete il rapporto emotivo e fisico più importante e a esserne fiera, potreste scoprire che questo legame è sicuramente il più gradevole. Se riuscite a mettervi nei panni del bambino capirete che lui vi vede come una persona buona, piena di calore e di affetto, degna di questa devozione che vi offre, e sentirete che avete ancora molto amore da offrire. Se pensate di riuscirvi non esitate a farlo. Tenete presente che il bambino sta imparando ad amare e che questa esperienza gli servirà per la vita. Più ama e si sente riamato ora, più generoso sarà nel dare e ricevere amore da grande e risponderà con naturalezza ai bisogni affettivi dei vostri nipotini, quando a sua volta sarà un genitore. Anche voi ne trarrete beneficio: considerare il bambino un esserino delizioso e irresistibile vi aiuterà più di ogni altra cosa a superare in modo piacevole i mesi faticosi e gli inevitabili momenti di tensione che vi attendono.

A sei o sette mesi le manifestazioni di affetto di vostro figlio sono positive. Sorride affettuosamente a tutti, ma più a voi. I suoi sorrisi più immediati, le "conversazioni" più lunghe, le prime risate e le prime "canzoni" li riserva a voi. Ma ben presto vi accorgerete che vi sono anche i lati negativi di tutta questa felicità. Se gli piace tanto avervi con sé, è naturale che gli dispiaccia quando lo lasciate e arriverà probabilmente un momento, a circa otto mesi, in cui cercherà di non perdervi di vista neppure per un momento; e quando non ci riuscirà sarà inquieto e spaventato sino alle lacrime.

Gli psicologi definiscono questa reazione "ansia da separazione", ma che questa definizione corrisponda o meno allo stato d'animo di vostro figlio dipende dal suo sviluppo fisico e dalla sistemazione interna della vostra abitazione. Se il bambino cammina già carponi quando lo assale questa inquietudine, cercherà di non perdervi di vista semplicemente "camminandovi" dietro gattoni ovunque andiate.

Se trascorrete le vostre giornate in uno spazio privo di pareti divisorie su uno stesso piano non gli capiterà praticamente mai di vedervi scomparire. Ma se l'ansia di perdervi sopraggiunge prima che il bambino riesca a spostarsi, si troverà in una situazione ben diversa: non vi può seguire e quindi punterà su di voi un occhio d'aquila cominciando a piagnucolare ogni volta che vi dovete spostare dalle sue immediate vicinanze.

Vi saranno giorni di buonumore in cui non avrete difficoltà ad aiutare il piccino a non perdervi di vista, organizzandovi in modo da svolgere le vostre faccende mentre il bambino svolge le sue accanto a voi, abituandovi a chiacchierare con lui mentre lavorate, commentando le sue attività senza interrompere le vostre; se dovete uscire dalla stanza aspettate che vi segua, oppure prendetelo in braccio e portatelo con voi se dovete andare dove non vi può seguire... Ma, in altri giorni, con uno stato d'animo diverso, potreste risentire di questa dipendenza incessante. Avrete la sensazione di essere amata più di quanto possiate sopportare e se sopravviene questo senso di irritazione il comportamento del bambino non farà che aumentarlo di ora in ora. Se uscite dalla stanza il bambino urla; tornate indietro, lo consolate e ricominciate a stirare mentre il piccino si rotola e si rigira rischiando di tirarsi in testa il ferro, giocando con il filo. Un'amica viene a prendere il caffè e il bambino, deciso a non rinunciare alla vostra attenzione, insiste per essere preso in braccio e ricorre a tutto il suo repertorio di suoni per partecipare alla conversazione o per interromperla; per giunta, quando la vostra amica se ne va e andate un attimo in bagno, vi ritrovate il vostro piccolo fardello che urla alla porta... A tutte le madri capita di vivere momenti come questi, certamente poco piacevoli. C'è un solo modo perché queste situazioni si verifichino il meno possibile: comprendere il punto di vista del bambino e tenerne conto.

A voi sembrerà assurdo che pianga solo perché siete andata in bagno, ma per lui perdervi di vista è una tragedia: siete il centro del suo mondo, lo specchio attraverso il quale egli vede se stesso e tutto il resto, la persona che è tutto per lui. Quando lo lasciate, voi sapete dove state andando e che vi allontanate solo per poco, ma, per quanto lo riguarda, potreste andarvene per sempre. Lontano dalla vista, lontano dalla mente. Il piccolo registra la vostra assenza, ma non è ancora in grado di conservare nella mente quel ricordo della vostra immagine che gli consentirebbe di rimanere tranquillo, nella fiduciosa attesa del ritorno. Con il passare dei mesi scoprirà la "costanza degli oggetti": imparerà che le cose (e le persone) non cessano di esistere solo perché lui non può più vederle o sentirle.

Da ripetute esperienze imparerà che, dovunque andate, tornerete sempre. Ma a quest'età avverte soltanto che siete sparita, che lo avete

abbandonato. Se non rispettate i suoi sentimenti, se ignorate il suo pianto, allontanate quelle braccine che si aggrappano o lo rinchiudete in un recinto per impedirgli di seguirvi, la sua inquietudine si farà più acuta, e più sarà ansioso più cercherà di starvi attaccato. Se, mentre il bambino è tutto impegnato a fare qualcosa, cercate di allontanarvi furtivamente dalla stanza, lo sforzo di tenervi d'occhio quando vi muovete gli impedirà di impegnarsi come dovrebbe nei suoi giochi. Ma se voi riuscite a convincervi che le sue reazioni rispecchiano delle vere necessità e che il bambino si comporta nel modo giusto rispetto alla fase di sviluppo in cui si trova, vi sarà più facile sopportare questa sua ansia da separazione.

Portatelo con voi per la casa ogni volta che vi è possibile e lasciate che vi segua se ne è capace. Se dovete lasciarlo, cercate una frase da usare per informarlo che ve ne andate: basterà un "ciao, ciao", un semplice preavviso che gli dia modo di non sentirsi tradito o abbandonato. "Eccomi qui" può servire a sottolineare che la separazione è terminata; sarà un'espressione che a poco a poco lui riconoscerà e si aspetterà di sentire dopo ogni separazione. Lo aiuterà in questa circostanza fare il gioco del "cucù?!" al rovescio: lui si nasconde dietro qualcosa, mentre voi fingete di non sapere più dov'è ("Dov'è andato il mio bambino? Oh, eccolo qui!"). Avrà così modo di sperimentare il potere di scomparire e ricomparire.

Imparare a capire queste cose è una condizione necessaria per un sereno distacco, ma non è necessariamente sufficiente. Capire che voi esistete ancora e che tornerete da lui non significa che il bambino accetti di buon grado che voi ve ne andate: in un certo senso è irritato dalla consapevolezza che voi e lui siete due persone separate e si offende per la vostra capacità di lasciarlo. Non potete impedire che questo lo faccia in qualche modo soffrire, che vi tiri in disparte piangendo e alzando le braccine verso di voi quando state uscendo per andare al lavoro, ma, verso i nove mesi, potrete evitare di fargli così male, assicurandogli che lo lascerete con qualcun altro a cui è altrettanto affezionato. Ha bisogno di un'altra persona "speciale" alla quale possa appoggiarsi come se si trattasse di voi finché non tornerete. Non può trovarsi bene con un estraneo o addirittura con un conoscente che ha visto solo per qualche minuto. Ma sarà contento di stare con qualcuno con cui ha un rapporto vero e amorevole e che durante la vostra assenza gli offra una scialuppa di salvataggio per aiutarlo a uscire dal suo mare di disperazione. Quindi, ogni volta che vi chiederete: "Faccio bene a lasciarlo solo?" (per una serata piuttosto che per quattro mattine o per quaranta ore alla settimana) chiedetevi anche se conosce bene la persona a cui lo affidate e fino a che punto vanno d'accordo. La vostra assenza è negativa, ma può essere bilanciata da una presenza positiva.

Verso la fine di questo primo anno, oltre all'ansia di essere separato da voi, insorgerà probabilmente anche l'ansia nei confronti degli estranei. Queste due paure sono in genere collegate perché le circostanze in cui vostro figlio si dimostra più timido verso gli estranei corrispondono sovente a quelle in cui cercate di allontanarlo: per esempio quando volete darlo in braccio a un ammiratore che desidera cullarlo, o quando l'infermiera cerca di svestirlo per la visita medica, o se un estraneo si ferma a giocherellare con lui quando è seduto nella carrozzina in libreria e gli scaffali sembrano assorbire tutta la vostra attenzione. Di solito non sono gli estranei in se stessi che lo preoccupano, ma perlopiù ciò che essi fanno.

Il bambino è felice di sorridere e parlare alle persone che non conosce, purché queste siano amichevoli, sorridenti e si comportino in modo discreto e mantengano le distanze. Sfortunatamente molti adulti non considerano i bambini come dei veri esseri umani e quindi non rispettano la loro dignità manifestando lo stesso genere di cortesie che automaticamente accorderebbero alle persone adulte. Vi sono adulti più timidi di altri, ma anche il più disinvolto rimarrebbe sconcertato se un estraneo si precipitasse su di lui per strada coprendolo di baci e abbracci. Si ha sempre bisogno di conoscere un pochino le persone prima di accettare una dimostrazione fisica di affetto: è così anche per i bambini, che vanno protetti da chi cerca di trattarli come tratterebbe un cucciolo.

Se lasciate che vostro figlio osservi al di sopra della vostra spalla la gente nei negozi o in autobus, che giochi a far "cucù" con gli amici che vengono in visita nascondendosi dietro le vostre gambe e che si avvicini a loro spontaneamente quando la curiosità supera la timidezza, farà più facilmente amicizia con gli estranei. Permettetegli comunque di decidere come e quando fare le sue esperienze sociali e avrete un bambino che dimostrerà interesse e fiducia per le persone che incontra.

L'ansia di essere lontano da voi e di trovarsi con persone che non sono neppure degli amici è una vera e propria paura e come le altre paure scompare più rapidamente se il bambino ha minori occasioni di provarla. L'amore di vostro figlio, in questo momento, è troppo recente perché egli possa essere sicuro di voi, ma, se riuscite a fargli vivere questo periodo di intenso attaccamento con la sensazione tangibile del vostro amore rassicurante, alla fine il vostro affetto e la sicurezza che rappresentate si trasformeranno in certezza. Finché non avrà verificato fino in fondo il vostro amore non sarà pronto ad avere dei rapporti con altri adulti o con altri bambini. Solo se i rapporti con i suoi familiari sono impostati sulla fiducia il bambino, crescendo, avrà la serenità necessaria per poter rivolgere la propria attenzione al mondo esterno.

*Le manine si lavano facilmente: lasciategliele usare. Imparerà prima a servirsi del cucchiaio...*

# L'ALIMENTAZIONE E LA CRESCITA

A sei mesi alcuni bambini sono così entusiasti dei cibi solidi che vengono loro offerti che cominciano a ridurre la quantità di latte materno o artificiale. Non pensate però che il bambino sia pronto per lo svezzamento. Per quasi tutti i bambini di quest'età i cibi solidi sono ancora un extra e alcuni si nutrono ancora esclusivamente di latte.

Gli esperti di alimentazione infantile da lungo tempo raccomandano di non introdurre cibi solidi nella dieta dei lattanti fino a che questi non hanno almeno quattro mesi, l'età in cui il loro apparato digerente comincia a essere in grado di digerire alimenti diversi dal latte materno o artificiale. La linea guida non è cambiata, ma ora si consiglia anche di non ritardare oltre i sei mesi l'introduzione di tali cibi. Tra i sei e gli otto mesi alcuni bambini hanno l'esigenza di nutrirsi con alimenti diversi dal latte per assicurarsi la quantità necessaria di ferro. A quest'età, inoltre, i bambini si dimostrano disponibili a provare i cibi che vedono mangiare dagli adulti o ad assaggiare cibi messi su un dito, succhiandolo come fanno con i loro giocattoli. Anche se vostro figlio non sembra entusiasta, vale comunque la pena di insistere a fargli fare degli assaggi. A sei-sette mesi sarà abbastanza propenso a tentare nuove tecniche per nutrirsi e a provare nuovi gusti e consistenze diverse; più tardi potrebbe esserlo molto meno.

*L'importanza del latte*

Tuttavia i pediatri sono concordi nell'affermare che ad alcuni bambini, soprattutto quelli esposti al rischio di allergie, è meglio continuare a somministrare solo latte materno (magari con un'aggiunta di ferro a parte) fino al compimento del primo anno di vita. Anche se vostro figlio non ha la necessità medica di prolungare ulteriormente la sua dieta lattea, ha comunque ancora bisogno di prendere gran parte del cibo che gli serve sotto questa forma. Per quanto possa dimostrarsi entusiasta dei nuovi alimenti e dei nuovi modi di mangiare, sarà ancora appassionatamente affezionato al seno, al biberon o a entrambi. Non abbiate quindi fretta di svezzarlo completamente. Via via che mangerà sempre più cibi solidi, diminuirà la quantità di latte, ma ancora per molto tempo succhiare costituirà un piacere indispensabile per la sua salute emotiva, così come il latte continuerà a essere un elemento importante della sua alimentazione.

*Che tipo di latte?*

Per tutto il primo anno il latte materno o artificiale continuerà a costituire la principale fonte di nutrienti, compreso il ferro; una fonte conveniente, poco costosa e in grado di assicurare il suo benessere durante le fasi in cui la quantità di cibo solido che il bambino mangerà sarà quanto meno *limitata*.

Non passate al latte di mucca o di capra non modificato come alimento principale fino a che il bambino non ha almeno un anno. A parte le altre differenze con il latte umano, questi tipi di latte, se usati come alimento principale senza essere stati prima corretti, rischiano di produrre nel bambino un'anemia per carenza di ferro.

I bambini nati a termine dispongono nel fegato di scorte di ferro sufficienti a coprire il loro fabbisogno per quattro o cinque mesi, ma

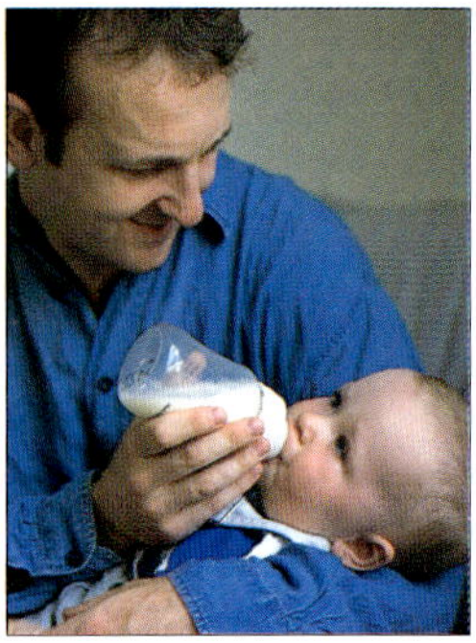

*Un latte artificiale dalla formula completa e arricchita è l'alternativa ideale al latte materno, sia che il bimbo lo prenda dal biberon sia che lo beva dalla tazza.*

dopo tale periodo hanno necessità di assumerne dall'esterno. Ciò non è così facile come potrebbe sembrare, perché il corpo del bambino assorbe solo certi tipi di ferro e in particolari circostanze. Il latte materno non contiene molto ferro, ma esso è di tipo facilmente assorbibile e quindi la quantità, sia pure scarsa, è di norma sufficiente. Il latte di mucca invece non solo contiene poco ferro (mezzo litro fornisce solo circa il 5 per cento del fabbisogno totale di un bambino di sei mesi), ma rende anche difficile l'assorbimento da parte dell'organismo del ferro contenuto in altri cibi. Si tratta di un aspetto importante, perché per quanto possiate essere consapevoli della necessità di offrire al vostro bambino cibi che contengano questo minerale (e la vitamina C necessaria per il suo assorbimento), è difficile che il piccolo possa prenderne in eccesso, perché gli alimenti che ne sono naturalmente ricchi, come la carne rossa e le verdure fresche, sono cibi poco graditi ai bambini piccoli.

Se non allattate al seno o se non volete continuare a dare al bambino più di una poppata al giorno, magari la sera, dategli latte artificiale arricchito di ferro (la maggior parte dei tipi in commercio lo sono). Se però allattate, e non volete usare il vostro latte spremuto dal seno per aggiungerlo alle prime pappe, non è necessario che acquistiate latte artificiale per questo scopo. Dopo che il bambino avrà sei mesi potete usare latte vaccino come aggiunta alle pappe. Dopotutto questo tipo di latte non è nocivo per il bambino (anzi molti latticini come il formaggio e lo yogurt sono preziosi per la sua salute). È solo che non è adatto a costituire la base della sua alimentazione.

Se vostro figlio beve latte artificiale sarà opportuno continuare a usare lo stesso tipo di latte per tutto il primo anno di vita. Potrà berlo dalla tazza o dalla bottiglia e visto che ce l'avete già in casa, potrete usarlo anche per diluire le sue prime pappe. Quando cominciate a svezzare il bambino, non usate latte vaccino non modificato in sostituzione di quello artificiale. Se proprio volete cambiare la formula, provate uno dei tipi indicati appunto per lo svezzamento. Si tratta di formule non diverse da quelle solite per neonato, ma molto arricchite di ferro e vitamine.

*Igiene*

Ricordatevi che, finché il bambino beve latte di qualsiasi tipo dal biberon, tutto l'occorrente deve essere sterilizzato. Verso i sei mesi potrete smettere di sterilizzare i piatti, le scodelline, i bicchierini e così via, ma non i biberon contenenti il latte. Le tettarelle possono facilmente mantenere tracce di latte e il latte tiepido è il terreno di coltura ideale per i batteri.

## Svezzamento

L'introduzione delle prime pappe e dell'alimentazione mista si limita ad aggiungere nuovi cibi e nuovi modi di mangiare alla dieta lattea del bambino. È il primo passo verso lo svezzamento, ma non è ancora lo svezzamento vero e proprio. Quando si inizia a svezzare il bambino si dà inizio a un processo che vedrà infine la *sostituzione* sia del latte come alimento base, con una gamma di altri cibi, sia dell'azione di succhiare dal seno o dal biberon con quella di mangiare con un cucchiaio o con le mani e di bere dalla tazza o dal bicchiere.

Finché il bambino prende ancora almeno quattro pasti al giorno dal biberon o dal seno, il latte è l'elemento nutritivo fondamentale e gli fornirà la maggior parte delle calorie e delle proteine necessarie; gli alimenti solidi sono indispensabili solo per dare al bambino quelle calorie in più di cui ha bisogno. Poco dopo i sei mesi, quasi tutti i bambini sono pronti ad abbandonare il quarto pasto, sia che lo prendano al mattino presto o alla sera tardi, e ad adattarsi a uno schema regolare di tre pasti al giorno con o senza qualche merendina. I bambini allattati al seno sono meno disposti a rinunciare a quelle due poppate, soprattutto se la madre lavora e quindi è fuori durante il giorno. Facilmente però prenderanno poco latte a mezzogiorno, preferendo magari sostituirlo con acqua o succo di frutta diluito.

Anche il graduale inizio dello svezzamento di solito riduce la quantità di latte; infatti, anche se vostro figlio è disposto a rinunciare alla poppata di mezzogiorno per bere invece il latte dalla tazza, con questo nuovo sistema non riuscirà a berne la stessa quantità. Se è vostra ferma intenzione fargli smettere di succhiare, il bambino berrà molto meno latte ed è quindi consigliabile svezzarlo gradualmente, prendendo anche in considerazione la possibilità che, se il piccino sarà *obbligato* a non succhiare più al seno o al biberon, potrebbe anche rifiutarsi di bere il latte.

## *Come e che cosa bere*

*Il bicchierino provvisto di coperchio e beccuccio gli rende più facile imparare a bere.*

"I cibi solidi" forniscono al bambino i nutrienti che prima assumeva dal latte, ma non gli danno tutti i liquidi di cui ha bisogno. Quando il bambino comincia a mangiare cibi "veri" in sostituzione del latte, ha bisogno di bere. Non è necessario che la quantità totale delle bevande corrisponda alla quantità di latte che prendeva prima. Anche i cibi solidi contengono molti liquidi.

Dategli un bicchierino provvisto di coperchio e beccuccio dalle prime fasi dello svezzamento fino alla fine. Bere dal beccuccio è una via di mezzo tra succhiare e bere che può essere adottata in modo graduale. Un beccuccio lungo e flessibile è quasi una tettarella e rende il cambiamento meno brusco per il vostro bambino. Se lo userete nelle prime settimane dello svezzamento è più probabile che il bambino accetti di bere dal bicchierino almeno una parte del latte che prima succhiava.

Quando il bambino avrà otto o nove mesi, però, sarà meno interessato a bere con un metodo che assomiglia a succhiare: per lui sarà più importante riuscire a bere da solo. Pochi bambini riescono a bere da soli da un normale bicchiere prima di un anno di età e, se anche ci riescono, lo rovesciano posandolo. Con un beccuccio più corto e rigido, il bambino berrà quasi come dal bicchiere normale, ma voi non sarete costretta a tenerglielo perché, anche se il bicchierino si rovescia, il contenuto non si sparge.

Sia che il bambino accetti di bere il latte dalla tazza a colazione e a cena, sia che non lo faccia, dovrà comunque bere durante gli altri pasti e nel corso della giornata. In questo caso il meglio in assoluto è l'acqua pura: solo i bambini che sono stati abituati a bere sempre succhi di frutta la rifiutano categoricamente.

Se l'acqua corrente della zona dove abitate non è molto buona o sicura, la soluzione meno costosa sarà acquistare un depuratore d'acqua casalingo. Se preferite usare acqua minerale in bottiglia per il bambino, sceglietela con cura tra le acque oligominerali, evitate invece le acque che hanno un alto tenore di sali minerali.

Se volete dare al bambino del succo di frutta, comprate il tipo non zuccherato (o preparatelo in casa), diluitelo e offriteglielo non più di una volta al giorno come parte di uno spuntino o di una merenda. In questo modo tale alimento conserverà la sua appetibilità fornendo al bambino la preziosa vitamina C. Dargli in continuazione solo succhi di frutta, specialmente del tipo commerciale, contenenti zuccheri, coloranti, aromatizzanti e così via, rappresenta oltretutto un vero rischio per i suoi denti. Inoltre, se durante il primo anno si abituerà a queste bevande, rifiutando l'acqua, in futuro comincerà a chiedere tutta la gamma di bevande pubblicizzate dalla TV, da quelle a base di frutta fino a quelle gassate quando sarà più grande.

*Svezzamento dei bambini allattati al seno*

Solo voi e il bambino potete decidere quando è il momento giusto per cominciare e completare lo svezzamento (benché certe persone, come per esempio un capoufficio, possano influenzarvi). Alcuni bambini si stancano di essere allattati al seno e bevono dalla tazza persino prima che le loro madri ritengano arrivato il momento. In questo caso non c'è modo di contrastare il bambino perché, se il piccolo riduce la quantità di latte che succhia, diminuirà anche la produzione del vostro seno. Certe mamme non vedono nessuna ragione per svezzare del tutto il loro bambino finché questi vuole succhiare. Se va bene a voi e a vostro figlio, adottate pure una delle due soluzioni estreme o anche quella intermedia.

Un bambino allattato al seno la cui madre non debba andare a lavorare fuori casa può continuare a prendere tutto il latte che gli serve dal seno fino a che non è pronto a passare alla tazza. Ma quando è pronto? Se avete sempre allattato al seno senza mai usare il biberon, neppure per l'acqua o il succo di frutta, la questione è anche emotiva. Il bambino ormai ha sei mesi e ora dovete lasciarlo al padre o alla baby-sitter per andare a lavorare. Mangia delle pappe (ma non molte) e beve acqua o succo di frutta dalla tazza (ma non molto). Deve prendere il biberon? La risposta dipende in parte dall'età: per la maggior parte dei bambini di 20 settimane la tazza è ancora un gioco, mentre a 28 settimane quasi tutti sanno bere ormai bene. L'ideale sarebbe poter cominciare a lasciare il bambino a qualcuno in modo graduale, così che nel frattempo il piccolo cresca ancora un po'. Se sa bere dalla tazza abbastanza da saziarsi o dissetarsi, può certamente eliminare una poppata. Ma se invece di una sola poppata lo dovete lasciare anche per le due merende che la precedono e la seguono, le cose sono diverse. Se sarete via dalle 8 alle 5 e vostro figlio non ha ancora sette mesi, non mangia ancora molte pappe e rifiuta decisamente di bere dalla tazza, il biberon può essere la soluzione più semplice per tutti, voi, il bambino e la baby-sitter. Non stupitevi però se dopo che avrete comprato tutta l'attrezzatura, il bambino preferirà mangiare cibo solido di giorno e succhiare moltissimo di notte...

Se potete decidere quando e in quanto tempo svezzare il bambino dal seno, aspettate fino a che non sarà più così deciso a succhiare, almeno per qualche pasto, e quindi abituatelo gradualmente. Non dovrete rifiutargli il seno neppure una volta se lo chiede direttamente, perché il piccolo non può capire le vostre motivazioni e penserebbe che rifiutate lui. E neppure il vostro seno deve risentirne. Fate in modo che il cambiamento avvenga nella maniera più graduale possibile, così che sia il bambino sia il seno si adattino senza grandi problemi. Se per esempio vostro figlio a mezzogiorno mangia cibi solidi e poi succhia un po' solo per il gusto di succhiare, potete provare a offrirgli il latte in tazza invece che al seno, spostandolo poi subito dal seggiolone al passeggino per una passeggiata che lo distragga. Quando tornerete, non essendo più il momento della poppata, probabilmente il

## Le domande dei genitori

### *Se mio figlio dovesse mordere, devo continuare ad allattarlo?*

***Mio figlio di sette mesi ha due incisivi inferiori, a cui si è aggiunto un incisivo superiore. I dentini sono affilati e io ho paura che possa mordermi il capezzolo, come è accaduto a una mia amica. Mio marito dice di svezzare il bambino, perché denti significano cibo solido. Ma io volevo allattarlo fino al compimento dell'anno e prima di venire colta da questo terrore mi era sempre piaciuto farlo. Oltretutto mi sembra anche ingiusto punirlo per qualcosa che non ha ancora fatto. Tuttavia il rischio c'è, non è vero?***

È difficile che un bambino, anche se ha i denti, morda il capezzolo mentre succhia. Se i morsi fossero davvero un problema, la razza umana non potrebbe sopravvivere, visto che la maggior parte dei bambini del mondo morirebbe di fame se non venisse allattata fino ai due anni. Suo marito può avere ragione a consigliarle di cominciare lo svezzamento, ma non per le ragioni che adduce. I primi denti non servono a masticare: i bambini non usano i denti davanti, come i conigli, ma masticano con le gengive fino all'eruzione dei molari, alla fine del primo anno di età.

I morsi possono effettivamente essere un problema per alcune madri, ma se le piace davvero allattare perché non continuare? Potrebbe scoprire di non essere una di loro.

Capita a molti bambini di mordere almeno una volta. Sì, fa male. Ma non è un dolore tale da averne paura. Le madri di solito gridano e sobbalzano, i bambini si spaventano e scoppiano a piangere e ci vuole un po' per convincerli a riprendere a succhiare. Spesso l'episodio non si ripete più.

Ma dopo la prima volta sarete tese per il timore che accada di nuovo. Tuttavia, se davvero intendete continuare ad allattare, il problema può essere superato.

Cercate di non avere una reazione violenta (più facile a dirsi che a farsi). I bambini non si rendono conto di far male (quindi le punizioni non servono) e il vostro comportamento può divertirli o spaventarli. Proprio i (pochi) bambini che l'hanno preso per un gioco sono quelli che potrebbero più facilmente ripetere il gesto. Imparano a mordere *per vedere di nuovo la vostra reazione*. Per la stessa ragione buttano il pacchetto di carta igienica giù dal carrello del supermercato e strappano gli occhiali al nonno. Invece i bambini spaventati dalla reazione materna potrebbero avere così paura da essere troppo nervosi per succhiare.

Dite un calmo ma fermo "No". Infilate un dito in bocca al bambino, staccatelo dal capezzolo e smettete di allattare per quella volta. Tenete presenti i seguenti punti:

- Date al bambino qualcosa di fresco da masticare, nel caso l'eruzione dei denti gli stia dando qualche fastidio.
- Fate in modo che nessuno rida quando, giocando, il bambino morde un dito o il naso di qualcuno. Se accade, dite con fermezza: "No. Non si morde".
- Non fate altre cose mentre allattate. Il piccolo potrebbe aver voluto richiamare la vostra attenzione. Guardatelo mentre succhia.
- Non insistete perché continui a succhiare se non ne ha voglia e interrompete la poppata se comincia a giocare con il capezzolo.
- Se si addormenta al seno, infilategli un dito tra le gengive prima di destarlo perché potrebbe senza volere mordervi al risveglio.

bambino non ci penserà più. Con questo nuovo regime anche il vostro seno, dopo qualche giorno di fastidioso turgore, stimolato di meno produrrà meno latte. Se durante gli altri pasti, oltre ai cibi solidi, offrite al bimbo del latte in tazza e lo lasciate poi succhiare alla fine del pasto quanto vuole, succhierà sempre meno e la secrezione continuerà a diminuire. In capo a qualche settimana gli basterà solo qualche succhiata simbolica al mattino e una piccola poppata di conforto all'ora del sonno. È questa poppata serale che sarà abbandonata per ultima, ma, a meno che non vi facciano affidamento per prendere sonno, molti bambini vi rinunciano spontaneamente al compimento del primo anno.

Se invece non è vostro desiderio continuare ad allattare per tanto tempo, anche se solo parzialmente, è probabile che si debba ricorrere al biberon. Infatti, alla maggior parte dei bambini, che verso i sei mesi vengono nutriti in modo adeguato con gli alimenti solidi e che bevono il latte dalla tazza, mancherà, con la poppata, il puro piacere di succhiare, soprattutto la sera prima di addormentarsi.

*Svezzamento dei bambini allattati artificialmente*

Alcuni genitori considerano con molta tolleranza l'abitudine al biberon e sono felici di vedere che il bambino lo usa come giocattolo o al posto della tazza ancora in età prescolare. Altri genitori invece hanno un atteggiamento del tutto differente e considerano il biberon come un male necessario; anzi non vedono l'ora che il bambino sia in grado di mangiare con il cucchiaio e di bere dalla tazza. Entrambi gli atteggiamenti presentano dei vantaggi e degli svantaggi, ma la cosa peggiore è non prendere alcuna decisione. Lasciar fare al bambino tutto quello che vuole con il biberon per i primi sei mesi, e poi improvvisamente decidere di farlo smettere tutto d'un tratto, significa creargli un sacco di disturbi e di angosce.

Lasciando fare al bambino si corre il rischio che si attacchi sempre di più al biberon, non tanto come fonte di nutrimento, ma per il puro piacere di succhiare. Come nel caso del bambino allattato al seno, questo aspetto non ha certo nulla di controproducente. È l'incontrollata possibilità di accesso al biberon che non va bene. Il problema presenta aspetti diversi; per esempio:

- Come metodo per procurarsi conforto, il biberon, a differenza del seno, sfugge al controllo della madre. Se per il bambino è un piacere, gli verrà in mente sempre più spesso, lo chiederà alle ore più strane del giorno e della notte e sarà sempre più difficile rifiutarglielo.
- Alcuni bambini sono talmente attaccati al loro biberon che finiscono per prendere così tanto latte da non avere poi più nessun appetito per cibi diversi. Finiranno di conseguenza per avere una dieta molto sbilanciata.
- Andandosene in giro con il biberon in mano o in bocca, il bambino finirà per usare poco le mani per giocare e non si abituerà a parlare. Inoltre l'uso continuo della tettarella danneggia l'arcata dentaria.
- Il bambino andrà a dormire con il biberon (e quindi il latte) in bocca: non c'è niente di peggio per i suoi denti (forse solo un biberon di succo di frutta, che è dolce e acido insieme). Il piccolo corre anche il rischio di soffocare. Al momento potete forse pensare che voi non gli permettereste *mai* di fare una cosa simile. E magari sarà così. Ma potrebbe anche arrivare il giorno in cui con un biberon di

latte il piccolo andrà a dormire da solo senza fare storie, o, nel cuore della notte, si riaddormenterà subito, mentre senza biberon non ci sarà pace per nessuno: allora cederete. Accade così a molti genitori.

Se lo svezzate appena comincia a bere da una tazza, potreste avere un'altra serie di problemi speculari a quelli appena citati. Eliminare completamente il biberon può portare il bambino a rifiutare del tutto il latte che gli viene offerto in tazza e ciò non sarà bene per la sua dieta. Il bambino può sentire la mancanza del piacere di succhiare e cominciare a succhiarsi il pollice tenendoselo in bocca per tutto il giorno. Inoltre, eliminare la poppata notturna può causare problemi al momento di andare a dormire.

Per evitare una lunga dipendenza dal biberon non è necessario svezzare il bambino molto presto. Bisogna invece trattare il biberon come se fosse il seno e comportarsi esattamente come ci si comporterebbe se il bambino fosse allattato naturalmente:

- Iniziate con la tazza quando il bimbo ha 4 o 5 mesi e lasciate che si abitui a poco a poco all'idea che il latte e l'acqua li può bere anche da questo recipiente oltre che dal biberon. A sei mesi probabilmente accetterà di bere l'acqua e i succhi di frutta dalla sua tazza, eliminando l'uso del biberon per questo tipo di bevande.
- Eliminate il biberon del mezzogiorno a favore di altri cibi solidi, dandogli il latte nella tazza, poco dopo i sei mesi o non appena comincia a prendere effettivamente il cibo dal cucchiaio piuttosto che limitarsi soltanto ad assaggiarlo.
- Eliminate il biberon della sera tardi (o del mattino presto) quando il bambino comincia a dormire tutta la notte, facendovi così capire che adesso sono sufficienti tre pasti al giorno intervallati da spuntini. Quando il piccolo avrà bisogno di mangiare qualcosa tra un pasto e l'altro, dategli del latte in una tazza o dell'acqua con dei biscottini o altri cibi solidi che possa prendere con le mani.
- Se tutto procede bene, a questo punto, il bambino prende due biberon al giorno: uno dopo i cibi solidi della prima colazione e uno dopo la sua cena, prima di andare a letto.

*Una tazza di latte va bene come spuntino, il succo di frutta è ancora più buono: ma quando il bambino ha solo sete l'acqua è la cosa migliore.*

Lasciategli prendere questi due biberon finché li beve standovi in braccio. Quando il bambino avrà circa un anno il desiderio di muoversi e di essere indipendente sarà tanto prepotente da rendergli insopportabile lo stare seduto. A questo punto potete ricorrere a una tattica: se fate in modo che il piccolo non scopra mai, neppure una sola volta, che potrebbe portare con sé il biberon nelle sue spedizioni a quattro zampe, alla fine prevarrà il desiderio di muoversi su quello di succhiare e, a poco a poco, smetterà senza sentirsi offeso, perché il biberon è sempre lì se lo vuole.

Raggiunto questo punto non cedete alla tentazione di lasciargli portare con sé il biberon anche solo per una volta; in fondo non potrebbe portarsi in giro il vostro seno. Se lo fate, e di solito si ha questa debolezza in occasione della visita di amici ai quali si desidera mostrare il lato migliore del rapporto con il bimbo, vostro figlio lo richiederà la volta successiva e poi ancora: per lui non c'è niente di meglio che combinare le due cose che gli piacciono di più, ossia succhiare e muoversi in giro per la stanza.

Mentre il bambino è in questa fase di apprendimento, lasciategli la possibilità di cambiare idea e di tornare indietro per un altro po' di latte, se ne vuole ancora (avrebbe potuto farlo anche se avesse succhiato al seno). Ma in tal caso dovrà venirvi in braccio, sistemarsi per bene e succhiare (non potreste certo porgergli il seno mentre se ne sta sul pavimento). Sarà bene comunque porre un limite al numero di interruzioni, diciamo una per poppata. Altrimenti finirà per comportarsi come un puledrino, succhiando ogni volta per cinque secondi e andandosene in giro per dieci al galoppo.

Usate il biberon solo per il latte. Se decidete improvvisamente di dargli del succo di frutta o dell'acqua nel biberon per ragioni di comodità, magari in occasione di un picnic o se è a letto ammalato, il bambino farà delle storie quando gli ridarete la tazza.

## Alimenti solidi

Nel primo anno il bambino cresce rapidamente e ha un elevato consumo di energia rispetto al suo peso. La maggior parte dei bambini di un anno ha bisogno di metà delle calorie necessarie alla madre (che non stia allattando). Tuttavia il loro stomaco è molto più piccolo e non può contenere grandi quantità di cibo. Perciò i bambini di questa età devono fare pasti più frequenti e mangiare cibi più calorici degli adulti. Le calorie dello zucchero sono prive di elementi nutritivi e inoltre danneggiano i denti. Questa è una regola salutistica valida per tutti, ma per il resto i genitori devono ricordare che ogni altra regola dietetica valida per gli adulti non si applica ai bambini. Per esempio una dieta ricca di fibre non è adatta al bambino: il suo stomaco non ha spazio per tutto quel volume di fibra grezza, che invece di regolarizzargli le funzioni intestinali non farebbe che provocargli la diarrea. La sua dieta inoltre non dovrebbe essere eccessivamente povera di grassi, che sono la più concentrata fonte di calorie. Quindi quando acquistate il latte vaccino o i latticini per il bambino, scegliete sempre la forma "intera".

Man mano che lo svezzamento procede, vostro figlio berrà sempre meno latte e avrà quindi bisogno di una maggiore quantità di alimenti solidi per sopperire al fabbisogno di calorie che veniva fornito dal latte, la base energetica indispensabile alla sua attività e alla sua crescita, e di sostanze nutritive. Se mangia crema di spinaci e una mela cotta, il bambino assumerà la giusta quantità di vitamine e di minerali, ma le calorie saranno decisamente inferiori a quelle che avrebbe ricavato dal suo biberon di latte. Se gli date della verdura senza carne, pesce o legumi, e della frutta poco zuccherata, dovrete integrare le calorie mancanti con del parmigiano grattugiato o del formaggio fresco. Finché beve mezzo litro di latte al giorno (artificiale o materno), continuerà ad assorbire una quantità sufficiente di proteine di prima qualità, molto calcio e vitamine. Anche se la varietà del suo cibo è limitata e il piccolo soffre di idiosincrasie per alcuni alimenti, nutrendosi talvolta solo di cereali e pane, il latte costituirà una specie di rete di sicurezza. Se per qualche tempo rifiuta anche il latte, magari perché non lo vuole dalla tazza, sarete per forza costretti a dargli tutti i nutrienti dall'altro cibo. In tal caso ricordate che una piccola porzione di cereali per bambini gli darà il giusto apporto di ferro e di minerali, mentre le quotidiane gocce polivitaminiche copriranno il suo fabbisogno di vitamine A, D e C.

*Il vostro bambino deve poter mangiare perché ha voglia di farlo, non perché lo volete voi.*

Anche se il piccolo non *beve* il latte in modo diretto, questo alimento gioca un ruolo importante nella sua dieta. Una buona parte è nascosta nel cibo cucinato per lui: per esempio, almeno 60 g servono per rendere cremosa una razione di cereali, 30 g per preparare un purè di patate, per strapazzare un uovo o per un budino, senza considerare lo yogurt che mangia a cena o i cubetti di formaggio che gli piace prendere con le mani.

*Cucina casalinga o omogeneizzati?*

Le idee sui cibi più o meno adatti ai bambini variano in modo vistoso da paese a paese in base a convenzioni piuttosto che a regole dietetiche. Sono pochi i cibi preparati normalmente in casa, che il bambino non può mangiare. Basta evitare troppo sale, troppo zucchero, spezie piccanti, alcol, caffè e tè; per il resto il bambino può assaggiare di tutto. Riuscirete in breve tempo a capire se gradisce questi cibi e se li digerisce.

Molti genitori nutrono i bambini tra i 6 e i 18 mesi con quasi nessun altro alimento all'infuori degli omogeneizzati. Alcuni invece si vantano di evitarli completamente. Come spesso accade quando si tratta di regole dietetiche, la via migliore sta nel mezzo. Se dovete cucinare e fare la spesa per la famiglia, è altrettanto comodo (ma molto meno caro) adattare per il piccolo gli alimenti che cucinate per tutti invece di comprargli gli omogeneizzati. I cibi freschi di buona qualità sono naturalmente superiori agli omogeneizzati dal punto di vista del valore nutritivo e del sapore, e servono anche per educare il palato del bambino. Il gusto del vitello omogeneizzato sarà sempre lo stesso, mentre quello cucinato da voi non avrà mai lo stesso sapore due volte di seguito anche se seguite sempre la stessa ricetta. Già a questa giovane età a un bambino può piacere il sapore di un pomodoro maturo o di un sughetto particolarmente buono. E presto mangerà volentieri un buon formaggio o una carota grattugiata invece del solito purè di carote. Ma se siete abituati a cucinare poco in casa e a mangiare spesso fuori oppure a far uso di cibi acquistati già pronti o di piatti pronti surgelati, sarà meglio e più comodo per tutti se il bambino potrà mangiare i suoi omogeneizzati.

*Come sfruttare al meglio i due tipi di alimenti*

La cosa migliore sarebbe comunque usare sia i cibi casalinghi sia gli omogeneizzati. Il bambino potrebbe partecipare ai vostri pasti ogni volta che preparate qualcosa di suo gusto e che si possa facilmente adattare alle sue esigenze, per esempio, aggiungendo il condimento dopo aver servito il bambino, passando la sua porzione a setaccio o frullandola. Quando il piatto principale consiste in un alimento che al bambino non piace, che non digerisce con facilità o che considerate non adatto, potreste dargli un omogeneizzato, insieme alle vostre verdure di contorno. Se dovete cucinare solo per il bimbo, un omogeneizzato sarà meglio di qualsiasi avanzo di frigorifero. È certo meglio dargli la frutta fresca, ma potete ricorrere a un omogeneizzato di frutta per evitare di cuocere piccole porzioni o come secondo piatto quando gli altri familiari hanno una sola portata. Soprattutto non disprezzate i preparati ai cereali. Arricchiti di vitamine e di ferro, se mischiati con un buon tipo di latte sono molto più nutrienti della colazione a base di cereali comuni preparati per le persone adulte. Serviti con frutta o formaggio dolce costituiscono un'ottima alternativa per la colazione o la cena del bambino.

*Leggere le etichette* Quando dovete acquistare un omogeneizzato o un liofilizzato, leggete sempre molto attentamente l'etichetta: le qualità nutrizionali, e il rapporto qualità prezzo, possono variare molto da un prodotto all'altro. Spesso ci saranno discordanze tra il contenuto del vasetto e il nome scritto sull'etichetta. Per esempio un omogeneizzato di albicocca potrebbe contenere in ordine decrescente: succo di albicocca, yogurt, amido di mais, amido di riso, olio vegetale e vitamina C. In sostanza non si trattava di albicocca, ma bensì di succo di albicocca arricchito e addensato.

Potreste talvolta scoprire che la preparazione comprende una lunghissima lista di additivi. Per esempio un omogeneizzato di mela conteneva: riso, avena, frumento, soia, maizena, malto, zucchero, latte scremato in polvere, mela, maltosio, grasso vegetale, succo di mela, di pera, di albicocca e di prugna, caseina, carbonato di calcio, estratti di malto e vaniglia, destrosio, acido citrico, siero di latte, lievito, vitamina C, cannella, solfato di zinco, ferro, complesso multivitaminico. Meno ingredienti ci sono e meglio è, ma è opportuno comunque sapere di che cosa si tratta e a che cosa servono:

- Addensanti: se un liquido, acqua o succo, è il primo ingrediente della lista, probabilmente troverete in seguito uno o più addensanti, ossia sostanze poco costose, di scarso o nullo valore nutritivo, aggiunte per far raggiungere a un alimento troppo lavorato e quindi liquido la consistenza voluta. Tra gli addensanti ci sono: farina di granturco, amido di riso, amido di grano, gelatina, farina di carrube.
- Additivi che migliorano il gusto: sono sostanze destinate a "migliorare" il prodotto. Se l'alimento ne contiene molte, significa che ha subito moltissime lavorazioni. Tra queste sostanze vi sono: emulsionanti, malto, grassi vegetali idrogenati, acido citrico, caseina, carbonato di calcio, siero di latte.
- Aromatizzanti: se un alimento per bambini ha il sapore di quello fresco, non c'è bisogno di aggiungere aromi. Fate attenzione allo zucchero nelle sue varie forme (saccarosio, glucosio, destrosio, lattosio, fruttosio, maltosio), agli estratti di carne, alle proteine vegetali e agli estratti di lievito o di verdura.

*Igiene* Non smettete di sterilizzare biberon e tettarelle solo perché il bambino non beve più il tipo di latte che beveva da neonato. Sterilizzate anche il bicchierino educativo, nel cui beccuccio possono rimanere pericolosi residui di latte.

Non date al bambino latticini o dolci alla panna o alla crema acquistati in negozi sprovvisti di frigorifero, né gelati se non del tipo confezionato e tolti dal surgelatore appena prima di essere consumati. Finché il gelato rimane nel freezer è sicuro, ma appena comincia a squagliarsi si può contaminare e far male al piccolo.

Le uova devono essere ben cotte. Attenzione anche agli alimenti che contengono uova crude tra gli ingredienti. Tenete ben divisi il pollame crudo (e ogni genere di carne) dai cibi che il piccolo mangerà senza ulteriori cotture, per evitare il pericolo di contaminazione da salmonella. In cucina, il rispetto di queste norme igieniche deve essere ancora più stretto quando si tratta di bambini. In caso di contaminazione batterica, il bambino sarà il più esposto di tutti e l'infezione nel suo caso potrà essere molto più seria.

## Il bambino mangia da solo

I problemi dei pasti di un bimbo, come analizzeremo più avanti (vedi p. 334), sovente incombono per mesi e mesi su tutta la famiglia. È possibile evitarli cercando fin d'ora di avere un atteggiamento calmo e di accettazione. Per vostro figlio mangiare dovrebbe essere qualcosa di piacevole che egli fa da sé perché lo vuole fare e perché gli piace. Evitate di fargli credere che mangiare sia un dovere o qualcosa che deve fare perché voi volete che mangi.

Dai sei agli otto mesi il bambino è piuttosto passivo durante il pasto. Deve essere imboccato perché non riesce ancora a mangiare da solo, ma l'essere imboccato è molto scomodo. Provate a imboccarvi a vicenda con il vostro partner e vi accorgerete che il cibo non arriva mai al ritmo e nella combinazione che voi avreste scelto, e il tutto è molto frustrante. Cercate quindi di ridurre al minimo i mesi durante i quali il piccolo deve sopportare questo stato di cose, incoraggiandolo a intervenire e lasciando che mangi completamente da solo non appena riesce a portarsi il cibo alla bocca.

- Dategli un cucchiaino non appena prende il vostro, anche se gli serve solo per morderlo o per agitarlo. Lasciate che ne faccia ciò che vuole: a circa otto mesi qualche volta riuscirà a immergerlo e a leccarlo. A nove gli capiterà di mangiarne il contenuto. Nel frattempo usate un secondo cucchiaino e siate pronta a scambiare il vostro pieno con il suo vuoto in modo da permettergli di riempirsi da solo la bocca mentre voi riempite l'altro cucchiaino.
- Incoraggiatelo a mangiare con le mani. Se a sei mesi lasciate che tuffi le mani nella pappa e poi si succhi i pugnetti, imparerà presto a farlo di proposito. Imboccatelo lentamente, in modo da lasciargli il tempo di prendere da sé quanto più cibo può.
- Dategli del cibo che possa facilmente mangiare con le mani. Se immergere le mani e succhiarsele è un gran divertimento, raccogliere dei pezzetti di pane imburrato, dei dischetti di carote cotte o dei cubetti di formaggio è una grande soddisfazione. A sei mesi questi tipi di cibi gli permettono di partecipare attivamente al suo pasto, mentre lo dovrete imboccare quando si tratta di pappe. Verso i 9-12 mesi non avrà praticamente più bisogno di pappe. Mangerà con le mani e talvolta con il cucchiaino, e voi dovrete solo aiutarlo a raccogliere i residui che non riesce a prendere con le dita, come una crema o il sugo.
- Non imponetegli le vostre idee a proposito degli alimenti che si possono mangiare insieme. Se il bambino vuole intingere del formaggio nel budino al cioccolato o mescolare la crema con il pane, che cosa vi importa? Ogni società ha le sue abitudini alimentari e vostro figlio alla fine adotterà le vostre.
- Non obbligatelo a mangiare quello che non vuole. Molti alimenti gli fanno bene, ma nessuno è insostituibile o comunque di un tale valore nutritivo da rischiare i pericoli in cui si incorre quando si obbliga un bimbo a mangiare. Quando il bambino ha mangiato abbastanza è meglio che smetta, non obbligatelo a stare seduto nella speranza che mangi ancora un po'.
- Non obbligatelo a mangiare le diverse portate nell'ordine "giusto". Se non gli date il dolce prima che abbia finito la portata principale, non per questo sarà più invogliato a mangiare la carne. In seguito,

*Se gli darete del cibo facile da prendere con le mani, il bambino diventerà presto autonomo a tavola.*

**1** Sa mettersi in bocca il cucchiaio pieno, ma riempirlo non è facile. Comunque anche un cucchiaio vuoto è buono da masticare...

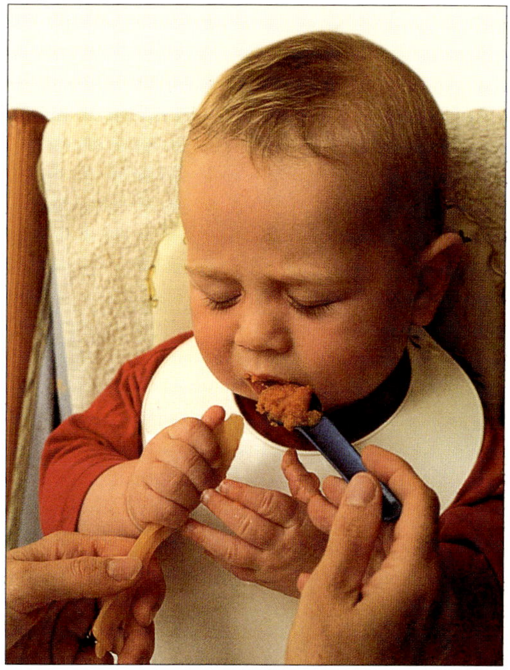

**2** Non vuole darvi il suo cucchiaio perché glielo riempiate, perciò preparate un altro cucchiaio pieno e scambiatelo con il suo vuoto.

**3** Adesso il gioco ricomincia: lui si mette in bocca il cucchiaio blu pieno, mentre voi riempite quello giallo e vi preparate a un altro scambio.

**4** Giocherà comunque con il cucchiaio versandosi addosso tutto il contenuto, ma mangiare gli piacerà e questo è quello che conta.

## *I pesticidi alimentari sono pericolosi per i bambini?*

***Nel tentativo di evitare l'eccesso di sostanze chimiche contenute negli alimenti per l'infanzia di produzione industriale, avevamo deciso di dare al nostro bambino solo cibi cucinati in casa. Ora ci hanno però detto che su tutta la verdura e la frutta fresca ci sono residui di pesticidi e di sostanze chimiche, ben più pericolosi per i bambini che per gli adulti. È vero? E se è così, che cosa possiamo dare da mangiare al nostro bambino?***

Sulla verdura e ancora più sulla frutta sono comunemente presenti residui di pesticidi: il 50% di tutti i campioni analizzati sono risultati contaminati, secondo una recente ricerca americana condotta su vasta scala.

Riuscire a valutare rischi e vantaggi dei pesticidi alimentari richiede conoscenze tecniche specifiche e vede spesso contrapposti interessi commerciali ed esigenze ambientali. Finora la determinazione delle soglie di sicurezza prendeva in considerazione i consumatori nel loro complesso, senza tener conto di gruppi particolari e molto vulnerabili quali i bambini sotto i cinque anni. I bambini piccoli sono più esposti degli adulti al rischio dei pesticidi perché rispetto al loro peso mangiano molta più frutta. Per esempio un campione significativo di bambini americani ha dimostrato di mangiare nel complesso una quantità di frutta sei volte superiore a quella degli adulti; in particolare i piccoli mangiano sei volte la quantità di uva, sette volte la quantità di mele e fino a 30 volte la quantità di succo di mela (naturalmente perché la maggior parte degli adulti non beve succo di mela). Alcuni ricercatori sospettano anche che i bambini siano più suscettibili degli adulti agli effetti tossici dei pesticidi, perché il loro organismo è meno capace di liberarsi di tali veleni. Certi organi sono particolarmente vulnerabili agli agenti chimici anche a causa della loro immaturità. Ciò vale per esempio per il cervello nei confronti delle neurotossine.

Render noto il rischio indubbiamente maggiore che corrono i bambini non ha lo scopo di gettare nel panico i genitori, ma vuole spingere l'industria alimentare a riconsiderare le soglie di tolleranza nei confronti dei residui chimici. Quando l'opinione pubblica alza la voce contro un particolare agente contaminante riesce spesso a modificare la linea di condotta del governo e a introdurre cambiamenti sostanziali nella pratica commerciale. Così è accaduto negli Stati Uniti durante gli anni '80 con un pesticida usato sulle mele.

Ma se il panico dovesse avere il sopravvento, diventerebbe impossibile per i genitori continuare a far fronte in modo adeguato al compito di nutrire i propri figli. Si tratta naturalmente di un rischio reale, spesso inutile o dettato esclusivamente dalla sete di guadagno, ma è una goccia nel mare del generalizzato inquinamento ambientale. Purtroppo si può fare poco per ridurre i rischi cui sono esposti i nostri bambini:

- Acquistate alimenti per l'infanzia biologici: questi prodotti si stanno diffondendo. Se il vostro supermercato non ne è provvisto, fate pressione in qualità di consumatore perché li metta in vendita.
- Quando potete, comprate frutta e verdura biologici. La legge è molto severa in Europa, meno negli USA; dovreste comunque trovare prodotti certificati come esenti da erbicidi, pesticidi e fertilizzanti chimici. I prezzi saranno più elevati e non dovrete acquistare prodotti fuori stagione, la cui conservazione esige l'impiego di preservanti.
- Quando non potete acquistare frutta e verdura biologici, acquistate prodotti locali e solo durante la stagione giusta.
- Quando non siete sicuri dell'innocuità dei prodotti, tenete conto che quelli con la buccia spessa non commestibile (banane, noci) o che si possono pelare o raschiare (mele, carote) sono al riparo dai pesticidi spray, anche se non da quelli assorbiti dal terreno o dai fertilizzanti.
- Per minimizzare il rischio e per ragioni nutrizionali adottate la dieta più varia che il bambino riesca ad accettare. Solo così potrete essere sicuri che vostro figlio non ingerisca mai grosse quantità di sostanze tossiche.

quando avrà capito il vostro gioco, questo non farà che aumentare il suo desiderio per il dolce e la sua avversione per la carne.

■ Aspettatevi che il bimbo faccia dei grandi pasticci e organizzatevi in merito. Se fa abbastanza caldo, lasciatelo a torace nudo: la pelle è il materiale più facile da pulire. Se deve rimanere vestito, usate un bavaglino pratico (consigliabile quello con la tasca aperta sul fondo che raccoglie la pappa che il bimbo sbrodola o che non riesce a infilare in bocca) che gli impedirà di sporcarsi i vestiti, soprattutto se gli arrotolate le maniche e nascondete sotto il bavaglino i colletti. Uno spesso strato di giornali (o un foglio di plastica) sotto la seggiolina servirà a raccogliere il rimanente; basterà poi piegarli e gettarli via. Se non riuscite a dargli da mangiare in pubblico senza trattenergli le manine, fatelo mangiare a casa. Cercare di far mangiare un bambino senza che si sporchi è il modo migliore per creargli dei problemi.

*Se ritenete che mangi troppo poco*

Quasi certamente vi sbagliate e le vostre preoccupazioni potrebbero far nascere dei problemi più tardi. I bambini sono dotati dell'istinto di sopravvivenza e non moriranno di fame in nessuna circostanza, se hanno il latte e cibi solidi che riescono a mangiare (vedi p. 336), perciò cercate di abituarvi ad avere fiducia nel bambino: egli sa benissimo ciò che gli occorre. Alcuni controlli potranno rassicurarvi.

■ Osservate il suo accrescimento. Se la curva del peso e dell'altezza è regolare significa che mangia abbastanza.

■ Osservate la sua energia e la sua vitalità. Se il bambino è vivace e attivo, mangia a sufficienza.

■ Controllate quanto latte beve e ricordatevi che il latte è cibo. Può darsi che il bambino riceva tutti gli elementi nutritivi di cui ha bisogno dal solo latte.

Se siete ugualmente tentate di spingere il piccolo a mangiare di più, fatelo esaminare dal medico. Anche se il bambino appare ben nutrito, il medico vi dedicherà il tempo necessario per tranquillizzarvi, perché sa quanto sia importante per gli anni futuri un atteggiamento sereno e tranquillo nei confronti dell'appetito del bambino.

## La crescita

Nella seconda metà del primo anno di vita la crescita rallenta ulteriormente, dimezzandosi rispetto ai primi sei mesi. Se lo pesaste ogni 7 giorni (ma è inutile se sta bene) vedreste che l'aumento è di circa 60 g la settimana. L'altezza aumenterà in tutto di 8-10cm.

La curva di crescita continuerà probabilmente a seguire quella del centile si cui si collocava alla nascita, ma ci potranno essere degli sbalzi più accentuati nell'accrescimento. Se il bambino rimane gravemente ammalato per quindici giorni o cade ripetutamente ammalato per alcune settimane di fila, il suo accrescimento può risentirne, per migliorare rapidamente non appena la sua salute si ristabilirà. Anche il diverso tipo di alimentazione può provocare degli sbalzi. Durante la settimana in cui mangia solo purè di patate e budino il bambino acquisterà più peso che in quella in cui preferirà il passato di verdura e la frutta. Nel lungo periodo però la crescita tende a essere uniforme. Poiché è l'accrescimento *generale* quello che conta non rischiate di preoccuparvi inutilmente pesando il bambino in continuazione.

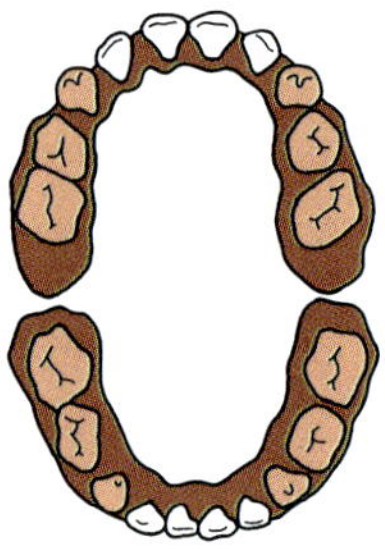

*Alla fine del primo anno di vita molti bambini possono esibire sorridendo due belle file di quattro denti anteriori ciascuna.*

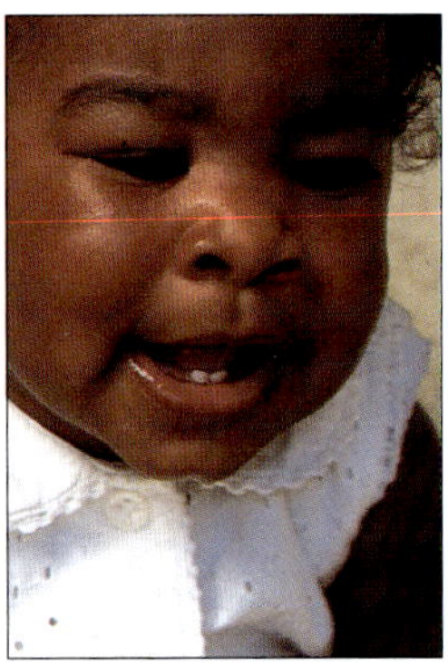

*La comparsa dei primi denti trasforma completamente quel suo sorriso tenero e sdentato.*

I denti fanno la loro apparizione rapida e improvvisa nel secondo semestre di vita, ma non sempre. Non sorprendetevi né preoccupatevi se il vostro bambino fa parte della minoranza che non rispetta i tempi medi indicati qui sotto:

- Il primo dentino a spuntare, verso i sei mesi, è uno degli incisivi inferiori.
- Il secondo, che spunta subito dopo, è il suo vicino.
- A circa sette mesi (o un po' prima o un po' dopo), al bambino spunterà un incisivo superiore.
- Tra gli otto e i nove mesi avrà tutti e quattro i denti anteriori superiori e tra il nono e il decimo mese saranno spuntati anche gli altri due incisivi inferiori, di modo che a questo punto avrà una fila di quattro denti superiori e una di quattro inferiori, entrambe anteriori. A questo punto ci sarà probabilmente una pausa.
- Il dente successivo comparirà verso il primo compleanno e sarà il primo dei quattro molari che completano la dentatura decidua.

È improbabile che il bambino soffra di qualche disturbo, se non del più banale e passeggero, quando mette i denti anteriori. La forma piatta e tagliente agevola l'uscita di questi denti, ciò che non accade invece con i molari, più grossi e larghi. Mentre sta mettendo i singoli dentini, la maggior parte dei bambini non è soggetta che a una leggera irritazione alle gengive, ma l'eruzione di due o tre incisivi tutti insieme potrebbe provocargli un po' di fastidio. Assicuratevi che abbia molti oggetti da mordere: i normali anelli di gomma da masticare vanno bene quanto qualsiasi altro oggetto liscio, mentre il piccolo potrebbe apprezzare molto il tipo morbido che contiene una specie di gelatina e che si può raffreddare in frigorifero prima di darglielo da mordere.

Se volete usare una crema calmante per le sue gengive gonfie, scegliete accuratamente tra i prodotti in vendita in farmacia, perché alcune contengono sostanze anestetiche potenti oppure zucchero. Provate prima a massaggiargli le gengive solo con il dito, senza nessun prodotto. Una volta che al bambino saranno cresciuti due o tre dentini, masticare una varietà di oggetti gli permetterà di "limarne" i punti più taglienti.

## *Denti e svezzamento*

Quando appaiono, i primi due incisivi inferiori sono così taglienti che le madri si chiedono se sia arrivato il momento di svezzare il bambino allattato al seno. Naturalmente non è così. I primi due denti sono sempre gli incisivi inferiori, ma senza quelli superiori il bambino non è in grado di mordere. Benché possiate avvertirli quando il piccolo gioca con il capezzolo alla fine della poppata (e dovete insegnargli a non farlo), ci vorranno settimane prima che un occasionale morso possa davvero farvi male (vedi p. 237).

## *La cura dei denti da latte*

La cura dei denti del bambino non è sempre facile, ma deve essere attuata. Anche se tutta la dentatura decidua verrà infine sostituita la sua salute non è assolutamente meno importante di quella dei denti permanenti. Dopotutto il vostro bambino dovrà usare i suoi denti da latte per diversi anni e, anche quando cominceranno a spuntare quel-

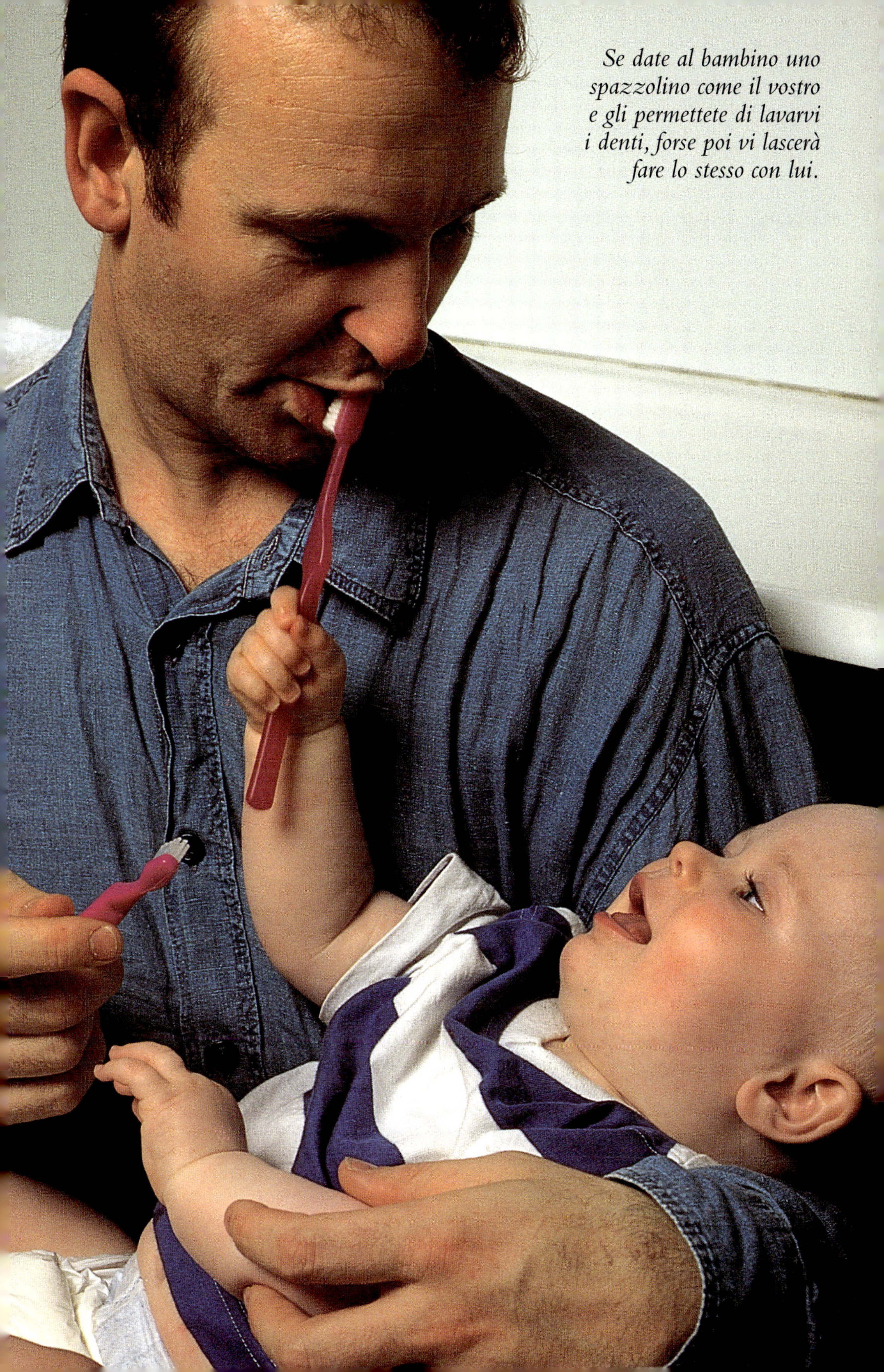

*Se date al bambino uno spazzolino come il vostro e gli permettete di lavarvi i denti, forse poi vi lascerà fare lo stesso con lui.*

## *Si devono davvero lavare i denti ai bambini piccoli?*

***Ci hanno detto che dovremmo già cominciare a lavare i denti (anzi il dente!) al nostro bambino di sette mesi, ma la sola idea di mettergli in bocca uno spazzolino ci sembra assurda e ridicola. Dobbiamo farlo davvero? E in questo caso, come procedere?***

Quel singolo dentino di vostro figlio certamente non ha bisogno di essere *spazzolato*, ma a meno che non diate al bambino del fluoro in gocce (su prescrizione medica), trarrà beneficio dall'azione protettiva di un dentifricio al fluoro per bambini. Il modo più facile per procedere è usare il vostro dito: in questo modo, se il bambino non vi permetterà di vedere che cosa state facendo, avrete la possibilità di procedere in base al tatto. Usate una quantità di dentifricio pari a un granello di pepe e cercate di coprire tutta la superficie del dente.

Lo spazzolino e il dentifricio al fluoro diventano più importanti quando il bambino ha due o più denti vicini, e ancora più importanti nel secondo anno di vita, quando il bambino mangerà cibi più fibrosi o caramelle appiccicose, i cui residui potrebbero infilarsi tra due denti e rimanerci. Durante il primo anno di vita l'uso dello spazzolino e il rito quotidiano del lavarsi i denti servono più a instaurare l'abitudine all'igiene dentale futura che alla pulizia attuale.

Aspettate quando il bambino saprà stare seduto e comincia a cercare di imitare le azioni che vi vede compiere abitualmente. Poi fatevi vedere mentre vi lavate i denti.

Quindi comprate al bambino uno spazzolino di colore identico al vostro. Poi sedetevi sul pavimento del bagno e spazzolatevi i denti usando la vasca per sciacquarveli e sputare. Il bambino osserverà ciò che fate e poi cercherà di imitarvi. Anche se riesce a mettersi lo spazzolino in bocca, non sarà capace di imitare il gesto di sputare, benché proprio questa sia probabilmente per lui la parte più interessante di tutta la faccenda e quella che serve ad attirare la sua attenzione.

Dopo che il bambino vi ha visto mentre vi lavate i denti e ha tentato di lavarseli a sua volta, provate a proporgli di spazzolarli a voi e in cambio di lasciarvi fare lo stesso con lui. Se lo stratagemma riesce, dovrete cercare di fare le cose insieme e contemporaneamente. Se però non funziona non cercate di insistere (non potete infilargli lo spazzolino in bocca se non vuole: c'è il rischio di fargli male). In questo caso provate con il dentifricio sul dito. Cercate di convincerlo ad aprire la bocca. Per esempio chiedetegli di mostrarvi il dentino appena spuntato o il punto della gengiva che gli duole e che vuole che gli massaggiate.

Quando il bambino avrà un anno e otto denti, riuscirà a starvi seduto in grembo in modo da arrivare al lavabo o stare in piedi su uno sgabello con voi alle spalle per sicurezza. In questo modo potrà guardarsi allo specchio mentre glieli lavate, magari contando sia i suoi sia i vostri. Ditegli il nome del singolo dente di cui vi state occupando, spiegandogli che non si deve tralasciarne nessuno. Toccate ogni dente con lo spazzolino "perché ogni dentino possa avere la sua parte di dentifricio": questo stimola in un bambino più grande il suo senso di giustizia e gli farà tenere la bocca aperta per cinque secondi prima che la noia lo assalga.

Comunque non aspettatevi che sia un compito facile, né ben fatto. Pochi bambini collaborano con costanza alla pulizia dei denti e per quanto vostro figlio possa essere abile, non riuscirà a pulirseli in modo adeguato fino a che non avrà almeno sei anni. Anche se lo fa sotto la vostra sorveglianza, e gli ricordate continuamente in che direzione deve spazzolare e anche se riuscite a farglielo fare per un tempo accettabile, un bambino piccolo non ha la necessaria abilità manuale per eseguire una pulizia efficace.

li definitivi, la salute e la corretta posizione di questi ultimi dipenderanno in gran parte dai primi.

La pulizia dei denti è importante fin dalla più tenera età, ma lo diventa ancora di più quando il bambino ha due o più denti vicini. L'ideale, ora e in seguito, è assicurarsi che sulla dentatura non rimanga una pellicola di zucchero e che nessun residuo di cibo resti incastrato tra due denti. Tuttavia a quest'epoca sarà impossibile spazzolare i denti con il classico movimento dall'alto in basso. Comunque la cosa più importante è il fluoro contenuto nel dentifricio. Lavarsi i denti con uno spazzolino morbido e una pasta dentifricia per bambini due volte il giorno deve diventare un'abitudine, ma se il bambino fa resistenza non forzatelo. Non potete spazzolare in modo efficace i denti di un bambino che piange e si divincola. Se cercate di farlo, rischiate di fargli odiare per sempre l'intera operazione.

Il fluoro preso per bocca con la dieta o applicato direttamente ai denti, riduce drasticamente la possibilità di carie. Era importante per voi assumerne nella giusta quantità durante la gravidanza, ora è importante che il bambino faccia altrettanto. "Nella giusta quantità", ma senza eccedere: troppo fluoro produce macchie bianche sui denti e può avere altri effetti collaterali indesiderati. In alcune aree geografiche il fluoro è presente naturalmente nell'acqua, in altre viene aggiunto nell'acqua potabile. Se nella zona dove abitate non è così, potete somministrarlo al bambino in gocce. In questo caso evitate di usare un dentifricio al fluoro.

I denti decidui sono attaccabili dagli zuccheri esattamente come i permanenti. È importante offrire al bambino cibi non zuccherati e saporiti, ma la cosa fondamentale è insegnargli a bere acqua pura quando non beve latte. Un succo di frutta non zuccherato e diluito è un'ottima fonte di vitamina C, ma anche se è del tipo senza zuccheri aggiunti, contiene fruttosio, cioè lo zucchero naturale presente nella frutta. Un bicchiere al giorno va bene, ma spesso quel bicchiere si trasforma in due o più e il bambino in questo modo prende una quantità di vitamina C superiore a quella che gli serve e un eccesso di zucchero che nuocerà certo ai suoi denti. Se lo abituate a bere sempre succhi di frutta durante il giorno finirà che qualche volta glieli darete con il biberon. Succhiare lentamente una bevanda dolce significa far fare alla sua bocca un lunghissimo bagno di zucchero, il che equivale a un vero attentato per la dentatura. Se non volete fare altro per i suoi denti attuali e futuri, cercate almeno di evitare di dare al bambino biberon di bevande dolci e fate in modo che neppure chi lo accudisce al posto vostro lo faccia.

Cercate di convincere tutti, bambino compreso, che il latte è per quando si ha fame, l'acqua per quando si ha sete e il succo di frutta una golosità da prendere una volta il giorno o in qualche occasione speciale. Se lo farete riuscirete forse a evitare i vari passaggi di una serie diabolica: succo di frutta, vitamina C concentrata, aranciata, bevande gassate. Resistere all'abitudine delle bevande dolci nel primo anno di vita può voler dire denti sani per tutta l'infanzia.

*Un fratello maggiore che si lasci fare uno shampoo da lui potrebbe fargli superare la paura.*

# Le cure quotidiane

Man mano che il bambino cresce, trascorrerà sempre più tempo sul pavimento e, quando avrà imparato a camminare carponi, si sporcherà moltissimo. Lavarlo non è più così semplice come quando era piccino e stava relativamente fermo. Occorre una maggiore abilità per lavare la faccia di un bimbo che cerca di afferrare con la bocca la pezzuola e per cambiargli il pannolino mentre si infila un piedino in bocca. Non è facile, ma se non si perde il senso dell'umorismo, può anche essere divertente.

## Lavargli i capelli

Quando il bambino riesce a stare seduto nella vasca, il bagno costituisce per lui un grande divertimento. Però non ama affatto farsi lavare i capelli. Molti si rifiutano di stendersi nella vasca, spesso perché hanno paura di tutta quella distesa d'acqua. Fare lo shampoo da seduti è però rischioso. I bambini infatti fanno fatica a inclinare la testa all'indietro e se non lo fanno, finiscono per ricevere l'acqua sul viso, cosa che la maggior parte di loro non sopporta.

Se l'operazione si trasforma in una lotta, lasciate perdere per un po' di tempo. Più il bambino si spaventa più avrà paura. Ma in questo caso la sua corta memoria gioca in vostro favore. Se non gli fate lo shampoo per un mese, si dimenticherà che non gli piace. Nel frattempo pulitegli i capelli con una spazzola umida e usate una spugna bagnata per togliere i pezzi di cibo. Quando tenterete di nuovo, fate attenzione a non fargli andare l'acqua (non solo il sapone) negli occhi. Se dovesse accadere, puliteli con un asciugamano senza tentare di sciacquarli. Se ha paura dell'acqua sulla testa non insistete per dimostrargli che non c'è nulla da temere. Finireste per fargli colare l'acqua in faccia, che è proprio quello che odia di più. Provate con un siste-

*Se se lo lascia mettere, questa specie di cappellino impedirà alle gocce di acqua di colargli sul viso.*

ma diverso. Se lo shampoo ha finito per fargli odiare il bagno, separate le due operazioni e provate a lavargli i capelli facendogli tenere la testa all'indietro sul lavabo, come facevate quando era piccolo (vedi p. 102). Se la vasca grande non gli fa paura quando fa il bagno insieme a un adulto, provate a lavargli i capelli mentre questa persona lo sostiene (vedi p. 176). In questo caso, se gli sciacquate la parte anteriore del capo con la spugna, sarete quasi sicura che neppure una goccia di acqua gli finirà sulla faccia.

## Pulizia e igiene

La pulizia è un incubo per un bambino che va a quattro zampe, ma l'igiene è fondamentale per la sua salute. Per trovare un giusto equilibrio dovrete essere molto esigenti per quanto riguarda il cibo e gli escrementi (umani o animali), ma non far caso a ginocchia sporche o giocattoli che vanno dal pavimento alla mano e alla bocca. I batteri, anche quelli potenzialmente pericolosi che chiamiamo germi, sono dappertutto, ma soltanto certi oggetti (cibo avanzato, escrementi di animali o il pannolino sporco) costituiscono un terreno favorevole alla loro riproduzione in numero tale da costituire un pericolo per la salute del bambino.

I germi sono effettivamente un rischio, ma in una casa i veleni chimici sono ancora più comuni e letali. Quando il bambino impara a muoversi cercherà anche di arrampicarsi. È il momento di eliminare i detersivi velenosi da sotto il lavello e di munire il garage, i ripostigli e l'armadietto dei medicinali di serrature a prova di bambino.

### Consigli ai genitori

## *Annegamento*

I bambini possono affogare in meno di 5 cm d'acqua, cioè la quantità sufficiente a coprire loro il naso e la bocca. Annegano perché quando cadono a faccia in giù non sempre mettono avanti le mani per proteggersi e finiscono con la faccia nell'acqua. In questa situazione, mentre lottano per rigirarsi o per alzarsi, non trattengono il respiro. Anzi ispirano profondamente per gridare e così si riempiono i polmoni di acqua.

Sostenete sempre il bambino che sa appena stare seduto quando è nella vasca e non voltategli la schiena anche se vi sembra stabile. Quando sa andare carponi può cercare di tirarsi in piedi attaccandosi al bordo della vasca. Quando sa camminare cercherà di alzarsi e di uscirne. Per un altro paio d'anni non fidatevi a lasciarlo solo in bagno neppure un minuto.

Anche le vasche in giardino sono pericolose. Quando il bambino è in grado di raggiungere da solo il giardino, i bidoni di raccolta dell'acqua piovana devono essere coperti, le piscine gonfiabili svuotate alla fine dei giochi, le vasche ornamentali svuotate, recintate oppure dotate di rete di sicurezza che, sommersa di un centimetro non disturberà l'estetica, ma impedirà al bambino di affogare.

Se il bambino ha imparato a nuotare è più facile che trattenga il respiro quando finisce con la faccia nell'acqua. Tuttavia non pensate che saper nuotare metta il vostro bambino di tre anni al riparo dai rischi. Un conto è nuotare in una piscina, un altro cadere a testa in giù nel bidone del giardino, scivolare nella melma di una cava, cadere nella corrente di un fiume o venire preso nel vortice dell'onda su una spiaggia.

# L'EVACUAZIONE

Quando al latte materno o artificiale vengono aggiunti alimenti solidi e latte di mucca, o anche solo quest'ultimo, il bambino deve digerire del cibo che si sposta più lentamente lungo gli intestini e che contiene più scorie. Le feci saranno perciò meno frequenti e più voluminose, con un aspetto e un odore più simili a quelle degli adulti.

*Stitichezza* Il bisogno di evacuare varia da un bambino all'altro, quindi una scarica intestinale al giorno non è né obbligatoria né necessariamente un segno di buona salute. Un bambino è stitico se le feci sono dure, asciutte e se escono con fatica o con dolore.

Se le feci di vostro figlio sono dure e passano con difficoltà, significa che non beve abbastanza. Una leggera disidratazione può essere comune durante il periodo in cui sostituite il latte con i cibi solidi o lo incitate a bere da una tazza invece che dal seno o dal biberon. Date al bambino molta acqua e, se le feci dure continuano, del succo di frutta diluito o del brodo vegetale.

Non dategli alcun lassativo senza consiglio del medico, il quale peraltro difficilmente ve lo prescriverà, perché, come quasi tutti i suoi colleghi, riterrà che sia un grave errore cercare di forzare il ritmo naturale del corpo. Non usate neppure supposte o clisteri senza precise istruzioni mediche. Gli intestini del piccolo si muovono quando ne hanno bisogno. Non è compito vostro controllarli.

*Diarrea* Il bimbo può avere delle difficoltà a digerire gli alimenti nuovi e in tal caso le feci contengono particelle di cibo non digerito. Se vi è presenza di muco significa che il cibo era troppo grossolano o conteneva troppi semi. Invece di allungarlo con dei liquidi o schiacciarlo a purè, occorre passarlo al setaccio.

L'intolleranza a qualche spezia, una cura di antibiotici o anche un improvviso aumento di zuccheri e grassi può provocare delle feci molto molli e frequenti, spesso maleodoranti. Ma se si tratta solo di questo il bimbo non si ammalerà e basterà tenerlo un paio di giorni a dieta, somministrandogli cibi leggeri. Se invece, oltre a evacuare delle feci molli, il bambino mostra segni di malessere, non ha appetito, ha la febbre e vomita, è necessario portarlo dal medico il giorno stesso, perché potrebbe trattarsi di un attacco di gastroenterite. Anche se a quest'età la gastroenterite è meno grave che nel neonato, la perdita di liquidi può essere molto pericolosa, quindi è bene ricorrere subito all'assistenza medica. Nel frattempo, dare da bere al bambino quanta più acqua bollita è possibile, oppure una delle bevande reidratanti in commercio se il medico ve lo consiglia, voi lo preferite o il bambino le apprezza.

Non è difficile evitare la gastroenterite, bastano delle semplici precauzioni di buon senso. Le norme igieniche sono le stesse indicate per il periodo dello svezzamento (vedi p. 243).

# Il sonno

Nei secondi sei mesi il modo di dormire del bambino cambia molto. Alcuni dei cambiamenti costituiranno dal vostro punto di vista un vantaggio, altri uno svantaggio. Diminuiranno le ore di sonno complessive, ma più che la durata i cambiamenti più significativi riguarderanno lo schema di distribuzione del sonno quotidiano. Prima le ore di sonno del bambino erano distribuite piuttosto uniformemente nell'arco delle 24 ore, suddivise in un lungo sonno notturno e diversi sonnellini diurni (se così volete chiamarli). Ora il sonno si concentra soprattutto nelle ore notturne. Uno schema di distribuzione probabile comprenderà quindi 10-12 ore di sonno la notte e di giorno due distinti sonnellini che possono variare dai 20 minuti alle 3 ore ciascuno. Tuttavia non dovete aspettarvi sonni ininterrotti. Se lo fate rimarrete senz'altro delusi. Una recente statistica condotta in Gran Bretagna mostra che meno di un bambino su sei dorme regolarmente tutta la notte a sei mesi di età, mentre più di uno su sei si sveglia più di una volta per notte. Alcuni bambini arrivano a svegliarsi addirittura otto volte.

A quest'età esiste ancora un certo legame fra l'alimentazione e il sonno, per cui un pasto abbondante o una poppata tranquilla e rilassata rendono il piccolo incline ad addormentarsi. Tuttavia tale legame si allenta sempre più. Non sempre il bambino si addormenterà dopo ogni pasto: basterà un'attività affascinante a tener desto il suo interesse e a impedirgli di addormentarsi.

Come abbiamo già visto, i bambini che dormono meno della media di giorno esigono più attenzione da parte degli adulti che li accudiscono, ma tutte quelle ore da svegli offrono loro considerevoli vantaggi dal punto di vista dello sviluppo intellettuale. Se il vostro bambino è affidato a un nido, a una balia o a una parente, assicuratevi che le ore che trascorre da sveglio non siano noiose e vuote, perché nessuno gioca con lui dato che, in quel momento, "dovrebbe" dormire. Un bambino che sta molto sveglio durante la giornata ha una vita molto più piena di uno che dorme per parecchie ore tutti i giorni e ha bisogno di adulti che lo aiutino a trascorrere il tempo in modo per lui utile. Ciò significa che voi o chi lo accudisce dovrete trovare il modo di continuare la vostra vita condividendola con il bambino, piuttosto che suddividere la giornata in periodi in cui vi occupate del piccino e periodi in cui vi occupate delle vostre faccende. I vantaggi saranno grandi per tutti: se trascorre molto del suo tempo da sveglio con adulti disponibili, facendo cose interessanti, vostro figlio si trasformerà in un bambino estremamente socievole e capace.

Non siate troppo rapide nel fargli abbandonare i sonnellini diurni, però. Anche se dorme solo per 20 minuti ogni volta, potrebbe trascorrere anche il doppio del tempo nel lettino giocando tranquillamente o guardando ed esplorando oggetti interessanti.

Continuate a mantenere l'abitudine di due riposini quotidiani, la mattina e il pomeriggio, anche se sapete che il bambino non dormirà. Ignorate una breve protesta quando lo lasciate solo: qualsiasi bambino attivo e affezionato necessariamente vi farà sapere che preferirebbe rimanere con voi. Ma dopo un paio di minuti si metterà probabilmente a giocare o a chiacchierare da solo senza problemi. In questo caso lasciatelo stare. Una pausa nella sua intensa giornata gli farà solo bene, e non può che farlo anche a voi.

Tuttavia non lo ignorate quando, dopo un po', comincerà a protestare. Andate subito da lui anche se sono passati solo 15 minuti. Se lo lasciate solo quando comincia ad annoiarsi, finirà per considerare il lettino una prigione e non ci vorrà più andare.

## Difficoltà ad addormentarsi

La separazione tra le due attività di alimentazione e sonno e la concentrazione del sonno durante le ore notturne sembrerebbero due elementi che, presi insieme, potrebbero garantirvi notti più tranquille. Ma sfortunatamente altri fattori intervengono a impedire che le cose vadano così. Fino ai sei mesi un bambino si addormenta ancora quando ha bisogno di dormire e, a meno che non abbia molta fame, sia ammalato o abbia un dolore, non c'è nulla che lo tenga sveglio. Quindi, se mettete a letto vostro figlio la sera o lo sistemate per i sonnellini di giorno, potrete essere sicuri che, se ha bisogno di dormire, dormirà e che se non dorme è perché non ne ha bisogno. Tra i sei e i nove mesi le cose cambiano. L'eccitazione e la tensione lo tengono sveglio e lui stesso riesce a stare sveglio perché non vuole separarsi dal mondo e da voi addormentandosi.

Appena il bambino *riesce* a stare sveglio intenzionalmente, lo farà. Si tratta di uno dei più comuni e defatiganti problemi che riguardano la cura del bambino. Sarete fortunati se non dovrete affrontare questa difficoltà con almeno uno dei vostri figli, ma, se dovesse accadere, non disperatevi pensando che tutti gli altri bambini si addormentano come angioletti e che la colpa è vostra se vostro figlio si comporta in questo modo. Il problema probabilmente si porrà quando il bambino smetterà di prendere l'ultima poppata al seno o al biberon la sera tardi, sia che ciò avvenga a otto mesi sia che avvenga a diciotto: una volta che il bambino è capace di rimanere sveglio intenzionalmente non si può più supporre che dorma se è stanco e che non sia stanco se non dorme. Caso mai è vero il contrario: a volte il piccolo è così stanco che la tensione e l'agitazione gli impediscono di rilassarsi e di addormentarsi.

I primi segni di irrequietezza insorgono a volte in seguito a un fatto che ha turbato il piccolo. Per esempio, alcune ricerche hanno dimostrato che molti bambini ricoverati in ospedale, anche solo per pochi giorni, quando tornano a casa hanno delle difficoltà ad andare a letto. Ma non sempre all'origine di queste difficoltà vi è un turbamento di natura traumatica. Basta una vacanza, durante la quale le abitudini del bambino siano state modificate, a fare insorgere dei problemi quando la famiglia fa ritorno a casa. Anche una stanza diversa può provocare nel bambino un turbamento simile; persino una diversa sistemazione dei mobili può creare nel piccino un senso di disorientamento che gli impedisce di scivolare serenamente nel sonno. Perciò, poiché è molto più facile evitare l'insorgere del rifiuto di andare a letto che porvi rimedio, vale la pena di usare molta cautela prima di introdurre dei cambiamenti di una certa entità nell'ambiente di un bambino di questa età.

Accade spesso, tuttavia, che le difficoltà ad addormentarsi insorgano a poco a poco senza una causa esterna apparente. Il motivo fondamentale che sta alla base di tutto è il grande attaccamento del bambino per la sua mamma. Quando un bimbo accetta di andare a dormire, deve accettare anche di separarsi da voi, ma in alcuni casi, pur di non farlo, quando lo lasciate, piangerà e strillerà; vi accoglierà con gioia quando tornerete, per strillare ancora disperato quando accennerete ad andarvene. Se vi sedete accanto a lui si calmerà, ma al minimo vostro spostamento verso la porta sarà più sveglio di prima e alla fine la sua capacità di rimanere sveglio supererà di gran lunga la vostra pazienza. Dopotutto, al contrario di voi, il bambino non ha nient'altro da fare in tutta la sera.

*Se il bambino dorme nel vostro letto*

Non esiste un sistema sicuro ed efficace per prevenire o eliminare una volta per tutte le tensioni al momento di andare a letto. Persino aggirare la difficoltà della separazione serale facendo dormire il bambino nel vostro letto può non essere una soluzione. Prima di adottarla, meditate bene su ciò che questa decisione implica per il prossimo futuro, quando il bambino saprà camminare carponi, arrampicarsi e scendere dal letto.

Se il bambino deve dormire con voi, dove trascorrerà le serate fino al momento di andare a letto? Per ora può rimanere con voi e quando si addormenterà potrete facilmente sistemarlo sulla carrozzina o nella sua culla. Ma già qualche mese dopo non sarà più così facile. Potrebbe riuscirgli difficile addormentarsi mentre sta con voi in soggiorno, senza un rituale che gli faccia capire che la sua giornata è finita e deve andare definitivamente a dormire; e quando infine si sarà addormentato, non sarà più sicuro nella carrozzina: lo sarà solo sul pavimento o in un lettino.

Se non è abituato a rimanere solo nel suo lettino per dormire la sera, avrete difficoltà anche a lasciarlo a una baby-sitter quando vorrete uscire per andare al cinema o con gli amici.

Quando poi l'avrete portato nel letto grande, uno di voi dovrà stare con lui sia quando è sveglio, sia quando dorme, per impedire che cada dal letto. Se poi dovesse cadere, magari senza farsi male, sarà al sicuro andandosene in giro per la vostra stanza da solo? Se anche dormisse, non è pericoloso farlo dormire in un letto con coperte e cuscini a misura di adulto, senza un adulto accanto?

Inoltre, se allattate il bambino al seno, potrebbe essere difficile svezzarlo se dorme con voi e praticamente può servirsi da solo. Vi va bene che continui a succhiare la notte e decida lui quando sarà il momento di svezzarsi?

*Se il bambino dorme da solo*

Se invece il bambino dorme in un suo lettino, nella vostra stanza o nella sua, potete fare molto per aiutarlo a imparare a staccarsi da voi per la notte. Il vostro scopo dovrebbe essere quello di rendere meno evidente al bambino la differenza fra l'essere sveglio, e quindi stare con voi, e l'essere addormentato, senza di voi. Se il bambino viene improvvisamente allontanato da un soggiorno caldo, pieno di vita e di rumori piacevoli e familiari, e portato a viva forza in una stanza più fredda, scura, silenziosa, messo a letto e lasciato lì mentre sente i vostri passi che si allontanano, è molto probabile che venga colto da un senso di panico. Non sappiamo con esattezza che cosa pensi, ma i suoi singhiozzi disperati sembrano dire: "Stai andando via, sei andata via, ti ho perduta, sarò solo per sempre...".

Se organizzate in modo diverso l'ora di andare a letto e anche la stanza in cui dorme, potreste rendergli il momento meno drammatico e più sereno. Il rito serale potrebbe cominciare molto prima del momento di andare a dormire e diventare una piacevole routine della giornata. Potrebbe iniziare quando andate a prenderlo al nido o dalla balia o quando arrivate a casa e la baby-sitter se ne va. Oppure se lo accudite voi, potrebbe mangiare con voi in cucina mentre preparate la cena per la famiglia. Il ritorno del papà a casa sarà seguito dal bagnetto serale, in cui scatenerà le sue energie residue. Il bambino ha anche bisogno di una serie di gesti, ripetuti ogni sera, che costituiscano una specie di conto alla rovescia per il momento del distacco per la notte. Il rituale potrebbe essere: giocare per cinque minuti con qualcuno in soggiorno, salutare tutti i membri della famiglia, essere portato nella sua camera, salutare tutti i suoi pupazzi, ascoltarvi raccontare una fiaba o cantare una canzone, ricevere il bacino della buonanotte. Se, invece di allontanarvi subito, trascorrerete una decina di minuti riordinando i vestiti, preparando le cose per l'indomani e dandovi da fare accanto alla porta, il bambino riuscirà a calmarsi e a lasciarsi andare al sonno con la sensazione confortevole della vostra presenza. Lasciategli anche una piccola luce accesa e la porta aperta, in modo che possa sentire i rumori familiari: si sentirà meno escluso. Potete anche coinvolgere il papà in questi rituali e magari uscire prima, lasciando che sia lui a cantare la canzoncina e a dargli l'ultimo bacio. Se riuscite a evitare che il piccolo sia colto dalla paura e si senta abbandonato quando lo lasciate, troverà in questi mesi il modo di garantirsi sicurezza e conforto e lo utilizzerà per riuscire ad affrontare la vostra assenza.

## L'AUTOCONSOLAZIONE

Le abitudini che il bambino sviluppa per trovare conforto dipendono da lui, mentre non è così quando riceve il conforto dagli adulti. Il piccolo non vi può obbligare a stare con lui o a continuare a cullarlo

*Succhiarsi il pollice è un'abitudine autoconsolatoria, quindi sempre disponibile al bisogno.*

tenendolo in braccio; le coccole che gli fate dipendono da voi, mentre può trovare tutto il conforto che vuole se è lui a procurarselo.

In questo sta la forza e anche la debolezza dei sistemi di autoconsolazione. Sono positivi per il bambino perché sono una fonte di sicurezza indipendente e autonoma; gli danno modo di fare assegnamento su se stesso e di essere un po' meno alla mercé degli adulti. Ma possono anche essere negativi se il bambino dipende da essi a tal punto da rinchiudersi e non ricercare il conforto che gli proviene dagli adulti. Quindi possiamo dire che è bene se un bambino ricorre alle proprie abitudini di consolazione per rilassarsi e addormentarsi, quando la mamma lo lascia solo, ma se ricorre spesso a questi espedienti durante il giorno, quando la mamma è presente e il piccolo ha la possibilità di giocare e di esplorare, dimostra che qualcosa non va. Ovviamente, se capita che lo faccia di tanto in tanto non è il caso di preoccuparsi; se un giorno invece di giocare si dondola in un angolo, può darsi che sia solo molto stanco o che non si senta bene. Se invece si tratta di un comportamento abituale è probabile che non riceva abbastanza affetto. Il caso estremo è un bambino completamente ritirato in un suo mondo di dondolii ritmici: chiaro segno che non riesce ad avere un rapporto soddisfacente con le persone e con le cose.

*Succhiare come conforto*

Succhiare è uno dei sistemi fondamentali per trovare conforto. Può darsi che il vostro piccino per mesi abbia succhiato le dita, il pollice o il succhiotto, ma ora il succhiare assume un significato nuovo. Probabilmente vi lascia andar via rimanendo calmo soltanto se succhia, e quando lo lasciate succhia con più forza. Succhia invece di piangere e sostituisce con questo conforto la vostra presenza. Succhiare è un'abitudine autoconsolatoria fondamentale e ora può essere abbinata con altri tipi di conforto.

*Oggetti transizionali*

Definiti dagli psicologi come "oggetti di conforto transizionali", sono oggetti morbidi, dal pannolino di garza alla vecchia copertina della culla, a giocattoli più tradizionali di peluche, a cui molti bambini di questa età si affezionano con una vera e propria passione e a cui ricorrono succhiandosi il pollice o anche senza farlo. Questi oggetti di consolazione hanno una reale importanza emotiva per il bambino. Si tratta sempre di qualcosa di molto familiare, che dà al piccolo conforto e sicurezza, allontana il male e promette il vostro ritorno. Si addormenta con l'oggetto vicino (molto spesso collocato in una posizione precisa e sempre uguale) e lo ritrova se si sveglia la notte.

Se il bambino ha un oggetto di questo tipo, sarà per lui la cosa più preziosa, che non dovrete mai dimenticare quando andate in vacanza o se il bimbo deve essere ricoverato all'ospedale. Probabilmente non lo potrete neppure lavare quanto vorrete. La pulizia del suo oggetto prediletto sarà fonte di proteste perché avrete tolto il suo odore prezioso e familiare. I genitori previdenti, rendendosi conto che questo oggetto servirà per anni, faranno bene a procurarsi un duplicato in caso di disastro. Se si tratta di qualcosa di semplice come un pannolino di garza, basta tenerne due o tre da parte in caso di necessità; se è un giocattolo morbido sarebbe saggio acquistarne un secondo e riporlo in un luogo sicuro; se è un pezzetto di coperta si può tagliarlo in due senza che il piccino se ne accorga e tenere il secondo pezzo per il giorno nefasto in cui il primo andrà a pezzi e lo si dovrà getta-

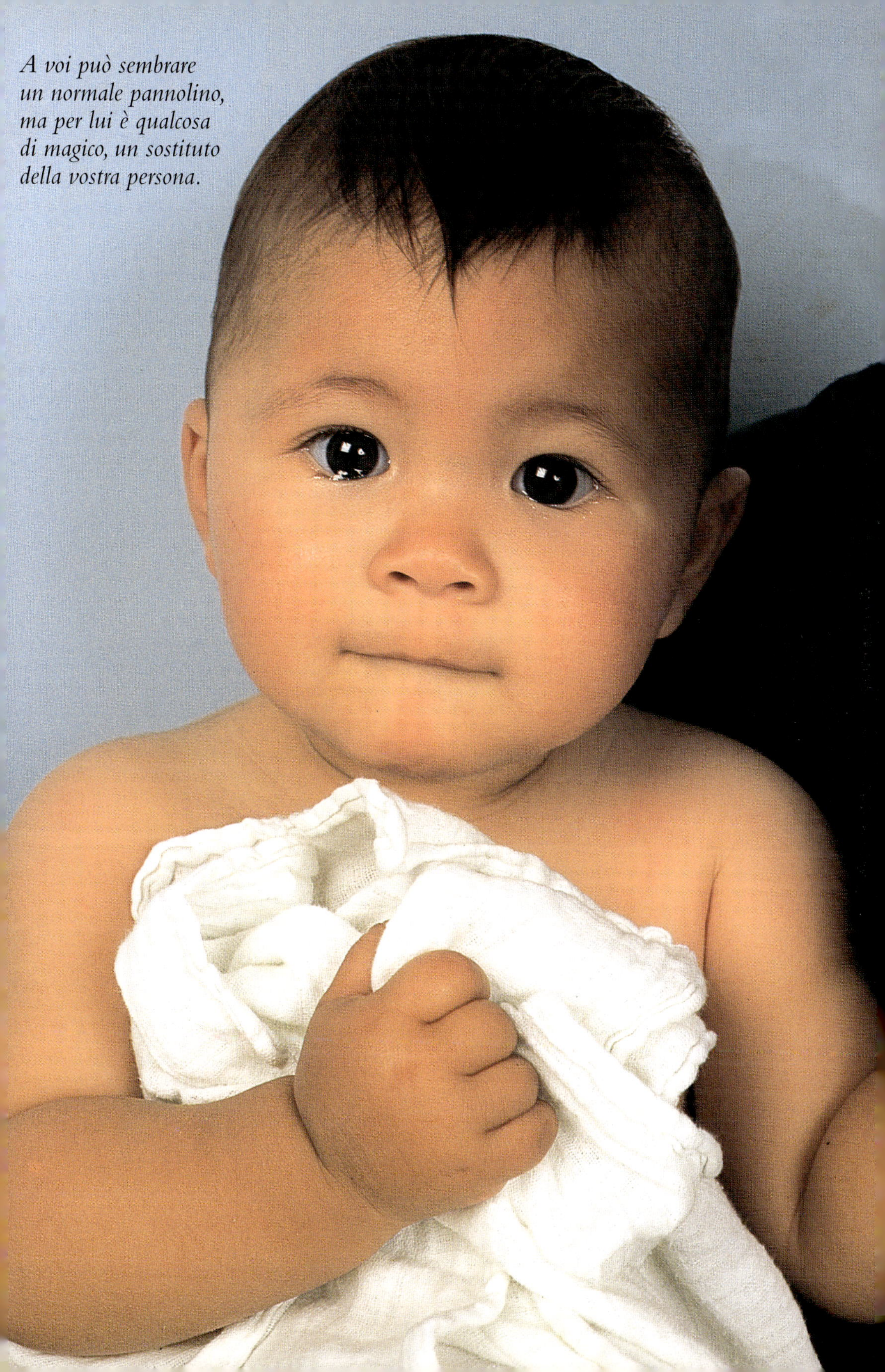

*A voi può sembrare un normale pannolino, ma per lui è qualcosa di magico, un sostituto della vostra persona.*

re. Il "secondo" oggetto non eviterà una crisi di infelicità, perché un oggetto nuovo non avrà mai lo stesso aspetto né lo stesso odore di quello che è stato nel lettino di vostro figlio per mesi o per anni, ma sarà sempre meglio di niente.

*Rituali* Sono dei modi per rassicurarsi che il bambino instaura a poco a poco con il vostro aiuto e rientrano in quel processo che rende graduale il vostro abbandono. Un bambino che sta sviluppando dei rituali per andare a letto vorrà che ripetiate gli stessi gesti tutte le sere. L'unico rischio è che, una volta presa l'abitudine di una cerimonia prima di addormentarsi, il bambino possa a poco a poco trasformare un rituale per il quale a nove mesi occorrevano tre minuti, in uno che vi terrà impegnati per trentacinque minuti quando avrà tre anni! Se vostro figlio si abitua a un rituale di questo tipo, pretenderà la ripetizione di ogni più piccolo gesto tutte le sere; sarà anche noioso per voi, ma sempre meglio che sopportare un pianto disperato e renderlo così infelice. Dovrete fare in modo che chiunque metta a letto il piccolo conosca i dettagli del rituale scelto. Non si può pretendere che la nonna, quando vi prendete una sera di libertà, riesca ad affrontare la situazione con successo se non è a conoscenza degli strumenti di cui vi servite per ottenere la calma.

*Movimenti ritmici* Quando il bambino era molto piccolo, probabilmente lo cullavate camminando avanti e indietro, accarezzandolo ogni volta che aveva bisogno di coccole per addormentarsi. Qualsiasi fosse il motivo della sua ansietà, egli trovava sollievo in un movimento regolare. La maggior parte dei bambini, anche già grandicelli, trovano calmante il movimento fisico ritmico e molti inventano dei modi tutti loro per potersi procurare da soli questo tipo di conforto.

Tra le abitudini che il piccolo sviluppa a questo scopo ve ne sono alcune ovviamente innocue, come l'accarezzarsi o lo strofinarsi contro il suo oggetto preferito o ancora l'attorcigliarsi una ciocca di capelli (magari con il risultato di formare dei nodi quasi inestricabili). Un sistema più turbolento, ma non pericoloso, è quello di dondolarsi sulle mani e sulle ginocchia, così che tutto il lettino vibra sul pavimento. Leggermente più preoccupante è il tipo di dondolio che fa battere la sua testolina contro le pareti del lettino.

*Colpi con la testa* Se notate che il bambino ha l'abitudine di addormentarsi dando dei colpi con la testa contro le sbarre del lettino, è bene scoprire se è il suono ritmico che lo attrae o se si procura del dolore di proposito. Il modo più facile per scoprirlo è di fissare numerosi pezzi di cartone dalla parte della culla dove appoggia la testa. Non usate cuscini imbottiti per attutire i colpi, perché gli togliereste il piacere di sentire il rumore. Potrà sbattere ancora la testa contro il cartone, ma senza farsi del male.

Se l'imbottitura del cartone è efficace, non preoccupatevi se sentite che continua a dare testate contro la culla. Ma, se con questa piccola variazione il bambino non riesce ad addormentarsi o addirittura sposta la testa per sbatterla contro la parte della culla non protetta, cercate di capire perché vuole farsi del male.

È per caso in collera con qualcuno e sfoga in questo modo la rabbia su se stesso? Qualcuno o qualcosa possono essere motivo di un grave senso di frustrazione? Se questo comportamento si è verificato solo quando il padre è partito per un viaggio o quando ha cambiato bambinaia, il ritorno del padre o il tentativo di avvicinarlo in maniera molto più graduale alla nuova persona che dovrà prendersi cura di lui potrebbero risolvere l'intera faccenda. Se non riuscite a trovare una causa evidente, dedicate al bambino molta più attenzione del solito e offritegli la possibilità di cimentarsi in giochi aggressivi in modo da permettergli di liberare così tutta la tensione che ha dentro.

Consultate il medico se, invece di diminuire, i colpi che si dà alla testa aumentano, e per di più non si verificano solo alla sera nella culla, ma anche durante il giorno in luoghi qualsiasi, e il bambino comincia a sbattere deliberatamente la testa contro il muro o i mobili. Non trascurate il problema perché qualcuno vi dice: "Non preoccuparti, molti bambini lo fanno". Non sono poi così tanti i bambini che si comportano in questo modo e quelli che lo fanno hanno bisogno che qualcuno li aiuti a essere più felici.

*Masturbazione*

Se i pannolini o i pigiami lo consentono, alcuni maschietti sviluppano l'abitudine di toccarsi ritmicamente il pene. Certe bambine, invece, adottano un movimento oscillatorio che le porta a strofinare la vulva contro il materasso o contro le sbarre della culla. Anche se accettate facilmente l'idea che sia un comportamento naturale, e che sia giusto che il bambino senta il bisogno di esplorare quelle parti del corpo solitamente coperte dai pannolini, potrebbe sconcertarvi scoprire vostro figlio che si agita con il volto rosso, ansimante e palesemente eccitato.

Cercate di non essere turbati più di tanto e, se anche lo siete, non datelo a vedere. La masturbazione non farà del male al bambino, né ora né in seguito, e la scoperta precoce del piacere fisico non significa affatto un eccesso di sessualità. Tutti i bambini hanno degli stimoli sessuali (anche se la maggior parte degli adulti preferiscono credere il contrario) e, prima o poi, scoprono di poter ricavare piacere sfregandosi o toccandosi gli organi genitali. Quindi, se vostro figlio sta felicemente giocando nella culla con il proprio corpo, lasciatelo fare.

*Se andare a letto continua a essere un problema*

A volte, nonostante tutti i tentativi per facilitare il distacco dalla mamma e pur incoraggiando i suoi sistemi per consolarsi e aiutandolo con dei rituali affettuosi, per il bambino andare a letto è un fatto assolutamente avvilente. Divise tra un bambino che piange e la cena che brucia, è facile perdere di vista la meta che vi eravate preposte e reagire al nervosismo in modi che non faranno altro che assicurarvi mesi di seccature. Vale la pena di valutare attentamente il problema in un momento di calma.

Quello che volete è avere il bambino felicemente sistemato nel lettino e sul punto di addormentarsi da solo, lasciandovi libere di dedicarvi ad altre cose. Questo significa che staccarsi dal bambino nel bel mezzo di una crisi di pianto non è certo la soluzione migliore, se poi siete capaci di farlo. Non è sistemato felicemente e l'essere abbandonato così aumenterà in lui la sensazione di insicurezza e il timore che, una volta uscite dalla camera, possiate non tornare più indietro. Neppure stare con lui o prenderlo in braccio e portarlo con voi sono soluzioni valide a lungo termine. Voi non avrete la dovuta tranquillità serale e il piccolo, invece di scoprire che può rimanere benissimo anche da solo, si convincerà che anche voi concordate con lui nel ritenerla una situazione intollerabile.

Un obiettivo a lunga scadenza può comportare molti piccoli sforzi a breve termine: convincete il bambino che è giusto lasciarvi andare perché tornerete sempre indietro da lui, mentre la richiesta di essere ripreso in braccio non porterà ad alcun risultato. Gli date tutto quello di cui ha bisogno, cioè sicurezza, ma non necessariamente tutto quello che *vuole,* cioè più tempo per giocare.

■ Rendete piacevole l'ora di andare a letto. Una lite a tavola o delle proteste rumorose da parte del bimbo, geloso, per attirare l'attenzione del padre, sono sufficienti ad aumentare la sua incertezza sull'amore che è in grado di dare e ricevere. Non è l'ora adatta per adottare un atteggiamento disciplinare.

■ Fate in modo che sappia che l'ora di andare a letto si avvicina seguendo una medesima routine tutte le sere, per esempio il bagno, il gioco, la cena e il letto. Mantenete i suoi riti serali o inventatene altri. Se, per fare un esempio, mettete a letto un orsacchiotto rimboccandogli le coperte, il piccolo può essere invogliato a voler fare la medesima cosa.

■ Se, nonostante tutto, piange quando lo lasciate, tornate indietro. Rassicuratelo con la vostra presenza; dategli ancora un bacio e lasciatelo. Può darsi che dobbiate ripetere questa manovra più e più volte, ma è l'unico modo per convincerlo che non lo abbandonate, ma che non lo prenderete in braccio.

■ Se è necessario tornare dal piccolo più volte, provate a parlargli invece di recarvi da lui. Potrebbe essere sufficiente rassicurarlo parlandogli in modo piacevole. Se questo sistema funziona lo potrete calmare riuscendo al tempo stesso a preparare la cena, a risparmiare un po' di fatica e a parlare con vostro marito. Non sarà proprio la pace, ma qualcosa che comunque le somiglia.

## Se si sveglia di notte

I bambini di questa età in genere dormono sodo per 12 ore, ma alcuni si svegliano spesso anche se non stanno svegli a lungo. Un tempo svegliarsi di notte era considerato una cattiva abitudine. Se i bambini si svegliavano venivano ignorati, o addirittura sgridati e picchiati. Ma il bambino non si sveglia intenzionalmente. Se qualcosa lo disturba e lo sveglia prima che si sia riposato a sufficienza, o durante uno dei periodi di "sonno leggero" che ognuno attraversa la notte, il fatto di lasciarlo piangere non impedisce che la sera successiva si svegli per lo stesso motivo (oppure per un motivo diverso). "Imparerà presto a non farlo" si dice, ma come è possibile che un bambino impari a non fare qualcosa che esula dal suo controllo consapevole?

*Disturbi provenienti dall'esterno*

Sovente un bimbo di questa età si sveglia di notte quando qualche stimolo proveniente dal mondo esterno lo disturba. Non dorme più così profondamente come quando era più piccolo e non si può più contare sul fatto che, una volta addormentato, nulla lo possa svegliare. Non lasciate che qualcuno entri nella sua stanza e non entrate neppure voi a meno che non sappiate che ha bisogno. Lasciate la porta socchiusa in modo da poterlo controllare senza entrare.

Gli stessi rumori che durante il giorno si perdono nella confusione generale e diventano rumori di fondo nel silenzio della notte possono sembrare molto forti e fastidiosi. Il bambino potrebbe essere svegliato dal traffico, da un aereo che vola a bassa quota o da un treno non lontano. Può anche darsi che percepisca l'andirivieni attorno a lui anche se non si tratta di rumori forti. Amici che sbirciano nella sua stanza potrebbero svegliarlo. Se dorme con voi, i vostri movimenti, le conversazioni sussurrate, i rumori che fate dormendo, tutto potrebbe disturbarlo.

Fate il possibile per risistemare in modo più conveniente la stanza. Se dorme con un fratellino potrebbero essere i rumori prodotti dal bambino più grande a svegliarlo. Potreste forse spostare il lettino in un'altra camera in modo che non possa essere disturbato. Se la camera in cui dorme affaccia su una strada di molto traffico, potreste mettere i doppi vetri alle finestre o dei tendaggi pesanti.

Se ha freddo è probabile che si svegli. Una stanza molto fredda è meno pericolosa di quando era più piccolo, perché ora non passa più direttamente dal sonno a uno stato di raffreddamento, ma, se agitandosi si scopre e comincia ad aver freddo, finirà con lo svegliarsi e si metterà a piangere. La stanza non dovrà avere una temperatura superiore ai 18-20 °C, ma potreste mettere al bambino un pigiamino a sacchetto che lo terrà caldo comunque.

Se ha un arrossamento da pannolino e il sederino gli fa male è probabile che si svegli perché l'urina brucia quando lo bagna. Proteggetegli il sederino anche se è appena appena arrossato, cospargendolo di notte con uno spesso strato di una crema al silicone. Verso la fine del primo anno di età potrà passare delle brutte nottate a causa del mal di denti provocato dai molari che cominciano a spuntare. E, a meno che non siate estremamente fortunati, ci saranno raffreddori, tosse e naso tappato. Non potete certo prevenire il primo risveglio di questo genere, ma una dose appropriata di paracetamolo liquido per bambini può aiutare a calmare il dolore per il resto della notte.

*Disturbi di origine interna*

Purtroppo, molto spesso, quando un bambino di questa età si sveglia di notte piangendo, la causa può essere un disturbo di origine interna.

Quando il sonno diventa più leggero è facile che il bambino si svegli. Se svegliandosi si sente perfettamente felice si addormenterà ancora senza disturbarvi, purché sia abituato a non dipendere da voi per addormentarsi. Delle telecamere collocate nelle camerette dei bambini hanno dimostrato che questi risvegli notturni sono molto più frequenti di quanto i genitori immaginino. Ma se ha bisogno di essere nutrito o cullato per riaddormentarsi piangerà per chiamarvi (vedi p. 182). Anche se si dovesse svegliare in uno stato ansioso o spaventato piangerà e avrà bisogno di voi.

Accade di frequente, per esempio, che un bimbo si svegli per uno spavento o un incubo. Ovviamente non vi è modo di sapere di che cosa si tratta, sappiamo solo che il bambino si sveglia, di solito con un grido terrorizzato, chiamando la mamma o il papà. Appare spaventato, ma non appena vede uno dei genitori si rassicura subito e spesso si riaddormenta senza fatica, se lo si conforta.

Può darsi che questo si ripeta più volte per notte, per mesi interi. Sembra che questo comportamento sia più comune in bambini i cui genitori, nel timore di viziarli, non li prendono subito in braccio quando piangono di giorno. È come se l'inconscio del bambino volesse recuperare di notte lo scarso affetto che ha ricevuto durante il giorno, assicurandosi, durante le ore di sonno, un amore di cui si sente insicuro quando è sveglio.

Se vi sembra che vostro figlio stia instaurando questo tipo di meccanismo, cercate di mettervi nei suoi panni e di capire se per caso ha la sensazione di dover lottare per ricevere il vostro affetto e la vostra attenzione. Se la risposta fosse pure un incerto "forse", dovete cambiare strategia:

- Agite cautamente quando sembra che qualcosa gli crei una grande tensione. Se lo state svezzando dal biberon, per esempio, può darsi che stiate seguendo un ritmo troppo veloce per il piccolo. Fate un passo indietro e lasciate che succhi ancora: probabilmente si calmerà.
- Fate in modo che il momento di andare a dormire sia tranquillo e piacevole. Se il bambino si addormenta con una sensazione di calore e di protezione può darsi che dorma tutta la notte.

### *Se si sveglia spesso*

*Il vostro letto è la soluzione più rapida a breve termine. Ma siete sicuri che sia quella giusta a lungo termine?*

Se il bambino ha preso l'abitudine di svegliarsi molte volte di notte e cominciate a sentirvi a pezzi, portarlo nel vostro letto la prima volta che si sveglia può servire a garantirvi pace e tranquillità per il resto della notte. Molti genitori si comportano così, sempre o spesso, e può darsi che il sistema vada bene per voi come va bene per loro. Tuttavia cercate di non comportarvi in questo modo in preda a pura disperazione o contro le vostre intenzioni (vedi p. 109) perché a lun-

go andare vi si potrebbe ritorcere contro. Se per settimane o mesi il bambino dorme nel letto con voi per superare degli incubi, non sarà certo tranquillamente disposto a dormire da solo una volta che gli incubi sono finiti. Benché sia difficile immaginare notti peggiori di quelle che state vivendo, riabituare un bambino a dormire da solo nel suo lettino potrebbe essere anche peggio.

■ Se il bambino pur svegliandosi spesso, non è spaventato, ma semplicemente ha bisogno di voi per tornare a riaddormentarsi, portarlo nel vostro letto allontanerà ancora di più il momento in cui saprà farlo da solo. Potrebbe anche rendere l'andare a letto ancora più difficile: se può contare sulle vostre coccole per addormentarsi alle due di notte, si aspetterà che sia così anche alle otto di sera.

■ Se state tentando di non portarlo nel vostro letto, andate da lui appena lo sentite piangere davvero (non solo borbottare). Se si è svegliato a causa di un incubo, si calmerà appena vi vedrà, udirà la vostra voce o sentirà la vostra mano accarezzarlo. Con la pratica potrete farlo senza svegliarvi del tutto e tornare immediatamente a letto.

■ Se si sveglia senza una ragione particolare e vuole giocare o, in alternativa, succhiare o essere cullato fino a riaddormentarsi, potreste tentare le tecniche consigliate per metterlo a letto (vedi p. 263). Anche in questo caso il metodo è un compromesso tra lasciarlo piangere fino all'esaurimento o portarlo a letto con voi. Si tratta di rassicurarlo ("È tutto a posto ora. Non c'è niente di cui aver paura; ora fai la nanna.") e lasciarlo; quando piange di nuovo, tornare ("Non c'è niente per cui piangere; è tutto a posto ora."), ma non tirarlo su, anche se vi sentite il cuore che si spezza di fronte a quelle braccine tese verso di voi ("Non ora tesoro. È notte, è molto buio: è ora di dormire."), e andarvene di nuovo. Il metodo può richiedere molto tempo e non è indolore, ma se non volete adottare nessuna delle due soluzioni estreme, è l'unico compromesso possibile che alla lunga può dare qualche risultato.

È inutile cercare di stabilire in anticipo quanto tempo dovrete rimanere ogni volta con lui perché il bambino si calmi. La migliore guida è il vostro piccino stesso. A seconda se piange in modo isterico, oppure è solo irritato e inquieto, avrà bisogno che rimaniate con lui più o meno a lungo prima di calmarsi.

Il padre potrebbe svolgere un ruolo prezioso in queste circostanze. Se per esempio il vostro bambino è ancora allattato al seno o lo è stato fino a poco tempo prima, il desiderio di succhiare potrebbe combinarsi con la paura dell'abbandono. In tal caso il bambino avrà meno occasione di pensare alla poppata se non sente l'odore del vostro latte. E anche se ormai non lo allattate più da tanto tempo, potrebbe trovare più facile separarsi dal papà che dalla mamma. Comunque vale la pena di provare.

*Se si sveglia presto al mattino*

Il bambino non sa che ore sono; si sveglia perché ha dormito a sufficienza. Se avete abbandonato del tutto l'idea di una poppata al seno o con il biberon al mattino presto, è molto improbabile convincerlo a dormire ancora un po'. Se il bimbo piange e urla per chiamarvi è inutile tentare di ignorarlo. Alla fine dovrete pure alzarvi, quindi tanto vale farlo subito. Non è invece necessario che il bambino si alzi e inizi la sua giornata.

*Al mattino presto, senza adulti presenti, i bambini possono giocare insieme con momenti di grande tenerezza.*

■ Lasciategli una luce accesa e dei giocattoli. Se la sua stanza al mattino presto è buia, lasciate accesa una luce molto tenue che non gli impedisca di riaddormentarsi se avesse ancora sonno. Disponete accanto al lettino, o addirittura nel lettino, dei giocattoli in modo che il bimbo, almeno per un po' di tempo, giochi da solo.

■ Fate lo sforzo di metterlo a suo agio. Cambiategli il pannolino, toglietelo dal sacchetto per la notte e dategli qualcosa da bere. Perdere dieci minuti di tempo in questo modo potrebbe farvi guadagnare un'altra ora di sonno.

■ Un fratellino potrebbe fargli compagnia, se avete un altro figlio. Se il fratellino più grande dorme con il piccolo o ha il permesso di giocare con lui quando si sveglia al mattino, potrebbero farsi un'ottima compagnia, senza adulti che creano sensi di gelosia. Il piccolino è costretto a stare a letto dove è bene al sicuro e il fratellino non gli può quindi tirare i capelli, né portargli via i giocattoli; non ha nessun altro a cui rivolgersi tranne il bimbo più grande, al quale dedicherà i sorrisi e il fascino che di solito riserva agli adulti. Questi momenti di gioco al mattino creano e rafforzano un rapporto di vero affetto fra i bambini.

Non potete condividere questi momenti, ma potete viverne di altrettanto magici anche voi la mattina. Infatti, purché il bambino abbia ben chiaro che il lettone di mamma e papà non è per la notte, potrete portarvelo a letto con voi il mattino e coccolarvelo a lungo, godendo delle sue tenerezze. Quando siete tutti più o meno svegli, non ci sarà pericolo che possa fare confusione tra i due momenti.

# Il pianto e come consolarlo

La maggior parte dei bambini, nella seconda metà del primo anno di vita, piangono molto meno di quando non facessero in precedenza. Se contate i minuti che il piccolo trascorre ogni giorno piangendo, noterete che sono molti di meno ora di quando aveva tre mesi e ancora di meno di quando aveva sei settimane. E se anche il pianto non fosse diminuito di molto, è cambiata l'impressione che esso produce su di voi e sugli altri: a tre mesi il pianto sembrava un comportamento a sé stante, capace di continuare a lungo indipendentemente dai vostri tentativi per cercare di calmarlo. Ora è chiaramente una reazione. Se il bambino piange è per via di qualcosa di specifico che è accaduto o a causa di un sentimento preciso; e se oggi piange più di ieri è solo perché si sente meno in grado di far fronte ai normali avvenimenti quotidiani.

Tuttavia la maggior parte delle cose che succedono normalmente non provocano più il pianto. I bambini tengono testa con maggior energia alla confusione della vita quotidiana. I rumori improvvisi e violenti e i movimenti bruschi, che di solito li facevano sussultare e piangere, ora li fanno ridere. Quando c'è qualcosa che non va loro a genio manifestano la preoccupazione e lo spavento con espressioni del viso e piagnucolii, e arriveranno a un pianto deciso solo se nessuno li rassicura. Anche se il bambino tende a piangere meno facilmente e meno di frequente, in questi sei mesi ci sono comunque diversi fattori del suo sviluppo che causeranno molti pianti se non vengono capiti. È importante che impariate a comprenderli, perché si tratta di fasi evolutive che si riproporranno per tutta l'infanzia. Una buona dose di sensibilità, adeguata alle esigenze e alle emozioni del bambino, renderà senz'altro la vita più facile a tutti e due.

*Ansia da separazione*

Benché non tutti i bambini di quest'età o anche più grandicelli manifestino un comportamento definibile come "ansia da separazione", la maggior parte non sopporta di venire separato dalle persone che ama. Molti momenti di pianto si verificano quando affidate il bambino alle cure di qualcun altro. Se poi chi lo accudisce non risponde al suo pianto accorrendo accanto a lui più volte (come descritto nell'approccio "morbido" per convincerlo a dormire) queste richieste si trasformeranno in un'interminabile e inconsolabile crisi di pianto.

Non è solo di notte che i bambini non vogliono essere lasciati soli. Anche di giorno, quando sono svegli e intenti a giocare, alcuni bambini non sopportano di essere lasciati soli nella stanza neppure per due minuti. Non cercate di uscire di nascosto, neppure se dovete assentarvi solo per prendere una cosa nella stanza accanto. Se il piccolo alza gli occhi e non vi trova, come potrà la prossima volta concentrarsi fiducioso nel suo gioco? Una serie di questi (dal suo punto di vista) "tradimenti" lo renderanno molto più ansioso di una serie di uscite e ritorni di cui è stato in qualche modo avvertito.

La combinazione di separazione e solitudine è ciò che il bambino teme di più. Essere lasciato con qualcuno, specialmente una persona a cui il bambino è particolarmente affezionato, è molto più accettabile per lui. Perciò mentre la crisi di pianto quando la mamma esce per andare al lavoro o lo lascia al nido è comune, la sua durata è, o dovrebbe essere, breve.

*Paura*

Quando il bambino era più piccolo, poteva dare l'impressione di aver paura di moltissime cose. Ora ha molta più fiducia nella vita in generale, ma probabilmente ha sviluppato intensi timori per una o due cose in particolare. Per esempio, può restare indifferente a rumori più forti, ma essere terrorizzato da quello di un aspirapolvere. Può divertirsi con qualsiasi gioco, anche violento, ma non sopportare che gli si buttino o gli si tolgano cose dalla testa. Può adorare il bagno e tutto ciò che ha a che fare con l'acqua, ma essere preso dal panico se vede l'acqua sporca che esce dallo scarico.

Timori di questo tipo sembrano spesso del tutto irrazionali e molto irritanti. Può darsi che non riusciate a capire perché il rumore dell'aspirapolvere gli fa paura, mentre questo non accade con quello della lavatrice. Ma le paure sono irrazionali; e quelle dei bambini devono essere accettate e rispettate perché sono reali, non perché sono sensate. Se siete tentate di dimostrare al piccolo che l'aspirapolvere è del tutto innocuo, può esservi di aiuto pensare alle vostre paure irrazionali. Le abbiamo tutti. Perché, per esempio, vi fanno impressione gli scarafaggi e non le formiche? Vi aiuta forse sapere che i primi non mordono e le seconde sì?

Il modo migliore per far fronte a questi timori è di evitare, per quanto possibile, le situazioni che li provocano. Usate l'aspirapolvere solo quando il bambino dorme o è nella carrozzina in un'altra stanza. Non vuotate l'acqua del bagno finché lui non è lontano; evitate di comprargli vestiti con il collo stretto e con ganci. Non date però per scontato che vostro figlio avrà per sempre paura di queste cose: potrebbe più avanti temerne altre, del tutto diverse. Di qualsiasi cosa abbia paura, evitate che riceva l'impressione che anche voi condividete il suo timore. Quando vi impegnate a tenere lontano da lui la cosa o l'esperienza che lo spaventa, fategli capire che lo fate perché sapete che spaventa *lui*, non perché la cosa è spaventosa in *sé* o spaventa *voi*.

Se tutto questo vi fa sentire irritata o imbarazzata davanti agli altri, che giudicano sciocco tener conto delle paure infantili, ricordate che meno lo spaventate, prima gli passerà la paura. Se cercherete di costringerlo ad affrontarla, non farete altro che renderla più forte.

*Pianto di fronte all'imprevisto*

Nel corso di questi mesi il bambino comincia ad aspettarsi molte cose dalla gente e dalla vita quotidiana. Comincia anche a costruire dei modelli nella sua testa: impara determinate abitudini, ritmi e rituali. Quando queste grandi, nuove speranze sono deluse, prova un senso di paura. Per esempio, il bambino ha imparato che al mattino, dopo poco tempo da che si è svegliato, la madre o il padre vanno a salutarlo e lo prendono in braccio. Se invece dei genitori arrivasse uno sconosciuto, le sue aspettative sarebbero deluse e piangerebbe di paura. Eppure se lo stesso sconosciuto arrivasse in casa per bere una tazza di tè otterrebbe dal bambino dei sorrisi smaglianti. Non è lo sconosciuto che dà fastidio al bambino, ma il contesto imprevisto in cui compare. Allo stesso modo, il bambino ha determinate aspettative a proposito del cibo che viene dal biberon. Se è abituato al latte caldo, e

*Il bambino deve contare su di voi per proteggerlo dalle sue paure, non per condividerle.*

all'improvviso gli date del latte ghiacciato, è probabile che pianga per lo shock. Non è che non gli piaccia il latte freddo, è solo che non se lo aspettava.

Esperienze completamente nuove possono colpirlo come quelle che deludono le sue aspettative. Il primo volo su un'altalena, il primo assaggio di un gelato, il primo incontro con un cavallo possono farlo piangere. Sono tutte esperienze potenzialmente piacevoli, ma gli occorre del tempo per abituarvisi.

Aiutare il bambino a vivere queste nuove o inattese avventure è un'esperienza importante. A mano a mano che diventa più grande i suoi orizzonti si allargano. Sono queste nuove esperienze che gradualmente rendono più ricco il tessuto della sua vita.

Anche quando ha soltanto sei mesi, scoprirete probabilmente che potete prepararlo, con le parole, con i gesti e con il contatto fisico, a qualcosa di nuovo o di inatteso che sta per accadere. Potete prevedere ciò che rischia di spaventarlo e richiamare la sua attenzione sulla vostra calma presenza, così che viva quell'esperienza più serenamente con e attraverso voi. Se farà il suo primo volo in altalena seduto sulle vostre ginocchia, mentre la vostra voce rassicurante gli parla con calore di questa nuova sensazione e le vostre braccia lo sostengono e lo abbracciano saldamente, è probabile che godrà quest'esperienza fin dalla prima volta.

*Pianto per abbandono*

I bambini hanno delle forti emozioni, ma un potere molto limitato. Per quanto ne sappiamo, i loro amori e i loro odi, i loro desideri e i loro bisogni sono forti come i nostri, ma poiché sono ancora incapaci fisicamente e non in grado di usare il linguaggio, possono fare ben poco per soddisfarli. Molto spesso il pianto del bambino sostituisce l'azione. Piange perché si è creata una situazione dalla quale non è in grado di tirarsi fuori. Il suo pianto è la richiesta indirizzata a voi di fare qualcosa per lui.

Per esempio, voi uscite dalla stanza. Il bambino vuole venire con voi, ma non vi può seguire, sia perché non è ancora in grado di camminare, sia perché è prigioniero nel lettino o nel suo recinto. Non può neppure chiedervi di portarlo con voi. Quindi piange. Oppure, sta serenamente giocando nel lettino quando il giocattolo con cui si sta divertendo cade per terra. Non può riprenderlo da solo. Non può chiamarvi perché glielo raccogliate. Quindi piange. Mentre siete a passeggio, una vostra amica che il bambino non conosce si ferma con voi a chiacchierare. Tende le braccia al bambino, dicendo: "Vieni, vieni da me?". Il bambino avverte che sta per prenderlo; non può rispondere alla domanda della sconosciuta, può solo esprimere il suo "no!" piangendo.

Se siete sensibili alle manifestazioni più sottili di vostro figlio, ai suoi modi di esprimersi al di là del pianto, non avrà bisogno di piangere spesso. Per esempio, se gli fate capire che intendete lasciare la stanza, il bambino potrà tendervi le braccia per chiedervi di portarlo con voi. Se prestate un orecchio al suo allegro borbottio mentre gioca nel lettino, il suo costernato silenzio vi avvertirà che il suo giocattolo è caduto. Non avrà bisogno di piangere. Allo stesso tempo, la maggior indipendenza che gli viene dalla mobilità contribuirà a neutralizzare la sua sensazione di abbandono. Il periodo in cui cammina a quattro zampe può essere logorante per voi, ma costituisce spesso un grande sollievo per il bambino. Finalmente può andare dove vuole e prendere ciò di cui ha bisogno, quanto meno entro i limiti della libertà che siete disposta a concedergli.

### *Pianto da rabbia e frustrazione*

Il pianto da abbandono diminuisce nel primo anno con il crescere della mobilità. Ma al suo posto tende a comparire il pianto da rabbia e frustrazione. Al compimento del primo anno di età, questi sentimenti possono essere la causa della maggior parte del pianto di ogni giorno. Persino il pianto serale perché non vuole dormire contiene ora una nota di furibonda frustrazione, perché il bambino è costretto a rimanere nel lettino quando vorrebbe al contrario stare sveglio in

*Intrappolato e lasciato solo può solo piangere per chiedervi di salvarlo e aggrapparsi freneticamente a voi.*

vostra compagnia. Il bambino che cammina a quattro zampe e compie esplorazioni si mette continuamente nei guai. Deve essere tenuto d'occhio costantemente, sia per la sua incolumità sia per l'incolumità delle cose altrui. Allontanarlo dallo sportello del frigorifero otto volte in dieci minuti è una cosa che vi fa impazzire, ma fa impazzire anche lui. Vuole aprire quello sportello, e devono passare ancora dei mesi prima che capisca perché non lo può fare o che anche solo ricordi che voi non glielo permettete. Più cresce e più scopre cose che vuole esplorare e fare, più rabbioso diventerà quando ne è impedito, e l'impedimento può essere rappresentato da voi o dalla sua stessa incapacità di portare a termine quanto si era prefisso.

Non sempre è possibile né desiderabile prevenire questo tipo di pianto. Dovete certamente intervenire quando le sue intenzioni sono pericolose o distruttive, e il bambino deve misurarsi con prove difficili e frustranti se deve imparare. Di conseguenza, una certa quantità di pianto da rabbia e frustrazione è inevitabile. Ma il bambino che si sente continuamente soggetto ad adulti che gli vietano tutto o che si sente sempre sconfitto a causa della propria immaturità, non farà grandi passi avanti nel proprio sviluppo. Occorre pertanto trovare un ragionevole equilibrio tra frustrazione e permissività.

Quando dovete deludere il vostro bambino perché vuol fare qualcosa di troppo pericoloso o di troppo dannoso, potete ricorrere al principio "lontano dagli occhi, lontano dal cuore", che resterà valido ancora per mesi. Non è necessario combattere a lungo per impedirgli di aprire lo sportello del frigorifero. Portate il bambino fuori dalla stanza: dopo un breve scoppio d'ira, dimenticherà tutto. Poi mettete una chiusura a prova di bambino al frigorifero; quando il giorno dopo ci riproverà si arrabbierà, ma davanti a questa impossibilità "tecnica" lascerà perdere.

Quando il bambino non riesce a fare una cosa, sta a voi giudicare se è in grado di imparare una lezione dalla situazione in cui si è messo di sua iniziativa o se può solo sfogarsi in un'inutile crisi di pianto. Se sta dandosi da fare per togliere il coperchio della scatola dei giocattoli e c'è una buona possibilità che vi riesca, lasciateglielo fare. Il successo premierà lo sforzo. Se invece vi accorgete che non può farcela da solo, aiutatelo. Intervenendo, non offenderete la sua dignità. Riuscirci da solo non è ancora importante per il suo amor proprio: vuole solo togliere quel coperchio, non importa come.

Proprio come certi neonati piangono più facilmente e con più insistenza di altri, altrettanto fanno i bambini più grandi. Certi sembrano tollerare molto meglio la frustrazione; un fallimento che fa urlare uno, lascia sorridente l'altro. I genitori non possono fare molto per queste differenze congenite, quindi non c'è motivo di preoccuparsene. Se siete in sintonia con il bambino e fate in modo di capire ciò che vuole, vi comporterete nel miglior modo possibile. Non pensate che durante questi sei mesi di vita il carattere del bambino si sia già potuto formare definitivamente. Può darsi che in seguito si mostri veramente tenace, anche se ora sembra frustrarsi facilmente. D'altra parte, se ora è calmo e tranquillo, ciò non gli impedirà più tardi di affrontare con energia la vita.

Comunque, anche se è vero che alcune crisi di pianto sono inevitabili e che certi bambini piangono più facilmente di altri, la frequenza con cui il bambino piange è un indice del suo grado di soddisfazione della vita. Se sembra che niente gli vada bene per più di cinque minuti, cercate di capire che cosa lo disturba. A parte cause evidenti come il dolore, la malattia o la fame, il pianto può essere una reazione alla paura, una richiesta di aiuto nei vostri confronti o uno scoppio di frustrazione e ira. Se riuscite a capire a quale di questi sentimenti è da attribuire la maggior parte dei pianti, potrete risolvere il problema offrendogli la risposta più adeguata ai suoi bisogni, qualunque cosa sia ciò che gli occorre per diventare una creatura più felice: una maggior sicurezza, una vostra presenza più assidua, un aiuto più pronto o una più ampia libertà.

### L'opinione dei genitori

## *Il suo attaccamento mi commuove e mi rende claustrofobica*

*Sono rimasta a casa in maternità per nove mesi. Non volevo lasciare mio figlio finché non fosse stato in grado di affrontare senza problemi la separazione. Ma ora piange se solo lascio la stanza e già me lo immagino aggrappato freneticamente al mio collo quando, a cinque anni, dovrà andare a scuola. Lo adoro e mi strazia lasciarlo, ma ormai sono diventata claustrofobica. E poi c'è l'aspetto economico. Certo, possiamo vivere con un solo stipendio, ma che cosa farei se dovesse accadere qualcosa a mio marito o il nostro matrimonio andasse in pezzi. Nessuno lo dice mai, ma io credo che sarebbe stato meglio se fossi tornata a lavorare quando aveva sei settimane, così non ci saremmo attaccati tanto l'uno all'altra.*

Il suo è un dilemma reale e complesso, condiviso da molte donne. Quando se ne parla si tende sempre a sottovalutarlo, ma in realtà solo una donna che si trovi ad affrontarlo ha il diritto di dire quali sono le sue priorità.

Non si tratta solo del fatto che il bambino vuole stare con lei, mentre lei vuole andare: in realtà *lei* vuole rimanere, per il bene di entrambi, ma vuole *anche* andare. Non si tratta neppure della necessità di guadagnare, né del bisogno di tornare a lavorare per esigenze di autostima, autorealizzazione o carriera. Il denaro per ora basta; se ce ne fosse di più certo non guasterebbe, ma economicamente è il futuro che la preoccupa, l'essere dipendente dal marito. Teme l'incombente separazione, ma anche di scoprire che quello che ha fatto finora sia senza valore.

Se fosse tornata a lavorare quando il bambino aveva sei settimane avrebbe in parte aggirato il problema. Il bambino non si sarebbe aggrappato così alla mamma, ma lei avrebbe perso molto. Non dovrebbe chiedersi se ha fatto la scelta giusta, ma considerarsi fortunata perché ha potuto *scegliere*.

La preoccupazione che la attanaglia, ossia che il bambino sia ora *troppo* attaccato a lei, è del tutto infondata. L'attaccamento affettivo è una caratteristica che si manifesta intorno all'anno di età; forse per questo la sua claustrofobia fa la sua comparsa proprio ora. Questa fase si sarebbe verificata comunque, anche se lei avesse sempre lavorato. Solo non avrebbe scatenato quel suo sentimento.

Il fatto che ora il bambino, essendo più consapevole, soffrirà di più quando dovrà staccarsi da lei non significa che sarebbe stato meglio lasciarlo prima o che sarebbe meglio non lasciarlo affatto. L'essere stati tanto insieme rappresenta una solida base su cui costruire un nuovo modello di vita, specialmente se il cambiamento non sarà improvviso e totale. Il bambino piangerà quando lei se ne andrà e sarà felice quando tornerà; intanto imparerà che può stare anche con qualcun altro e che le persone amate, anche se ci lasciano, tornano sempre.

Certo non sarà piacevole vedere il suo faccino rabbuiarsi quando lei si infila il cappotto. Ma il suo compito di genitore è quello di aiutarlo a imparare a far fronte alle sue emozioni, non quello di tenerlo in un bozzolo protettivo, in un mondo falso dove nessuno è mai troppo felice o infelice.

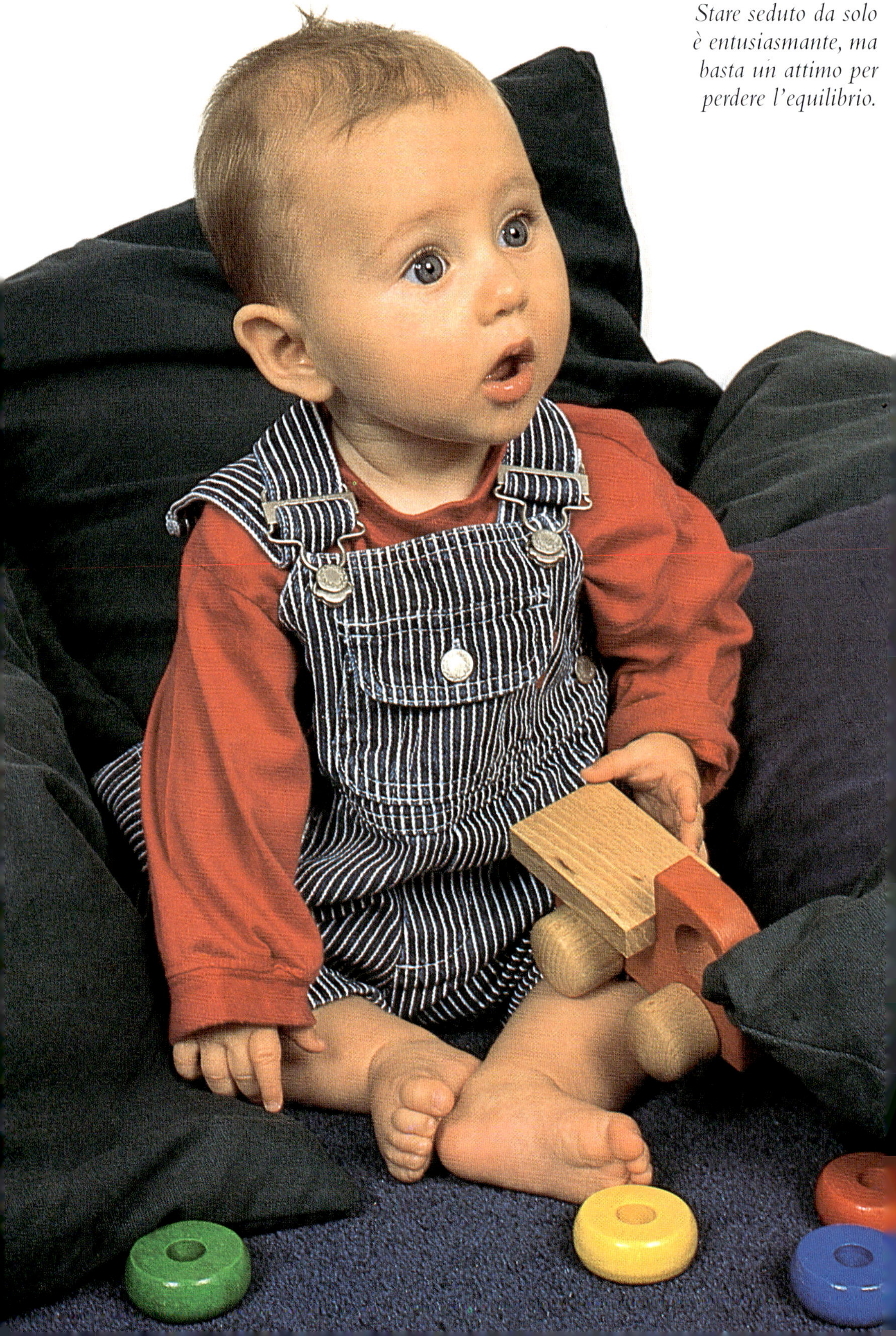

*Stare seduto da solo è entusiasmante, ma basta un attimo per perdere l'equilibrio.*

# COME IL BAMBINO USA IL SUO CORPO

Il bambino di sei mesi in genere dà l'impressione di essere felice e a proprio agio nel suo corpo. Usa i quattro arti ritmicamente. Gode dei movimenti fisici fini a se stessi e verifica continuamente i limiti della sua forza, quando tenta di girarsi o di sollevare la testa e le spalle. Ha capito che ognuna delle singole parti del suo corpo formano un'unità. Ha trovato un accordo con se stesso.

Come abbiamo visto, il controllo dei muscoli parte dall'alto e scende verso il basso. In questo periodo, il bambino usa meglio la sua metà superiore (la testa, le spalle, le braccia e le mani) che non la metà inferiore. Può servirsi delle braccia e delle mani per prendere con sicurezza degli oggetti, e della testa per seguire con gli occhi ciò che si muove. Ma non è ancora capace di controllare in questo modo i fianchi, le ginocchia e i piedi. Comincia adesso per lui la lotta per impadronirsi anche di questi muscoli: si sforza di smettere di stare sempre sdraiato e di imparare a stare seduto, per diventare prima un essere che cammina a quattro zampe e infine un bipede in grado di camminare in posizione eretta.

## SEDERSI

Se appoggiate sul pavimento il vostro bambino di sei mesi, ben stabile sul sederino, lo mettete ben in equilibro e quindi lo lasciate lentamente, è probabile che resti seduto per tre o quattro secondi. Il suo controllo dei muscoli è già progredito al punto che può tenersi ritto dalla testa alle anche. Ma non è ancora arrivato a mantenersi in equilibrio in questa posizione.

Verso i sette-otto mesi i bambini avranno risolto da soli questo problema di equilibrio, perché avranno imparato a piegarsi in avanti e a tenersi su appoggiandosi alle mani. Se il bambino assume questa posizione sarà abbastanza stabile e starà senz'altro seduto, ma non possiamo ancora dire che è capace di sedersi da solo, perché la posizione che riesce ad assumere è costretta e limitante dal punto di vista evolutivo: tutte e due le mani sono impegnate nel dargli l'equilibrio necessario, così non può usarle per succhiarsi il pollice, o per giocare. E, dato che per appoggiare le mani sul pavimento deve piegarsi in avanti, non può guardarsi intorno e osservare quanto di interessante lo circonda.

Tra gli otto e i nove mesi raggiunge un equilibrio indipendente, senza bisogno dell'aiuto di un adulto o del sostegno delle mani. Ora il bambino può stare in posizione eretta per quasi un minuto. Ma, anche in questo caso, più che di star seduto si tratta di una specie di allenamento: il bambino cade ancora non appena gira la testa o tende una mano. Ci vorrà un altro mese di esercizio costante prima che star seduto diventi per lui una posizione naturale che userà per tutta la vita.

*Aiutare il bambino a stare seduto*

La volontà di stare seduto è una componente naturale dello sviluppo del bambino. Non dovete far nulla per incoraggiarlo a volersi sedere. Come abbiamo visto, sarà pronto a cercare di tenersi in equilibrio in posizione seduta verso il sesto-settimo mese, ma non sarà capace di mettersi seduto senza aiuto fino al nono mese circa. Sarà perciò vostro compito offrirgli l'occasione di allenarsi, mettendolo a sedere ogni volta che lo riterrete opportuno.

Vi farà capire che vuole essere messo a sedere. Mentre sta sdraiato sul pavimento alzerà di tanto in tanto la testa e le spalle in un disperato quanto vano sforzo. Inginocchiatevi accanto a lui e vi afferrerà immediatamente le mani usandole come leve per riuscire a sollevarsi. Ogni volta che vi avvicinate quando è sdraiato nel recinto o nella carrozzina vi tenderà le mani per invitarvi a ricominciare questo divertente giochetto.

Poiché non potete fare costantemente il gioco dello stare seduto, dovete trovare anche dei modi per fargli imparare a tenersi in equilibrio da solo. È importante dove e come lo fate. Non gli basta più star seduto appoggiato alla carrozzina o legato a un seggiolino. Queste posizioni vanno ancora bene per giocare ma, dato che le spalle e la schiena sono contenute e sostenute, non gli servono per esercitarsi a tenersi in equilibrio. Occorre quindi trovare un valido compromesso tra le due posizioni.

Il meglio consiste nel mettere il bambino sul pavimento, circondarlo di cuscini, coperte semplici o imbottite arrotolate. Quando ha sei o sette mesi potete mettergli queste protezioni attorno ai fianchi, in modo che abbia alla base della colonna vertebrale un sostegno che gli permette di star seduto per un minuto o due. Quando cade in avanti, nella posizione carponi o all'indietro, le coperte gli consentiranno un atterraggio morbido. L'uso di questo tipo di protezione evita al bambino la necessità di tenersi in equilibrio appoggiandosi con le mani al pavimento. E se anche attraversa questa fase, la supererà rapidamente, perché capisce che non può farsi male. Verso gli otto mesi, o quando vi rendete conto che il suo equilibrio è più stabile, mettete le coperte di protezione in modo che lo circondino senza sostenerlo. Questo gli permetterà anche di cadere senza farsi male quando, trionfante, agiterà entrambe le mani perché ha imparato a star seduto da solo.

Dopo circa un mese potrà star seduto tranquillamente, finché rimane immobile e concentrato su questa attività. Le coperte saranno ancora utilissime ogni volta che si sporge troppo o cade perché ha fatto un gesto troppo brusco.

*Assicuratevi che il bambino non possa farsi male mentre impara a stare seduto*

Quando il bambino comincerà a esercitarsi per mettersi a sedere da solo cercherà di farlo servendosi di qualsiasi appiglio a portata di mano e cercherà di tenersi in equilibrio dovunque lo mettiate. Ciò significa che alcuni degli oggetti che nei mesi precedenti erano sicuri ora possono diventare pericolosi.

Attenzione alle carrozzine poco pesanti. Se il bambino, svegliandosi da un sonnellino, si trova in una carrozzina leggera, si attaccherà ai bordi cercando di mettersi a sedere e la carrozzina potrebbe capovolgersi. Se mentre siete in un negozio lo lasciate seduto, ma con le spalle appoggiate in questo tipo di carrozzina, può darsi che si dia da fare per mettersi a sedere senza sostegni. Quando perde l'equilibrio e cade pesantemente giù, i freni e tutta l'intelaiatura sono sottoposti a un considerevole sforzo.

Quando ha raggiunto questa fase, è meglio usare una carrozzina di tipo leggero o un passeggino solo per portarlo a spasso. Se per caso si addormenta sul passeggino mentre siete in giro, dovrete sorvegliarlo attentamente. Una possibile soluzione è il lettino da campeggio di grossa tela. È costoso, ma può valere la pena di comprarlo, specialmente se avete molte occasioni di stare a casa di amici o avete in programma di fare del campeggio o di uscire per il fine settimana. È comodo da trasportare e può essere usato, temporaneamente, in sostituzione del lettino più grande con la sponda abbassabile; certi modelli possono essere trasformati in box.

Attenzione ai seggiolini leggeri. Quando è più piccolo, il bambino esercita una pressione costante sul retro della sedia. Quando si sporge, muove la testa e le spalle, ma il sederino e la maggior parte del suo peso poggiano sulla base del sedile. Ora, invece, lotta per tirarsi su, sta in equilibrio per pochi secondi, poi rilassa i muscoli e ricade contro la spalliera del seggiolino con uno slancio che potrebbe rovesciarlo. Se si trova sul pavimento, sarà una caduta paurosa e dolorosa, ma se è su un tavolo le conseguenze potrebbero essere molto più gravi.

È meglio acquistare una poltroncina munita anche di base e che si può trasformare, con apposito sostegno, anche in un solido e sicuro seggiolone che servirà per tutta l'infanzia. Il seggiolino da solo non dovrebbe più essere usato, se non forse per i picnic, quando siete sempre presenti. Se non volete comprare la base, il bambino deve avere un solido, sicuro seggiolone o una sedia-tavolino bassa.

■ Usate sempre le cinture di sicurezza. La probabilità che il bambino caschi dalla carrozzina o dal seggiolino è pari a quella che si rovesci. Dovrebbe avere sempre una cintura di sicurezza ogni volta che lo mettete in qualche posto dove deve stare fermo, per esempio in un seggiolino, carrozzina, passeggino o sedile dell'auto. Fanno naturalmente eccezione il lettino e il box. Ci vorrà ancora molto tempo prima che possa uscirne arrampicandosi, e la loro forma è tale da garantire una libertà senza rischi. L'uso continuo della cintura di sicurezza è molto meno noioso se ogni oggetto ne è dotato. Se dovete andare in giardino a prendere la cintura dalla carrozzina per metterla al bambino che è nel seggiolone, arriverà sicuramente il giorno in cui non lo farete. E sarà proprio il giorno in cui il bambino scoprirà come rovesciarsi.

■ Non mettete il bambino a sedere in poltrone o sui letti. Il continuo impegno per stare seduto significa continue cadute e la miglior forma di caduta è quella dal pavimento sul pavimento. Se il bambino cade da una sedia o da un divano è difficile che si faccia veramente male, ma la caduta può risultare dannosa per i suoi nervi, il morale, e la fiducia; può rallentare i suoi progressi e diminuire il suo piacere di starsene seduto.

■ Non lasciate mai solo un bambino sul pavimento, specialmente quando è circondato da cuscini e sta seduto. Se cade con la faccia in avanti, quasi sicuramente solleverà la testa e si libererà rotolandosi, ma potrebbe anche ritrovarsi con le braccia impedite e rischiare di soffocare. Protetto o no, il bambino che è quasi capace di star seduto sa anche quasi muoversi strisciando. Non lasciatelo mai solo e libero in una stanza, nemmeno per i pochi minuti che ci vogliono per rispondere al citofono.

*Quando il bambino sa rotolarsi può usare questo sistema per mettersi carponi e gattonare, magari solo all'indietro.*

## Gattonare

Molti bambini (non tutti) imparano a gattonare quando riescono a sedersi da soli. Queste due fasi possono avvenire parallelamente. A sei mesi il bambino può restare seduto per poco senza essere aiutato, ma non sa tenersi in equilibrio; può assumere la posizione per gattonare, ma non sa muoversi. A nove-dieci mesi sa star seduto in modo stabile e giocare allo stesso tempo, e può arrivare gattonando dappertutto.

I bambini nei quali questi progressi non avvengono simultaneamente quasi certamente impareranno a sedersi da soli prima di imparare a gattonare. Alcuni bambini perfettamente normali al primo compleanno sanno solo star seduti.

Anche se con "gattonare" si intende generalmente muoversi per una stanza tenendosi sulle mani e sulle ginocchia, cioè procedere carponi, molti bambini possono adottare altri sistemi, prima e in sostituzione del normale gattonare. Per esempio, si può avere mobilità precoce quando il bambino impara a rotolare su se stesso con una specie di capitombolo finale che gli fa superare gli ultimi centimetri che lo separano dall'obiettivo. Un pavimento sdrucciolevole può aiutarlo a imparare a muoversi facendo forza sui gomiti e tirandosi dietro le gambe stese. Se il sistema risulta soddisfacente, può darsi che tardi a imparare a tirare su le gambe e a far forza sulle ginocchia.

I bambini che imparano relativamente presto a stare seduti talvolta adottano, invece del gattonare, il sistema di muoversi restando seduti e spingendosi con una mano. Dal loro punto di vista, questo metodo è validissimo: risparmia lo sforzo di passare dalla posizione seduta a quella carponi e viceversa, e ha inoltre il vantaggio di lasciare libera una mano durante il movimento. Il piccolo può inoltre vedere ciò che accade, meglio del bambino che gattona in modo convenzionale. Il bambino che adotta questo metodo spesso non gattonerà mai, ma passerà direttamente alla posizione eretta girando intorno ai mobili.

Alcuni bambini, imparato a gattonare, scoprono poi che possono muoversi più velocemente appoggiandosi alle mani e ai piedi piuttosto che alle mani e alle ginocchia. Qualcuno salta la fase del gattonamento e si mette subito a "camminare come l'orso".

Anche se i paragrafi seguenti descrivono il progresso medio verso il gattonare, ritmi diversi di sviluppo o metodi particolari di muoversi non sono indice di carenze del bambino. Deve imparare a sedersi e poi a stare in piedi e a camminare senza aiuto. Come o se nel frattempo riesce a muoversi per la stanza ha un'importanza minore.

Se un giocattolo desiderabile viene posto fuori della portata di un bambino di sei mesi sdraiato bocconi sul pavimento, questi piegherà le gambe sotto di sé, farà forza sulle mani e spesso riuscirà a sollevare la pancia dal pavimento: per un momento assumerà la vera posizione per gattonare, ma non andrà oltre. Proprio come ha ancora problemi di equilibrio quando tenta di star seduto, così ha un problema di movimento in avanti quando cerca di andare carponi.

Nel settimo e nell'ottavo mese la maggior parte dei bambini manifestano inequivocabilmente il desiderio di gattonare. Se li osservate attentamente, vedrete come si sforzano; vedrete come il bambino pensa ad andare avanti. Ma pochissimi a questa età riusciranno a spostarsi anche di poco.

Verso la fine dell'ottavo mese probabilmente il piccolo smetterà di stare sdraiato sulla pancia. Appena viene messo bocconi si rigira, cade, dopo uno dei suoi avventurosi tentativi di sedersi, si mette sulle mani e sulle ginocchia. Impara a fare tutto, tranne che a muoversi. Dondola avanti e indietro, gira attorno, seguendo i vostri movimenti per la stanza o il gatto che gli sfugge. È a questo punto che si dispera talmente di non riuscire a muoversi da sviluppare tutti i metodi più strani senza mai arrivare a quello giusto per gattonare. Può darsi che dondoli, giri attorno, si rotoli, si contorca al punto di andare in un modo o nell'altro da una parte all'altra della stanza. Ma non è un progresso utile, più di quanto lo sia star seduto appoggiandosi alle mani. Non può decidere di andare in una direzione particolare e, se si mette in movimento perché ha visto un oggetto che vuole, ne avrà perso

*Se si appoggia in avanti da seduto, si ritrova sulle mani e sui piedi, pronto a spostarsi come un orsetto.*

le tracce quando avrà finito di fare l'acrobata e si fermerà di nuovo. È durante il nono mese che la maggior parte dei bambini comincia a fare dei progressi. E con loro grande disappunto, spesso questi avvengono all'indietro! Il bambino fissa gli occhi su un oggetto che desidera e fa un enorme sforzo. Poiché il suo controllo sulla parte superiore del corpo è più sviluppato del controllo sugli arti inferiori, tende a spingere più forte con le mani e con le braccia che non con le gambe. Invece di trovarsi più vicino all'oggetto che desidera, si trova spostato all'indietro e ancor più lontano dalla meta. Per quanto questo possa rendere furioso il bambino, è una fase che dura poco. Una volta che sa gattonare all'indietro, troverà presto la direzione giusta e la forza di muoversi.

*Aiutare il bambino a gattonare*

Non occorre aiutare il bambino ad assumere la posizione per gattonare. Lo farà da solo, quando giace sulla pancia o quando cade in avanti dalla posizione seduta. Tutto ciò di cui ha bisogno da voi è la possibilità di farlo. Ne avrà a sufficienza purché passi una buona parte del tempo in cui è sveglio sul pavimento. Può finire facilmente carponi se giace sulla pancia o se rotola a pancia in sotto. Oppure piegandosi in avanti dalla posizione seduta. Tuttavia, ci sono alcune cose che potete fare per incoraggiarlo, rendendogli il gattonare divertente e sicuro.

- Proteggetegli le ginocchia. La pelle è ancora delicata e facilmente irritabile. Anche d'estate starà più comodo se porta una tuta o pantaloni leggeri quando tenta di andare carponi sull'erba o su un tappeto ruvido.
- Prevedete i possibili pericoli. Imparerà a muoversi gattonando, senza per questo imparare a essere più cauto. Gradini, scale, pavimenti scheggiati, oggetti lasciati in giro possono provocare incidenti.
- Fate attenzione alle sue conquiste impreviste. Anche prima di poter gattonare attraverso una stanza il bambino saprà rotolarsi o contorcersi e, dall'angolo sicuro in cui l'avete lasciato, mettersi in una situazione pericolosa. Fate in modo di rendere sicure le stanze che userà prima che diventi completamente mobile.
- Ricordate che all'origine del desiderio di camminare c'è il desiderio di impadronirsi degli oggetti. Un oggetto che gli sembrerà attraente può diventare la molla di cui ha bisogno per cominciare a muoversi. Quando ciò accade, assicuratevi che non si tratti di un pacchetto di sigarette o di una puntina da disegno.
- Non lasciatelo libero e solo, ma non tenetelo neppure prigioniero nel recinto. Lasciarlo solo significa esporlo al pericolo; tenerlo imprigionato significa frustrarlo fino alla disperazione, perché gli si impedisce di divertirsi a gattonare e si vanificano gli enormi sforzi che sta compiendo. Ha bisogno di un buon pavimento, di oggetti interessanti e di essere continuamente sorvegliato.
- Non preoccupatevi di tenerlo pulito. La preoccupazione per l'igiene è fondamentale in cucina e in bagno, ma fuori luogo quando il bambino gioca sul pavimento. La normale polvere di casa non gli farà male e la pelle è il più lavabile dei materiali. Non vestitelo bene, se poi dovete rimaner male quando i bei vestitini si sporcano. Trattatelo come un operaio; lasciategli indossare tutto il giorno abiti da lavoro e vestitelo con eleganza solo nelle grandi occasioni.

*Prima saltava, poi danzava, ma ora, trionfante, riesce a fare due passettini tra le gambe del nonno.*

## La posizione eretta

Il bambino può imparare contemporaneamente a star seduto e a procedere carponi tra il nono e il decimo mese, ma solo più tardi riesce a stare in posizione eretta e a camminare.

A sei mesi, alla maggior parte dei bambini piace stare in piedi sulle ginocchia di qualcuno e saltarci sopra come se fossero un trampolino, piegando e drizzando le ginocchia.

Nel corso del settimo mese, il bambino comincia a usare alternativamente i piedi. "Danza" più che "saltare" e spesso mette un piede sopra l'altro, sfila quello di sotto e ricomincia da capo.

In questa fase, il bambino non può portare tutto il proprio peso. E non è ancora nella fase in cui pensa ad andare avanti, come invece fa a quest'età quando cerca di gattonare. È solo verso il nono mese che comincia ad avere l'idea di usare i piedi per muoversi in avanti. Ora quei movimenti danzanti, quel posare un piede sopra l'altro, sono un modo per imparare a mettere un piede davanti all'altro. Il bambino fa due passi tra le vostre ginocchia, poi cade ridendo. Se lo tenete saldamente con i piedi sul pavimento, sopportando voi la maggior parte del peso, può divertirsi a fare qualche passo esitante.

A dieci mesi arriva in genere a controllare i muscoli fino alle ginocchia e ai piedi. Può infine sostenere tutto il suo peso, appoggiandosi saldamente sui piedi; le ginocchia sono più forti, ma si piega ancora in avanti all'altezza dei fianchi. Rispetto alla posizione eretta è allo stesso punto in cui era a sei mesi rispetto alla posizione seduta. Sa reggersi in piedi, ma non tenersi in equilibrio.

Una volta capace di sopportare il proprio peso e di stare in piedi sul pavimento, se qualcuno lo tiene in equilibrio imparerà presto a tirarsi su, raggiungendo una stabile posizione eretta. La maggior parte dei bambini lo fa verso gli undici mesi, attaccandosi con le mani alle sbarre del recinto o del lettino. Se siete sedute sul pavimento, il bambino può servirsi di voi: vi raggiunge strisciando, si solleva attaccandosi ai vostri abiti e si mette in piedi, reggendosi ai vostri capelli per tenersi in equilibrio.

*Quando il grande momento di tirarsi su in piedi arriva, fate attenzione ai mobili leggeri, che potrebbero capovolgersi.*

Proprio come i bambini che cominciano a gattonare si inquietano perché non riescono ad andare avanti ma all'indietro, così quelli che hanno appena imparato ad alzarsi in piedi non riescono più a mettersi a sedere. Per due o tre settimane, il bambino lasciato libero sul pavimento troverà sempre qualcosa per tirarsi su, ma piangerà dispera-

tamente appena ha raggiunto la posizione eretta perché non sa più mettersi a sedere. Appena arrivate a liberarlo dall'impiccio e lo mettete a sedere, ricomincia il gioco. È un periodo faticoso, perché dovete spesso correre in suo aiuto e ciò stanca sia voi sia lui. Fortunatamente non dura a lungo. Non limitatevi a staccarlo dal suo sostegno e a farlo sedere. Fatelo calare gradualmente verso il pavimento. Imparerà presto ad abbandonare la presa e a lasciarsi cadere con un tonfo sordo sul pavimento o ad abbassarsi lentamente, facendo scivolare le mani lungo l'appiglio senza lasciarlo fino a che il sederino non ha raggiunto il pavimento. Nel frattempo, quando tutte e due non ne potete più, ricorrete a passeggiate in carrozzina o nel passeggino. Il bambino non ha ancora raggiunto la fase in cui penserà a camminare anche quando è fuori per una passeggiata. Sarà felice di stare seduto e di guardare il mondo, concedendo un po' di riposo ai suoi muscoli e ai vostri nervi.

Circa un mese dopo la prima volta che si è alzato in piedi, il bambino imparerà quella camminata protetta che possiamo chiamare "bordeggiare". Si alza nel solito modo, così che si trova con la faccia verso la spalliera del divano o le sbarre della culla. Un po' alla volta muove entrambe le mani lungo il sostegno e poi le segue spostando lateralmente un piede. Rimasto con le gambe divaricate, normalmente si siederà, stupito dalla sua bravura. È una grossa conquista. È il suo primo passo. Non sarà mai più un bambino che non sa camminare.

Fino a quando il bambino ha bisogno di scaricare una parte del proprio peso sulle mani che stringono il sostegno deve muovere insieme le mani. Ma l'esercizio genera fiducia; dopo pochi giorni o settimane di questi incerti movimenti laterali capirà che le gambe possono sostenere tutto il suo peso. Saprà stare in piedi allontanandosi dal sostegno e camminerà muovendo una mano dopo l'altra. Ogni volta che sposta una mano, sposta lateralmente anche un piede, al quale poi unisce anche l'altro. Se lo guardate attentamente, vedrete che è il momento in cui un piede si sta muovendo e il peso grava tutto sull'altro che ancora lo preoccupa. Gradualmente il suo equilibrio migliora. Verso il compimento del primo anno lo vedrete probabilmente stare in piedi a distanza di braccia dal supporto che usa solo per tenersi in equilibrio. Prestissimo sarà pronto a eliminare anche questo e a stare in piedi senza aiuto.

*Il suo primo tentativo di camminare lo porta a girare tutto intorno al suo sostegno.*

*Aiutatelo a stare in piedi*

Non potete aiutare il bambino a imparare a stare in piedi mettendolo in posizione eretta, come facevate quando l'aiutavate a stare seduto. Se ne ha la possibilità ed è protetto, si alzerà da solo appena si sentirà pronto a farlo.

Non è difficile dargli questa possibilità. Se è libero in una stanza con dei mobili si attaccherà a quelli; se è nel lettino o nel recinto, si attaccherà alle sbarre o alla rete; se non c'è niente di meglio, si aggrapperà ai vostri capelli o al collo del cane di casa. Molte di queste avventure finiranno con delle cadute, alcune delle quali sono inevitabili in questa fase dello sviluppo, mentre troppe, specialmente se avvengono dalla posizione eretta, feriscono la sua sicurezza e la sua testa. Più tardi, quando camminerà liberamente, imparerà a mettere le mani in avanti quando capisce che sta per cadere. In genere i bambini cadendo si graffiano le ginocchia o le palme delle mani. Ma in questo periodo iniziale il bambino non è capace di proteggersi, perché le mani sono impegnate per aggrapparsi e l'equilibrio è talmente precario che è facile cadere malamente. È bene cercare qualche modo per proteggerlo.

- Come arredare la stanza. I mobili leggeri sono pericolosi perché gli daranno un appoggio quando vi si aggrapperà e comincerà a tirarsi su facendo leva su se stesso, ma si rovesceranno quando eserciterà una certa forza e tirerà. Il bambino cadrà proprio dalla posizione di minor equilibrio: né seduto, né in piedi. I mobili leggeri e alti, come per esempio un piccolo tavolino rotondo o un portavaso di vimini, sono i peggiori; non solo si rovesceranno, ma, data la loro altezza, cadranno senz'altro sul bambino. Anche se leggeri possono ferirlo. Alcuni mobili particolarmente pericolosi possono essere fissati in modo sicuro; altri possono essere messi in un luogo inaccessibile al bambino. Alcuni potrebbero essere trasportati per pochi mesi in un'altra stanza, finché il bambino avrà imparato a stare in piedi da solo.
- Attenzione anche a tutto ciò che si trova in alto e potrebbe fornire un pericoloso appiglio al bambino quando cerca di alzarsi. Mentre sta in piedi non è in grado di cercare di prendere qualcosa, almeno fino a quando non libera una mano dall'appoggio (probabilmente verso l'anno), ma potrebbe cercare di mettersi in piedi aggrappandosi a una tovaglia o a un filo elettrico che pende. Né una tazza da caffè né una lampada da tavolo farebbero bene alla sua testa.

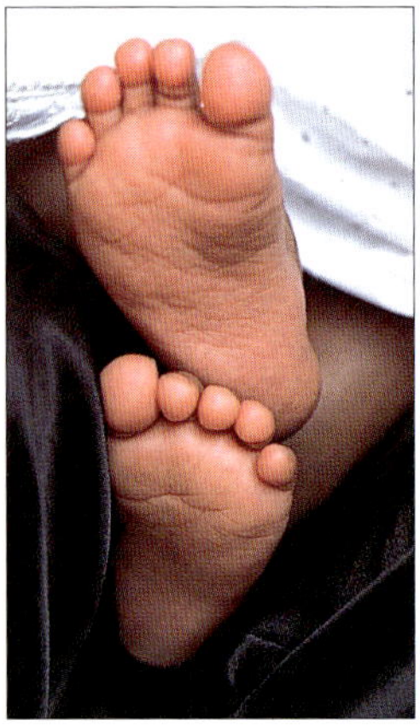

*I piedi nudi permettono al bimbo che ha appena imparato a reggersi in piedi di sentire il pavimento e di stare in equilibrio. Non affrettatevi a mettergli le scarpe.*

■ Non cominciate proprio ora a metterlo a dormire in un pigiama a sacchetto se non vi è già abituato. Cercherà di mettersi in piedi, certamente cadrà e batterà la testa sulle sbarre del lettino. Ma se invece è già abituato a dormirvi, non è certo ora il momento di cambiare. Non cercherà di alzarsi quando è nel sacco se ne ha sempre avuto uno, e questo semplice fatto lo farà restare felice nel suo lettino più a lungo quando gli altri bambini diventano frenetici nel tentativo di arrampicarsi.

■ Non mettete le scarpe al bambino che sta appena imparando a stare in piedi. I suoi piedi non hanno bisogno di un *sostegno*, né ora né dopo. Le scarpe servono solo a proteggergli i piedi quando cammina veramente o esce. In questo periodo le scarpe gli rendono più difficile mantenere l'equilibrio, perché non gli consentono di percepire le sensazioni che i piedi captano dal pavimento né di usare bene gli alluci per tenersi in equilibrio. Inoltre possono farlo scivolare e provocare un incidente.

■ Non mettetegli i calzini senza le scarpe a meno che i vostri pavimenti non siano ricoperti di moquette o tappeti. Le calze trasformano i pavimenti in piste di pattinaggio; il bambino può cadere e, anche se ciò non accade, gli è così difficile stare in piedi in tali condizioni che la sua sicurezza ne è scossa. È meglio lasciarlo a piedi nudi. Se temete che abbia freddo, usate pantofole con suola antiscivolo.

*Rispettate i suoi ritmi di sviluppo*

Non cercate di far camminare il bambino mentre vi tiene per mano. In questa fase non gli piacerà camminare con tutto quello spazio vuoto attorno e solo delle mani insicure come protezione. Si sente più tranquillo se può bordeggiare attorno a qualcosa di più consistente. Se quando siete al parco, dove non ci sono mobili, volete dargli la possibilità di esercitarsi ad alzarsi, inginocchiatevi o sedetevi per terra e lasciategli usare il vostro corpo come se fosse inanimato.

Non abbiate fretta di far stare il bambino in piedi solo o di farlo camminare. La capacità di stare in piedi, bordeggiare e infine di camminare dipende dalla sua sicurezza e dalle sue motivazioni, oltre che naturalmente dai muscoli e dalla coordinazione. Se cercate di fargli fretta, potreste in effetti rallentare il suo sviluppo a causa di cadute che lo impaurirebbero. Se sembra che abbia superato una fase, per esempio quella di tirarsi su, ma non pare che voglia passare a quella successiva come il bordeggiare o lo stare in piedi da solo, significa che non vuole spingersi oltre, per il momento, nel gioco del camminare. Il piacere che prova a gattonare liberamente e dovunque può significare che non ha ancora motivo di imparare a camminare. Anche se la maggior parte dei bambini riesce a sollevarsi e a bordeggiare prima del primo compleanno, una minoranza abbastanza consistente non saprà farlo.

## Il bambino comincia a muoversi

Non è facile vivere con un bambino che ha imparato a muoversi. La possibilità di girare per una stanza aumenta notevolmente la sua potenzialità di mettersi nei guai o di rompere gli oggetti, mentre non comporta per nulla un aumento di buonsenso. Dovrete sorvegliare il bambino costantemente o avere qualcuno che lo fa per voi. Dovrete

## *È consigliabile usare il box?*

***Adesso che la nostra bambina ha imparato ad andare a gattoni e comincia a camminare, mio marito e io ci chiediamo se sia più importante preoccuparsi della sua sicurezza o darle la possibilità di esplorare. Ci chiediamo cioè se sia una buona idea usare il box.***

La differenza tra luogo sicuro e prigione è spesso nell'occhio dell'osservatore: quasi nessuno usa criteri razionali nel giudicare. Per esempio tutti ammettiamo che il box sia una soluzione discutibile, ma non facciamo altrettanto con i lettini muniti di sbarre. Li usiamo per impedire ai bambini di cadere o di strisciare fuori, ma la maggior parte di noi si opporrebbe all'uso di una rete sopra il lettino per impedire ai bambini di arrampicarsi e cadere. Si tratta di chiarirsi le idee in proposito. Forse è meglio cominciare a considerare le cose da un altro punto di vista: quello del bambino.

Un box confina il bambino in uno spazio ristretto che può essere controllato e quindi reso quasi del tutto sicuro. Fino a quando non sa spostarsi, il bambino può essere messo in un posto che sarà cura degli adulti rendere sicuro e lì rimarrà. Quindi il box non costituisce un impedimento e non c'è ragione che gli adulti siano contrari a usarlo. Potrebbero però anche considerarlo inutile: in fondo il bambino non sa spostarsi e quindi è facilmente controllabile.

Quando però il bambino impara a gattonare le cose cambiano. Ora il box gli impedisce di fare le due cose che lui (ma anche i genitori) vuole più di tutto fare: andare in giro ed esplorare. Il problema quindi è trovare il modo di lasciarlo muoversi senza mettere a repentaglio la sua incolumità (al prezzo di vivere con tutta una serie di seccanti dispositivi di sicurezza e senza mai perdere d'occhio il bambino), ma senza neppure limitare la sua libertà. Alcune famiglie riescono a raggiungere un compromesso lasciando che il bambino scorrazzi sul pavimento per la maggior parte del tempo, ma concedendosi ogni tanto il sollievo del box. Tuttavia, la maggior parte dei bambini impara presto a protestare a gran voce al minimo tentativo di sistemarli nel recinto e questo fa la differenza. Se la vostra bambina non protesta quando, di tanto in tanto, la mettete cinque minuti nel box con tutti i suoi giocattoli, e quei cinque minuti salvano voi dalla disperazione, perché non farlo? Se invece protesta a squarciagola, metterla nel box equivale a confinarla in una cella.

Perché allora un lettino a sbarre vi sembra diverso, anche quando la bambina piange perché la prendiate in braccio? Forse perché si tratta di una precauzione che serve a impedirle di fare qualcosa che *non deve* fare (uscire dal letto e andarsene in giro per la casa quando tutti dormono). Ma allora perché non usare anche la rete per impedirle di arrampicarsi e cadere? Forse perché nel momento in cui tentasse di arrampicarsi e trovasse la rete a impedirglielo, il lettino, da nido tranquillo, si trasformerebbe in una prigione.

La sicurezza e la possibilità di esplorare sono entrambi così importanti che è meglio pensare in termini di equilibrio tra le due opzioni piuttosto che in termini di alternativa. Il compromesso ottimale sarà raggiunto quando la vostra bambina sarà sicura ma non si sentirà prigioniera. Perciò un angolo della stanza, reso sicuro per lei, sarà meglio del box, e un pigiamino a sacco che le impedisca di arrampicarsi sarà meglio di una rete sopra il letto.

prevenire ciò che non potete permettere, aiutarlo a fare le cose che volete che faccia e trovare anche un giusto compromesso tra lo spazio che gli può essere garantito e quello che deve essere assicurato anche agli altri membri della famiglia. Per molti genitori questo è il momento più difficile nell'educazione di un bambino, perciò fate di tutto per rendervi la vita più facile. Dopotutto sarebbe giusto che vi godeste questi mesi invece di tentare esclusivamente di sopravvivere.

Cercate di organizzare nel miglior modo possibile l'ambiente. Anche se occorre tutto un fine settimana di duro lavoro per riorganizzare il soggiorno, perché siano fuori della sua portata oggetti fragili e libri, vale la pena di farlo. Se non vi organizzate sarete costretti a passare ore ad allontanare gli oggetti dal bambino e il bambino dagli oggetti, giorno dopo giorno.

Se c'è un punto di continuo attrito tra voi, fate in modo di eliminarlo definitivamente. Se per esempio il bambino vi sfugge in continuazione per tentare di salire le scale, sbarratele in modo definitivo con un cancelletto. Eliminerete così pericolo e fastidio. Se insiste nel mettere in disordine il cesto dei giornali, spostatelo in modo che non lo possa raggiungere. Riflettete su tutte le cause di fastidio e cercate di provvedere a eliminarle. Se, per esempio, vi infastidisce il fatto che insista nell'aprire il frigorifero, comprate e installate un'apertura a prova di bambino. Sarà una noia per voi, ma vi risparmierà continue e snervanti osservazioni.

Prendete tutte le precauzioni possibili, ma non dimenticate di discuterne con gli altri membri adulti della famiglia e di informare chi si deve prendere cura del bambino quando voi non ci siete. Starete molto più tranquilli quando sarete sicuri che il bambino non può cadere dalle scale, prendere la scossa o scottarsi.

Cercate di assumere un atteggiamento positivo con lui. Per ogni azione che gli vietate cercate di permettergliene una equivalente. Se non gli lasciate vuotare un cassetto, che cosa può vuotare? La riposta "niente" porterà senz'altro a un contrasto, perché il bambino ha ormai in testa l'idea di vuotare; la risposta "vuota questo" sarà soddisfacente per entrambi.

Sfruttate la sua capacità di dimenticare. Se insiste nel voler giocare con il cestino della carta straccia, toglietelo di mezzo e dategli qualcos'altro. Due minuti dopo lo avrà dimenticato. Se l'oggetto proibito non può essere rimosso, spostate il bambino. Cinque minuti in un'altra stanza e avrà dimenticato tutto tranne i nuovi giochi che gli avrete procurato.

La comodità di tutti viene prima del vostro orgoglio per la casa. Se volete avere una casa *sempre* pulita e in ordine, diventerete pazzi. E se volete che chi si occupa di vostro figlio tenga anche tutto lustro e ordinato, la pulizia andrà a scapito dell'attenzione che dovrebbe essere dedicata al bambino. Decidete se volete tutto pulito una volta al giorno o una volta alla settimana, sbrigate le faccende e dimenticatevene fino alla scadenza prestabilita.

# VEDERE E FARE

Il bambino passa buona parte dei primi sei mesi di vita a scoprire che le mani fanno parte di lui, che sono sempre là anche quando non può vederle e che, con uno sforzo consapevole, può usarle per raggiungere e afferrare qualcosa. Verso il sesto mese, questa fase evolutiva è completata. Ha "trovato" le mani e sa agitarle, stenderle o afferrare con esse degli oggetti. Ma ha ancora molto da imparare sull'uso delle mani. Riuscire a raggiungere e a prendere qualcosa non è sufficiente. Deve fare con le mani delle manovre complicate e usarne le varie parti separatamente. Nei successivi sei mesi acquisterà un'abilità prettamente umana: la capacità di prendere gli oggetti tra pollice e indice.

Sono sviluppi difficili da elencare, perché i cambiamenti che avvengono giornalmente nell'uso delle mani sono minimi, anche se il mutamento generale che si ha tra i sei mesi e l'anno è enorme. I modi in cui imparerà a controllare le mani dipendono dal tipo di oggetti e di opportunità di cui dispone per esercitarsi. Se i progressi sono difficili da catalogare, è certo che l'abilità nell'uso delle mani per fare quello che vuole è altrettanto importante per il bambino quanto la capacità di usare le gambe e i piedi per camminare.

## *Toccare e afferrare*

*Il tatto consentirà al bambino di imparare a conoscere cose che non può afferrare e mettere in bocca.*

Tra i sei e i sette mesi il bambino comincia a capire che può servirsi delle mani per esplorare gli oggetti senza afferrarli e metterseli in bocca. Mentre la sua normale reazione a un giocattolo sarà ancora raggiungerlo, afferrarlo, metterlo in bocca e poi guardarlo, ogni tanto userà le mani solo per toccare, accarezzare, battere. È un'evoluzione piccola ma importante, perché permette al bambino di andare alla scoperta di oggetti che non può afferrare. Quando giace su un tappeto, lo toccherà esplorandone la trama. Solo tre o quattro settimane prima avrebbe dedicato ogni suo sforzo al tentativo di prendere quei beffardi fiori piatti che ne formano il disegno. I fiori sarebbero rimasti inafferrabili e il resto del tappeto sarebbe stato ignorato.

Quando il bambino scopre che con il solo tocco può ricavare delle informazioni, noterete che si interessa sempre più ai materiali e alle sensazioni diverse che gli arrivano mediante le dita. Tocca il ripiano del suo seggiolone, il vetro della finestra, batte le mani sulla coperta e gli capiterà persino di accarezzare i vostri capelli invece di tirarli con forza! Oltre che acquistare (o fare voi stessi) dei "giocattoli da toccare" con superfici di velluto, lisce e ruvide, lasciatelo giocare sull'erba, sul tappeto, sulla moquette, sul parquet, in modo che scopra le differenze tra tutti questi materiali. Ora che non si mette tutto in bocca potete anche fargli accarezzare il gatto di casa.

## *Distinguere tra braccia, mani e dita*

A sei mesi il bambino in genere si comporta come se considerasse le braccia e le mani delle singole unità. Se vuol richiamare la vostra attenzione su qualcosa, per esempio, gesticola in quella direzione con ampi movimenti delle spalle. Anche se i gesti esuberanti continueranno, perché il bambino reagisce in modo estremamente fisico agli oggetti che lo interessano, tuttavia gradualmente imparerà a usare l'avambraccio a partire dal gomito e la mano a partire dal polso. Dagli otto-nove mesi sarà capace di salutare in modo regale, muovendo solo la mano.

*L'immagine nello specchio sembra viva e facilmente afferrabile, ma non è così.*

Mentre impara a usare separatamente le diverse parti delle braccia, impara anche a distinguere le varie parti delle mani. A sei mesi afferra gli oggetti con tutta la mano o li prende servendosi della mano come di una paletta. Gli oggetti grandi vengono afferrati con tutte e due le mani, usate come delle piccole tenaglie. Nel corso del settimo e dell'ottavo mese comincia a usare le dita e il pollice per afferrare e tenere gli oggetti; verso il nono mese avrà probabilmente un tale controllo sulle dita da poter impiegare l'indice per indicare o per infilarlo in qualche posto.

*Capacità di opporre il pollice alle altre dita*

Nel corso degli ultimi tre mesi del primo anno la capacità da parte del bambino di usare le varie parti della mano separatamente l'una dall'altra porta al graduale sviluppo di una stretta e di una presa più mature. Invece di cercare di raccogliere i piccoli oggetti usando tutta la mano come se fosse una tazza o una paletta, il bambino impara ad avvicinarli con l'indice e il pollice usati come una tenaglia. È un mutamento che non sembra portare grandi differenze nella sua vita e nei giochi di tutti i giorni, ma è il caso di notare che si tratta della capacità propria degli esseri umani di "opporre" il pollice alle altre dita della mano, in modo da avere una presa a tenaglia: per questo gli uomini sono tanto più abili degli altri mammiferi. Alla fine del primo anno il bambino sarà probabilmente capace di raccogliere in questo modo le più piccole briciole, ma anche lo spillo che vi è casualmente caduto il giorno prima.

*Afferrare gli oggetti tra il pollice e l'indice è tipico solo dell'uomo.*

Contemporaneamente all'acquisizione di queste nuove e delicate capacità, il bambino affronta anche il problema di lasciare gli oggetti che ha afferrato. A nove mesi la maggior parte dei bambini capiscono l'azione del lasciare andare. Se tendete la mano e dite "dammelo" vi tenderà il giocattolo, perché ha chiaramente capito che lo volete. Ma il processo vero e proprio di apertura delle dita per lasciare ciò che tiene in mano è ancora molto difficile da eseguire. Se vi tende l'oggetto senza aprire la mano non pensate che voglia farvi dispetto. È probabile che non sappia ancora come fare. Posare gli oggetti non è invece un problema per il bambino se per caso gioca su un tavolo. Quando sente che la mano e l'oggetto sono su una superficie piatta apre le dita con facilità. Quindi mettete la palma sotto la sua mano per fargli lasciare ciò che tiene stretto nel pugno.

Verso il decimo e undicesimo mese la maggior parte dei bambini hanno scoperto come aprire le dita. Una volta capito come lasciare cadere gli oggetti, lo fanno a ogni occasione. Potete vivere per parecchie settimane con giocattoli gettati dal lettino, cibi gettati dal seggiolone, spugne e sapone gettati oltre il bordo della vasca, calzini gettati dal passeggino e pacchettini buttati dal carrello del supermercato. Potete rendere questa fase ancora più divertente per il bambino (e meno faticosa per voi) se legherete i giocattoli più leggeri al lettino o al passeggino. Il bambino li butterà e si divertirà a ripescarli. Fate però attenzione quando li legate. Non usate cordicelle o nastri oppure elastici che per gioco si possano avvolgere intorno al collo e con cui possano strozzarsi o farsi male, ma utilizzate un materiale che possa spezzarsi senza difficoltà sotto lo sforzo, come per esempio un filo di lana (ma non di fibra acrilica o sintetica). Anche la lunghezza non deve superare i 15 cm.

Verso la fine del primo anno di vita invece di lasciar cadere gli oggetti il bambino li getterà di proposito e saprà anche disporli deliberatamente. Regalategli una leggera palla di gommapiuma, da far rotolare e da buttare, dei cubi e degli anelli da infilare. Gli piacerà anche molto riempire e vuotare qualsiasi tipo di contenitore con qualsiasi serie di oggetti. I giocattoli di questo tipo sono belli, ma vanno benissimo anche le patate e le arance da mettere e togliere dalla borsa della spesa. Il gioco lo terrà occupato intanto che voi riponete gli acquisti del supermercato.

### *Aiutate il bambino a usare le mani*

Fino a quando non comincia a muoversi, verso i nove mesi, il bambino conta su di voi perché gli portiate il mondo. Poiché non può andare da solo a prendersi le cose, aspetta che gliele portiate voi. Dategliene in quantità. Anche quando è troppo piccolo per servirsi di oggetti è ormai pronto a imparare a conoscerli guardandoli, toccandoli e succhiandoli. Se gli date solo sonagli, anelli o palle e gli tenete lontani tutti gli altri interessanti oggetti casalinghi, lo private di un grande divertimento e gli impedite di imparare. Se qualcun altro si occupa di lui in casa spiegate che volete che giochi anche con gli utensili domestici, purché sicuri. Dategli numerosi oggetti da esplorare, ma offritegliene solo un paio per volta e lasciate che ci faccia quello vuole, esplorandoli, prima di sostituirli con dei nuovi.

*Finché un bambino non è in grado di muoversi per esplorare il mondo circostante, tocca a voi fargliene conoscere dei pezzetti.*

Quando ha sei mesi basta un solo giocattolo per occupare tutta la sua attenzione. È letteralmente incapace di pensare a due cose per volta, anche se sono cose identiche, come per esempio due cubetti rossi. Se ne ha uno nella mano sinistra e voi gliene offrite un altro, non lo prenderà con la mano libera e non li terrà entrambi in mano. La sua attenzione passerà dall'uno all'altro e il primo verrà semplicemente lasciato cadere dalla mano e dimenticato.

Verso il settimo mese noterete un cambiamento. Ora se gli date due sonaglini o due cubi, ne terrà uno in ogni mano. Ma anche se tenerli è già un buon esercizio per lui, continuerà a considerarli separatamente. Non ha ancora capito che sarebbe un gioco più interessante combinarli insieme. Solo dopo alcune settimane batterà i due sonagli uno contro l'altro per ricavarne un rumore più forte.

*Saper tenere un oggetto in ogni mano e contemporaneamente, apre tutta una serie di piacevoli combinazioni.*

Molti bambini diventano capaci di tenere due oggetti, uno in ciascuna mano, all'incirca quando imparano a prendere le cose tra il pollice e l'indice. Le due nuove abilità vi devono suggerire che il bambino è pronto a esplorare oggetti e forme più complicati. Imparerà a infilare il dito in tutti gli anelli e i buchi che riuscirà a scovare, sia che si tratti di suoi giocattoli sia che siano utensili e oggetti di casa, a infilare l'indice nelle rientranze e a usarlo per seguire i sinuosi profili di giocattoli ben disegnati.

Il bambino impara le proprietà di molti oggetti diversi maneggiandoli. Imparerà a usarne alcuni per puro caso: i sonagli suonano quando agita il braccio, quindi imparerà a muovere il braccio deliberatamente per ottenere il suono. Ma impara anche a usare gli oggetti guardandovi usarli. Alla fine dell'ottavo mese può essere pronto a imitare degli esempi. Se gli date una grossa matita e un pezzo di carta e prendete anche voi una matita e poi scarabocchiate sul foglio, il bambino cercherà di fare altrettanto. Non riuscirà a tracciare dei segni, ma la sua azione imiterà la vostra. La volta successiva che si impa-

*Non è la prima volta che il piccolo tira il filo e il giocattolo si avvicina, ma solo ora, in un lampo di intelligenza, si è reso conto del nesso di causa ed effetto.*

dronirà di una matita, tenterà di nuovo. Anche i giocattoli legati a un filo sono una fonte straordinaria di conoscenza per il bambino. A sette mesi, se gli mettete in mano un filo legato a un giocattolo, lo tirerà più o meno per caso. Anche quando l'oggetto si muove verso di lui, il bambino non capirà ciò che ha fatto. Ma, dopo solo sei settimane, la sua faccia si illuminerà per la meraviglia e tirerà il giocattolo verso di sé tutte le volte che voi glielo allontanerete.

D'ora in poi il desiderio di imitare ciò che fanno gli adulti o i bambini più grandi crescerà regolarmente. Portatelo dove giocano bambini più grandicelli e mostrategli come fate le cose voi, per esempio come si svitano i coperchi, si infilano gli anelli su un'asta, si tirano con un filo i giocattoli, si infila la chiave nella serratura e si versa l'acqua: lui cercherà di imitarvi. Tutte le volte che gli mostrerete quello che può fare, il bambino cercherà di copiarvi. Una volta avuta l'idea e dato inizio ai tentativi, lo sviluppo delle sue capacità manuali progredirà a ritmo vorticoso.

Via via che diviene più abile con le mani potete veramente aiutarlo incoraggiandolo a usare questa sua nuova capacità senza soste. Fategli tenere un cucchiaio quando mangia e una spugna quando fa il bagno. Potete fargli vedere come sfilarsi le calze o girare le pagine del libro. Può mettere le patate nel cesto della verdura o i pezzi delle costruzioni in una scatola, battere sul piano come sul tamburello e gettare una palla al cane quando vede che lo fate voi. Tutte queste azioni e mille altre ancora sono nuove esperienze per il bambino. Sono divertenti e istruttive e per di più significano che è coinvolto nel modo giusto nella vostra vita e in ciò che fate. Non vuole essere separato dal resto della casa, avere giocattoli e giochi speciali solo per lui. Vuole essere con voi e più riuscite ad adattare il vostro ritmo al suo e a sopportare il suo disordine, più presto e più serenamente imparerà.

# Ascoltare e parlare

Questi sei mesi sono fondamentali per lo sviluppo del linguaggio del bambino, anche se non riesce a dire una sola parola identificabile prima di aver compiuto un anno. Impara il linguaggio molto tempo prima di poter parlare. Deve anzitutto ascoltare le parole e impararne il significato corretto, solo dopo sarà in grado di pronunciare parole significative.

Che il bambino ascolti e capisca è un fatto essenziale spesso sottovalutato, in quanto si tende invece a sopravvalutare l'importanza della sua personale produzione di parole e si cerca di forzarlo a produrre parole-suono per imitazione. Ma dire una o due parole non significa parlare e noi dobbiamo tentare di educare una persona, non un pappagallo. Per cui, fate in modo di non confinare il vostro interesse nell'ascoltarlo emettere suoni che possono sembrare parole perché le imita, cercando poi di individuare le sue prime vere parole. Preoccupatevi, invece, di fornirgli molte parole da ascoltare, a dargli innumerevoli occasioni di afferrare anche il significato di quanto ascolta e, specialmente, non mancate di reagire con immediato e affettuoso entusiasmo ai suoni che emette.

*Come e perché il bambino impara a parlare*

La maggior parte della gente suppone che i bambini imparino a parlare perché devono comunicare per ottenere ciò che vogliono o di cui hanno bisogno. Né i fatti né le ricerche confermano questa idea semplicistica. L'imitazione può spiegare solo in minima parte il meccanismo dell'apprendimento del linguaggio. Infatti molte delle prime parole del bambino non sono e non possono essere delle imitazioni. Quanto alla necessità di esprimere dei bisogni, va ricordato che durante tutto il primo anno di vita i bambini riescono a esprimerli benissimo senza usare le parole. Perché mai dovrebbero sentire il bisogno di cambiare metodo? Comunque di solito le prime parole non hanno nulla a che fare con i bisogni. Difficilmente il bambino dirà "biscotto" o "vieni" oppure "su". Potrebbe iniziare con parole che esprimono un bisogno attraverso la protesta: "mio!" o persino "no!", ma è più probabile che cominci con dei nomi-etichetta che identificano persone o cose per lui emotivamente importanti o piacevolmente eccitanti.

Due sono le scuole di pensiero che tentano di dare ragione del come e del perché i bambini imparano a parlare. La prima in ordine di tempo vede tra i suoi caposcuola Chomsky e Lenneburg e postula l'esistenza negli esseri umani di una facoltà mentale altamente specializzata che consente ai bambini di imparare il particolare linguaggio del gruppo di appartenenza in modo incredibilmente rapido. L'altra, più recente, fa capo allo psicologo Jerome Bruner e al suo precursore russo Vygotskij. Essa considera il linguaggio uno strumento di comunicazione sociale più che un prodotto biologico, dipendente da strutture sociali fornite ai bambini dai genitori e da altri adulti. Ma nessuna di queste due scuole riesce da sola a spiegare del tutto il fenomeno dello sviluppo linguistico del bambino. Come spesso accade nelle diatribe che oppongono cultura e natura, sembra chiaro che entrambi gli aspetti giocano un ruolo fondamentale. Ciò allevia la responsabilità dei genitori. Il bambino imparerà a parlare anche se voi non sarete in grado di fornirgli quelle strutture sociali considerate fondamentali da Bruner. Tuttavia, quando è possibile, è opportuno fare di tutto per offrire al bambino questi strumenti che costituiscono un innegabile vantaggio di partenza.

Lo sviluppo del bambino procederà più rapidamente e con meno ostacoli se non tenterete di esercitare indebite pressioni per accelerarlo. Quest'affermazione è tanto più vera nel caso del linguaggio. Le prime emissioni di suoni sono un gioco per il piccolo; fare "conversazione" è un gioco sociale. Per tutto questo semestre il bambino chiacchiererà sia che voi siate presenti sia che sia solo, ma lo farà solo se è eccitato o felice. Quando è irritato o turbato per qualche cosa non parlerà, piangerà. Tutte le volte che lo sentirete parlare tra sé, emettere suoni, fare una pausa come aspettando una risposta e poi parlare di nuovo, si tratterà sempre di suoni allegri, gioiosi, amichevoli, mai irritati o inquieti. E quando infine il bambino pronuncerà le sue prime parole sarà in un contesto piacevole. Se dirà "palla", la parola non avrà un tono iroso o di rimprovero, ma quello di una piacevole scoperta.

*Lo sviluppo del linguaggio*

A metà di questo primo anno il bambino cercherà di sostenere delle lunghe conversazioni con un adulto emettendo suoni o brevi parole, tacendo quando l'altra persona parla e poi rispondendo. Continuerà fino a che lo guardate e gli parlate direttamente. Non può parlarvi se non vi vede e non vi risponde a voce se lo chiamate dall'altra parte della stanza.

La maggior parte dei suoni emessi sono ancora dei rumori gorgoglianti di una sola sillaba. Dice "paaa", "maaa", "buuu", disseminandovi nel mezzo risate, suoni gutturali, scoppi di gioia.

Nel corso del settimo mese diviene sempre più attento a cogliere suoni parlati. Comincia a cercarvi per la stanza con gli occhi, se lo chiamate quando non può vedervi. Cercherà la sorgente della voce anche quando sente la radio, pronto a iniziare una conservazione appena scopre chi sta parlando.

Alla fine del settimo mese vi accorgerete che elabora dei propri suoni. Il primo cambiamento sta nel fatto che trasforma i suoni gorgoglianti in parole di due sillabe, ripetendoli. Gorgheggia: "ala", "amam", "mammam", "bubu". Un po' alla volta queste parole diventano più distinte l'una dall'altra, meno legate da un sottofondo musicale borbottato. Quando ciò si verifica, in genere verso la fine del settimo mese, arrivano i nuovi suoni, di tipo più esclamativo e meno simili al tubare dei colombi. Dice: "Imi!", "Aja!", "Ippi"... Queste nuove parole di due sillabe sembrano sempre più eccitare il bambino, incantato dalla sua stessa capacità di emettere suoni. Una volta entrate nel suo repertorio, è probabile che ogni mattina vi svegli con un coro di allegre chiacchiere, durante il quale si comporta come se voi foste nella stanza a parlare con lui. Emetterà esclamazioni, si interromperà, riprenderà a parlare, starà zitto e poi parlerà di nuovo, continuando per interi minuti ogni volta, finché non vi deciderete a raggiungerlo e a cominciare sul serio una conversazione con lui.

Durante l'ottavo mese i bambini cominciano a interessarsi della conversazione degli adulti anche quando non è diretta a loro. Se per caso il bambino è seduto fra i due genitori che conversano tra loro, la sua testa si volterà verso quello dei due che parla. La vostra conversazione per lui è come fosse un incontro di tennis che segue con grande interesse. Ma il gioco delle parole è troppo bello perché ne voglia essere escluso troppo a lungo. Presto impara a gridare per richiamare la vostra attenzione. Quello che emette non è né un grido, né uno strillo, né un pianto, ma è una voce intenzionale. Spesso è in un'occasione del genere che il bambino si serve per la prima volta di un suono parlato avendo in mente la precisa intenzione di comunicare.

Subito dopo la maggior parte dei bambini imparano a cantare. Naturalmente non si tratta di un canto elaborato: quattro note su e giù per la scala musicale sono nella media. È comunque un suono decisamente musicale e in genere ispirato a ciò che cantate voi, alla musica della radio o ai motivi della televisione.

### *La comunicazione non verbale*

Linguaggio e discorso non sono la stessa cosa. Tra voi e il bambino c'è sempre stata una comunicazione senza parole fin dal momento della nascita (e anche prima). Durante il primo anno il vostro modo di comunicare sarà sempre più simile a un linguaggio fatto di parole. In effetti prima del compimento dell'anno, il bambino usa ampiamente il linguaggio vocale per comunicare con voi anche se, data l'immaturità del suo apparato fonico, non sarà in grado di pronunciare parole di senso compiuto. Può usare gesti di significato certamente chiaro a chi

*La comunicazione può assumere varie forme e sfruttare tutti i cinque sensi.*

osserva, per esempio annuendo per dire sì o scuotendo la testa per dire no. Può puntare il dito per rispondere a chi gli chiede dove sia un certo oggetto; usare l'abbraccio per dire "ti voglio bene" e il tipico gesto della mano per salutare qualcuno che se ne va. Se qualcuno chiede a vostro figlio di 10 mesi: "Vuoi venire in braccio a me?" e il piccolo risponde scuotendo vigorosamente la testa, non potete negare che questo sia un modo efficace di comunicare.

*I bambini trovano irresistibili le filastrocche in rima che descrivono azioni compiute da parti del loro corpo.*

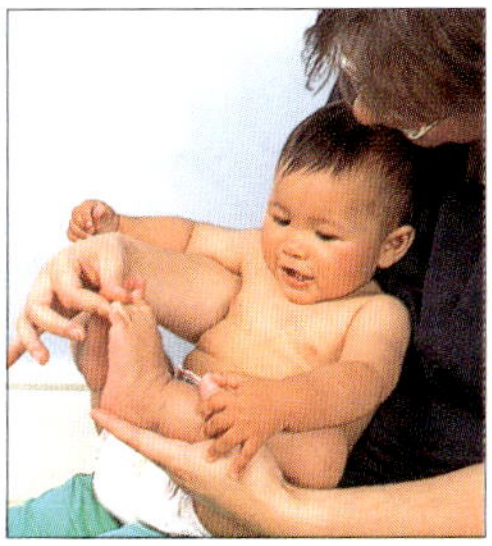

La prova che il linguaggio precede la formazione delle parole si ricava anche osservando che cosa accade nelle famiglie dove i genitori sono sordi e in cui si usa quindi il linguaggio dei segni. In questi ambienti i bambini producono i loro primi segni riconoscibili tra i sette e i nove mesi, cioè circa tre mesi prima dell'epoca in cui la maggior parte dei bambini normalmente udenti pronunciano le loro prime parole. La spiegazione di questo fenomeno è in parte biologica e in parte sociale. Infatti il controllo delle mani e delle dita è più facile e viene raggiunto prima del controllo dei muscoli della fonazione. Inoltre è più semplice per i genitori decifrare gesti di senso compiuto che parole di senso compiuto. In ogni caso è questa l'età in cui vostro figlio apprezzerà molto le filastrocche in rima che coinvolgono parti del loro corpo come le dita o gli occhi, il naso, le orecchie.

## L'identificazione delle prime parole

Nel nono mese si assiste in genere al verificarsi contemporaneo di eccitanti sviluppi linguistici. Invece di produrre alla rinfusa tutti i suoni che conosce, il bambino comincia a limitarsi a quelli che sente spesso intorno a sé. La forma linguistica del bambino diviene improvvisamente più elaborata con sequenze di sillabe molto lunghe. Contemporaneamente comincia a dare un'inflessione e un'enfasi ai propri suoni, così che i genitori che ascoltano possono sentire dei suoni diversi che fanno pensare a domande, esclamazioni e persino a frasi scherzose inframmischiate al chiacchiericcio. Poi, la forma linguistica cambia ancora. Questa volta il bambino non si limita ad aggiungere la stessa sillaba ripetuta più volte a quello che dice, ma combina tutte le sillabe che conosce in lunghe e complesse "frasi", come "Ah-di-dah-bu-maa". Arrivato a questo tipo di combinazione, tecnicamente detto "gergo", il bambino è sul punto di pronunciare autentiche parole. Per circa un altro mese non riuscirete a distinguere una parola comprensibile, ma il linguaggio del bambino è così pieno di inflessioni, così variato e così espressivo che sembra stia parlando, fluentemente, in una lingua straniera. Il suo gergo è talmente realistico che talvolta, se siete soprappensiero quando lui comincia a parlare, potreste trovarvi a chiedergli: "Che cosa hai detto, tesoro?" dimenticando per un momento che non può aver detto niente!

La maggior parte dei bambini dice la prima "vera" parola al decimo o undicesimo mese. Non possiamo saperlo con precisione, perché è molto difficile identificare le prime parole. "Mamma" è abbastanza frequente. Quando un bambino di sette mesi dice "Mam", pochi genitori arriveranno a pensare che si tratti di una vera parola, perché non si aspettano che un bambino di sette mesi parli. Quando invece il bambino emette lo stesso suono a dieci mesi è facile restare ingannati. Vi aspettate delle parole, così tendete a trovarle fra tutto quel balbettio, dimenticando che quei rumori a cui attribuite valore di parola sono solo suoni che il bambino ha emesso per mesi.

Non c'è niente di male se non riuscite a identificare le prime parole di vostro figlio. In questo periodo non importa che ne faccia uso oppure no. Il suo gergo espressivo, fluente e vario, è una garanzia assoluta che quando sarà il momento parlerà.

Ma le fasi che il bambino attraversa per arrivare a parlare costituiscono degli interessanti sviluppi: se li giudicherete tali, anche voi potrete contribuire all'evoluzione del suo linguaggio. Essere ascoltato con attenzione e ricevere risposte verbali è ciò di cui ha maggiormente bisogno per riuscire a parlare.

Probabilmente verso il decimo-undicesimo mese al bambino verrà l'idea di usare un particolare suono per indicare un oggetto particolare; ma gli occorre ancora del tempo per decidere quale suono usare come nome dell'oggetto prescelto. Un bambino per esempio usava un suono simile a "buda" per indicare tutto quello che gli sembrava interessante e desiderabile: l'acqua, un libro, il suo giocattolo preferito o anche le persone che giocavano con lui. Gli ci volle del tempo per "decidere" di usare un suono esclusivo per descrive un particolare oggetto. Cominciò quindi a usare il suono "bonbon" per indicare la palla, ma più tardi lo cambiò in "dan". In entrambe le occasioni era chiaro che il piccolo intendeva la palla e nient'altro, ma si comportava come se gli fosse indifferente quale suono particolare attribuire all'oggetto.

Dopo una settimana o due di questa confusione, il bambino supera questo stadio e comincia a usare un suono, e uno soltanto, per indicare un oggetto e quello solo. Tuttavia il suono usato può non essere ancora una parola che si trova sul dizionario. Può essere una "espressione personale", un suono inventato dal bambino che lo ha collegato a quell'oggetto o a quella persona. Ma anche se questa espressione personale non ha alcuna somiglianza con la parola "vera", deve essere considerata tale se capite che cosa significa. Dopotutto, parlare significa comunicare. Se sapete che quando dice "gig" il bambino vuol dire autobus, potete tranquillamente affermare che il bambino vi sta davvero parlando.

*Come il bimbo impara le prime parole*

Il vostro bambino afferra delle singole parole nella massa di vocaboli che risuonano intorno a lui mentre è sveglio. Le parole che identifica sono di solito correlate a qualcosa che lo interessa, lo eccita o lo diverte (e quindi le ascolta con più attenzione) e si ripetono con tale frequenza che il piccolo riesce a intuire a che cosa si riferiscono.

Nel corso della sua vita quotidiana, il piccolo sente moltissime volte la parola "scarpa", come suono costante in una serie di espressioni diverse. In un giorno solo può capitarvi di dirgli: "Dove sono le tue scarpe?", "Che scarpe sporche!", "Togliamoci le scarpe", "Adesso ti metto le scarpe", "Guarda che bel paio di scarpe nuove". La parola "scarpa" è un suono presente in tutte queste fasi ed è sempre collegata a quegli aggeggi che porta ai piedi. Per giorni e settimane collegherà quel suono alle scarpe. Quando avrà realizzato l'associazione scarpe uguale ciò che ha ai piedi, saprà il significato della parola.

Probabilmente il bambino imparerà il significato di una dozzina di parole prima di pronunciarne una o due. Userà per prime le parole che hanno per lui un significato allegro o eccitante. Può darsi che già da settimane abbia capito il significato di scarpa, ma non abbia mai usato questa parola. Finché lo portate in una calzoleria e gli comprate un paio di pantofole rosse; la soddisfazione di vedersele ai piedi può stimolarlo a dire finalmente: "Scarpe". Può darsi che sappia da tempo che quella parola ricorrente "Boby" si riferisce al cane di casa: un improvviso impeto d'amore per lui, mentre gli siede accanto, può indurlo a usare per la prima volta quel nome.

Le prime parole arrivano lentamente, ma anche la loro comprensione segue lo stesso ritmo. Se il bambino per il suo primo compleanno sa usare solo una o due parole, non deducetene che non impara a parlare. Sta ascoltando e imparando a capire.

*Bilinguismo*

I bambini imparano a parlare la lingua nella quale si parla con loro. Se il vostro bambino vive in una famiglia bilingue o in una comunità in cui si parla una lingua diversa da quella della famiglia, il bambino le imparerà entrambe. Il suo sviluppo linguistico sarà leggermente più lento in generale, ma alla fine si metterà alla pari. E anche se poi "dimenticherà" una delle due lingue, il fatto di averne apprese due costituirà comunque un arricchimento per il suo sviluppo intellettuale.

*Aiutate il bambino ad ascoltare, a capire e a parlare*

Il miglior aiuto che potete dare al bambino consiste nel parlargli a lungo e affettuosamente, ma c'è un modo di parlargli che è decisamente utile e uno che lo è meno.

■ Parlategli direttamente. Un bambino non può seguire e ascoltare attentamente una conversazione generale. Se è in una stanza con tutta la famiglia e tutti parlano contemporaneamente, si sentirà perduto in un mare di suoni. Quando voi parlate lui vi guarda, ma scopre che avete la faccia rivolta verso il fratello; questi risponde, ma viene interrotto dalla sorella con un'esclamazione e un'eventuale espressiva alzata di spalle; intanto qualcun altro ha acceso la televisione. Il terzo o il quarto figlio, in particolare nelle famiglie in cui i bambini sono nati uno vicino all'altro, hanno uno sviluppo del linguaggio ritardato perché hanno poche occasioni di fare un discorso filato e a quattr'occhi con un adulto. Anche se dovete badare a un neonato, a un bambino di due o a uno di quattro anni che non smette mai di chiedere "Perché?", cercate di dedicare almeno qualche minuto di conversazione al primo.

■ Non illudetevi che possa imparare dagli estranei o dalle bambinaie tanto quanto impara da voi e da altre persone che lui considera speciali. Il bambino impara il significato delle parole sentendole ripetere in continuazione in frasi diverse e osservando il variare del tono di voce, dell'espressione del viso e del linguaggio del corpo di chi parla. Più conosce la persona con cui parla e più è probabile che capisca. Anche successivamente è probabile che non capisca affatto le parole di una persona estranea perché le espressioni e il tono di voce che le accompagnano gli sembrano strane.

■ Riflettete prima di decidere di affidarlo a qualcuno che non conosce e non parla bene la vostra lingua. Una bambinaia non sarà in grado di fornirgli modelli linguistici adeguati se non saprà parlare lei stessa in modo fluente. Se per altri aspetti vi sembra perfetta, potreste considerare la possibilità di assumerla a condizione che parli la sua lingua con il bambino, che diventerà così bilingue.

■ Usate ripetutamente le parole che volete insegnargli. Il bambino isola quei termini che ricorrono continuamente in frasi diverse, come per esempio, la parola "scarpe". Così, quando tutti e due state cercando sotto il letto, non dite "Dove sono?" ma piuttosto "Dove sono le tue scarpe?". Anche imparare il suo nome è fondamentale per il bambino. Non penserà a se stesso come a "me" o "io"; per un bambino è molto difficile imparare questo tipo di espressioni grammaticali perché il loro uso corretto dipende da chi sta parlando. Io sono "me" per me stesso, ma "tu" per gli altri. Quindi, in questo periodo usate il suo nome senza sentirvi imbarazzate perché è un "parlare da bambini". Quando frugate nella scatola dei biscotti dite: "Dove è il biscotto di Mario?". Sarà molto più significativo per lui che dire: "Dove è il biscotto per te?".

- Parlategli di oggetti che sono fisicamente presenti in modo che possa vedere ciò di cui state parlando e collegare immediatamente l'oggetto e la parola ricorrente. "Non era buffo quel gatto che abbiamo visto arrampicarsi sull'albero?" non sarà come dirgli invece: "Guarda quel gatto. Lo vedi? Il gatto sta arrampicandosi su quell'albero. Là! Un gatto su un albero... ".
- Mostrategli un libro pieno di illustrazioni. Illustrazioni grandi e chiare di bambini e altre persone adulte impegnate nelle azioni più familiari cattureranno tutta la sua attenzione: "Guarda papà mentre sta lavando i piatti... hai visto che bei bicchieri?".
- Parlategli di cose che lo interessano. Non tutto ciò che dite può riguardare oggetti immediatamente percepibili, ma un lungo racconto sulla giornata a scuola di sua sorella gli interesserà molto meno della storia dello scoiattolo che quel giorno ha visto nel parco. Anche se non capisce tutto ciò che gli dite, coglierà il senso generale dell'argomento e forse i nomi delle cose che ha visto, scoiattolo e albero, gli rimarranno impressi.
- Calcate il tono. Usate molti gesti ed espressioni. Ciò che gli dite diventa molto più chiaro per il bambino se indicate l'oggetto di cui parlate, se additate ciò che volete che lui prenda e in genere se "caricate" un po' il vostro messaggio. I bambini che hanno genitori cordiali e loquaci spesso imparano prima d'ogni altra cosa a capire e usare le esclamazioni, perché le sentono pronunciare molte volte, con inflessioni esagerate e con contagiosa eccitazione: "Oh poverino!" potete dire quando cade e "Su, vieni" quando lo togliete dal lettino.
- Cercate di capire le parole che dice, anche quelle inventate. Lo motiverete a sforzarsi sempre più a parlare se, attraverso la vostra reazione ai suoni da lui emessi, gli farete capire che vi interessate a ciò che dice, che cercate di capire (sia che usi la parola giusta oppure no) e che tenterete di comprendere qualsiasi sforzo faccia per comunicare. È un messaggio difficile da trasmettere a un bambino di dieci-undici mesi, ma se vi impegnate finirà con il capirlo. Per esempio, se mentre è seduto sul seggiolone emette dei suoni e gesticola verso un oggetto, guardate nella direzione che vi indica ed elencategli tutti gli oggetti che vedete e a cui lui potrebbe aver accennato. Se indovinate quello giusto, la sua soddisfazione nel ripetere la sua "espressione personale" sarà immensa e sarà anche più interessato ad ascoltare il nome corretto che gli proporrete. Se lo vedete carponi alla ricerca di qualcosa, mentre ripete una parola in tono interrogativo, unitevi a lui nella ricerca dell'oggetto senza nome. Una volta trovato, la gioia del bambino per il fatto che l'avete capito vi ricompenserà della fatica.

*Sfogliare insieme un libro è un'ottima occasione per chiacchierare.*

■ Aiutatelo a usare le parole che conosce per motivi di evidente utilità. Se giocate insieme e tutti e due vedete dove è rotolata la palla, chiedetegli di andarvela a prendere. Quando tornerà portandovela potete confermargli che ha capito bene, ringraziandolo e usando nuovamente la parola: "Bravo, mi hai portato la palla". In seguito, quando giocherete a palla, l'azione e le parole avranno per il bambino un significato più preciso e gradevole, e le parole gli rimarranno in mente molto più facilmente.

■ Non correggetelo o non fate finta di non capire le sue espressioni personali. Correggerlo o cercare di fargli ripetere la parola nel modo giusto serve solo ad annoiare il bambino, il quale non intende esprimere meglio la stessa cosa, ma vuole già dire qualcosa di diverso. Inoltre, le vostre correzioni non avranno alcun effetto perché, come abbiamo visto, il bambino non sta imitando un linguaggio, ma sviluppandone uno personale. Al momento opportuno l'espressione personale si trasformerà in qualcosa di più corretto, ma ciò non avverrà quando lo vorrete voi. Se poi fate finta di non capirlo quando non pronuncia qualcosa nel modo corretto, lo ingannate. Il bambino ha tentato di comunicare, si è fatto capire usando un suo linguaggio. Se rifiutate di ammetterlo, rischiate di incrinare il processo evolutivo del suo linguaggio. Se il bambino non può pronunciare subito la parola giusta è perché quella parola non si è ancora formata in lui. La sua "espressione personale" è ciò che di meglio può offrirvi. Ricordate poi che sono la gioia, l'amore e la soddisfazione che lo motivano a parlare presto. Rifiutargli il poppatoio finché non dice "latte" invece di "ba-bu" lo frustrerà e lo irriterà: finirete con l'ottenere lacrime invece di parole.

# GIOCARE E APPRENDERE

*Un angolo di pavimento sicuro e sgombro è ora una necessità per il vostro bambino.*

Si tratta di sei mesi di sviluppo quasi esclusivamente fisico. Il bambino impara a stare seduto, ad attraversare la stanza da solo, ad alzarsi sulle gambette. Deve compiere sforzi fisici enormi per riuscire e si esercita a lungo prima di passare alla fatica successiva. Fortunatamente per il suo ininterrotto processo evolutivo, ha un'enorme carica innata che lo spinge a imparare, nonostante le difficoltà di ordine fisico e neurologico che incontra sulla sua strada. Quando può gattonare gattonerà. Niente lo ferma, se non un ostacolo vero e proprio come può essere un box o un'ingessatura. Quando può mettersi in piedi, lo farà ed è ammirevole l'ostinazione con cui cerca di stare in piedi da solo, nonostante gli spaventi e le ripetute cadute. Noi adulti, dopo due giorni di questo esercizio saremmo esausti, mentre un impulso profondo induce il bambino a perseverare. Quindi non tormentatelo rifiutandovi di passargli il giocattolo che vi indica a gesti solo perché "potrebbe prenderlo da solo se volesse": vorrebbe se potesse e quando potrà, vedrete che vorrà.

I bambini non cominciano a gattonare *perché* vogliono andare da soli da qualche parte. Tuttavia queste conquiste fisiche danno al piccolo una nuova indipendenza. In tutta la sua breve vita il bambino ha dovuto fare affidamento sugli adulti perché gli portassero pezzi di mondo da maneggiare e scoprire. Ora per esplorare il mondo che lo circonda non ha più bisogno di voi. Può andare e scoprirlo da solo. Non ha più bisogno di accettare passivamente qualsiasi cosa gli venga offerta, ma comincia ad avere le proprie idee riguardo agli oggetti che ha a disposizione e sceglie da solo quelli con cui giocare. Eppure, parallela a questa nuova indipendenza fisica, c'è una dipendenza psicologica sempre maggiore. Il bambino vuole e ha bisogno di un costante sostegno affettivo e di incoraggiamento mentre impara, mediante il gioco, la difficile lezione di crescere. Anzi è proprio questa l'epoca in cui i bambini si attaccano affettivamente di più alle persone che amano.

## *Libertà fisica e sicurezza*

Per il bambino, star seduto, gattonare e stare in piedi sono di per sé delle occupazioni. In questa fase gli piace andare carponi tanto per il gusto di farlo quanto per andare in qualche direzione. Quindi la cosa di cui ha veramente bisogno è un pavimento e la libertà di usare questo spazio. Se la famiglia non ha ancora predisposto uno spazio dove il bambino possa giocare, è il momento di farlo. Deve avere a sua completa disposizione una zona di pavimento che gli piaccia e che gli si adatti. Il pavimento ideale è spazioso, sgombro (specialmente da mobili fragili che possono rompersi o rovesciarsi), ragionevolmente pulito, morbido e caldo, e soprattutto vicino al luogo dove voi siete soliti passare la maggior parte del vostro tempo. Poche famiglie hanno la fortuna di disporre di un pavimento del genere, magari in una stanza dei giochi già esistente, magari nel soggiorno o in una grande cucina. Le altre dovranno ricorrere a un compromesso e inventare una soluzione.

A meno che la casa dove abitate sia veramente piccolissima, non è difficile trovare un angolino per il bambino. Se il pavimento è duro, freddo, di pietra o a piastrelle, lo si può coprire in parte con tappeti o con delle stuoie di fibra di noce di cocco, che è dura per le ginocchia, ma evita che si faccia male alla testa. Un ulteriore strato di tappeti o coperte può attutire le cadute del piccolo e risparmiarvi molti spaventi. Se volete far giocare il bambino in salotto ma non volete che rovini la moquette, ricopritela con una coperta oppure con uno degli appositi tappeti per giocare su cui sono disegnati strade e case o gli edifici che compongono una fattoria e che vi servirà anche quando il bambino sarà più grandicello.

Si può adattare per il bambino una sala da pranzo che dà sulla cucina, senza per questo cambiarne la destinazione, lasciando solo aperta la porta di comunicazione tra le due stanze che possono essere separate da una barriera di protezione: ce ne sono di apposite in commercio, di legno estensibili da applicare agli stipiti delle porte. Così il bambino può vedere la madre senza entrare in una cucina piccola e pericolosa. Tuttavia, anche una grande cucina può essere resa sicura. Mettete coltelli pericolosi, detersivi liquidi, elettrodomestici elettrici e utensili da cucina su scaffali alti o in armadietti chiusi a chiave, fuori dalla portata del bambino e usate tutti i dispositivi di sicurezza disponibili sul mercato. Non dimenticate di tenere in considerazione anche pericoli meno ovvi, come per esempio il secchio della spazzatura (completo di scatolette vuote e taglienti e batterie scariche ma velenose) e la ciotola del cane o del gatto.

Se il bambino ha un adeguato spazio vicino a voi, vi trascorrerà la maggior parte del tempo in cui è sveglio. Vale la pena quindi di dedicare tempo e sforzi alla creazione di questo spazio, perché sarà utile a entrambi. Una stanza dei giochi speciale, lontana dalla zona più frequentata della casa non andrà affatto bene, per quanto bella sia. Se lo lasciate là a giocare il bambino si sentirà solo, si annoierà e vi cercherà in continuazione; sarà inoltre in pericolo perché voi non siete costantemente presente. Scoprirete che la dovrete abbandonare per far giocare il bambino nella cucina (non adeguatamente predisposta), oppure trasferirvi nella stanza da gioco con il vostro lavoro per fare compagnia al bambino.

Alcune famiglie vivono in case così piccole che l'idea di dedicare uno spazio speciale al bambino sembra a dir poco assurda e irrealizzabile. Ma non lo è. Meno spazio c'è e più è necessario che sia ben suddiviso. Non si può pretendere che il piccolo giochi in un soggiorno affollato se questo non è stato attentamente adeguato alle sue esigenze. Inevitabilmente rovinerà e romperà oggetti come libri, dischi, soprammobili e piante, e renderà la vita veramente impossibile a qualsiasi altro bambino un po' più grandicello che divida con lui lo stesso spazio. Non serve neppure un recinto collocato in un soggiorno. Anche un bambino che vi sta volentieri non potrà apprendere molto dall'ambiente in cui vive se è costantemente confinato in un box. L'uso fantasioso di barriere "naturali" può comunque permettervi di offrire al bambino una libertà sicura senza il rischio di pericolosi danni: potete usare un divano o una poltrona che serviranno anche al bambino per aggrapparsi e mettersi in piedi. Si possono anche adattare per il bambino un corridoio o un ingresso, facendo solo attenzione che non vi siano gradini. E qualsiasi giardino o veranda o cortile può essere reso sicuro con un po' di buona volontà: il bambino allargherà i suoi orizzonti e gli adulti non avranno nulla da obiettare al disordine che i suoi giochi provocheranno.

Se l'angolino per il bambino è vicino al posto della casa dove svolgete la maggior parte della vostra attività e se riuscite a renderlo sicuro senza un eccessivo disturbo per la vita degli altri membri della famiglia, le cose andranno meglio per tutti. Vicino a un adulto che gli fa compagnia, il bambino spesso trascorrerà dei giorni giocando da solo per gran parte del tempo in cui è sveglio.

Naturalmente il bambino ha bisogno anche di altri tipi di svago, soprattutto contatti sociali e "conversazioni". Ma sarà più facile dedicargli tutta la vostra attenzione, stare in guardia perché non si metta nei guai e non si impadronisca e distrugga oggetti appartenenti ad altri, se non lo dovrete fare in continuazione.

*Diversi tipi di giochi, con persone diverse in luoghi diversi, impediranno al bambino di annoiarsi permettendogli di continuare a imparare.*

I cambiamenti di ambiente e i conseguenti mutamenti di attività sono molto importanti: ampliano le possibilità di svago del bambino e quindi gli impediscono di annoiarsi. Può essere semplicemente il trasferimento in un'altra stanza o anche in una passeggiata nel parco. Giocare sul vostro letto può trasformarsi in un'avventura meravigliosa per un bambino di quest'età. Divertirsi con i giocattoli sulla moquette o su un tappeto del salotto può diventare un'esperienza favolosa rispetto al pavimento della cucina. Passeggiate all'aperto, che oltre al percorso in passeggino prevedano magari una bella gattonata sul prato, sono fondamentali. Più lo porterete fuori casa, meglio sarà. Uscire a far la spesa con il bambino può essere scomodo per voi, ma per lui è fonte di nuove esperienze. Una spedizione di 20 minuti in un negozio o in libreria, che in altre occasioni avete trovato seccante, può essere una vera fonte di sensazioni e di novità per il vostro bambino e può indurre anche voi a guardare la realtà con un occhio diverso e più fresco.

## Giocattoli

Per il bambino di quest'età i giocattoli veri e propri sono meno importanti della libertà di muoversi e di esplorare l'ambiente. Molti giocattoli consigliati per i bambini più piccini piaceranno ancora a questa età e sembreranno diversi al bambino quando può star seduto da solo, maneggiarli e gattonare sul pavimento alla loro ricerca. Ma determinati oggetti nuovi gli faranno particolarmente piacere perché più adatti a questo suo stadio di sviluppo.

Quando sa gattonare, si divertirà molto con oggetti che rotolano, per esempio palle o giocattoli con le ruote. Li cercherà gattonando, imparerà a spingerli e poi a dar loro la caccia. Scegliete oggetti grandi e assicuratevi che i giocattoli di legno non abbiano angoli acuti o sporgenze pericolose.

Quando avrà imparato a far muovere volontariamente gli oggetti, potrà cimentarsi in nuovi giochi. Si divertirà molto a *lanciare* oggetti. Gli si possono dare cuscini, anelli o palloncini che non siano tanto gonfi da scoppiare. Comincerà anche a divertirsi a mettere degli oggetti in un contenitore e quindi a vuotarlo. L'ideale sono piccoli cubi e una scatola, o arance e una sporta per la spesa.

*Scoprire di essere la causa di quel suono piacevole gli procurerà un'appagante sensazione di potere.*

A mano a mano che scopre il rapporto causa ed effetto e si rende conto del suo potere sugli oggetti, comincerà ad apprezzare particolarmente gli strumenti musicali più semplici, come il tamburo, il tamburello, le maracas e lo xilofono. Alcuni bambini si spaventano ancora davanti a suoni improvvisi ma molti si divertono per il rumore in sé (anche se non piacerà molto a voi) e sono felici quando capiscono che sono loro a produrre quel suono e che possono ripeterlo quando vogliono. Anche se il vostro bambino non è un musicista entusiasta, apprezzerà comunque il gioioso senso di potere che la produzione di suoni consente. Proverà la stessa appagante sensazione se gli date dei giocattoli articolati in cui, quando tira un filo o sposta una leva, succede qualcosa, come per esempio un "ballerino" che salta o una papera che fa "qua qua" quando la spinge. E tutte le volte che il bimbo fa qualcosa con un giocattolo, *ditegli* quello che ha fatto e che cosa sta accadendo.

Man mano che aumenta la sua comprensione di parole e concetti come "su" e "giù", "pieno" e "vuoto", i libri e tutte le attività connesse al "leggere insieme" diventano sempre più importanti. Mostrategli e chiedetegli dove sono il cane o il papà nella figura del libro: i libri animati, ossia con le immagini in rilievo o che si alzano o si abbassano, diventeranno i suoi preferiti. Ditegli e chiedetegli che verso fanno il gatto, la mucca e il cane. Leggetegli poesie e filastrocche per il piacere di fargli sentire il ritmo. Sfruttate tutti i vostri ricordi di giochini abbinati a filastrocche e che terminano con una sorpresa o cantategli le canzoncine che nominano le singole dita e le singole parti del suo corpo.

*Concetti come "vuoto" e "pieno" richiedono uno studio accurato. Siamo sicuri che non c'è più niente dentro?*

Anche le cure quotidiane possono essere utili a sviluppare la sua comprensione. Abbinati a canzoncine o filastrocche, i piccoli giochi tra di voi che ripeterete tutti i giorni fanno sì che il bambino si senta molto amato e accudito e gradualmente impari a occuparsi da solo

del suo corpo. Ognuno di voi possiede uno spazzolino da denti, ma un giorno potreste avere la sorpresa di vedervi offrire proprio quello giusto dal vostro bambino, benché voi non vi foste neppure accorta che era consapevole del nome dell'oggetto né della differenza di dimensione tra i due.Un bagno può essere "troppo caldo"; il rubinetto dell'acqua calda è un secco "no!"; le paperette galleggiano ma il sapone affonda. E un giorno infine il piccolo alzerà le braccia per aiutarvi a infilargli la sua maglietta. Tutto questo è giocare? Sì, lo è o almeno dovrebbe esserlo.

*Come organizzare i suoi giocattoli*

Durante questi mesi il bambino non ricorderà quali giocattoli possiede, si accorgerà forse solamente che manca un oggetto a cui tiene molto (il suo bambolotto preferito). Non potete ancora pretendere che sia lui a cercare ciò che non è alla sua portata immediata. Se gli nascondete i giocattoli in un armadio se li dimenticherà. D'altra parte, se tutto ciò che possiede è costantemente sparpagliato sul pavimento, si stancherà presto di questi giocattoli perché li ha sempre sotto gli occhi. Alcuni giocattoli invecchiano addirittura senza mai essere stati usati, proprio perché il bambino li ha visti troppo. Un buon compromesso è costituito, in questa fase, da un grande cesto dai bordi bassi o un grosso scatolone da usare come portagiocattoli e collocato poi in un angolo del "suo" pavimento. Se tutto quello con cui gioca (veri giocattoli o utensili di cucina o altro) vengono messi in questo contenitore, riordinare a fine giornata sarà più semplice per voi, mentre il bambino imparerà in fretta dove andare quando vuole trovare i suoi giochini.

Se il bambino non sa ancora gattonare è meglio dargli solo pochi giocattoli per volta mentre sta seduto nel suo seggiolone, nella carrozzina o sul pavimento. Quando sarà in grado di muoversi, farà da solo una modesta selezione. Anche se lo mettete sul pavimento, dopo colazione o dopo il sonnellino, dategli un numero limitato di giocattoli: giocherà comunque in modo più concentrato se non è distratto dalla quantità. Quando si è stancato di quelli che ha davanti, toglieteglieli e dategliene dei nuovi. Verso la fine dell'anno il fatto che sia in grado di muoversi e di capire quello che gli dite, vi permette di chiedergli quali giocattoli vuole e di incoraggiarlo ad andarseli a cercare nella cesta. Non sorprendetevi se ci saranno giorni in cui il bambino non farà che tirar fuori giocattoli dalla cesta senza giocare con nessuni di essi in particolare. Sta giocando a "vuotare": con un piccolo incoraggiamento potreste ottenere anche che li rimetta tutti dentro giocando a "riempire".

Se il bambino ha più giocattoli di quanti pensate che gliene servano, magari perché i nonni che lo adorano gliene comprano in quantità esagerata, oppure perché li ha ereditati dal fratellino più grande, potete conservarne alcuni in un armadio o in uno scaffale lontano dalla sua portata: saranno quelli che userete solo di tanto in tanto. Possono essere giocattoli che non sono ancora adatti a lui, che hanno bisogno di un vostro intervento, che esigono molto spazio o un ambiente particolare, come i giocattoli che prevedono l'uso di acqua, o che fanno un tal rumore da non poterli sopportare a lungo. Utilizzandoli solo in occasioni speciali conserveranno il loro fascino più a lungo, perché il bambino è attratto dalle novità.

*Vostro figlio non sarà mai a corto di giocattoli, se gli lascerete usare i "vostri".*

Di volta in volta riponete in una scatola o in un cestino gli oggetti che potrebbero trasformarsi in gioco per il bambino. Ogni volta che uscite a far la spesa ve ne potete procurare altri. Conservategli la scatola colorata dei biscotti o il pacchetto dei cereali, che potrà riempire con oggetti di piccole dimensioni, o un tubo per farci scivolare attraverso delle palline. Il Natale porterà carte colorate, nastri e cartoncini. La pulizia a fondo di un armadio di cucina vi farà trovare barattoli di plastica con coperchio da riempire, o mestoli e cucchiai di plastica che non vi servono più, o scatole di cartone e bottiglie di plastica con cui giocherà nel bagno. Se ci sapete fare avrete sempre un giocattolo nuovo da tirar fuori per una giornata o un momento di malumore, o quando il maltempo vi costringe in casa o un ospite vi distoglie un po' dalla cura del bambino. Nessun giocattolo vi sostituirà, ma un oggetto nuovo vi concederà qualche minuto di conversazione e di tregua!

## *Fatelo partecipare ai vostri "giochi"*

Il bambino di otto o nove mesi è ormai in grado di muoversi da solo, vi segue, vi guarda e vi imita, e preferirà certo i vostri "giocattoli" e i vostri "giochi" ai suoi. Osservare e condividere le esperienze degli adulti lo aiuta a conoscere il mondo, i suoi aspetti materiali e le persone. Al di là del giardinaggio, della cucina, del dare da mangiare al cane o di andare a fare la spesa, la maggior parte delle vostre attività quotidiane non saranno condivisibili dal piccolo. Non potrà certo venire in ufficio con voi e, se anche gli fosse concesso, la vita lavorativa gli sembrerebbe incomprensibile e molto noiosa. Anche se uno dei due genitori lavora in casa, il computer e i fax non lo interesseranno per molto e tanto meno il telefono, le cui chiamate non lo riguardano, anzi lo infastidiranno perché si sentirà trascurato.

Le uniche attività che lo interesseranno e lo coinvolgeranno veramente sono quelle domestiche, ed è perché queste si adattano particolarmente alla compagnia e al divertimento dei bambini che la gente a volte associa la cura dei bambini alla cura della casa, considerandole come un'unica attività. Ovviamente non sono la stessa cosa. Una casalinga efficiente sbriga le noiose faccende domestiche il più velocemente possibile: curare un bambino significa rallentare il passo di ogni operazione così che ci sia spazio e tempo per lui.

Se andate al lavoro e lasciate a casa il piccolo con una bambinaia, non pensate che il bambino dovrebbe avere sempre la sua completa attenzione e che quindi sia sbagliato aspettarsi che lei vi sostituisca anche nelle faccende domestiche. Qualche gioco impegnato con una persona adulta è importante, e vorrete essere sicure che chi si occupa del bambino soddisfi pienamente i suoi bisogni, soprattutto se il piccolo era abituato a ricevere coccole per un intero pomeriggio o a giocare all'aria aperta nel parco. Ma i bambini trovano noiosi e invadenti gli adulti che non fanno niente tranne che guardarli giocare e cercare di intromettersi nei loro giochi. Il bambino si divertirà molto di più se trascorrerà le sue giornate in compagnia di persone normalmente affaccendate.

Cucinare affascinerà il bambino che lo considererà il "gioco del disordine" o il "gioco dell'acqua"; allora, mentre cucinate, mettetelo in cucina sul seggiolone e affidategli dei compiti da svolgere, come rimescolare, battere, assaggiare.

*Giocando a nascondino, per una volta, potrebbe essere il bambino ad "andarsene". Voi dovrete cercarlo e "trovarlo" con espressioni di sollievo.*

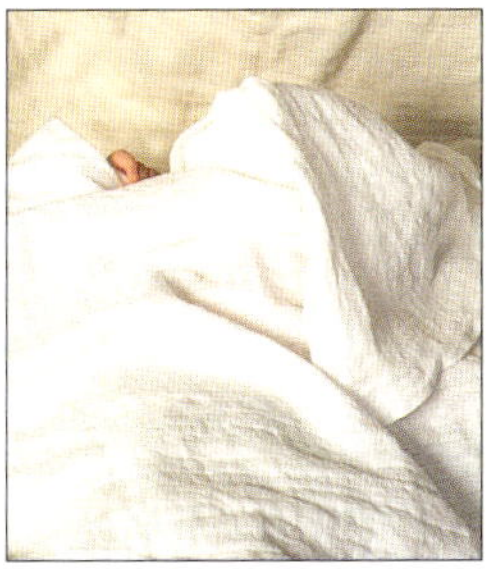

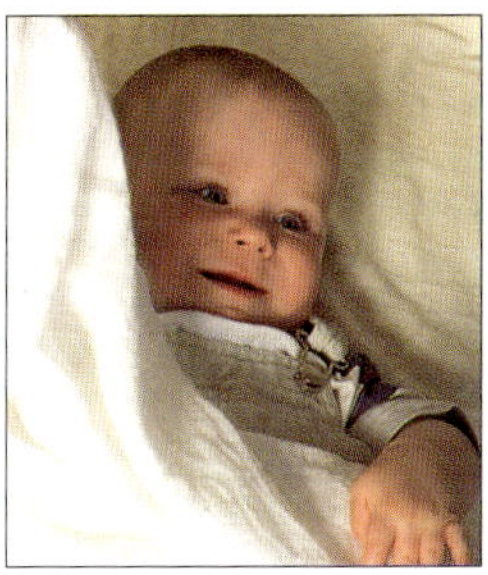

I lavori di casa si trasformano in un gioco divertente se siete disposte a tenere con voi il bambino e a farlo giocare sul letto che state rifacendo o a nascondino tra i mobili con uno strofinaccio da sventolare. Questo però non è un gioco adatto ai bambini che soffrono di asma o di allergie, poiché la polvere, soprattutto quella di casa, è un allergene molto comune. Fate anche attenzione ai prodotti chimici per le pulizie: sono quasi tutti pericolosi se ingeriti; gli spray inoltre sono molto dannosi per gli occhi. Lavare e stirare non sono giochi sicuri per il bambino. Sarà meglio occuparsi di questi lavori domestici quando dorme.

Anche il giardinaggio è un bel gioco, specialmente se c'è terra con cui giocare ed erba su cui rotolare. Allontanate gli attrezzi taglienti e i prodotti chimici. Benché in giardino ci siano molti oggetti o situazioni che possono presentare alcuni pericoli, non fatevi scoraggiare. Anche la cucina è piena di utensili potenzialmente pericolosi. Perciò, come in cucina, state molto attente a usare per esempio attrezzi a motore (come tagliaerba, tosasiepi, falciatrici e così via) quando il bambino è in giardino o potrebbe raggiungervi all'improvviso. Inoltre fate attenzione che il bambino non si esponga troppo al sole o a insetti che possono trasmettere delle malattie, come le zecche (presenti però solo in certe stagioni e in certi luoghi), e che non tocchi piante velenose (non coltivatele o eliminatele). Toccando la terra, dove potrebbero esserci feci di cane o di gatto, il bambino rischia di contrarre la toxoplasmosi (ma il rischio è più elevato nei giardinetti di città che in campagna). Se usate i guanti, ricordatevi di toglierli prima di soffiare il naso al piccolo. Sarebbe comunque opportuno che il bambino giocasse con un contenitore di terra o di sabbia da usare solo a questo scopo.

Fare la spesa, sia un rapido salto al negozio vicino sia la spedizione al supermercato, diventa una festa. Il bambino sarà felice di viaggiare nel carrello, afferrare alimenti dagli scaffali, aprire i pacchetti per esaminarne il contenuto... Accettate l'inevitabile e lasciategli prendere qualcosa di innocuo, per esempio un pacchetto di biscotti, quando cominciate a fare la spesa. Aprire il pacchetto e mangiare un paio di biscotti gli impedirà di distruggere gli scaffali e di aprire ogni pacchetto acquistato!

La spesa non impacchettata è il migliore di tutti i giochi. Se riuscite abilmente a far sparire le confezioni di uova, le bottiglie di vetro, i pomodori o qualche altro prodotto molle o pericoloso, il vostro bambino sarà felice di aprire le confezioni di barattoli e di arance e di farli rotolare sul pavimento.

# Non più neonato, non ancora bambino

Essere un genitore affettuoso è un compito gravoso dal punto di vista emotivo e anche un durissimo lavoro pratico, specialmente nei periodi in cui vostro figlio cambia tanto rapidamente da costringervi a mutare in continuazione il vostro modo di rapportarvi a lui. I mesi intorno al suo primo compleanno ne sono un esempio. Avrete l'impressione che il fatto di aver imparato a muoversi da solo e a stare in piedi, a capire molte delle parole degli adulti e a pronunciarne alcune abbia trasformato il bambino in un'altra persona. Ma non è così. Quel bimbo che vi chiama piangendo nel cuore della notte aggrappato alle sbarre del lettino è lo stesso che piangeva adagiato nella culla. Non è cambiato e non sta cambiando più in fretta di prima. È solo che i particolari progressi che compie in questo periodo sono di portata enorme. Non è più un neonato, ma non è ancora un bambino. Non dovete aspettarvi troppo da lui.

*State dalla sua parte*

Più saprete affrontare con calma questi mesi di transizione, più sarete pronti a scoprire i lati positivi della vostra piccola peste. Come genitore dovete in qualche modo trovare la maniera di stare dalla parte di vostro figlio, cercando di trarre il meglio dai momenti positivi della giornata e di ridere delle disavventure, impedendovi e impedendo a chiunque di arrivare a considerarlo un nemico. Questo è possibile se c'è in voi il desiderio e la determinazione di trarre piacere da questo periodo di apprendistato in cui dovrete essere tanto abili da guidarlo senza che se ne accorga, da distrarlo prima di arrivare al conflitto e da proteggerlo dagli incidenti.

Come molti genitori vi accorgerete che la vita diventa più difficile man mano che il piccolo cresce. Ora fa molte cose e non sempre sono quelle che voi vorreste. Non parla ancora molto, perciò è difficile dire quanto sia consapevole. È più abile a stare con voi che a collaborare. Ci saranno dei giorni in cui tutto ciò che fa vi irriterà. Non preoccupatevi esageratamente se vi capiterà di sgridarlo. Si spaventerà, ma gli passerà presto. Per lui è più facile vivere con un genitore che perde la pazienza di tanto in tanto che con uno che reprime l'irritazione, tace e si isola. Il bambino ha bisogno della vostra compagnia. Se vi allontanate si sentirà smarrito e solo. Non può crescere bene in un vuoto emotivo.

Non lasciate però che la rabbia prenda il sopravvento. Il bambino può certamente affrontare meglio una sgridata che il muto rancore degli adulti, ma ciò non significa che gli faccia bene venire rimproverato, anche se se lo è meritato.

*La disciplina*

È di solito a quest'epoca, nell'insorgere di questi primi contrasti, che i genitori cominciano a pensare e a parlare di disciplina. Il momento è quello giusto, ma non lo è il contesto. Quel bambino che sa ormai quasi muoversi in modo indipendente, che è quasi capace di parlare, è certamente in grado di capire che cosa significa "no" e di collabo-

*Mentre il bambino cresce cercate di stare dalla sua parte, di vedere i lati positivi e umoristici delle situazioni.*

rare con gli adulti, anche quando (talvolta) non vuole. Ma non è pronto ad affrontare l'ira degli adulti quando *non* collabora perché le ragioni di quell'ira sono al di là della sua comprensione, tanto che quel sentimento gli sembrerà scaturire dal nulla, un vero fulmine a ciel sereno, l'atto incomprensibile di un dio vendicativo.

Vostro figlio non può sapere che quel piccolo disastro (il latte rovesciato sulla vostra camicia pulita o la cartella svuotata e il contenuto sparso ovunque per terra) è stato per voi la goccia che ha fatto traboccare il vaso. Anche se avesse avvertito il vostro nervosismo non ne avrebbe capito la causa: la sveglia che non ha suonato, l'alzarvi in fretta e furia, il ritardo nel far alzare lui, la corsa contro il tempo. Sa molto poco dei vostri sentimenti, che ancora non lo interessano. Se lo rimproverate vi farà infuriare ancora di più se si metterà a ridere o vi sorriderà. Se gridate si spaventerà e piangerà. Se perdete il controllo e lo punite fisicamente, lo scuotete, lo sculacciate o lo spingete con violenza nel lettino rimarrà stupito e sconvolto come lo sareste voi se improvvisamente il cane di casa vi si avventasse contro e vi mordesse una gamba. Finché le ragioni della vostra rabbia gli sono incomprensibili nessuna punizione sarà in grado di insegnargli qualcosa di utile. Quando le punizioni potranno servire, il bambino sarà capace di imparare anche senza.

*Uno spreco e una seccatura per voi, ma la piccola non poteva saperlo. Non intendeva far danni, per quanto grande sia il danno che ha fatto.*

Supponiamo che faccia cadere il bricco del latte bollente dal tavolo e lo rompa. Spaventata dal rischio che ha corso, giustificherete la vostra ira dicendo che gli avete ripetuto mille volte di non toccarlo e che avrebbe dovuto stare più attento. Ma riflettete. Il bambino ha toccato il bricco perché era lì e la sua curiosità, vitale per lui, gli ha imposto di esaminarlo; la sua memoria e la sua intelligenza non sono ancora in grado di ammonirlo che quel gesto era proibito. Lo ha rotto perché la sua manualità non gli permetteva ancora di maneggiare con cura un oggetto fragile. Allora l'incidente è veramente colpa sua? Perché il bricco era stato lasciato alla sua portata? Il bambino viene quindi punito perché è quello che è: un bambino, appunto.

Supponete che dal piatto rovesci del cibo sul pavimento appena lavato. Con rabbia gli dite che "deve sapere che non si fa". Ma è vero? Fino a pochi minuti prima l'avete aiutato a buttare dei cubi per terra. Come pretendere che sappia distinguere ciò che è "giocattolo" da ciò che non lo è? Quanto al pavimento pulito, è vero che vi ha guardato mentre lo pulivate, ma come pretendere che sappia che l'acqua pulisce e che il cibo sporca? Ancora una volta voi vi irritate perché si comporta in conformità all'età che ha e come si comportano tutti i bambini come lui.

Qualsiasi cosa vi dicano gli altri, ricordate che trattare con dolcezza un bambino di questa età non può "guastarlo" o creare dei problemi disciplinari in seguito. Dedicatevi soprattutto ad amarlo e a godere dell'amore appassionato che prova per voi. Farà tutto per piacervi. Voi siete tutto per lui. Ma ci vorrà ancora molto tempo prima che possa capire *che cosa* vi fa piacere. Ciò che piace a voi non è sempre quello che piace a lui. Per esempio, stranamente, a voi non piace il sugo sul pavimento...

### Consigli ai genitori

## *Non scuotete con violenza i bambini*

Per quanto possiate essere arrabbiati con il vostro bambino, *non scuotetelo*. Se dovete allontanarlo dai pulsanti del videoregistratore sei volte in un minuto, *non scuotetelo*. Persino se vi fa sanguinare il capezzolo o morde il vostro nipotino appena nato, *non scuotetelo*.

Il bambino cresce armoniosamente, ma la testa è ancora grossa e pesante rispetto al resto del corpo. Benché i muscoli del collo siano ora in grado di reggerla perfettamente durante tutti i normali movimenti che il piccolo compie, anche quelli un po' bruschi di certi giochi, essa è esposta al cosiddetto colpo di frusta, frequente in caso di incidente stradale o di colpi ricevuti sul capo, e disgraziatamente molto probabile se qualcuno scuote con violenza il bambino.

Quando ciò accade la testa del piccolo, per il peso, va avanti e indietro, tanto da far sbattere il cervello contro l'interno del cranio. Il colpo può rompere un piccolo capillare e causare emorragie cerebrali ed ematomi. Attenti: scuotere un bambino può provocare cecità, sordità, convulsioni o anche la morte.

## Come affrontare i momenti difficili

*Potrete trovare un equilibrio tra il bambino e il mondo esterno se lo farete partecipare alle cose che amate.*

Poiché vostro figlio non è più un neonato, voi non siete più dei neogenitori. Talvolta tuttavia questi mesi di transizione del bambino verso la fanciullezza rischiano di farvi sentire inadeguati come genitori. In questo periodo della sua vita il bambino diventa sempre più consapevole del suo attaccamento per voi e non è disposto a lasciarvi né per un minuto né tanto meno per ore. Ma è in questo periodo che le esigenze della vita vi richiamano verso il mondo degli adulti e verso i vostri impegni fuori casa: il bambino non vuole lasciarvi, ma la vita quotidiana vi chiama e voi siete e sarete sempre più presi nel mezzo e coinvolti freneticamente.

Non è sempre facile trovare un equilibrio tra queste due esigenze, specialmente perché proprio la lunga vicinanza che avete vissuto con vostro figlio e la sua dipendenza da voi durante questo primo anno di vita vi rendono ora particolarmente sensibile ai suoi sentimenti, oltre che ai vostri. Non potete essere felice se lui non lo è. Non solo, ma tenderete a sentirvi responsabili della sua infelicità. Quando qualcosa non va per il piccolo, vi sentirete in colpa chiedendovi dove avete sbagliato.

*Evitare il senso di colpa*

Il senso di colpa è probabilmente il meno utile fra tutti i più comuni sentimenti nati dall'essere genitori. Se riuscite a liberarvene, anche nelle forme più subdole e più difficilmente riconoscibili, sarete tutti più felici.

Essere un genitore non vi rende onnipotenti. Per quanti sforzi facciate, per quanto vi sacrifichiate, il vostro potere di forzare il mondo esterno a dare al bambino tutto ciò che volete per lui è estremamente limitato. Desiderate vivamente che i bambini della casa accanto lo accolgano con simpatia, che il tuono spaventoso non si scateni, che i virus che lo attaccano scompaiano, che l'autobus vi porti a casa della sua baby-sitter prima che lui si accorga che siete in ritardo, ma non potete fare in modo che queste cose accadano. Potete soltanto confidare nella sua capacità di cavarsela e, invece di punirvi per quello che è già accaduto, usare queste energie per cercare dei modi per aiutarlo nel futuro.

*Aiutarlo ad affrontare le separazioni*

I bambini si sentono sicuri quando sono circondati da persone familiari che fanno cose prevedibili nei soliti posti. A questa età e in questa fase, qualsiasi separazione dai genitori e da casa è potenzialmente sconvolgente, anche se si tratta di qualcosa di piacevole, come per esempio un fine settimana al mare con i nonni. Nello stesso modo qualsiasi evento che lo possa turbare verrà affrontato meglio dal bambino se uno dei due genitori sarà con lui.

Le persone sono naturalmente più importanti per lui. Se potesse scegliere, preferirebbe di certo venire con voi anche nel più noioso viaggio d'affari (o al negozio all'angolo o in bagno se è per questo). Ma il bambino ovviamente non può scegliere, perciò quando lo fate per lui, cercate di considerare le cose anche dal suo punto di vista. Quel fine settimana al mare sarà una festa per lui o si trasformerà in un inferno per tutti la prima sera quando si troverà nel suo lettino senza di voi? Solo voi siete in grado di dare una risposta, ma questa certamente sarà diversa se il bambino conosce i nonni solo per averli

*Prima di affidare il bambino a un nonno dovete fare in modo che il piccolo impari a conoscerlo a fondo.*

visti a casa la domenica o per aver già trascorso del tempo affidato alle loro cure. Si tratta di una questione che deve sempre essere analizzata quando decidete di affidare il bambino a qualcuno per la prima volta, anche se lo lasciate con il papà o con un'esperta bambinaia. Naturalmente queste persone saranno in grado di far fronte al mal di denti o a un malessere passeggero e di cambiare un pannolino, ma il bambino lo sa? Si fida di loro?

Se l'onesta risposta alla domanda è "no", le poche ore alla conferenza che avreste tanto apprezzato o il weekend che avrebbe dovuto essere un momento di gioia per lui non sono una buona idea. Il bambino ha bisogno di affezionarsi un po' alle persone con cui deve stare. Se tuttavia la separazione non è una scelta, ma si impone all'improvviso, magari perché dovete andare all'ospedale, il piccolo riuscirà a sopportare meglio la vostra mancanza se potrà rimanere a casa sua, vicino alle cose a lui familiari, senza interrompere le sue abitudini quotidiane. Ecco perché le nonne o le amiche veramente preziose sono quelle disposte a trasferirsi a casa vostra, invece di offrire ospitalità al bambino durante la vostra assenza.

## *Andare all'ospedale*

Trovarsi di fronte un bambino ferito gravemente o con una malattia seria è senza dubbio l'aspetto più negativo dell'essere genitore. Se il ricovero è dovuto a un incidente, probabilmente sarete prese da un senso di colpa enorme, indipendentemente dal fatto che l'incidente sia stato causato dalla negligenza di qualcuno oppure no. Se invece il bambino è all'ospedale per una malattia, oppure anche solo per un intervento chirurgico facoltativo, con ogni probabilità sarete frustrate e arrabbiate per la vostra stessa incapacità di risparmiargli il disagio, il dolore e la paura. E se si tratta di una cosa potenzialmente seria e pericolosa, dovrete cercare di fronteggiare e di domare anche la vostra indescrivibile paura. I genitori che devono affrontare queste tensioni più volte, perché il loro bambino richiede una serie di interventi chirurgici, dicono che a poco a poco le cose diventano meno difficili, ma non molto. In queste circostanze può esservi molto utile il sostegno di gruppi di altri genitori che abbiano dovuto vivere le stesse traversie. Non stupitevi però se, come molti padri e madri, sentirete la propensione a "lasciarlo nelle mani degli esperti" o a "non voler intralciare nessuno".

Questo stato d'animo nasce probabilmente da un desiderio perfettamente lecito di scappare e di nascondersi fino a quando è tutto finito e il bambino è di nuovo a casa. Tutto ciò è comprensibile, ma è quello che il bambino vorrebbe di meno. Ci sono poche occasioni in cui i genitori devono ai bambini piccoli la priorità assoluta, e questo è uno di quei momenti. Il vostro bambino può aver bisogno di cure ospedaliere perché si è scottato, perché è disidratato o per un intervento chirurgico all'orecchio, ma ha anche bisogno delle cure personali che nessun altro all'infuori di voi può dargli. Sono i luoghi e gli avvenimenti strani, uniti alla separazione da voi, che provocano problemi psicologici e sono dunque questi i momenti in cui dovete essere presente con totale lucidità.

Se siete preoccupata per gli altri bambini rimasti a casa senza di voi, ricordatevi che né sono malati né si trovano in un ambiente sconosciuto come invece accade al vostro bambino ricoverato. Naturalmente ci dovrà essere qualcuno che si prenda cura di loro durante la vostra assenza, ma se la scelta è tra il lasciare un bambino che sta bene con una persona non troppo simpatica e lasciare un bambino malato con degli sconosciuti, la decisione dovrebbe essere ovvia. Se il diritto di precedenza del bambino in ospedale viene osservato da tutta la famiglia, ed entrambi i genitori sono ugualmente coinvolti nel far fronte alla crisi, quella scelta può non essere necessaria. Molti datori di lavoro sono disponibili (o quantomeno rassegnati) a concedere dei permessi a entrambi i genitori in queste circostanze, mentre quasi tutti gli ospedali permettono anche ai papà di rimanere al capezzale del bambino malato. Ciò consente ai due genitori di far fronte alla situazione, anche senza l'aiuto di parenti e amici, dandosi il turno in ospedale.

*Assistere il bambino ammalato a casa*

La maggior parte delle malattie dei bambini, dai comuni raffreddori alle otiti, saranno meno gravi, ma porranno all'ordine del giorno la questione di accudire il bambino mentre è a casa. Il piccolo non potrà infatti né andare a casa di chi lo cura normalmente, magari insieme ad altri bambini, né tanto meno frequentare il nido intanto che è malato e magari infettivo. Questa circostanza rende evidente quanto precaria sia la situazione dei genitori che lavorano e non hanno parenti o amici in grado di intervenire nei casi di emergenza. Rimanere a casa dal lavoro un paio di giorni ogni due, tre settimane è così difficile per certi genitori e talmente inopportuno per certe mansioni che si sta studiando il modo di risolvere il problema a livello sociale. In certe città stanno sorgendo speciali unità in grado di intervenire in caso di malattia del piccolo e qualche azienda sta addirittura sperimentando l'impiego di personale specializzato da mandare a casa del dipendente per sostituirlo presso il bambino malato, se la sua presenza in azienda è indispensabile.

Tuttavia queste soluzioni non sono l'ideale per i bambini, soprattutto per quelli che neppure quando sono in buona salute amano essere accuditi da persone che non conoscono bene. Se non lascereste vostro figlio con una bambinaia estranea o a casa con un perfetto sconosciuto quando sta bene, come pensate di poterlo fare quando è febbricitante e vi si aggrappa al collo piangendo implorandovi di non lasciarlo? I bambini malati devono essere accuditi da chi conoscono e le persone che conoscono meglio sono i genitori. Cercate di mettervi d'accordo con il vostro datore di lavoro. Se non potete assentarvi con un permesso non retribuito, potrete forse usare i vostri giorni di ferie. Per ridurre le assenze, è necessario organizzare per tempo le cose, facendo abituare il bambino alla presenza di qualcuno, magari una nonna, che, almeno per la convalescenza, possa venire a casa a farlo svagare, giocare e occuparsi di lui.

*Aiutare il bambino ad affezionarsi anche a qualcun altro*

I neonati e i bambini crescono felici solo quando sono curati dalle persone che essi amano. Se siete le sole persone che il bambino ama probabilmente avete ragione di pensare che gli si spezzerebbe il cuore se, *domani*, venisse lasciato con qualcun altro. Tuttavia ciò non significa che abbiate l'obbligo di rimanere con lui 24 ore al giorno e per sempre. Può significare invece che è arrivata l'ora di aiutare il bambino ad affezionarsi a qualcun altro, in modo che possa accettare senza drammi la compagnia di quella persona quando voi non ci siete. In fondo, an-

## L'opinione dei genitori

### *Non voglio un amore condiviso*

*Non sopporto l'idea di condividere la cura e l'educazione delle nostre bambine con qualcun altro che se ne occupa mentre siamo al lavoro. Sopporto ancora meno l'ipotesi che le bambine possano (anzi debbano) affezionarsi a questa persona. Sono le nostre bambine. Il fatto che noi genitori siamo fuori casa dalle 8 alle 18 tutti i giorni per cinque giorni la settimana non cambia questo fatto. Abbiamo assunto una baby-sitter, e mi aspetto che questa ragazza faccia quello che le dico io. Non voglio che trasmetta alle nostre figlie valori che sono suoi, più di quanto non vorrei che la donna delle pulizie mi dicesse come arredare la casa. Non voglio neppure che le bambine le si affezionino. Per questa ragione ho deciso di assumere solo ragazze alla pari per un massimo di sei mesi per volta. La barriera linguistica fa sì che le nostre piccole siano felici di vederci rientrare alla sera. E se anche si affezionassero alla baby-sitter del momento, l'interruzione del rapporto dopo sei mesi impedirebbe a questo legame di minacciare l'affetto che unisce la nostra famiglia.*

Una casa e un bambino non sono la stessa cosa. La casa è un oggetto che non subirà cambiamenti mentre voi non ci siete. Un bambino è un essere umano che continua a crescere e svilupparsi anche in vostra assenza. Non solo, ma questo processo può avvenire solo coinvolgendo degli adulti. Le sue bambine perciò stabiliranno delle relazioni interpersonali con chiunque si troveranno intorno. La barriera linguistica metterà in difficoltà l'adulto ma non le bambine, che impareranno qualsiasi lingua venga usata con loro. Quanto poi al fatto che la baby-sitter possa influenzare i loro atteggiamenti, ciò sarà inevitabile anche se la ragazza si limiterà a obbedire ai suoi ordini e a servire le bambine invece di accudirle. I bambini, grandi e piccoli, usano il volto degli adulti come uno specchio in cui vedono riflesso il loro comportamento. Anche se la baby-sitter non dovesse o non potesse dire una parola, il suo viso tradirà quello che pensa del modo di mangiare o di fare pipì, di giocare e di fare capricci delle bambine. E a loro quel giudizio importerà, anche se non importa ai genitori.

Vorrei che foste convinti che le bambine sarebbero felici di vedervi la sera anche se avessero passato una splendida giornata in compagnia di qualcuno al quale vogliono bene e che a sua volta ne vuole loro.

Sono vostre figlie e la vostra assenza non potrà minacciare questa loro consapevolezza. L'amore dei bambini per gli adulti non è limitato, quindi non può esaurirsi o venire deviato a volontà. Anzi, più i bambini amano e più diventeranno capaci di amare. Il loro rapporto con le persone non è simile a quello, esclusivo, che intercorre tra due amanti. Non dovreste quindi cercare di lasciarle digiune di affetto di giorno per essere sicuri di avere la vostra dose di amore la sera o i weekend.

che se al momento non avete bisogno di un aiuto, perché pensate di rimanere a casa con il bambino, o sapete che almeno uno di voi due genitori potrà farlo, perché svolge il suo lavoro a casa, dovete mettere in conto una possibile emergenza o un possibile cambiamento. Voi siete la persona preferita del bambino e questa circostanza non è destinata a mutare; ma il fatto che il piccolo si affezioni *un pochino* anche a qualcun altro non potrà che rendervi più facile la vita.

*Tornare al lavoro*

Non ha nessuna importanza se chi vi permette di andare al lavoro si chiama nonna, baby-sitter, collaboratrice domestica o altro. L'importante è che il bambino impari ad amarla e che voi accettiate il loro rapporto con piacere e non con invidia.

*Quando siete al lavoro, il bambino ha bisogno di stare con una persona a cui è affezionato e che gli sia affezionata.*

La vostra accettazione è importante quando volete che il bambino si adatti a programmi che preferirebbe fossero diversi. Se i genitori sono tranquilli nella loro sicurezza di fare ciò che è giusto, i bambini non avranno problemi nell'accettare quasi tutti i modelli di vita, anche un padre che lavora lontano e torna a casa solo per il fine settimana. Perciò potete star certi che anche il bambino più pauroso acconsentirà di buon grado a essere curato durante il giorno da qualcuno che non sia la madre.

Non aspettatevi che il bambino accetti una nuova baby-sitter nello spazio di una settimana. Ha bisogno di tempo per imparare a conoscerla insieme a voi prima di affrontare la vita senza di voi, e inoltre deve stare con lei per brevi periodi prima di essere affidato interamente a lei per tempi che gli sembrano interminabili. Se poi durante la vostra assenza il bambino non rimarrà a casa, ma dovrà andare per esempio al nido o a casa della bambinaia, il tempo di adattamento sarà ancora più lungo.

Ricordatevi che, una volta che il bambino accetta un'altra persona, comincia a volerle bene. Un cambiamento di baby-sitter non implica soltanto per il bambino dover fare la conoscenza di questa nuova persona, ma anche la perdita di qualcuno che era diventato importante. È naturale che non possiate tenere una persona che si è dimostrata non adatta, ma cercate di prendere degli accordi a lungo termine e considerate qualsiasi cambiamento dal punto di vista del bambino. Può essere molto irritante tornare dal lavoro e trovare la casa sempre in disordine, ma se in casa c'è un bambino allegro e chiacchierino, che vi racconta tutto ciò che ha fatto durante il giorno, probabilmente avete bisogno di riorganizzare le faccende domestiche e non di cercare una nuova baby-sitter. Le perle sono rare a questo mondo. Potreste trovare una persona perfetta sotto tutti i punti di vista, ma è molto più probabile che vi dovrete accontentare di qualcuno che va bene per il bambino e che per voi è semplicemente accettabile.

Il tipo di aiuto che vi serve dipende dalle persone che possono prendersi cura del bambino. Se voi e il padre potete occuparvene a turno, il tempo in cui il bambino dovrà stare con qualcun altro sarà breve o addirittura riguardare soltanto le emergenze. Se siete fortunate potreste anche avere una fitta rete di amici, parenti e vicini (magari con bambini all'incirca della stessa età) su cui contare e ai quali naturalmente dovrete essere pronti a ricambiare il favore quando se ne presenterà la necessità.

Il genere di persona di cui avete bisogno dipende dal vostro tipo di lavoro e specialmente dall'orario. Se sarete occupata solo due o tre mezze giornate la settimana o anche mezza giornata tutti i giorni, almeno all'inizio la cura del bambino rimarrà in mano vostra e la baby-sitter dovrà limitarsi a colmare i vuoti. Sempre che si senta sicuro e contento con questa persona, non ha molta importanza se in quelle ore il bimbo non verrà stimolato molto o se sarà viziato. Se invece il vostro è un lavoro a tempo pieno e con un orario decisamente non flessibile, al quale dovete magari aggiungere anche lunghe ore di spostamenti nel traffico, dovete essere disposta a condividere non solo le cure fisiche ma anche l'educazione del bambino. Gli atteggiamenti, la disciplina e l'educazione del bambino dipenderanno (anche se non in parti uguali) tanto dalla baby-sitter quanto da voi.

## A chi posso lasciare il bambino quando non ci sono?

***Mi rendo conto che la qualità delle cure prestate a un bambino dipende in gran parte dalla persona che le offre, ma potrebbe fare un elenco delle possibilità che si presentano ai genitori e dei pro e contro di ogni soluzione?***

I genitori che lavorano o studiano fuori casa hanno a disposizione diversi tipi di soluzione.

Una persona che vive in famiglia vi può offrire il massimo di libertà, non solo per andare al lavoro, ma anche per uscire la sera e magari per passare il fine settimana fuori casa. Ma attenzione: la vostra casa sarà la sua casa. Avrà il diritto di restarci sempre anche quando preferite non averla intorno.

Le bambinaie qualificate in genere si dedicano esclusivamente alla cura del bambino. Così finirete la vostra giornata di lavoro preparando la cena anche per lei e il fine settimana dovrete dedicarvi alle faccende domestiche. Una persona che si propone come "aiuto domestico" in genere è disposta a fare tutto ciò che fareste voi se foste a casa, ma può sentirsi sola, annoiata e mal pagata, proprio come succedeva a voi (e dopotutto si trattava di vostro figlio!). Le ragazze alla pari possono essere meravigliose, ma anche le migliori non si fermano per più di nove mesi; inoltre possono essere immature o pigre come probabilmente eravate voi a 19 anni e raramente parlano l'italiano fluente che vorreste far imparare al vostro bambino: troppi svantaggi e tutti insieme.

Le baby-sitter giornaliere, a casa vostra o a casa loro, possono essere una soluzione più facile, perché non è necessario condividere la vita privata e nemmeno fare distinzioni imbarazzanti fra il tempo come "dipendente" e quello come "membro della famiglia". Tenete però conto del fatto che la baby-sitter giornaliera è una donna che lavora e quindi, come voi, può avere problemi familiari, specialmente se ha bambini che a volte non stanno bene. Inoltre dovrete trovare (e pagare) qualcun altro per la sera se volete uscire.

Forse potreste accordarvi con un'altra mamma e usare la stessa bambinaia. Accertatevi però che ci sia compatibilità tra voi adulti e che i bambini siano gestibili insieme. Le "aiutanti mamme" a volte accettano con piacere un lavoro a tempo parziale per le ore in cui siete assente, soprattutto se si tratta di una studentessa che ha bisogno di qualche piccola entrata. Assicuratevi però che abbia abbastanza interesse ed energia residua per occuparsi del bambino.

Le baby-sitter a casa loro esistono in tutti i paesi, ma il livello di assistenza offerto è molto variabile. In molti paesi europei questa figura è istituzionalizzata e quindi soggetta a un certo numero di controlli relativamente alla formazione professionale, al numero di bambini accudito e così via.

Se una parente o un'amica è disposta a prendersi cura del vostro bambino su base informale e senza retribuzione, pensateci due volte prima di rallegrarvi. Avete solo la vostra sensibilità per giudicare se è competente e se il vostro bambino potrà quindi stare al sicuro con lei e con chi sceglie di frequentare: è facile offrire favori sull'onda dell'entusiasmo, senza considerare attentamente il problema.

Quanto agli asili nido (vedi p. 218), sia privati sia pubblici, in Italia sono presenti quasi esclusivamente nelle grandi città e sono spesso subissati dalle richieste. Provvedete per tempo all'iscrizione del vostro bambino perché le liste di attesa sono lunghissime.

Alcune aziende mettono a disposizione dei dipendenti dei nidi interni che offrono vantaggi notevoli: la lontananza dal bambino è limitata alle ore effettive di lavoro, è possibile fagli visita durante gli intervalli e siete immediatamente disponibili in caso il piccolo non si senta bene. Gli svantaggi includono i lunghi percorsi con il piccolo nelle ore di punta, la lontananza dalla comunità di quartiere e il fatto che, se vi ammalate, il bambino dovrà rimanere a casa, e se cambiate lavoro perderà il posto al nido.

Il numero dei nidi è in continua crescita, ma pochi accettano bambini di meno di due anni. La qualità del servizio (e la spesa) è molto variabile ma, soprattutto grazie ai controlli pubblici, non scende quasi mai al di sotto di certi standard.

EARL

# DA UN ANNO A DUE ANNI E MEZZO

## *La scoperta del mondo*

La vostra creatura non è più un neonato che si sente ancora parte di voi, che vi usa come un mezzo di controllo e di agevolazione, come lo specchio di se stesso e del mondo. Ma non è ancora un ragazzino pronto a vedervi come una persona con i propri diritti e ad assumere la responsabilità di se stesso e delle proprie azioni. Comincia appena a rendersi conto che voi e lui siete due persone completamente distinte, anzi fa fatica ad ammetterlo. In certe occasioni ribadisce deciso la sua individualità con un secco "no!" o con un "lasciami!", lottando per sfuggirvi e per non farsi aiutare. Altre volte si aggrappa a voi, piangendo quando lasciate la stanza, tendendovi le mani per essere preso in braccio, aspettando a bocca aperta che lo nutriate.

Il suo comportamento in questa fase intermedia è causa di disorientamento per voi, ma è anche doloroso per lui. Deve diventare una persona autonoma, ma si sente più sicuro se rimane dipendente. Deve iniziare a rifiutare il vostro controllo totale, eppure gli è più facile accettarlo. Deve sviluppare simpatie e antipatie personali e perseguire i suoi fini anche quando sono in conflitto con i vostri, eppure il conflitto gli pesa. Vi ama ancora di un amore illimitato e dipende totalmente da voi per la sua sicurezza emotiva. L'imperativo evolutivo dell'indipendenza è in lotta con l'imperativo emotivo dell'amore.

Se pretendete di fargli fare quello che volete come quando era piccolo, sarà costretto a entrare in conflitto con voi. Il bambino richiede ancora il vostro amore e la vostra approvazione, ma il suo impulso di crescere gli impedirà di accettarli se il prezzo è una dipendenza troppo forte. Se inoltre voi pretendete che in poche ore diventi quello che diventerà molto più avanti, cioè un bambino sensato, si sentirà inadeguato al compito. Ha bisogno del vostro aiuto e del vostro conforto e se glieli negate non può farcela. Trattato troppo da piccolo, diventerà un contestatore. Considerato già grande, sarà un piagnucolone.

C'è però una via di mezzo che gli consente di rischiare senza incorrere in disastri, che gli permette di osare, ma lo protegge dagli insuccessi, che gli offre un solido modello di comportamento accettabile, tale da non incrinare quella sensazione che sta nascendo in lui di essere padrone di se stesso. Dipende dalla comprensione e dal rifiuto di lasciarsi ingannare dalle apparenze. Sotto molti aspetti il bambino sembra più grande di quanto non si senta in realtà. Cammina, parla e gioca in modo così evoluto che sembra poco diverso da un bambino di tre anni; ma la sua intelligenza e la sua esperienza non corrispondono a questo livello. Se lo trattate come un bambino piccolissimo ritardate il suo sviluppo: ricordatevi infatti che deve imparare a capire, deve farsi un'esperienza. Se invece lo trattate come un bambino in età prescolare lo sottoponete a una pressione per lui intollerabile. Gli dovete insegnare a capire quali sono le esperienze che può affrontare e quali sono le attività che è in grado di sostenere.

Per imparare a capire il vostro bambino occorre comprendere i molteplici processi del suo pensiero. Solo quando questi processi maturano, le contraddittorie emozioni e le ingannevoli capacità possono fondersi e formare quell'insieme ragionevole e plasmabile che chiamiamo bambino.

La memoria del bambino non funziona come quella di un ragazzino più grande. Può ricordare le persone e i luoghi, le filastrocche e gli odori come voi, ma per certi dettagli è ancora molto corta. Quando era un neonato e si comportava come tale, questo fatto non era né molto importante né molto evidente; ma ora, che cerca di agire come un adulto, diventa fondamentale e palese. Giorno dopo giorno passa e casca sullo scalino tra la cucina e il soggiorno. Irritati e preoccupati per i bernoccoli che si è fatto vi chiedete se riuscirà mai a imparare. Lo farà senz'altro, ma ci vorrà del tempo. Non può ricordarsi di quello scalino fino a quando un'esperienza ripetuta non lo colloca in modo definitivo nella sua memoria. Adesso che è più piccolo, era vostro dovere impedirgli di cadere. Quando diventerà più grande, il vostro compito sarà quello di segnalargli il gradino. In questa età di mezzo il vostro impegno consisterà nel modificare i dolorosi risultati di quella serie di esperienze e nel rinfrescargli la memoria. Può darsi che dobbiate ricoprire con una protezione il gradino e ricordarglielo in continuazione.

Come ha poca memoria degli eventi passati, così il bambino è quasi incapace di prevedere il futuro. Immagina che state per uscire se vi vede con il cappotto indosso, ma non riesce a prevedere le conseguenze del suo comportamento. Se è capace di arrampicarsi per una scala a pioli lo farà, ma non è in grado di prevedere che gli si presenterà il problema di come scendere. Questa mancanza di memoria e di previdenza contribuisce a metterlo nei guai. È stato ripetutamente rimproverato, perché gira e rigira le manopole della televisione, ma quando vi si avvicina non ricorda i rimproveri passati né prevede quelli che stanno per piombargli addosso. Quelle manopole l'attirano come una calamita.

Poiché non sa prevedere, non è neppure in grado di pazientare per ottenere qualcosa che gli preme. Lo vuole subito e le sue proteste cominceranno appena vi vedrà scartare la caramella che tanto desidera. Incapace di aspettare, non sa sopportare un benché minimo disagio che lo farebbe stare meglio dopo. Si lamenta perché la caramella l'ha reso tutto appiccicoso, eppure cercherà di strapparsi di dosso il bavaglio che gli evita di sporcarsi. È in grado di vivere solo nel presente.

Tale immaturità nel suo processo di pensiero lo mette in difficoltà anche con la gente. Il bambino vi ama. Tutto vi dice che vi ama e ve lo dice anche lui, eppure non sa comportarsi in quei modi che gli adulti reputano affettuosi. Non è in grado di mettersi al vostro posto. Lo rattrista vedervi piangere, ma sono i sentimenti che le vostre lacrime suscitano in *lui* che lo sconvolgono e non il dolore che le lacrime esprimono. Il bambino non è ancora in grado di prendere in considerazione i sentimenti altrui, in quanto deve prima imparare a gestire i suoi. Se vi dà uno scappellotto e voi glielo rendete per "fargli capire che cosa si sente", gli date una lezione che non è ancora pronto a imparare e a capire. Strillerà come se l'idea di picchiare gli risultasse del tutto nuova. Non è in grado di collegare ciò che ha fatto a voi con ciò che voi, dopo, avete fatto a lui, cioè le vostre sensazioni con le sue.

Spesso anche i suoi stessi sentimenti sono un mistero per il bambino. Non comprende quello che sente e questo, unito alla sua incapacità di ricordare ciò che ha provato o di prevedere ciò che proverà, gli rende praticamente impossibile prendere una decisione. "Vuoi stare con me o andare con papà a fare la spesa?" sembra una decisione semplice e irrilevante, ma non lo è affatto per un bambino. Che cosa gli piacerà di più? Che cosa gli è piaciuto l'altra volta? Che cosa ha voglia di fare ora? Non lo sa e non può saperlo. Esita e qualunque vostra decisione lo renderà infelice.

Deve imparare a decidere da solo. Non può maturare se c'è sempre qualcuno che decide per lui, ma le decisioni concrete che gli proporrete dovrebbero essere di quelle che non comprendono rinunce. Se ha due dolci: "Quale mangerai per primo?" è una domanda che può affrontare senza tensione. Sono suoi tutti e due, nessuno gli toglierà quello che decide di mangiare per secondo; senza contare la gioia di poter cambiare parere molte volte.

Anche il linguaggio può procurargli delle difficoltà, specie se vi capiterà di pensare che la sua capacità intellettiva sia maggiore di quella che è in realtà. Impara nuove parole e le usa con sempre maggior disinvoltura, ma di molte di loro non ha ancora colto i significati più sottili. Non può capire, e tanto meno rispettare, una promessa. Eppure usa la parola a proposito. Se gli concedete altri cinque minuti di gioco, a patto che poi vada a letto, lui dirà: "Prometto". La parola è l'avallo di un accordo, ma quando sono passati quei cinque minuti concessi ne vorrà altri cinque e non capirà il vostro rimprovero quando gli direte: "Mi avevi promesso...".

Le parole gli procurano guai, specie nei confronti di quello che per gli adulti è la verità. Parla tanto fluentemente da formulare spesso accuse e smentite, la cui esattezza non ha per lui alcun significato. Esprime ciò che sente. Se ha fatto un disastro e gli balena in mente che potrebbe imputare la colpa al cane, lo dice con serena tranquillità. Quando, nel corso di una lite con il fratello, cade e si fa male a un ginocchio, dice che è stato il fratello a dargli una spinta. In realtà il fratello non ha ferito il suo ginocchio, ma i suoi sentimenti. Il bambino esprime una specie di verità soggettiva, assai diversa dalla verità degli adulti.

Più avanti potrete dimostrargli il valore delle promesse responsabilmente fatte e fedelmente mantenute, della verità e delle bugie da evitare. Ora è troppo presto. Non mettetelo in difficoltà con concetti che non può capire. Fa del suo meglio per piacervi, ma se pretendete troppo non ce la farà.

È il ritmo evolutivo del bambino stesso che gli suggerisce quando è il momento di smettere di essere un neonato e di cominciare a essere un individuo più grande. Se continuate a trattarlo come un neonato, vi contrasterà in ogni fase di questo suo cammino e alla fine otterrà la sua indipendenza, perché così deve essere. Ma la sua vittoria avrà un costo molto alto, un costo tremendo, perché sarà pagata in amore perduto.

Questo ritmo interiore non lo informa di essere entrato in una fase più avanzata di crescita, per cui è inutile imporgli una disciplina che non sia adeguata a un'età ancora molto infantile. Vi scontrereste con una mancanza di comprensione che può sembrare provocazione e ogni scontro determinerà una diminuzione di amore. Quindi, non cercate di avere su di lui un dominio assoluto e non lasciatevi coinvolgere in conflitti morali. Il bambino sarà considerato "buono" se per caso si sente di fare quello che voi volete e non vuole invece fare ciò che a voi dispiace. Con un po' di abilità potete organizzare la vostra vita, sia nel complesso sia nei particolari, in modo tale che quasi sempre i suoi desideri e la vostra volontà coincidano. Il bambino ha sparso tutti i cubi sul pavimento e voi volete riordinare la stanza. Se gli dite di raccoglierli, probabilmente rifiuterà. Se insistete avrà inizio un conflitto che non siete in grado di vincere. Potrete sgridar-

lo, punirlo, renderlo infelice, ma non per questo toglierà i cubi dal pavimento. Se invece gli proponete: "Scommetto che non sai rimettere i cubi nella scatola nel tempo in cui io sbuccio queste patate", trasformate un dovere in un gioco. Il bambino, spronato, desidera fare ciò che voi volete e lo farà, non "per la mamma" né perché è un "bravo bambino", ma perché l'avete messo in condizioni di desiderarlo. Usate quest'astuzia. Pilotate la sua vita prevedendo e aggirando gli ostacoli, evitate gli ordini perentori che verrebbero respinti e indirizzate il bambino verso quel comportamento che desiderate vedergli assumere.

Come risultato immediato, vi accorgerete che la vita sarà un divertimento per tutti e che non ci saranno occasioni di litigio. Come risultato differito, otterrete un successo ancor più rimunerativo. Questo bambino, ancora così piccolo, che non sa distinguere tra giusto e sbagliato, che non è in grado di decidere se comportarsi bene o male, sta crescendo. Verrà il momento in cui capirà i vostri sentimenti e i vostri diritti, ricorderà ciò che gli avete insegnato, prevederà i risultati delle sue azioni. Quando quel momento sarà arrivato, potrà essere "buono" o "cattivo" di proposito. La sua scelta dipenderà in gran parte dai suoi sentimenti verso quegli adulti che ritiene "speciali". Se raggiunge questa fase evolutiva sentendo che l'amate, l'approvate e siete dalla sua parte, farà di tutto per piacervi (la maggior parte delle volte) pur commettendo molti errori. Se invece arriva a questo stadio con la sensazione che tendete a sopraffarlo, se vi sente privi di comprensione e ostili, può anche decidere che è inutile cercare di piacervi perché non ci riesce, che è inutile preoccuparsi quando siete inquieti perché lo siete troppo spesso, che è troppo rischioso amarvi perché troppo sovente non si è sentito amato. Se vi state domandando se per caso non siete troppo indulgenti e acquiescenti con vostro figlio o se qualcuno vi dice che sarebbe ora di essere un po' più severi, pensate al futuro. Se quando avrà tre o quattro anni non cercherà più la vostra approvazione, non sarà disposto alla collaborazione e non avrà la sicurezza di essere amato e di amare, avrete minato le basi di una quieta "disciplina" per tutta la fanciullezza. A quest'età un bambino felice è un bambino facile da allevare e un bambino facile adesso sarà un bambino facile da guidare in seguito.

*Una dieta sana non è per forza monotona…*

# L'ALIMENTAZIONE E LA CRESCITA

All'inizio del secondo anno di vita il bambino sarà pronto a mangiare la maggior parte dei cibi che date al resto della famiglia e a consumarli insieme agli altri, purché possa inframmezzare i pasti con degli spuntini.

Se preparate degli alimenti freschi e cucinati al momento potrete adattarli praticamente tutti anche a lui. Gli alimenti da friggere, che sono troppo grassi per lui, possono essere cotti alla griglia o rosolati in una pentola dietetica, mentre le salse troppo saporite possono essere sostituite con un condimento più semplice. Qualsiasi tipo di carne o pesce può essere tagliato in piccoli pezzettini e servito. Le verdure possono essere trasformate in un purè o tagliate a dadini. La frutta cotta può essere schiacciata o passata se contiene semi.

Se non cucinate molto per il resto della famiglia e usate molti piatti già pronti e precotti, di cui non è possibile modificare il contenuto, troverete che alcuni degli alimenti già pronti per bambini sono ancora utili. Se non preparate una prima colazione abbondante per il resto della famiglia basterà una porzione di cereali per bambini, che gli darà maggior nutrimento della stessa quantità di cereali per adulti. Se in genere non preparate torte di frutta, una mezza mela o un minuscolo budino di crema farà felice il vostro bambino.

I cibi già pronti per adulti devono essere usati con una certa cautela. Anche se la maggior parte degli alimenti surgelati ha la stessa qualità nutritiva di quelli freschi, gli alimenti in scatola o disidratati sono spesso inferiori dal punto di vista nutrizionale. Per esempio, una scodella di zuppa di pomodoro in scatola può riempire lo stomaco del bambino, ma non gli darà molte calorie, né le vitamine che gli servono. I cibi, le minestre e i condimenti disidratati di solito contengono molto sale. Anche se, a mano a mano che cresce, il bambino elimina sempre meglio il sale, prenderne troppo sarà nocivo per i suoi reni. Inoltre, questi cibi contengono normalmente un certo numero di additivi, conservanti, coloranti e aromi artificiali, che sarebbe bene evitare di ingerire nonostante le leggi che ne controllano l'uso. Quindi, anche se non c'è bisogno di arrivare all'eccesso (il brodo preparato una volta tanto con un dado non nuocerà al bambino), non è una buona norma fare uso abituale di questi alimenti.

La stessa precauzione vale per le bevande degli adulti. Se leggete quanto c'è stampato su una bottiglietta di succo di frutta, vedrete che contiene molti dolcificanti, aromi, coloranti e pochissima vera frutta. Bere occasionalmente uno di questi prodotti non fa male al bambino, ma, per un consumo regolare e per dargli una quantità abbondante di vitamina C, è meglio ricorrere a spremute di succo d'arancia o a uno sciroppo di frutta arricchito di vitamina C e diluito. Se il bambino ha soltanto sete non c'è niente di meglio dell'acqua pura.

*Preoccupazioni per l'alimentazione*

Dopo essere stati sommersi dai consigli riguardo l'alimentazione del neonato, quando il bambino ha circa un anno i genitori si sentono consigliare una "dieta mista". Quando domandano in che cosa consiste, la risposta è: "Dategli molti carboidrati complessi, come pane e pasta integrale, carne e pesce, uova ben cotte, formaggio, latte e verdure fresche...". Quasi sempre i genitori si trovano davanti a un bambino che non gradisce o rifiuta quasi tutti questi alimenti e pensano quindi che la sua alimentazione sia inadeguata. Ecco così gettati i semi dell'ansia e quindi dei futuri problemi legati al cibo.

*Che cos'è una "buona dieta mista"?*

Una dieta mista comprende un po' tutti i cibi, mangiati in combinazioni diverse ogni giorno. Il suo pregio sta nel fatto che chi la segue assorbe tutto ciò di cui il suo corpo ha bisogno in qualsiasi circostanza. Se ciò di cui avete bisogno non è in un alimento, sarà in un altro. Se a colazione non vi nutrite abbastanza, la carenza sarà colmata a pranzo. Quindi, se il vostro bambino segue effettivamente una buona dieta mista, non dovete preoccuparvi: non è necessario scoprire di quali alimenti ha bisogno perché giorno per giorno, settimana per settimana, le sue esigenze saranno comunque soddisfatte.

La dieta mista rappresenta un grosso vantaggio perché elimina la necessità di ardui calcoli. Le esigenze e i bisogni nutritivi generali variano da persona a persona e, nella stessa persona, da un giorno all'altro. Una dieta in genere sufficiente può, per esempio, rivelarsi improvvisamente carente perché avete bisogno di una quantità maggiore di ferro a causa di abbondanti flussi mestruali. Scoprire quanto il corpo desume da porzioni di un dato alimento è ancora più complesso. Sappiamo, per esempio, quante proteine sono contenute in 170 g di manzo magro. Ma che cosa si intende per magro? Sappiamo quanta vitamina C c'è in 100 g di cavolo fresco appena colto. Ma quanta ne viene assorbita dal vostro corpo dopo che il cavolo è stato colto, trasportato, conservato, cotto e tenuto al caldo? Con una dieta mista, questi interrogativi cessano di esistere. Se consumate carne o pesce, formaggio, uova e latte, fagioli, noci, legumi, mangerete la giusta quantità di proteine e non importa se il cavolo non contiene abbastanza vitamina C, in quanto ce ne sarà abbastanza nella frutta e nelle patate.

Quindi una grande varietà, la cosiddetta "dieta mista", rimane il sistema più sicuro e comodo per nutrire bene un bambino. Cercate di adottarla abituandolo a poco a poco ai vari cibi, senza però crearvi dei problemi se ciò non avviene come desiderate e senza pensare che il bambino sia malnutrito. La dieta del bambino può essere buona e abbastanza variata anche se non include le normali quantità di quei cibi che sono ritenuti per convenzione "adatti". Il valore di ogni alimento sta nell'uso che il corpo fa degli elementi che lo costituiscono. Nessun cibo è buono di per sé, lo è in quanto contiene una serie di componenti nutritivi. Non esiste un alimento che sia assolutamente necessario perché ciò che è prezioso in un alimento si troverà sicuramente anche in un altro. Prendiamo per esempio il latte, spesso definito "necessario" per i bambini. Il latte ha un eccezionale valore nutritivo ed è un comodo insieme di elementi necessari ai bambini in forma facilmente assimilabile, ma neppure il latte è un alimento insostituibile: quelle preziose proteine, quei minerali e quelle vitamine che contiene si trovano in altri alimenti. Una tazza di yogurt vale quanto una tazza di latte. Le uova (in giusta misura) fanno bene alla maggior parte dei bambini. Dategliele, ma non è necessario presen-

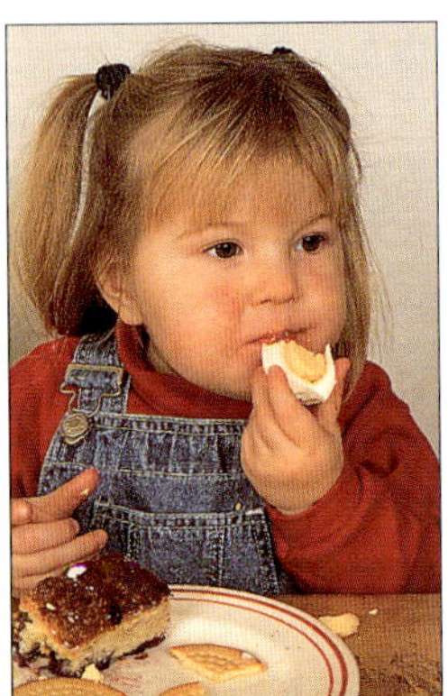

*Più varia sarà la qualità dei cibi che offerti, ai pasti e a merenda, e meglio sarà per la sua salute.*

targliele alla coque o occhieggianti su un piatto. L'uovo che si trova in un budino è nutriente quanto l'uovo al burro per cui, se al bambino non piace cucinato in un modo, dateglielo sotto un'altra forma.

Se il bambino si nutre seguendo una dieta mista di tipo convenzionale siete fortunati: avrà tutto quello di cui ha bisogno e non dovrete preoccuparvi per la sua alimentazione. Il resto di questo capitolo è per voi superfluo. Ma, se anche le cose stanno diversamente, non preoccupatevi. Leggendo le pagine seguenti vi accorgerete che, anche se vostro figlio rifiuta alcuni alimenti, ricava gli elementi nutritivi che gli sono necessari dagli alimenti che preferisce. Fate invece attenzione alle nuove tabelle dietetiche in auge nei paesi occidentali, che possono ridurre la gamma di cibi che offrite al bambino e quindi la sua possibilità di scelta: spesso inadatte anche agli adulti, lo sono sempre ai bambini piccoli.

*Calorie* In una società dove il conteggio delle calorie può riassumersi nella frase "meno è meglio" e in cui la dicitura "a basso contenuto calorico" è un pregio sfruttato dalla pubblicità, è importante ricordare che le calorie (tecnicamente "kilocalorie" o "kilojoules") non corrispondono alle sostanze nutrienti, vale a dire i grassi o le proteine, ma sono la misura della quantità di energia che il nostro corpo può estrarre da quel cibo. La salute del bambino dipende dall'assunzione di una quantità di calorie sufficiente per conservare il giusto ritmo delle sue funzioni corporee, per alimentare le sue attività e per avere quel sovrappiù di energia richiesto dalla crescita. Il fabbisogno calorico varia in base all'età e all'attività svolta. È comunque importante capire che qualunque sia la quantità di cibo che il bambino mangia, se sta bene, è vivace e cresce potete essere sicuri che mangia abbastanza.

La quantità di calorie contenuta negli alimenti varia da uno all'altro. I grassi, compresi gli oli, sono la più concentrata fonte di calorie e i cibi che ne sono ricchi sono molto calorici. Una fetta di pane spalmata abbondantemente di burro dà al bambino più energia di due fette di pane mangiate senza companatico e una patata fritta ne contiene quanto tre bollite. Può quindi darsi che il bambino, che a voi sembra mangiare poco, assuma calorie in forma concentrata.

*Carboidrati* Lo zucchero è un carboidrato puro (che spesso si assume in quantità eccessiva) e non va confuso con i carboidrati complessi (che invece di solito non vengono assunti in quantità sufficiente). La maggior parte dei cibi contenenti carboidrati sono alimenti voluminosi, massicci, come il pane, la pasta e altri farinacei, le patate, i legumi e il riso. Si tratta di cibi che costituiscono l'alimento base in quasi tutte le culture e le società. L'uomo ricava la maggior parte delle calorie di cui ha bisogno da questi cibi. Infatti, benché essi siano una fonte meno concentrata di calorie rispetto ai grassi, vengono consumati in quantità molto superiori.

La loro bassa concentrazione di calorie e il loro volume rende questi cibi importanti, perché la gente può riempirsi lo stomaco, assicurando al sistema digestivo il giusto apporto di fibre, senza rischiare l'obesità. Se il bambino ne mangia senza problemi avrà tutti i carboidrati di cui ha bisogno per essere vivace e sazio. Se non lo abituate a mangiare i cereali con l'aggiunta di zucchero e le patate fritte, apprezzerà anche i fiocchi di granturco e le patate al forno.

Non cercate però di introdurre nella sua dieta pane di farina integrale e altri carboidrati poco manipolati in dosi massicce. Se gliene date pochi per volta si abituerà a una dieta che a lungo andare si rivelerà giudiziosa, ma a questa età non ha bisogno di un alto tenore di fibra. Il suo stomaco è ancora molto piccolo, perciò il bambino ha bisogno di mangiare poco e spesso e soprattutto ha bisogno di cibi dal valore calorico elevato. Le farine integrali, soprattutto quelle con l'aggiunta di crusca, potrebbero provocargli la diarrea.

*Grassi* Molte famiglie oggi cercano giustamente di limitare il consumo di grassi in genere e soprattutto di quelli animali o saturi, associati dalla scienza medica all'aumento del colesterolo nel sangue e quindi alle malattie cardiovascolari. A patto che riceva un'opportuna quantità di latte, formaggio o altri latticini, non importa se il bambino non assume altri grassi manifesti. Prenderà le minime dosi di "acidi grassi" che il suo organismo richiede da quelli invisibili presenti in vari cibi. Tuttavia, a differenza degli adulti, il bambino ha bisogno di latte e di altri latticini a base di latte intero e non scremato perché ha necessità delle vitamine liposolubili che essi contengono. Anche se continua a prendere la dose quotidiana di gocce polivitaminiche, come dovrebbero fare soprattutto i bambini svezzati dal seno e alimentati con una dieta vegetariana, le calorie extra e il gusto pieno del latte intero sono più adatti per lui. Se la sua dieta è equilibrata potrà prendere latte parzialmente scremato (ma non totalmente scremato) verso la fine dell'anno.

*Proteine* Le proteine sono importanti nella dieta di un bambino perché il suo corpo le richiede per formare nuovi tessuti. La quantità necessaria e la difficoltà di fornirla al bambino è stata però esagerata dall'industria alimentare. "Alta percentuale di proteine" è diventato uno slogan pubblicitario di sicuro effetto, ma è molto raro che un bambino che mangia una grande varietà di cibo sia carente di proteine.

È l'uso di espressioni come "proteine di prima classe" o "proteine di seconda classe" che ha in parte determinato questa confusione. Le proteine sono composte da un certo numero di amminoacidi. Il bambino deve mangiarne alcuni in forma direttamente assimilabile perché il suo organismo non è capace di produrli. Questi amminoacidi fondamentali, presenti in quantità equilibrate in alimenti comuni come la carne, il pesce, il latte e i latticini, sono chiamati "proteine di prima classe". Ma anche in altri cibi ci sono amminoacidi. Le proteine vegetali presenti nel pane, nelle patate, nei fagioli, nelle noci si completano con quelle contenute nei cereali, così che il risultato finale sarà una dose proteica completa. Per un bambino che sta crescendo lo squilibrio nella composizione di amminoacidi di queste proteine vegetali va compensato con l'aggiunta di piccolissime quantità di proteine animali, non necessariamente quelle contenute nella carne o nel pesce, ma anche quelle contenute nei latticini. Un panino (che contiene proteine vegetali) con formaggio (proteine animali) darà al bambino una dose di proteine equivalente a quella che gli fornirebbe la detestata fetta di carne.

*Non dovete pensare che tutti i cibi che gli piacciano gli facciano comunque male.*

In questo modo la maggior parte dei bambini riceve un'abbondante quantità di proteine. Possono rifiutare le uova, ma mangiano budini e dolci che contengono uova. Possono rifiutare la bistecca, ma mangiano prosciutto, pancetta o salsicce, polpettine di pesce o hamburger. Possono vivere in famiglie vegetariane in cui non viene servita carne in nessun modo e mangiare fagioli, piatti di legumi e noci, vari tipi di formaggio e yogurt. Le proteine che così assimilano non sono tanto concentrate come lo sarebbero nella carne fresca, ma il totale globale è comunque sufficiente.

Se il bambino non mangia alimenti contenenti abbastanza proteine vegetali e animali, perché non gli piace nessuno di quei cibi, non dovete dimenticarvi del latte. Fino a quando vostro figlio beve mezzo litro di latte al giorno, da solo o mischiato nel cibo, le proteine non gli mancheranno comunque.

Ma se le diete vegetariane che prevedono il consumo di latticini e magari anche di uova non costituiscono un problema per il bambino in crescita, quelle che escludono ogni tipo di prodotto animale, compreso il latte non sono assolutamente adatte. Il latte di soia sostituisce solo parzialmente il latte materno, e la vitamina B12 è contenuta solo negli alimenti di origine animale. È difficile assumere la quantità sufficiente di calcio senza consumare latticini e la quantità minima di proteine sarà garantita solo dal consumo di tofu e di altri prodotti a base di soia. A meno che non siate molto competenti in materia, prima di far seguire una dieta strettamente vegetariana al bambino, consultate un dietologo.

### *Calcio e altri minerali*

Il bambino ha bisogno di un'adeguata quantità di calcio per lo sviluppo delle ossa e dei denti come per la strutturazione corretta dei muscoli e per un'adeguata coagulazione del sangue. Il calcio è presente in quantità utile nel pane, nella farina e in altri cereali, ma al bambino occorre calcio sotto forma più concentrata. La fonte di rifornimento più ovvia è il latte. Con mezzo litro di latte al giorno avrà la dose necessaria di calcio. Se non ne beve tanto, potete (e probabilmente già lo fate) aggiungerne nei normali cibi cucinati. Ci vogliono almeno 30 ml di latte per fare le uova strapazzate, le frittelle o il purè di patate; 60 ml per preparare i cereali per bambini, la crème caramel o un budino. Una tazza di yogurt, di gelato o un frullato ne contengono 120 ml.

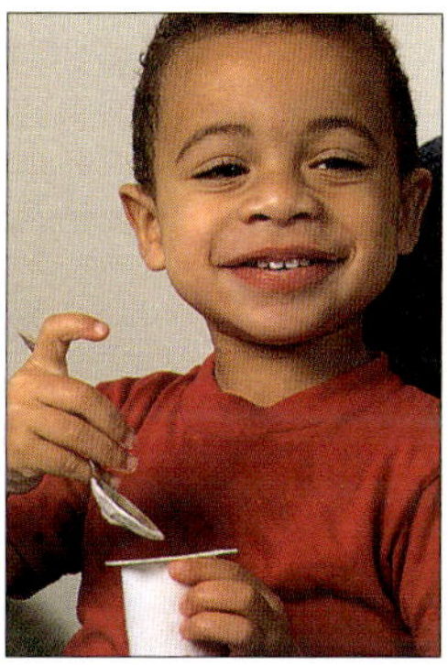

*Oltre che liquido, il latte può essere assunto sotto molte forme, altrettanto benefiche per la sua salute.*

Provate anche con del formaggio, che contiene notevoli quantità di proteine. Se ne hanno l'occasione, i bambini piccolissimi diventano ottimi divoratori di formaggio: tagliato a cubetti, da mangiare con le mani, gratinato sulle verdure, nella salsa besciamella o semplicemente spalmato sul pane.

Gli altri minerali di cui il bambino ha bisogno sono o (come il fosforo) così ampiamente diffusi negli alimenti che il bambino ne ha inevitabilmente in abbondanza o (come il ferro) riciclati all'interno dell'organismo in modo che non occorre un rifornimento giornaliero, purché le riserve accumulate siano sufficienti.

### *Vitamine*

La maggior parte delle vitamine sono contenute in così tanti alimenti che il bambino le assimila automaticamente in quantità sufficienti. Se gli date giornalmente gocce o tavolette polivitaminiche con le tre vitamine fondamentali il bambino avrà la dose necessaria, qualunque sia la sua dieta.

- Vitamina A: si trova soprattutto nel fegato, nel latte, nel burro o nella margarina. Le carote contengono il carotene, dal quale l'organismo può ricavare la vitamina A. Probabilmente il bambino ne ricaverà a sufficienza da questi cibi, ma è meglio integrare la dose per sicurezza.

- Vitamina D: gli unici alimenti che contengono vitamina D in forma concentrata sono il rosso d'uovo e i pesci grassi. I bimbi con una carnagione chiara se ne arricchiscono da soli esponendosi al sole, ma un ulteriore apporto è essenziale, soprattutto in inverno, per i bambini di pelle nera.
- Vitamina C: contenuta in una vasta gamma di frutta e verdura fresche, questa vitamina essenziale è difficile da ottenere in quantità giornaliere adeguate perché viene distrutta dalla luce e dal calore. Le verdure esposte alla luce del sole nel negozio del fruttivendolo, tagliate e poi bollite avranno perso la maggior parte del loro contenuto di vitamina C quando vengono mangiate. Si può rimediare in parte cuocendole a pressione e servendole subito, per poi usare l'acqua di cottura in minestre o condimenti, ma è sempre difficile sapere quanta ne ha assorbita il bambino. Le patate ne contengono in abbondanza, nello strato immediatamente sotto la buccia. Cotte con la buccia ne perdono un poco a causa del calore, sbucciate e bollite ne trattengono pochissima.

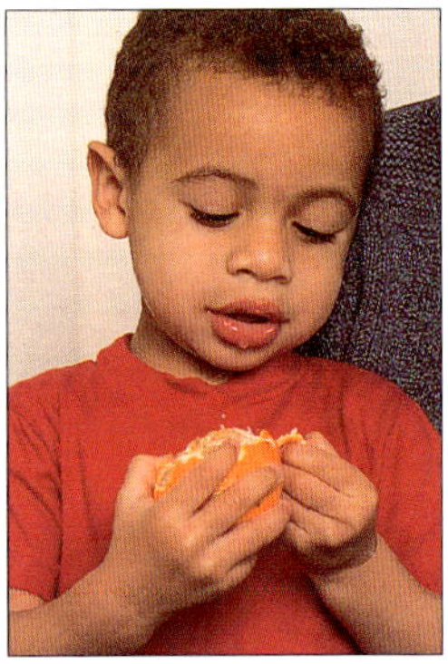

*Non impuntatevi perché mangi la verdura per via delle vitamine: la frutta ne è ancora più ricca.*

La frutta ne dà di più perché la si mangia cruda o, se cotta, conserva la vitamina nell'acqua di cottura. Gli agrumi, che sono naturalmente protetti dalla luce e vengono sempre mangiati al naturale, sono l'ideale. Un'arancia o il succo di un'arancia forniranno al bambino tutta la vitamina C di cui ha bisogno in un giorno. Le bevande di frutta arricchite di vitamina C serviranno allo stesso scopo. Non gli farà male dargliele in aggiunta alla dose di vitamina C contenuta nei polivitaminici. Cercate di non permettere al bambino di prendere l'abitudine di bere succhi di frutta a volontà. Anche quelli con la scritta "senza zucchero aggiunto" contengono abbastanza zucchero da minacciare denti e linea.

## Il comportamento ai pasti

Se avete le idee chiare a proposito della giusta dieta del bambino e, tuttavia, continuate a preoccuparvi, può darsi che il problema riguardi non tanto la dieta e la quantità di cibo ingerito, quanto il suo comportamento durante i pasti. Il rifiuto del cibo, costato denaro e preparato con cura e amore, è irritante. I pasticci che fa quando gioca con il cibo che poi non mangerà sembrano uno spreco e offendono quelle che gli adulti hanno imparato a chiamare "buone maniere". La sua smania di allontanarsi dal tavolo e di riprendere a giocare dopo pochi bocconi disturba il pasto della famiglia, che non è più una serena occasione di riunione. Per quanto questi problemi siano comprensibili, è un grosso errore coinvolgerli nelle preoccupazioni per la dieta del bambino. Il vostro obiettivo è di nutrirlo in modo adeguato perché possa crescere e stare bene. Poi avete naturalmente un altro compito: insegnargli a comportarsi in modo socialmente accettabile. Sono due impegni diversi, tutti e due importanti, ma da affrontare in modo completamente differente.

Quando insistete perché il bambino mangi del cavolo lo fate per la vitamina C o per la disciplina? Come abbiamo già detto in precedenza, ci sono molti altri alimenti che contengono la vitamina C. E anche per la disciplina ci sono dei mezzi migliori per abituare il bambino a un comportamento civile, piuttosto che costringerlo a mangiare i cavoli che non gli piacciono.

Quando dite che dovrebbe mangiare tutto ciò che ha nel piatto lo fate perché deve mangiare a sufficienza o perché non deve sciupare del cibo? Come abbiamo visto, il bambino è l'unico a sapere se ha mangiato abbastanza. Quanto a sprecare il cibo, non è forse un peggior spreco costringere un bambino a mandarlo giù anche se non ne ha più voglia né quindi bisogno? Quando dite che dovrebbe mangiare la portata principale prima di passare al budino è perché pensate veramente che quella portata contenga alimenti più importanti, o perché sapete che il bambino preferisce i dolci e pensate che se li deve meritare mangiando prima la carne e le verdure?

Naturalmente, tocca ai genitori scegliere come e quando insegnare la disciplina ai propri figli, ma scegliere proprio il momento dei pasti può significare dover pagare un prezzo molto alto. Ho conosciuto famiglie che a proposito dei pasti del bambino si erano venute a trovare in un tale circolo vizioso da condizionare la serenità di tutti. Alcune famiglie avevano preso l'abitudine di abolire durante i pasti qualunque tipo di conversazione a esclusione delle fiabe e delle filastrocche per distrarre il bambino mentre la madre lo imboccava. Altre rifiutavano qualsiasi invito a pranzo dagli amici perché il bambino mangiava solamente a casa. Certe madri dedicavano due ore per ogni pasto e tempo infinito a inventare nuovi piatti per un pasto che finiva per assomigliare a una battaglia.

*Mangiare insieme aiuta il bambino ad apprezzare ciò che mangiate voi e a comportarsi come voi vi comportate.*

La cosa strana è che siamo noi a metterci in queste situazioni impossibili, perché il bambino sente fame come chiunque altro e, quando è affamato, il suo corpo gli impone di nutrirsi. I pochi bambini

con gravi problemi di alimentazione sono in realtà piuttosto grassi. Pochi sono magri. I guai cominciano perché il bambino non mangia quello che voi gli preparate, quando lo dite voi e nel modo che piace a voi. Più cercate di imporre norme e regole a proposito dell'alimentazione e delle buone maniere a tavola, più chiaro diventa per il bambino che il pasto è un meraviglioso posto di combattimento. Capisce presto che è l'unico momento in cui può richiamare sempre la vostra attenzione e il vostro interesse (persino distogliendoli dal padre o dalla sorellina) e, per quel senso di potere e di indipendenza che si sta sviluppando in lui, la tentazione è irresistibile.

Molto tempo fa un'indagine rivelò che bambini di un anno, ai quali tre volte al giorno era offerta una ricca serie di cibi, sceglievano da soli, senza l'assistenza, la persuasione o il consiglio di alcun adulto, delle diete che, seppure vistosamente squilibrate a livello quotidiano, risultavano perfettamente equilibrate a lungo termine.

*Come evitare i problemi di alimentazione*

Siete molto più intelligenti del bambino. Se prevedete che l'ora dei pasti possa trasformarsi in uno scontro, potete evitarlo rifiutandovi di lasciarvi coinvolgere. Bisogna essere in due per litigare. I primi passi da fare riguardano voi e le vostre idee in merito.

- Siate certi che non si lascerà morire di fame se gli date un'alimentazione adeguata. Non si tratta di una generalizzazione superficiale. È una regola che vale per tutti i bambini (e anche per il vostro) fatta eccezione per quelli che non possono mangiare per qualche grave problema psichico o difetto fisico. È il vostro caso? Il rifiuto del cibo non dipende dalla volontà del bambino solo se il piccolo non mangia neppure se gli offrite gli alimenti che preferisce o quando è affamato.
- Può esservi d'aiuto controllare il peso del bambino, così da assicurarvi che la crescita continui a seguire una curva crescente. Se questo non vi basta, sarà saggio far controllare il bambino dal medico, che vi assicurerà con autorità che sta bene ed è adeguatamente nutrito.
- Lasciatevi tranquillizzare e convincetevi che il vostro compito consiste nell'offrire cibo adeguato e non nell'ingozzare il bambino.
- Fate in modo che chiunque divida con voi la cura del bambino adotti il vostro stesso comportamento. Se il padre, la bambinaia o la baby-sitter continuano a fare pressione perché mangi, avrete perso la vostra battaglia.

Un passo ulteriore consiste nell'incoraggiare l'indipendenza del bambino in tutti i campi dove potrebbero nascere conflitti, specialmente quindi durante i pasti.

- Presentategli i cibi in una forma facilmente maneggiabile e non aiutatelo, a meno che non ve lo chieda a parole o a gesti.
- Se lo fa, non mettetegli direttamente in bocca il cibo. Riempite il suo cucchiaio, lasciate che lo prenda in mano e poi se lo metta in bocca da solo.
- Dategli sempre la sensazione che mangiare è un'attività che svolge perché vuole il cibo, e non che l'essere nutrito sia un'azione da accettare passivamente.
- Lasciatelo mangiare con il metodo che preferisce. Voi desiderate che il bambino sia convinto che mangiare il cibo di cui ha bisogno è importante, non che lo mangi in maniera educata. Se preferisce usare le dita, lasciategliele usare.

■ Lasciatelo mangiare in qualsiasi ordine o combinazione desidera. Se non gli date il budino finché non ha mangiato la carne, capirà presto che vi preoccupate più delle portate principali che dei dolci. Per lo spirito di contraddizione proprio dei bambini, il budino diventerà ancora più appetibile. Se non gli lasciate inzuppare il prosciutto nella zuppa di cereali, può darsi che decida di non mangiare né l'uno né l'altra. Se questa combinazione di cibi vi sconvolge, la soluzione è semplice: non guardate.

■ Non dedicatevi esageratamente alla sua alimentazione. Più denaro, tempo e impegno impiegate a comprare e preparare attraenti e deliziosi manicaretti per il bambino, più esasperante vi sembrerà il fatto che non li apprezzi. Preparare dei cibi semplici serve talvolta a controllare la vostra emotività. Pensate a cosa gli piace veramente. Se la risposta è "pane, burro e prosciutto... per l'ennesima volta", dateglieli. È un pasto del tutto adeguato. Se lo mangia, bene, altrimenti non avrete sprecato molto tempo.

■ Non usate il cibo come ricompensa, punizione, ricatto o minaccia. Ricordate di tenere rigorosamente separati i due problemi, alimentazione e disciplina. Se il bambino ha fame, deve mangiare quanto vuole di ciò che è disponibile. Se non ha fame, permettetegli di non mangiare. Se mangia un gelato è perché questo è il dolce del giorno, non perché è un bravo bambino. Se non può avere il gelato è perché il pasto di quel giorno non lo prevede, non perché è stato cattivo.

■ Permettetegli di smettere di mangiare quando ne ha abbastanza. Se avete accettato l'idea che sia lui a decidere cosa e come mangiare, ne consegue che smettere di mangiare o non mangiare affatto sono fatti suoi. Rovinerete i risultati di tutta l'operazione se, cedendo all'ultimo minuto, cercherete di fargli ingoiare gli ultimi cucchiai di cibo.

■ Cercate di rendergli gradevoli le ore dei pasti. Ricordatevi che stare fermo e seduto non è una condizione piacevole per un bambino e che per lui è difficile seguire una conversazione che non gli è indirizzata o che non gli interessa. Se cercate di tenerlo seduto per tutta la durata del pasto vi metterete sicuramente nei guai. Se volete che si senta parte della famiglia a tavola, lasciatelo sedere con voi, mangiare ciò che vuole e poi andarsene a giocare. Dopo un po' tornerà, magari per mangiare un'altra cucchiaiata. Se non ve la sentite di lasciarlo libero prima che gli altri abbiano finito, fatelo mangiare da solo.

*Spuntini* Molti bambini hanno veramente bisogno di mangiare tra i pasti principali perché hanno necessità di molte calorie, ma il loro stomaco è ancora troppo piccolo per contenere molto cibo tutto in una volta. Quindi gli spuntini non sono una golosità, ma un'esigenza. Il bambino può aver bisogno di mangiare qualcosa quando si sveglia, per arrivare fino al momento della colazione. Poi certamente avrà bisogno di uno spuntino a mezza mattinata e uno a metà pomeriggio; e se va a letto più di un'ora dopo la cena, avrà bisogno anche di uno spuntino prima di dormire.

Se lo costringete ad aspettare troppo, il livello di zucchero nel suo sangue decresce e perderà energia, pazienza e buon umore. Quando si sveglia dal sonnellino pomeridiano nervoso e piangente, un po' di latte può avere un effetto quasi miracoloso. Quindi fate in modo che nessuno in casa assuma verso gli spuntini un atteggiamento moralistico. Il cibo è sempre cibo e non esiste alcuna legge dietetica che imponga di mangiare tre, quattro o cinque volte al giorno. Si tratta sempre di una questione di buon senso e di comodità, oltre che di convenzioni sociali.

*Per tenere sotto controllo il consumo di merendine confezionate, offritegli dolci ai pasti e spuntini semplici a merenda.*

Accertatevi però che questi spuntini siano effettivamente cibo, ossia dei minipasti pianificati e nutrienti. L'opposizione alle merende deriva dal fatto che si dice tolgano l'appetito al bambino, il quale poi rifiuta il cibo ai pasti. Se il piccolo fa una merenda poco nutriente, per esempio mangia dei biscotti al cioccolato, quando non ha molta fame, potrebbe rifiutare una "buona cena" (spesso non a torto, se non vuole correre il rischio di diventare obeso). Se il bambino invece fa uno spuntino sostanzioso (una mela e del formaggio) e poi rifiuta il pasto non perde niente.

Man mano che il bambino cresce, fate attenzione alle merendine confezionate, reclamizzate e presentate in modo allettante, che il bambino vede nei negozi e in mano ai suoi coetanei. Il piccolo ha bisogno di mangiare qualcosa tra i pasti, ma se quello che gli offrite come spuntino o merenda è più delizioso, più facile e più divertente da mangiare di quello che gli offrite ai pasti, vi troverete presto in una situazione in cui gli spuntini diventano tutta la sua alimentazione, invece di esserne una parte integrante (vedi p. 439).

## *Bambini grassi*

Se pensate che il bambino sia obeso, controllate la sua posizione sul grafico di crescita (o chiedete al medico di farlo per voi). Il peso ideale seguirà da vicino l'altezza. Se sta crescendo di peso molto più rapidamente che in altezza, diventerà grasso. Ma se il peso rimane al di sotto del 98° centile, dal punto di vista medico non è sovrappeso. E ricordate che molti bambini che sono grassocci nelle ultime settimane prima di imparare a camminare, perdono poi rapidamente peso appena cominciano a muoversi.

Un bambino può essere florido senza essere grasso. Molti bambini sono giudicati grossi: neonati grossi, bambini grossi, ragazzi grossi e infine adulti grossi. Non potete decidere se il vostro bambino sta diventando troppo grasso solo guardandolo. A questa età il viso è spesso molto tondo e il ventre sporgente.

Se il bambino è grasso significa che la sua dieta è troppo ricca di carboidrati. Il bambino ha bisogno dei carboidrati per soddisfare l'appetito e procurarsi l'energia che gli è necessaria. E ha anche bisogno di tutta l'utile serie di proteine, vitamine e minerali a essi associati. Perciò non sottoponetelo a eccessive restrizioni o a una dieta con pochissimi carboidrati. Controllate invece lo zucchero che consuma, soprattutto quello contenuto nelle bevande dolci.

Se è un bambino che beve molto, ricordate che una bottiglia grande di sciroppo di frutta concentrato alla vitamina C consumata in una settimana gli dà più vitamina di quanta gliene serva (ma questo non nuoce) e moltissimo zucchero in più (che invece gli fa male). A parte il danno potenziale ai denti, lo zucchero contenuto in queste bevande gli fornisce un notevole quantitativo di calorie in più, senza dargli la sensazione di sazietà che gli darebbero del cibo o del latte. L'acqua rimane comunque la bevanda migliore quando ha sete, mentre uno spuntino adatto (yogurt e frutta o latte e biscotti) lo sazierà quando ha fame.

Il vostro bambino sta crescendo in fretta. Se riducete anche di poco l'apporto delle calorie prive di valore nutritivo ed eliminate l'abitudine di bere bevande dolci durante tutta la giornata, riuscirete a stroncare sul nascere ogni tendenza all'obesità. Assicuratevi però che il bambino possa fare tutto il moto che vuole. È libero di muoversi sul pavimento di casa o passa molto tempo nel lettino o nel recinto? Lo portate in luoghi dove possa giocare muovendosi liberamente? Gli lasciate spingere il passeggino quando andate a fare la spesa o ci sta sempre seduto?

Man mano che impara a gattonare e poi a camminare, il bambino, se ne ha la possibilità, sarà sempre in movimento e più è attivo e meno i cibi avranno la possibilità di depositarsi: serviranno solo a dargli più energia.

## La crescita

Dopo l'anno il ritmo di crescita del bambino rallenta e si stabilizza sui 30-60 g circa alla settimana. Ma una crescita inferiore o superiore può comunque essere perfettamente nella norma. Come abbiamo già avuto occasione di dire, i dati medi devono essere considerati solo come indicativi a tutte le età.

A meno che il bambino non sia stato ammalato o abbia avuto gravi problemi alimentari durante il suo primo anno di vita, ora non serve più pesarlo in modo tanto frequente e regolare: se lo pesate una volta alla settimana l'incremento sarà così lieve che la bilancia non potrà registrarlo. Inoltre circostanze come una scarica intestinale prima o dopo la pesata possono incidere e produrre un risultato non corretto. Meglio sarà quindi pesare e misurare il bambino ogni tre mesi, in modo da poterne registrare sia il peso sia l'altezza.

*Camminare su due piedi trasformerà il bimbetto grassoccio, con la pancia sporgente, le gambe arcuate e i piedi piatti, in un bambino dalla figura snella ed elegante.*

Le proporzioni del corpo di un neonato sono completamente diverse da quelle di un bambino di sei mesi, ma i cambiamenti che avvengono ora sono ancora più evidenti. Quando il bambino di un anno comincia a stare in piedi da solo, i genitori sono spesso preoccupati dal suo aspetto. La testa è ancora grossa rispetto al resto del corpo e il collo sembra quasi inesistente. Le spalle e il torace sono minuti, la pancia sporgente, le gambe sembrano arcuate e i piedi piatti. Nel corso di un anno, tuttavia, l'aspetto del bambino cambierà completamente. In realtà il bambino di un anno ha il fisico adatto per muoversi carponi. Quando avrà due anni le varie parti del corpo si saranno ulteriormente sviluppate e avranno assunto le proporzioni adatte a una creatura bipede. Un anno più tardi, il bambino si sarà ulteriormente allungato e snellito fino a conquistare quella figura leggera ed elegante tipica del bambino in età prescolare.

# La dentizione

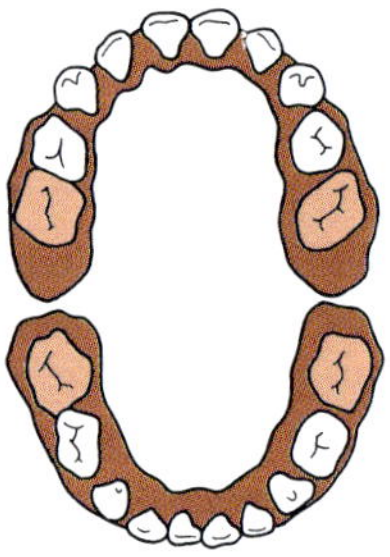

*Il bambino estrude i premolari e i canini; ora devono ancora uscire solo i molari.*

Il bambino metterà denti per quasi tutto il secondo anno e questa volta sentirà più fastidio di quando sono spuntati gli incisivi. Quelli che probabilmente gli daranno più noia sono i premolari, che spuntano tra il dodicesimo e il quindicesimo mese, e i molari, che spuntano tra il ventesimo e il ventiquattresimo mese. Nell'intervallo escono i canini, ma si tratta di denti aguzzi che non presentano particolari difficoltà.

I molari sono larghi e tondeggianti e quindi lenti a uscire. Mentre la prima fase della dentizione non gli darà noia, la seconda può rendere il bambino irritabile e nervoso. La guancia sul lato interessato diventa rossa e calda e anche i tentativi del piccolo di procurarsi in qualche modo sollievo (per esempio mordendo o succhiando) gli causano dolore. Potrete scoprire che il sonno del bambino non è tranquillo perché il solo fatto di succhiarsi il pollice può causargli un dolore che persiste poi a lungo anche quando si toglie il pollice di bocca. Anche succhiare dal seno o dal biberon può provocargli dolore alle gengive. Dategli pure il biberon o il seno e lasciatelo succhiare, se vuole, ma offritegli anche da bere in una tazza se dovesse smettere dopo un paio di minuti di penosi tentativi.

Quello che potete fare per aiutarlo non è molto. Comunque il fastidio durerà pochi giorni per ogni dente. Se non fare nulla vi mette in ansia e fare *qualcosa* vi fa sentire più tranquilli, potreste provare con questi rimedi:

*Se il bambino soffre perché sta mettendo i denti, mettetegli un berretto che gli protegga le orecchie e le mascelle dal freddo.*

- Qualcosa di freddo da mordere può recargli conforto. Lo speciale anello da dentizione che contiene una soluzione raffreddabile in frigorifero può non resistere ai denti di un bambino di quest'età, ma una carota cruda raffreddata in una scodella con dell'acqua ghiacciata tenuta nel frigorifero può essere molto efficace, soprattutto perché, data la sua forma, il bambino può morderla proprio con il punto della gengiva infiammato.
- Strofinare la gengiva infiammata con il vostro dito a volte gli dà sollievo: se non avete mai usato l'apposito gel calmante, questo è il momento di farlo.
- Il freddo sembra accentuare questo tipo di mal di denti. Se è inverno proteggete il bambino con sciarpa e cappello, berretto o cappuccio adatto, ossia del tipo che il piccolo tenga effettivamente in testa; oppure tenetelo in casa (o portatelo fuori in macchina o nel passeggino coperto) finché l'episodio acuto non sia superato.

## *Denti e malattie*

Se il bambino soffre molto e il dolore non sembra direttamente correlato all'azione di succhiare o di masticare, può darsi che non siano i molari a causare il dolore. A quest'età è facile confondere il mal d'orecchi con il mal di denti. Che stia o no mettendo i denti, se ha la febbre, è senz'altro ammalato. Se non ha la febbre ma continua a mettersi la mano sulla guancia o sull'orecchio, solo il medico può stabilire se quello che gli duole è un dente che sta uscendo, l'orecchio o entrambi. Fatelo visitare. Il medico non potrà fare molto per il mal di denti. Potrebbe però consigliarvi di somministrargli del paracetamolo per alleviare l'infiammazione e il dolore.

*Per avere denti sani e forti*

La crescita di denti forti e resistenti alla carie dipende interamente dalla dieta adottata. I denti di latte si sono formati quando il bambino era ancora nel vostro grembo, quindi la loro salute dipende dalla vostra dieta durante la gravidanza. Potete comunque fare molto sia per assicurargli una seconda dentizione sana sia per proteggere i denti che ha già.

Assicuratevi che abbia in abbondanza calcio e vitamina D, che il suo corpo usa per formare le ossa e i denti (vedi p. 333). Se lo svezzamento ha ridotto drasticamente la quantità di latte che il bambino beve, assicuratevi che mangi altri latticini, come yogurt e formaggio.

Controllate l'assunzione di fluoro. È il minerale che più di ogni altro rafforza lo smalto e lo aiuta a resistere alla carie. Ma bisogna anche evitare che il bambino ne prenda troppo. Se nell'acqua che bevete non ve ne è una quantità sufficiente, e quindi il bambino lo ha preso sotto forma di gocce, può essere il momento di sospenderle per passare a un dentifricio al fluoro. Insegnate al bambino a usarne una piccola quantità, a sputare e a non inghiottire quando si lava i denti. Se invece decidete di continuare a dargli le gocce, usate un dentifricio senza fluoro. Chiedete consigli anche al vostro dentista.

*La cura dei denti*

Evitate che il bambino prenda abitudini nocive per la salute dei suoi denti: non lasciate che si porti il biberon a letto né che beva cose diverse dall'acqua dopo che si è lavato i denti per la notte. Anche il latte puro contiene abbastanza zuccheri da provocare problemi se rimane a contatto dei denti per lungo tempo. Se proprio il bambino deve succhiare qualcosa, dategli un succhiotto o un biberon di acqua.

Lavategli i denti regolarmente, in particolare dopo la crescita dei molari, la cui superficie irregolare può trattenere dei residui di cibo.

*Se riuscirà a guardarsi i denti nello specchio con l'aiuto della vostra torcia, forse coglierà anche l'importanza di pulirli.*

Per togliere i frammenti di cibo rimasti tra i denti usate uno spazzolino morbido con un po' di dentifricio al fluoro per bambini. Il movimento deve essere verticale. Insegnate al bambino a non strofinare i denti da destra a sinistra e viceversa: non solo non serve a pulire i denti, ma rovina le gengive. Fategli lavare i denti due volte al giorno, l'ultima dopo cena, prima di andare a dormire, in modo che i residui di cibo non rimangano in bocca per tutta la notte.

Pulire bene i denti è molto più facile a dirsi che a farsi. Se vostro figlio vi lasciasse guardare nella sua bocca sotto una buona luce, sareste stupiti dalla quantità di particelle di cibo che riuscireste a vedere anche dopo una buona spazzolata. Se potete vederle, comunque, potete anche spazzolarle via. Perciò cercate di convincere il bambino a collaborare, in modo da non dover effettuare l'operazione alla cieca. Quando copiare quello che fate o spazzolarvi i denti a turno non lo interesseranno più, provate con uno specchio. Se il bambino si guarda i denti, li indica con il dito per contarli o dirne il nome, forse vi lascerà anche fare la stessa cosa con lo spazzolino.

*Dolci*

Fate attenzione ai dolci prima che vostro figlio impari a conoscerli. Se voi non mangiate dolci e il bambino ha pochi amici più grandi, potrete crescerlo fin verso i due anni senza che neppure sappia che cos'è un dolce. Fatelo. Purché il resto della dieta sia razionale, questo periodo passato senza mangiare dolci costituirà un buon inizio per i primi denti. Per quanto attente siate, dovrete comunque affrontare il problema dei dolci verso il suo secondo compleanno. Vedrà i graziosi pacchetti nei negozi, la pubblicità alla televisione appositamente indirizzata ai bambini, vedrà gli altri della sua età che se li dividono e li sgranocchiano. Vorrà sapere che cosa hanno gli altri che lui non ha. E quando avrà capito che cos'è un dolce, ne vorrà anche lui.

I dolci fanno male ai denti, ma scelti con attenzione non faranno peggio di molti altri alimenti. Usati in modo razionale, non c'è motivo per cui i dolci debbano diventare un problema. Lo zucchero molto raffinato produce nella bocca del bambino un acido che attacca lo smalto. Ogni volta che mangia zucchero i suoi denti sono in pericolo; più spesso i denti vengono sottoposti a questo attacco, più a lungo lo zucchero resta in bocca, più carie il bambino avrà da sottoporre all'attenzione del medico. Ma questo vale per tutte le fonti di zucchero, non solo per i dolci. Un biberon pieno di sciroppo di frutta gli farà male quanto una caramella succhiata a lungo o una fetta di torta. Quindi non ha senso assumere un atteggiamento rigido eliminando del tutto i dolci mentre per il resto il bambino segue una normale alimentazione occidentale. È molto più ragionevole cercare di controllare la quantità di tutti i cibi che contengono zuccheri.

I cibi dolci mangiati rapidamente faranno poco danno, perché l'acido che essi producono si allontana dalla bocca prima di intaccare lo smalto dei denti. Una fetta di torta o un pezzo di cioccolato sono quindi meno dannosi di un lecca-lecca che il bambino succhia per tutto il pomeriggio. Le torte e i dolci caramellosi e appiccicosi sono in genere i peggiori di tutti, perché lasciano tra i denti dei frammenti che vi rimangono fino alla successiva energica lavata di denti. Questo discorso vale anche per molti dei cibi sani suggeriti in alternativa ai dolci: uva sultanina, datteri e altra frutta secca (da sola o nelle merendine) restano tenacemente attaccati ai denti e, anche se lo zucchero in essi contenuto non è raffinato, possono provocare seri danni. Alcuni dentisti sostengono addirittura che sia sbagliato finire ogni pasto con una mela perché i pezzetti di buccia che si infilano tra i denti, essendo dolci, possono essere dannosi come le particelle residue di zucchero che la mela avrebbe dovuto rimuovere.

Quindi, quando il bambino raggiunge la fase in cui deve mangiare dolci o sentirsi diverso dagli altri, scegliete con attenzione i dolci che gli date e sorvegliate il modo in cui li mangia. Scegliete il tipo che si scioglie in fretta, come per esempio il cioccolato. Incoraggiatelo a mangiare quello che intendete dargli tutto insieme, in modo che mangi la sua razione in un quarto d'ora piuttosto che un dolce ogni mezz'ora per due ore. Fate in modo che beva un bicchiere d'acqua appena ha finito di mangiarli e che poi si lavi i denti con molta cura.

*Dal dentista*

Oggi la cura dei denti tende a prevenire piuttosto che curare. Perciò portatelo dal dentista prima dei due anni e fate che questa diventi un'abitudine regolare. I dentisti che si occupano di bambini sono particolarmente abili nel mettere il piccolo paziente a suo agio, trasformando una noiosa visita dentistica in un divertimento. In questo modo ogni eventuale trattamento futuro sarà più facile da accettare.

Non pensate che la visita sia una perdita di tempo solo perché i primi denti cadranno comunque. La salute e la disposizione dei primi denti sono di vitale importanza per quelli permanenti, e in ogni modo anche i primi dovranno rimanere efficienti per parecchi anni.

# LE CURE QUOTIDIANE

*Voi sapete che il suo visino deve essere lavato, ma quel visino appartiene a lui, e lui non vuole.*

Il compito di prendersi cura del suo corpo spetta a voi, ma quel corpo appartiene a lui e la sua sempre più intensa consapevolezza di questo dato di fatto è una dimostrazione che sta crescendo. Perciò usate molta pazienza e molto tatto. I bambini spesso non si rendono conto che devono soffiarsi il naso o cambiarsi i calzini bagnati e comunque non sono ancora in grado di fare tutto da soli. Se però date al piccolo l'impressione di trattarlo come un oggetto o una vostra proprietà, si risentirà. Dedicategli tempo e immaginazione. Se non avrete premura, eviterete la tentazione di imporgli con la forza (o quantomeno con un atteggiamento che sembra non tener conto del suo consenso) quelle attività che non gli piacciono. Provate a mettervi nei suoi panni (bagnati) e vi renderete conto di quanto poco piacevole possa risultare essere costretti a fare qualcosa con la forza e senza spiegazioni. Se usate l'immaginazione quasi tutto ciò che dovete fare si trasformerà in un gioco o in un'azione che il bambino farà con il vostro aiuto e che poi imparerà a fare da solo.

Vale la pena di tentare. Il processo di imparare a occuparsi del suo corpo è una fase importante nello sviluppo di un bambino. Inoltre il piccolo sta attraversando il periodo del "no", con cui si contrappone a tutto quello che fate o dite: è una vera fase di ribellione. Se lo trattate con impazienza le cure quotidiane finiranno per trasformarsi in pretesti per capricci futili che vi costeranno inutilmente tempo e fatica e non insegneranno nulla al bambino.

I bambini si sporcano in modo incredibile, ed è giusto che sia così. Vestiti, mani, faccia e ginocchia pulite alla fine della giornata significano che vostro figlio è stato in piscina o si è annoiato. Vederlo pulito, pettinato e in ordine è un piacere per voi, ma considerate questa visione una ricompensa occasionale. Un bambino è un operaio che compie una dura fatica: crescere. Come qualsiasi operaio, anch'egli comincia e finisce la giornata pulito, ma nel periodo intermedio ha bisogno di vestiti pratici e di libertà per svolgere il suo lavoro.

## VESTIRSI E SVESTIRSI

Cercate di coinvolgere il bambino nell'azione di vestirsi e svestirsi: vi risparmierete un mucchio di fatica. Infatti anche se non sa ancora farlo da solo, perlomeno eviterà di renderlo impossibile a voi.

Svestirsi è naturalmente la più facile delle due operazioni; anzi, voi vorreste che fosse un po' più difficile quando dovete inseguire calze e scarpe gettate dal passeggino o quando il piccolo si trastulla togliendosi il pannolino che gli avete appena messo. Anche se dovete continuare a dirgli di non togliersi questo e di non togliersi quello, ricordatevi di incoraggiarlo e di congratularvi con lui quando lo fa la sera. Potrebbe persino imparare a sbottonarsi o ad aprire le cerniere.

Quando poi è il momento di vestirsi, la collaborazione diventa fondamentale. Tutto infatti è più facile se il bambino si occupa di muovere le necessarie parti del corpo e voi vi occupate dei vestiti. Tenete la manica o la gamba dei pantaloni aperta e pronta, mentre il bambino ci infila la mano o il piede e spinge. Più avanti imparerà an-

*Vestirlo e svestirlo è più facile se c'è collaborazione...*

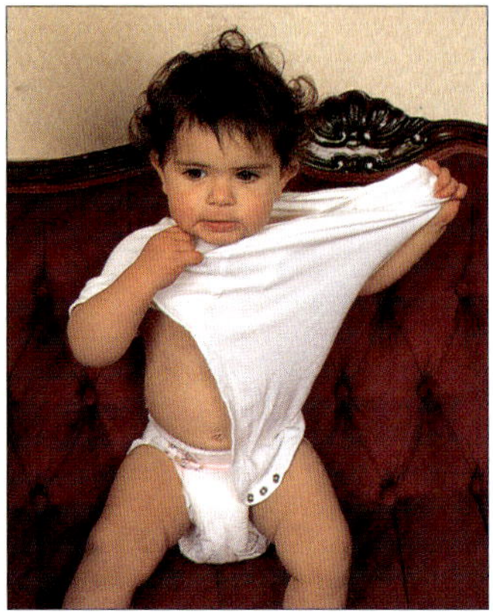

*...più lo incoraggiate a fare da solo tutto quello che riesce...*

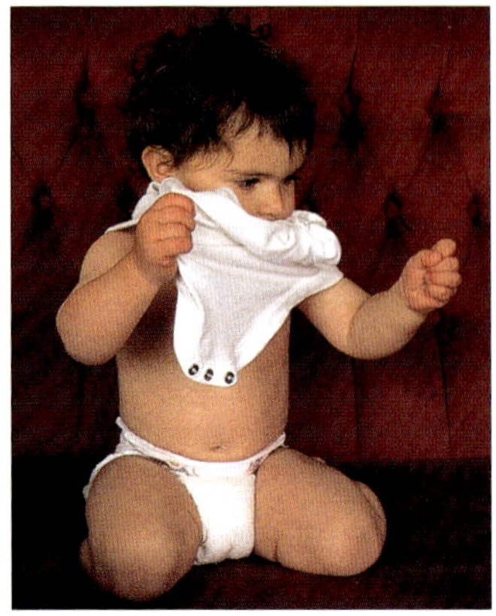

*...più vi lascerà fare le cose troppo difficili per lui.*

che ad abbottonarsi. Infilargli i vestiti dalla testa è ancora un'impresa. Incapace di farlo da solo (e contrario a farlo fare ad altri), il bambino se ne andrà ridendo e si farà inseguire con la maglietta sulle braccia, per poi sfilarsela in fretta quando riuscirete ad afferrarlo. Scegliete abiti elastici, con il collo largo o aperto davanti. Qualche bambino si spaventa ancora quando gli infilano abiti stretti e la testa gli rimane incastrata a metà.

*Pannolini* Non potete più metterlo sul fasciatoio. Appena acchiappato e messo disteso sulla schiena, il piccolo si rotolerà e si succhierà l'alluce. Provate a distrarlo. Mettetelo sopra il pannolino già pronto e dategli un giocattolo molto interessante che serbate per questa speciale occasione. Resterà fermo almeno per i pochi minuti che occorrono a lui per esaminarlo e a voi per chiudere il pannolino. Se il pannolino è sporco, il piccolo non vi lascerà il tempo di lavarlo e non riuscirete neppure a tenergli lontano i piedi. Se usate pannolini usa e getta, è più facile cambiarlo tenendolo in grembo o in piedi, momentaneamente prigioniero tra le vostre ginocchia.

*Abiti* I vestiti non devono essere causa di contrasti tra voi e il bambino. Degli abiti a lui interessa (come è giusto) soprattutto la comodità, ma, maschietto o femminuccia che sia, vi sorprenderà per la forza delle sue idee in fatto di estetica.

Lo scopo dei vestiti è di proteggere la sua pelle e tenerlo al caldo e asciutto. Non devono mai essere rigidi, pesanti od ostacolare i suoi movimenti. Non dovrebbero neppure avere bisogno di molte cure, vostre o del piccolo.

Non cercate di risparmiare comprandogli vestiti troppo larghi: nuovi non hanno un bell'aspetto e lo mettono a disagio e, quando gli andranno bene, saranno logori. Comprategli vestiti economici: non dureranno molto, ma lui sarà cresciuto prima che siano consunti. L'assurdità peggiore (anche se potrà capitarvi di cedere a questa debolezza almeno una volta) è comprare vestitini eleganti per le occasioni: li metterà un paio di volte e poi non gli andranno più bene.

Entrambi i sessi saranno meno impacciati e più protetti da un paio di pantaloni lunghi, nel periodo che passano a gattonare e a cadere.

Le tute permettono di eliminare le cinture e il freddo che possono prendere con un abitino non intero quando le due parti si separano. Comprategliele con l'abbottonatura centrale, più comoda per i più piccoli. Quando impara a usare il vasino, vi faranno comodo dei pantaloni con l'elastico in vita; quelli con le bretelle o con la cerniera sono troppo difficili. Le tute da ginnastica sono l'ideale. Evitate i pullover pesanti e quelli con il collo a dolcevita. Quando fa freddo, è meglio aggiungere più strati leggeri, uno sopra l'altro.

*Scarpe e calze* Il bambino non deve portare scarpe finché non cammina fuori casa. I piedi scalzi sono più sicuri, perché può adoperare le dita per tenersi in equilibrio. È anche più comodo stare scalzi, a meno che il pavimento sia freddo. In tal caso trovategli degli stivaletti di stoffa con suola, cioè delle calze di lana pesante alle quali è attaccata una suola antisdrucciolo. Non lasciategli portare dei normali calzini senza scarpe perché sono molto scivolosi.

*Il bambino non ha bisogno di scarpe costose, ma di calzature e di calzini della misura giusta.*

Quando avrà bisogno delle scarpe, assicuratevi che siano della misura giusta e ogni due mesi controllate la crescita del suo piedino. Il bambino non può dirvi se le scarpe gli sono troppo corte o strette: le ossa dei piedi sono ancora così flessibili che le scarpe possono essere strette senza causare dolore, anche se a questo punto il danno è già fatto. Servitevi di un negozio specializzato in calzature per bambini e assicuratevi che venga misurata sia la larghezza sia la lunghezza del piede. Se dopo due mesi non gli vanno più bene, ricordate che lo stesso vale anche per gli stivali di gomma.

Purché la misura sia giusta, non occorre che le scarpe siano di puro cuoio con un "buon supporto". Sono i muscoli che fanno da supporto. Le scarpe di tela vanno benissimo, purché non siano flosce e purché le allacciature, a stringa o a strappo, tengano il piede nella posizione corretta, in modo che le dita non si sovrappongano.

Quando il bambino porta le scarpe avrà bisogno di calzini, che impediscono le abrasioni e assorbono il sudore. È importante la misura; i calzini troppo corti gli torceranno le dita. Controllate che non facciano pieghe. Quando il bambino sta in piedi, devono avanzare rispetto all'alluce almeno due o tre millimetri di tessuto. Se si tratta di calze elasticizzate adatte per tre misure consecutive, non compratele se il bambino porta già la misura più grande: comprate piuttosto la serie successiva di misure. Quando comprate calzini nuovi più grandi togliete i vecchi dal cassetto. Non è comodo né prudente averne due paia della misura giusta e altri quattro troppo piccoli.

## Il bagno

Il bagno serale è il modo migliore per togliere lo sporco accumulato durante il giorno. Non avete più bisogno di sostenere il bambino mentre è nell'acqua, ma non allontanatevi e non lasciate la stanza. Il piccolo di un anno può cadere se cerca di mettersi in piedi tenendosi al bordo scivoloso della vasca (insegnategli a non stare *in piedi* nella vasca). Quello di due anni può aprire il rubinetto dell'acqua calda (insegnategli a *non toccare* i rubinetti). Entrambi possono affogare in pochi centimetri di acqua. Se il fondo della vasca è molto scivoloso usate un tappetino di gomma. Se il rubinetto dell'acqua calda resta a lungo bollente avvolgetelo con un panno. Stategli comunque *vicino*. Prese queste precauzioni, dategli molti giocattoli galleggianti e dei recipienti di plastica e lasciate che giochi mentre si pulisce.

Sebbene tutti i bambini di due anni si divertano a fare il bagno, alcuni seguitano ad avere paura. Non costringeteli. Usate i metodi suggeriti a pagina 176 per dargli gradualmente il piacere di sguazzare nell'acqua calda. Provate a fargli il bagno con un fratellino più grande o un amico. Nel frattempo dovete però trovare il sistema di lavarlo.

Cercate di capire quello che realmente lo spaventa. Se è la vasca che gli sembra troppo grande, fategli il bagnetto nel lavello della cucina (attenzione ai rubinetti). Se è la quantità d'acqua, potete sederlo nella vasca semivuota e usare una doccia a telefono (purché la temperatura dell'acqua che ne esce sia costante).

*Il lavaggio dei capelli* Molti bambini piccoli odiano lavarsi i capelli. È difficile trovare un rimedio perché non esiste una soluzione valida. Possono andar bene le astuzie suggerite a pagina 253 per i bambini più piccoli, ma ve ne sono anche altre che possono funzionare ora che il bambino è più grande. Se lavarsi i capelli (e poi spazzolarli e pettinarli) lo rende veramente disperato, vale la pena tenergli i capelli lunghi? Un taglio corto può essere facilmente pulito con una spugnatura, è facile da pettinare e lascia crescere sani e forti i capelli.

Se lo portate in piscina si abituerà all'acqua sul viso e ciò risulterà utile quando si tratterà di lavargli i capelli, oltre che essere divertente e fargli bene. Se fate il bagno in piscina con lui, le docce andranno benissimo per una rapida lavatina con uno shampoo che non brucia: è già bagnato, ha voglia di un po' di caldo e voi siete lì con lui.

Se è un bambino a cui piace venire con voi dal parrucchiere potrete servirvi della sua nuova passione per il gioco del "facciamo finta che..." e organizzare in casa una volta la settimana una seduta dal parrucchiere. Con un po' di ingegnosità potete costruirvi un "poggiatesta". Date al "signore" o alla "signora" una pettorina di plastica, fate scegliere lo shampoo e chiacchierate molto di tagli di capelli e della temperatura dell'acqua, e probabilmente il bambino vi lascerà fare tutto il lavoro con una doccia a mano. Se il gioco procede bene, è il momento di tagliare tutte le doppie punte. Se il bambino vi ha visto provvedere alla cura delle unghie sarà per lui naturale sottoporvisi, e tutto si risolverà in una divertente pulizia generale settimanale. Ma non sfidate la fortuna insistendo per asciugare i capelli con l'asciugacapelli se, come molti bambini, ne ha paura. Una volta strofinati, i capelli si asciugheranno rapidamente, specialmente se lo tenete in una stanza al caldo e gli raccontate una favola.

*Mani e unghie* Le unghie corte sono importanti per l'igiene ed è veramente necessario lavargli le mani prima dei pasti e dopo che ha usato il vasino o vi ha "aiutato" a cambiargli i pannolini. Lavargli le mani eviterà anche la diffusione dei germi del suo raffreddore fra tutta la famiglia.

Al momento di tagliargli le unghie, cercate di stimolare il suo interesse e ottenerne la collaborazione lasciandogli decidere quale tagliare e di quale lunghezza. Non tagliategliele troppo corte: lasciategliele lunghe quanto basta perché possa essere soddisfatto delle proprie dita. Se per voi è difficile usare le forbici, usate i tagliaunghie. I bambini che odiano tagliarsi le unghie spesso preferiscono alle forbici una limetta di metallo o di carta smerigliata. Dategli una delle vostre. Al bambino piacerà lavarsi le mani se prima vi insaponate voi le vostre e poi prendete le sue. In poco tempo afferrerà l'idea di fare tutte quelle bolle. Avrà bisogno di un po' di aiuto e dovrete stare attente che non si metta le dita insaponate negli occhi. Quando avrà circa tre anni, si divertirà a farlo da solo. Sarà ancora più indipendente se gli lascerete usare, per raggiungere il lavandino, uno sgabello o una cassetta. Fate attenzione all'acqua calda. Se sa aprire il rubinetto da solo, dovrete ridurre la temperatura dello scaldabagno: 50-55 °C non sono pericolosi, lo sono invece 65-70 °C.

*Dovunque abbia messo le mani, poi se le metterà in bocca. Lavarle deve diventare un'abitudine ed essere un divertimento.*

## L'opinione dei genitori

# *Immunizzare i bambini contro le malattie infettive è inutile*

*Il nostro bambino è già stato immunizzato contro la poliomielite e contro la difterite, il tetano e la pertosse pochi mesi dopo la nascita senza avere reazione alcuna. Ora ha un anno e dovremmo praticargli la tripla vaccinazione contro morbillo, parotite e rosolia. Ci hanno detto che potrebbe contrarre una forma lieve di morbillo una settimana dopo la vaccinazione o anche di parotite tre settimane dopo. Ci hanno anche informati che questa tripla vaccinazione può avere, sia pure in pochissimi casi, effetti collaterali seri, come febbre, convulsioni e persino danni cerebrali. Queste tre malattie infantili non sono però gravi e ci sembra quindi inutile immunizzare il bambino. Se si ammalerà, sarà protetto per tutta la vita senza neppure dover fare i richiami necessari con la vaccinazione. Peraltro si tratta di infezioni ormai rare e magari non si ammalerà neppure.*

È vero che queste tre malattie sono meno gravi di quelle contro le quali il bambino è stato immunizzato da piccolo. In effetti la rosolia e persino la parotite sono in sé malattie così lievi che non varrebbe la pena di fare le vaccinazioni. Tuttavia la vaccinazione non protegge solo il bambino contro la malattia, ma anche contro le complicazioni che possono renderla grave e persino fatale. Una conseguenza frequente degli orecchioni, per esempio, è la sordità, ma il virus della parotite è responsabile anche della meningite virale. Quanto al morbillo, tra le sue complicanze ci sono infezioni polmonari, convulsioni febbrili e danni cerebrali. Nelle aree della terra dove non si attuano efficaci programmi di immunizzazione, migliaia di bambini muoiono ogni anno di morbillo, mentre in Europa occidentale, la morte per morbillo è ormai una rarità.

Le forme leggere di morbillo o di orecchioni provocate talvolta dalla vaccinazione non presentano nessun rischio di complicanze e sono perciò ancora più insignificanti delle forme più leggere che il bambino può contrarre se non è vaccinato. Gli effetti collaterali gravi del vaccino triplo contro morbillo, parotite e rosolia sono sì molto peggiori delle complicazioni che possono verificarsi se il bambino contrae una di queste malattie per contagio, ma sono anche molto, ma molto più rari. Solo un bambino su mille può avere convulsioni febbrili dopo la prima iniezione, mentre questa percentuale sale a un bambino su cento in caso di morbillo contratto per contagio. Quanto all'encefalite, il rischio di contrarla dopo la vaccinazione tripla contro morbillo, parotite e rosolia riguarda solo un bambino su un milione, mentre questo rischio sale a un bambino su cinquemila in caso di morbillo contratto per contagio. E un terzo circa dei bambini colpiti dall'encefalite riporterà dei danni cerebrali permanenti.

Molte malattie sono ormai rare nei paesi dove la maggior parte dei bambini sono immunizzati. Ma ciò non significa che in tali paesi un bambino non ha più bisogno di essere immunizzato perché difficilmente verrà esposto al contagio di quella specifica malattia. Oggi i viaggi all'estero sono molto frequenti e quindi un bambino potrebbe recarsi in vacanza in paesi dove tali infezioni sono ancora diffuse e contrarre la malattia; oppure i germi possono venire introdotti da uno dei tanti viaggiatori in arrivo. Il risultato di un efficiente programma di vaccinazione di massa è che sempre meno persone contraggono la malattia in questione, che diviene quindi sempre più rara fino a venire completamente sradicata. Ma finché esiste un sia pur piccolo serbatoio di un'infezione, un calo nella percentuale di persone immunizzate produrrà sempre un aumento del rischio che la malattia faccia la sua ricomparsa. Da questo punto di vista la vaccinazione non protegge solo vostro figlio, ma l'intera collettività e soprattutto i bambini che, per ragioni di salute, non possono essere vaccinati.

# ABITUARLO AL VASINO

*Far sedere sul vasino il suo orsetto è il primo passo per poi far sedere lui.*

Al compimento del primo anno di età alcuni bambini si scaricano a orari abbastanza regolari, spesso subito dopo (o durante) i pasti, e poiché sanno ormai anche stare seduti da soli e capiscono molto di ciò che si dice loro, i genitori pensano che sia venuto il momento di metterli sul vasino. Siamo soliti chiamare tutto questo "educazione al controllo degli sfinteri", ma la definizione è fuorviante. In realtà è solo che il bambino viene messo al posto giusto nel momento giusto perché le sue feci finiscano nel vasino invece che nel pannolino.

Questi tentativi possono sembrare del tutto innocui, anche se non servono certo a instaurare un vero e proprio controllo. Ma non è così. Se cominciate a metterlo sul vasino quando ha 12 mesi, lo prenderà come un gioco: il vasino non è più strano degli altri posti dove lo mettete. Ma due mesi più tardi comincerà a odiarlo. Non vuole rimanere seduto da nessuna parte per più di trenta secondi e stare sul vasino gli sembrerà la cosa più insensata di tutte: quando lo mettete a sedere sul seggiolone riceve il cibo di cui ha bisogno, quando lo sedete sul passeggino, poi lo portate a fare una bella passeggiata. Ma quando lo mettete sul vasino non ne ricava nulla, salvo un sollievo intestinale che avrebbe comunque provato. Il vasino che avete introdotto tanto presto finirà quindi per venire abbandonato nel giro di qualche settimana. Se cercate di insistere perché lo usi, correte il rischio di dare il via a una battaglia che di fatto *ritarderà* il suo apprendimento del controllo degli sfinteri, quando finalmente sarà fisicamente in grado di farlo.

Se cominciate prima che il bambino sia fisicamente pronto, gli chiederete uno sforzo impossibile e gli causerete tensioni inutili. Se insistete per ottenere la sua collaborazione prima che sia pronto emotivamente, sarà come tentare di imporre la vostra volontà in un settore nel quale non avete nessuna probabilità di averla vinta. Non potete imporgli l'uso del vasino. I tentativi per costringerlo a imparare saranno per il bambino un invito a sfidarvi con la certezza del successo.

Ci sono anche altre ragioni per non cominciare troppo presto. Se fate quattro conti vedrete che, anche se siete fortunati e riuscite a fargli depositare le feci nel vasino, non vi risparmierete né tempo ne fatica. Alcune ricerche hanno dimostrato che, indipendentemente dall'epoca in cui si comincia a introdurre l'uso del vasino, in media i bambini imparano a restare puliti e asciutti di giorno verso i due anni e mezzo. Se avete iniziato a 12 mesi e l'avete fatto sedere sei volte ogni giorno, si arriva a un totale di 3285 volte prima di raggiungere l'obiettivo, ossia un bambino che non ha più bisogno di pannolini. Ogni volta avrete dovuto svestirlo e rivestirlo (3285 volte *oltre* a tutte le altre volte in cui è necessario farlo nel corso della giornata). Spesso, inoltre, non sarete riusciti a ottenere ciò che volevate e quindi vi sarete ritrovati comunque con dei pannolini sporchi da cambiare. Se aspettate invece che il bambino sia pronto a imparare l'uso del vasino, ossia verso i 24 mesi, dovrete ripetere l'operazione per solo circa 1000 volte prima di ottenere lo stesso scopo.

Poiché si fa prima a cambiare un pannolino sporco piuttosto che a toglierne uno pulito, far sedere il bambino sul vasino e rimettergli il pannolino, avete tutto da guadagnare a temporeggiare, sia dal vostro punto di vista sia da quello del bambino.

### *Aiutarlo a imparare a controllare gli sfinteri*

Benché la frase "insegnare l'uso del vasino" sia molto comune in Occidente, essa contiene un equivoco di fondo. Infatti il processo non è questione di esercizio, di far fare qualcosa al bambino per voi o di far sì che vi obbedisca. Si tratta in realtà di aiutarlo a fare qualcosa per sé. Il risultato finale sarà la piena autonomia per quanto riguarda le sue funzioni corporali: il bambino saprà riconoscere quando ha bisogno di svuotare la vescica o l'intestino e saprà comportarsi in modo socialmente accettabile, ossia sarà in grado di avvertire un adulto, di andare in bagno o di cercare il suo vasino.

Indipendentemente dall'epoca in cui cominciate a insegnargli l'uso del vasino, è poco probabile che possiate fare affidamento sul controllo dei suoi movimenti intestinali, anche durante il giorno, prima dei tre anni. Per quanto lento sembri nell'imparare questa forma di controllo, non arriverà a scuola con i pannolini, a meno che qualche problema di tipo neurofisiologico o emotivo gli rendano effettivamente impossibile il controllo degli sfinteri.

Fin verso i quindici mesi il bambino svuoterà l'intestino o la vescica automaticamente. Non è consapevole di quanto sta per avvenire e di quello che ha fatto. Se gli capita di fare pipì quando è nudo, osservatelo: non guarda nemmeno il laghetto che si sta formando, perché non è in grado di capire che dipende da lui. Quindi non è ancora pronto per il vasino. Tuttavia, se guarda il laghetto con interesse e si tocca, ha collegato la sensazione dell'orinare o del defecare con ciò che viene prodotto. Sa che è lui che lo ha fatto, ma non è ancora in grado di prevedere quando lo farà. Non è ancora pronto a usare un vasino, ma è pronto a sedervisi.

### *Che tipo di vasino?*

Quando decidono di rinunciare ai pannolini e di depositare feci e urina in qualche altro posto, alcuni bambini scelgono di farlo dove lo fate voi, ossia nel water e non ne vogliono sapere di vasini di nessun genere. Vogliono essere messi sul water (o salirci con l'aiuto di uno sgabello) e stare seduti come gli adulti (su un piccolo sedile fissato a quello più grande per non cadere dentro la tazza). A quest'epoca tuttavia, il water non è la soluzione migliore, perché il bambino dovrebbe comunque essere accompagnato in bagno e messo sul water da un adulto. Invece ha bisogno di un vasino per cominciare, in modo da essere in grado di affrontare l'intera questione in modo autonomo.

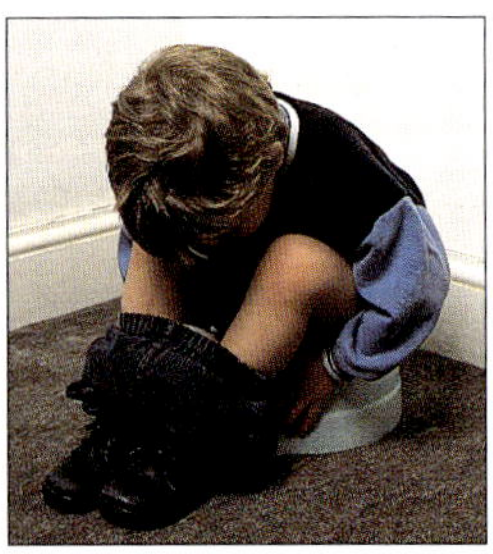

*Se volete che si sieda sul vasino, accertatevi che sia stabile e che il bambino possa alzarsi facilmente.*

Il vasino deve essere comodo e dargli una sensazione di stabilità, anche quando lui vi si agita sopra. Deve essere praticamente impossibile rovesciarlo e facile da pulire. Per un maschietto occorre una protezione nella parte anteriore.

Il tipo di vasino che si applica a una seggiolina è un ottimo acquisto. Per lui è più semplice sedersi e alzarsi e, inoltre, può appoggiarsi a una comoda spalliera. Il vasino può essere tolto per lavarlo e per portarlo con voi in viaggio, ma il bambino difficilmente riuscirà a sfilarlo e a rovesciarlo sul pavimento. Un modello che abbia l'aspetto del water di casa potrebbe invogliare il bambino a usarlo. I vasini complicati, come quelli che emettono un suono, possono divertirlo, ma non sono indispensabili: anche altri giocattoli suonano con minor sforzo da parte sua. E se per caso non gli piacesse la musica?

*Come presentare il vasino*

A quest'epoca volete solo che il bambino capisca lo scopo del vasino e prenda in considerazione il fatto che un giorno potrà usarlo anche lui. Entrambi questi punti sono ovvi per voi e forse anche per lui, se ha dei fratelli o delle sorelle più grandi, oppure passa parte del suo tempo con altri bambini, ma un figlio unico può trovarsi completamente disorientato. Dopotutto è abituato a vedervi usare un water, non un vasino. I due oggetti non sono simili.

Mostrategli un vasino, ditegli che serve per depositarvi "pipì" e "pupù" quando è abbastanza grande da fare a meno dei pannolini. Poi mettete l'oggetto in un angolo della sua stanza da gioco (a meno che il bambino non ce lo voglia). Non incoraggiatelo a usarlo come un cappello, ma se lo fa, lasciate correre. Magari ci farà sedere sopra (o dentro) il suo orsetto. Alla lunga (forse domani o forse fra sei mesi) finirà con il volercisi sedere anche lui. Quando lo fa, non insistete per togliergli le mutandine. Il bambino vuole solo scoprire come ci si sente seduti su quel vasino. Non è ancora pronto a usarlo.

*Come capire quando è pronto a usare il vasino*

Il momento giusto per incoraggiare il bambino a usare il vasino è quando il piccolo si rende conto di "stare per fare pipì o pupù", invece di accorgersi a fatto compiuto di aver bagnato o sporcato il pannolino. Questa consapevolezza comincia con un preavviso del movimento intestinale. Allora il bambino si immobilizza e diventa rosso in viso con gli occhi persi nel vuoto, come ha fatto finora in queste occasioni. Ma questa volta il piccolo si tocca e vi fissa emettendo alcuni suoni di preavviso. Finora in casa tutti sapevano quando stava per svuotare l'intestino, *eccetto* lui. Ora lo sa anche lui e, se lo vuole, può scaricarsi nel vasino invece che nei pannolini. Ma ricordatevi che stiamo parlando solo di educazione intestinale e che la decisione spetta e spetterà comunque a lui.

*Controllo dell'intestino*

Per il bambino è molto più facile imparare a restare "pulito" che a restare "asciutto". La maggior parte dei bambini svuotano l'intestino solo una o due volte al giorno, parecchi ancora meno. Molti bambini hanno un orario quasi fisso e la cosa si limita quindi a una seduta quotidiana, senza ulteriori seccature durante il giorno. I segni che ha bisogno di evacuare sono chiari per un osservatore adulto, e l'intervallo tra la prima sensazione di necessità da parte del bambino e l'effettiva evacuazione è abbastanza lungo: ha tutto il tempo di avvisarvi e di andare a sedersi sul vasino. Se il bambino è psicologicamente pronto a collaborare, vi sarà facile aiutarlo.

Se porta ancora i pannolini perché non sa rimanere asciutto, l'uso del vasino per defecare si complica notevolmente. Se sapete che in genere si scarica subito dopo colazione o quando si sveglia dal sonnellino, evitate di mettergli subito i pannolini, le mutandine di plastica, i calzoni o altri indumenti, in modo che tutta la faccenda gli risulti più facile e veloce. Accertatevi che il vasino sia nel solito posto. Aspettate fino a quando il piccolo vi dice o vi segnala di aver bisogno e poi, in modo del tutto casuale, suggeritegli che potrebbe piacergli sedersi sul vasino, in modo da depositarvi le feci.

Se rifiuta (ora o nei prossimi mesi), non forzatelo né cercate di persuaderlo. State cercando di aiutarlo a diventare autonomo e non si può forzare una cosa simile. Se vi sembra che sia favorevole o quantomeno indifferente, aiutatelo a svestirsi se ve lo chiede e fatelo sedere sul vaso; state con lui per tutto il tempo che decide di rimanere seduto e incoraggiatelo con molta calma.

Molti bambini, ai quali l'idea è stata presentata in questo modo casuale e al momento giusto, imparano a controllare l'intestino in un paio di settimane. Se invece il bambino non afferra rapidamente l'idea, osservate i suggerimenti che seguono.

- Non obbligatelo a sedersi sul vasino neppure se vedete che l'evacuazione è imminente. I bambini si oppongono energicamente alle imposizioni. Più gli fate capire che ci tenete proprio a farlo sedere sul vasino, meno probabile è che lui voglia farlo. Poiché può imparare a essere pulito solo se collabora volontariamente, queste battaglie finiranno certamente con una vostra sconfitta.
- Moderate le vostre reazioni. Anche se siete eccitate quando gli "riesce" e deluse quando "non gli riesce", evitate che questi sentimenti traspaiano dalla vostra voce e dalla vostra faccia. Non trasformate l'uso del vasino in una questione morale dicendogli: "bravo" quando lo usa e "cattivo" quando non lo fa. Usare il vasino al posto dei pannolini è una nuova capacità che sta imparando. Se si scarica nel vasino, fategli notare quietamente come sta diventando grande; se lo fa nelle mutande o sul pavimento, parlategli con altrettanta calma della possibilità, domani, di farla nel vasino.
- Non pretendete che condivida il vostro disgusto da adulta per le feci. Ha appena scoperto che escono dal suo corpicino. Le considera un'interessante produzione che gli appartiene. Se correte a vuotare il vasino, se lo pulite con un senso di fastidio arricciando il naso e vi arrabbiate quando lui esamina o si imbratta con il contenuto del vasino, ferirete i suoi sentimenti. Ma non cercate neppure di condividere questo suo interesse che per voi è disgustoso: scoprire che gli adulti non giocano con le feci fa parte dello sviluppo. Tuttavia non cercate neanche di fargli capire che sono disgustose e sporche. Se si convincerà che le sue feci sono disgustose, crederà di essere anche lui, per voi, causa di disgusto.
- Non cercate di alterare il suo ritmo intestinale salvo che su precisa indicazione medica. I lassativi che rendono più facile l'evacuazione o le supposte che la provocano al momento opportuno sono da evitare. Se cercate di imporvi in questo settore, il bambino penserà veramente che cercate di sopraffarlo.
- Insegnategli a far da solo, ma non lasciatelo solo. Se avete rimandato l'uso del vasino quasi fino al secondo compleanno, sarà capace di raggiungerlo da solo, liberarsi degli indumenti con un aiuto minimo, sedersi e alzarsi autonomamente. Andate però con lui se ve lo chiede. Sedete ammirati accanto a lui mentre si concentra nella sua produzione, poi chiedetegli se potete pulirgli voi il sederino invece di lasciar fare a lui (ricordatevi che nelle femminucce il movimento deve essere dal davanti verso il dietro, per evitare che le feci possano entrare in contatto con l'uretra e provocare infezioni urinarie). Chiedete anche il suo permesso prima di vuotare il vasino e tirare lo sciacquone. La troppo fretta potrebbe essere intesa come una mancanza di tatto. Se ha paura del getto dell'acqua, evitate di tirare lo sciacquone finché il piccolo è in bagno. Se invece gli piace, lasciatelo fare a lui. Più avverte che questa serie di azioni è sotto il suo controllo, meno è probabile che si ribelli.

*Non affrettatevi a vuotare il vasino: quello che contiene appartiene al bambino. Se gli fa piacere, fategli tirare lo sciacquone.*

*Controllo della vescica* Pressappoco alla stessa età in cui impara a capire che sta per evacuare, avvertirà anche quelle sensazioni che precedono lo svuotarsi della vescica, ma è ancora troppo presto perché possa controllarsi.

Tra il momento in cui si accorge di aver bisogno di scaricarsi e il momento in cui lo fa veramente, il bambino ha il tempo necessario per andare al vasino e sedersi. Ma non c'è alcun intervallo tra il momento in cui si accorge che ha bisogno di fare pipì e la fuoriuscita del getto. L'esclamazione "Mi scappa..." è simultanea al formarsi del laghetto.

È ancora troppo presto per insegnargli a controllarsi, però il bambino imparerà che l'urina può finire in un vasino oltre che in un pannolino, perché spesso farà pipì nel vasino quando vi è seduto per fare pupù. Se ha imparato a stare pulito senza difficoltà, sarà disposto a collaborare anche per quanto riguarda la pipì, appena ne sarà fisicamente capace.

Sarà pronto a mantenersi asciutto quando ci sarà un intervallo di tempo abbastanza lungo tra il momento in cui il bambino avverte lo stimolo a urinare e il momento in cui lo fa. Il primo segno che il bambino è pronto vi è dato quando impara quel controllo momentaneo della vescica che i bambini più grandi indicano con la frase "stringere il sedere". Il bambino si accorge che sta per fare pipì, stringe i muscoli attorno all'uretra e all'ano e la ferma. Questi muscoli sono però troppo deboli per esercitare un valido controllo e, nell'addome del bambino, la pressione è forte. L'urgenza è estrema; riesce a trattenersi solo per pochi secondi e a condizione che resti immobile e con le gambe incrociate. Anche se questi primi tentativi di controllo sono un progresso, non si tratta ancora di un controllo utile, tanto che, mentre il bambino si dirige verso il vasino, se la fa addosso. Ci vorranno ancora circa tre mesi prima che il bambino possa avvertire lo stimolo con un po' più di anticipo. Allora si renderà conto di avere la vescica piena e stringerà i muscoli perineali. Può ritardare la fuoriuscita per alcuni minuti e camminare senza perdere il controllo: è pronto a usare il vasino, se ne ha voglia.

*Come aiutarlo a controllare la vescica* Anche se il bambino si rende conto di aver bisogno di fare la pipì in tempo per arrivare al vasino, restare "asciutto" sarà un processo lungo e lento. Orina talmente tante volte al giorno che sono inevitabili molti insuccessi, specialmente quando è tutto preso dal gioco e non si accorge in tempo del suo bisogno. Non sa ancora svegliarsi per fare pipì, quindi continuerà a bagnarsi di notte e quando fa il sonnellino pomeridiano. Se non siete particolarmente attente e piene di tatto, c'è il rischio che si scoraggi e si annoi di tutta la faccenda.

Il vostro primo obiettivo è quello di aiutarlo a ottenere qualche successo. Quando capite che può aspettare qualche minuto dopo essersi accorto che gli scappa la pipì, scegliete un giorno in cui si sveglia asciutto dal sonnellino e aspettate a rivestirlo. Consigliategli di sedere sul vasino, ma se non ne ha voglia o si siede e si rialza subito senza fare niente, non cercate di insistere e non fate commenti. Lasciatelo senza mutandine, il vasino a portata di mano, e incoraggiatelo a sedervisi quando ne sente il bisogno. Se riesce a far pipì nel vasino (o quasi nel vasino durante un'emergenza), complimentatevi gentilmente con lui e rimettetegli il pannolino come al solito. Se è intento a giocare e fa pipì, asciugate per terra senza commenti e rivestitelo come sempre. Se il tempo è caldo e potete lasciarlo nudo in giardino, tanto meglio. Ogni volta che si vede orinare stabilirà un rapporto tra la sensazione provata e ciò che dopo gli accade, e finirà con il capirne il legame diretto.

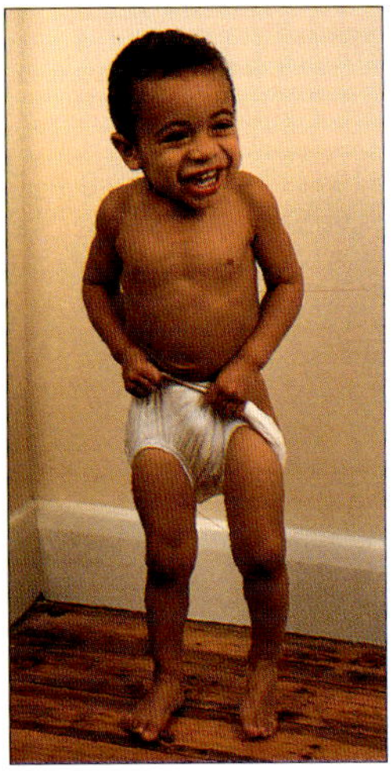

*Comode e facili da alzare e abbassare, le mutandine di plastica salveranno i vostri tappeti dagli "incidenti", senza far dimenticare al bambino lo scopo del vasino.*

Dopo pochi giorni o settimane di successi occasionali, toglietegli i pannolini quando è in casa ed è sveglio. Non ne fate una questione importante, altrimenti potrebbe sentirsi troppo mortificato quando gli rimettete i pannolini per uscire o per il sonnellino pomeridiano o per la notte. Ditegli solo, in modo casuale, che starà più comodo senza mentre gioca e che, se ha bisogno di far pipì, il vaso è a portata di mano. Ricordate sempre che questo è un periodo "umido". Siate veramente comprensive di fronte ai suoi frequenti insuccessi. "Che sfortuna, te ne sei accorto un po' troppo tardi, vero? Via, puliamo..."

Quando ha imparato a servirsi del vasino almeno la metà delle volte, mettetegli delle mutandine di tela plastificata, che non assorbiranno tutta la pipì, ma ridurranno i guai sia in casa sia fuori; sono comode e facili da mettere e da togliere, e abbastanza assorbenti da evitare al bambino imbarazzi in pubblico. Attenzione invece al tipo ad alta assorbenza: sono così efficienti e rimangono così asciutte che rischiano di non aiutare il bambino a controllare le sue evacuazioni.

In questo periodo sarà bene insegnare al bambino che oltre al vasino c'è anche il water. Se riesce a usarlo, non dovrete passare i prossimi sei mesi a portarvi dietro un vasino dovunque andiate! Probabilmente gli piacerà l'idea di far pipì dove la fate voi. I maschietti vorranno forse rimanere in piedi come fa il loro papà, ma avranno delle difficoltà a raggiungere la tazza. Si rassegneranno a stare seduti ancora un po' se spiegherete loro che tutti comunque si siedono per fare la pupù. Se il piccolo è deciso a rimanere in piedi, potete fargli usare il vasino per orinare e il water per defecare.

Bambini e bambine comunque hanno bisogno di uno sgabello o di una cassetta per salire e scendere e di un piccolo sedile fissato a quello più grande. State attente a tirare lo scarico dell'acqua. Molti bambini odiano il rumore e sono spaventati all'idea che ciò che hanno espulso venga inghiottito così. Valutano difficilmente le dimensioni relative delle cose e potrebbero veramente temere di essere loro stessi portati via allo stesso modo. Fategli tirare la maniglia, se gli piace farlo. Se vi accorgete che si spaventa non fatelo neanche voi finché il bambino è in bagno.

Quando ha già abbastanza controllo, a casa e durante il giorno eliminate i pannolini. Metteteglieli solo quando dorme, se lo preferisce, e durante la notte. Anche se fa spesso pipì per terra, l'eliminazione dei pannolini o delle mutandine di plastica, che svolgono la stessa funzione, è molto importante. Se ogni tanto li porta ancora, è difficile che impari che ogni volta che sente lo stimolo deve andare al vasino. Come potete pretendere che pensi: "Mi scappa la pipì: ho il pannolino oppure no?".

Con molti bambini, da questo punto in avanti, l'abitudine a restare asciutti non crea più problemi. Un po' alla volta gli incidenti diminuiranno, finché vi accorgerete improvvisamente che asciugare i pavimenti non fa più parte dei vostri compiti quotidiani. Di seguito troverete altri stratagemmi a cui potreste ricorrere.

■ Non tormentatelo continuamente perché si ricordi di sedersi sul vaso. Volete che capisca che le mutandine sono più comode dei pannolini e che usare un vasino è più svelto che dover essere cambiato. Se continuate a tormentarlo, penserà che la vita era più semplice quando portava i sicuri, cari pannolini e che mettersi le mutandine è stato il principio dei suoi guai. Le continue sollecitazioni possono rovinare tutto. Il vostro intento consiste solo nell'aiutarlo ad accorgersi dei suoi bisogni. Se continuate a sollecitarlo, vi sostituirete a lui, che sta cercando di imparare a riconoscere lo stimolo, e riuscirete solo a ritardare il momento in cui sarà pienamente autonomo.

■ Non pretendete che faccia la pipì quando non ne ha bisogno. Fino ai tre anni circa non saprà orinare quando il bisogno non è urgente e quindi avvertibile. È perciò inutile mandarlo al gabinetto prima di uscire "così non ne avrai bisogno più tardi", ed è decisamente sleale arrabbiarsi con lui per un incidente al supermercato "perché avresti dovuto farla prima di uscire...".

■ Preoccupatevi di sapere dove si trovano i gabinetti. Una volta che il bambino vuole restare asciutto deve poter contare su di voi per trovargli dappertutto e rapidamente un luogo dove far pipì, dovunque vi troviate e ogni volta che lui ne ha bisogno. Guardate dove sono i gabinetti nei negozi e nei luoghi che frequentate spesso. Siate pazienti anche se dovete scendere in fretta da un autobus, uscire dall'autostrada, perdere il posto in fila all'ufficio postale o tornare a casa di corsa. Prendete l'abitudine di portarvi dietro un vasino quando partite per qualche posto. E portate con voi sempre (ma proprio *sempre*), delle mutandine di ricambio. Quando il bambino avrà imparato, resterà veramente male se un'attesa lunga lo costringe a bagnarsi e a restare bagnato.

*Come parlare di questi argomenti*

Il nostro linguaggio è pieno di eufemismi che si riferiscono al gabinetto e alle funzioni corporali. È facile per gli adulti adattare il loro linguaggio alla compagnia in cui si trovano, ma il bambino accetterà qualunque espressione voi userete la prima volta che l'invitate a servirsi di un vasino e continuerà a usare quelle parole per anni, dovunque si trovi. Quindi vale la pena di riflettere sulle parole da usare. Un nomignolo inventato per indicare un'evacuazione intestinale può andar bene per un bambino di due anni, ma può non essere più adatto a quattro anni ed essere incomprensibile alla maestra, quando va a scuola. Una corretta terminologia medica usata fin dall'inizio potrebbe sembrare una buona soluzione, ma purtroppo sia la maestra sia i compagni di classe resteranno increduli e divertiti al suo annuncio: "Ho bisogno di defecare".

Non esiste un'unica soluzione a questo problema (che è comunque di importanza secondaria), perché la terminologia d'uso corrente varierà di luogo in luogo. Dovunque viviate ci saranno tra l'espressione medica e il linguaggio infantile, tra il termine crudo e quello accettabile, vocaboli usati dalla maggioranza: eventualmente chiedete quali sono ai genitori degli altri bambini.

# Il sonno

Ora che il bambino è cresciuto non potete contare sul fatto che dorma quando fa comodo a voi, dovunque siate e qualunque cosa stia succedendo, anche mentre ve ne andate in giro con lui. D'ora in avanti, per soddisfare il suo bisogno di sonno, dovete imporre delle limitazioni alla vostra libertà. Per ridurre al minimo queste rinunce, occorre prendere alcune decisioni già da ora.

Per voi è più importante essere liberi di andare e venire come volete *con* il bambino o essere liberi di andare e venire come volete *senza* di lui? Entro certi limiti entrambe le soluzioni sono possibili, ma dovete ricordare che sono alternative l'una all'altra. Se volete portare il bambino con voi dappertutto e sempre, niente vi impedisce di farlo. Sarà felice di accompagnarvi a cena dagli amici, di partire con voi per il fine settimana o per viaggi di lavoro in patria o all'estero. Comportarsi in base alla filosofia che chi accetta voi deve accettare anche lui va bene, ma ricordate che poi dovrete pagare un prezzo per questo. È molto improbabile che un bambino abituato a stare sveglio quando fa comodo a voi accetti poi di andare a letto all'ora giusta solo perché quella sera avete deciso così. Probabilmente sarà un bambino che va in giro a tutte le ore, tutte le sere della settimana, e il cui orario di sonno giornaliero è irregolare perché dipende da quanto l'hanno stancato le ore notturne in cui è stato sveglio. Niente di questo gli nuocerà (almeno fino a quando non si dovrà adeguare agli orari della scuola), ma dovete chiedervi se non nuocerà a *voi*, quando sentirete gli amici programmare di mettere a letto i bambini alle otto per trovarsi insieme e andare al cinema.

Se volete salvare la tranquillità e l'intimità serali degli adulti, e prendervi un po' di riposo dall'esigente presenza del bambino, potete farlo. Accetterà un orario regolare per il suo sonno notturno o giornaliero, ma anche in questo caso dovrete pagare un prezzo. L'approccio abitudinario funziona solo se è regolarmente rispettato. Ciò significa programmare le uscite diurne e serali in base agli orari di vostro figlio. Significa lasciarlo a casa con la baby-sitter anche nelle occasioni in cui potrebbe venire con voi. Significa rispettare i suoi ritmi di sonno anche durante le vacanze.

## *Ritmi di sonno*

Quasi tutti i bambini dormono undici o dodici ore per notte (anche se, sfortunatamente, è raro che si tratti di un sonno ininterrotto). La differenza tra queste ore e il bisogno totale di sonno sarà colmata con i sonnellini durante il giorno, la cui durata potrà variare dai venti minuti alle tre o più ore.

All'inizio di questo periodo i bambini hanno quasi tutti bisogno di un paio di sonnellini al giorno, disposti in modo da spezzare le ore di veglia in maniera piuttosto regolare. Se si sveglia regolarmente prima delle 6, il bambino probabilmente dormirà alle 9.30 e poi sentirà il bisogno di riposarsi ancora nel primo pomeriggio.

Verso i 15-18 mesi, la maggior parte dei bambini attraversano un periodo noioso in cui due sonnellini sono troppi e uno solo è poco. La stessa difficoltà si porrà dopo i due anni quando gli basterebbe ormai solo mezzo pisolino invece di uno.

*Persino i gemelli che adottano gli stessi oggetti transizionali per dormire possono avere esigenze di sonno diverse.*

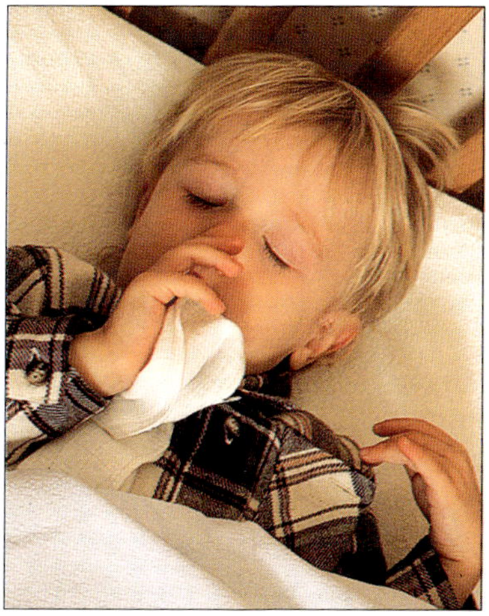

Il bambino fa capire di non essere disposto a tornare a letto dopo la prima colazione della famiglia ma, se lo lasciate sveglio, è molto difficile che resista per tutta la mattina. A mezzogiorno, proprio quando il suo pranzo è sul fuoco, è stanco, piagnucoloso e irritabile. Voi vi rendete conto che in queste condizioni non mangerà, e lo metterete a letto alle 11.30. Si addormenterà subito, ma lo stesso si ripeterà nel pomeriggio: pranzerà tardi, non vorrà andare a dormire nel pomeriggio, ma non resisterà fino all'ora di andare a letto. Può darsi che dobbiate servirgli il pranzo alle 11.15 o metterlo a letto per la notte alle 17 o alle 18.

Alla fine del secondo anno tutto si risolverà con un solo riposino alla fine della mattinata, prima di un pranzo un po' ritardato, o nel primissimo pomeriggio dopo un pranzo anticipato. Dovrete in realtà scegliere attentamente quale schema adottare, anche per adattarlo alle esigenze degli altri figli o ai vostri orari, a quelli del nido o della bambinaia. Ma potreste addirittura non poter scegliere perché il bambino deve adattarsi agli orari del nido o della bambinaia che si occupa anche di un altro bambino della stessa età, o persino degli amichetti con cui gioca.

Potrebbe capitare anche di peggio: alcuni bambini di due anni sono talmente sensibili ai sonnellini durante il giorno che un breve riposino al pomeriggio potrebbe posticipare il momento di andare a letto alla sera a un'ora per voi difficile da tollerare. Potreste così vedervi costretta a proibirgli un sonnellino, persino evitando una corsa in macchina per il timore che si addormenti o cercando di tenerlo sveglio mentre tornate a casa con lui nel passeggino. Al contrario un bambino che dorme nella tarda mattinata potrebbe poi rimanere sveglio tutto il pomeriggio e cascare dal sonno non appena voi rientrate a casa dal lavoro, tanto che non riuscirete a passare neanche un po' di tempo con lui da sveglio.

*Risveglio dai sonnellini*

Se volete che la giornata vostra e del bambino abbia un qualsiasi ritmo, sia che stia a casa con voi o con una bambinaia, o che venga accudito a casa di qualcun altro, dovrete spesso prendere l'iniziativa di svegliarlo dai suoi sonnellini. Se lo lasciate fare, può darsi che il bambino dorma dalle 11.30 fino alle 15.30 del pomeriggio. Talvolta un lungo sonno pomeridiano potrebbe farvi anche comodo, per esempio se la sera progettate di portarlo a cena in casa di amici. Ma di solito i ritmi quotidiani hanno la prevalenza. Se dorme tanto a lungo, salterà il pasto di mezzogiorno e poi non potrete andare a fare la spesa o andare a prendere l'altro figlio a scuola.

*Se dovete svegliarlo dal sonno, fatelo in modo da avere il tempo di coccolarlo.*

Per svegliare il bambino da questi sonnellini occorre tatto. Probabilmente si irriterà di essere disturbato e occorrerà almeno una mezz'ora di complimenti, di coccole e di conversazione prima che si senta pronto ad affrontare il mondo. Se cercate di lavarlo o vestirlo, strillerà. Se cercate di dargli subito il pranzo, non mangerà. Se lo portate in fretta a prendere il fratellino a scuola, piagnucolerà, brontolerà e vi impedirà di dare la dovuta attenzione allo scolaretto. Quindi, svegliatelo con garbo quando avete ancora molto tempo davanti e lasciatelo passare gradualmente dal sonno alla veglia, dal tepore del suo lettino al pavimento.

## *Stanchezza eccessiva*

A questa età è un problema molto diffuso, ma sottovalutato dagli adulti. Il lavoro del bambino è molto faticoso, sia emotivamente sia fisicamente. Coloro che dicono che "i bambini non fanno altro che giocare" non hanno mai osservato attentamente il gioco di un bambino. Quando impara a camminare e ad arrampicarsi, si spinge al limite estremo delle sue capacità fisiche. Dato che sta imparando, cade, sbatte, si trova in imbarazzo e si fa male molte volte al giorno. In questo periodo la sua vita quotidiana è paragonabile alla giornata di un adulto che sta cercando di imparare lo sci nautico o il pattinaggio.

Come tutti noi, più è stanco, meno sa controllare il proprio corpo. Quando si affatica, il coordinamento fisico diventa meno efficiente, per cui qualunque cosa faccia gli occorre uno sforzo sempre maggiore. Più si sforza, più si stanca. Se osservate il bambino quando è in un giardino pubblico potrete rendervi conto di questo fenomeno. All'arrivo, fresco e lustro dopo un bel riposino, corre in giro e riesce in tutto quello che vuole. La sabbia che raccoglie va tutta nel secchiello e riesce a salire tre scalini sulla scala dello scivolo; ma dopo un'ora, per riempire il secchiello gli occorrono dieci minuti, le torte di sabbia si rompono tutte e scivola ogni volta che cerca di arrampicarsi.

Oltre a quelli fisici, il bambino compie enormi sforzi per capire e affrontare il mondo. Perché l'altalena dondola? Dove finisce l'acqua che va nella sabbia? Perché gli altri bambini vogliono salire sul dondolo quando c'è lui? Il parco giochi è rumoroso, ci sono molti altri bambini: tutto questo può essere motivo di spavento o di eccitazione, ma certamente non è rilassante.

La stanchezza fisica, l'eccitazione e la tensione, mescolati con un'inevitabile dose di ansia e di frustrazione, possono accumularsi a tal punto che il bambino non si rende più conto di essere stanco: non sa fermarsi, riposarsi e non riesce a rilassarsi. È un fenomeno che chi è spesso a contatto con i bambini, soprattutto per lavoro, conosce bene e teme. Bisogna fermare il piccolo prima che arrivi a questo punto estremo. Non dovete concludere che un bambino non sia stanco perché continua ad andare in giro. Guardate che cosa sta facendo e, se le sue attività gli costano più fatica di una mezz'ora prima, vuol dire che ha bisogno di riposo. Se il bambino ha difficoltà a dormire la sera, non deducetene che durante il giorno non si è stancato, anzi, vuol forse dire che è troppo stanco e che è la tensione a tenerlo sveglio. La soluzione del problema non è necessariamente un maggior numero di ore di sonno, ma solo un po' più di riposo.

*Riposarsi senza dormire*

Trovate il modo di offrire al bambino un po' di riposo e di rilassamento senza metterlo a letto. Quelle tranquille occupazioni che gli piacciono ora, tra periodi di gioco vivace e faticoso, saranno utili in futuro. A quest'età la televisione o le sue videocassette preferite non sono adatte, come invece potrebbe sembrare a prima vista. A 15 o 18 mesi, se rimane concentrato sulla televisione, il bambino non può rilassarsi, perché per lui non sarà un'attività facile e riposante.

Ogni famiglia sceglierà queste "occupazioni distensive" a seconda delle proprie possibilità ma, se potete, trovatene una che piaccia anche a voi, perché a questa età dovrete farla insieme a lui: nessun bambino che si rispetti resterà da solo a fare qualcosa per più di cinque minuti. Sia che scegliate di disegnare insieme, di risolvere un puzzle oppure di leggergli qualcosa ad alta voce, queste attività che ora servono a tenerlo tranquillo per 10 minuti possono diventare preziose più avanti, quando dovrete tenerlo occupato mentre state viaggiando o siete nella sala d'aspetto del dentista o il bambino si sente poco bene, occasioni in cui, anche se è più grande e quindi capace di rilassarsi guardando una videocassetta, non potrà farlo.

*Quando due riposini sono troppi e uno è troppo poco, il bambino deve riposarsi senza dormire.*

## Problemi con il sonno

Molti genitori credono che tutti i bambini, eccetto il loro, vadano tranquillamente a letto ogni sera all'ora giusta, si addormentino da soli e dormano tutta la notte senza svegliarsi. È anche diffusa l'idea che essere gentili ma decisi eviti ogni problema. Si tratta di un mito. Quando gli studiosi chiedono ai genitori di descrivere che cosa accade veramente risulta che almeno la metà dei bambini tra uno e tre anni di età fanno capricci quando si tratta di andare a letto.

*Problemi al momento di mettere a letto il bambino*

Notte dopo notte, i bambini vengono cullati, intrattenuti, coccolati, riportati in salotto, messi nel letto dei genitori, nutriti, sculacciati, rimproverati e quindi di nuovo nutriti. Inutile, quindi, fingere che sia facile metterli a letto. Nella realtà i genitori farebbero qualsiasi cosa per evitare i capricci serali dei loro figli. È una situazione capace di rovinare la serata a tutta la famiglia, ma è soprattutto l'ultima goccia che fa traboccare il vaso per due genitori che tornano stanchi dal lavoro e vorrebbero non solo un po' di pace per sé, ma anche la certezza che i bambini non hanno risentito troppo della loro assenza. Dovete ancora preparare la cena, mangiare, gli altri vostri figli più grandi hanno bisogno di voi, ci sono mille cose da fare. Quasi tutti i genitori sono disposti a ogni cosa purché il bambino si metta a dormire quieto. Sanno che riportarlo in soggiorno con gli altri non risolverà il problema, eppure, per ottenere un attimo di quiete, lo fanno, rimandando al giorno seguente il tentativo di trovare l'atteggiamento giusto.

*Insegnategli ad addormentarsi da solo*

Se avete sempre coccolato o cullato il bambino per farlo addormentare non avrete problemi al momento di metterlo a letto, ma probabilmente comincerete a rendervi conto che farlo addormentare ogni sera richiede sempre più tempo. Può rimanere sveglio tra le vostre braccia mentre voi gli cantate una canzone dopo l'altra, e passare da uno stato di apparente dormiveglia a uno di furiosa veglia nel momento stesso in cui cercate di metterlo nel lettino. Una volta addormentato, capiterà che non dorma per una notte intera. Dovendo ripetere quei rituali anche ogni volta che si sveglia di notte, forse comincerete a valutare l'ipotesi di fargli imparare ad addormentarsi da solo, anche se inizialmente tale tentativo vi renderà la vita impossibile (vedi p. 257). Più a lungo continuerete a cullarlo per farlo dormire, più difficile e penoso sarà insegnargli prima o poi ad addormentarsi da solo. Per alcuni mesi non solo piangerà ogni volta che cercherete di sistemarlo nella culla quando è ancora sveglio, ma vi chiederà con urla strazianti di prenderlo in braccio e di cullarlo come avete sempre fatto finora. E tra un anno scavalcherà le sponde del letto e vi seguirà quando ve ne andate.

Alcuni genitori pensano che il modo più facile per insegnare a un bambino di quest'età ad addormentarsi da solo sia di dargli il suo biberon e di lasciarlo succhiare finché non si addormenta. Tuttavia, è meglio pensarci bene prima di decidere per questa soluzione. A parte l'effetto disastroso sui suoi denti, se si addormenta succhiando un biberon pieno di latte è quasi scontato che ne domanderà ancora uno per riaddormentarsi ogni volta che si sveglia durante la notte. Con questo sistema alcuni bambini bevono tre biberon di latte in una notte. Ciò comporta almeno due risvegli da parte dei genitori. Se succhiare è quello che serve al bambino per addormentarsi da solo e il piccolo non vuole succhiarsi il pollice, il succhiotto potrebbe essere la soluzione migliore (vedi p. 186).

### *Lasciarlo solo*

*Se lo lasciate lì piangente, sarà una serata orribile per tutti. Aiutatelo a imparare a lasciarvi andare via.*

Insegnare al bambino *come* calmarsi e addormentarsi senza l'aiuto dei genitori è una cosa; persuaderlo a farlo è spesso tutt'altra cosa. Anche se non ha bisogno che lo culliate e coccoliate, il piccolo può preferire che voi rimaniate con lui e farvelo sapere a gran voce. Ai genitori si dice che, con un po' di fermezza, il problema si risolve. Se mettono a letto il bambino, lo lasciano solo e sanno resistere una sera a due ore di pianto, la sera dopo si tratterà di aspettare un'ora, poi mezz'ora, per poi infine accorgersi che il problema è stato risolto. Si dice che il metodo funzioni perfettamente per alcune famiglie, ma nessuno sa esattamente quanti genitori riescano ad adottarlo davvero. Alcune coppie hanno scoperto a loro spese che quella pace conquistata dopo una settimana di sofferenze durava solo fino al prossimo mal di denti o raffreddore del bambino. Altre coppie quella pace non sono mai riuscite a conquistarla. Se si guardano le cose dal punto di vista del bambino non si capisce *perché mai* il sistema dovrebbe funzionare. Il bambino piange perché non può sopportare che voi ve ne andiate. Quindi, se non vi ripresentate, è come se gli diceste: "È inutile che tu pianga perché non tornerò, e nessuno ti ascolterà, per quanto disperato tu sia". Se questi sono i messaggi che arrivano al bambino, è difficile che il giorno dopo affronti con più tranquillità il momento di andare a letto. Può solamente convincersi che è pericoloso lasciarvi andar via.

La maggior parte degli esperti che consigliavano di adottare questo metodo sono oggi meno drastici nei loro consigli. Un bambino energico può riuscire a piangere così a lungo da esasperare al di là di ogni sopportazione sia i genitori sia i vicini. Se vi tocca capitolare dopo due ore, quando il bambino è ormai convinto che l'avete abbandonato, tanto vale cedere subito.

*Stare con lui* L'approccio contrario consiste nel dare al bambino ciò che vuole: restando con lui o riportandolo in salotto. Anche se è un metodo più gentile, non è ragionevole, se riflettete sul messaggio che questo comportamento gli trasmetterà: "Hai paura di essere lasciato solo e hai ragione: è brutto restare soli, quindi ti prendo con me...". Anche questo non è un messaggio che in seguito gli renderà più facile andare a letto. Come può credere il bambino che è del tutto normale andare a dormire, se gli date l'impressione che è giusto che si lamenti? Come si può pretendere che accetti l'idea che l'ora di andare a letto segni la fine della sua giornata, se ogni sera ha la dimostrazione che la giornata continua in seguito al suo pianto?

*La via di mezzo* La soluzione suggerita a pagina 258 è un buon compromesso e consiste nel non lasciare il bambino disperatamente solo senza però concedergli la soddisfazione di prolungare la sua giornata. Il messaggio che questo compromesso trasmette è probabilmente il seguente: "Non c'è bisogno di piangere. Non ti abbandoniamo. Se hai bisogno di noi, siamo qui. Ma la giornata è finita ed è ora che tu dorma".

Mettetelo a letto allegramente, seguendo tutti i rituali cui è abituato e terminando con il consueto augurio di "Buonanotte". Se piange quando lo lasciate, aspettate per vedere se si tratta di un "pianto di verifica". Se il pianto dura, rientrate nella stanza e augurategli di nuovo la buonanotte, poi uscite.

Anche se siete divisa tra questo problema e la cena che brucia sul fuoco, ripetete questo rituale finché il bambino non si calma: finché continua a piangere, andate da lui ogni cinque minuti, ogni volta solo per ripetergli: "Buonanotte". In questo modo riuscirete a convincerlo che voi siete sempre lì vicino, ma che la sua giornata è finita.

Non toglietelo dal lettino, non rimanete a lungo con lui e non lasciatelo solo per più di cinque minuti.

Fate in modo che capisca che voi siete sempre presenti, ma che durante questa parte della giornata siete completamente impegnate e non può ottenere la vostra compagnia.

Per esperienza, so che occorre circa una settimana per attuare questa politica, non di più se i genitori riescono a non cedere. Se tuttavia vi capita una sera di stanchezza e lo lasciate piangere senza andare a rassicurarlo, dovrete ricominciare tutto da capo. Lo stesso se, stanche di andare avanti e indietro, decidete di toglierlo dal lettino e prenderlo in braccio.

*Un'alternativa ancora migliore* Poiché comunque questo sistema non sarà facile da applicare, meglio non cominciarlo neppure se non siete assolutamente convinte di riuscire ad attuarlo, qualsiasi cosa succeda. Se avete dei dubbi, potete provare un sistema che il bambino troverà forse più facile da accettare e che non sarà neppure troppo impegnativo per voi.

Se il piccolo se ne sta tranquillo nel lettino finché voi rimanete accanto a lui, per qualche sera potreste provare a stare seduti accanto al letto finché il piccolo si sarà completamente addormentato. Poi però provate ad aumentare gradatamente la distanza: non rimanete più accanto al lettino, ma magari vicino alla finestra finché non si sarà addormentato. In seguito, di sera in sera, allontanatevi sempre più, finché arriverete a fermarvi nel bagno accanto alla sua stanza. Quando il bambino avrà imparato a rilassarsi e a lasciarsi andare anche quando siete a breve distanza da lui, siete sulla buona strada. Il segreto del successo è però non avere fretta e aumentare la distanza con molta gradualità: non ci vorranno più di due settimane.

*Risvegli notturni*

Anche se il bambino è abbastanza grande da restare sveglio volontariamente, non riesce (e non gli riuscirà mai) a svegliarsi volontariamente. Se si sveglia di notte non lo fa per abitudine. Non potete insegnargli a non farlo, né ignorandolo quando si sveglia né rimproverandolo. In realtà i risvegli notturni non hanno niente a che fare con la disciplina e quei genitori che vi dicono che i loro bambini hanno imparato a non farlo mentono a se stessi.

*Risvegli senza paura*

Tutti i bambini si svegliano diverse volte per notte quando si girano. Se non c'è niente che li interessi o li disturbi, ricadono nel sonno senza che nessuno si accorga che si sono svegliati. Se il bambino insiste a informarvi di ogni risveglio notturno, anche quando sa riaddormentarsi da solo durante i sonnellini diurni, controllate tutti i punti che seguono:

- Andate nella sua stanza ogni volta che si muove? Siete probabilmente voi che disturbate lui. Se il bambino dorme meglio quando è il padre a occuparsene vuol dire che è perché il padre dorme e non lo disturba. Il bambino non è più piccolo e fragile: se vi vuole, senza dubbio ve lo fa sapere.
- Si scopre dormendo e poi, alle prime ore del mattino, ha freddo? Mettetegli un pigiama-sacchetto o coprite sia lui sia i suoi giocattolini con un'altra coperta quando andate a letto voi.
- Ha paura del buio? Lasciategli accesa una lampadina da 15 watt. Si sveglierà lo stesso, ma forse non vi chiamerà.
- Dorme con un orsacchiotto? Legate due o tre orsacchiotti alle sbarre del lettino, quando andate a letto. Con un po' di fortuna sarà in grado di trovarne uno quando si sveglia e non avrà più bisogno di svegliarvi.
- Gli danno noia i rumori esterni? Come con i bambini più piccoli, può darsi che dobbiate prendere dei provvedimenti contro i rumori del traffico o altri suoni che possono disturbarlo.
- Ha fame di notte? Alcuni bambini sono così stanchi la sera che non riescono a mangiare a sufficienza a cena e la prima colazione è molto lontana. Durante questi mesi anticipate l'ora della cena e dategli un bicchiere di latte prima che vada a dormire.
- Ha sete? Alcuni genitori credono che, se la sera il bambino beve meno liquidi, non bagnerà il pannolino. Non è vero. Il bambino deve bere quanto vuole fino al momento di andare a letto, altrimenti è molto probabile che vi svegli nel corso della notte chiamandovi perché ha sete.

*Paure notturne*

È il tipo più comune di risveglio notturno. Circa la metà dei bambini osservati dagli studiosi ne soffrivano. Sono in genere dovute a degli incubi, anche se naturalmente non sappiamo quali siano i sogni del bambino, che cosa pensi o che cosa gli succeda nel sonno.

Certi bambini ne soffrono, poi passano dei periodi tranquilli; altri si svegliano terrorizzati due o tre volte la settimana e continuano così per mesi.

Potrà capitare al bambino di svegliarsi per un terrore improvviso e di conseguenza lo troverete in piedi nel lettino che vi chiamerà piangendo palesemente terrorizzato. Oppure si tratterà di qualche reazione che assumerà l'aspetto di un dolore profondo e troverete il bambino disteso nel suo lettino in lacrime come se gli fosse accaduto qualcosa di terribile.

In entrambi i casi, se arrivate subito il dramma si placa rapidamente. Uno sguardo alla vostra figura familiare, una consolante carezza e il bambino si riaddormenta. Al mattino non ricorderà niente. Se invece non arrivate in fretta il piccolo si impaurirà sempre più e il suo stesso pianto lo inciterà a piangere sempre più disperatamente. Quando finalmente arriverete, lo troverete tremante, teso, singhiozzante: non gli basterà vedervi per essere tranquillizzato e vi ci vorranno 15 o 20 minuti per rassicurarlo e farlo addormentare.

*Come affrontare gli incubi*

Far fronte a un incubo è semplice, basta correre dal bambino appena lo sentite piangere. È molto più difficile prevenirli ma, se vi capiterà di alzarvi varie volte per notte, sarà proprio questo problema a presentarsi con una certa drammaticità: come prevenirli.

Suggerimenti come stancare il bambino durante il giorno o dargli più da mangiare a cena non funzionano o addirittura sortiscono l'effetto contrario. Un bambino troppo stanco o sovraccaricato di cibo dorme probabilmente meno bene del solito. Qualche volta un approccio di carattere più generale può dare qualche risultato. Non si sa con esattezza che cosa causi gli incubi sia nei bambini sia negli adulti, ma sappiamo che sono collegati all'ansia e alla tensione. Se il bambino ha una vita troppo stressante e concitata, cercate di farlo riposare, di rimuovere le cause di stress, e può darsi che gli incubi si facciano meno frequenti. Se anche gli incubi continueranno, il piccolo starà comunque meglio.

È nato o sta per nascere un altro bambino? Avete di recente cominciato a lavorare e il bambino è curato da qualcun altro? Il padre è assente da casa a lungo in questo periodo? È cambiata l'assistente del nido che preferiva? Qualsiasi mutamento radicale nel suo piccolo mondo può averlo reso ansioso, anche se non lo dà a vedere. Non sempre si possono eliminare le cause della tensione, ma si può sempre aiutare un bambino dimostrandosi particolarmente affettuosi e tolleranti e, magari, parlandogli di ciò che sta accadendo. Anche un bambino che non sa usare molte parole può essere tranquillizzato se i genitori gli dicono con semplicità che sanno che è agitato e che ne capiscono la ragione.

Vi state dibattendo per risolvere problemi di alimentazione, di pulizia o nascono conflitti dovuti al suo desiderio di indipendenza? Per quanto vi contrasti con violenza quando è sveglio, è probabile che sia però anche preoccupato delle conseguenze di questi conflitti. Il bambino non sa quanto possa rischiare di non piacervi. Basterà che voi pretendiate un po' meno da lui: questo atteggiamento tollerante e la certezza che l'amate come lui ama voi ridurrà certamente la tensione che ha determinato l'insorgere degli incubi.

Siete appena rientrate da una vacanza? Il bambino è stato ricoverato in ospedale oppure è stato a lungo malato in casa? Tutto ciò che lo allontana temporaneamente da casa o che interrompe le sue normali abitudini quotidiane può essere motivo di tensioni. Attenendovi con cura a dei ritmi più rigidi del solito gli darete la sensazione di poter riconquistare più facilmente l'antica sicurezza.

Tutti questi suggerimenti traggono spunto da una medesima idea fondamentale, quella secondo cui un bambino che soffre di incubi può migliorare se per un certo periodo viene trattato come se fosse più piccolo di quello che è in realtà. È evidente che c'è qualcosa che lo disturba e lo fa sentire inadeguato alle esigenze della vita. Trattatelo come se fosse più piccolo e non domandategli troppo, in modo che possa affrontare con facilità ciò che gli viene richiesto: è probabile che gli incubi diminuiscano gradualmente.

*Passeggiate notturne*

Verso la fine del secondo anno, si presenta un altro motivo per non lasciare il bambino piangere di notte: se non andate a trovarlo sarà lui che verrà a cercarvi. Dovete evitare che impari troppo presto ad arrampicarsi fuori dal lettino, perché può farsi male scavalcando le sponde o girando per casa da solo. Anche se non gli succede nulla di grave, il bambino impara a uscire dal letto e a venire a cercarvi; una volta che avrà imparato, sarà capace di farlo anche tutte le notti. Molti genitori sono stati portati all'esasperazione dalle improvvise apparizioni notturne del bambino in salotto o, peggio, in camera da letto. Se siete disposti a lasciarlo dormire nel vostro letto, sarà probabilmente più sicuro e meno stancante per tutti accettare la cosa e comportarsi di conseguenza.

*Come prevenire le passeggiate notturne*

Non si tratta semplicemente di impedire fisicamente al bambino di uscire dal letto, ma di togliergli di mente l'idea stessa di farlo da solo. Se gli capita di tentare di arrampicarsi per lasciare il lettino è probabile che, con la tipica persistenza dei bambini, continui a provare finché non ci riesce: dovete quindi renderglielo assolutamente impossibile e assicurarvi che non abbia motivo per farlo.

Se è abituato a vedervi apparire quando piange, prima di addormentarsi o di notte, non proverà una necessità impellente e disperata di cercarvi. Ricordate che sarà spinto a cercare di raggiungervi solo se voi vi siete rifiutati troppo spesso di rispondere alla sua chiamata.

Se la sera non l'avete mai portato in salotto o messo nel vostro letto durante la notte non saprà quali piaceri perde restando nel suo letto. Sono i bambini che hanno in mente la visione di un piacevole gruppo familiare o di una coppia addormentata nel letto matrimoniale che si sentono esclusi e cercano quindi con maggior impegno di scappare dal lettino.

È in questo periodo che un pigiama a sacco, il cui uso è cominciato nel primo anno, si rivelerà utile non solo per tenerlo al caldo. Se il bambino avrà sempre indossato questo tipo di pigiama, saprà che non può camminare finché non glielo togliete. Si tratta di un sopruso da parte dei genitori che però si rivela molto efficace. Funziona solo se cominciate a usarlo prima che il bambino faccia i primissimi tentativi di arrampicarsi. Inoltre vi farà comodo disporre di un lettino la cui base si abbassa, in modo che le sponde risultino più alte. Sistemate il lettino nella posizione bassa appena il piccolo comincia a essere capace di alzarsi in piedi da solo. Eliminate anche dal lettino tutti i giocattoli o i pupazzi abbastanza grandi su cui il bambino potrebbe salire per arrampicarsi: le sponde del letto gli sembreranno così impossibili da scalare.

### *Come affrontare il problema delle passeggiate notturne*

Una volta presa, quest'abitudine è difficile da togliere. Niente terrà il bambino nel letto, se non la costrizione fisica. Ma queste costrizioni fisiche, come per esempio chiudere a chiave la porta della camera, sistemare una rete sopra il lettino o metterlo a letto con cinture di sicurezza, sono potenzialmente pericolose, sia dal punto di vista fisico sia da quello emotivo. Si tratta di soluzioni poco sagge. Infatti, se costretto con la forza, il bambino considererà il letto una prigione. Se ciò accade, come sperare che vada a dormire volentieri e che passi notti tranquille?

Nessun risultato positivo sembra possibile. Forse il modo migliore per insegnargli a non scappare dal letto è di fargli capire, con assoluta decisione, che quello che ottiene con le sue imprese potrebbe ottenerlo semplicemente chiamandovi. Se avete la possibilità di installare un microfono (ne esistono di appositi) che vi permetta di sentire quando il bambino comincia ad arrampicarsi, sarete in grado di raggiungerlo prima che arrivi alla porta: rimesso ogni volta a letto, probabilmente rinuncerà.

Anche senza questi pronti interventi, potete fare in modo che le passeggiate notturne non gli procurino alcun divertimento. Se appare in salotto, riportatelo immediatamente a letto senza lasciargli neppure un attimo per farsi notare. Se spunta nella vostra camera da letto, riportatelo immediatamente nella sua. Coccolarlo un po' è come invitarlo a ripetere l'impresa.

Un pigiama a sacchetto, un lettino profondo e dei genitori che accorrono quando lui chiama sono probabilmente i mezzi migliori per tenere a letto un bambino. Da tutti questi discorsi appare evidente che non è ancora giunto il momento di metterlo in un lettino più grande (vedi p. 462). Se è arrivato un secondo bambino, comprate o fatevi prestare un secondo lettino.

### *Bambino mattiniero*

È più facile che si svegli presto un bambino che un neonato. Si tratta comunque di un problema semplice. Al mattino, il bambino si trova nelle migliori condizioni, è sereno, allegro. Vi sveglia magari alle 6, ma lo fa cantando ad alta voce e non piangendo o lamentandosi. Alcuni bambini passano il tempo chiacchierando, cantando e giocando con le coperte o con i giocattoli che hanno nel lettino. Altri salutano i ragazzi più grandi, scambiandosi gentilezze finché non arrivano gli adulti. Se il bambino insiste nel chiamarvi, potete ricorrere a uno di questi espedienti:

- Lasciate vicino al letto una scatola di giocattoli e libri. Per tirarli fuori impiegherà molto tempo e con un po' di fortuna troverà almeno un giocattolo di suo gradimento.
- Badate che abbia luce sufficiente. D'estate delle tende sottili lasceranno passare la luce; d'inverno lasciate accesa una luce tenue.
- Insegnategli a capire quando è mattina. Imparerà a riconoscere un segnale particolare che significa che è giunto per voi il momento di alzarvi e di andare da lui: la vostra sveglia, per esempio, o la radio che viene accesa.

*Se avrà qualcosa da fare quando si sveglia presto, vi lascerà dormire ancora una mezz'oretta.*

# Il pianto e come consolarlo

I bambini tendono a vivere su un'altalena emotiva che ha a un'estremità ansia e lacrime e all'altra frustrazione e collera. A questa età i sentimenti, positivi o negativi, sono forti come lo saranno in futuro, ma in questa fase sembrano ancora più intensi perché costituiscono una novità. Se il bambino vi preoccupa perché sembra facilmente irritabile o permaloso, provate a pensare a lui come a una persona che non sa ancora interpretare i suoi sentimenti. Il bambino non ha ancora imparato ad avvolgerli in un velo protettivo; non riesce a controllarsi perché non ha l'esperienza necessaria per sapere come gestire le sue emozioni e queste lo sopraffanno.

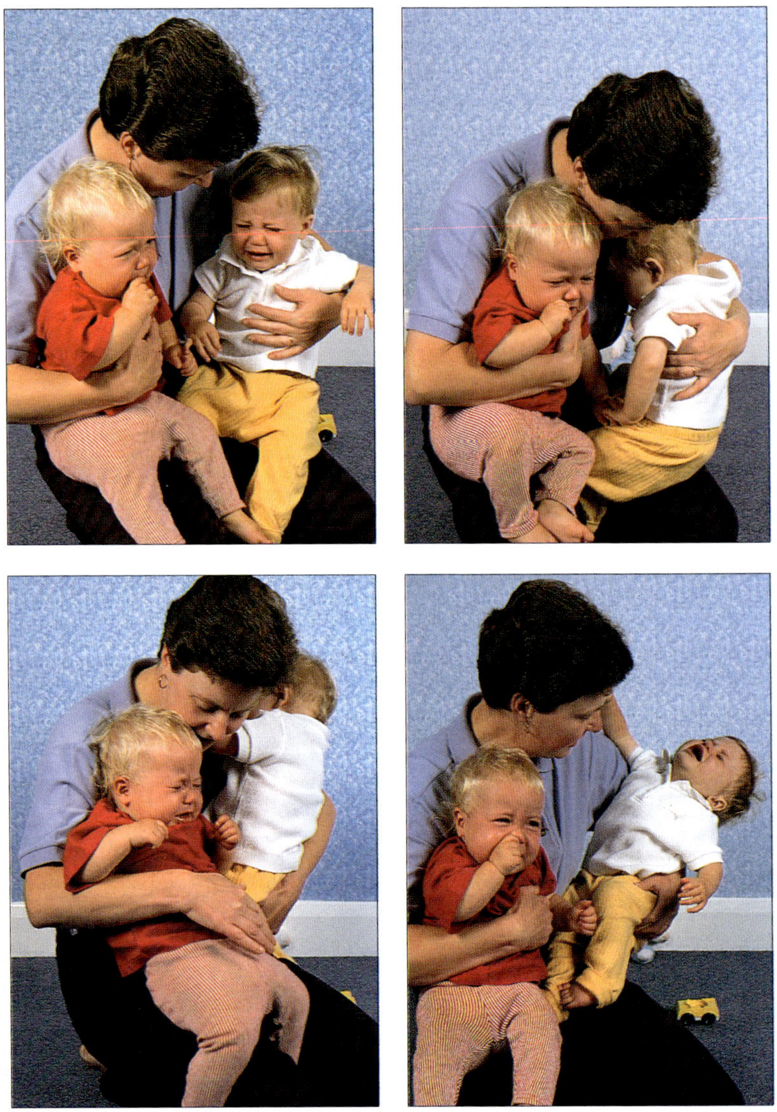

*Se affrontare i momenti di collera di vostro figlio vi sfinisce, pensate alle madri di due gemelli...*

*Quei difficili bambini di due anni* Sono le violente emozioni proprie di questa fascia di età che spesso inducono i genitori a parlare con accento disperato di quei "terribili bambini di due anni", dimenticando gli aspetti positivi che questa stessa vivacità emotiva comporta. Il vostro bambino è pronto tanto al riso quanto al pianto; le sue manifestazioni di affetto sono altrettanto plateali quanto quelle di collera; il piccolo si eccita ai suoi inaspettati trionfi con la stessa prontezza con cui si deprime davanti ai suoi insuccessi. E se è egoista e non si cura di mettervi in imbarazzo con i suoi accessi di collera in pubblico, è anche divertente e capace di incredibili dimostrazioni di affetto.

*L'altalena emotiva* La maggior parte dei problemi, delle lacrime e della collera del bambino derivano da una contraddizione di fondo che riguarda ciò che vuole dai genitori. Il suo desiderio di essere indipendente, di liberarsi dal dominio assoluto che gli adulti hanno su di lui e di diventare una persona autonoma pesa su un piatto della sua bilancia emotiva. Il desiderio opposto, cioè di restare un bambino piccolo che può contare continuamente sulla protezione del mondo adulto, pesa sull'altro piatto. Giorno dopo giorno, ora dopo ora, addirittura minuto dopo minuto quest'equilibrio cambia. Un attimo prima il bambino vuole la sua indipendenza: "Io faccio!" grida, e "Vai via!". Un attimo dopo voi andate via e lui torna bambino, piange amaramente perché avete lasciato la stanza senza di lui e si sente abbandonato.

Quest'altalena di sentimenti può trovare un equilibrio solo se voi restate nel mezzo, adattandovi a queste esigenze emotive che cambiano molto rapidamente. Se circondate il bambino di cure e protezione troppo vigili, il suo bisogno di indipendenza si potrà trasformare in rabbia e frustrazione. Se invece gli concedete un'eccessiva autonomia personale, troppa responsabilità di sé e delle proprie azioni, la sua esigenza di protezione si trasformerà in ansia. Cercare di trovare un equilibrio tra questi due stati d'animo è il vostro lavoro di genitori ed è quello che dovreste esigere da chiunque si prenda cura del bambino per vostro conto.

## Ansia e timori

L'ansia e il timore sono normali emozioni umane, ma non per questo sono piacevoli. La maggior parte degli adulti impara a far fronte a situazioni che provocano ansia o a evitare ciò che fa paura. Ma i bambini non hanno né l'esperienza né la forza di farlo da soli o di costringere gli adulti a farlo per loro.

Se il bambino è in ansia quando lo lasciate per la notte, probabilmente avrà sviluppato delle difese contro questa sgradevole sensazione, come per esempio succhiare il braccio dell'orsacchiotto o avvolgersi la "copertina consolatoria" attorno alla testa. Ma neppure queste semplici difese sono realmente in suo potere. Se un fratello maggiore geloso gli nasconde l'orsacchiotto o la sciarpa va persa al supermercato, il bambino non può fare niente se non piangere.

Se durante il giorno è in ansia quando lasciate la stanza senza di lui, può mantenere l'ansia a un livello sopportabile seguendovi. Ma se andate in bagno e chiudete la porta, lui è impotente. Non è mai del tutto sicuro che gli sarà permesso di sentirsi tranquillo.

Ma non sempre sono gli eventi esterni a provocare l'ansia. Il bambino probabilmente comincia a provare ansia anche ogni volta che i suoi stessi sentimenti gli sfuggono di mano. La sua collera, destinata a spaventare voi, spaventa lui a mano a mano che si accumula. Se cambierete umore, la rabbia e l'ansia scompariranno, ma lui non può costringervi a farlo. Non può fare niente per impedirvi di rispondere alla sua rabbia con la vostra, finché cade in un parossismo di terrore furioso. Allora il bambino è del tutto in preda ai propri sentimenti e solo voi potete aiutarlo a controllarli.

*Aiutatelo a fronteggiare le sue emozioni*

La primissima cosa da fare per dare al bambino questa specie di aiuto emotivo è osservarlo e ascoltarlo attentamente, in modo da poter cogliere tutte le sfumature dei sentimenti che lascia trasparire. Ci vorrà ancora molto tempo prima che vi prenda per mano e vi dica: "Papà, ho paura di quel cane" oppure "Di solito non ho paura dei tuoni, ma questi sono davvero troppo forti". Nel frattempo dovete cercare di capire senza che lui vi dica niente. Non tutti i genitori fanno attenzione ai sintomi, anche se evidenti. La prossima volta che vi trovate su una spiaggia o in un parco giochi, provate a guardarvi intorno e a contare tutte le volte in cui vedete un bambino piangere, strillare, urlare la sua paura, mentre i genitori lo tranquillizzano blandamente dicendo: "Non avrai paura di quello..." oppure "Questo non è troppo alto per te" o ancora "Ti piace, lo sai..." mentre cercano di spingere in acqua o sull'altalena un bambino che resiste con tutte le sue forze. Tutte queste frasi, naturalmente, riflettono solo un "modo di dire": gli adulti non intendono presumere di sapere ciò che i bambini provano meglio dei bambini stessi. Ma i bambini non conoscono questi strani modi di dire; per loro tutto ciò significa solamente che il mondo degli adulti si rifiuta di capire i loro sentimenti, che si rifiuta di tener conto del loro "no" per quanto forte lo gridino.

Se ignorare i sentimenti di un bambino è poco gentile, provocarli è scorretto. Sfortunatamente sono gli individui più sensibili e reattivi quelli che più facilmente perdono il controllo e forse solo un adolescente è più sensibile di un bambino di due anni. Una cosa è guardare (in privato) con occhio divertito i piccoli gesti di furore che precedono la sua collera, un'altra provocarla per il proprio divertimento. È divertente giocare a "Scappa, se no ti mangio..." intanto che lui grida di finto spavento, ma diventa crudele continuare anche per un solo secondo quando lo spavento è reale. Ed è bellissimo giocare a fargli il solletico e vederlo ridere a più non posso; ma fermatevi subito appena protesta o il suo riso rischia di diventare isterico.

*Sintomi di ansietà generale*

Se il bambino è un po' in ansia nei confronti della vita, un po' oppresso forse dal fatto di dover crescere a un ritmo più veloce di quello che può sostenere, potrete capirlo controllando se si manifestano o no alcuni dei sintomi elencati di seguito.

- Sarà attaccato a voi più del solito, preferirà seguirvi piuttosto che restare solo in una stanza, tenervi la mano piuttosto che corrervi davanti, sedervi in grembo piuttosto che su una sedia o sul pavimento.
- Probabilmente sembrerà più buono del solito. Poiché sente di dipendere più che mai da voi, quando si ricorda di ciò che vi fa piacere cerca di farlo. Inoltre, non si sente più molto avventuroso, quindi non farà il birbantello più del solito.

■ Apparirà intimorito dalle persone e dai luoghi estranei. Se lo portate fuori per il tè, si farà timido e passerà tutto il pomeriggio con la testa sulle vostre ginocchia. Se la sua maestra all'asilo è in vacanza, può rifiutarsi di andarci. Se lo portate in un nuovo parco, sarà troppo impegnato a stare attaccato a voi per andare in esplorazione.

Se rilevate nel bambino questi sintomi e gli offrite per un po' di tempo più affetto, attenzione e protezione, l'equilibrio si ristabilirà. Se invece ignorate questi segni, l'ansia può crescere ancora.

■ Il bambino può presentare nuove o maggiori difficoltà ad andare a letto. Può aumentare il numero dei rituali della sera, pretendere di avere intorno a sé più membri della famiglia e più bambole nel suo lettino, piangere disperatamente per avere la luce accesa e chiamarvi continuamente dopo che gliela avete lasciata.

■ Può cominciare ad avere degli incubi (vedi p. 363).

■ Sembra perdere entusiasmo per il cibo, preferendo gli alimenti più infantili tra quelli presenti nella sua dieta e rifiutando di mangiare da solo come faceva prima.

Quando l'ansia generale del bambino ha raggiunto un livello tale da influenzare aspetti della sua vita quali il sonno e l'alimentazione, molto probabilmente nasceranno delle improvvise paure per oggetti determinati. È come se tutta l'ansia accumulatasi in lui cercasse un mezzo per esprimersi.

### *Come affrontare i timori specifici*

Se il bambino ha paura di qualcosa che i genitori ritengono "ragionevole" temere, sarà in genere trattato gentilmente. Gli incubi, per esempio, fanno paura a tutti, quindi il bambino che si sveglia gridando, sudato e tremante, avrà la comprensione e il conforto immediato di tutti. Ma molte paure del bambino non sembrano ragionevoli agli adulti. Invece della comprensione e del rispetto per quello che prova, il bambino si sentirà solo esortato a non fare lo "sciocco".

*Quando il bambino incontra una nuova creatura, mostrategliela, ma non insistete perché si avvicini se ne ha paura.*

Se il bambino ha paura, accettate questa paura. Può sembrarvi irragionevole, ma non c'è niente di ragionevole nella paura. Potete non condividerla, ma non siete voi a provarla. Se vi viene voglia di prenderlo in giro, pensate ai vostri timori, chiedendovi se sono tutti ragionevoli e come vi sentireste se non poteste evitarli. Per esempio, che impressione vi fanno quei grossi ragni innocui?

Dite al bambino che non c'è niente da temere, ma non imponetegli di non aver paura. Se gli dite: "Non ti farà del male, ma vedo che ti fa paura, quindi non ci avvicineremo" il bambino capirà che siete dalla sua parte; se invece gli dite: "Non fare lo sciocco, non devi aver paura" non gli date né aiuto né consolazione.

La maggior parte dei timori dei bambini si basa su una paura naturale e difensiva per gli oggetti inconsueti. Il bambino tende a essere diffidente verso tutto ciò che è nuovo finché non si è dimostrato innocuo. Poiché la maggior parte di ciò che lo circonda o risulta tale o scompare nel giro di un tempo brevissimo, spesso i timori si dileguano rapidamente così come sono comparsi. Ve ne sono però alcuni che rimangono, soprattutto quelli che non sono stati affrontati con tatto. Invece di trovare un accordo con la cosa insolita, di accettarla, il bambino accumula su di essa un timore sempre più grande, finché quella diffidenza originaria non si trasforma nel tipo di paura che in linguaggio tecnico è chiamato fobia.

*Fobie* Nei bambini piccoli le fobie sono molto comuni, ma ciò non significa che il piccolo sia malato. Il mondo è effettivamente per lui un luogo pauroso. Ci sono moltissime cose che non può capire o fronteggiare. Non deve quindi sorprendere se talvolta alcuni timori generici si focalizzano in questo modo. Più della metà dei bambini sviluppa almeno una fobia nel corso del secondo e terzo anno di età. L'oggetto più frequente di queste fobie, nei paesi occidentali, sono i cani. Immediatamente dopo vengono il buio e quella estesa e immaginaria quantità di fantasmi che lo abitano. Seguono gli insetti e i rettili, specialmente i serpenti; ultimi sono i rumori forti, come le sirene dei pompieri o delle ambulanze.

La fobia agisce sul bambino in modo diverso dalla normale paura. Poiché i cani sono i primi dell'elenco, prendiamoli come esempio. Il bambino che ha soltanto paura dei cani mostrerà la sua paura quando, e solo quando, ne incontra uno. Il resto della sua vita non è influenzato da questo timore. Lontano dagli occhi, lontano dalla sua paura. Una paura di questo genere scompare di norma quando e se il bambino scopre che i cani non sono pericolosi. Se non lo scopre da solo potete aiutarlo, per esempio mostrandogli dei cuccioli nella vetrina di un negozio o il barboncino del vicino tenuto al guinzaglio.

La fobia dei cani lavora invece sull'immaginazione del bambino. Non solo lui ha paura quando incontra realmente un cane da vicino, ma anche quando ne vede uno a distanza o quando lo vede in fotografia, o addirittura quando soltanto ci pensa. In questo caso eviterà di andare dove sa che ci sono cani e cercherà anche di non andare dove potrebbero essercene. Se la fobia si fa molto acuta, può darsi che per strada voglia stare sempre sul passeggino in previsione del caso che un cane gli passi accanto, che non voglia andare a giocare al parco perché vi sono dei cani, che abbandoni un libro amato di fotografie perché c'è un cane a pagina quattro, e che getti via dal lettino il suo asinello perché quando lo guarda di notte gli ricorda un cane.

*Come far fronte alle fobie* Non esistono spiegazioni razionali per le fobie. Non potete aiutare il bambino a superare questo particolare tipo di paura facendogli vedere che la cosa che teme è innocua. Se cercate di farlo, portandolo a vedere un grazioso barboncino, provocherete in lui tali orribili sensazioni di panico che la sua fobia ne sarà rafforzata. Non è il cane reale che è causa del suo terrore, è il cane che il bambino ha in mente.

Poiché sono le sue sensazioni di paura che sconvolgono tanto il bambino, dovete affrontare le fobie in modo indiretto, cercando di ridurre il livello generale di ansietà a un punto così basso da non lasciare che permangano in lui timori tali da dover essere polarizzati su qualcosa:

■ Aiutatelo a evitare ciò che teme, ma fate in modo che il vostro comportamento non gli faccia pensare che anche voi siete spaventati dalla stessa cosa. Se vuole salire sul passeggino quando vede un cane per la strada, lasciateglielo fare, ma fategli capire che glielo concedete solo perché capite che è spaventato, non perché credete che vi sia un vero pericolo. La paura è contagiosa.

■ Cercate di identificare le cause di tensione della sua vita (vedi p. 363) e di ridurle. Ovviamente non potete disfarvi del fratellino ultimo arrivato, ma potete aiutare il bambino cercando di risvegliare i suoi sentimenti nei confronti del bambino più piccolo (vedi p. 427).

- Se non trovate una causa specifica, per un po' trattatelo come se fosse più piccolo. Può darsi che nel crescere e diventare indipendente abbia tenuto un ritmo troppo veloce. In quell'altalena emotiva che lo caratterizza c'è stata forse troppa ansietà e paura e dovrete darvi da fare per restituirgli la sua sicurezza.
- Se la fobia si impadronisse della sua vita impedendogli di giocare, di andare dove gli piace, di divertirsi e di essere felice, chiedete aiuto all'ospedale locale o al vostro medico.

*Coraggio e paura*

*Quando vuole andare in esplorazione da solo, concedetegli tutta la libertà possibile, compatibilmente con la sua sicurezza.*

Talvolta per i genitori è difficile affrontare in modo ragionevole l'ansia, le paure e le fobie, perché non ammettono che sia normale per un bambino soffrirne. Si vergognano addirittura del bambino perché è un "piagnucolone" e un "fifone". Ciò è particolarmente penoso per i maschietti, perché i genitori temono che si comportino come delle "femminucce".

Potrà forse servirvi riflettere sulla differenza sostanziale che esiste tra essere coraggiosi ed essere impavidi. Essere coraggiosi significa fare o affrontare qualcosa che spaventa. Potete chiedere al bambino di essere coraggioso quando si tratta di un'iniezione o di un tuono. Se gli chiedete di essere coraggioso, il minimo che potete fare è ammettere che ha paura, mostrare che capite i suoi sentimenti e chiarire che riconoscete e apprezzate lo sforzo che sta facendo per controllarli. Non l'aiuterete a comportarsi in modo coraggioso se non gli lasciate esprimere la sua paura. Non l'aiuterete a essere coraggioso la volta seguente se non ammettete che la prima volta è stato coraggioso.

Essere impavidi significa non avere paura. Ne deriva che un bambino spaventato non può essere impavido per definizione. Cercare di rendere un bambino sicuro, audace e impavido costringendolo a fare cose che lo spaventano è una contraddizione. Quando lo portate urlante nella piscina perché volete che non abbia paura dell'acqua, gli chiedete di essere coraggioso. Più chiedete al bambino di sforzarsi a comportarsi in modo coraggioso, più si spaventerà e maggior sforzo gli costerà comportarsi come voi volete. La paura e l'ansia continue spingono la sua altalena emotiva sempre più verso la dipendenza e sempre più lontano da quell'indipendenza che voi cercate di incoraggiare. La situazione può giungere a un punto tale che gli sarà impossibile diventare l'impavido, audace bambino che desiderate, perché le vostre richieste di coraggio lo costringono invece a cercare il vostro appoggio e la vostra protezione.

## Indipendenza e frustrazione

Il bambino sviluppa con rapidità il senso di essere una persona distinta, con diritti, preferenze e impegni propri. Non si considera più una parte di voi, quindi non accetta più remissivamente che voi controlliate tutta la sua vita. Vuole affermarsi ed è giusto che lo faccia. La sua ostinazione è un segno che sta crescendo e che al momento si sente abbastanza sicuro da cercare di sbrigarsela da solo.

Ma la vita è difficile, per il bambino. Non è ancora in grado di capire molto ciò che gli accade intorno; spesso vuole fare cose che gli adulti non possono permettergli perché è ancora troppo piccolo e fi-

*Ai bambini piace stare insieme, ma hanno bisogno di un adulto per dirimere i loro bisticci.*

sicamente incapace. I suoi sforzi verso l'indipendenza lo portano inevitabilmente a un senso di frustrazione. Anche se un po' di frustrazione è inevitabile, troppa può nuocere all'amor proprio del piccolo e fargli perdere nell'ira tempo ed energia che invece potrebbe usare per apprendere.

### *Frustrazioni derivanti dagli adulti*

I genitori possono con facilità frustrare il nuovo senso di indipendenza, la coscienza di sé come persona distinta e il senso di dignità del bambino. Non appena si sente tiranneggiato, comandato, oppresso, punta i piedi. Qualsiasi argomento finisce in una lite. Le cause sono infinite: il vaso o i vestiti, il cibo o il letto. Se capisce che insistete, si inquieterà. Ma se ha invece l'impressione che gli permettete di decidere della sua vita, userà il vaso, mangerà il cibo che gli date, resterà a letto, verrà quando lo chiamate, andrà via quando glielo direte e sarà felice di farlo.

Poiché ci sono già innumerevoli occasioni in cui dovrete impedirgli di fare cose pericolose per lui o per gli altri, avrete bisogno di tatto, fantasia e pazienza, ma soprattutto di un buon talento di attore. Avete fretta di arrivare a casa? Se lo mettete bruscamente nel passeggino, proprio quando lui ha voglia di camminare, scatenerete l'inferno. Fate come se aveste tutto il tempo che volete, proponetegli di giocare a fare il cavallo che lo porta a casa in carrozza e arriverete a casa tanto velocemente quanto ve lo permettono le vostre gambe.

### *Frustrazioni provocate dagli altri bambini*

I bambini, anche piccoli, sono molto interessati ai loro coetanei. Se ne hanno l'opportunità, molti costruiscono delle vere e durevoli amicizie. Ma i rapporti interpersonali anche tra i migliori amici, a quest'età, sono spesso fonte di frustrazioni e di dispiaceri, perché i bambini non sono capaci di mettersi nei panni dell'altro, in modo da capire i suoi sentimenti. Se entrambi vogliono lo stesso giocattolo, è probabile che quello dei due che ha un carattere dominante se lo prenda e l'altro si metta a piangere, mentre gli adulti saranno vagamente scontenti di tutti e due. Se uno vuole abbracciare l'altro e costui non vuole, sarà per voi difficile decidere per chi parteggiare. L'abilità di comportarsi in modo socialmente accettabile si svilupperà con la pratica. Nel frattempo i bambini di quest'età non riusciranno a

dirimere le loro controversie da soli. Hanno bisogno di un adulto che metta pace e funga da tramite. Il bambino non impara nulla se un amichetto gli tira i capelli o gli dà un morso.

*Frustrazione provocata dagli oggetti*

Gli oggetti che il bambino tenta di usare spesso non si comportano come lui vorrebbe perché non è molto forte e la coordinazione tra i muscoli non è ancora perfetta. Le lotte con gli oggetti o con i giocattoli sono spesso educative. Il bambino scopre il funzionamento di ciò che lo circonda ed è per lui un'informazione fondamentale. Può rimanere deluso, per esempio, perché non gli riesce di infilare i cubi in un contenitore rotondo. Ma il fatto che un oggetto quadrato non possa entrare in uno tondo è un'informazione che deve ancora assimilare e sarebbe assurdo e controproducente nascondergliela.

Le frustrazioni di questo tipo faranno in modo che il bambino continui a tentare e a imparare. Se però sono troppo numerose, pro-

*Non sanno mettersi uno nei panni dell'altro, ma se spiegate loro le cose capiranno.*

durranno l'effetto contrario. Se affronta da solo compiti impossibili e quindi incontra continuamente insuccessi, rinuncerà. In questi casi siate pronti a intervenire e ad aiutarlo se vedete (e sentite!) che il bambino è sempre più frustrato e quindi sempre meno efficiente. Cercate di capire qual è il suo problema e offritegli quell'aiuto minimo che gli permetterà di riuscire; se lo risolvete voi al posto suo è inutile.

*Frustrazioni causate dal suo corpo e dalle sue dimensioni*

Quando il bambino capisce a che cosa servono gli oggetti e come usarli, ma non riesce a farli funzionare perché è ancora troppo piccolo o troppo debole, è arrivato il momento di aiutarlo. Tale situazione non è né piacevole né educativa, provoca solo pena e rinuncia. I bambini non hanno bisogno di stanze piene di costosi giocattoli che alla fine non servono né per il loro divertimento né tanto meno per il loro sviluppo, ma qualsiasi oggetto abbiano deve essere fisicamente a loro misura.

Il bambino può desiderare di spingere la carrozzina della bambola della sorella, ma è troppo piccolo per raggiungere l'impugnatura; può desiderare di giocare con il pallone del fratello, ma è troppo debole per farcela. Se non può disporre di un piccolo passeggino o di una palla di plastica leggera, è meglio che non abbia niente finché non sarà più grande. Vogliamo che si senta quanto più è possibile grande, forte e capace di gestire il suo mondo. Quindi i suoi oggetti devono essere adeguati alle sue dimensioni.

*Un giorno sarà grande come loro, ma per ora il gioco non fa per lui.*

L'OPINIONE DEI GENITORI

## *A un bambino che morde o picchia bisogna restituire morsi e colpi*

*La madre, il cui bambino aveva dato un morso a mio figlio di un anno, era dispiaciuta, ma pur scusandosi con me non lo ha punito come io chiedevo, spiegando che il bambino era sconvolto per la nascita di un fratellino. Cercare di capire i sentimenti dei bambini e il loro comportamento va bene, se serve a prevenire gesti aggressivi (poteva dare al piccolo aggressore qualcosa da mordere e su cui scaricare la sua rabbia). Ammetto che avrei voluto vederlo punito perché aveva fatto del male al mio bambino, ma penso comunque che genitori come quella madre hanno perso di vista le basi della disciplina e non capiscono che è necessario punire in modo appropriato un bambino che si comporta male. Io ho lavato con il sapone la bocca di mio figlio più grande che diceva parolacce. E se avesse morsicato qualcuno, lo avrei morso a mia volta per fargli capire quanto male fa.*

I morsi sono il comportamento aggressivo che i genitori temono di più. Lanciare oggetti o tirare calci può essere pericoloso, ma i morsi feriscono i sentimenti oltre che la carne, gettando la vittima nel terrore e riempiendo di rabbia i suoi genitori. I bambini che mordono talvolta non vengono accettati alla scuola materna e spesso sono esclusi dai gruppi di coetanei, mentre i loro genitori vengono trattati come paria. Perciò le punizioni sono molto più severe che nel caso di altri comportamenti scorretti. La sua reazione al linguaggio sboccato di suo figlio è insolita, ma il suggerimento di "restituirgli il morso" è condiviso e comprensibile, benché assurdo.

Quando un bambino morde bisogna subito fargli capire che non si deve fare. I denti (e gli "artigli") sono le armi naturali di tutti i giovani mammiferi e quindi i bambini non sanno "istintivamente" che mordere (e pizzicare o tirare i capelli) è proibito. La madre trasmette questo messaggio al bambino quando lo stacca con fermezza dal seno dicendo "non si morde", o quando lo depone a terra se il bimbo l'ha morsa mentre era in braccio. Non importa che il bambino capisca *perché* non deve mordere, purché capisca che non si deve fare. Invece l'idea di un adulto che morde un bambino "per fargli sentire che fa male" è, oltre che barbara, un gesto inutile e crudele, perché il bambino non può capire. A tre anni un bambino è appena capace di mettersi nei panni di un altro e di cogliere il collegamento tra ciò che ha fatto e ciò che l'altro sente.

In effetti, poiché i bambini imparano i comportamenti sociali solo attraverso l'esempio, restituire il morso non insegna loro a non essere violenti. Come può un bambino capire che non si deve mordere se i suoi genitori lo fanno? Per diventare sicuro di sé ma non aggressivo deve sapere che non è permesso a *nessuno* fare del male di proposito a un'altra persona (in famiglia, a scuola o ai giardini). Restituire i colpi ricevuti non è accettabile nei rapporti tra bambini, ma non è neppure accettabile come forma di punizione nei rapporti tra adulti e bambini.

Se le punizioni fisiche rendono il bambino più incline alla violenza fisica, la stessa conseguenza hanno anche i comportamenti suggeriti per scaricare la violenza, per esempio colpire un cuscino. Anche se non fa male a nessuno, un comportamento violento rimane comunque violento. Anche se l'espediente può stornare l'aggressività di un bambino dalla sua potenziale vittima, ribadisce la sua tendenza a reagire fisicamente quando è in collera o è frustrato. Il bambino ha bisogno di vedere che gli adulti disapprovano chiaramente *qualsiasi* tipo di violenza.

L'adulto deve stroncare l'abitudine a mordere del bambino, senza mettersi al suo livello. I gesti aggressivi cessano sempre e istantaneamente quando gli adulti li fermano. Mostrate simpatia per chi è stato malmenato e per i sentimenti di entrambi i bambini. Quando il piccolo impara a parlare, insegnategli a trattare gli altri da pari invece che come aggressori o vittime: "Noi non mordiamo (o picchiamo o pizzichiamo); *parliamo* con gli altri...".

## Accessi di collera

Benché gli accessi di collera siano tipici dei bambini tra un anno e due anni e mezzo, non sono neppure rari nei bambini di nove mesi, mentre sono più frequenti di quanto i genitori ammettano anche nei bambini di quattro anni, che sono ancora capaci di impuntarsi nel bel mezzo del supermercato, picchiando i piedi per terra.

Non etichettate qualsiasi scoppio di rabbia o atteggiamento di sfida come un accesso di collera. Un bambino può divincolarsi, gridare, picchiare i piedi o irrigidirsi tanto da non poterlo mettere sul passeggino senza che si possa dire che ha avuto un accesso d'ira. Un vero scoppio di collera è qualcosa di speciale: l'equivalente emotivo di un corto circuito. Quando l'accesso di collera è in atto non può essere fermato, né da un adulto né dal bambino stesso. Il carico di frustrazioni si accumula in lui fino al punto in cui è così teso che solo un'esplosione può liberarlo. Talvolta la tensione si accumula a poco a poco. Ci sono pomeriggi in cui capite che una di queste esplosioni sta per avvicinarsi e sarete fortunate se riuscirete ad arrivare all'ora di mettere il bambino a letto senza che la crisi sia scoppiata. Altre volte invece l'accesso è così improvviso e imprevedibile che è davvero come se fosse saltata una valvola. Finché dura la crisi il bambino non appartiene più al mondo, sopraffatto com'è dalla sua rabbia interna e terrorizzato dai violenti sentimenti che non riesce a controllare. Per quanto sgradevoli siano per voi questi accessi, ricordatevi che sono molto più penosi per lui.

*Un vero accesso di collera è come un corto circuito. È sgradevole per voi, ma molto più penoso per lui.*

Il comportamento dei bambini durante gli accessi d'ira varia, ma in genere ogni bambino segue un proprio schema. Può correre per la stanza, agitato e urlante. Ricordatevi che non ha più controllo, quindi tutto ciò che gli capita a portata di mano potrà essere sbattuto per terra. Se non lo proteggete può urtare contro i muri o i mobili e farsi molto male. Può buttarsi per terra, contorcendosi, urlando e scalciando come se stesse combattendo contro i demoni (fate attenzione se vi avvicinate perché potreste venire colpiti da un calcio). Può strillare fino a diventare rauco. Mentre urla il faccino gli diventerà blu perché ha espirato a tal punto l'aria dai polmoni che, in questo momento, non può inspirarne di nuova. Gli accessi d'ira durante i quali il bambino sembra trattenere il respiro sono per i genitori i più allarmanti. Il bambino può restare senza respirare così a lungo che il suo faccino diventa grigiastro e può arrivare quasi a perdere conoscenza. Ma è impossibile che si faccia veramente male in questo modo: i suoi riflessi scatteranno riportando l'aria nei polmoni molto prima che corra qualche pericolo.

### *Come fronteggiare gli eccessi d'ira*

Alcuni bambini sono più soggetti di altri a questi accessi di collera. Potete comunque cercare di prevenire gli scoppi d'ira organizzando la vita del bambino in modo che la frustrazione per la maggior parte del tempo resti contenuta entro dei limiti tollerabili. Cercate di fare il possibile per limitare questi attacchi che non fanno bene né a lui né a voi. Quando dovete costringerlo a fare qualcosa che non gli piace, o proibirgli di fare qualcosa che gli piace, ricorrete a tutto il vostro tatto. Quando vedete che sta per andare in collera, cercate di rendergli la vostra richiesta più accettabile. Certamente deve mettersi il cappotto per uscire, ma forse potete lasciargli la cerniera abbassata per

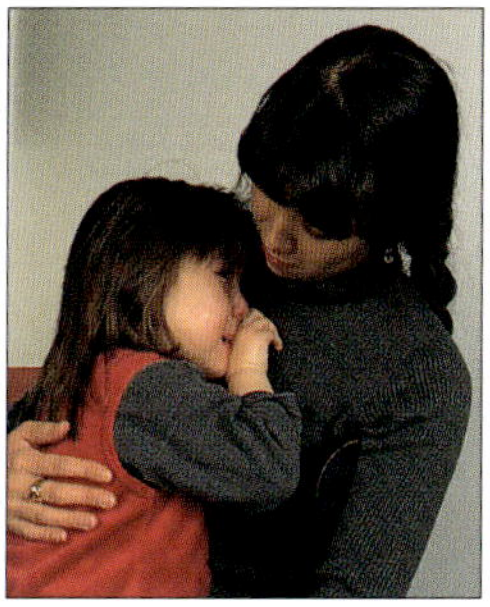

*Quando gli urli diventano singhiozzi, la piccola furia si trasformerà in una patetica creaturina che ha bisogno di conforto.*

ora. Non è un fatto positivo imporgli delle decisioni definitive o metterlo in situazioni dalle quali non ha altra via di uscita che non sia una crisi di rabbia. Lasciategli sempre un'alternativa.

Se la collera scoppia, impeditegli di fare del male a se stesso, agli altri o di rompere oggetti. Questa rabbia che lo sopraffà lo terrorizza. Se alla fine della crisi scopre che ha battuto la testa, vi ha graffiato il viso o ha rotto un vaso, vedrà nel danno una dimostrazione del suo terribile potere e la prova che, quando non si può controllare, neppure voi avete la forza di controllarlo e di proteggerlo.

Vi sarà forse più facile evitargli pericoli se lo tenete con delicatezza sul pavimento. Quando si calma si trova vicino a voi e scopre con meraviglia che la tempesta non ha mutato niente. Lentamente si rilassa e si lascia cullare dalle vostre braccia. Gli strilli si trasformano in singhiozzi e il piccolo mostro furioso diventa una patetica creaturina che ha pianto fino a farsi male e a diventare pazza di paura. È il momento di confortarlo.

Alcuni bambini non sopportano di essere trattenuti durante questi accessi. La limitazione fisica provoca nuove punte di collera e tutta la situazione peggiora ulteriormente. Se il vostro bambino ha queste reazioni non cercate di imporvi. Togliete di torno tutto ciò che può rompere e cercate di impedirgli di ferirsi.

- Non cercate di discutere o di convincerlo. Durante la crisi di rabbia non è in grado di seguire un ragionamento perché è completamente sopraffatto dalle sue emozioni.
- Non urlate anche voi, se potete evitarlo. La collera è molto contagiosa e può capitarvi di sentire crescere sempre più la vostra irritazione a ogni strillo. Cercate di non imitarlo. Se lo fate, è probabile che prolunghiate l'accesso perché, quando il bambino sta per calmarsi sentirà la vostra voce incollerita e ricomincerà di nuovo.
- Non fategli capire che viene ricompensato o punito per uno di questi accessi. Il vostro scopo deve consistere nel fargli capire che queste crisi sono orribili per lui e che non cambiano niente, né in bene né in male. Se la crisi ha avuto inizio perché non lo avete lasciato andare in giardino, non lasciatecelo andare. E se stavate per portarlo fuori quando ha avuto la crisi, dopo portatelo fuori ugualmente.
- Non fatevi indurre da queste crisi a trattarlo "delicatamente" in pubblico. Molti genitori hanno paura che questi accessi scoppino in luoghi pubblici, ma non fatelo capire al bambino. Se esitate a portarlo nel negozio vicino perché temete che abbia un accesso d'ira per i dolci, o se lo trattate in modo particolarmente delicato per evitare crisi quando avete degli ospiti, intuirà presto ciò che sta accadendo.

Quando capirà che queste crisi, veramente incontrollabili, influenzano il vostro comportamento nei suoi confronti, imparerà a usarle e a provocarne di semivolontarie, atteggiamento tipico dei bambini di tre e quattro anni educati male. Convincetevi che il bambino non avrà crisi; comportatevi come se non ne aveste mai sentito parlare e, quando si presentano, trattatele come intermezzi sgradevoli, ma del tutto irrilevanti nella vita di ogni giorno. Sembra facile ma non lo è. Una madre, alla quale il figlio di venti mesi chiedeva di togliere il coperchio della scatola della sabbia, rispose: "Non adesso, è quasi l'ora del bagno" e riprese la conversazione con un'amica in visita. Il bambino le tirò il braccio per chiederlo di nuovo, ma non ottenne rispo-

## L'"angolino" funziona

***Non sono d'accordo con i genitori che picchiano i bambini e non penso che punizioni come "niente TV" funzionino. Invece l'"angolino" è efficace. Quando il mio primo figlio aveva due anni avevamo messo in anticamera una sedia e un timer da cucina. Ora ha quattro anni e se si accorge di farmi arrabbiare mi chiede: "Vado nell'angolino?". Per lui quattro minuti di esilio (uno per ogni anno di età) sono un'eternità e fa quindi di tutto per evitarli. Il metodo funziona tanto bene che ho deciso di introdurlo prima dei due anni con la mia seconda bambina. Ora ha un anno e non riesce ancora a stare seduta, ma un'amica mi ha suggerito di usare un lettino per isolarla e me ne ha prestato uno da campeggio che aveva adoperato allo stesso scopo. L'ho messo nella camera degli ospiti, dove non ci sono giocattoli o altre distrazioni e quando la piccola non si comporta bene la metto lì finché non si calma.***

L'idea alla base del sistema fondato sull'isolamento è quella, sensata, di togliere il bambino da una situazione stressante e senza via di uscita, dando a lui (e anche all'adulto) il tempo e l'opportunità di calmarsi per riaffrontare la situazione *ex novo*. È un espediente che gli adulti usano spesso dicendo per esempio di dover andare alla toilette quando, nel corso di un'accesa discussione politica, si accorgono di perdere il controllo, superando i limiti della buona educazione.

L'"angolino" è popolare soprattutto tra quei genitori che cercano alternative efficaci alle punizioni corporali. Dopo essere stato avvertito, se il bambino non smette di comportarsi male viene messo da solo, senza giocattoli o altre distrazioni, in un posto particolare o su una sedia speciale e deve rimanerci per un certo numero di minuti, calcolati da quando smette di fare quello che non doveva fare. Il bambino sa di avere sbagliato, sa come avrebbe dovuto comportarsi e sa anche che cosa deve fare per riappianare le cose e mettere fine al suo esilio. Se collabora, il sistema non è né violento né umiliante. Purtroppo però molti bambini non collaborano. A quel punto il sistema si deteriora. Se dite a un bambino: "Vai nell'angolino" e lui si rifiuta, che cosa pensate di fare? Portarcelo a forza mentre magari scalcia e grida? E se lo mettete in camera e lui ritorna immediatamente in salotto, che cosa farete? Terrete chiusa la porta? La chiuderete *a chiave*? Ecco che vi ritrovate di nuovo in un sistema punitivo che, per quanto non comporti dolore fisico, è comunque coercitivo e umiliante come la sculacciata.

Se quindi l'"angolino" non è una punizione adeguata per un bambino che non vuole collaborare, lo è ancora meno per un bambino che non *può* collaborare perché non è abbastanza grande e non capisce ancora il senso di quello che accade. Un bambino di un anno che viene messo in un lettino in un angolo, da solo, come lei suggerisce, viene di fatto messo in prigione. Quand'anche la sua bambina capisse che si trova lì perché continuava a buttare la pappa dal seggiolone, non può rendersi conto che quell'esilio è temporaneo né che il calcolo della sua durata avrà inizio da quando smetterà di piangere, cosa che comunque non può fare a richiesta o per sua volontà. Pensa forse di lasciarla lì finché smetterà di piangere e si sarà addormentata per lo sfinimento o finché lei stessa si sarà calmata e sarà di nuovo in grado di affrontare la situazione da adulta? E quest'esperienza che cos'altro potrà insegnare alla bambina se non che essere lasciata sola in un lettino è una cosa terribile e da temere?

L'angolino è utile se il bambino è in grado di collaborare, ma in questo caso non è neppure necessaria una punizione. Una corsa per il giardino per scaricare la tensione può essere persino più efficace. Il modo migliore per affrontare i momenti di tensione nei bambini non è escluderli dalla vostra presenza, ma anzi tenerli più vicini a voi: se il bambino non smette di comportarsi in modo sgradevole perché ha perso il controllo delle sue emozioni, ha bisogno che voi lo salviate dalla situazione "prestandogli" il vostro controllo, finché, dopo una pausa, lui potrà di nuovo essere padrone di se stesso.

sta. Andò alla cassa e cercò inutilmente di aprirla da solo. Era stanco e la frustrazione era troppa. Ebbe un accesso d'ira. Quando si tranquillizzò e sua madre lo ebbe confortato, lei ammise: "Mi sento una stupida per non aver capito che ci teneva tanto a giocare con la sabbia. È colpa mia". E tolse il coperchio alla sabbia.

Questo comportamento, pur comprensibile, è un ottimo esempio di come non affrontare gli attacchi di collera! La madre aveva risposto "no" alla prima richiesta di aiuto da parte del bambino senza prestargli attenzione. Gli sforzi del bambino per togliere il coperchio non le avevano fatto comprendere quanto per lui fosse importante giocare, e ciò era accaduto perché non gli prestava attenzione. Solo quando è scoppiata la crisi, lei ha capito che il figlio voleva veramente quella sabbia e che non c'era alcuna buona ragione per vietargliene l'uso. A quel punto, per farla finita ha ceduto, ma era troppo tardi. Disattenta o no, avrebbe dovuto restare coerente con il "no" iniziale, perché cambiandolo in un "sì" dopo la crisi non può non aver fatto pensare al bambino che la sua esplosione di collera aveva ottenuto l'effetto desiderato. Sarebbe stato meglio per tutti e due se lei avesse accolto la prima richiesta di aiuto, invece di cedere dopo gli strilli.

Non è facile essere un bambino che oscilla violentemente tra questi sentimenti estremi fatti di ansia e ira. Non è neppure facile essere un genitore che lotta al centro di questa altalena emotiva per cercare di tenerla in equilibrio, ma il tempo lavora per voi. Il peggio di questa turbolenza emotiva passerà quando il bambino avrà raggiunto l'età prescolare.

Diventerà più grande, più forte e più capace. Nel contempo imparerà a manipolare meglio gli oggetti, così da avere meno frustrazioni nel corso della vita quotidiana. Imparerà a conoscere e a capire meglio le cose, e quindi la sua vita conterrà un minor numero di incognite terrificanti. A mano a mano che diventa più coraggioso non avrà più bisogno che voi lo tranquillizziate continuamente. Un po' alla volta imparerà a parlare liberamente non solo delle cose che ha davanti, ma anche di ciò che pensa e immagina. Quando saprà esprimersi meglio potrà talvolta anche accettare parole rassicuranti invece di pretendere la vostra continua presenza. Grazie al linguaggio imparerà anche a distinguere tra fantasia e realtà. Arrivato a questo punto sarà capace di vedere l'irrealtà della maggior parte dei suoi timori e la ragionevolezza della maggioranza delle richieste e dei divieti che gli imponete. Diventerà un essere umano ragionevole e comunicativo. Dategli solo tempo.

# Come il bambino usa il suo corpo

Imparare a camminare da solo è una pietra miliare nello sviluppo di un essere umano. Quei primi passi vacillanti attraverso una spazio aperto significano che una persona ha realizzato una delle grandi imprese dell'essere umano: camminare sugli arti posteriori, lasciando quelli anteriori liberi per altre attività.

Ma la mobilità non lo rende solo capace di muoversi attraverso gli spazi ricoprendo delle distanze. Gli fa anche capire che cosa siano. Impara a coordinare ciò che i suoi occhi vedono con le azioni che compie il corpo, e ad affinare le tecniche su cui lavora da quando ha cominciato a coordinare occhi e mani (vedi p. 199); impara a riconoscere le rappresentazioni bidimensionali di oggetti tridimensionali, e a giudicare le distanze.

È emozionante vederlo tirarsi su, stare in piedi e poi camminare con l'aiuto delle manine. Se vostro figlio ha difficoltà a camminare senza appoggio, non dimenticate che è in pieno sviluppo e che ci arriverà con il tempo, purché la sua crescita progredisca regolarmente sotto gli altri aspetti.

Sono tante le fasi che il bambino deve attraversare dal giorno in cui, per la prima volta, si tira su e si mette in posizione eretta al giorno in cui, per la prima volta, attraversa il prato. Come abbiamo visto, sono molto diverse le età in cui i bambini imparano a stare in piedi e a camminare, per cui il vostro bambino al momento del primo compleanno potrebbe aver raggiunto una qualsiasi di queste fasi. A qualunque punto sia arrivato, non cercate di mettergli fretta per passare allo stadio successivo.

*Se si trova di fronte a un vuoto troppo grande da attraversare, cerca di raggiungere il centro come può...*

*Imparare a camminare. Fasi*

Tutti i bambini seguono una sequenza fissa nelle fasi dell'apprendimento della mobilità, e devono attraversarle tutte, anche se un bambino può soffermarsi solamente per pochi giorni e un altro per diversi mesi su ognuna.

Fase 1. Nella prima fase il bambino, che ha già imparato a mettersi in piedi aggrappandosi alle sbarre del lettino o ai mobili, impara a "bordeggiare" lungo questi appoggi, facendo scivolare le mani sul supporto fino a sbilanciarsi da un lato e poi facendo scorrere un piede alla volta per recuperare la posizione di equilibrio. Non affida tutto il proprio peso ai piedi, ma ne scarica una buona parte su entrambe le mani (vedi p. 284).

Fase 2. La seconda fase introduce un bordeggiare molto più pratico e sicuro. Il bambino si allontana un po' dal sostegno, in modo che tutto il peso gravi sui piedi, e usa le mani solo per tenersi in equilibrio. Invece di spostare contemporaneamente le mani quando vuole muoversi, ne sposta una alla volta. Alla fine di questo stadio muove ritmicamente mani e piedi, di modo che nei momenti critici si appoggia solo su un piede e su una mano, perché l'altro piede e l'altra mano sono in movimento.

Fase 3. La terza fase è quella in cui il bambino ha una maggiore mobilità, perché impara a superare piccoli spazi vuoti tra un sostegno e l'altro. Se i mobili sono disposti in modo adeguato, potrà muoversi per la stanza, seguendo la spalliera del divano, tenendosi al davanzale della finestra e poi a una sedia. Attraverserà qualsiasi spazio che può colmare aprendo le braccia, ma non lascerà la presa di una mano finché l'altra non avrà prima raggiunto il nuovo appoggio.

*... e poi si gioca tutto con un unico passo verso la nuova presa che lo aspetta dall'altra parte.*

Fase 4. Nel quarto stadio si arriva al primo passo senza alcun appoggio. Saprà attraversare uno spazio vuoto che supera l'ampiezza delle sue braccia. Tenendosi al primo supporto metterà i piedi al centro dello spazio vuoto, lo lascerà, poi farà un solo passo vacillante fino

*Non ha freni e non sa sterzare, ma è finalmente un bipede d'ora in poi.*

a raggiungere con l'altra mano il nuovo sostegno. Quando lo saprà fare, sarà anche in grado di stare in piedi da solo. Spesso se ne accorgerà per errore: forse gli capiterà di essere in piedi, attaccato alla spalliera di una sedia, quando voi andate verso di lui con il suo bicchierone. Senza pensare alla legge di gravità, lascerà la sedia per tendere le braccia verso il bicchiere, e magari non si accorgerà neppure di aver lasciato il sostegno.

Fase 5. Quando sa fare un passo per muoversi da un sostegno all'altro, il bambino è pronto per affrontare il quinto stadio. Per la maggior parte del tempo continuerà a camminare appoggiandosi, ma saprà fare due o tre passetti da solo per arrivare dove vuole andare, anche se non trova mobili adatti per appoggiarsi nella direzione del suo obiettivo.

Fase 6. Questo stadio lo porta a camminare in modo del tutto indipendente. Può darsi che non vada ancora molto lontano se non può riposarsi appoggiandosi, ma quando comincia ad attraversare una stanza si muove in linea retta, che ci sia o no un sostegno a cui appoggiarsi durante il percorso.

## *Come aiutarlo a fare i primi passi*

Non cercate di fargli fretta e non preoccupatevi, per quanto lentamente riesca a fare dei progressi. Quando è riuscito a mettersi in piedi (fase 1), potete essere sicure che finirà con il camminare. Magari si accontenta della mobilità che gli fornisce il gattonare, oppure sta concentrando gli sforzi e le energie su altri aspetti dello sviluppo, come il gioco manuale o il linguaggio. Concedetegli tutto il tempo che gli occorre.

Dategli la possibilità di esercitarsi in maniera adeguata alla fase raggiunta. Nella fase 3, per esempio, potete fargli un grosso regalo sistemando i mobili in modo tale che possa girare per tutta la stanza o magari passare in quella accanto. Nelle fasi 4 e 5, invece, si divertirà molto a giocare ad "andare dalla mamma": in questo gioco voi stessa vi disporrete come sostegno e lo inviterete a fare due passi per venire tra le vostre braccia.

Proteggetelo dalle cadute. Anche se è abituato al tipo di cadute che fa quando cerca di mettersi in piedi, può impaurirsi quando cade dalla posizione eretta, specialmente se batte la testa. Molte cadute consecutive possono farlo rinunciare per settimane nei suoi tentativi di camminare.

I pavimenti scivolosi gli rendono difficile muoversi, come per noi il ghiaccio. Non mettetelo mai sul pavimento con i soli calzini. I piedi nudi sono più sicuri, perché il bambino sente il pavimento e usa le dita per tenersi in equilibrio. Se fa troppo freddo per tenerlo a piedi nudi, comprategli degli stivaletti di stoffa o delle pantofole con suola antisdrucciolo (vedi p. 345). Non è ancora pronto per portare le scarpe. Se turbolenti ragazzi più grandi gli giocano attorno, il centro della stanza diventa un posto molto pericoloso. Fate in modo che abbia la possibilità di esercitarsi a camminare quando non ci sono "bolidi umani" attorno a lui.

Non preoccupatevi per momentanei regressi. Una volta che il bambino ha superato la fase 1, arriverà gradualmente a camminare da solo. Ma non solo capiteranno settimane o mesi in cui non sembrerà compiere progressi perché è preso da altri impegni o soffre di nervosismi passeggeri, ci saranno anche dei brevi periodi in cui vi sembrerà

## *I suoi primi passi in una casa sicura*

La sistemazione che avete dato alla casa quando il bambino ha iniziato a gattonare, potrebbe non essere più adatta ora che incomincia a muovere i primi passi. Ripensate attentamente a tutte le misure di sicurezza che allora vi sembravano inutili: in questa fase potrebbero diventare assolutamente indispensabili. Prendete per esempio in considerazione la possibilità di mettere fermi o sbarre alle finestre basse, o nuove serrature posizionate fuori dalla portata del bambino (improvvisamente diventato più alto) su tutte le porte che conducono all'esterno (come quella del garage) e sui cancelletti del giardino.

È anche tempo di valutare tutti i possibili pericoli che il bambino potrebbe correre nelle varie stanze, pensando alle cose che adesso è in grado di prendere, afferrare e toccare quando sta in piedi e ha le manine libere. Si appenderà al filo del telefono o si tirerà in testa il ferro da stiro? Riuscirà ad arrivare ai piatti sulla mensola della cucina o a rovesciarsi addosso la caffettiera posta al centro della tavola?

Imparare a camminare comporta di per sé dei rischi. Il pericolo sta per esempio nella forma degli oggetti o dei mobili che il bambino si potrebbe accidentalmente tirare addosso quando fa leva su di essi per alzarsi in piedi. I pericoli più ovvi sono in genere rappresentati da portaombrelli, lampade a piantana e sgabelli, ma anche le comuni sedie da cucina si possono rovesciare se prese in modo sbagliato. Più l'oggetto è pesante e più spigoli appuntiti ha, maggiore è la possibilità che il piccolo si ferisca e si spaventi.

I bambini non possono imparare a camminare senza aggrapparsi a qualcosa che li aiuti a mettersi in posizione eretta, perciò è assurdo impedir loro di appoggiarsi agli oggetti: bisogna al contrario renderli sicuri. Eliminate tutta la mobilia instabile, almeno fino a quando riuscirà ad alzarsi e sedersi da solo senza bisogno di aggrapparsi a qualcosa, e preferite divani e tavoli bassi e pesanti. Se non avete intenzione di abolire la lampada, almeno assicuratene la base sotto una poltrona; se non vi fidate della stabilità della libreria, fissatela al muro.

Ricordatevi inoltre di proteggere i mobili dai continui urti del suo carrettino, che userà ovunque in casa, sia per giocare, sia come vero e proprio mezzo di trasporto. Ma potrà usarlo anche al parco dove, per fortuna, non ci sono mobili ingombranti a frenare il suo percorso. La struttura del carrettino è ovviamente di fondamentale importanza. Una carrozzina per le bambole non è consigliabile perché si rovescia quando il bambino cerca di alzarsi (facendolo inevitabilmente atterrare sulla schiena), o scivola via se il piccolo cerca di camminare (facendolo cadere, questa volta, di faccia). Esistono in commercio anche dei carrettini economici creati per i bambini, la cui cattiva qualità dipende dal fatto che non hanno un centro di gravità stabile. Uno di buona qualità, invece, non gli cade addosso ogni volta che lo afferra per cercare di alzarsi, né procede a una velocità superiore a quella dell'andatura del bambino. Per il piccolo deve costituire un mezzo sicuro, deve aiutarlo a vivere le sue prime avventure e incrementare la sua mobilità. Un camion che trasporta mattoni, la prima carrozzina per le bambole o una carriola... sarà molto difficile trovare un regalo migliore per il suo primo compleanno.

*Nulla è migliore di un carrettino per bambini per aiutarlo ad alzarsi e a muoversi.*

che la sua capacità di camminare sia addirittura regredita. Una breve ma violenta malattia, come il morbillo o l'otite, può voler dire diversi giorni di febbre, poco cibo e niente allenamento: ciò può ridurre il tono muscolare e l'energia a un punto tale che per alcuni giorni il bambino regredisce di una o due fasi. Se prima della malattia bordeggiava già con sicurezza, può darsi che ricominci a gattonare e a cercare di mettersi in piedi. Se faceva due passi da solo, può darsi che ricominci a bordeggiare. Non c'è alcun motivo di preoccuparsi. Ripeterà tutte le fasi impiegando pochi giorni invece di alcuni mesi.

Anche una violenta emozione può far sì che il bambino perda le capacità acquisite di recente. Se un allontanamento da voi o la nascita di un nuovo bambino lo fanno ritornare al biberon, possono anche farlo ritornare per un po' al gattonare. Appena si sentirà nuovamente sicuro riprenderà a progredire.

Quando arriva alle fasi 5 e 6 e può fare alcuni passi da solo, ricordate che non sa ancora alzarsi senza un aiuto. Anche se i progressi che farà d'ora in poi verso una totale indipendenza saranno rapidissimi, tuttavia non può smettere di muoversi gattonando perché solo così raggiunge gli oggetti a cui appigliarsi per alzarsi.

## *Le prime camminate*

Camminare è inizialmente un'azione quasi totalmente priva di controllo. Il bambino non ha né freni né sterzo. Quando ha preso velocità non sa fermarsi con prontezza per evitare di cadere sugli scalini, né scansarsi con tanta precisione da evitare il palo della luce. In casa è abbastanza sicuro, perché lo spazio limitato gli impedisce di prendere velocità. Fuori, un grande spazio aperto come un parco lo renderà felice, ma camminare in una strada o in negozi affollati di gente frettolosa può essere pericoloso. Se quando fate le commissioni sta seduto nel passeggino e riserva l'esercizio del camminare a quando, tornando verso casa, passate da un parco, è meglio. Se invece quando esce sta soprattutto per strada, dovrete tenerlo per mano.

Farvi dare la manina sarà scomodo per entrambi. Il vostro braccio non è abbastanza lungo da permettervi di tenergli la mano con l'opportuna angolazione, la sua spalla sarà sempre piegata verso l'alto e il bambino non potrà seguire la sua naturale inclinazione a fermarsi e guardare e poi riprendere il cammino. Starete meglio tutti e due se usate le dande (redini). Questa utile invenzione è stata spesso calunniata e accusata di limitare la libertà del bambino, tenendolo prigioniero. In realtà, allarga i confini del possibile per questa fascia di età (vedi p. 388).

Per il secondo compleanno, il controllo delle gambe, la capacità di fermarsi e di evitare gli ostacoli saranno molto migliorati. Riuscirà a camminare regolarmente per tragitti abbastanza lunghi (anche se, a qualsiasi età, il percorso che i bambini vogliono compiere varia notevolmente) e sarà capace di mettersi in movimento e di fermarsi senza aver bisogno di un appoggio.

### *Occuparsi d'altro camminando*

Le prime volte che il bambino farà qualche passo da solo, il fatto di muoversi sui suoi piedi assorbe tutta la sua energia, la sua concentrazione e la sua attenzione, al punto da non consentirgli di fare nient'altro nello stesso tempo. Se, per esempio, vuole un giocattolo, deve fermarsi, sedersi, prendere il giocattolo e poi trovare qualcosa a cui appoggiarsi per mettersi di nuovo in piedi. Se gli state parlando e vuole ascoltare quello che gli state dicendo, si fermerà e probabilmente si metterà a sedere.

*Quando sarà saldo sui piedi, sarà più divertente giocare mentre cammina invece di giocare a camminare.*

Invece, una volta che avrà veramente cominciato a camminare, il costante allenamento lo porterà presto a riuscire a occuparsi contemporaneamente d'altro. Verso i 18 mesi avrà imparato ad alzarsi senza bisogno di appoggiarsi e sarà così saldo sulle gambe da poter prestare attenzione ad altro, anche mentre sta camminando. Imparerà a piegarsi, raccogliere il giocattolo e andare in giro tenendolo in mano. Imparerà a girare la testa in modo da guardarsi intorno mentre cammina e da ascoltarvi quando gli parlate. Imparerà a guardare indietro e, quando lo saprà fare con una certa sicurezza, un giocattolo da tirare dietro a sé avrà un gran successo.

### *Uso della mobilità*

Per gli adulti camminare rappresenta un mezzo per andare da un luogo a un altro. È inutile che vi aspettiate che il bambino si serva della sua mobilità nel modo in cui se ne servirebbe un ragazzo. Non lo farà perché non può. Se capirete i limiti e le particolarità della sua mobilità, eviterete molte arrabbiature e attriti.

Per un bambino camminare non è un'attività finalizzata, ma un girare attorno a un punto di riferimento rappresentato da una persona adulta. Il bambino camminerà di più quando siete ferme e di meno quando vi muovete. Spesso si sentono madri che dicono: "Mi fa impazzire; stamattina ero tutta presa dalle faccende di casa e lui ha continuato a piagnucolare e ad aggrapparsi a me finché ho creduto di perdere la testa. Finalmente mi sono seduta pronta a giocare con lui, ed ecco che mi si mette a correre indaffaratissimo per tutta la casa".

Questo comportamento gli deriva dal semplice fatto di essere un bambino. Durante la mattinata ha dovuto tenervi d'occhio perché non sapeva mai dove sareste andate. Ora che vi siete fermate, lui può avventurarsi per la casa e andare e venire tranquillamente. Sa che siete là. Sa che, se ne avesse bisogno, può tornare di corsa da voi.

*Adulti come punto di riferimento*

Se, per esempio, vi sedete su una panchina del parco, il bambino si allontanerà subito da voi. Andrà via in linea retta, verso una qualsiasi direzione. Recenti studi hanno confermato che un bambino che ha appena iniziato a camminare non si allontanerà per più di cinquanta metri dal suo punto di riferimento. A meno che non ci siano pericoli nelle vicinanze non c'è bisogno che vi alziate per seguirlo. Sa esattamente dove siete. Quando la fuga raggiunge il suo limite personale tornerà indietro, fermandosi spesso lungo il percorso, ma sempre avvicinandosi. Il viaggio di ritorno verso ciò che per lui è la sicurezza può concludersi senza che il bambino arrivi effettivamente a contatto con voi. Può fermarsi a qualche metro di distanza per osservare da vicino un ramoscello o una foglia e poi ripartire senza neppure guardarvi. Farà così per tutto il pomeriggio.

*Camminare bene è ancora un problema*

L'andirivieni del bambino è un comportamento naturale. Ha una sua logica che è diversissima dalla vostra. Se vi trasferite su un'altra panchina, inseguendo il sole, gli rovinate il modello comportamentale. Anche se ha visto dove vi siete trasferiti e non c'è nessuna ragione logica per cui non possa agevolmente servirsi di questa nuova base come di quella vecchia, non può semplicemente farlo. I suoi meccanismi naturali lo riportano dove eravate, non dove siete. Così rimane immobile dove si trova e può persino mettersi a piangere. Potete chiamarlo, fargli cenno con la mano: qualunque cosa facciate il bambino non verrà. Dovete alzarvi e andare a prenderlo, portarlo alla vostra nuova base e permettergli di ricominciare tutto daccapo.

Il bambino di un anno e mezzo o di due anni non riesce certo a seguire un adulto in movimento: lo potrà fare intorno ai tre anni. Fino ad allora, appena capisce che volete muovervi chiederà di essere preso in braccio. Purtroppo pochissimi adulti capiscono che il bambino che si ferma decisamente davanti alla madre e tende le braccia per essere preso non è né pigro né noioso, ma si limita a seguire il proprio istinto. Sa che una volta che avete cominciato a camminare non gli riuscirà di restarvi vicino.

*Quando alza le manine per essere preso in braccio, non lo fa perché non ha voglia di camminare ma perché non può farlo.*

Se osservate le scimmie allo zoo vedrete che, quando la scimmia madre si allontana intenzionalmente, lo scimmiotto resta immobile e piange. Talvolta la madre lo chiama con accento irato, ma il piccolo non si muove finché la madre non va a prenderlo, gli permette di aggrapparsi al suo pelo e se lo porta dietro.

Molti piacevoli pomeriggi trascorsi al parco si concludono malamente perché il bambino rifiuta ostinatamente, e apparentemente senza motivo, di tornare a casa camminando. Voi sapete che non è troppo stanco per camminare: ha corso avanti e indietro per un'ora e chiaramente è in condizioni di arrivare a casa correndo, ma ogni tentativo di convincerlo provocherà dei guai.

Se non avete portato il passeggino con voi e non volete portarlo in braccio, finirete con ogni probabilità per dargli la mano. Così fisicamente legato a voi potrà starvi vicino e vi seguirà per qualche metro. Ma tenerlo per mano non basta. Il procedere sarà lento e irregolare. Il bambino continuerà a fermarsi, voi gli darete uno strattone, lui si dirigerà nella direzione sbagliata e voi lo riprenderete. Pochi minuti di questo strazio saranno probabilmente più che sufficienti per tutti e due. Il bambino continuerà a mettersi davanti a voi tendendovi le

*Finché non è capace di seguirvi, essere preso in braccio è molto importante perché gli permette di stare dove vuole, cioè vicino a voi.*

braccia, implorando di essere preso in braccio. Voi potrete finire con il perdere la pazienza e ve lo trascinerete dietro, oppure gli lascerete andare la mano perché vi segua al suo passo. Non lo farà, perché non è in grado di farlo.

Abbandonato a se stesso mentre voi vi allontanate lentamente il bambino indugerà, si fermerà, uscirà dalla strada e si metterà a sedere. Sembra che vi prenda in giro, e molta gente dirà che è quello che effettivamente sta facendo, invitandovi a proseguire perché: "Vi seguirà appena capirà che ve ne state andando". Ma se anche cercasse di farlo, il bambino non sa come seguirvi. Se ve ne andate decisamente, lo

## Le domande dei genitori

### *Quali precauzioni lo preservano dai pericoli della strada?*

***La mia bambina di 18 mesi ha appena incominciato a camminare. Viviamo al centro di una zona urbana e le sue passeggiate, con me o con la bambinaia, si svolgono quasi sempre in strade trafficate. Siccome non è sempre facile riuscire a tenerla per mano e ovviamente non è sicuro lasciarla gironzolare da sola, dobbiamo necessariamente adottare alcune precauzioni. Che cos'è meglio, le redini o le bretelline alla vita? O mi consigliate forse qualcosa di simile a quelle radioline che iniziano a fischiare quando il bambino si allontana oltre una determinata distanza?***

Prima di decidere quali misure di sicurezza adottare, è indispensabile cercare di prevedere il tipo di pericolo in cui la bambina potrebbe incorrere.

Il genere di passeggiata sopra descritta, può rivelarsi pericolosa sotto due punti di vista. Prima di tutto perché la bambina, ancora incerta nei suoi passi, rischia di inciampare, di cadere o di finire sotto una macchina. In secondo luogo, perché la piccola potrebbe allontanarsi troppo da voi, perdersi tra la folla o essere addirittura rapita. Le radioline non sono concepite per proteggere bambini così piccoli dagli incidenti stradali e probabilmente non servirebbero a molto se la bambina si perdesse in mezzo alla folla. Al contrario, possono essere molto utili ai genitori di ragazzini di cinque o sei anni che giocano all'aperto da soli e che hanno la tendenza a perdersi.

Il fatto di legare il piccolo all'adulto lo preserva da entrambi questi pericoli. Sebbene molti ritengano che le bretelline alla vita siano più dignitose, sicuramente i bambini sono più al sicuro e più a loro agio con le redini. Se il bambino si allontana da voi anche di pochi passi in una zona molto affollata, le bretelline che vi uniscono non si notano. E se qualcuno cerca di passare tra di voi, di sicuro inciampa facendo cadere il bambino. Se invece il piccolo indossa le redini, potrà muoversi solo nella direzione dell'adulto e non ai lati, cosicchè resterà sempre sotto stretta sorveglianza e nessuno potrà intromettersi tra voi e il bambino.

Se poi l'imbracatura è fissata bene, costituirà anche un'ottima prevenzione contro le cadute. Se il bambino inciampa, potete sorreggerlo tendendo le redini; se decide di fare sciopero, si siede a terra in un luogo pericoloso e non vuole più camminare, potrete rimetterlo materialmente in piedi issandolo e portandolo in salvo.

Ma anche quando avrete fatto di tutto per la sua sicurezza, resta comunque il fatto triste che la maggior parte delle sue passeggiate avvenga tra i rifiuti di strada, attraverso una foresta di ginocchia di adulti, e con il naso al livello dei tubi di scappamento. La bambina ha bisogno di esplorare a suo piacimento (possibilmente un luogo pulito e naturale) e di muoversi da sola in piena libertà, invece di essere obbligata a seguire il vostro passo. Perciò, anche se vi chiederà insistentemente di camminare fin dall'inizio, attraversate questi luoghi in fretta tenendola in braccio o in un marsupio, finché non sarete in un posto all'aperto più adatto a lei e potrete lasciarla correre da sola.

perdereste. Se camminate lentamente, dovrete tornare indietro, ritrovarlo e rimetterlo in cammino nella giusta direzione. Avreste risparmiato tempo se l'aveste preso subito in braccio. E risparmierete tempo, fatica e irritazione se, per queste spedizioni, porterete con voi il passeggino, che vi servirà a riportarlo a casa quando vorrete. Il bambino non vuole separarsi da voi: perdervi è il suo incubo. Vi chiede solo di aiutarlo a stare dove tutti e due volete essere: cioè vicini, vicini.

### *Scalare e altre avventure muscolari*

*Insegnategli a fermarsi in cima, a voltarsi e a tornare indietro sulla pancia. La stessa tecnica vale anche per scendere dal sofà.*

A due anni circa sarà così abile e sicuro sulle gambe che quasi dimenticherete quegli incerti passi che faceva solo sei mesi prima. Pochi mesi più tardi avrà scoperto altri divertenti modi di procedere: potrà camminare girandosi su se stesso, camminare all'indietro oltre che in avanti e correre invece che trotterellare. Quando saprà correre riuscirà presto anche a saltare con entrambi i piedi che si staccano contemporaneamente dal pavimento. Saprà anche calciare un pallone, imitando i bambini più grandi ma, dal momento che non sa ancora stare in equilibrio su una gamba sola per più di un attimo, sarà un calcio senza molta energia.

Vostro figlio ha probabilmente incominciato ad arrampicarsi sulle sedie o sulle scale anche prima di iniziare a camminare, ma adesso che cammina lo farà più frequentemente. A 15 mesi sa trascinarsi su per gli scalini e, se incustodito, saprà sicuramente tornare giù. Ma a 18 mesi è pronto a provare a salire le scale servendosi dei piedi e delle mani, invece che delle ginocchia, facendo seguire un passo dopo l'altro. Se ci sono più di tre o quattro scalini, fate molta attenzione perché potrebbe pensare di essere stanco e volersi sedere all'indietro, cadendo così nel vuoto e rischiando di farsi molto male. La presenza di un adulto dietro di lui, in questi casi, è fondamentale. Tuttavia è importante fargli fare tutti i tentativi di cui ha bisogno. A questo punto è ora di insegnargli a scendere le scale con un metodo utile anche per i sofà e per i letti. Appena prima di giungere sull'orlo di un dislivello qualsiasi, insegnategli a fermarsi, a sedersi a terra e a girarsi, in modo da scendere voltato sulla pancia. Avrà comunque bisogno, almeno per i primi tempi, della costante presenza di un adulto, perché spesso si fermerà e si girerà troppo presto, quando è ancora lontano dallo scalino. Allora, che cosa deve fare? Non sono molti i bambini che sanno gattonare all'indietro.

Per quanto concerne le scale e la capacità di salirle, c'è una grande varietà. Alcuni riescono, prima dei due anni, a salire degli scalini abbastanza bassi senza bisogno di tenersi, mettendo un piedino dietro l'altro, ma pochi sanno ridiscenderli allo stesso modo se non in presenza di un adulto o di un corrimano. Tuttavia solo verso i tre anni vi potrete davvero fidare che sappiano mantenere la concentrazione su quanto stanno facendo, per avventurarsi su e giù dalle scale in modo sicuro da soli.

A differenza dei bambini più grandi, a questa età sono intrepidi e si ostinano a volersi arrampicare ovunque, sui mobili, sulle scale e sui giochi, senza realmente conoscere i loro limiti. Se a quattro anni si arrampicano sul quadro svedese, ci sono buone probabilità che vada tutto bene; ma se accade a un anno è quasi sicuro che il piccolo non sappia cosa stia facendo e non riesca a tenersi saldo. Bisogna che impari a selezionare le "sue" montagne e a sviluppare le giuste tecniche;

perciò non impeditegli di farlo, ma insegnategli a muoversi nel modo più adatto alla sua età. Per quanto cerchiate di tenerlo al sicuro dai guai mentre gioca, sarete fortunati se riuscirete a farlo nei prossimi due anni. Intanto accontentatevi di evitare che incappi in incidenti ed emergenze serie.

*Acquisire fiducia per correre e ballare*

Gli piacerà fare dei giochi in cui si corre: giocare a inseguirsi con un adulto o con un fratello più grande che si presti a questo tipo di attività, scattare guardando alle spalle l'inseguitore, deviare per evitare la vostra mano che sta per afferrarlo. Sarà capace di impegnarsi in giochi che richiedono partenze e arresti improvvisi, come il gioco delle "statuine". Sarà così orgoglioso della sua agilità nell'alzarsi e nel sedersi sul pavimento che il girotondo diventerà uno dei suoi giochi preferiti, concluso con un trionfante "tutti giù per terra".

Alcuni bambini sentono la musica e il ritmo fin dalla primissima infanzia ma entro il secondo anno molti di loro, se hanno occasione di vedere altri bambini o adulti danzare, balleranno a ogni occasione. Cercate sempre di indurli a farlo, in vostra presenza o da soli, anche se non siete dei provetti ballerini. La danza aiuta il bambino a prendere coscienza del suo corpo, mentre muove a ritmo piedi e ginocchia, braccia e spalle. Oltre a divertirsi acquisisce coordinazione e controllo di sé.

Una volta superato il secondo anno vi accorgerete che qualsiasi gesto compia, vostro figlio farà dei movimenti più precisi e coordinati. Basta che presti attenzione a quello che sta facendo, e potrà trasportare anche un oggetto fragile senza correre il rischio di romperlo o di farsi male. Comincerà anche a fondere più movimenti insieme, come per esempio saltare con tutti e due i piedi (anche se di pochi centimetri), oppure camminare sulle punte. Presto potrete dargli una macchinina a rotelle con cui si sposterà spingendosi con la forza delle gambe. Niente male se si pensa che fino a un anno fa non sapeva neanche reggersi in piedi.

# IMPARARE IL LINGUAGGIO

Il bambino non può far parte del genere umano a tutti gli effetti finché non sa capire e usare il linguaggio. Fino a quel momento fa parte di un mondo infantile a cui si deve parlare con gesti particolari, parole brevi e molto contatto fisico. Al principio della sua vita il bambino ha bisogno e vuole che indoviniate che cosa dice. Si lamenta. Che cosa vuole? È stanco? Ha fame? È annoiato?

Un esempio di uso essenziale del linguaggio è portato da una bambina di 17 mesi. Aveva un'ape sulla manica della camicetta, mentre stava seduta sul sedile dell'auto, e visto che nessuno la poteva notare, alla domanda della mamma rispose: "Ape". Era sicuramente l'unica via di salvezza.

Quando poi il bambino capisce e comincia a saper usare il linguaggio, è giunto il momento in cui potete incominciare a chiacchierare con lui delle cose che ha visto: del cane cattivo che ha rubato il pollo dal tavolo, delle persone, della sorellina che presto tornerà a casa da scuola, del babbo che sta per tornare dall'ufficio, di tutto ciò che circonda il bambino e lo colpisce, del tuono, del buon sapore della pappa.

Il linguaggio serve per comunicare, serve alla gente per parlarsi, per cui non basta che una persona sappia dire delle parole. Pochi vocaboli sconnessi non servono molto, e ve ne sarete accorti voi stessi se avete tentato di comunicare in un paese straniero con un libretto di frasi idiomatiche. Il libro vi insegnerà come chiedere: "Dov'è l'albergo?" ma non vi insegna certo a capire la risposta. Per il bambino è molto più importante capire che parlare. Quando riuscirà a capire potrà comunicare con voi. Se cercate di insegnargli a imitare i suoni delle parole prima che ne capisca il significato, lo trattate come un pappagallo, non come una persona.

*Età nel parlare*

Imparare a parlare è fondamentale e visto che lo sanno tutti i genitori, pochi di essi restano immuni dall'ansia di ritenere che il proprio figlio impari a parlare in ritardo, soprattutto dal momento che non ci sono delle età ben precise che stabiliscono quando è effettivamente tardi. A seconda di chi vi dà questa informazione, potrete aspettarvi che il bambino dica la prima parola dai 7 ai 15 mesi, e che utilizzi circa 50 parole dai 18 ai 30 mesi, quando saprà anche mettere insieme le parole. Se consultate i testi di maggiore diffusione sullo sviluppo infantile, per scoprire quando vostro figlio dovrebbe dire le sue prime due parole, vedrete che è previsto per i 14 mesi, ma è scritto anche che può succedere tra i 10 e i 23 mesi. Questa grande differenza è dovuta in parte alla natura, in parte al modo in cui viene allevato il bambino, e in parte al suo essere un individuo. Il fatto di avere un gemello esemplifica le tre motivazioni.

*Quando imparano i gemelli*

Una nascita prematura di solito porta anche a un inizio più lento nel parlare, ma la situazione si normalizza intorno ai tre anni. I gemelli sono spesso prematuri. Ma visto che la precoce capacità di parlare si basa soprattutto sulla quantità di tempo che un piccolo ha a disposizione per una comunicazione a tu per tu con un adulto che lui ama, in questo i gemelli tendono a dimezzare i tempi. È molto importante anche lo stile usato del genitore, dato che avere a che fare con dei gemelli genera spesso delle situazioni complicate di conversazione. Per esempio quando un genitore parla a tutti e due contemporaneamente, oppure parla a uno mentre anche l'altro ascolta, oppure quando i due bambini parlano insieme. Sicuramente ne scaturisce un profondo desiderio di tenere sotto controllo una situazione alquanto incontrollabile. Spesso i gemelli creano una sorta di squadra di linguaggio, dividendosi a metà la risposta da dare ai genitori, cercando di conquistarsi per primi i loro commenti e acquisendo una parlata più rapida di tanti figli unici.

*Se imparano tardi*

È importante che vostro figlio possa ascoltare le persone mentre parlano, sentire i loro discorsi e capirli sempre di più. Se questo accade, non preoccupatevi se tarda a esprimersi. Se lo forzerete a imitare il vostro linguaggio, o a chiedervi gli oggetti che desidera chiamandoli per nome, gli toglierete il gusto del gioco della comunicazione e si sentirà fuori luogo. Questo potrebbe persino ritardarlo nello sviluppo. Ricordate che i maschietti di solito incominciano a parlare un po' più tardi delle femminucce, e che i bambini che crescono in un ambiente bilingue all'inizio produrranno poche parole in ciascuna lingua. Ricordate anche che un piccolo con fratelli più grandi molto vicini tra loro, avrà bisogno di più tempo da spendere a tu per tu con un adulto di quanto non si pensi. La ricetta è la stessa per tutti: tante belle chiacchiere divertenti con gli adulti.

Se però vostro figlio all'età di due anni e mezzo non dice ancora neanche una parola, sarà consigliabile consultare un centro specializzato. Fate controllare l'udito, anche se è sempre stato buono, perché un problema a un orecchio può causare un ritardo nel parlare. Accertatevi che non ci sia alcun vero motivo per questo ritardo, come per esempio (anche se molto raro) il disturbo conosciuto come "Menomazione specifica del linguaggio" (vedi p. 504), che richiede l'assistenza di un esperto terapista. Tuttavia ci sono ottime probabilità che vostro figlio, che ora non parla molto, cominci presto a farlo. Einstein aveva tre anni compiuti quando incominciò a parlare, e i suoi genitori erano davvero preoccupati.

*Come aiutare l'intelligenza del bambino*

Come abbiamo visto, il bambino ha un interesse innato per le voci umane e una tendenza naturale ad ascoltare e a concentrarsi quando qualcuno gli parla. Servitevi di questa particolare caratteristica come avete già fatto in precedenza.

- Parlategli direttamente quanto più e quando più frequentemente potete. Guardatelo mentre parlate. Cercate di fare con il bambino delle conversazioni a tu per tu, ed evitate che ci siano anche gli altri vostri figli, sarebbe difficile dargli tutte le spiegazioni e le ripetizioni che vorrebbe ricevere e che di solito gli fornite quando siete da soli. Lasciate che veda il vostro viso e i vostri gesti.
- Fategli capire di che cosa state parlando, facendo in modo che ciò che dite corrisponda a ciò che fate. "Via la maglietta" ditegli, togliendogliela dalla testa. "Ora le scarpe" sfilandogliele.
- Lasciate trapelare ciò che pensate, facendo corrispondere ciò che dite all'espressione del vostro viso. Con questa età non si scherza. Se

*I gemelli giocano e lavorano insieme, ma non parlano molto l'uno con l'altro.*

*Ascoltare, parlare e farsi capire sono la chiave del linguaggio.*

gli date un bell'abbraccio mentre dite: "Allora, chi è l'orribile mostro della mamma?" lo confonderete. Il vostro viso dice: "Chi è il meraviglioso piccolo della mamma?".

■ Aiutatelo a capire che ogni discorso è una comunicazione. Se parlate tra voi senza aspettare una risposta e sembra che non l'aspettiate, oppure se non vi curate di rispondere quando lui o un altro membro della famiglia vi parla, sarà portato a concludere che le parole sono dei suoni privi di significato.

■ Evitate che il parlare venga usato come rumore di sottofondo. Se vi piace tenere la radio accesa tutto il giorno, mettetela su un programma che trasmette musica, a meno che non stiate ascoltando ciò che dicono. In tal caso, fategli capire che voi state ricevendo una comunicazione significativa da quella voce che lui non può vedere.

■ Fategli da interprete. Capire il suo linguaggio sarà più facile per voi che per gli estranei, come per lui sarà più facile capire voi e le persone che lui considera "speciali" piuttosto che degli sconosciuti.

■ Aiutatelo a interpretare il senso generale del vostro messaggio. Non importa che capisca oppure no tutte le parole. Se cucinate, preparate la tavola, vi togliete il grembiule e poi gli date la mano dicendo: "È ora di pranzo", capirà che il suo pranzo è pronto e andrà vicino al seggiolone. Molto probabilmente non ha capito il senso preciso delle parole ma ha individuato il messaggio disponendo di tutti gli altri elementi. Imparerà il significato delle parole isolate a forza di sentirle usare, più volte, in un contesto significativo.

■ Comunicategli sempre entusiasmo, emozioni ed enfasi. Sia che vogliate esprimere il vostro impeto d'amore per lui, sia che esplodiate con delle esclamazioni di meraviglia alla vista di uno stormo di uccelli rari nel cielo, ricordate che queste sono le espressioni che cattureranno la sua attenzione e lo motiveranno a cercare di capire quello che state dicendo.

*L'uso delle parole*

Come abbiamo visto, le prime parole del bambino sono quasi sempre delle etichette: sono nomi di persone, animali o altri oggetti che per lui sono importanti. Quando ha assegnato un nome-etichetta a una o due persone o animali, è probabile che trovi un'etichetta per un cibo che ama in modo particolare. Una parola come "cena" non sarà detta perché ha fame. Quando ha fame piagnucola, non parla. Si tratterà del nome di qualche cibo che gli piace o di qualcosa che gli dà un particolare piacere emotivo. La pronuncia è uno degli aspetti difficili del linguaggio. Per questo i bambini spesso accorciano e semplificano le parole che capiscono e vogliono usare, tanto che a volte anche i genitori o la bambinaia devono tirare a indovinare. "Papappa" e "biccocco" sono i più comuni.

È probabile che molti bambini non superino questo stadio prima dell'anno e mezzo. Le nuove parole, all'inizio, arrivano molto lentamente: ne vengono aggiunte in media una o due al mese. Ma il bambino sta accumulando e alla fine, in genere verso i 20 mesi, esplode in una raffica di parole nuove. È abbastanza normale che il bambino, che a 18 mesi, dice solamente dieci parole, al secondo compleanno ne usi duecento.

Il nuovo fiume di vocaboli si riferirà quasi esclusivamente al bambino stesso. Infatti si interessa soprattutto di ciò che fa parte di lui o che lo riguarda, e sono queste le cose di cui vuole parlare. Imparerà il nome delle varie parti del corpo. Troverà la sua spazzola per i capelli e la chiamerà per nome, schiverà la spugna nominandola e scapperà dal letto chiamandolo. Anche quando estenderà il suo vocabolario a oggetti e fatti esterni alla casa, si tratterà sempre di ciò che per lui riveste importanza. Può imparare a chiamare per nome gli uccelli ai quali si diverte a dare delle briciole, ma non si curerà di parlare di quella scuola che ha tanta importanza per suo fratello!

*Ogni cosa al mondo ha un nome, così come ha un nome la sua funzione.*

Anche se queste parole singole costituiscono solamente dei nomi-etichetta di oggetti familiari che il bambino vede, le usa in modo sempre più ricco a mano a mano che si prepara per la fase successiva. Potete aiutarlo facendo attenzione non solo alla parola che dice, ma anche al modo in cui la dice. Attribuisce al cucciolo di casa il nome "cane" e voi sapete che si tratta veramente di un cane. Ma la volta seguente che usa la parola, la fa seguire da un punto interrogativo: "Cane?" dice mentre lo guarda attraversare il giardino. Rispondete alla sua domanda dicendogli che il cane va a spasso. Con una sola parola può anche formulare dei giudizi morali. Vedendo il cane che scava nell'aiuola, dice "Cane!" con tono di profonda disapprovazione. Fategli vedere che l'avete capito, unendovi a lui nel giudicare sbagliato ciò che il cane sta facendo.

*L'uso di più parole alla volta*

Quando conosce un discreto numero di parole e ha imparato a usarle con intonazioni e significati diversi, senza bisogno di incitamenti, il bambino passerà alla fase delle due parole.

Certe espressioni polisillabiche che il bambino usa sempre abbinate (per esempio "Dai a me!" e "Metti giù!") non sono però ancora frasi e quindi non indicano il passaggio a questa nuova e più avanzata fase linguistica. Alcuni bambini imparano in effetti a comporre frasi identificando quelle ricorrenti nel linguaggio degli adulti e impiegandole (compresa l'intonazione) nelle situazioni adatte. Una bambina di due anni si complimentava solennemente con la madre per la buona riuscita di un dolce casalingo, usando lo stesso tono che aveva sentito dal nonno: "È proprio come dovrebbe essere, mia cara!".

Non aspettatevi però che le sue espressioni siano grammaticalmente corrette. Aggiunge un'altra parola per comunicare un significato più completo o esatto, non per parlare meglio. Non dirà "la palla", invece di "palla", perché l'articolo non aggiunge niente a ciò che vuol dire della palla. Invece dirà: "Palla Gianni" o "Ancora palla". Non cercate di correggerlo, gli rovinereste il piacere di comunicare con voi. Cercate di dargli l'impressione che vale la pena di fare tutti quegli sforzi che fa per riuscire nella difficile impresa che è il parlare. Quando dice "palla" vuole indicare solo un oggetto tra i tanti, ma quando dice: "Palla Gianni" è molto più facile indovinare ciò che vuol dire, probabilmente: "Questa palla è di Gianni?" o "Gianni vuol giocare a palla?".

I gruppi formati da due parole permettono di comprendere meglio il processo di pensiero del bambino. Vedrete, per esempio, che incomincia a pensare anche a oggetti che non sono presenti. Se gira per la stanza dicendo: "Ted? Ted?" capirete che pensa al suo orsacchiotto; ma quando va in giro dicendo: "Dove Ted?" saprete che lo sta cercando. Potrete anche seguire il formarsi dei concetti (vedi p. 402). Se, mentre è nella fase in cui tutti gli animali sono chiamati "micio", incontra un cane alsaziano e dice con stupore e dubbio: "Micio grande?" capirete che, anche se non dispone di una parola distinta per i cani o per altri animali diversi dai gatti, ha tuttavia una precisa idea dei gatti e si rende benissimo conto che questo grosso cane non vi corrisponde.

*Frasi e grammatica*

Quando ha già cominciato a mettere insieme due parole, poco dopo il bambino ne aggiungerà altre due o tre e formerà delle frasi. Ma non lo farà imitando ciò che sente da voi. Le sue frasi seguiranno regole grammaticali "logiche" ed esclusivamente tendenti alla comunicazione, che in genere sono del tutto diverse dalla grammatica "corretta" di qualunque lingua.

Non cercate di correggerlo. Non cambierà ciò che dice, ma la vostra disapprovazione lo scoraggerà. Ha bisogno di sentire che qualsiasi messaggio vi invia è bene accetto: limitatevi ad ascoltarlo. Prestate attenzione all'ordine in cui dice le parole. Raramente usa l'ordine sbagliato. Se vuol dire al fratello che è cattivo, dirà: "Cattivo Gianni". Ma se vuole dirlo a voi, dirà: "Gianni cattivo". Se invece vuol dirvi che ha visto un autobus, vi dirà: "Visto autobus". Ma se vuol chiamarvi perché corriate alla finestra a vedere l'autobus, dirà: "Autobus, guarda!".

Notate come usa i verbi e forma i plurali. Il bambino ha la tendenza a coniugare i verbi e a formare i plurali seguendo la regola più semplice, per cui potrebbe dire "ando" al posto di "vado" e "uomi" al posto di "uomini".

Notate che usa le frasi come se fossero una parola unica. Le frasi che ha sentito pronunciare per mesi sembrano spesso al bambino una

## LE DOMANDE DEI GENITORI

### *Come comportarsi con il linguaggio dei bambini?*

***La mia bambina di 18 mesi è molto chiacchierona. La sua sorellastra di 13 anni mi ha da poco fatto notare che quando parliamo con Lucy io e mio marito usiamo molti termini del linguaggio dei bambini, mentre lei le parla come se fosse un'adulta. Pare infatti che usi le parole più lunghe che può trovare e devo ammettere che comunque Lucy riesce a seguirla. È certamente riuscita a farci riflettere (questa era la sua intenzione), ma ha ragione? Sarebbe veramente meglio per Lucy se anche noi adottassimo un linguaggio normale, da adulti, con lei?***

Lucy è decisamente molto fortunata ad avere in casa dei compagni di conversazione così diversi, e soprattutto è fortunata ad avere una sorella adolescente che chiacchiera con lei usando parole dalle mille sillabe che la sorprendono e la interessano.

Il linguaggio infantile è quasi universale tra i genitori, qualunque lingua parlino. Si rivolgono ai bambini con un tono sempre un po' più alto del solito, intercalando i loro discorsi con molti punti interrogativi, varie ripetizioni e molta enfasi. In generale, questo stile ai bambini piace molto e attira rapidamente la loro attenzione. In seguito, i genitori passano a un linguaggio più scandito, costituito da frasi brevi con semplici costruzioni grammaticali. Dopo tutto, questo è anche il tipo di parlata che ci riesce più facile capire quando siamo alle prese con un'altra lingua. Del resto, molti linguisti ritengono che ripetere le parole chiave e trasformare i messaggi telegrafici del bambino in frasi complete, lo aiutino davvero a progredire nell'espressione.

Il figlio dice: "Gatto su". Il padre chiede: "Il gatto è andato su? Dove è andato? Su che cosa? Il gatto è andato sull'albero?" Il figlio risponde: "Gatto su albero".

Tuttavia c'è un tipo di linguaggio infantile, molto comune, che non è assolutamente utile, perché fa uso di parole semplificate o scorrette invece di quelle appropriate. Per un bambino non è certo più difficile imparare "cane" invece di "bau bau" o dire "papera" invece di "qua qua". Nella conversazione in famiglia può essere piacevole e tenero usare il linguaggio dei piccoli, ma se tutti parlassero così probabilmente Lucy a quattro anni potrebbe sentirsi imbarazzata se corretta in pubblico su qualcosa che lei considerava giusto.

In conclusione, cercate di non diseducarla solo perché non volete complicare le cose. Sappiamo tutti che una balena non è un pesce, perciò non chiamatela così solo perché appare in una foto di mare insieme a molti pesci. Il bambino è in grado di capire che ci sono dei mammiferi che vivono nell'acqua. Non etichettate gli scimpanzé e gli orangutan come scimmie. Perché dovreste evitare di usare i loro nomi? I bambini si beano delle parole nuove, tanto più se sono interessanti. Perciò insegnate a Lucy che esistono gli orangutan e dite a vostra figlia maggiore di smettere di criticare la vostra conversazione. E insegnate loro tutti i nomi possibili di dinosauri, come Diplodoco e Apatosauro... ne saranno entrambe felici.

sola parola. Quando comincia a usarle con un'altra parola non riesce a separarle in modo grammaticalmente corretto. Ha sentito dire migliaia di volte: "Che bello!", "Dammelo" o "Smettila". Ora potrebbe dire: "Cane che-bello" oppure "Bimbo dammelo mamma" mentre vi offre qualcosa.

Le prime frasi del bambino sono in un gergo telegrafico tutto personale, che ha origine dal suo desiderio di comunicare cose interessanti ed eccitanti piuttosto che di imitare ciò che gli insegnano gli adulti. Ce ne dà una testimonianza un bambino che fu portato a vedere una partita di calcio. Eccitato dalla scena, disse: "Guarda mucchio uomi". Era la prima volta che diceva una cosa del genere e non poteva aver copiato questa frase dagli adulti. Un adulto avrebbe trasmesso lo stesso messaggio con la frase: "Guarda che mucchio di gente". Se confrontate il suono di queste due frasi, vedrete che non hanno niente in comune. Il bambino aveva formato la frase da solo.

Il bambino parlerà quindi il suo linguaggio e ascolterà voi che parlate il vostro. Se rispondete subito e in modo coerente a ciò che dice, avrà voglia di continuare a comunicare con voi, mentre il vostro modo corretto di parlare resta per lui un modello al quale un po' alla volta si adeguerà. Quando irrompe in cucina gridando: "Bimbo bua, fretta" sapete che vuole annunciarvi che il fratellino piange e che dovete andare subito da lui. Fategli subito capire che comprendete il suo messaggio, e rispondetegli: "Dici che si è fatto male? Meglio che corra a vedere che cosa è successo!".

Se continuate a correggere lo stile telegrafico del bambino per farlo parlare correttamente, l'annoierete e bloccherete in lui lo sviluppo del linguaggio. Non gli importa di dire la stessa cosa in modo più corretto: vuole dire qualcosa di nuovo. Lasciatelo parlare come gli pare e non fate finta di non capire quando in realtà capite.

Anche se rispondete al bambino usando il suo "linguaggio" ritarderete il suo sviluppo, perché non gli darete nuovi argomenti di cui parlare. Lasciatelo parlare a modo suo, purché anche voi parliate a modo vostro. Lasciate che vi chieda un "biccocco", se è questa la parola che usa; lasciate che vi dica "ho mangio", ma voi offritegli un "biscotto" e chiedetegli se lo "ha mangiato". Se vi capite e riuscite a parlarvi, va tutto bene.

# Il gioco e lo sviluppo del pensiero

*Il gioco di oggi riflette il serio lavoro di domani.*

Per un bambino non c'è differenza tra giocare e imparare, fra le attività che fa solo per divertimento e quelle che hanno scopo educativo. I giocattoli sono divertenti: se non lo fossero non li userebbe e non imparerebbe niente da questi; ma sono anche strumenti per conoscere il mondo e per acquisire tutte quelle capacità che si pretenderanno da lui quando sarà adulto. Tutti i bambini, in tutte le società, si divertono e imparano dai giocattoli, ma questi sono decisamente importanti soprattutto per i bambini che vivono in società industrializzate e urbane. Sebbene esista sicuramente un elemento di consumismo nei giocattoli che i nostri bambini desiderano e che noi compriamo loro, non è tutto pura indulgenza. Giocattoli selezionati con cura possono rivelare ai bambini aspetti del loro mondo, e il modo in cui funziona, che la vita in un appartamento di città tiene nascosti.

Un secolo fa, il bambino nato in campagna faceva parte di una famiglia che lavorava e svolgeva attorno a lui attività le cui caratteristiche gli erano note. Si mungevano le mucche perché tutti (compreso il bambino) avessero il latte, si suonavano strumenti musicali perché tutti (compreso lui) potessero danzare. Poteva capire le preoccupazioni degli adulti, come il grano rovinato dal tempo inclemente o l'acqua che scendeva dal soffitto; e sapeva usare gran parte degli strumenti degli adulti, dalle vanghe ai mastelli per il bucato. Il bambino di città è invece escluso da quasi tutta la parte significativa della vita. Il lavoro dei genitori si svolge fuori di casa, in un posto misterioso chiamato "ufficio" o in un'entità ancora più misteriosa che è "la città". Invece di produrre beni palesemente utili come il latte, producono una cosa misteriosa chiamata denaro. Anche i giochi degli adulti sono in genere altrettanto misteriosi: corsi serali, riunioni, assaggi di bevande o cibi speciali. E che cosa dire delle preoccupazioni degli adulti: per un bambino sono assolutamente incomprensibili. Immaginate quello che può capire un esserino di due, tre, quattro anni quando sente parlare, diciamo, di sovrabbondanza di mano d'opera, di promozione, di capi ufficio, di padrone di casa. Le stesse attività domestiche comportano l'uso di strumenti troppo complicati perché li possa capire o troppo pericolosi perché li possa maneggiare. E anche se è già stato introdotto all'uso del vostro computer, gli è quasi sicuramente vietato l'uso del telecomando o del videoregistratore.

Anche se potete fare ben poco perché un appartamento di città diventi l'ambiente ideale in cui un nuovo essere umano possa imparare a vivere, vi sono dei giocattoli che contribuiscono notevolmente ad ampliare la conoscenza che il bambino ha del mondo che gli è nascosto dal cemento, e che gli consentiranno di cominciare a capire quei principi che permettono a tutti quei congegni di funzionare. Ci sono migliaia di giocattoli pronti, ma ce ne sono ancora di più che dipendono dalla vostra immaginazione. Per fare delle buone scelte occorre esaminare attentamente i giocattoli che il bambino possiede già e tener conto di come si sta sviluppando il suo processo di pensiero, della fase che ha raggiunto e naturalmente delle sue preferenze.

*Il mondo di un bambino di un anno*

A un anno il mondo di un bimbo è la realtà immediata e presente. L'immaginazione è un aspetto ancora troppo lontano: il bambino è troppo preso a capire ciò che è per pensare a ciò che potrebbe essere. Non può concepire il passato o il futuro. Non sa ancora ricordare ieri né fare programmi per domani; la sua occupazione è imparare a trattare con le persone e le cose reali che gli si presentano davanti. Ha già conosciuto molto del mondo reale, grazie ai suoi cinque sensi. Può riconoscere gli oggetti familiari, anche se li vede da un'angolatura particolare: per esempio, il suo biberon che gli viene presentato dal fondo, per cui ciò che può vedere è un disco bianco. Riconosce i suoni familiari: distingue la voce del padre anche quando non lo vede. Il suo senso del tatto è ben sviluppato: se tocca il bambolotto preferito, sa subito di che si tratta e lo afferra senza neppure aprire gli occhi. Il profumino che viene dal forno gli basta per capire che sta arrivando qualcosa di buono da mangiare e il suo senso del gusto gli permetterà di distinguere i biscotti alla cioccolata da quelli senza.

Ma la sua interpretazione del mondo non è sempre precisa. Il mondo è un posto imprevedibile e può rimanere facilmente ingannato da persone e cose che non si presentano come se le aspetta. Ha, per esempio, nei vostri confronti delle aspettative precise: se tornate a casa dal parrucchiere con una nuova pettinatura o uscite da uno spogliatoio della piscina con una cuffia da nuoto, lo sconcerterete; può darsi che non vi riconosca; può addirittura essere allarmato da questa combinazione di estraneità e familiarità. Aspetta il padre che torna a casa da una certa direzione e a piedi. Se invece questi scende dalla macchina di un amico, può darsi che continui a spostare lo sguardo, con aria interrogativa, dalla sua faccia all'angolo dal quale si aspettava di vederlo arrivare. Ma è pronto a imparare ad affrontare questi aspetti incostanti presenti nel suo mondo.

*Il piccolo esploratore*

*Se lasciate al bambino la libertà di esplorare, di rado si annoierà.*

Verso la metà del secondo anno, tutte le nuove capacità del bambino convergono per permettergli di imparare con facilità. Sa muoversi. Sa andare a cercare gli oggetti, anche quelli che non potevate portargli quando stava seduto. Ha visto molte volte quel tavolo, ora può andarlo a osservare cacciandosi sotto. La sua capacità di sporgersi, afferrare gli oggetti e lasciarli andare è buona. Sa afferrare tutto ciò che scova. Il suo "gergo" è molto espressivo. Può fare domande, esclamazioni, anche senza usare le parole, e voi gli risponderete, gli direte delle frasi e l'aiuterete. Presto userà anche lui delle parole vere e le parole l'aiuteranno a capire e a ricordare quello che ha scoperto.

Il suo bisogno di dormire diminuisce un po' e, quando qualcosa lo interessa veramente, riesce a restare sveglio. Così ha più ore per imparare e fare scoperte. Impara esplorando. Quando lo lasciate libero in un ambiente interessante passa da un oggetto all'altro, guardando, toccando, assaggiando, annusando e ascoltando. Non ha scopi particolari. Esamina un oggetto come gli scalatori scalano la montagna: perché è lì. In un'ora arriva a esaminare cento cose.

Poiché quasi tutto è nuovo per il bambino, non è facile che si annoi, a meno che non sia confinato su un seggiolone o all'interno di un box. Cambiamenti minimi in quell'ambiente interessante lo stimoleranno a ricominciare l'esplorazione. Il tavolo da pranzo che al mattino era completamente sgombro ora è apparecchiato per il pasto.

Il portacenere era pieno, ma poi è stato vuotato e spostato; il cestino della carta straccia che lui ha riempito è stato (saggiamente) nascosto; i cubi sparsi sono stati ammucchiati in un angolo e gli occorre un po' di tempo per riconoscere il suo camion che, rovesciato, sembra proprio diverso.

Il tempo, gli oggetti, gli ambienti da esplorare non sono mai troppi. Quando raccoglie oggetti per il gusto di raccoglierli, li lascia cadere perché lo diverte, li mette in bocca per capirli meglio, sta giocando e imparando.

*L'esploratore diventa un ricercatore*

Dopo mesi di sola esplorazione, il bambino comincia anche a fare degli esperimenti. Continua a raccogliere oggetti e a metterseli in bocca, ma comincia anche a cercare di scoprire che cosa può farne, che sapore hanno. Palpa, lascia cadere, spreme per vedere cosa accade. Esegue una serie interminabile di esperimenti fondamentali che un po' alla volta gli insegnano le leggi che governano il comportamento degli oggetti nel nostro mondo.

Non è esagerato chiamarlo "ricercatore", perché la maggior parte di queste leggi sono state studiate e spiegate da veri scienziati, generazioni fa. Il bambino, pur senza comprenderle, le scopre da solo.

*Che cosa accadrà se schiacciamo la pasta di pane con lo strizza aglio?*

Quando lascia andare un oggetto, questo cade sempre verso il basso, mai verso l'alto. Non comprende certo il concetto di gravità, ma ne scopre gli effetti. Quando dà una spinta a una palla o a una mela, queste rotolano sempre. Quando spinge un cubo, questo non rotola mai. La geometria dei solidi non significa niente per lui, ma anche in questo caso ne sta scoprendo le leggi.

Quando rovescia un recipiente d'acqua, si bagna; quando rovescia un secchio di sabbia, non si bagna. L'acqua impregna i suoi abiti, la sabbia casca quando si alza. Non saprebbe descrivere le differenti proprietà dei liquidi e dei solidi, ma le sta scoprendo ugualmente.

*La scoperta dell'identità di gruppo*

Man mano che scopre come si comportano i diversi oggetti, il bambino comincia anche ad afferrare le somiglianze e le differenze. Se ha dei cubi di colore e dimensione diversi, arriva a capire che tutti questi cubi si assomigliano tra di loro più di quanto uno di essi assomigli a un altro oggetto. I cibi sembrano molto diversi l'uno dall'altro, ma una fetta di pane assomiglia di più a una fetta di pancetta che a una spugna o a un foglio di carta. Un po' alla volta impara a differenziare sempre di più e, se gli prestate attenzione, ve ne accorgerete.

Quando aveva appena cominciato a gattonare tendeva a trattare il cane o il gatto di casa come un giocattolo. Si buttava su di loro e cercava di prenderli come avrebbe preso una palla o una macchinina. Potevate notare la sua meraviglia quando gli animali non si comportavano come giocattoli, ma scappavano precipitosamente. Ora sa che sono animali, non giocattoli, e li tratta in modo diverso.

*Il formarsi di concetti mentali*

Quando il bambino è capace di afferrare le somiglianze e le differenze e di raggrupparle nella mente compie un progresso intellettuale di grande importanza. Gli adulti organizzano le loro percezioni in modo complesso, utilizzando una versione più sofisticata della stessa tecnica di ordinamento.

Ciascuno di noi ordina, confronta, contrappone e raggruppa un'innumerevole quantità di oggetti, fatti, persone, sentimenti e idee. Selezionando tra tutto ciò che sappiamo del mondo formiamo nella mente concetti complessi che ci permettono di aggiungere nuove informazioni a quelle che già abbiamo e di comunicare liberamente l'uno con l'altro sulla base di una conoscenza condivisa. Se vi parlo, per esempio, di un insetto, capirete subito a quale categoria di animali mi riferisco. Non dovrò dedicare i primi minuti della conversazione a spiegarvi che un insetto è una creatura vivente, anziché artificiale, o che è più piccola di un elefante. Abbiamo in comune il concetto di insetto e cominciamo a parlare basandoci su questo fatto. Allo stesso modo, se volete parlarmi di gelosia, saprò che la nostra discussione verterà su quell'area di sentimenti sgradevoli nati dal possesso e dalla sua mancanza: non è necessario spiegare il concetto di gelosia, perché lo abbiamo già in comune.

Poiché definiamo i nostri concetti con delle parole, è difficile capire come progredisce la formazione dei concetti nel bambino fino a quando non parla o perlomeno non usa qualche forma di linguaggio. Se lo osservate e lo ascoltate attentamente, vi accorgerete che, mentre impara a distinguere i cani da tutti gli altri oggetti, impara anche i nomi-etichetta. Se apprende il nome-etichetta "cane" finirà con il collegarlo al cane di casa. Ha dunque acquisito il "concetto" di cane?

*È capace di distinguere la pecora dal maiale e dalla mucca, e raggruppa gli animali in famiglie.*

Non necessariamente. In lui l'uso delle parole incomincia come una semplice definizione di un particolare: quel determinato cane. Per formare il concetto di cane deve mettere tutti i cani, il vostro, quelli che vede abitualmente al parco o in un libro illustrato e i cani-giocattolo, in una sola categoria mentale e quindi usare la definizione "cane" per tutto il gruppo. Deve capire che, anche se ciascun membro di quella categoria mentale è diverso, tutti sono più simili tra loro di quanto non lo siano con qualsiasi altra cosa. Potrete supporre che abbia raggiunto questo stadio quando dal cane di casa passa al libro illustrato e indica tutti i cani riprodotti in una pagina piena di animali diversi.

In seguito, sarete sicure che ce l'ha fatta quando dirà: "Cane! Bau-Bau! Cavallo! Hii-hii!". Il bambino ha individuato una delle caratteristiche che differenziano i cani dai cavalli (il suono che emettono), l'ha generalizzata a tutti i membri del gruppo (tutti i cani abbaiano, tutti i cavalli nitriscono), ha contrapposto i due gruppi (i cani non nitriscono, i cavalli non abbaiano). Quando il suo pensiero ha raggiunto questo stadio, il bambino giocando passerà molto tempo a combinare e a classificare. Ma i suoi concetti sono ancora saldamente legati al mondo reale, visibile, presente, immediato. Se gli mostrate una pagina con illustrazioni diverse o una scatola di giocattoli di vario tipo, saprà trovare tutti i cani o tutte le automobiline, ma non riuscirà a mostrarvi tutte le cose "graziose", "pesanti" o "rotonde". Sono idee ancora troppo astratte che si formano lentamente.

### *Prime idee astratte al terzo anno*

Un bambino di due anni non riesce ad afferrare un concetto astratto che si riferisce a qualcosa che non vede, che non esiste nella sua realtà. Ha, per esempio, una vaga idea del significato di "più" o "meno", ma non concepisce i numeri veri e propri. Qualsiasi numero di cose superiore a uno per lui sarà "un sacco"! Capisce forse vagamente "presto", ma non concepisce un tempo più lontano come "la prossima settimana". Certe idee, come per esempio "cibo", gli sono estranee, anche se capirà che cosa intendete se riformulate la frase in termini di realtà note: "Le cose che ti piace mangiare".

A mano a mano che si avvicina ai concetti astratti, comincia a saper pensare e a giocare in un modo più distante dagli oggetti reali che ha in mano o sotto gli occhi. Comincia a pensare a oggetti che gli sono familiari anche quando non li ha davanti agli occhi, a ricordarli e a programmarne l'uso per il futuro. Lontano dagli occhi non significa più oltre la mente. Chiamato a pranzo mentre gioca in giardino può interrompere il gioco, mangiare e poi tornare di nuovo in giardino a giocare. Ciò può non sembrare molto significativo, ma dimostra i notevoli progressi del suo pensiero. Il bambino è in grado di conservare nella mente un'immagine di quel gioco. Lo ha ricordato per tutto il pranzo, ha programmato di ripeterlo ed è stato capace di farlo.

### *Al terzo anno è un inventore*

Quando sa pensare in questo modo, il bambino incomincerà a immaginare e a inventare: assisterete così ai suoi primi giochi immaginativi. Non disprezzate le idee originali che gli vengono. Una pentola usata come cappello non vi sembra un'idea particolarmente originale, perché vi è capitato spesso di vedere bambini con pentole in testa. Ma il bambino non li ha mai visti. Ha inventato quel cappello da solo e per la sua testa.

Talvolta i primi giochi immaginativi sembrano piuttosto imitativi, come quelli che il bambino ha fatto per mesi, ma se state attenti noterete la differenza. A un bambino di 18 mesi piaceva molto che gli dessero uno straccio con il quale aiutava il padre a pulire la macchina. Un anno dopo, prese un paio di mutandine dal cesto della biancheria, lo infilò nel recipiente dell'acqua del cane e lavò la sua automobile a pedali. Non imitava suo padre: nella sua mente lui era il padre assente. Aveva inventato il suo straccio e il suo secchio, aveva fatto finta che il giocattolo fosse una vera macchina e immaginato di essere lui il padre.

## Aiutare il bambino a giocare e a pensare

Se date spazio, strumenti e tempo al gioco del bambino, il piccolo provvederà da solo allo sviluppo del proprio pensiero. È uno scienziato e un inventore: il vostro compito consiste semplicemente nel procurargli i laboratori, le attrezzature e un assistente, voi, quando ne ha bisogno. Quello che fa con i materiali che gli fornite è affar suo. È logico che non gli sia permesso scarabocchiare i muri o tirare cubi contro il suo amichetto, ma ciò non significa che gli si debba dire che cosa disegnare o che cosa farne dei cubi. Ha bisogno dell'indipendenza dello scienziato per lavorare come vuole, quando e come gli pare giusto, coinvolgendovi o solo mostrandovi i risultati.

Sebbene siate responsabili della sicurezza e dei giochi del bambino, non dovete obbligatoriamente procurargli in casa qualsiasi cosa possa desiderare e nemmeno essere il principale compagno adulto dei suoi giochi. Se durante la settimana è all'asilo dalla mattina alla sera, potrebbe desiderare trascorrere una giornata a casa giocando con voi e il fine settimana fuori casa a passeggiare. Se invece è sempre in casa a giocare con voi o con la baby-sitter, potrebbe preferire una stanza da giochi allo spazio che divide sempre e solo con voi.

Il tutto deve trovare un equilibrio. Se trascorre la sua giornata in spazi chiusi, l'ideale sarebbe portarlo al parco giochi dopo il lavoro e in campagna durante i fine settimana; se invece trascorre la maggior

*Non organizzate il tempo del vostro bambino in modo tale da non lasciargli le occasioni per fare scoperte sorprendenti.*

parte del suo tempo a giocare in giardino, necessita da voi conversazione e libri. Se viene tenuto in un circolo di bambini, ha bisogno di una serata tranquilla; se sta in casa tutto il giorno, la compagnia di altri bambini diventa fondamentale.

Assicuratevi che lo spazio per giocare sia vicino a voi. È sempre meglio che abbia uno spazio adeguato in un angolo della cucina o del soggiorno piuttosto che in una stanza isolata.

Se quello spazio è usato anche da voi o da altri bambini, dovete essere sicuri che possa giocare liberamente senza farvi diventare pazzi. I suoi rapporti con un fratello di quattro anni si rovineranno se il bambino gli strappa la matita tutte le volte che lui cerca di disegnare. Se avete spazio, un recinto può proteggere il fratello (dentro) dal bambino più piccolo (fuori). Anche voi e la vostra macchina per scrivere o per cucire sarete al sicuro. Se lo spazio è ristretto, uno stendibiancheria aperto a forma di rastrelliera può servire per costruire un angolo a prova di bambino.

*Organizzate i materiali con cui gioca*

Non può giocare bene se deve andare alla ricerca di ciò che vuole e quando lo trova ne manca la metà. I suoi giochi devono essere organizzati con la medesima efficienza di una cucina o di un vero laboratorio. Armadi in cui riporre i giocattoli servono a celare il disordine ai vostri ospiti, ma nello stesso tempo nascondono al bambino i suoi oggetti e invitano ad accatastarli alla rinfusa. Molti genitori si lamentano perché i loro bambini hanno centinaia di giocattoli con cui non giocano mai. In genere ciò avviene perché questi giocattoli sono incompleti, rotti o semplicemente dimenticati. Fate in modo di mettere degli scaffali su cui appoggiare i giocattoli nel suo spazio giochi e organizzateli nella maniera più funzionale, oltre che soddisfacente per il vostro senso estetico. I giocattoli grandi riponeteli in basso, in modo che possa prenderli senza farsi male; altri possono stare negli scaffali dove avranno un aspetto molto attraente; le raccolte di oggetti piccoli, automobiline, pietre, gettoni o costruzioni, possono essere divisi e conservati in scatole di cartone, di plastica o su vassoi. Se attaccate un esemplare sull'esterno della scatola, il bambino saprà riconoscere da solo il contenitore che lo interessa.

I giocattoli lo interesseranno più a lungo se non li vede ogni volta tutti insieme. Penserà di disporre di una maggior varietà se alcuni vengono tenuti nel luogo particolare in cui li usa. Per esempio, un cassetto in cucina riservato ai suoi utensili "da cuoco" farà sì che non tiri fuori tutti i vostri. Un cesto con i giocattoli che usa nel bagno può stare vicino alla vasca, mentre i giocattoli che usa fuori casa saranno conservati in una cassa sul balcone o nel ripostiglio. I libri particolarmente belli, i puzzle difficili e i dischi guadagneranno in prestigio se sono conservati nel soggiorno, per essere usati quando c'è un adulto che gli presta attenzione, mentre i giocattoli che ama usare quando è a letto troveranno una facile collocazione nella sua stanza.

Il bambino è ormai abbastanza grande da avere idee proprie e originali circa l'uso dei giocattoli o sul modo di combinarli per renderli più interessanti. Una scatola in cui tenere a disposizione i materiali più disparati, come carte, pezzi di stoffa, nastri e cordicelle, tubi di cartone, recipienti di plastica e via dicendo, vi darà la possibilità di costruire una nuova autorimessa per le macchine in sostituzione di

*Una buona organizzazione aiuta il bambino a giocare con concentrazione e creatività.*

quella ricavata da una confezione di biscotti e che gli è venuta a noia, o di confezionare un nuovo abito per il bambolotto.

*Fuori casa* Avrà bisogno di cambiamenti di scena, specialmente se è ammalato o se non esce molto. Servitevi della cucina o del bagno per i giochi che causano maggior disordine e interrompete la giornata spostandolo in stanze diverse, per esempio in soggiorno per ascoltare musica o nella vostra camera per giocare sul vostro lettone.

La convivenza con bambini che hanno accesso a un giardino o a un cortile è completamente diversa da quella con bambini che non lo hanno. Usate tutto lo spazio esterno di cui disponete. Rendere sicuro un balcone è un problema, ma vi si può riuscire tendendo una robusta rete di nylon dalla ringhiera a ganci applicati nel muro, ingabbiando così completamente il balcone. Se questa gabbia sopporta il vostro peso, sopporterà anche il suo, persino se cerca di arrampicarsi come una scimmia.

*Anche se trascorrere cinque minuti fuori casa richiede dieci minuti di preparativi, vale la pena farlo per il cambiamento che porta.*

Per lui uscire è importante. Se vostro figlio passa molto del suo tempo in un asilo nido, probabilmente uscirà di rado, ed è per questo che, quando è con voi, dovete portarlo molto in giro. Insistete che la bambinaia lo porti fuori spesso. Anche le uscite abituali lo divertono. È in quell'età e in quella fase in cui l'ideale è costituito da una combinazione di cose familiari con i piccoli mutamenti che avvengono giorno per giorno. Fare commissioni vicino a casa non l'annoia ancora, anche se annoia voi. Ieri ha visto un autobus, un cane, la vicina di casa e un vagabondo. Oggi vede un motociclo, due gatti e il lattaio. Lasciate che si unisca a questo mondo sempre mutevole, lasciategli salutare il lattaio, mettere i vestiti nella lavatrice della lavanderia e dare a un piccione l'ultimo pezzo della sua focaccia. Se gli concedete un po' di libertà, queste piccole, comuni passeggiate gli forniranno più materiale di apprendimento di una visita allo zoo perfettamente organizzata.

Anche i cortili e i giardini possono essere resi sicuri con facilità, ma non vi serviranno molto se la vostra casa è ai piani alti, perché non potrà uscire se non uscirete anche voi. Se abitate al pianterreno, potete fare in modo che entri ed esca liberamente attraverso una finestra. Uno sgabello all'interno e uno scivolo all'esterno sono per lui una strada che si trasforma anche in divertimento. Parchi e prati gli permettono di fare una serie di esperienze diversissime da quelle che fa in casa o per strada. Potrà imparare tutto sul vento, la pioggia e il sole, l'erba, il fango e i cespugli, le pozzanghere nelle quali sguazzare, gli argini da scalare e la libertà quasi paurosa dei grandi spazi aperti.

Un circolo di bambini o un parco giochi per bambini sotto i cinque anni sarà uno dei luoghi da lui preferiti, ma riflettete bene prima di portarlo in un parco giochi normale, destinato ai bambini più grandi. La folla e il rumore possono essere un'esperienza troppo violenta per lui; le attrezzature saranno troppo grandi e difficili e non avrà modo di fare in pace i suoi piccoli esperimenti. Sta appena cominciando a scoprire come si prepara una torta di sabbia: non gli sarebbe di nessuna utilità vedere calpestati i suoi primi sforzi.

Servitevi delle attrezzature locali e della vostra immaginazione per prevenire la noia dell'inverno. Se non vivete in un luogo dal clima particolarmente rigido, il tempo freddo fa parte del suo mondo e deve conoscerlo. Una tuta impermeabile e degli stivali per il bambino, per voi vestiti pesanti, buona volontà e tanto coraggio, possono trasformare il vento che ulula, la pioggia e le pozzanghere in una divertente avventura. Quando volete restare all'asciutto, ci sono molti luoghi pubblici che per il bambino costituiranno un'esperienza nuova ed eccitante. Andare sull'autobus o su un treno piace sempre, ma lo entusiasma anche osservarli al capolinea. Le stazioni sono talvolta dotate di scale mobili. I grandi magazzini sembrano un mondo di favola al bambino, specialmente quando non siete là per fare la solita spesa, ma solo per farlo divertire. Sono caldi, luminosi, pieni di gente e di oggetti affascinanti e la spedizione può persino terminare con un viaggio in ascensore. I musei e le gallerie d'arte sono generalmente vuoti nei giorni feriali e sono sempre gratuiti per i bambini. Al bambino offrono un lungo spazio coperto di tappeti nel quale correre, a voi la possibilità di ammirare ciò che vi è esposto e, chissà, potrebbe darsi che anche al bambino venga voglia di guardare.

## *Giocate con lui*

Il bambino vi vuole vicino quando gioca e spesso accetterà volentieri il vostro aiuto e la vostra partecipazione a ciò che sta facendo, ma il gioco per lui è esplorazione, scoperta, sperimentazione. Se continuate a dirgli a che cosa "serve" quel particolare giocattolo, a mostrargli il modo "giusto" di fare le cose e a fornirgli risposte a domande che lui ha appena formulato, rovinerete tutto. L'arte di giocare con un bambino consiste nel permettergli di condurre il gioco.

*Chi sta camminando sulle mie impronte?*

Se la vostra dignità vi permette di assumere questo ruolo subordinato, arricchirete molto il suo gioco.

- Aiutatelo fisicamente. È molto piccolo ed è fisicamente incapace. Spesso ha in mente un piano preciso, ma non riesce ad attuarlo a causa della sua incapacità fisica e ne rimane frustrato. Prestategli i vostri muscoli già coordinati, la vostra altezza e il vostro peso, ma siate pronti a fermarvi appena il problema immediato è risolto. Voleva che gli portaste l'annaffiatoio vicino alla sabbia, ma vi aveva forse chiesto di bagnare la sabbia?
- Offritegli la vostra più completa collaborazione. Per alcuni giochi è indispensabile un compagno, e voi siete i prescelti. Non può giocare a "rincorrersi" se nessuno gli corre (piano) dietro. Non può esercitarsi a lanciare e a riprendere una palla se non c'è un'altra persona a giocare con lui. Ogni tanto cercate di dedicarvi senza limiti di tempo a questi giochi. Molti bambini devono supplicare all'infinito per ottenere che un adulto imbronciato giochi con loro. Poi passano la maggior parte dei dieci minuti concessi in attesa delle terribili parole "ora basta!". Non potete giocare con lui tutto il giorno, ma di tanto in tanto cercate di apparire intenzionate o desiderose di giocare e concedetegli di continuare fino a quando sarà lui a voler smettere. Il bambino impara solamente continuando a ripetere. Se il gioco con la palla è il programma di oggi, potrebbe aver voglia di impegnarsi per venti minuti consecutivi.
- Dategli dimostrazioni e suggerimenti casuali. Può servirsene, purché non siano espressi in modo autoritario o nel momento sbagliato. Se gioca con delle palline da ping pong e per caso avete in mano il tubo di cartone di un rotolo di carta igienica, prendete una palla e fategli vedere che cosa accade se fate rotolare la palla nel tubo. Può darsi che afferri il suggerimento oppure no, dipende dalla sua voglia. Se gioca con la carta, fategli vedere che cosa succede se ci scarabocchiate sopra con un pastello. Può darsi che voglia provare anche lui, oppure no. Ma non intervenite con proposte di attività completa-

*I disegni dei bambini servono per scoprire a cosa servono le matite e a come utilizzarle.*

*Non vi aspettate che un bambino giochi in modo corretto. Quando giocano, i piccoli hanno bisogno che gli adulti li aiutino a formare le loro amicizie.*

mente diverse, per esempio con la palla da ping pong o con i pastelli quando lui è occupato con i cubi. Se lo fate, sembrate sottintendere scortesemente che quanto sta facendo è privo di importanza.

■ Aiutatelo a concentrarsi. Gli sarà difficile prestare attenzione per più di qualche minuto alla volta a certe attività che possono risultare difficili, specialmente se lo costringono a stare seduto. Il che sta a significare che non sarà in grado di ricavare molta soddisfazione da alcune attività più avanzate, come per esempio fare i puzzle o i giochi a incastro. Se vi sedete con lui, gli parlate, lo sostenete e incoraggiate, la sua attenzione probabilmente reggerà più a lungo, forse quel tanto che basta da ottenere l'enorme soddisfazione di completare il compito che si è imposto da solo.

■ Aiutatelo a stare con gli altri bambini. Non è ancora pronto a giocare con un altro bambino, ma sarà molto contento (e ne ricaverà molte nuove idee) se lo si lascerà giocare accanto a lui. Siate pronte a condurre il gioco per tutti e due. Non sono tanto grandi da poter essere lasciati a combattere le loro battaglie né sanno essere corretti, fare i turni o essere gentili con gli ospiti. Hanno bisogno di essere protetti l'uno dall'altro, in modo che nessuno dei due debba vedere l'"amico" distruggere una misteriosa disposizione di gettoni o abbattere un castello di sabbia. Date loro del materiale per giocare e lasciateli fare ciò che vogliono, senza disturbarli. Entrambi giocheranno guardandosi ogni tanto e godendo della reciproca compagnia. Se inizieranno a parlarsi senza la vostra mediazione, è facile che presto si instaurerà una vera amicizia.

I bambini più grandi possono essere una compagnia meravigliosa, ma per questi è molto difficile portarsi al livello dei giochi dei più piccoli. La separazione rigida di gruppi di età diverse è tipica delle società occidentali e la sua validità risulta discutibile soprattutto ai giorni nostri, quando le riunioni di famiglia con fratelli e cugini di età mista sono molto rare.

Tutti i bambini possono trarre beneficio sperimentando il ruolo di leader come quello di seguace. Quando le circostanze impongono che un gruppo di età mista stia insieme, potete aiutare i bambini a trovare un gioco osservandoli mentre lo imparano. Un ragazzino di otto anni può lasciare per tre volte che il piccolo vinca, ma poi, alla quarta volta, cederà al desiderio di vincere e tutto finirà in un mare di lacrime. Si renderebbe necessario il vostro delicato intervento nel cercare un gioco che affidi a ognuno un ruolo naturale, così che ciascuno possa giocare al proprio livello. Sulla spiaggia, saltare le onde è un divertimento per tutti, sia per quelli che è necessario tenere per mano o che le osservano dal bagnasciuga, sia per quelli che vanno loro incontro quando stanno per infrangersi. Anche giocare "a mamma casa" o "all'ospedale" permette a ognuno di assumere un ruolo; l'importante è che non affidiate al più piccolo il ruolo di poppante: quello di sette anni rimpiangerebbe la tanto desiderata occasione di assumere questo ruolo per succhiare dopo tanto tempo il biberon.

## GIOCHI E GIOCATTOLI

Il bambino giocherà con qualunque cosa trovi. Ha bisogno di materiale grezzo da esplorare e con il quale fare esperimenti: non gli importa minimamente se proviene da un negozio, se vi è stato dato da un amico o è un oggetto di scarto. È impossibile dire con sicurezza quali giocattoli dovrebbe avere un bambino, tra i molti esistenti. Dipende da ciò che ha già, e con quali gioca più spesso. L'elenco che vi diamo vi indicherà il tipo di giochi che ogni bambino apprezza e dai quali impara in questo periodo.

### *Materiali naturali*

*L'argilla sporca ed è questo il suo successo.*

*Il mondo è pieno di piccole creature nascoste.*

Per capire bene il mondo e come funziona, è importante la conoscenza del materiale naturale. Un bambino che vive in città e non ha un giardino non può acquisire questa esperienza automaticamente. Se vivete in un appartamento di città potrebbe impiegare degli anni per scoprire che il cemento è un prodotto artificiale e che l'acqua non viene tutta dai rubinetti.

***Acqua.*** Pura, con le bolle, colorata, calda, ghiacciata. Cola, schizza, scorre, bagna; è calda, fredda o ghiacciata. Se ci soffiate sopra fa le bolle. Alcuni oggetti vi galleggiano, alcuni vi affondano, altri vi si sciolgono. Il bambino può metterla in contenitori che non siano bucati, ma l'acqua filtra attraverso un setaccio o attraverso le sue mani messe a coppa. Il modo con cui gioca con l'acqua dipende dalla quantità disponibile: una piscina in plastica è il massimo, la vasca da bagno va bene, ma si divertirà anche con un catino o dei piccoli recipienti da riempire e vuotare, con cubetti di ghiaccio e coloranti alimentari...

***Terra e argilla.*** Le versioni al naturale di questi materiali vengono sostituite con pasta di pane perché sporcano troppo. In realtà, è proprio questo che piace al bambino. La spiaccica in modo meraviglioso nelle mani, ne può fare una palla o farla a pezzetti, può modellarla e plasmarla. Aggiungendovi acqua, diventa più fluida, con meno acqua diviene polverosa. Quando si secca, cambia aspetto: si appiccica alle mani e diventa solida.

***Pasta di pane.*** Che la acquistiate o che la facciate in casa, la pasta di pane è un eccellente materiale di gioco. In realtà, però, non può sempre sostituire l'argilla, che è il materiale che il bambino preferisce.

***Sabbia.*** Il tipo "lavato" o sabbia artificiale. Evitate il cemento e i prodotti chimici. La sabbia bagnata assomiglia abbastanza al fango, ma con alcune differenze; asciutta assomiglia all'acqua, ma anche in questo caso con delle differenze. Una sostanza solida che non è solida; una sostanza che sembra liquida ma non è liquida. La spiaggia è un paradiso e una cassa di sabbia un ottimo acquisto per il giardino: ma, anche in pieno inverno, potrete dare al bambino un po' di sabbia in un vassoio, oppure addirittura dello zucchero. Non usate il sale: se lo metterà negli occhi. In mancanza di sabbia, può essere sufficiente anche un chilo di riso. Date al bambino cucchiai e contenitori di diverse misure e suggeritegli di giocare al cuoco: sarà il primo passo verso un vero interesse all'argomento.

***Sassi e foglie.*** Giocando con questi, il bambino non imparerà nulla di geologia o di botanica: non è pronto per cose simili. Non ne sa il perché, ma vede che le pietre luccicanti diventano opache quando sono asciutte, i ramoscelli verdi si piegano e poi si spezzano, e il mondo è pieno di affascinanti forme e materiali.

## *Ingegneria elementare*

*Con i cubi giocano facendo delle costruzioni.*

*Giochi a incastro: forme e spigoli hanno importanza.*

*È bello anche distruggere una costruzione.*

*Non basta farlo entrare, deve passare attraverso.*

Deve scoprire come funzionano le cose e come farle funzionare. Deve imparare i principi e migliorare il suo modo di maneggiare gli oggetti.

***Contenitori da riempire.*** Riempire tazze con acqua o sabbia, sacchetti con arance o la vostra borsa con i suoi giocattoli per poi svuotarli è un passo importante verso un gioco sempre più sofisticato. Senza considerare l'abilità che richiedono, gli permettono di esercitarsi e gli forniscono tutte le lezioni necessarie per imparare quanta acqua ci vuole per riempire un boccale e quanti cubi entreranno in una data scatola, e quel che accade all'acqua e ai cubi quando lui rovescia il contenitore. Scoprirà novità interessanti circa il peso che riesce a trasportare. Avrà bisogno di molti oggetti stimolanti, diversi contenitori e molta pazienza da parte dell'adulto che lo segue.

***Oggetti da scegliere e raggruppare.*** Una delle più importanti attività di pensiero del bambino consiste nel notare le somiglianze e le differenze tra gli oggetti, e imparare un po' alla volta a raggrupparli nella sua mente. Se lavora con le mani oltre che con il cervello, l'operazione gli riuscirà più facile oltre che più divertente. Se lo osservate attentamente, vedrete che comincia a classificare gli oggetti in modi semplici. Dirà per esempio: "Le mie macchinine e tutto il resto". Poi vedrete che separa le arance dalle patate. Ancora più tardi lo vedrete affrontare dei dilemmi universali come, per esempio, se la mela va con la palla perché sono tutte e due tonde, o va con il biscotto perché sono tutti e due commestibili. Oggetti naturali, come pietre e conchiglie, presentano delle differenze meno definite all'interno di un gruppo.

***Oggetti da manipolare.*** Una volta acquisite queste capacità, saprà manipolare le cose e utilizzare i giocattoli appieno. Assicuratevi che tutto sia ben fatto, in modo che, quando scopre che due oggetti combaciano, ciò accada veramente.

***Cubi.*** I cubi sono giocattoli utili e durevoli. Ne occorrono circa 60. È molto importante che abbiano colori diversi ma soprattutto misure differenti, meglio se in scala: i più piccoli un quarto e i medi la metà di quelli più grandi. Se li rovescia, cascano alla rinfusa; se li mette uno accanto all'altro, formano una linea; se li mette uno sopra l'altro con i più piccoli sotto, cadono; se costruisce partendo dai più grandi, la costruzione sta in piedi.

***Giochi a incastro.*** Le palle non entrano nei fori quadrati; gli oggetti grandi non si possono mettere in quelli più piccoli; le forme complesse entrano solo se si scopre l'angolazione giusta. Anche in questo caso vale la pena di farli o di comprarli. Costruite la prima scatola a incastro ritagliando dei fori rotondi o quadrati in una scatola di cartone, passate poi a una più complicata, che potrete comprare. Trovate dei recipienti di plastica, utili al momento del bagno, oppure comprate le scatole a incastro cinesi. Figurine di una serie di macchine o camion che entrano nei fori durano a lungo e divertono molto.

***Puzzle.*** Semplici pezzi ritagliati sono il primo passo verso i puzzle. Preparateli voi stessi, ritagliando da un cartone quadrati e triangoli e aiutandolo poi a rimetterli insieme. Più avanti gli piacerà quel gioco del mosaico, mediante cui figure intere escono dalla loro impronta e dentro la quale potrà farle rientrare, componendo un disegno.

***Giocattoli che si agganciano.*** È possibile unire un gancio a un anello, è possibile unire due ganci ma non due anelli. Perché? Aggancerà un anello con il vostro ombrello oppure farà l'esperimento con un trenino. Ci sono catene di plastica i cui anelli si uniscono e si staccano, una delle vostre porte può avere una chiusura a gancio. Potrebbe utilizzare gli anelli delle tende o dei rocchetti in cui infilare stringhe di scarpe o fili di lana.

## *Giochi fisici*

*Un luogo fatto per saltare è un'ottima soluzione.*

*Raggiungere la cima è una bella impresa.*

*La forza della spinta dei piedi anticipa quella della spinta a pedali.*

Il bambino deve correre, arrampicarsi, saltare, dondolarsi, spingere, tirare, e in genere agitarsi. Solo usando il suo corpo fino al limite delle sue capacità fisiche può imparare a controllarlo e a farne uso. Il bambino avrà moltissime possibilità di svolgere quest'attività fisica nella vita di tutti i giorni, ma certo i mobili non sono particolarmente adatti per fare ginnastica. Si farà male e danneggerà l'arredamento se non gli mettete a disposizione particolari attrezzature.

***Come adattare la casa.*** I bambini cadono spesso e a volte si fanno male. Ma si divertono un mondo a farsi lanciare in aria da un adulto, o a gettarsi per terra senza farsi male, (su un materassino gonfiabile o sul lettone, se è concesso, o su grandi cuscini). Questo tipo di passatempo sviluppa la loro fiducia nelle capacità fisiche e li incoraggia anche ad avventurarsi in capriole di vario tipo.

***Arrampicarsi.*** Le strutture per arrampicarsi divertono molto il bambino e gli permettono di inventare giochi utili. La versione pieghevole di un metro e venti può essere usata in casa e fuori. Per i modelli più grandi, è necessario provvedere a installarli in modo definitivo nel giardino. Potrete in seguito aggiungervi tutti i tipi possibili di trapezi, scivoli e corde. Potrete trasformarlo in una tenda o in una casa buttandoci sopra un vecchio lenzuolo. Lasciategli fare quello che si sente, ma per vostra tranquillità mettetelo sull'erba o sulla terra, non sul cemento.

***Dondolare.*** Dondolare dà al bambino un felice senso di potere e di libertà, inoltre affascina il suo senso innato del ritmo. Non solo lo diverte, ma gli dà anche informazioni sul peso, l'equilibrio, la gravità. Ha bisogno di una piccola altalena con un sedile sicuro. Ma dopo un po' potrete adottare la tipica altalena da giardino, che resta la migliore soluzione, anche se il divertimento è limitato: ci deve essere sempre qualcuno che spinge. Inoltre è pericolosa quando nel giardino ci sono diversi bambini: i piedi che volano hanno rotto molti denti di latte. Fuori, un ramo d'albero o il piolo centrale di una scala svedese permettono di costruire con facilità strumenti per dondolarsi. Tra i più noti c'è quello formato da un vecchio copertone d'auto e una corda.

***Correre per divertirsi.*** Per un bambino che vive in città (anche se va spesso ai giardini o al parco), avere a disposizione uno spazio sconfinato dove correre quanto vuole senza che un adulto lo riempia di raccomandazioni, è un'esperienza eccitante. Si sentirà addirittura più audace se un adulto o un compagno più grande correrà insieme a lui.

***Gettare e afferrare.*** Pochi bambini riescono a giocare a palla, ma tutti si divertono e hanno bisogno di grossi, leggeri palloncini gonfiabili da buttare in aria, recuperare e con i quali allenarsi alla presa. Inoltre i palloni, non molto gonfi, sono divertenti. Una palla di stoffa riempita di riso può rappresentare un'alternativa interessante.

***Giochi da trainare o da spingere.*** I grandi giocattoli da spingere o trainare sono indispensabili. Il carrettino per bambini è sempre un buon acquisto. Gli piacerà, camminando, tirarsi dietro un giocattolo. Potete scegliere tra un vasto numero di giochi, compreso un realistico cavallino da tenere alla corda. Non comprategli carrozzine o altri giocattoli leggeri e a ruota libera finché non è ben saldo sulle gambe.

***Giocattoli su cui montare.*** Nel secondo anno, il miglior acquisto è qualcosa di basso e di stabile, appoggiato su rotelle girevoli, sul quale il bambino può sedersi e che può spingere con i piedi. Lo prepara già al triciclo, che può essere pronto a usarlo verso i due anni e mezzo.

## Gioco immaginario

*Un mondo in miniatura mette il piccolo a suo agio.*

*Lavorare con attrezzi veri alimenta l'immaginazione.*

*Bastano un cappello e una sciarpa per diventare un altro.*

Quando il bambino impara a scegliere e a raggruppare gli oggetti, a capire come funzionano e a manovrarli con le mani, impara contemporaneamente a immaginare gli oggetti e a pretendere il loro funzionamento. In questo tipo di gioco sarà lui ad avere la parte principale, come attore e anche come creatore e padrone assoluto del suo mondo miniaturizzato.

***Mondi in miniatura.*** Se gli date delle automobiline, degli animali, o altro, comincerà a classificarli, ma in seguito inventerà con intensa creatività situazioni e disastri.

***Giochi domestici.*** Le faccende domestiche possono annoiarvi, ma sono tra le poche attività degli adulti che il bambino, di entrambi i sessi, può facilmente capire e che può fare con voi. Dapprima vorrà solo che gli diate uno strofinaccio come quello che avete voi per poter spolverare, poi farà finta di essere voi. Avrà bisogno della sua "casa" nella quale fare il suo "bucato". Anche se vi chiederà di imprestargli qualcuno dei vostri attrezzi domestici, saranno troppo grandi per lui e dovrete acquistare dei giochi che siano delle sue dimensioni. Cercate qualcosa che riproduca i veri utensili, piuttosto di finti ferri da stiro che suonano canzoni.

***Bambole e bambolotti.*** Non eliminate i bambolotti perché troppo infantili o le bambole perché troppo femminili per un maschietto. Oltre a quelli preferiti che custodisce gelosamente nel lettino per la notte, il bambino vorrà tenere a lungo vicino a sé una famiglia numerosa. I bambolotti parteciperanno a giochi immaginari, dal tè in salotto ai viaggi in treno, e inoltre fungeranno da valvola di scarico per molti dei suoi nervosismi. Scaricherà la sua rabbia su di loro, dandogli quei morsi e quei pizzicotti che ha imparato a non dare alle persone. Non sorprendetevi se il bambino li sottopone a una dura disciplina, urlando e picchiandoli; i bambini manifestano tanto gli aspetti amorevoli quanto quelli esasperati del rapporto familiare, in base a come vedono se stessi in relazione agli adulti.

***Mascherarsi.*** Verso il secondo compleanno, il bambino vorrà sempre più provare a "essere gli altri". Vorrà sperimentare il ruolo del conduttore di autobus o di muratore, proprio come cerca di vivere i vostri ruoli domestici. A questo stadio, raramente contano i vestiti elaborati. Non vuole e non ha bisogno di un perfetto costume da cow-boy. Ha bisogno invece di quegli elementi che per lui identificano il personaggio. Spesso questi elementi sono i cappelli. È un buon acquisto comprare una serie di elmetti di plastica, cappelli, berretti e copricapo come quelli che si trovano negli asili infantili. Altrimenti deve usare la vostra borsa o la sporta della spesa, la vostra sciarpa, le vostre scarpe oltre a un buon numero di abiti scartati. Una giacca che non è più buona nemmeno per il giardino trasforma automaticamente chi la porta in un adulto alto e grosso. Una vecchia camicia da notte serve benissimo a travestirsi da sposa o regina.

## *Osservare e ascoltare*

*L'assistenza di un adulto lo aiuta a concentrarsi.*

*Il suo sviluppo si basa molto sui libri.*

*Aiutatelo a sentire e a produrre un suo ritmo.*

Anche se sembra che il bambino sia sempre in movimento, un gioco quieto ha la sua importanza. Osservare e ascoltare sono attività che richiedono la vostra partecipazione, perché il bambino ha bisogno di aiuto per capire e concentrarsi.

***Libri.*** I libri diventeranno fondamentali per l'educazione del bambino. Aiutatelo a diventarne amico e a imparare ad apprezzarli.

***Libri illustrati.*** Il bambino ha bisogno di libri con grandi, dettagliate illustrazioni di persone e oggetti per imparare a riconoscerli e a dirne il nome.

***Libri in tessuto e in cartone pesante.*** I bambini attribuiscono un valore speciale a questo tipo di libri che possono sfogliare da soli, soprattutto poco prima di addormentarsi o al mattino presto appena svegli.

***Libri di storie.*** Ascoltare quando qualcuno gli legge un libro è un piacere per ogni bambino. Fatelo lentamente; imparate a modificare le parole difficili o a dare spiegazioni a mano a mano che leggete. Fategli vedere le illustrazioni e spiegategliele minuziosamente. Interpretare le figure è un passo fondamentale verso la lettura del testo. Date enfasi a tutte le parole che hanno un suono interessante, fate rime e giochi verbali. Il bambino non dovrà capire ogni singola espressione per trovarla esilarante!

***Libri di riferimento.*** Non appena comincerà a fare domande sul mondo dovrà sapere che nei libri ci sono le risposte.

***Libri che leggete voi.*** Vedendovi leggere con piacere, capirà che la lettura non è solo un gioco da bambini.

***Libri in cassetta.*** Più gli leggete le storie, meglio sarà. Approfittate di ogni occasione, per esempio in auto con le canzoncine per bambini.

***Musica.*** Il senso del ritmo sembra innato nei bambini, ma il senso della musica può essere loro insegnato. Ascoltate con lui la musica che preferite, oltre alle canzoncine per bambini. Incoraggiatelo a muoversi, a marciare, a battere le mani a tempo. Aiutatelo a sentire come la melodia sale e scende e a capirne il significato mediante tutto il corpo. Aiutatelo anche a fare musica. Amerà gli strumenti a percussione, dai coperchi delle pentole al tamburello, ma avrà anche bisogno di un giocattolo estremamente armonioso. Se gli comprate un buon xilofono (in un negozio di strumenti musicali), lo userà intensamente per anni.

***Televisione e video.*** I bambini non sono ancora pronti a divertirsi davanti alla televisione, al cinema o a uno spettacolo dal vivo, perché questi non seguono il ritmo di comprensione del bambino, ma procedono indipendentemente, senza aspettare che lui li assimili. Ci sono però programmi televisivi destinati a questa fascia di età che gli piaceranno e gli daranno nuove idee e parole, soprattutto se voi li guarderete insieme a lui. Alcuni film per bambini hanno la stessa funzione dei libri di storie, e rivelano sempre nuovi particolari a ogni visione.

***Spettacoli.*** Se nel parco o nel giardino dove andate ci sono spettacoli estivi per bambini con burattini o con proiezioni di tipo elementare, vostro figlio si divertirà, specialmente se con lui ci saranno fratelli o amici; e la sua partecipazione rumorosa sarà la sua prima esperienza di quella magica avventura sociale che è far parte di un pubblico.

## *Dipingere, disegnare e fare collage*

*Quando userà i pennelli, sarà uno spasso.*

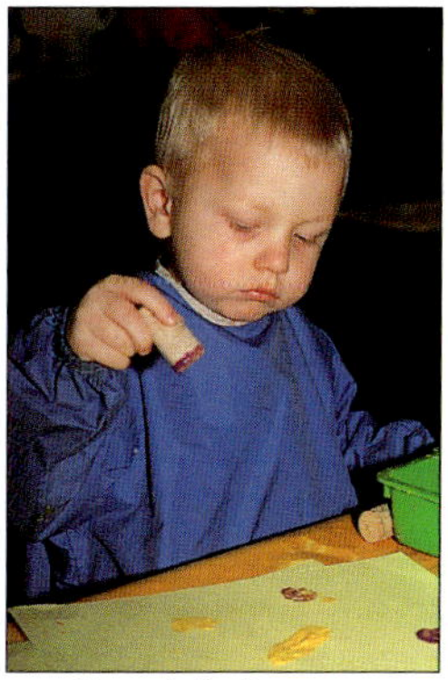

*Fate delle impronte con dita, sughero e patate.*

*Non ha importanza che cosa fa, ma come lo fa.*

Non è troppo presto a due anni affrontare questi tipi di giochi apparentemente "da grandi", purché non pretendiate che vostro figlio usi pennelli e forbici.

***Dipingere.*** Il grande divertimento a questa età consiste solo nel ricoprire dei fogli di carta con del colore, non certo nel fare riproduzioni di qualcosa.

***Pittura con le dita.*** A meno che sporcarsi le mani con i colori lo infastidisca, il miglior approccio a questa disciplina è proprio usando le dita. In questo modo il bambino non deve sforzarsi a usare un pennello ed elimina ogni barriera tra se stesso e quegli splendidi colori. Vestitelo (o svestitelo) come se giocasse con l'acqua o l'argilla. Mettete una piccola quantità di alcuni colori (il nero è uno dei preferiti) su un piattino e incoraggiatelo a stenderli su un grande foglio di carta dove, mischiando i colori, li vedrà cambiare.

***Pittura a spugna.*** Quando vuole cambiare, invece delle dita può usare una spugna oppure vari oggetti per fare delle impronte. Si divertirà un mondo. Un'ottima idea per un simpatico cartoncino da inviare a parenti e amici è stamparlo con le impronte della mano del piccolo.

***Usare un pennello.*** Se vorrà usare il pennello, sarà più facile dipingere sul cavalletto invece che appoggiare la tela sul tavolo. Non sperate che ripulisca i pennelli quando usa diversi colori. Dovrete fornirgli un pennello per ciascuna vaschetta. Anche così, alla fine, tutti i colori tenderanno a un marrone indefinito.

***Disegno.*** È il primo passo verso la scrittura, ma già molto impegnativo. Fate in modo di interessarlo al disegno, riproducendo qualunque cosa vi richieda. Non dovrete essere capaci di capolavori. Non appena sarà in grado di tenerli in mano, dategli dei pastelli colorati e grandi fogli di carta bianca. Potete riciclare la carta da computer o di altro tipo.

***Pennarello.*** Se gli piace dipingere ma ha difficoltà con i pennelli, se gli piace disegnare ma non sa colorare, saranno perfetti dei grandi pennarelli non tossici per bambini. Sono un ottimo compromesso tra disegno e pittura: grafico come il segno della matita e colorato come la traccia della pittura. Purtroppo i pennarelli si seccano se lasciati senza cappuccio e non sono totalmente lavabili.

***Altre superfici.*** Può essere interessante disegnare su una lavagna con gessi colorati, ma attenti a non indurlo a fare graffiti sul muro o sul pavimento di casa!

***Collage (taglia e incolla).*** A due anni non sa usare un paio di forbici per tagliare la carta, né sa incollare da solo. Ma non è troppo presto perché capisca che cosa può fare con carta, colori e stoffa. Se gli date la carta e la stoffa già tagliate in piccoli pezzi, con nastri e stringhe, li attaccherà con molta colla e tanta allegria. Vi potrà aggiungere strisce di pezza, pasta e lenticchie, ispirandosi a un'arte creativa molto personale.

# AIUTARLO A CRESCERE

Per quanto ormai cresciuto quel piccolo individuo è sempre il *vostro* bambino. Potersi fermare quando serve, talvolta addirittura poter fare un passo indietro aiuta i bambini di questa età a far fronte ai sentimenti ambivalenti suscitati dalla crescita, e quindi a continuare a crescere e a svilupparsi in modo armonioso. Perciò anche se vi sembra che il vostro piccolo sia troppo attaccato a voi e troppo poco indipendente, non spingetelo: l'espressione "bambino indipendente" è comunque intrinsecamente contraddittoria.

Oggi le aspettative riposte in un bambino di due-tre anni sono molto superiori a quelle riposte su di voi alla sua stessa età. La maggior parte riesce ad adattarsi, ma per qualcuno la pressione è intollerabile. I moderni ritmi di vita e la consapevolezza dell'importanza dell'apprendimento precoce hanno contribuito a far sì che i bambini di due anni trascorrano alla scuola materna un tempo più lungo di quello che un bambino di dieci anni passa sui banchi di scuola, affrontando impegni curricolari e sociali pari a quelli che un tempo si ritenevano adeguati a riempire la giornata di un bambino di tre anni. Molti altri trascorrono il loro tempo a casa (almeno in parte), ma la mancanza di spazi, di fratellini o di ambienti sicuri fa sì che la maggior parte degli stimoli che essi ricevono provengano dall'esterno e siano del tipo che mira a favorire l'apprendimento. Per quanto al vostro bambino di due anni possano piacere le lezioni di nuoto o il corso di ginnastica o di musica, non perdete di vista il fatto che gli si chiede non solo di apprendere un'abilità specifica, ma anche di stabilire un rapporto insegnante-discente. Può riuscirgli, ma potrebbe anche non farcela. È chiedergli molto a quest'età. Se il vostro bambino sta a casa con voi e con il fratellino quasi coetaneo e la lezione settimanale in un corso qualsiasi o la riunione in un gruppo informale di bambini rappresenta un momento fondamentale per socializzare, può riuscirvi difficile capire che il bambino che si rifiuta di partecipare o impedisce agli altri di concentrarsi non è poco intelligente, ma sopraffatto. Cercate un'attività, un corso o un gruppo meno impegnativo: potrà comunque giovare sia al bambino sia a voi, concedendovi quel po' di respiro che vi serve.

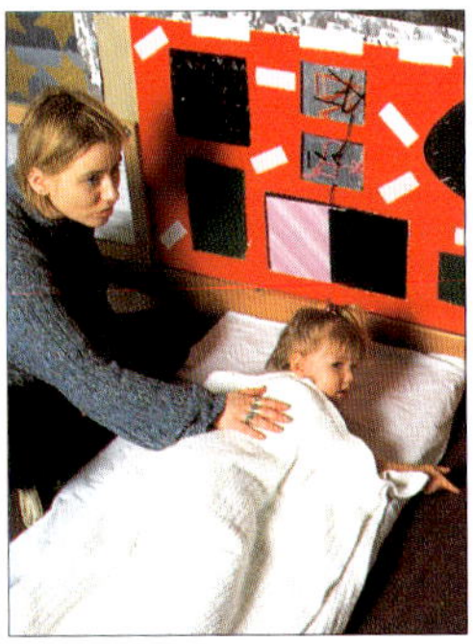

*Molti bambini di due anni passano al nido più tempo di quanto i bambini di dieci anni passano a scuola.*

È giusto avere su di lui aspettative elevate, che il bambino sarà felice, e di solito capace, di soddisfare. In effetti uno dei sistemi migliori per aiutarlo a crescere in modo armonioso ed equilibrato è dargli credito, cioè pensare che il vostro bambino è intelligente, sensibile, gentile e disposto a collaborare, reagendo con sorpresa e comprensione quando i fatti suggeriscono il contrario. Ma se tutto questo si trasforma in competitività, le cose cambiano. Guardatevi dall'errata convinzione che il bambino che va veloce oggi andrà veloce anche domani. È un modo sbagliato di affrontare il delicato meccanismo dello sviluppo dell'individuo. Il cartellino sul giocattolo dice: "Gioco educativo, adatto per bambini di 12-24 mesi", ma il vostro bambino di due anni non riesce a giocarci: non pensate subito che è poco intelligente. Può darsi che a lui in questo momento della vita interessino altre cose; oppure che lo trovi noioso perché *è* noioso. "Tutti i nostri piccoli allievi di tre anni sanno riconoscere i colori e dire i nomi dei giorni della settimana" vi dice la direttrice della migliore scuola materna della città. Chiedetevi se è *davvero* la migliore. Non lasciate che il piacere e l'orgoglio del vostro bambino nell'apprendere le filastrocche o nell'imparare a usare il vasino in tempo *(quasi* sempre) venga sciupato dal fatto che non sa riconoscere qual è la maglietta rossa e quale quella gialla.

Lo sviluppo dell'individuo è un processo, non una gara. Non ci sono premi per chi va più veloce o arriva prima. Più ne sarete convinti e meno ostacoli incontrerete, voi e il bambino, lungo questo cammino. La vostra influenza sul piccolo è enorme, ma non dovete mettergli fretta lungo la strada verso l'infanzia: il processo di sviluppo lo spingerà secondo i ritmi per lui più adatti. Di conseguenza, non sprecate tempo ed energia in azioni e reazioni. Tenetene un po' da parte per riuscire a essere una presenza calda e incoraggiante davanti ai suoi sforzi a fare da solo; un affettuoso compagno di giochi; il più convinto e irriducibile sostenitore della sua crescita fisica, intellettuale ed emotiva.

## Il primo apprendimento

Il bambino impara insieme a voi e da voi sin dal momento della nascita e continuerà a farlo, che ne siate consapevoli o no. Man mano che esce dalle crisi della personalità dei primi anni, e che il suo linguaggio sboccia aprendovi una finestra sulla sua mente sempre più complessa, forse quasi inconsciamente comincerete a pensare alla sua educazione formale. Una "buona educazione" è senza dubbio importante per la felicità futura in tutte le società occidentali, ma cercate di non far coincidere "buona educazione" con "scuola", o il suo valore intrinseco con il successo negli esami.

Se la scuola diventa una meta educativa (invece di uno strumento formativo) è facile porre troppa enfasi sugli aspetti nozionistici dell'apprendimento, per esempio lettura, scrittura, aritmetica, e pensare di dover dare al vostro bambino un vantaggio iniziale: "Quando la mia bambina comincerà la scuola imparerà a leggere e a scrivere. Se impara a leggere e a scrivere già alla scuola materna, una volta alle elementari riuscirà bene fin dall'inizio. Ma se imparerà a leggere e a scrivere alla scuola materna, forse è meglio avviare prima la conoscenza dell'alfabeto, cominciando a insegnarle a riconoscere le lettere quando avrà due anni e mezzo... E se deve essere pronta a entrare nella scuola materna appena compiuti i tre anni, mi conviene portarla al nido d'infanzia dai due ai tre, in modo che possa iniziare a socializzare con gli altri bambini...". L'educazione è molto di più del saper leggere, scrivere, far di conto e delle capacità conseguenti. Voi e il vostro bambino sarete più rilassati e lui diventerà più maturo e sicuro di sé se non interferirete nei vari stadi della sua educazione. Le attività che si svolgono negli asili nido non hanno lo scopo di preparare i bambini a quelle che si svolgono nella scuola materna in cui entreranno più avanti o di insegnare loro qualcosa di specifico. Queste istituzioni hanno lo scopo di sollevare i genitori dalla cura dei bimbi piccoli quando entrambi lavorano, trovando naturalmente forme e modi adatti per intrattenere e divertire i bambini; il fatto che i piccoli imparino a socializzare è semplicemente un aspetto aggiuntivo e utile. A loro volta i primi due anni di scuola materna non vogliono preparare i bambini all'ultimo, in cui si programmano attività "prescolari", ma rappresentano un approccio alternativo a uno stadio della vita dei bambini in cui essi imparano maggiormente attraverso il gioco automotivato. E per legge la scuola dell'obbligo inizia all'età che gli educatori ritengono la più adatta per l'avvio dell'apprendimento accademico formale.

*L'insegnamento a casa*

Se lasciate che sia il bambino a prendere l'iniziativa, non potrete insegnargli tanto quando è troppo piccolo. Ma se siete voi a volergli insegnare delle cose senza che lui ne avverta la necessità, rischiate di renderlo insofferente verso qualsiasi tipo di insegnamento.

È difficile che un bambino di due anni voglia che voi vi sediate con lui e gli insegniate a leggere dal sillabario, ma potrebbe essere affascinato da quello che porta il postino, o irritato dal fatto che tutti la domenica si nascondano dietro il giornale, o sorpreso che voi desideriate guardare un libro senza figure. Svelategli il segreto della lettura e lasciategli decidere se accettarla come informazione sul comportamento degli adulti o cercare di conoscerla per se stesso. Se il gioco della lettura comincia dai cartelloni pubblicitari, dagli slogan della televisione e dai segnali stradali, giocate con lui. Molti bambini in età prescolare sono in grado di riconoscere le parole "uscita", "stop" e "toilette" prima che venga in mente a qualcuno di insegnarglielo. Una volta che il bambino ha capito che quei segni significano qualcosa, che costituiscono un sistema cifrato utile e divertente nella vita degli adulti, può tentare di seguire con il dito le parole che voi gli leggete ad alta voce e vi farà scrivere il suo nome su tutto, dalla porta della sua camera alla maglietta. Comunque, che si comporti in questo modo o no, non ha importanza. Sono il suo interesse e la sua comprensione del significato e del meccanismo della lettura che lo porranno in una posizione di vantaggio, non il livello della sua capacità.

Se avete deciso di insegnargli un po' di aritmetica, per esempio, fatelo in modo che sia lui a scoprire le cose interessanti, invece di fargli esercitare la memoria, che si sta lentamente sviluppando, in un apprendimento meccanico. Dire: "Uno, due, tre, quattro, cinque..." non significa contare; è una tiritera inutile e noiosa, fino a quando il bambino non sa che quelle parole sono i nomi dei numeri delle cose. Lasciatelo cominciare dalle cose, come: "Un cucchiaio per te, un cucchiaio per me e un cucchiaio per il papà.". Un giorno scoprirà l'utilità della parola "tre" e capirà che il quattro viene subito dopo il tre perché significa il cucchiaio in più che quel giorno occorre perché arriva la nonna... Una volta che il bambino comincia ad avere interesse per i numeri, non si limiterà a contare, ma addizionerà, sottrarrà e dividerà.

*Offrirgli nuove esperienze*

I bambini non possono essere interessati a qualcosa che non hanno mai visto o intraprendere attività a cui non hanno mai pensato. Introdurre il bambino a ciò che è disponibile nel suo mondo e offrirgli delle opportunità: è probabilmente questo il vostro compito educativo più importante e divertente durante gli anni che precedono la scuola. Voi lo fate già ogni volta che gli comprate un giocattolo che

*Le passeggiate quotidiane sono un'ottima occasione per allargare gli orizzonti del bambino senza troppa fatica.*

non vi aveva chiesto perché non ne conosceva l'esistenza. Dovete forse aiutarlo ad aprire il pacco e tradurgli le istruzioni o dargli una dimostrazione, in modo che possa capire il potenziale del giocattolo, ma poi non dovete insistere perché lo usi. Allo stesso modo introducete il bambino alla biblioteca e all'idea che può avere tutti i libri nuovi che vuole da guardare. E sperate che gli piacciano i libri. Probabilmente cercherete di farli diventare una piacevole abitudine, leggendogli una fiaba prima che si addormenti, ma non cercate di fargli ascoltare delle favole quando preferisce fare qualcos'altro. È importante fargli conoscere parecchie altre cose, ma lasciategli la decisione se debba occuparsene o no. Non potrebbe inventare l'idea di una grande vasca di acqua fredda nella quale immergersi, ma se voi lo conducete in piscina e gli mostrate che cosa fare, il nuoto forse diventerà il suo gioco preferito e una sua abilità precoce. Maggiore sarà il numero di idee, attività, abilità che metterete a disposizione del bambino, più vasta sarà la sua possibilità di scelta, sempre che voi gli diate veramente la libertà di scegliere. La storia di quel padre che sulla spiaggia urla al suo bambino di un paio d'anni: "Ti ho portato qui per sguazzare nell'acqua, brutto..., e adesso sguazzi!" illustra chiaramente qual è il rischio che si corre facendo pressione sul bambino solo perché quella particolare attività vi è costata così tanto (in denaro, sforzo o tempo) e ora lui vi deve ripagare divertendosi. Le circostanze, la vostra personalità e il vostro umore vi detteranno ciò che potete offrire al bambino. Evitate di sacrificarvi al punto di risentire eccessivamente del suo comportamento. Se portarlo allo zoo vi costa tanta fatica da sentirvi poi veramente irritate se guarda soltanto i piccioni e la gente, non andateci, ma rimanete nei giardinetti pubblici vicino a casa.

### *Giocare con gli altri bambini*

I bambini apprezzano la compagnia di altri bambini. Crescendo, frequentare coetanei diviene un vero bisogno, che tuttavia può essere difficile da soddisfare. Se il bambino va al nido potrebbe trascorrere con gli altri più tempo di quanto voi giudichiate opportuno. Se è il terzogenito dopo una coppia di gemelli, verrà perennemente escluso. Se è figlio unico e sta a casa con voi potrà frequentare altri bambini molto saltuariamente. Una dimensione familiare ristretta, genitori che lavorano e ambienti cittadini poco o per niente attrezzati per i bambini esigono che siano i genitori a impegnarsi per procurare ai figli i contatti sociali di cui hanno bisogno.

*Forme di aggregazione*

Molti sforzi si fanno, soprattutto nelle grandi città, per ripristinare, sia pure parzialmente, forme di aggregazione sociale, per esempio creando gruppi di genitori con bambini sotto i tre anni (non solo a beneficio esclusivo dei bambini, ma anche per la comodità degli adulti). Il loro scopo è infatti quello di offrire alle madri, ai padri e a chi per loro, un posto simpatico dove incontrarsi e socializzare, mentre i bambini si fanno compagnia e giocano. In alcune città esistono altri luoghi d'incontro: i club per le ore intorno a mezzogiorno, giocherie e ludoteche dove i bambini sotto i cinque anni possono passare qualche ora, i centri per le giovani famiglie, ecc. Basta a volte un po' di buona volontà e di intraprendenza per trovare o forse dar vita a un gruppo che si incontri anche una o due volte alla settimana: si potrà avviare il bambino alla socializzazione e contemporaneamente migliorare la vita degli adulti.

In un gruppo di questo genere il bambino dovrà sempre rimanere sotto la responsabilità del genitore o di chi lo accudisce. Per quanto cordiali siano gli altri adulti, il bambino non avrà a che fare con loro, ma solo con voi. Continuerà a dipendere da voi per i problemi emotivi, come la risoluzione di una lite o il bacio di un ginocchio contuso, e per le sue necessità personali, ai servizi per esempio, o quando si distribuiscono la merenda e le bevande. Il gruppo non implica un ampliamento dei rapporti del bambino con il mondo degli adulti o della sua comunicazione con esso. L'informalità è la caratteristica prima di un gruppo di questo tipo, in cui non esistono iscrizioni, quote associative o frequenza sistematica quale quella che viene richiesta alla scuola materna.

La differenza più importante tra un gruppo informale di bambini sotto i tre anni e la scuola materna sta nel tipo di esperienza di apprendimento attraverso il gioco che ciascuno è in grado di offrire. I gruppi per bambini sotto i tre anni possono avere giocattoli e prevedere attività identiche a quelli e a quelle della scuola materna e il vostro bambino sarà felice di usare cose che non ha a casa e di stare con gli altri bambini della sua età, che non avrebbe altrimenti modo di frequentare. Tuttavia non esiste un capo-gruppo appositamente addestrato o un insegnante, che invece rendono anche i primi anni di scuola materna un momento formativo importante, nel quale l'organizzazione della giornata, la distribuzione nel tempo delle varie attività e lo stesso gioco sono il risultato di un piano prestabilito e di una programmazione ben precisa (vedi p. 542).

Gruppi ancora più informali si costituiscono talvolta spontaneamente negli spazi comuni dei quartieri residenziali o nei vasti complessi condominiali delle grandi città, dove madri, baby-sitter e bambinaie si danno appuntamento quasi quotidianamente per far giocare i loro bambini. Anche in questo caso la frequenza sarà del tutto libera, come pure l'aggregazione tra bambini.

*Un gruppo informale può assicurare a voi e al vostro bambino la compagnia di cui entrambi avete bisogno.*

## Avere un altro bambino

Benché il bambino sia ormai cresciuto, essere il *vostro bambino* è molto importante per lui. La nascita di un fratellino rappresenta l'esempio più lampante di qualcosa, assolutamente naturale, che certamente gli creerà delle tensioni. Non perdete tempo a pensare se ciò è giusto nei confronti del bambino che già avete. E non preoccupatevi della differenza di età ideale. Che abbia un anno o quattro anni quando nasce il nuovo bambino (è un po' diverso se ne ha otto o dodici) non sarà troppo felice, ma riuscirà a superare il problema. È perfettamente ragionevole aspettarsi che ne sarà contento anche più avanti.

I genitori che amano il primo bambino e aspettano con ansia la nascita del secondo sono spesso tormentati dall'idea che il bambino più grande sarà risentito e geloso. Loro sono felici di questa attesa e vorrebbero che anche il bambino lo fosse. Per quanto ciò sia naturale, illudervi che il bambino aspetti con ansia il fratellino e che lo amerà non aumenta le possibilità che questo avvenga. Vi creerete meno problemi se riuscirete a rendervi onestamente conto che state chiedendo al bambino di accettare di sentirsi rimpiazzato e che, comunque presentiate i fatti, a lui dispiacerà. Provate a immaginare che vostro marito venga a casa a dirvi che sta pensando di prendersi una seconda moglie, oltre a voi, e immaginate che usi tutte le frasi di circostanza che si usano di solito per comunicare a un bambino la prossima nascita di un fratellino. Come vi sentireste?

| Il genitore al bambino | Il marito alla moglie |
|---|---|
| "Avremo un nuovo bambino, tesoro, perché abbiamo pensato che sarebbe bello per te avere un fratellino o una sorellina con cui giocare." | "Mi prenderò una seconda moglie, tesoro, perché ho pensato che sarebbe bello per te avere un po' di compagnia e di aiuto in casa." |
| "Ti vogliamo così tanto bene che non vediamo l'ora di avere un altro bambino bello come te." | "Ti voglio così tanto bene che non vedo l'ora di avere un'altra moglie bella come te." |
| "Sarà il nostro bambino; apparterrà a tutti e tre e noi lo cureremo insieme." | "Sarà la nostra moglie; apparterrà a entrambi e ce ne occuperemo insieme." |
| "Adesso sì che avrò bisogno del mio bambino grande, per aiutarmi a curare il piccolino che arriverà." | "Ora sì che avrò bisogno della mia vecchia moglie fidata per aiutarmi a curare questa giovane moglie." |
| "Non per questo ti vorrò meno bene: ci vorremo tutti tanto bene." | "Non per questo ti vorrò meno bene: ci vorremo tutti tanto bene." |

Queste parole non servirebbero certo a placarvi, non è vero? Quando amiamo una persona, vogliamo bastarle. Il fatto che lei voglia qualcun altro ci rende gelosi e ci fa sentire messi da parte. Perciò presumete che il bambino si senta geloso e non cercate di creare un'atmosfera di piacevole attesa per un evento che riesce a malapena a capire e che comunque non gli è gradito. Sforzatevi, invece, di accrescere la sua capacità di affrontare la tensione provocata dal nuovo arrivato. Ciò significa rendere il rapporto esistente tra voi tutti sicuro e felice; fate in modo che la vita del bambino sia il più possibile tranquilla e indipendente e che egli sia in grado di far fronte alle vostre richieste (dall'uso del vasino all'abituarsi a un'altra baby-sitter), in modo che, molto prima della nascita del fratellino, il vostro primogenito si senta capace di fare tutte le cose che vi aspettate da lui.

*Prepararlo alla nascita*

Se il bambino più grande non ha ancora 18 mesi e non sa parlare, non potrete fare molto per prepararlo. D'altra parte un bambino così piccolo dimenticherà rapidamente di essere mai stato un figlio unico. Se si trasformerà in un bambino terribilmente capriccioso voi, e la maggior parte degli psicologi, vi domanderete se è stato l'arrivo del fratellino a produrre questo cambiamento. Ma non lo saprete mai.

Se la differenza di età è di due o più anni, ricordatevi che quasi certamente capisce molto di più di quanto non sappia dire e che il suo vocabolario si arricchirà in modo straordinario nei prossimi mesi. Parlategli del bambino anche se capisce solo la metà di ciò che gli dite; quella metà è molto meglio di niente e infinitamente meglio di non tentare nemmeno di parlargli.

Però non cominciate troppo presto. Il senso del tempo di vostro figlio non supera probabilmente la percezione di qualche mese. E se anche non fosse così, perché mettervi in condizione di dovergli poi spiegare l'inesplicabile se, con vostro dolore, qualcosa dovesse andare storto? Usate i primi mesi di gravidanza per parlargli delle famiglie; fategli notare le sorelle e i fratelli dei suoi amici, mostrategli un bambino piccolo, magari allattato al seno. L'obiettivo è di fargli accettare che nella maggioranza delle famiglie c'è più di un bambino, in modo che quando il fratellino nascerà, l'ampliamento del nucleo familiare gli sembrerà un aspetto normale della vita, piuttosto che un tradimento o una punizione inflitta a lui personalmente.

Informate il bambino prima che lo venga a sapere da altri. Aspettate fin verso il sesto mese, se appena vi è possibile, ma diteglielo prima se avete paura che gli amici facciano allusioni o commentino la vostra forma davanti a lui. Il bambino non noterà niente finché non sarete troppo grossa per prenderlo in braccio.

*Fare posto al nuovo arrivato*

Prevedete le cose che gli faranno più male e fate in modo che ogni bambino abbia i suoi spazi. Se il piccolo dovrà dormire nel vostro letto, rassegnatevi a dormire con entrambi i bambini, magari comprando un letto matrimoniale più grande, oppure abituate il più grande a dormire nel suo lettino molto prima che nasca il fratellino. Se dorme nel lettino con le sbarre, evitate di passarlo al letto senza sponde per lasciare il lettino al neonato. Se non volete acquistarne o farvene prestare un secondo, meglio spostare il bambino grande per tempo e lasciare il lettino vuoto per qualche mese, in modo che il grande non lo consideri più suo. Ricordate comunque che se non sarebbe stato pronto per il letto senza l'arrivo del fratellino, lo sarà ancora meno ora che sente la sua posizione minacciata. Con due bambini sotto i due anni è bene avere due lettini.

Se lo allattate al seno, svezzatelo parecchi mesi prima della nascita, anche se probabilmente avreste avuto latte a sufficienza durante tutta la gravidanza. Se si dovesse ricordare del seno (e se ne ricorderà certamente) e desiderasse ancora succhiare, si sentirebbe infelice e in collera con il nuovo arrivato.

Effettuate i cambiamenti nel vostro stile di vita con molto anticipo, soprattutto se riguardano il bambino da vicino. Se avere due bambini sotto i due anni significa che vi farete aiutare in casa o che lascerete il lavoro e quindi rinuncerete alla baby-sitter, organizzate il tutto molto prima del parto, anche se ciò vi costringerà a pagare per settimane di collaborazione che non vi servono. Abituarsi ad avere una presenza estranea in casa oltre al nuovo fratellino aumenterà notevolmente la tensione del bambino e peraltro non vorrete certo dargli l'impressione che rimanete a casa per il neonato mentre non l'avevate fatto per lui.

Fate tutto il possibile perché la vita del bambino prosegua senza traumi. Se avete in programma di mandarlo all'asilo e avrà tre anni alla nascita del fratellino, considerate la possibilità di mandarlo un po' prima. Se non andrà all'asilo, o se è ancora troppo piccolo per andarci, cercate di trovare una cerchia di amici con i quali ami giocare e altre case dove gli piaccia andare. Avrà bisogno di qualcos'altro cui pensare, oltre a voi e al neonato, di luoghi dove rifugiarsi e di modi per dimostrare la sua differenza rispetto al nuovo arrivato.

Programmate le settimane intorno alla nascita. Ora ha tempo di abituarsi a qualunque situazione che dovrà accettare poi, quando sarà sotto tensione. Se avrete il bambino in clinica e lui passerà qualche notte a casa della nonna, organizzate delle visite preliminari e fate in modo che siano occasioni piacevoli. Se si prenderà cura di lui il papà, che normalmente non lo segue quanto voi, assicuratevi che sappia cuocere il riso al punto giusto. I piccoli dettagli sono enormemente importanti quando il bambino sente la vostra mancanza.

Ovunque abbia luogo il parto, qualcun altro dovrà prendersi cura del bambino più grande per una o due settimane. Due genitori e due bambini possono essere una soluzione ideale, ma se il vostro partner non ha mai svolto il compito di genitore a tempo pieno, aiutatelo ad abituarvisi in anticipo. Non c'è niente di più demoralizzante di un bambino che urla: "Voglio che lo faccia la mamma" quando il papà si offre di fare qualcosa. Non farà bene neppure alla montata lattea.

*Nell'imminenza del parto*

Ditegli dov'è il nascituro e fateglielo sentire quando si muove. Una volta accettato il fatto che ci sarà un nuovo bambino, la prova fisica della sua esistenza lo aiuterà ad affrontare la realtà, a incuriosirsi e interessarsi a questo evento.

Cercate di rendere reale il nascituro discutendo i possibili nomi e speculando se sarà maschio o femmina, ma non descriveteglielo come "un fratellino per giocare con te". Non sarà così per molti mesi. Ditegli invece che sarà indifeso, che piangerà e bagnerà i pannolini; che anche lui era così quando era piccolo; mostrategli le sue fotografie e raccontategli qualche storiella buffa dei suoi misfatti, come quella volta che fece la pipì sul vestito della nonna. Cercate di inculcargli un atteggiamento di tollerante e divertita superiorità.

Non rivelategli i vostri piani per il parto fino a quando non ne sarete sicure, e cioè solo un paio di settimane prima della data prevista. Anche allora state attente a non fare promesse che forse non potrete

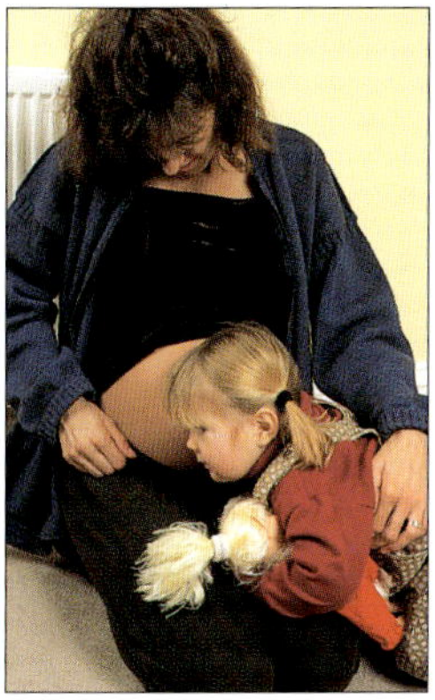

*Una prova della sua esistenza renderà il nuovo fratellino più reale e interessante.*

mantenere. Se gli dite che partorirete a casa, la partenza per l'ospedale gli sembrerà un tradimento. Se gli avete garantito che starete via solo 24 ore, un'assenza di tre o quattro giorni per un cesareo imprevisto gli sembrerà una vita. Non correte rischi, siate vaghe.

Considerate con attenzione il coinvolgimento del bambino se partorirete a casa. Anche se è giusto volerlo rendere partecipe di questo evento familiare, sarà forse meglio per entrambi che il bambino non sia presente alla nascita, durante la fase di transizione del parto o dell'espulsione o al momento delle contrazioni più violente. In effetti, a meno che non siate particolarmente fortunata, avrete bisogno (voi, ma anche il vostro partner) di concentrarvi interamente sul travaglio e di non lasciarvi distrarre cercando di proteggere i sentimenti del bambino. Il parto e la nascita non sono esattamente una passeggiata, né una prestazione sportiva. È abbastanza difficile anche per gli adulti riuscire a non essere sopraffatti da tutto quel sangue, dal sudore, dalle lacrime (ricordate come vi siete sentiti voi e il vostro partner quando avete visto il vostro primo video di una nascita?); immaginatevi quanto ne resterebbe colpito un bambino di tre anni, soprattutto visto che la persona coinvolta è la *mamma*. Avrà bisogno di avere accanto qualcuno dotato di molto tatto, che si dedichi solo a lui e che possa portarlo via al momento giusto, tentandolo con attività piacevoli già promesse e programmate in anticipo.

Se dovete partorire in ospedale, salutatelo prima di andarvene, anche se dovrete svegliarlo. Il resto della notte sarà duro per chiunque dovrà prendersi cura di lui durante la vostra assenza, ma è meglio per il bambino affrontare la vostra partenza alle 2 di notte piuttosto che svegliarsi alle 7 e scoprire che siete scomparsa.

Non promettetegli che potrà farvi visita in ospedale, neppure se sapete che i bambini possono entrare. Se rimanete lontana da lui per più di 24 ore, gli farà bene vedervi, ma solo se sarete quella di sempre. Se doveste avere una fleboclisi e talmente tanti punti da non potervi muovere senza urlare, è forse meglio che non vi veda.

## *Ritorno a casa*

Quando tornate a casa, ricordatevi che il bambino vuole voi e non il neonato. Dovrà accettare la presenza del piccolo e le cure che gli presterete, ma non è necessario che venga troppo in contatto con lui. Entrate in casa senza il neonato e concentratevi sul bambino più grande, lasciando il piccolo a qualcun altro almeno per un po'.

A meno che il bambino più grande sia tanto abituato a vedere bambini che si nutrono al seno da darlo per scontato, fategli vedere come il piccolo succhia prima che avvenga la montata lattea. Non avrete tempo da dedicargli quando il seno sarà ingorgato e voi starete cercando invano di far attaccare un neonato affamato e urlante. Se anche il primogenito è stato allattato al seno mostrategli delle fotografie in cui lo si vede mentre succhia. Quando il latte comincerà a zampillare, potrebbe chiedervi di lasciarglielo provare. Forse non vuole succhiare e comunque non è necessario permetterglielo, se l'idea vi disturba, ma non mostratevi sgomente. Potete metterne una goccia sul vostro dito e fargliela assaggiare in modo che capisca di non essere privato di un nettare.

Fate con il bambino il maggior numero possibile di cose che facevate prima. Quando non ce la fate, non addossatene troppe volte la responsabilità al neonato. Quando chiaramente la ragione è il neonato, dite apertamente: "Mi spiace farti aspettare e so che sei arrabbiato, ma devo allattare il bambino prima. Lo so che può sembrarti ingiusto, ma i bambini così piccoli non possono aspettare il cibo come fanno quelli più grandi, perciò devo farlo ora. Poi si addormenterà e tu e io potremo giocare insieme".

È però importante che facciate chiaramente capire al bambino che voi siete responsabili del neonato e che non lo trascurerete neppure per amor suo. Per quanto vi possa sembrare che il primogenito vi vuole tutta per sé, si spaventerebbe molto se ciò avvenisse davvero. Dopotutto se voi ignorate il pianto del fratellino per giocare con lui, chi può garantirgli che un giorno non farete lo stesso anche con lui e non lo trascurerete?

Accettate qualsiasi offerta di aiuto da parte del bambino più grande, ma non continuate a ripetere: "Tu sei il mio bambino grande, ora". Forse non si sente per niente grande. Anzi, forse sente che i suoi guai sono proprio in quell'essere grande; se fosse piccolo riceverebbe tutte le attenzioni che riceve quel mostriciattolo. Dovervi aiutare al fine di avere la vostra approvazione può essere la classica goccia che fa traboccare il vaso.

Offritegli qualche possibilità di comportarsi come un bambino piccolo per un po' e spiegategli che, lungi dal doversi comportare da "adulto" per continuare ad avere la vostra approvazione, voi gli volete molto bene anche se decide di comportarsi in modo ancor più infantile del nuovo arrivato. Potete lasciargli provare il bagnetto del bambino e poi mettergli il borotalco. Potete coccolarlo, battergli affettuosamente sulla spalla e cantare per lui. Può sembrare assurdo, ma dal punto di vista del bambino non lo è. Dovete fargli sentire che il neonato riceve cose che lui non ha, non perché non può averle, ma semplicemente perché è troppo grande ormai. Dovete fare in modo

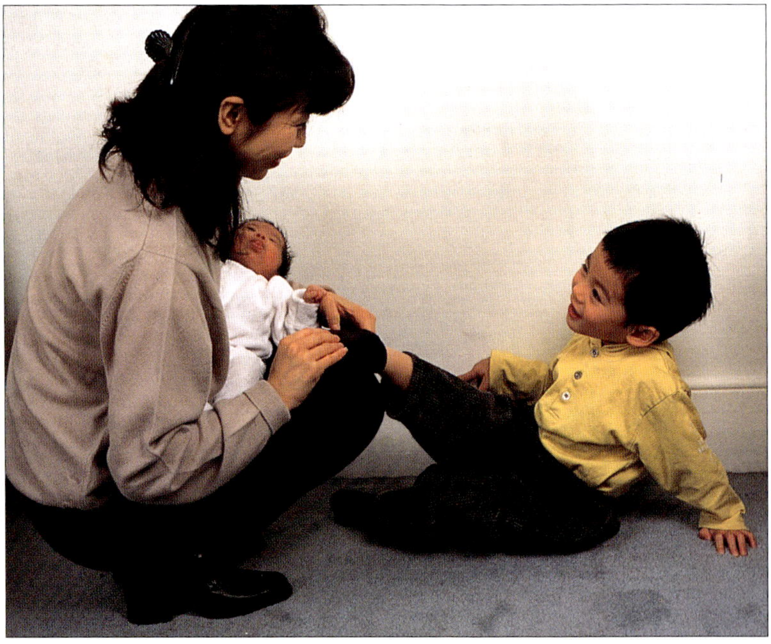

*Quando arriva un nuovo fratellino, permettere al primogenito di comportarsi un po' come un bambino piccolo lo aiuterà ad affrontare la situazione.*

che pensi: "Anch'io posso avere un biberon, se lo voglio, ma sono abbastanza grande per bere il succo d'arancia che è molto più buono del latte del mio fratellino".

Fate in modo che il bambino più grande non si senta in colpa perché è geloso. Non chiedetegli di voler bene al bambino piccolo. Non gli riesce. Se glielo chiedete, si sentirà in colpa e penserà che voi potreste arrivare a odiarlo se conosceste i suoi veri sentimenti. Accettate il fatto e ditegli che vi rendete conto che il neonato è una bella seccatura per lui, pur assicurandolo che un giorno diventeranno amici e compagni di giochi. Non lasciate che il bambino faccia male al neonato. Si sentirà in colpa, nonostante voi cerchiate di assumere un atteggiamento comprensivo o fingiate di credere a un incidente. Quindi state molto attenta se si avvicina al bambino; stabilite delle regole precise per quanto riguarda il prenderlo in braccio e usate una rete per gatti (che il grande penserà appunto destinata a proteggere il piccolo dai felini) per prevenire il lancio fortuito-intenzionale di una palla nella carrozzina.

Assicuratevi che vi siano dei vantaggi pratici nell'essere "il più grande" per controbilanciare gli svantaggi inevitabili. Questo potrebbe essere il momento per accordargli alcuni privilegi nuovi, a seconda dell'età e dei suoi desideri individuali. Il permesso di restare alzato un po' di più la sera o una passeggiata tutte le domeniche solo con papà senza il neonato. Il papà può dare un grande contributo per cambiare l'atteggiamento del bambino più grande verso il nuovo nato, se è disposto a curarli entrambi e a far loro compagnia. Vi sono due bambini e due genitori. Il papà può ridurre la tensione mettendosi a disposizione del neonato quando voi fate qualcosa con il bambino più grande e coinvolgendo quest'ultimo in avventure eccitanti quando voi siete occupata con il piccolo. Alcuni padri riescono a cementare il loro rapporto con il primogenito proprio in questo periodo: il bambino infatti si sente deluso dal coinvolgimento della madre con il nuovo arrivato e, quindi, si rivolge al padre.

*Stabilire un equilibrio tra le esigenze di entrambi*

Per quanto il bambino grande possa sembrare sconvolto dall'arrivo del neonato, arriverà infine il momento in cui lo accetterà (per quanto ora tutto questo vi sembri estremamente improbabile) e saprà persino trarre dei vantaggi dalla nuova composizione della famiglia. Per affrettare i tempi, fate in modo che il bambino senta di *piacere al neonato*. È normale provare simpatia per le persone alle quali noi pensiamo di piacere; il vostro bambino si sentirà più propenso ad amare il nuovo fratellino se ha l'impressione che i primi approcci vengano da lui. Per fortuna i genitori non avranno difficoltà a ottenere questo risultato. Voi sapete infatti (ma lui non lo sa) che il piccolo sorriderà al bambino se questi gli metterà il viso vicino ed emetterà dei rumori. Una volta che comincia a sorridergli, potrete esagerare un po' dicendo agli amici ammirati: "È Marco che lui preferisce!". Quando il bambino vi dirà: "Ci penso io a farlo star quieto: smetterà di piangere per me" potete star sicuri che il peggio è passato.

Con un po' di fortuna, trattandolo con molto tatto e molta attenzione affettuosa per due o tre mesi, il bambino riuscirà a superare le difficoltà iniziali e assumerà un divertente atteggiamento protettivo nei confronti del fratellino. Sforzatevi di raggiungere questa fase

## *I figli unici si sentono soli?*

***Abbiamo un bambino di 26 mesi a cui vogliamo tantissimo bene. Ciononostante né mio marito né io vogliamo un altro bambino. Le nostre ragioni sono in fondo egoistiche: ci piace il nostro stile di vita attuale e sappiamo che un secondo figlio ci costringerebbe a qualche sacrificio economico. Tuttavia temiamo che il bambino faccia le spese del nostro egoismo. Il fatto di essere figlio unico lo renderà infelice, come dicono amici e parenti? I figli unici si sentono per forza soli?***

"Figlio unico" è un concetto negativo, che sottintende l'idea di infelicità. Ma questa negatività è del tutto priva di fondamento. Non è dimostrato che i bambini soffrano per la mancanza di fratelli. Anzi, le poche ricerche fatte suggeriscono che i primogeniti "riescono" meglio nella vita dei fratelli venuti dopo. E ogni primogenito è un figlio unico, almeno finché non nasce il secondo bambino; perciò i figli unici sono, sotto un certo aspetto, degli eterni primogeniti.

Le ricerche relative all'ordine di nascita soffrono della difficoltà di definire con precisione il loro oggetto. Vostro figlio sarà considerato un figlio unico se non avrà *mai* un fratellino. Ma se aveste un secondo figlio quando lui ha già 10 o 12 anni, questo evento, pur cambiando la sua condizione oggettiva non potrebbe cambiare il suo vissuto personale, l'essere cioè cresciuto come un figlio unico: per la psicologia (diversamente che per la statistica), non ha senso considerare una sorella adolescente la primogenita di una coppia di fratelli e trattare il caso senza distinguerlo da quello in cui tra i fratelli ci sono solo due-tre anni di differenza.

Come c'è il mito negativo del figlio unico, così c'è quello positivo della famiglia numerosa rallegrata dalla presenza di più bambini. A far nascere questo mito ha contribuito anche la letteratura infantile, scritta in gran parte in tempi in cui le famiglie numerose erano la norma: si dava per scontato che i fratelli si volessero sempre bene, e il mondo si prestava a essere esplorato da gruppi di bambini in bicicletta con cani al seguito, ma senza adulti. Ci si dimentica però che gli episodi di prevaricazione tra fratelli non sono rari e che condividere in cinque un computer nel soggiorno di un appartamento cittadino non è così divertente come era condividere un paio di pony in una fattoria tra le due guerre. Di fatto le coppie che hanno più figli fanno così fatica a immaginare la loro vita senza, che tendono ad attribuire al figlio unico il sentimento di solitudine che proverebbero senza i loro bambini. Un figlio unico non viene privato dei fratelli ma della possibilità di averli, il che è diverso. In cambio ha altri vantaggi: per esempio non deve mai vivere l'esperienza emotiva di sentirsi soppiantato o di spartire l'amore dei genitori.

La decisione di avere un solo figlio o due o cinque spetta solo a voi. Non è egoismo basarla su motivazioni personali, perché essere voluto dai genitori rappresenta la miglior garanzia per un figlio. Né ha senso cercare di decidere pensando al bene del primogenito, perché è impossibile sapere quale influenza potrebbe avere su di lui quell'unica circostanza tra molte altre. Invece di arrovellarvi chiedendovi se la decisione è giusta, assicuratevi che non sia sbagliata: spesso le nostre scelte si basano su stereotipi inconsapevoli, come per esempio quello del "figlio unico viziato". Fate in modo che il bambino frequenti spesso cuginetti, promossi al rango di "fratelli onorari", o figli di coppie di amici, magari anch'essi figli unici: lo scambio di visite, di ospitalità e la partecipazione a onomastici e compleanni inseriranno vostro figlio in una cerchia familiare allargata. Invece, per giocare tutti i giorni, avrà a disposizione amici conosciuti al nido, alla scuola materna, ai giardinetti, nel vicinato e così via. Il problema può sussistere solo nei weekend fuori città o nelle ricorrenze religiose, quando tutti tendono a rimanere all'interno della famiglia. Quello è il momento in cui il figlio unico può risentire della mancanza di coetanei e dell'eccessiva attenzione prestatagli dagli adulti.

*Nel caso dei gemelli, il primogenito dovrà competere con due rivali. Ma li amerà entrambi se loro ameranno lui.*

molto prima che il piccolo cominci a muoversi per la stanza. Mentre sta nella culla, è solo una seccatura per il grande dal punto di vista emotivo, perché riceve troppa attenzione, ma una volta che gli si avvicina gattonando e gli porta via i giocattoli, diventa anche una seccatura pratica. Se il bambino può dire: "Che sciocchino!" oppure "Sta cercando di imitarmi!" il loro rapporto sopravviverà. Se invece gli è veramente antipatico, vi aspettano un paio di anni difficili.

Anche quando il primo atteggiamento di gelosia si è esaurito e il bambino non ricorda più com'era la vita da figlio unico, dovrete continuare a usare molto tatto per stabilire un equilibrio tra le loro esigenze. Se un bambino inizia la scuola mentre l'altro comincia a frequentare l'asilo, entrambi avranno bisogno di tutto il vostro sostegno psicologico, che dovrete spartire fra loro per non oltrepassare i limiti delle vostre risorse. Ci saranno problemi nell'adeguare svaghi, gite e vacanze a età e stadi di sviluppo differenti; problemi quando vi stringerete al seno un bambino, senza però ignorare l'altro, e problemi nell'affrontare in modo imparziale la bambina che ottiene quello che vuole con il suo fascino mentre il maschietto non lo ottiene con la prepotenza. E finché dipenderanno da voi emotivamente ci sarà gelosia da entrambe le parti. La gelosia farà soffrire allo stesso modo anche il bambino più piccolo (o un gemello), perciò non esagerate nel proteggere da questo sentimento il bambino più grande.

Cercate di non pretendere, anche quando diventano più grandi, che si vogliano sempre bene. Spesso i genitori danno questo affetto per scontato, tanto da continuare a dire che i bambini "sono veramente molto uniti" anche quando le liti continue e le rimostranze amare fanno pensare altrimenti. Anche i gemelli, che di solito sono molto uniti, possono esserlo più per necessità che per scelta. Si deve invece offrir loro l'opportunità di avere una vita indipendente e, nel caso uno sia più autonomo dell'altro, entrambi devono essere aiutati a essere se stessi.

Due o più bambini in una famiglia, anche se adottiva, devono tollerarsi a vicenda e comportarsi civilmente (gli adulti devono insistere su questo), ma non devono necessariamente amarsi. Considerando le inevitabili gelosie, può accadere che non si piacciano e voi non potete costringerli. Non pretendete che fingano. Non costringeteli a farsi compagnia. Se lasciate che se la sbrighino da soli, alla fine forse vi sorprenderanno con l'affetto e la lealtà reciproci.

*Man mano che crescono i bambini scoprono che non è poi così difficile essere corretti l'uno con l'altro.*

# Da due anni e mezzo a cinque

## *Verso la vita*

Il bambino in età prescolare non sboccia a una data o a un compleanno precisi. Diventa un "bambino" quando smette di essere una creatura in formazione, ancora confusa, imprevedibile, disattenta, spesso rivoluzionaria e passa allo stato di essere umano relativamente disposto a collaborare, desideroso e pronto a compiacere, almeno per la maggior parte del suo tempo.

I bambini crescono e cambiano un po' alla volta. Non mutano nel giro di un giorno, trasformandosi sotto i vostri occhi da bruco in farfalla: che questo cambiamento particolare, da infante a bambino in età prescolare, avvenga a due anni e mezzo o a quattro, ha in sé qualità inaspettate e magiche. Il bambino giunge all'età prescolare in un modo quasi miracoloso. Lo fa passando indenne attraverso la primissima e la prima infanzia, fino ad arrivare all'età infantile vera e propria. I mutamenti che avvengono in lui tra i due anni e mezzo e i tre e mezzo non sono in realtà grandi come quelli avvenuti durante il secondo anno, ma ci sembrano enormi, perché improvvisamente è molto più facile vivere con lui e amarlo. È come se, in un modo misterioso, il bambino "ce l'avesse fatta".

Ma dove è approdato? Questo periodo viene spesso chiamato "prescolare", che non è solo una definizione comune di un momento magico, ma anche un termine inesatto. Gli anni che vanno dai tre ai cinque non sono un periodo di attesa prima della scuola o addirittura un momento di preparazione alla scuola, sono piuttosto uno stadio propriamente chiamato "età infantile" che ha un suo preciso programma di sviluppo. Questo programma non ha niente a che vedere con la scuola. Accade lo stesso nella società, dove l'età scolare comincia molto più tardi o non inizia affatto.

Buona parte di questo mutamento magico risiede nel linguaggio. Gli adulti fanno poco e parlano molto. Noi usiamo le parole al posto delle azioni, criticando noi stessi e gli altri mediante un esame di coscienza e dei rimproveri, piuttosto che strappandoci i capelli e picchiando. Invece di piangere e disperarci parliamo dei nostri guai. Facciamo elenchi, non andiamo a prendere dieci oggetti uno per volta. Tutto ciò che sentiamo e facciamo è mediato dalle parole. I bambini dicono poco e fanno moltissimo. Si esprimono con l'azione e ci chiedono azione. A un bambino non potete spiegare, dovete mostrare. Non potete mandarlo a far qualcosa, dovete andarci voi. Non lo potete controllare con le parole, dovete usare il vostro corpo. Questa è la sostanziale discrepanza che c'è tra voi, che diminuisce mentre avviene il passaggio dalla prima infanzia all'età infantile.

Anche se i bambini in età prescolare hanno ancora reazioni molto fisiche nei confronti dei loro sentimenti e del mondo (piangono, si lamentano e hanno ancora accessi di collera), hanno tuttavia imparato a parlare e a pensare quel tanto che basta per sapersi unire a noi anche nell'uso delle parole. Finalmente potete parlare con il bambino, che ascolta, capisce, accetta e risponde in modo ragionevole a quello che dite. Potete anche fare una battuta senza suscitare incomprensioni, ma anzi ottenendo una risata. Così il forte vincolo d'amore che c'è tra voi comincia a fondersi con i mezzi di comunicazione usati nell'amicizia e nelle altre dimostrazioni d'affetto. Questo, più di ogni altra cosa, fa sembrare il bambino una "vera persona".

Questo piccolo individuo ha accumulato un sacco di esperienza e molti successi in pochi anni, e comincia ora a fare il bilancio di quanto ha bisogno dagli adulti oltre alle attenzioni. Qualcosa di molto simile all'amicizia. Sa lavarsi il viso (se glielo dite), mettersi gli stivali (se glieli avete messi nella posizione giusta), prendersi da bere (se arriva al rubinetto), salire e scendere dalle sedie e dall'automobile, mettersi e togliersi dai guai. Si sente più capace di gestire il suo mondo e se stesso, quindi voi potete dedicare sempre più tempo ed energia all'eccitante impresa di introdurlo in un mondo materiale più vasto e nei concetti che lo percorrono.

Mentre usa, come in un caleidoscopio, ciò che ha imparato, rimescolando queste esperienze nella sua testa e cambiandole in modo da formare modelli sempre diversi, comincia a ricordare da un giorno all'altro. Applica ciò che ha imparato ieri a ciò che fa oggi e aspetta con impazienza il domani. Poiché può pensare al futuro, ha anche imparato ad aspettare. Se gli offrite di giocare quando avrete finito quello che state facendo, non va più in collera perché vuole giocare subito. È in grado di provare piacere nelle scelte semplici, chiedendo a se stesso ciò che gli è piaciuto la volta precedente, domandandosi quello che proverà ora. Riesce a capire (ma non a mantenere) le promesse, a riconoscere la verità (anche se non sempre a esprimerla in modo che ci si possa fidare) e a capire i diritti degli altri (anche se non sempre li rispetta).

Comincia a riconoscere i vostri diritti perché il senso di individualità che ha di se stesso si estende anche a voi. Non solo vede se stesso come una persona distinta da voi, ma vede voi come un individuo indipendente. Non siete più solo un'appendice o uno schiavo il cui desiderio di fare qualcosa di diverso che stargli dietro è, come minimo, incomprensibile e doloroso al massimo. Non capisce perché volete parlare con amici adulti, ma vede che lo fate; si rende conto che il vostro desiderio è simile al suo di giocare con altri bambini, e lo considera ragionevole. Questa è l'età della contrattazione, dello scambio pratico ed emotivo su cui si basano i delicati rapporti degli adulti. "Se io faccio questo, tu farai quest'altro?" è una proposta di compromesso che si rivolge direttamente al suo ben equilibrato senso di giustizia e permette di evitare con facilità gli scontri.

Siccome riesce ormai a considerarvi una persona reale e completa, questo fatto dà al suo amore per voi una nuova qualità, che lo rende più simile all'idea che gli adulti hanno dell'amore. Diviene capace di partecipazione e di interesse autentico senza egoismi: è in grado di offrire un oggetto perché pensa che lo desideriate e non solo perché ha voglia di darvelo. Se vi vede piangere, non sarà soltanto spaventato e inquieto per i sentimenti che le vostre lacrime risvegliano in lui, ma sarà realmente dispiaciuto dei sentimenti che immagina essere la causa delle vostre lacrime. Gli farà piacere aiutarvi, fare qualunque cosa perché siate contenti. Se viene ad abbracciarvi, non lo farà per richiamare la vostra attenzione da ciò che vi sta turbando, ma per consolarvi con la sua premura. Già i bambini della primissima e prima infanzia sanno dare oltre che ricevere, ma quando entrano nella vera e propria età infantile diventa molto più facile distinguere queste due azioni.

Mentre osserva voi e gli altri adulti che gli stanno vicino o che colpiscono la sua immaginazione, il bambino in età prescolare cerca di capire il loro ruolo e i loro comportamenti reciproci. È l'età dell'identificazione. Il bambino "sarà" tutte le persone, dal fratello al fattorino, all'addetto dell'ascensore, ma soprattutto cercherà di essere voi, cogliendo le vostre espressioni e imitandovi così bene che vi stupirete. Per quanto vi sforziate di togliere a tutte le attività e al gioco ogni relazione di tipo sessista, può darsi che il bambino in questo periodo sottolinei gli aspetti relativi al sesso della vita familiare: sarà sempre intento ad attività domestiche quando è la "mamma" o in attività di tipo meccanico o fisico quando è "papà". Il suo spirito di osservazione talvolta vi metterà in imbarazzo. Quando guarda il padre, vedrete sul suo viso la vostra stessa espressione amorosa, che invece dovrebbe essere solo vostra. Mentre si prende cura della sua famiglia di bambole, lo sentirete parlare con modi di dire familiari, usando espressioni che non vi rendono affatto orgogliosa.

## L'opinione dei genitori

### *Il concetto d'amore incondizionato è assurdo*

*Chi ha detto che per un genitore è sbagliato amare di più i propri figli quando sono buoni e di meno quando sono intollerabili, o amare quelli che si comportano bene più di quelli che non lo fanno? Ho un maschietto di cinque anni e due femmine di tre anni e un anno. Il primo è sempre stato difficile (realizzai quanto lo fosse realmente solo quando ebbi le femmine di indole più tranquilla). Di recente poi, ha problemi con la scuola materna. Il direttore sostiene che il suo rifiuto a fare qualsiasi cosa che non sia giocare rientra nei limiti della sua età. Ha avuto anche la sfrontatezza di dirmi di smetterla di "opprimerlo" e di paragonarlo alla sorella, perché tutto ciò gli fa solo intuire che lo amerei di più se imparasse qualcosa. Bene, sinceramente da un lato è così. Ogni genitore preferirebbe un figlio sempre vincente; se lo opprimo è perché non si impegna abbastanza e ritengo di avere ragione. Come possono i nostri bambini imparare a lavorare e a migliorare se non si fa che dire loro: "Va bene, ti vogliamo bene qualunque cosa tu faccia"?*

C'è una grande differenza tra ciò che i bimbi fanno e ciò che essi sono. E ce ne dovrebbe essere una forse ancora più importante tra l'approvazione di un'azione e l'amore per una persona. Nessuna persona con un po' di cervello direbbe che un genitore dovrebbe permettere ai figli di lanciare i maccheroni sul pavimento, o di fare i capricci al campo giochi o prima di andare a dormire. È giusto che i bambini sappiano che comportamenti tali non sono permessi e che le buone maniere e l'autocontrollo (anche se costano fatica) sono graditi. Sia la disapprovazione sia l'approvazione delle cose che fanno insegnano loro a comportarsi come dovrebbero, cosa che il ruolo di genitore prevede. Allo stesso modo, la disapprovazione di come essi sono non fa nulla per aiutarli a *essere* le persone che i genitori vorrebbero fossero.

Lo sviluppo dei bambini è fisico, intellettivo ed emotivo; si svolge per ognuno in modo diverso. I genitori non devono forzare il loro passaggio da uno stadio a quello successivo in quanto, a patto che ai bambini vengano offerte le giuste esperienze, si può contare sul processo di sviluppo per farli avanzare al ritmo più appropriato. In realtà, non c'è motivo di forzare un bambino a imparare le lettere o le canzoni o a tenere la matita nel giusto modo, perché non dedicherà mai le proprie energie a tali attività fino a che non sarà giunto per lui il momento giusto.

Quei genitori che controllano troppo i propri figli li rendono infelici. Non solo: così facendo diventano spesso la causa prima dei fallimenti che tentano di evitare, non riuscendo a dare ai propri figli ciò di cui hanno bisogno: un modello di vita, un compagno affettuoso, qualcuno che li sostenga e renda più facile il loro sviluppo individuale. È questo il sostegno totale che implica un amore incondizionato e fa da fondamento allo sviluppo dell'ego dei bambini. Dalla primissima infanzia, da quando cioè essi imparano a conoscersi riflettendosi sul volto dei propri genitori, l'autostima e il rispetto per se stessi, elementi che li aiuteranno a realizzare al meglio le loro potenzialità, insieme con la capacità di ripresa nelle avversità e la capacità di stimare e rispettare gli altri, dipendono dal sentirsi amati, rispettati, persino "celebrati" per ciò che essi sono in questo momento e non per ciò che fanno o potrebbero diventare in futuro.

Amare un figlio incondizionatamente significa amarlo qualsiasi cosa faccia (anche se ha combinato dei guai) e assicurarsi che egli sappia di essere amato. Significa inoltre, più di tutto ciò, assicurare che egli possa paragonarsi alla propria sorella (e, in seguito, ai suoi compagni di scuola) con la consapevolezza che un altro successo, sebbene buono di per sé, non gli *porterebbe* una quantità maggiore d'amore, e che allo stesso modo un fallimento, sebbene porti dispiacere, non costituisce il pericolo di perdere l'amore che riceve. "Nessuno ama un perdente" voi dite, ma nulla crea un perdente più facilmente che il timore di perdere l'amore.

È attraverso l'identificazione con gli adulti in generale e con voi, il suo idolo, in particolare che il bambino in età prescolare comincia a partecipare attivamente all'educazione e alle imposizioni che finora gli venivano da voi, dall'esterno. Ora comincia a rimproverare se stesso (e tutti quelli che sono al di sotto di lui) per trascuratezze che voi non avete neppure notato. Si vieta da solo azioni che voi neppure sapevate avesse in mente e cerca di far andare tutto nel modo che ritiene vi piaccia. Poiché è così piccolo e inesperto, spesso si comporterà in modo tale da sembrare autoritario e presuntuoso. Ogni tanto vi scoprirete a desiderarlo più bambino e meno virtuoso, o a desiderare di ridurlo al silenzio quando per l'ennesima volta chiede: "Va bene, vero, papà?" o "Sono buono, vero?".

Ma questo nuovo comportamento, per quanto talvolta un po' irritante, costituisce un trionfo per il suo sviluppo e un grande miglioramento nelle vostre relazioni reciproche. Sembra che almeno a livello conscio voglia la vostra approvazione, voglia che voi siate contenti di lui e sembra effettivamente disposto a fare degli sforzi per capire che voi esistete. Sapevate che il bambino, anche quando era più piccolo, aveva bisogno di amore, ma vi pareva spesso che non gli importasse se l'otteneva e specialmente che non sapesse mai come conquistarselo. Il bambino in età prescolare vi chiede di dirgli ciò che ottiene la vostra approvazione e ciò che non l'ottiene ed è quindi pronto ad apprendere qualsiasi perfezionamento sociale voi gli insegniate. Poiché questo era il vostro obiettivo, il suo palese desiderio di piacere dovrebbe rendervi facile essere pazienti e gentili con lui. Ora sa che vuole il vostro amore e ha imparato come chiedervelo. Concedeteglielo senza riserve.

# L'ALIMENTAZIONE E LA CRESCITA

I bambini in età prescolare per i quali il cibo e il mangiare non sono collegati all'amore e alla disciplina (vedi p. 334) spesso sono delle ottime forchette. Consumano una quantità enorme di energia nel corso della giornata e mangiano in pari misura. Se dispone di una quantità sufficiente di cibo, il bambino assumerà senz'altro abbastanza calorie. Ci penserà il suo appetito. Se il cibo che gli viene offerto contiene in misura adeguata proteine, vitamine e minerali, potrà scegliere una dieta ben equilibrata per le sue esigenze.

Come abbiamo visto, non importa se rifiuta cibi nutrienti come la carne, le uova o le verdure, purché possa ricavare l'equivalente del loro potere nutritivo da altri alimenti, come il formaggio e la frutta.

*Aiutatelo a mangiare correttamente*

Il bambino è entusiasta del cibo perché non gli avete rovinato la relazione naturale tra sentire fame e gustare il cibo. Ora è pronto ad accettare gli aspetti sociali delle ore dei pasti. Procedete comunque con cautela, anche se presto passerà quasi tutto il giorno all'asilo. Non serve essere severi a casa perché lui si adatti fuori. I bambini che mangiano in famiglia con entusiasmo e si divertono durante altri momenti della loro vita all'asilo, di solito non hanno problemi nei pranzi di gruppo. Finché vostro figlio troverà nel piatto il cibo che gli piace e non sarà forzato a mangiare quello che non gli piace, vi accorgerete che, imitando gli altri bambini, mangerà di più e in modo più civile quando è in compagnia di quanto non faccia a casa con voi. Sapendo che lui *può farlo*, potrete esigere che si comporti così anche quando mangia a casa, ma fatelo in modo graduale. Se improvvisamente volete che mangi gli spaghetti al ragù perché li mangia all'asilo, pretendendo che migliori i suoi modi a tavola nel giro di un giorno, potreste rovinargli il piacere di mangiare e creare dei problemi che si ripercuoteranno su di voi.

*Il bambino apprezza una maggiore indipendenza nei pasti di gruppo...*

*...e mangia ciò che mangiano gli altri bambini.*

- Insegnategli le buone maniere a tavola con l'esempio, piuttosto che con le esortazioni. Alla fine arriverà a comportarsi come il resto della famiglia, quindi, prima di irritarvi perché mangia con le mani e tiene i gomiti sul tavolo, verificate che non stia semplicemente imitando quello che fanno gli adulti.
- Permettetegli di mangiare con le stesse posate che usate voi. Imiterà con maggiore prontezza gli adulti se sta seduto su una sedia normale (o su un modello più piccolo ma più alto costruito espressamente per i bambini) invece che sul seggiolone e se ha un'apparecchiatura uguale agli altri commensali. Non può imparare a servirsi di veri piatti e bicchieri, come di forchetta, cucchiaio e coltello, se gli lasciate adoperare unicamente oggetti di plastica.
- Aiutatelo ad apprezzare i gusti nuovi. Se per amara esperienza il bambino in età prescolare sa che dovrà mangiare tutto quello che gli mettete nel piatto, probabilmente non vorrà assaggiare cibi nuovi, per paura che non gli piacciano. Sarà molto più disposto a sperimentare se gli permettete di assaggiare quel cibo prima del pasto, dandogliene un pochino in un cucchiaio. Potrà così decidere se lo vuole oppure no.

*Per i bambini è bene che il cibo sia un divertimento.*

■ Abituatelo a mangiare cibi che vi rendono la vita più facile e lo fanno sentire un membro della famiglia più che un piccolo incapace. Il bambino che generalmente mangia con entusiasmo accetterà nuovi cibi se vede che anche voi li mangiate con piacere. Abituatelo a tutto ciò che si consuma normalmente nei campeggi, durante i picnic o nei ristoranti. Soprattutto cercate di abituarlo a mangiare formaggio. Pane, formaggio e una mela formano un pasto perfettamente equilibrato e per di più non presentano alcuna difficoltà, né nel reperirli, né nel prepararli e rimettere tutto in ordine. È facile portarseli dietro e li troverete praticamente in qualsiasi paese. Se imparerà a mangiare con piacere un pasto del genere non avrete mai gravi problemi relativi al suo pasto.

*Pasti in famiglia*

Per mancanza di tempo, poche famiglie consumano insieme tutti i pasti, serviti su una tavola perfettamente apparecchiata. Ma è un peccato se ogni pasto è sempre un momento di confusione durante il quale i cibi sono rovesciati sui piatti direttamente dal tegame a mano a mano che i commensali arrivano e se ne vanno. È persino peggio se non ci sono cibi da scodellare perché la cucina casalinga ha ceduto il passo ai cibi pronti. La preparazione e la cottura degli alimenti è di fondamentale importanza per l'esistenza dell'uomo e dei rapporti che la regolano, perciò la condivisione dei pasti sta alla base degli affetti e dell'amicizia. Se il bambino in età prescolare cresce senza l'esperienza dei pasti in famiglia, perderà un importante aspetto della comunicazione e del vivere insieme. Se poi il cibo per lui non è altro che carburante, non avrà modo di capire come ci si comporta in occasioni più formali e si lascerà andare proprio quando a voi importerà particolarmente che si comporti bene.

Se il ritmo della vita familiare è intenso e indaffarato, potreste ovviare a questo inconveniente rendendo deliberatamente formale uno dei pasti del fine settimana. Chiedete al bambino di aiutarvi magari a pelare con le mani le patate bollite prima di schiacciarle, a raccogliere fiori da disporre al centro della tavola o a piegare bene i tovaglioli, e fategli indossare abiti puliti e ordinati per il pasto. Se gli adulti bevono un aperitivo, preparate per lui una bevanda speciale: lo divertirà. Durante il pasto i cibi saranno serviti su piatti da portata e ciascuno, compreso il bambino, si servirà o servirà gli altri. Sarà anche l'occasione buona per preparare qualche pietanza speciale e per conversare su argomenti che lo interessano.

In quest'atmosfera particolare, il bambino non si offenderà se proverete a insegnargli un modo più formale di usare la forchetta o di mettere in bocca i piselli. Si sentirà onorato di essere ammesso nel mondo degli adulti. È un atteggiamento realistico, il suo. Perché non dovrebbe mangiare le patate con le mani quando mangia da solo davanti alla televisione senza che nessuno lo veda? Ciò che conta è che sappia comportarsi in modo accettabile quando ne ha l'occasione.

*Mangiatori capricciosi*

Ci possono essere quasi sicuramente dei veri problemi in fatto di alimentazione, da attribuire al periodo dello svezzamento, e devono essere affrontati in modo simile (vedi p. 336).

Ma molti bambini vengono classificati "capricciosi", o "difficili" in fatto di alimentazione, quando invece cercano solo di esercitare gli stessi diritti al gusto e all'appetito personale che gli adulti danno per scontati. Nella nostra società ben nutrita molti di noi preferirebbero restare digiuni piuttosto che mangiare quello che non piace. Proprio perché siamo adulti, è però raro che ci troviamo a dover fare questa scelta. Compriamo e/o prepariamo solo ciò che ci piace. Solo i bambini piccoli si trovano davanti al cibo preparato da altri e si pretende da loro che "mangino quello che viene loro dato".

Quindi, permettete al bambino di avere i suoi gusti. Quando questi saranno simili ai vostri, li accetterete senza obiezioni; ma se questi gusti sono diversi da quelli di tutti gli altri membri della famiglia definirete "capriccioso" il bambino. Ogni famiglia assumerà un proprio atteggiamento nei confronti dei gusti alimentari dei vari membri: ricordate che esiste una ragionevole via di mezzo che permetterà di evitare quasi tutti gli scontri al momento dei pasti.

| Punto di vista del bambino | Vostro punto di vista |
| --- | --- |
| È assurdo preparare un pasto o un piatto che sapete non gli piace e poi irritarvi perché lo lascia. Fate in modo di dargli qualcosa che è solito mangiare, anche se questo significa sostituire la pietanza principale con un uovo o del formaggio. | È assurdo sottostare ai suoi capricci del momento. Se sono stati previsti fegato e formaggio, non ha il diritto di chiedere uova e pomodoro. Se oggi non vuole il fegato mangerà soltanto il formaggio. |
| Ricordate che non riuscirete mai a fargli gradire un particolare cibo forzandolo a mangiarlo anzi, potreste farglielo odiare per sempre. | Non è ragionevole dargli una porzione maggiore di ciò che gli piace. Non c'è bisogno di dargli l'insalata; ma non può mangiare tutte le porzioni di pomodori. |
| È irragionevole insistere perché il bambino mangi tutto il cibo che ha nel piatto. Lasciategli dire quanto ne vuole o permettete che si serva da solo. Magari ne prenderà ancora. | Non permettetegli di sciupare il cibo. Se ci sono dei pasticcini con la crema e lui vuole solo la crema, dategli i dolci a cui ha diritto, ma non la crema degli altri pasticcini. |
| È assurdo pretendere che mangi tutto ciò che ha nel piatto se dice che non ha fame. | Non è ragionevole non dargli da mangiare quando dice di avere fame. |

*Mangiare tra un pasto e l'altro*

La maggior parte dei bambini in età prescolare ha veramente bisogno di mangiare più frequentemente degli adulti. Se consumaste tutta quell'energia, anche per voi sarebbe troppo lungo l'intervallo tra colazione e pranzo, e tra pranzo e cena. I bambini che hanno fame fuori dai pasti hanno bisogno di cibo. Uno spuntino a metà mattinata e a metà pomeriggio è abituale: il guaio comincia quando si fa confusione tra fame e golosità. In genere la colpa è dell'adulto. Il bambino dice che ha fame e gli si dà un biscotto al cioccolato. La volta successiva non dice che ha fame, dice che vuole un biscotto al cioccolato. Ha fame o è goloso?

Questa questione crea un problema. Da un lato si discute sul fatto che un bambino debba o non debba mangiare tra un pasto e l'altro, e d'altra parte si pone il quesito di *che cosa* dargli da mangiare. Negli ultimi dieci anni si è sviluppato un vasto mercato di cibi dall'aspetto divertente, fortemente reclamizzati e dagli imballi invitanti. Enormi fortune si basano sulla capacità di indurre i bambini a volere questo dolcetto piuttosto che quello, con il risultato che insistono per un certo acquisto anche se le famiglie sono contrarie.

Degli spuntini si dice che sono "tutta roba scadente, non c'è niente di buono". Ma di quali si sta parlando? Un buon gelato di una marca conosciuta, per esempio, è nutriente per un bambino come una crema fatta in casa. Perfino la semplice patatina non è altro che patata disidratata fritta in olio vegetale, perciò è un'ottima risorsa di proteine vegetali. Solo il sale la rende peggiore di una porzione di patate fritte.

Si dice che le merendine facciano ingrassare. Ma visto che ogni cibo contiene calorie, tutto fa ingrassare se consumato in eccesso rispetto alla quantità di cui ha bisogno il bambino. Il piccolo che mangia ai pasti cibo a sufficienza e fa anche molti spuntini ingrasserà sicuramente, ma se mangia spuntini al posto di parte del pranzo non diventerà grasso. Se consideriamo le calorie, lo spuntino non ha nulla di diabolico rispetto a una pietanza servita sul piatto.

Se è vero che una merendina fa mangiare meno il bambino a tavola, questo è perché il cibo che si mangia con le mani è più invitante di quello tradizionale mangiato seduto a tavola. Quasi sempre si compra uno spuntino perché il piccolo ha fame. Lui lo sceglie e lo mangia perché ne ha voglia, e le circostanze in cui viene consumato sono molto più piacevoli di quando si è a tavola. Non c'è da stupirsi che un bambino preferisca un pacchetto di biscotti al sesamo piuttosto che un pranzo, anche se entrambi sono disponibili allo stesso momento. Il trucco sta nel trattare gli spuntini come cibo vero e proprio, cosa che effettivamente sono, piuttosto che come dei premi.

*Gli spuntini a orari fissi possono diventare una pausa socialmente importante nella vita del vostro bambino.*

# Swimming Lessons

Tone Leisure operates swimming lessons in-line with the Amateur Swimming Association's National Plan. For children, we provide lessons ranging from three year olds who have never swum before, to developing confidence in the water right through to competition level swimmers.

- Group swimming lessons run for 50 weeks of the year and you can register on line at www.toneleisure.co.uk/swim or telephone the centre to book your free assessment.

- We also offer private one-to-one lessons, small group lessons, lessons for adults and lessons for Over 60's.

- There are short courses during school holidays.

- We offer an easy payment, monthly direct debit scheme for lessons called Swim Easy as well as an inclusive membership alternative.

# Holiday Activities

Giant Camps also available during school holidays (all day supervision for 4 – 14 years); for more information go to the Giant Camps timetable on the website at www.toneleisure.co.uk

Information regarding Junior Activities and Courses and Giant Birthday Parties can also be found on the website.

# vybridge Pool Time Table

## ebruary Half Term, Monday 21st - Sunday 27th February 2011

hildren under the age of 8yrs must be accompanied in the water by an adult aged 16yrs+. Max 2 children per adult.

| | 7.00 | 8.00 | 9.00 | 10.00 | 11.00 | 12NOON | 1.00 | 2.00 | 3.00 | 4.00 | 5.00 | 6.00 | 7.00 | 8.00 | 9.00 | 10.00 |
|---|---|---|---|---|---|---|---|---|---|---|---|---|---|---|---|---|
| MON | ADULTS ONLY 16+ | | PUBLIC SWIM ☺ | AQUA BABES | AQUA FIT ☺ | PUBLIC SWIM / NPLQ COURSE | | GIANT CAMPS | | LESSONS | | | ADULTS ONLY 16+ | AQUA FIT | LATE SWIM | |
| TUES | EARLY RISERS | 50+ SWIM | AQUA FIT ☺ | FLOAT SESSION | PUBLIC SWIM / NPLQ COURSE | UNDER 5'S / 60+ LESSONS | GIANT CAMPS | | CHEAP SWIM | LESSONS | | PUBLIC SWIM | | STAFF TRAINING/ POOL MAINTENANCE | | |
| WED | ADULTS ONLY 16+ | | PUBLIC SWIM / NPLQ COURSE | PARENT & BABY; GIANT CAMPS | | PUBLIC SWIM | 50+ SWIM | | PUBLIC SWIM | LESSONS | | | PUBLIC SWIM | 60+ LESSONS | ADULTS ONLY | |
| THUR | EARLY RISERS | | AQUA FIT ☺ | AQUA BUMPS | PUBLIC SWIM / NPLQ COURSE | | GIANT CAMPS | | ASSISTED SWIM / PUBLIC SWIM | LESSONS | | | ADULT LESS-ONS | AQUA FIT | ADULTS ONLY | |
| FRI | ADULTS ONLY 16+ | | PUBLIC SWIM / NPLQ COURSE | | | | 50+ SWIM / NPLQ COURSE | GIANT CAMPS | | LESSONS | | FLOAT SESS-ION | VIBE YOUTH NIGHT | | | |
| SAT | | LESSONS | | | | PUBLIC SWIM (SHALLOW END UNAVAILABLE 12-12.30) | | | | FLOAT SESSION | | | | | | |
| SUN | | | PUBLIC SWIM | | | | FLOAT SESSION | | | | | | | | | |

DAY | EVENING

PUBLIC SESSIONS ■ RESTRICTED PUBLIC SESSIONS ■ CLOSED SESSIONS ■

Public Sessions includes lane swimming at the management's discretion. Crèche available, contact reception for booking details ☺

# Ivybridge Pool Time Table

## Term Time, January – April 2011

Children under the age of 8yrs must be accompanied in the water by an adult aged 16yrs+. Max 2 children per adult.

| | 7.00 | 8.00 | 9.00 | 10.00 | 11.00 | 12NOON | 1.00 | 2.00 | 3.00 | 4.00 | 5.00 | 6.00 | 7.00 | 8.00 | 9.00 |
|---|---|---|---|---|---|---|---|---|---|---|---|---|---|---|---|
| MON | ADULTS ONLY 16+ | | PUBLIC SWIM ☺ | AQUA BABES | AQUA FIT ☺ | PUBLIC SWIM | PUBLIC SWIM FROM 1/02/11 SCHOOLS JANUARY | | PUBLIC SWIM | LESSONS | | | ADULTS ONLY 16+ | AQUA FIT | LATE SWIM |
| TUES | EARLY RISERS | 50+ SWIM | AQUA FIT ☺ | PUBLIC SWIM EXCLUDING 1/03/11-4/04/11 WHEN SCHOOLS | | PUBLIC SWIM EXCL-UDING 1/03/11-4/04/11 WHEN CHEAP SWIM | UNDER 5'S / 60+ LESSONS | SCHO-OLS | PUBLIC SWIM | LESSONS | | PUBLIC SWIM | | STAFF TRAINING/ POOL MAINTENANCE | |
| WED | ADULTS ONLY 16+ | | PUBLIC SWIM ☺ | PARENT & BABY / CHEAP SWIM / SCHOOLS | | PUBLIC SWIM | 50+ SWIM | | PUBLIC SWIM | LESSONS | | | PUBLIC SWIM | 60+ LESSONS | ADULTS ONLY |
| THUR | EARLY RISERS | | AQUA FIT ☺ | AQUA BUMPS | PUBLIC SWIM | | | | ASSISTED SWIM | LESSONS | | | ADULT LESS-ONS | AQUA FIT | ADULTS ONLY |
| FRI | ADULTS ONLY 16+ | | PUBLIC SWIM ☺……☺ | | | | 50+ SWIM | | PUBLIC SWIM | LESSONS | | FLOAT SESS-ION | VIBE YOUTH NIGHT | | |
| SAT | | LESSONS | | | | PUBLIC SWIM (SHALLOW END UNAVAILABLE 12-12.30) | | | | FLOAT SESSION | | | | | |
| SUN | | | PUBLIC SWIM | | | | FLOAT SESSION | | | | | | | | |
| | DAY | | | | | | | | | | EVENING | | | | |

PUBLIC SESSIONS ■ RESTRICTED PUBLIC SESSIONS ■ CLOSED SESSIONS ■

Public Sessions includes lane swimming at the management's discretion. Crèche available, contact reception for booking details ☺

tone

*Helping you feel good*

# Ivybridge Leisure Centre

Swimming Pool Timetable January – April 2011

Including February Half Term timetable 21st – 27th February 2011

01752 896999

www.toneleisure.co.uk

Non si dovrebbe dare al bambino le patatine perché è stato buono più di quanto non gli si darebbe del cavolo per lo stesso motivo. Rifiutargli un gelato a causa della sua cattiveria equivale a non servirgli un pasto. Se riuscite a non eccitare la sua emozione sotto questo aspetto gran parte dei problemi sugli spuntini, come per i dolci, saranno risolti.

Se volete proprio evitarli, fate in modo di servire ai pasti principali i cibi che il bambino mangia più volentieri e mantenete sempre a portata di mano quelli più semplici da consumare tra un pasto e l'altro quando avrà veramente fame. Invece di aspettare che vi supplichi di comprare dei particolari biscotti al cioccolato quando fate la spesa, a pranzo proponetegliene uno come dolce dopo che avrà mangiato una mela. Oppure, al posto di adottare un atteggiamento moralistico contro le patatine, servitele qualche volta a pranzo come contorno al posto della solita purea.

Gli spuntini resteranno sempre una cosa invitante, ma se riuscite a non farli diventare l'unica occasione in cui il bambino mangia il suo cibo preferito, egli li desidererà tanto quanto desidera un pasto comune. Una classica merenda consiste in un bicchiere di latte con una fetta di pane, burro e marmellata, che il bambino non consuma per golosità come farebbe con quei bellissimi biscotti a forma di Paperino. Piuttosto li troverà sulla tavola dopo cena da mangiare a suo piacimento. La situazione è così sotto controllo.

*Mitigate le discussioni sullo spuntino lasciando al bambino la possibilità di scegliere fra vari cibi.*

Il modo più semplice per evitare questo dilemma, quando il bambino è abbastanza grande da capire, consiste nell'avere sempre a disposizione alcuni alimenti che tutta la famiglia sa essere disponibili per una tale evenienza. Una scatola sempre piena di semplici biscotti, o una fruttiera con mele e banane, oppure pane e burro o pane e formaggio o uno yogurt con una manciata di frutta secca. Ogni famiglia, a seconda dei gusti e delle disponibilità economiche, troverà ciò che meglio si adatta a questa esigenza. Per tutte le famiglie comunque il problema è lo stesso: sono semplicemente cibi che devono rispondere al bisogno espresso dal bambino con la frase: "Ho fame!". Chiunque non sia in grado di aspettare il pasto seguente deve poterne usufruire.

### *Dolci*

Se la merendina può diventare problematica perché lasciamo che si confondano la fame e la golosità, così i dolci sono difficili da gestire perché permettiamo che simboleggino l'amore. Un atteggiamento maturo nei confronti dei dolci è sempre importante (vedi p. 341), ma non servirà ad allontanare questi problemi per molto se voi stessi non controllerete il vostro approccio emotivo verso i dolci e i sottili messaggi che questi suscitano in vostro figlio.

Quasi tutti amano i dolci. Le ricerche dimostrano che un bambino riconosce dalla nascita se l'acqua è dolce oppure no, e se, per fare un esperimento, gli viene offerta la possibilità di scegliere, preferirà succhiare da un biberon dolcificato. Purtroppo, invece di accettare semplicemente che i cibi dolci sono buoni, nella società attuale il fatto di comprare e mangiare dei dolci è diventata sempre di più una piacevole abitudine. In molte famiglie ci sono normalmente scatole di cioccolata e si comprano dolci nei giorni di festa. Se ne acquistano come regalo, si spediscono come ringraziamento, si nascondono per

*Se il dolce non è simbolo di amore, il bambino mangerà la frutta con altrettanto gusto.*

fare una sorpresa, si danno per consolazione. I dolci diventano così una dimostrazione d'amore, o lo sostituiscono del tutto ed è per questo che i bambini gridano e supplicano per averne. Se usate dei dolci come ricompensa, il bambino li interpreterà in modo emotivo, oltre ad apprezzarne il sapore. Se lo abbracciate e gli date un cioccolatino quando si sbuccia un gomito, gli sarà di conforto e ne vorrà ogni volta che si sentirà triste o si farà male. Se gli comprate dei dolci quando siete contenta di lui, sarà portato a credere che quei dolci fanno parte del vostro amore; vorrà che gliene compriate altri per mostrargli che gli volete sempre più bene, arriverà a sentirsi poco amato quando invece non glieli comprerete. Se lo ricompensate con un dolce per ogni cosa spiacevole, come un'iniezione, penserà che gli sia dovuto ogni volta che accade un fatto brutto. Vorrà essere ripagato con un dolce quando gli fate fare qualcosa che non gli piace. Se invece riuscirete a tenere i dolci lontano dal campo emotivo e a trattarli con distacco come trattate il cibo altrettanto piacevole, come la frutta, non avrete di questi problemi. Molti bambini adorano le fragole e ne mangiano una grande quantità nella breve stagione in cui sono disponibili. Ma quanti bambini urlano e si contorcono per mangiare le insipide fragole di importazione che si trovano sui banconi del supermercato tutto l'anno?

Se manterrete un atteggiamento distaccato, i dolci non saranno probabilmente mai un tema centrale a casa vostra. A volte, però, quando i bambini diventano più grandi e passano più tempo con le famiglie di altri bambini, incominciano a fare paragoni e si sentono privati di qualcosa.

*I dolci non sono l'unica cosa buona da comprare, quando vuole spendere i suoi soldi.*

È proprio in questo momento che tutto il vostro atteggiamento nei confronti delle cose particolarmente buone da mangiare avrà la massima importanza. Se volete che il bambino consideri i dolci solo come un alimento piacevole in una vita piena di cose piacevoli, tra le quali anche altri cibi, invitatelo ogni tanto a comprare da solo qualcosa di diverso come premio. L'acquisto in sé è già un fatto positivo e un premio. A molti bambini viene permesso di comperare ciò che desiderano solo in pasticceria, ma si divertirebbero ugualmente se fossero autorizzati a scegliere e comprare una bella mela rossa dal fruttivendolo o una focaccia croccante dal panettiere.

Se dovete scegliere una "politica" dei dolci, ricordatevi che in genere i genitori che adottano la linea più dura e rigida hanno maggiori guai. Per esempio, un rigido razionamento tende a richiamare l'attenzione su ciò che non è permesso.

La politica più valida, a quanto sembra, è anche la più semplice e consiste nel non tenere mai dolci in casa. Se non ne avete, potete dirlo con tranquillità e sincerità al bambino quando ve li chiede. Non ci sarà bisogno di inoltrarsi nella domanda, ipotetica quanto dolorosa: "Ma se ce ne fossero, me li daresti?" Se a intervalli regolari (per esempio tornando a casa dopo aver fatto le commissioni) comprate al bambino un piccolo pacchetto o scatola del tipo meno nocivo di dolci, vi risparmierete molte difficoltà. Il bambino sa che riceverà un dolcetto dopo, quindi è probabile che accetti con calma il vostro rifiuto di comprargliene prima. Se concedete qualche dolce a vostro figlio, potete ridurre i danni evitando i tipi più nocivi, come caramelle e lecca-lecca, e incoraggiandolo a mangiare quello che ha scelto tutto in una volta: molto meglio una fetta di torta per merenda che un sacchetto di biscottini da spiluccare per tutto il pomeriggio.

Potete anche rendere i dolci una cosa piacevole ma normale servendoli di tanto in tanto come parte del pasto, per esempio portando in tavola la cioccolata con il budino o decorando una torta con dei confettini colorati.

*Obesità* La crescita tende a snellire i bambini in questi primi anni di vita, perciò l'obesità è un fatto insolito, da non sottovalutare, e si noterà subito se un bambino è troppo grasso. Se non riuscite a farlo dimagrire prima che cominci ad andare a scuola, può anche darsi che lo prendano in giro per il suo aspetto.

Se pensate che il bambino sia troppo grasso, date un'occhiata alle braccia e alle cosce. Se i rotolini di grasso rendono aderenti gli indumenti che gli andavano bene, è probabilmente ingrassato. Ma una dieta per far perdere peso al bambino va affrontata con molta cautela e coscienza per non mettere a repentaglio la sua attuale serenità e neppure compromettere il suo modo futuro di porsi di fronte al cibo e al suo corpo.

Vi consigliamo, prima di dare inizio alla vostra "campagna dimagrante", di portare il bambino dal medico, a cui mostrerete il diagramma dove avere registrato regolarmente la crescita del bambino, in modo che il pediatra possa definire se si tratta di un fenomeno nuovo o di un fatto che risale al passato e quindi dirvi di quanto l'aumento di peso supera in proporzione la crescita in altezza.

Lo scopo non è fermare ma ridurre gli aumenti di peso, così che crescendo in altezza perda le sue rotondità. Nel corso dei successivi diciotto mesi crescerà di almeno una decina di centimetri. Se in questo periodo riuscite a contenere l'aumento di peso intorno al chilogrammo, chilogrammo e mezzo, il bambino sembrerà decisamente più magro.

Osservate il suo consumo di grassi. Potete diminuire le calorie in modo sostanziale senza che noti la differenza o gli manchi qualcosa, semplicemente riducendo i grassi a tavola e i cibi fritti. Una fetta di pane contiene circa 70 calorie, ma se ci spalmate il burro ne aggiungete altre 70, senza ottenere grandi vantaggi. Provate una margarina a basso contenuto calorico e sperimentate dei formaggi molli da spalmare che gli darete come premio.

Ricordate che quasi tutti gli alimenti che di regola friggete nel burro o nell'olio possono essere rosolati senza aggiungere grasso nelle padelle che hanno il fondo che non attacca. Friggere in questo modo è meglio per tutti. Ricordate anche che molti cibi che gli piacciono croccanti possono essere resi tali mettendoli nel forno. Le patate arrosto contengono il doppio delle calorie di quelle bollite, ma non se messe in un forno molto caldo in una teglia antiaderente. La pancetta arrostita, cotta in questo modo, perde la maggior parte del suo grasso.

Sebbene ora beva forse meno latte di quando era piccolo, potrebbe essere sensato dargli del latte parzialmente scremato. Può darsi che beva molte bevande gassate, che sono altamente caloriche oltre che nocive per i denti. Ai pasti servitegli acqua pura. Se quello che lo attira è il gusto frizzante, aggiungete un po' di acqua minerale a una

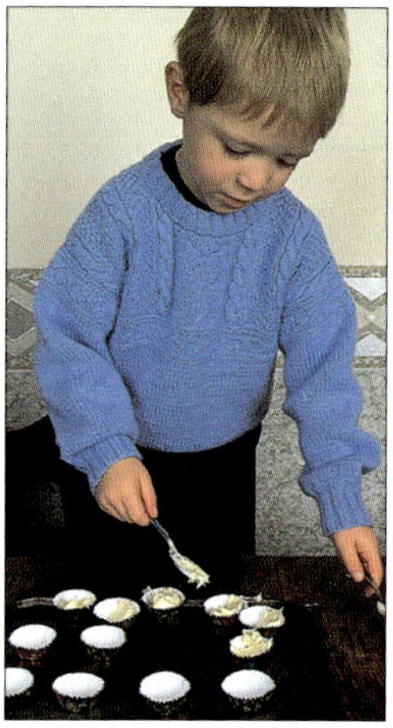

*Con pasticcini in piccole confezioni come queste, penserà di mangiare molto.*

spremuta. I cubetti di ghiaccio spesso bastano per far diventare molto attraenti delle semplici bevande.

Ovviamente non permetterete a un bambino che è già grasso di mangiare molti dolci e spuntini ingrassanti oltre ai pasti normali. Non sembra difficile sostituire la frutta fresca (ma non le banane) a quella secca e ai dolci, i gelati alle gelatine e il pane alle torte. Ma, per ridurre il consumo di questi cibi dolci e gradevoli, occorre molto tatto se non volete rendere infelice il bambino. Un metodo molto pratico consiste nel comperare, preparare e dargli dei cibi "miniaturizzati". Dieci dolci minuscoli sembrano più di tre grandi. Dieci biscottini gli parranno molti, pur non contenendo le calorie di uno di dimensioni normali. Potete anche preparare delle mini torte da presentare nei vassoietti di carta pieghettata che si usano per i pasticcini. Una bella busta di dolcetti gli sembrerà una porzione abbondante e penserà di averne avuti a sufficienza quando saranno finiti.

Oltre a fargli assumere meno calorie, può essere di aiuto fargli fare più attività fisica per stabilizzare il suo peso e ridurre il rischio di obesità in futuro. Mentre un bambino piccolo sarà di norma molto attivo se gli viene lasciata la libertà fisica di esserlo, un bambino in età prescolare ha superato il periodo in cui corre per amore di correre, e comincia a interessarsi alla televisione. Perciò, se siete seriamente preoccupate per il peso di vostro figlio, osservate il suo modo di vivere e la propensione al movimento di chi se ne occupa. Tutti i bambini, ma soprattutto quelli sovrappeso, hanno bisogno di qualcuno con cui correre, da acchiappare e da sfuggire. Il bambino ha bisogno di qualcuno che gli insegni a prendere a calci una palla, o che giochi con lui a saltare la corda e anche a fare le capriole. Ma soprattutto il bambino ha bisogno di un adulto da cui trarre esempio, che sia pieno di iniziative, energico e non uno smidollato.

## Crescita

*È divertente misurare l'altezza di un bambino in crescita, ma è difficile farlo con precisione.*

Nel bambino in età prescolare si ha un ulteriore rallentamento nel ritmo di crescita. Nel corso del suo terzo anno crescerà probabilmente di circa 2,5 kg e di circa 9 cm, che diventeranno 2 kg e 7 cm durante il quinto anno. Non preoccupatevi se nel periodo di transizione, da robusto e paffuto bambino di due anni a snello armonioso ragazzino di cinque, vi sembrerà per un po' relativamente magro. Le sue rotondità infantili saranno sostituite dai muscoli, ma ci vorrà tempo. Nel frattempo, le gambe e le braccia possono sembrare veramente fragili.

Non vale ormai più la pena di controllare con frequenza il peso e l'altezza; basta farlo due volte l'anno. Se il peso e l'altezza procedono di pari passo, vorrà dire che la crescita è normale. Se il peso cresce molto più velocemente dell'altezza, significa invece che sta ingrassando. Se l'altezza non aumenta in modo significativo per sei mesi, controllatela di nuovo dopo tre mesi. Se non è ancora aumentata, portate il bambino dal medico. Alcuni bambini, anche se pochissimi, sono carenti di un ormone particolare che è assolutamente indispensabile per la crescita e che può essere somministrato loro in centri specializzati. Questo ormone fa riprendere la normale crescita, ma non permette di recuperare quell'aumento in altezza che il bambino non ha

*Aiutate il bambino ad aver fiducia nel suo corpo e a usarlo con piacere.*

avuto nel frattempo. Quindi provvedete prima che il bambino rimanga troppo a lungo senza crescere.

È difficile misurare con precisione l'altezza del bambino. Non usate direttamente il metro. Piuttosto, mettete vostro figlio in piedi contro un muro o una porta, i piedi piatti sul pavimento, le spalle appoggiate alla parete e la testa eretta. Ora appoggiate qualcosa di rigido e piatto (per esempio un libro) sulla sua testa, in modo da schiacciare i capelli. Fate un segno sul muro e quindi misurate con il metro a nastro lo spazio tra il pavimento e il segno. Se usate sempre lo stesso muro o la stessa porta, potete scrivere la data e il nome accanto ai segni, così da avere un quadro sempre aggiornato delle misure di ogni figlio alle varie età.

## LE DOMANDE DEI GENITORI

### *Può essere sbagliato aiutare un bambino a rimanere magro?*

***Mia figlia di quattro anni mi assomiglia molto. Ha già gusto nel vestire. Adoriamo indossare abiti con fantasie e colori uguali e a lei piace, di tanto in tanto, creare nuovi modelli. Purtroppo però, sta prendendo da me anche la tendenza a ingrassare. È una vita che sostengo questa lotta e non voglio che anche lei sia costretta a farlo. La bambina conosce già i cibi a rischio e quando al supermercato chiede qualcosa come cioccolata o gelato, io suggerisco cibi "light". Ma questo non è sufficiente, infatti, fuori casa, altri tentano di sabotare i nostri sforzi, e non solo coloro che intendono essere gentili con lei. Una sua insegnante alla scuola materna insiste che sarebbe giusto darle le normali merendine. Dice che inculcarle il senso della dieta è deleterio e che potrei avviarla a disturbi alimentari, quali l'anoressia. Quello che sto tentando di fare è solo evitare che una graziosa fanciulla diventi grassoccia. Sbaglio a farlo?***

Molto più di noi, i bambini sono fatti tutti di un pezzo: emotivamente, mentalmente e fisicamente. Per la sua bambina, il corpo è se stessa, quindi la sua immagine di sé dipende dalla capacità di dare per scontato che il suo aspetto è accettabile e i suoi comportamenti giusti. Sebbene queste non siano le sue intenzioni, signora, la sua costante preoccupazione per ciò che mangia e il suo controllo attivo della dieta tendono a suggerire alla bambina che non può fidarsi del proprio corpo; che se lo dovesse trascurare, esso potrebbe tradirla. Inoltre, se la piccola percepisce che la madre non lo accetta, o che lo apprezza solo a condizione di "controllarlo" o addirittura di "renderlo" migliore (per esempio più magro e meno "ingordo") *lei* potrebbe percepire che la ama solo a condizione che collabori con il programma di dimagrimento. Non è mai giusto predire gli effetti che le esperienze della primissima infanzia hanno sugli individui, ma la bambina sta ricevendo alcuni messaggi potenzialmente dannosi: la fame incontrollata diventa ingordigia; bisogna mangiare non in base all'appetito, ma limitarsi; "grasso" è brutto e cattivo, mentre "magro" è bello e "bello" è buono.

Sembra che queste siano le lezioni che lei stessa ha appreso nella sua infanzia quando sentiva che il peso costituiva un problema. L'ansia di proteggere la sua bambina da esperienze simili è comprensibile, ma il metodo non è adatto. Lei tende a trattarla come se la bimba fosse una sua versione in miniatura.

A questo punto, sono sicura che lei si rende conto che sua figlia non ha il compito di assomigliarle o di conformarsi a un suo modello. Il suo compito è di essere se stessa, un'entità separata, e di crescere come individuo; il compito di una madre è invece di amare la figlia indipendentemente dal suo aspetto e sostenerla qualsiasi cosa diventi. Troverebbe tutto questo più facile se avesse qualcuno che potesse aiutarla a imparare ad amare se stessa.

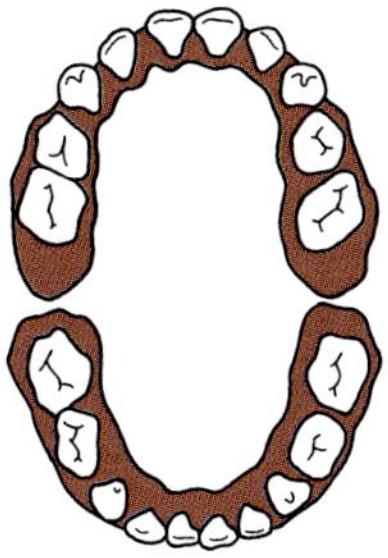

*A volte, a tre anni, il bambino ha una serie di venti denti da latte.*

A circa due anni e mezzo, il bambino avrà una serie completa di primi denti (di latte), formata da dieci denti su ciascuna mascella: due molari (denti doppi) per ciascun lato, un canino per ciascun lato e quattro incisivi anteriori.

I secondi molari, i denti doppi in fondo alla mascella, spuntano per ultimi. Come i primi che si presentano verso l'anno (vedi p. 340), possono provocare dolore mentre spuntano.

Quando la serie dei denti è completa, è ancora più importante tenerli puliti. Ora ogni dente ne ha accanto un altro e dei rimasugli di cibo possono restare nel mezzo. Per eliminarli occorre un piccolo spazzolino, da impiegare con movimento verticale. Ma ci vogliono un adulto attento e un bambino collaborativo per essere sicuri che anche i denti di dietro siano puliti come quelli davanti! Aiutatevi a fare un buon lavoro con qualunque cosa renda piacevole l'operazione al bambino.

*Prevenzione e carie*

In teoria dovremmo tutti lavarci i denti tre volte al giorno, ma in pratica al massimo riusciamo a farlo due volte e così pure i nostri bambini. Assicuratevi che pulisca il retro dei denti come il davanti e che siano ben puliti dopo l'ultimo pasto della sera, in modo da non trascorrere la notte con resti di cibo tra i denti. Fate in modo che pulirli dopo colazione diventi un'abitudine regolare, e poi cercate di dargli un bicchiere d'acqua, per pulirgli ancora la bocca dopo i pasti. Ricordatevi che i resti dei dolci che gli rimangono in bocca a lungo sono per i suoi denti il peggior nemico, quindi cercate di tenergli lontani i dolci appiccicosi come le caramelle e quelli che durano a lungo come i lecca-lecca: quando proprio li vuole, invitatelo a consumare la dose che gli spetta in fretta e non a succhiarli a lungo.

Il fluoro ha l'effetto di rinforzare lo smalto dei denti, rendendolo resistente all'acido che altrimenti provoca la carie. Il livello di fluoro naturalmente presente nell'acqua potabile varia ampiamente da zona a zona. Le autorità sanitarie potranno informarvi sul livello di fluoro presente nell'acqua potabile della vostra zona, così che, se volete, potrete aggiungere del fluoro nell'acqua del bambino, utilizzando le tavolette reperibili in farmacia. Comunque, l'esperienza sembra dimostrare che l'uso quotidiano di un dentifricio al fluoro può essere sufficiente (questi tipi di paste dentifricie, che i bambini inghiottono in parte quando si lavano i denti, hanno già ridotto il tasso di formazione della carie). Tuttavia, le ultime ricerche ci dicono che la quantità di dentifricio che alcuni bambini inghiottono può, in sé, portare a un graduale accumulo eccessivo di fluoro. Il dentista può anche applicare fluoro per uso topico direttamente sui denti del bambino se lo smalto sembra essere in particolar modo vulnerabile.

*Visite dal dentista*

Dopo aver fatto una prima visita di conoscenza al dentista nel corso del suo secondo anno (vedi p. 342), il bambino, a partire dai due anni e mezzo, deve cominciare a farsi controllare i denti regolarmente ogni sei mesi.

I primi denti sono di importanza vitale. La seconda dentizione comincia a spuntare verso i sei anni, quindi questi primi denti devono durare per anni. Inoltre preservano gli spazi per gli altri e aiutano le mascelle a svilupparsi nella forma giusta. Perciò, fin dalla più tenera età di vostro figlio, non assumete un atteggiamento superficiale in relazione alle visite dal dentista. Soprattutto, non aspettate che il bambino sia colto da mal di denti per fissare un appuntamento, ma portatelo regolarmente dal dentista per periodici controlli. Il dolore significa che è ormai trascorsa la fase in cui era intaccata solo la superficie dello smalto e una medicazione sarebbe stata semplice e non dolorosa. Il dolore indica che è stata danneggiata la polpa, e la cavità sarà inevitabilmente più grande. Cercate un dentista che sappia lavorare con i piccolissimi. Se il bambino in età prescolare può instaurare una buona relazione con il dentista prima di aver bisogno di una cura, è molto più probabile che in seguito accetti fiduciosamente le prime otturazioni.

*Prime otturazioni*

Negli ultimi anni le tecniche dentarie sono diventate molto meno traumatiche. Di particolare importanza per i bambini è il fatto che le carie superficiali, che un tempo andavano trapanate e riempite per evitare che progredissero, oggi possono essere trattate con il fluoro. Per quanto gli possa essere simpatico il dentista, il bambino non si divertirà alla prima otturazione. Non fatene un dramma, ma non cadete nell'errore opposto di minimizzare. Una carie superficiale che interessa solo lo smalto non farà male nemmeno durante la trapanazione, ma una cavità che arriva alla polpa può essere dolorosa. Le moderne iniezioni, con relativo intorpidimento della gengiva, sono abbastanza indolori ma il bambino non ha nulla di piacevole con cui paragonarle. Anche se non sente dolore, è difficile per il piccolo sop-

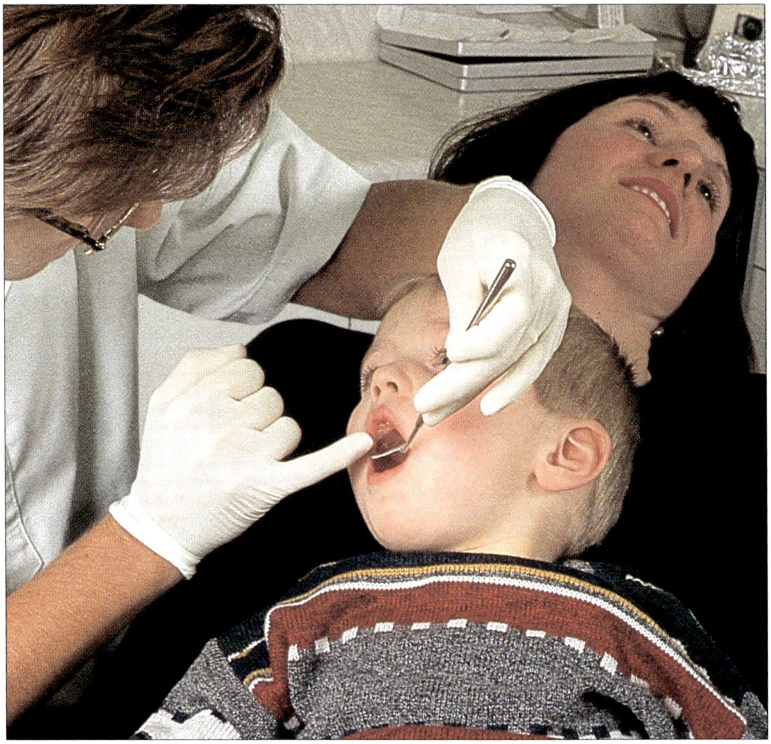

*Il dentista abituato ai bambini renderà divertente la visita, anche facendo sedere voi al fianco del piccolo.*

portare il rumore della perforazione e la pressione dell'acqua, specialmente se si tratta di un dente superiore, senza provare paura.

Spiegategli a che cosa serve il trapano e, con l'aiuto del dentista, fategli vedere allo specchio la carie. Quando lo trapanano, al bambino sembrerà che gli stiano facendo un buco enorme nel dente: si consolerà se vede quanto è in realtà minuscolo. Fategli sentire che controlla in una certa misura la situazione, chiedendo al dentista di interrompere la trapanazione quando il bambino fa segno (magari alzando una mano) di volere una pausa. È molto importante. Se ha l'impressione di essere indifeso diventerà facile preda del panico e potrebbe avere difficoltà a tornare a sedersi sulla poltrona del dentista.

Con un'adeguata preparazione psicologica, la maggior parte dei bambini in età prescolare sopporterà qualsiasi cura dentistica necessaria, ma alcuni ragazzini avranno delle serie difficoltà a collaborare. Parlate di questi eventuali problemi in privato con il dentista. Può darsi che un genitore, magari con la fobia del dentista, non sia la persona adatta ad aiutare il bambino, che starebbe meglio, in questo caso, con l'altro genitore. A volte due bambini insieme, magari letteralmente insieme sulla stessa poltrona, possono sostenersi a vicenda. Altre volte può capitare che un dentista specializzato nella cura dei più piccoli riesca a far loro accettare la cura di cui hanno bisogno, instaurando un rapporto a due senza interferenze.

Un dentista non può curare il bambino per forza, quindi, se si presenta il caso, dovete entrambi decidere se soprassedere e non curare la carie per qualche mese, sperando che nel frattempo i nervi del bambino migliorino, o se, di fronte all'urgenza, si debba ricorrere a un blando sedativo o a una leggerissima anestesia generale. Se la decisione è a favore dell'impiego di un anestetico, insistete e assicuratevi che sia somministrato da un anestesista qualificato; in caso contrario trovate un altro dentista.

*Incidenti e denti*

I denti non sono radicati direttamente nell'osso mascellare del bambino, ma in un robusto strato di tessuto estremamente elastico che funziona da ammortizzatore contro gli urti. Ci vuole un colpo molto forte per sradicare un dente.

Qualche volta, un colpo diretto farà entrare il dente di latte nella gengiva dalla quale era uscito. Potrete vederlo o sentirlo, proprio come al momento in cui spuntava. Nella maggior parte dei casi il dente verrà di nuovo fuori da solo. Se è stato danneggiato il nervo, il dente può "morire", diventando di colore opaco e giallastro. Mostratelo al dentista, ma non preoccupatevene. Un dente "morto" può essere lasciato al suo posto fino a quando non spunta il secondo dente.

Più serio invece è il caso di un dente che si spezza o si scheggia. La punta acuminata può tagliare la lingua mentre il bambino mangia, o le labbra se cade un'altra volta. Portatelo dal dentista. Smusserà la parte tagliente o deciderà di coprirla.

Se il dente è proprio staccato o, per quanto ancora attaccato, è fuori di posto, andate da un dentista o alla più vicina clinica odontoiatrica. Talvolta i denti dei bambini possono essere rimessi al loro posto e si riattaccano, se l'intervento medico avviene in fretta. Se il dente non può essere rimesso a posto, il dentista deciderà se aspettare la nascita del secondo dente o se applicargli un dente falso.

# Le cure quotidiane

*Imparare ad aver cura di se stessi è una tappa importante della crescita.*

Negli anni prescolastici il bambino diviene giustamente sempre più consapevole della propria individualità: lo si capisce chiaramente da come manifesta il senso della propria dignità fisica, con il desiderio emergente di riservatezza. Il vostro bimbo di tre o quattro anni può essere altamente conscio di tutte le parti del suo corpo, di cui a volte si prenderà cura non per voi ma per se stesso. Non accetterà che il suo corpo sia trattato come se appartenesse a un cucciolo da strigliare e infiocchettare.

Naturalmente la responsabilità generale della sua pulizia, salute e benessere sarà ancora vostra, ma più l'aiutate a fare da solo le sue piccole pulizie quotidiane, meno offenderete il suo senso di indipendenza. In pratica, ciò sarà utile per tutti e due. Ogni azione che compie da solo è un lavoro in meno per voi. Ogni cura della sua persona sarà una preparazione per la scuola, quando non ci sarete voi a occuparvi di lui. Inoltre, le abitudini prese a questa età durano tutta la vita.

## Verso l'indipendenza

Non pretendete che impari in fretta. Sono attività noiose e ripetitive. Ci sarà invece un progresso graduale. Il bambino che si lava il volto con un genitore che gli sta dietro e lo osserva a tre anni, lo laverà se soltanto gli verrà detto di farlo a quattro, e andrà spontaneamente a lavarselo perché è sporco a partire dai cinque anni...

*Rendergli facile occuparsi della sua igiene personale*

Se si deve pulire da solo, dovete renderglielo fisicamente possibile. In una casa al buio è probabile che si rifiuti di andare in bagno: lo farà se troverà i corridoi illuminati. Se deve andare da solo al gabinetto, bisogna che riesca a raggiungere la maniglia della porta, deve poter aprire e chiudere la serratura, o non la deve neppure raggiungere. Guardatevi attorno tenendo conto delle sue misure e della sua sicurezza. L'acqua è così calda da scottarlo? I suoi cassetti sono troppo pesanti perché possa aprirli? Riesce ad afferrare lo spazzolino da denti senza toccare rasoi o medicine, o raggiungere una tazza senza rompere i bicchieri più belli? Ricordatevi che al bambino non potete chiedere l'impossibile e che farà malvolentieri tutte quelle attività che sono precedute da continue esortazioni alla cautela e all'attenzione. Inoltre, se gli attaccapanni sono troppo alti per lui, come può appendervi il suo cappottino?

*Dategli la possibilità di scegliere*

Prendere decisioni significa diventare grandi. Il bambino deve imparare a pensare con la sua testa, invece che a fare (o a non fare!) quello che gli dite voi. Ma all'inizio non è possibile lasciargli decidere tutto da solo, perché spesso potrebbe prendere decisioni nocive per la sua salute (come "decidere" di lavarsi i denti solo una volta la settimana) o inammissibili per voi ("decidere" di giocare nel fango con il vestito più bello). Usate l'astuzia di organizzare la vita in modo che il bambino abbia una completa libertà di scelta tra una serie limitata di decisioni. Può pulirsi i denti subito o dopo la fiaba; andare al gabinetto subito o più tardi; mettersi uno dei vestiti che avete lasciato nell'armadio o scegliere tra due pietanze per cena.

*Gli abiti facili da indossare lo fanno sentire più indipendente e vi daranno meno lavoro.*

*La scelta degli abiti*

I genitori si stupiscono spesso di quanto importi ai bambini di tre o quattro anni dei loro vestiti e delle loro scarpe. Non si tratta solo di una questione di comodità o di sviluppato senso del gusto, ma anche del crescente senso di se stessi. I vestiti fanno parte della propria immagine che viene poi riflessa nel mondo. Il bambino, chi si sente di essere oggi e come vuole essere visto? E se c'è un gruppo di amici che sono molto importanti per lui, come vuole apparire agli occhi di costoro?

*Chi ha detto che due tonalità di blu non si abbinano con il viola e il rosso fuoco?*

Non è abbastanza grande da scegliersi da solo i nuovi vestiti da comperare o quelli da indossare, ma ha sicuramente diritto di dire la sua opinione. Dopotutto, si tratta del suo corpo. Perché dovrebbe presentarsi agghindato in base al gusto di qualcun'altro? Cercate di offrirgli due o tre alternative di abbinamenti adatti all'occasione e approvati da voi e lasciatelo scegliere liberamente. Siate seri dal punto di vista della libertà.

Discutere sui vestiti è un modo sicuramente antipatico di iniziare la giornata. Il vostro bambino reagirà in un modo migliore se gli proponete la scelta degli abiti da indossare la mattina successiva, la sera prima di andare a letto. Se gli dispiace di avere una scelta ridotta, eliminate dall'armadio tutti i vestiti della festa e quelli di altre stagioni, così sceglierà tra quello che rimane. Pensate anche a una sorta di "divisa" per i fine settimana, alternando due paia di pantaloni (o gonne e calzettoni) e due magliette. Comunque avvenga la scelta, fate in modo che per il bambino siano abiti comodi. Scegliete bottoni o allacciature a incastro che può abbottonare da solo, piuttosto che cerniere lampo di uso ben più difficile. Finché non chiede le lampo, dategli pantaloni, pantaloncini e gonnelle, se è una bambina, con l'elastico in vita. Riducete al minimo gli accessori noiosi come i guanti e i cappelli, e fissategli addosso quelli che deve per forza portare in modo che non li perda.

*Le cure igieniche noiose*

La maggior parte delle volte il bambino odia lavarsi e pettinarsi i capelli, si annoia se deve tagliare le unghie delle mani e dei piedi e sovente si lava i denti in fretta. Spesso il sistema più comodo per tutti e due è una "pulizia accurata" settimanale fatta una sera fissa, scelta in modo tale che non coincida con il suo programma televisivo preferito e realizzata secondo un divertente cerimoniale. Magari occupatevi anche di voi stesse nella medesima occasione. Dedicate al bambino molto tempo: se gli fate fretta si ribellerà. Bisogna che gli diate il tempo per lasciargli fare tutti i tentativi che vuole: deve sentire che gli state dedicando serenamente tutta la vostra attenzione in cambio della sua collaborazione.

A questa età non sa tagliarsi le unghie, ma potete permettergli di intervenire nell'operazione lasciandogli usare una limetta per smussarsi le unghie che gli avete appena tagliato. Le unghie dei piedi vanno tagliate in linea retta, non curva (come invece fate per quelle delle mani). Questo per evitare che si incarnino.

Insegnare al bambino una corretta igiene dentale è difficile. Si può inventare un gioco: "Come ti sei pulito i denti questa settimana?". Si divertirà a usare un reagente che tinge di rosa le parti non pulite. Liberarsi di questo colore diventerà una vera sfida e, quando ciò avverrà, saprete che per il momento i suoi denti sono veramente puliti.

I capelli devono ovviamente essere lavati con una certa frequenza, ma se il farlo provoca dei problemi, cercate di raggiungere un compromesso con il bambino, lasciandogli per esempio scegliere il modo più facile tra i sistemi consigliati per i più piccoli. Può servire fargli usare il vostro shampoo o permettergli di giocare con il vostro pettine. Una volta insaponato, lasciate che sia lui a frizionare, a creare delle "pettinature" con la schiuma e a guardarsi allo specchio. Insegnategli a sciacquarsi accuratamente, facendo "scivolare" i capelli tra le dita. L'applicazione di una crema dopo il risciacquo eviterà i nodi, così, non appena sarà in grado di pettinarsi i capelli da solo vi avrà risparmiato un lavoro.

*Esiste un modo divertente di fare quasi tutto quello che si deve fare.*

# L'USO DELLA STANZA DA BAGNO

I bambini riescono ad acquisire la capacità di gestire l'uso del bagno a età estremamente diverse. Solo pochi di loro (più le bimbe dei bimbi) rinunciano ai pannolini entro i tre anni, ma la maggior parte di essi ne fa ancora uso di notte, adottando il vasino o il gabinetto durante la giornata. Molti piccoli che sanno controllare il proprio intestino usano lo stesso i pannolini perché non riescono a trattenere i bisogni abbastanza a lungo da raggiungere il bagno.

*Incapacità di restare asciutto*

Se sembra che dimentichi completamente vasini, gabinetti e la sua stessa pipì, assicuratevi che capisca quello che vi aspettate da lui.

- Fategli capire che siete sicuri che presto saprà controllare la propria pipì e che siete ansiosi di vederlo usare il gabinetto come fate voi (e tutta una lista di persone che lui ama e ammira). Può sembrare una pretesa ovvia, ma è possibile che abbiate dimenticato di trasmettergli questo vostro desiderio.
- Fate in modo che veda che i membri della famiglia e gli amici usano il gabinetto: l'istinto che porta il bambino a imitare gli altri potrebbe essergli di aiuto.
- Fate in modo che capisca quando si bagna. I pannolini moderni assorbono l'urina in modo così totale da far sentire il bambino sempre pulito e a posto, ma questo lo distrae dal vero scopo dell'operazione. Toglietegli il pannolino ogni volta che potete, se ha già cominciato a fare pipì nel vasino, soprattutto a casa quando è sveglio. Esistono mutande rivestite di plastica che vi saranno di aiuto: una protezione per i vostri tappeti.
- Se il bambino non usa più pannolini, tenetene lo stesso alcuni a casa per ogni evenienza. Ricordate però che sono molto efficaci e lo fanno sentire asciutto: il piccolo sarà meno motivato a perseguire il suo obiettivo.

L'età alla quale i bambini imparano a stare asciutti varia molto. Se il bambino dà segno di non essere "pronto", significa semplicemente che, sotto questo aspetto, ha uno sviluppo ritardato. Tornate alla sezione sui bambini da un anno ai due anni e mezzo e verificate se segue la normale sequenza per imparare a controllarsi, anche se lo fa più tardi o più lentamente della maggioranza.

Sembra che il controllo ritardato della vescica sia una caratteristica familiare. Se vi riesce di verificare il vostro comportamento quando voi due genitori eravate bambini chiedendolo alle rispettive madri, la risposta potrà darvi sollievo. Ma se entrambe le madri insisteranno a dire che all'età di due anni (o di uno!) eravate già "padroni" di voi, non abbattetevi. Almeno una di loro (o tutte e due) ripensano al passato con nostalgia. Sembra anche che i maschietti siano meno precoci delle bambine nel perfezionare il controllo della vescica, quindi, se vi preoccupate anche perché confrontate il vostro grondante ragazzino con una bambina che sta già asciutta, smettete di farlo. Non sono paragonabili. Tutti i bambini, tranne quelli fortemente handicappati dal punto di vista fisico o mentale, imparano prima o poi a rimanere asciutti. Imparerà anche il vostro. Se in un momento di disperazione ne dubitate, provate a pensare se avete mai visto un bambino andare a scuola con i pannolini...

Se il bambino perde pipì continuamente e si bagna sempre invece che ogni tanto, può darsi che ci sia un qualche motivo fisico per cui non è ancora "pronto". Lo sfintere dovrebbe funzionare in modo da essere o ben chiuso o completamente aperto. Se invece è sempre nella posizione intermedia, il bambino non riuscirà a controllarlo. Sono sempre più comuni le infezioni delle vie urinarie, soprattutto cistiti nelle bambine, che provocano un insolito bisogno di urinare frequentemente, con la massima urgenza e con dolore. A volte gli adulti devono far fronte a queste evenienze per restare asciutti, ma i bambini non ce la fanno. Se il vostro bambino ha una di queste comuni infezioni, non vi preoccupate e non preoccupatelo. Prima di riprendere con l'educazione inerente al bagno, aspettate di aver fatto gli esami ospedalieri del caso e di aver terminato le cure.

*Come aiutarlo a controllarsi*

Solo quando il piccolo sarà abbastanza affidabile da non bagnarsi o sporcarsi più durante il giorno, e sarà quindi senza pannolini, potrete cominciare ad aiutarlo a fare del suo successo un'abitudine. Il fatto di diventare capace di controllare tutto ciò che riguarda l'evacuazione, quasi in ogni circostanza, gli darà molta fiducia in se stesso e, come individuo, si sentirà capace di cose importanti.

*Come abituarlo a usare il gabinetto*

Può darsi che il bambino usi il gabinetto da mesi, ma se preferisce ancora il vasino è giunto il momento che impari a servirsi del gabinetto, in modo da potersela sbrigare in qualunque circostanza.

Il primo passo verso questo mutamento consiste nel trovare al suo vasino un nuovo posto, accanto al gabinetto, in modo che si abitui ad andare là. Quando ha assimilato questo cambiamento, comprategli un sedile da water per bambini, di quelli che si appoggiano sopra il sedile normale, e trovate una cassetta o uno sgabello di misura giusta, grazie al quale possa salire e scendere da solo dal water e sul quale appoggiare i piedi mentre è seduto. Se vi procurate un supporto adatto, sarà capace di spostarlo da solo per raggiungere anche il lavandino. Incoraggiatelo a usare questo nuovo strumento, ma non toglietegli il vaso fino a che non l'abbandona lui stesso. Quando ha imparato ad andare in bagno da solo, magari le prime volte con un amico con cui giocare, fate in modo che trovi sempre il suo sedile al suo posto. Gli adulti, che lo toglieranno per usare il gabinetto, dovranno rimetterlo in sede, quando avranno finito.

Quando è contento di usare il gabinetto in casa potete convincerlo a fare altrettanto dappertutto. Fategli vedere i gabinetti delle case degli amici, dei negozi o della piscina. Mostrategli anche i servizi meno eleganti dei luoghi pubblici, così che non si sorprenderà e non si farà dei problemi se dovesse trovarsi di fronte a uno sporco, maleodorante gabinetto di un treno o di un'area di servizio. Anche i servizi scolastici possono fargli cattiva impressione, se non ha mai sperimentato prima la mancanza di igiene e di intimità.

La maggior parte dei bambini di tre e quattro anni vogliono avere con sé uno dei genitori e dovrebbero sempre avere qualcuno che li accompagna quando vanno in un gabinetto pubblico. Nessuno troverà da ridire se un bambino va con la madre alla toilette delle signo-

*Aiutate il bambino ad abituarsi a utilizzare diverse toilette in ambienti di vario tipo.*

re, o se i maschietti accompagnano il padre in quello degli uomini; ma i padri che accompagnano le bambine si trovano in difficoltà, perché una fila di uomini che usa orinatoi può imbarazzare la bambina. Sarebbe bene che si diffondesse l'uso dei gabinetti pubblici unisex, come è già avvenuto in gran parte dei paesi europei.

Nelle catene di ristoranti e nei centri commerciali è crescente la presenza di toilette per la famiglia, con bagni per "genitore e figlio" o "madre e figlio". Se mancano entrambi potrete usare il bagno per le persone con speciali necessità, che si troverà in una zona neutra.

*Le posizioni per orinare*

La maggior parte dei maschietti fanno pipì sedendosi quando sono piccoli, ma nell'età prescolare cominciano a imitare il padre, i fratelli e gli amici. È bene aiutare il bambino ad adottare questa posizione prima che cominci ad andare all'asilo. Se gli fate notare che fare pipì stando in piedi significa non togliersi le mutande e i pantaloni, è probabile che apprezzi la comodità e la velocità di questo sistema. Mettetegli dei pantaloni o dei calzoncini con l'elastico in vita, almeno fino a quando la moda che regna tra i suoi coetanei non lo indurrà a volere pantaloni con la cerniera lampo. L'elastico è per lui più comodo e più sicuro. Quando comincia a fare pipì stando in piedi, insegnategli ad alzare il sedile del gabinetto. Se ha vicino a sé degli uomini da cui prendere esempio, sarà probabilmente rapido ad afferrare l'idea di mirare, altrimenti dovrete attirare la sua attenzione, magari con un pezzo di carta igienica che galleggia nell'acqua. Il pavimento che circonda il water deve essere comodo da pulire, dato che spesso il bambino mancherà l'obiettivo.

Se una bambina vede un maschietto che fa pipì stando in piedi, è probabile che cerchi di imitarlo. Quando l'esperimento si rivelerà disastroso, cercherà di fare pipì mettendosi a cavalcioni sul gabinetto con la faccia verso il muro. Non inquietatevi. In poco tempo capirà che il suo corpo funziona meglio se si mette a sedere normalmente. Accettare questa posizione è in parte accettare il fatto di essere una femmina, con le differenze che distinguono il corpo di una donna da quello di un uomo.

*All'aperto*

Tutti i bambini, maschietti e femminucce, devono imparare a fare pipì all'aperto, per evitare che gite domenicali, picnic o lunghi viaggi si trasformino in una tragedia per tutti.

Per i maschietti non è difficile. Possono imitare il padre e orinare contro un albero o in una piazzola dietro la macchina, se è necessario. Le bambine sono molto svantaggiate. Una bimba in gita con il cuginetto formulò la questione con chiarezza: "Perché mamma non compra anche a me un cosino così comodo per fare pipì in giro?".

Le bambine molto piccole riescono a stare in una posizione rannicchiata se sostenute da uno dei genitori. Quelle di quattro e cinque anni preferiscono togliersi del tutto le mutandine, perché trovano scomodo tenerle abbassate e per evitare di bagnarle. Cercate per loro un posto adeguato: i bambini di tutte le età si sentiranno a disagio in mezzo a ragni e formiche.

*Ritmo intestinale del bambino*

Ricordate che molti bambini non hanno bisogno di evacuare tutti i giorni, ma che lo fanno in modo del tutto naturale ogni due o tre giorni. È altrettanto normale che alcuni si scarichino regolarmente due o tre volte al giorno. Il ritmo del bambino è un fatto molto personale e, idealmente, non dovrebbe riguardarvi affatto.

Se il bambino sente questo bisogno dopo colazione, è un fatto fisiologicamente positivo, perché mangiare dopo il lungo digiuno della notte spesso provoca un riflesso che porta la defecazione. In seguito può essere un fatto positivo anche in senso sociale. Molti bambini non vogliono usare i gabinetti della scuola e si trovano meglio se si scaricano a casa. Ma se non è un comportamento naturale in vostro figlio, non cercate di imporglielo. Lasciatelo andare in bagno quando sente di averne bisogno, così come fa pipì quando sente lo stimolo.

*Sbrigarsela da solo*

A casa, il bambino si sentirà più tranquillo e indipendente quando può fare tutto da solo. Tuttavia quasi tutti preferiranno che sia un genitore a pulirlo dopo una scarica intestinale, anche se a poco a poco imparerà a fare da solo questa operazione. Alle bambine è bene insegnare a pulirsi partendo dal davanti verso dietro, e mai nell'altro sen-

*Il bambino può chiedere di essere lasciato solo in bagno anche se ha ancora bisogno di voi nelle vicinanze, pronti ad aiutarlo.*

so. Il movimento dal dietro in avanti può portare tracce di feci a contatto con la vagina e l'uretra e provocare infezioni che sono molto più comuni nelle bambine. Può darsi che il bambino accetti serenamente la nuova bambinaia, ma potrebbe agitarlo il pensiero di accettare un servizio così personale da una persona che non conosce ancora bene e non ama affatto. A scuola può non esserci nessuno ad aiutarlo in queste occasioni, perciò il bambino che non sa fare da solo si potrà sentire triste e desolato. Ma non mettetegli fretta. La maggior parte dei bambini di tre anni non riescono a pulirsi semplicemente perché le loro braccia non sono abbastanza lunghe in rapporto al proprio corpo.

Anche quando i bambini contano di cavarsela in tutto nel bagno, una pulitura poco accurata lascia spesso le mutandine macchiate. Alcuni si trovano particolarmente in difficoltà a scuola, dove non hanno molto tempo a disposizione e ben poca privacy, magari costretti a usare una carta igienica più ruvida e meno assorbente di quella che usano a casa.

Ma una volta che il bambino si sente padrone dei moti intestinali, gli imprevisti sono abbastanza rari, anche se meno di quanto pensi la gente (vedi p. 460). La causa più frequente è un attacco di diarrea, che provoca un bisogno urgente e incontrollabile, alterando quei segnali del retto a cui il piccolo si è abituato da poco. Sarebbe indicato tenere a casa il bambino affetto da diarrea, anche se non sta male. Per lui ritornare ai pannolini sarebbe indegno, e in più si sentirebbe a disagio vedendo il disgusto della maestra che lo pulisce.

### *Gli "incidenti"*

Molti bambini di tre e quattro anni hanno spesso degli incidenti. Anche quelli di cinque e sei anni ne hanno, tanto che una scorta di mutandine fa parte della normale attrezzatura di una scuola elementare e materna. Quando il bambino ha "imparato", bagnarsi le mutandine è molto più imbarazzante per lui che per voi. Si sente a disagio, per cui siate comprensive.

Come la maggioranza degli adulti, i bambini orinano più spesso quando sono nervosi o eccitati, quindi non meravigliatevi se vostro figlio sceglie sempre il momento peggiore per questi incidenti, come per esempio una festa di compleanno o un fine settimana lontano da casa. Molti non si accorgono dei segnali emessi dalla vescica se sono molto presi dal gioco. Se glielo fate presente con tatto, eviterete un lago. A volte, ma raramente, il bambino sottoposto a tensione emotiva tratterrà così a lungo la pipì che la vescica si riempirà eccessivamente e il bambino troverà qualche difficoltà a vuotarla. Ciò può accadere, per esempio, se il bimbo viene lasciato con degli estranei ed è deciso a non usare il gabinetto se non c'è la madre. La soluzione è l'acqua. Il rumore dell'acqua che scorre in genere stimolerà la fuoriuscita. Altrimenti mettete il bambino in un bagno caldo, dove libererà la vescica facilmente.

## Fare pipì la notte

La notte molti bambini hanno bisogno dei pannolini anche dopo il terzo compleanno. Se il bambino durante il giorno fa pipì ogni due ore e al mattino si sveglia sempre bagnato, capirete che non è ancora pronto per restare senza nessuna protezione di notte. Dopotutto, se fa pipì mentre dorme è perché non riesce ancora a controllarsi. Non potete insegnargli a trattenere la pipì fino al mattino o a svegliarsi quando gli scappa. Solo quando sarà più maturo potrà farlo. I letti bagnati possono diventare un "problema" più grave dei pannolini bagnati, quindi non abbiate fretta.

*Quando eliminare i pannolini notturni*

Aspettate fino a quando il bambino per alcuni giorni di seguito si sveglia asciutto dopo un'intera notte, il giorno riesce a stare tre o quattro ore senza fare pipì, e talvolta si sveglia la mattina presto perché ha bisogno. Anche quando cogliete alcuni o tutti questi segni di maturazione, non insistete nel toglierli subito i pannolini se lui invece preferisce portarli. Se gli trasmettete un senso d'ansia a proposito della pipì di notte, è più probabile che bagni il letto la notte e che nascano dei problemi.

Quando, d'accordo con il bambino, decidete di eliminare i pannolini, avvolgete il materasso in un telo di plastica. Le tele incerate piccole si raggrinziscono con facilità, sono scomode per il bambino e in genere non coprono tutta la zona che può essere bagnata. Fategli vedere che il materasso è protetto e spiegategli che perciò non importa se si bagna mentre dorme.

Se avete comprato da poco dei pigiami e/o delle lenzuola nuovi, insistete, come per caso, sulla facilità di lavarli e non descriveteli come parte di un "bel lettino per un bambino grande che non si bagna". Se pensa che facendo la pipì a letto sciuperà questa bella biancheria nuova, prima di bagnarla sarà continuamente in ansia e dopo si potrebbe lasciar sopraffare dalla disperazione.

*Come aiutarlo a stare asciutto*

Cercare di tenere asciutto il letto e aiutare il piccolo a restare asciutto sono due compiti diversi. Fare alzare il bambino perché orini nel corso della notte e al mattino presto evita che il letto venga bagnato, ma non aiuta affatto il bambino a controllarsi. Se si bagna mentre lo fate alzare, penserà che voi, non lui, siete responsabili della sua pipì notturna. Se non si sveglia del tutto e fa pipì semiaddormentato mentre voi lo tenete, in effetti favorite proprio ciò che volete evitare: che faccia la pipì dormendo. Probabilmente è meglio non seguire questo sistema, almeno fino a quando avrà cinque o sei anni e, preoccupato di bagnare il letto, chiederà il vostro aiuto. A quel punto potete intervenire, ma svegliatelo, in modo che possa rendersi conto dei segnali che gli arrivano dalla vescica piena.

Non riducete mai la quantità di liquido che beve alla sera. Vale la pena di diminuire le bibite gassate (anche l'acqua frizzante) perché raggiungono la vescica con grande rapidità, ma anche quelle che contengono caffeina, che stimolano il bambino a fare pipì. Se invece beve acqua, latte o succhi, potrà averne quanti ne vuole e quando li chiede. Anche se sembra logico che un bambino che beve poco corra pochi rischi di bagnare il letto (alcuni consigliano di non dare ai bambini liquidi per quattro ore prima di andare a dormire), le ultime ricerche rivelano che questo metodo rende addirittura peggiore il problema di bagnare il letto. Se i liquidi vengono a mancare, la vescica si stabilizza come se fosse piena, anche se ora ne contiene una scarsa quantità. A lungo termine la capacità della vescica, se non sollecitata, potrebbe addirittura diminuire.

*Il bambino deve bere ogni volta che ha sete, anche prima di andare a letto.*

## *Come possiamo evitare che il nostro piccolo si sporchi?*

***Il nostro bambino di quattro anni usava il vasino solo per fare pipì e non pupù. Per un anno la fece o nelle mutande o sul pavimento. In seguito, quando il vizio finì, pensammo di aver vinto la battaglia. Ora sembra essere affetto da diarrea cronica. I suoi slip sono sempre un po' sporchi e sebbene i suoi compagni d'asilo non sempre lo notino, siamo terrorizzati al pensiero di che cosa accadrà quando inizierà una scuola a tempo pieno. Abbiamo provato a somministrargli medicinali anti- diarrea e a mandarlo al bagno ogni due ore, ma nulla di tutto ciò sembra esserci d'aiuto. È troppo imbarazzante consultare il nostro ispettore sanitario; quindi, che cosa possiamo fare?***

I problemi dell'evacuazione delle feci sono più comuni di quanto si pensi. L'omertà che vi rende difficile consultare degli specialisti non aiuta nessuno, meno tra tutti i bambini, che a scuola soffrono a causa del loro odore.

La difficoltà nasce dal fatto che da piccoli provano un senso di possesso per le feci che escono dal loro corpo, mentre gli adulti ne provano disgusto. L'eliminazione dal gabinetto può ferire i sentimenti di un bambino tanto che, forse in cerca di un campo di battaglia su cui guerreggiare contro il potere che gli adulti esercitano su di lui, potrebbe trovarlo nel vasino e scoprire che le feci gli danno potere su di loro. Potrebbe poi in alternativa espellere le proprie feci in uno stato di resistenza inconscia ma attiva, o trattenerle in uno stato di resistenza sempre inconscia ma passiva. E qui nasce la preoccupazione degli adulti.

Se un bambino fa la pupù quasi ovunque tranne che nel vasino o nel gabinetto, come succedeva a vostro figlio, di solito la causa è un'eccessiva oppressione nei suoi confronti. Può essere che abbiate trascurato la necessità di aiutare il vostro bambino ad assumere la sorveglianza di sé. Se l'oppressione potesse essere eliminata esattamente a quello stadio (ed è un grande "se") il bambino potrebbe riprendere il suo cammino. In caso contrario, egli potrebbe passare da una resistenza attiva a una passiva.

Per non lasciare le sue feci in un vasino o in un gabinetto, il bambino deve trattenerle fino a quando si alza. Con il tempo potrebbe apprezzare la sensazione del trattenere e diventare così abile nel farlo da decidere di non mettere le sue feci nel posto "sbagliato" o di non metterle in alcun posto, trattenendole nel suo corpo e sotto il suo controllo.

Se ciò è quello che è accaduto a vostro figlio, quella che voi chiamate diarrea cronica potrebbe essere costipazione cronica. Se un bambino ignora il desiderio di scaricare, trattenendosi per giorni, le feci si raccolgono nella parte inferiore dell'intestino, si induriscono, poiché il corpo ricicla i loro fluidi, ed espandono il retto oltre al punto in cui riceve dei segnali di necessaria dilatazione. Un bambino in questo stato non può accedere a un'evacuazione normale. Tuttavia, dal momento che egli continua a mangiare, a digerire, le feci liquide continuano a formarsi, a bloccarsi a livello dell'ostruzione e a colare. Questa è la spiegazione fisiologica più probabile per il caso di vostro figlio.

Il suo macchiarsi non è intenzionale. La lotta per il potere è combattuta a un livello inconscio. Arrabbiarsi con lui è scorretto e inutile (sebbene capisco che sia difficile non farlo). A questo punto, non è sufficiente smettere di dargli quegli inadeguati medicinali e forzarlo all'uso del gabinetto. Chiedete consiglio al medico: per sciogliere questo blocco, il vostro bambino potrebbe aver bisogno di medicinali emollienti. Soprattutto, avrà bisogno di una figura autoritaria, esterna alla famiglia, che gli spieghi che cos'è accaduto e che lo assicuri che egli non ha colpe.

Mesi di battaglie quotidiane devono aver ridotto a brandelli la sua autostima. È probabile che soffra nel rendersi conto del suo odore, della sua differenza dagli altri bambini e delle loro (come delle vostre) reazioni. Se assume un atteggiamento di noncuranza riguardo le sue mutande sporche o lo scherno dei suoi compagni, potrebbe essere perché si sente sporco, puzzolente e diverso, e quindi non si sorprende che gli altri condividano la scarsa opinione che ha di se stesso.

Se il bambino si sveglia perché gli scappa la pipì, è un ottimo segnale che comincia a controllarsi. Fate in modo che abbia un vasino in camera e abbastanza luce per scacciare i fantasmi che vivono sotto il letto. Può anche darsi che abbia bisogno di compagnia. Molti bambini piccoli hanno paura a scendere dal letto se sono soli. Se non volete che chiami, può capitare che si alzi troppo tardi. Il letto sarà bagnato e asciutto alternativamente. Non fate commenti qualunque cosa accada. Fargli le congratulazioni quando resta asciutto e tacere quando si bagna è sbagliato, in quanto significa che lo rimproverate perché ha bagnato il letto. Se gli dite che è "buono" quando resta asciutto, si sentirà "cattivo", o almeno "non buono", quando si bagna. Evitate lodi e rimproveri, spiegategli che la vescica cresce con il resto del corpo e che anche la sua, alla fine, crescerà abbastanza da contenere la pipì di tutta la notte: insomma, ditegli la verità.

*Il letto bagnato*

Gli incidenti notturni sono molto comuni fino ai cinque anni circa e non del tutto insoliti verso i sette, specialmente nei maschietti.

Se siete preoccupati per questo problema quando ha quattro o cinque anni, sta a voi decidere di non allarmarvi e di fare in modo che il bambino non diventi ansioso, in attesa che cresca, o se invece vi sembra necessario consultare il medico.

Talvolta il bambino si preoccuperà del fatto che bagna il letto, in genere in seguito a commenti poco opportuni da parte di parenti o amici. Gli sarà difficile accettare le vostre rassicurazioni che inevitabilmente tutto ciò finirà, e presterà più fede a questa informazione se gli viene data dalla voce autorevole del medico. Se avvisate il medico e lo avvertite che è il bambino a essere preoccupato e non voi, questi potrà rassicurarlo e garantirgli un ulteriore aiuto, pure se questo tipo di disturbo dovesse continuare anche in seguito.

Se il bambino non vive questa sua condizione come un problema (il che significa che voi dovrete essere in grado di controllare la vostra naturale irritazione e di evitare che si debba vergognare di fronte agli estranei), probabilmente imparerà spontaneamente a non bagnarsi più entro i sette anni. Altrimenti sarà il momento di ricorrere a un esperto di enuresi notturna.

Se improvvisamente, dopo essere stato asciutto diversi mesi, il bambino dovesse ricominciare a bagnare il letto, può trattarsi di una reazione alle tensioni della vita quotidiana. La nascita di un altro bambino può suscitare in lui il desiderio inconscio di ritornare piccolo, anche se il suo desiderio conscio è di crescere abbastanza da restare asciutto. Un allontanamento, un soggiorno in ospedale, la perdita di un nonno adorato o qualsiasi altro importante sconvolgimento possono scuotere la sua sicurezza e renderlo temporaneamente meno capace di far fronte al problema dell'enuresi notturna. Noterete altri segnali di regresso insieme al verificarsi della pipì a letto: per esempio possono riemergere le difficoltà ad addormentarsi, o chiederà il ciuccio o il biberon. Se la tensione ha una causa evidente, potete ridurla parlandone con il bambino e coccolandolo un po'. Se vedete che è teso e ansioso, ma non capite perché, chiedete aiuto al vostro medico per scoprirne la causa. Comunque non aspettatevi una cura miracolosa per quei lettini bagnati. Con il tempo si rilasserà e ritroverà il controllo di sé durante la notte.

Mettere a letto un bambino piccolo è quasi sempre un problema, mentre i bambini in età prescolare si dividono nettamente in due categorie: quelli che vanno a letto senza fare capricci e quelli che ne fanno un'infinità. Se vostro figlio è del primo gruppo siete fortunati. Continuate a comportarvi come avete fatto finora, augurandovi che duri! Se il vostro bambino è di quelli che fanno i capricci, può esservi utile riesaminare con onestà tutta la questione.

Molti bambini trascorrono più tempo a letto svegli che dormendo. Vengono messi a letto perché i genitori la sera vogliono stare in pace. Se arrivate alla conclusione che siete voi che volete mettere a letto il bambino e non lui ad averne bisogno, vi renderete conto che vale la pena di rendere il letto, e l'andarci, il più piacevole possibile.

*Letti e camere da letto come luoghi privati*

Fare in modo che il letto e la camera da letto siano un luogo piacevole dove stare è molto più facile con i bambini di questa età piuttosto che con quelli più piccoli. Nella prima infanzia il bambino tende a non avere un buon rapporto con il letto perché andare a dormire significa per lui allontanarsi dai genitori. I bambini in età prescolare sviluppano rapidamente il senso di proprietà e di intimità. Hanno veramente bisogno di un luogo che possano chiamare loro. Sia che decidiate di dargli una sua stanza o semplicemente uno spazio in una camera, chiedete il suo parere circa queste nuove sistemazioni e chiarite al resto della famiglia che ora quel luogo appartiene a lui. I fratelli e le sorelle più grandi non dovrebbero entrarvi senza il suo permesso, e dovreste lasciare che il bambino mostri il suo "nido" a chi viene a trovarvi solo se lo desidera.

Ricordate che il bambino passerà almeno la metà del suo tempo in questo luogo. Dovrebbe quindi essere tenuto lindo, ordinato e accogliente come il salotto di casa. Per quanto lui ami la sua stanza, a quest'età non la terrà ordinata da solo. Se non provvedete voi, in poco tempo regnerà un tale disordine da non avere più alcuna attrattiva.

Il letto del bambino dovrebbe esserne il centro. Questo è il momento giusto per farlo passare dal lettino a un "letto grande". Andrà benissimo un semplice letto singolo per adulti (magari con la sbarra per facilitargli la transizione), che vi costerà meno di un letto da bambini e durerà di più. State attenti all'acquisto di un letto-novità: a tre anni il bambino sarà felice di dormire in un letto a forma di barchetta, ma cosa ne penserà quando ne avrà sette e sarà pazzo per i cavalli? Se due bambini dormono nella stessa stanza, cercate di evitare i letti a castello, se potete. È possibile che l'uno o l'altro dei bambini pensi che il fratello abbia il posto migliore. È inoltre difficile salvaguardare la propria intimità se uno dorme sopra l'altro. I letti a castello hanno un altro svantaggio: non è possibile curare un bambino malato che sta nel letto in alto, per cui ogni volta che si ammala occorre spostarlo. Se uno dei piccoli vive da voi solo per un certo tempo, magari perché passa i fine settimana con il papà, prendete in considerazione quel tipo di letto che ne ha uno gemello a cassetto sotto, che potrete estrarre all'occorrenza. Altrimenti, due lettini separati sono sempre la migliore soluzione, anche se rendono la stanza più piccola.

*Se riuscite a fargli amare il letto e ci starà volentieri, vi assicurerete entrambi riposo e relax.*

Rendete il letto quanto più attraente possibile. Non concludete che è inutile comprare belle lenzuola e graziosi pigiamini quando il bambino si bagna ancora: la biancheria graziosa si lava proprio come quella vecchia e sciupata. Se dovete comprare delle nuove coperte, prendete seriamente in considerazione le trapunte lavabili che assecondano l'istinto del bambino a rannicchiarsi e semplificano l'operazione di rifare il letto. Riordinate il letto ogni volta che il bambino si alza sia al mattino sia dopo il sonnellino pomeridiano. Non gli piace tornare in un letto disfatto come non piace a voi. Un'attenta distribuzione dei suoi oggetti accanto al letto porterà alla realizzazione di una "mini-casa" alla quale vorrà tornare (perlomeno così si spera) ogni sera e nella quale sarà felice di passare, al mattino, un po' di tempo da sveglio. I gusti variano, ma ecco alcune cose che rendono attraenti per i bambini la loro zona notte.

- Una lampada, saldamente avvitata al muro e a portata di mano del bambino. Se gli mettete una lampadina da 15 candele da lasciare accesa tutta la notte o un potenziometro per attenuare la luce, può sbrigarsela da solo.
- Fotografie su un pannello al muro, e giostrine sul letto e alla finestra.
- Un comodino da notte o uno scaffaletto con tutti i suoi libri. Scegliete libri illustrati per i più piccoli e raccolte di fumetti per i più grandicelli. Così, anche se non sanno leggere, possono seguire la storia attraverso le immagini.
- Speciali giocattoli da letto, che in genere si dividono in due gruppi: giocattoli soffici da coccolare e abbracciare, e puzzle o giochi a incastro più comodi da fare a letto che non durante il giorno.
- Un carillon o un mangianastri per bambini. Questa fonte di rumore familiare sarà probabilmente accesa quando lasciate il bambino per la notte e quando si sveglia al mattino.
- Provvedete a un mezzo di comunicazione tra voi: una porta aperta o, se la casa è grande, un microfono-spia per bambini (ne esistono in commercio).

*Fate uso di questo posto speciale*

Vi siete date molto da fare perché il bambino avesse un luogo che gli fosse gradito per riposare, giocare e andare a dormire. Rovinereste tutto se, anche per una sola volta, lo userete per punirlo. Non mandate nella sua stanza o a letto il bambino perché è stato cattivo. Non mettetegli neppure in testa questa idea in modo indiretto, dicendogli: "Devi essere stanchissimo, altrimenti non saresti così sciocco. Penso sarebbe meglio che tu andassi a letto presto stasera...".

Fate in modo che nella sua stanza accadano solo avvenimenti piacevoli. Se arriva una lettera e una cartolina indirizzata a lui, mettetegliela sul letto in modo che la trovi lì. Se gli avete comprato una maglietta nuova, stendetela aperta sul letto perché se la provi. Conservate le illustrazioni delle riviste per attaccargliele al muro e ogni tanto fategli un disegno e mettetelo sul letto, in modo che lo veda quando va a dormire. Se vi chiede di giocare con qualcosa che in genere non gli è concesso, per esempio la vostra bigiotteria o un mazzo di carte, dite che potrà averli per giocarci quando è a letto.

Se intendete darvi questo gran daffare perché la zona letto sia un luogo piacevole, farete anche in modo che l'andarci sia gradevole. Quando è l'ora di andare a letto prestate al bambino tutta l'attenzione di cui ha bisogno. Come con i bambini più piccoli, una serie di piccoli, precisi rituali serali funziona ottimamente, ma, qualunque siano le vostre abitudini, non pretendete che il bambino interrompa a metà un gioco per andare subito a dormire.

Quando è a letto, leggetegli o raccontategli una favola. Se gliela raccontate o leggete in soggiorno, la favola diventa un'occupazione gradevole in più da abbandonare per andare a letto. In camera, invece, diventa un'ulteriore ragione piacevole che farà desiderare al bambino di andare a dormire.

Dedicate del tempo alle confidenze, agli scherzi o semplicemente alle chiacchiere. Tanto più il bambino sarà cosciente che il letto è un posto dove può parlare con voi, raccontarvi storie o farvi domande, tanto meno gli sembrerà che andare a dormire rappresenti un'esclusione dalla compagnia degli adulti.

Quando lo lasciate promettetegli (e poi mantenete la promessa) che tornerete. Potete dire: "Adesso, vado a cenare. Farò un salto per vedere se dormi quando avrò finito". Il bambino sa che se non dorme in fretta dovrà aspettare a lungo il vostro ritorno. Perciò è probabile che si addormenti prima dello scadere del tempo concesso.

Quando il bambino è a letto, l'idea che si alzi dovrebbe essere scartata o, meglio ancora, neppure presa in considerazione. Ma, se volete che accetti l'idea che una volta a letto deve restarci, dovrete essere pronti a stargli un po' dietro. Se pretendete che si alzi per prendere un bicchiere d'acqua, non dovete stupirvi se poi si alza per venire a raccontarvi qualcosa di interessante.

*Se volete che la giornata si chiuda sotto il segno dell'amicizia, non c'è niente di meglio di una bella storia.*

Quando diventa buio, molti bambini di questa età preferiscono non alzarsi dal letto da soli, dovendo sfidare gli orsi sotto il letto e i mostri nell'angolo della stanza. Perciò, sapere che possono contare sempre su un adulto pronto ad accorrere se chiamano, contribuirà a farli sentire più al sicuro quando sono da soli nella loro cameretta.

Il bambino può restare mortificato se si bagna oppure può servirsi della scusa di andare in bagno per alzarsi. In genere questi problemi saranno risolti se gli permettete di tenere un vasino accanto al letto e l'autorizzate a chiamarvi quando ha bisogno. Il bambino sarà ancora più tranquillo se gli mettete nel letto una tela incerata e assumete un atteggiamento rilassato quando succede un "incidente".

## I problemi inerenti al sonno

Per quanto piacevole riusciate a rendere l'andare a letto, ci sono dei problemi relativi al sonno che sono molto comuni a questa età.

*"Pensieri paurosi"*

Si tratta di incubi che molti bambini hanno quando stanno per addormentarsi. Neppure il bambino saprà se dormiva o era sveglio. Dopo un lungo silenzio (tale che probabilmente lo pensate già addormentato), il bambino comincerà a piangere o vi chiamerà per dirvi che non riesce a dormire.

Talvolta è utile chiedere al bambino che cosa lo turba. Può darsi che riesca a raccontarvi quale mostro lo minacciava e che parlarne lo sollevi. Le vostre rassicurazioni devono essere molto semplici e decise. Se gli fanno paura degli "uomini cattivi che vengono in camera...", ricordategli che nessuno, se non i membri della sua famiglia, può entrare; le porte sono chiuse e le finestre troppo alte da raggiungere anche con una scala.

A differenza degli incubi (vedi oltre), questi pensieri derivano direttamente da ciò che il bambino ha sentito o visto alla televisione. È come se la sua mente gli riproiettasse la storia; poi, quando il suo controllo si allenta, la sua fervida immaginazione prende il sopravvento e vi ricama sopra. Censurate gli spettacoli a cui assiste e le storie che gli raccontate: fate in modo che vada a letto con in mente pensieri piacevoli e distensivi.

Alcuni bambini, con la tendenza ad avere dei "brutti pensieri" e quindi portati a odiarli, spesso chiedono loro stessi aiuto censurando gli spettacoli della sera, scartando certe storie che ad altre ore del giorno ascolterebbero volentieri, oppure rifiutandosi di guardare certe illustrazioni.

Anche frammenti di notizie vere uditi per caso possono provocare questi "pensieri paurosi". Una conversazione telefonica mal interpretata sull'operazione di zia Maria, un litigio tra voi due sentito per caso o il pianto di sua madre possono impressionare il bambino in modo tale che, quando si avvicina il sonno, è sopraffatto dall'ansia. Anche in questo caso è utile spiegare e parlare, e non serve a niente mentire. Se ha sentito per caso un litigio o un pianto, è molto meglio ammettere che è vero e dargli una versione adeguata di ciò che accade. Accetterà l'idea che le liti e i pianti non sono cose di cui aver paura e che non significano che voi non vi amate più, se gli ricorderete che anche lui talvolta litiga con gli amici o i fratelli.

*Incubi* Il sonno alterna cicli di sonno più leggero, o sonno "paradosso", e di sonno più profondo, o "ortodosso". I sogni si snodano e sviluppano attraverso tutte le fasi di sonno paradosso, anche se sono i sogni spaventosi e inquietanti (gli incubi) quelli che rimangono più impressi nella mente. I sogni sono parte della vita interiore del bambino. Se sembrano essere collegati a eventi esterni, avvenimenti reali e racconti è solo perché quanto accade nella realtà serve come linguaggio per la fantasia. Non potete scongiurare la possibilità di incubi evitando i programmi televisivi più o meno impressionanti: la materia prima degli incubi proviene dal bambino e può essere influenzata solo da interventi generali che riducano il livello globale di ansietà del piccolo.

Quasi ogni bambino ha gli incubi; di tanto in tanto può attraversare periodi in cui ha incubi ogni notte. A meno che non mostri segni di tensione anche quando è sveglio, non preoccupatevi. Solo andate da lui il più velocemente possibile quando comincia a piangere. Il fatto di vedervi, di sentire la vostra voce o il tocco della vostra mano lo calmeranno istantaneamente facendolo riaddormentare. È solo se ha il tempo di essere terrorizzato dalla propria paura, o se la bambinaia che cerca di confortarlo è una persona sconosciuta, che l'incubo ha probabilità di diventare un evento indimenticabile, fino a rendergli spaventosa l'idea di riaddormentarsi.

*Terrori notturni* I terrori notturni sono molto diversi e, fortunatamente, più rari degli incubi. Appaiono durante la fase del cosiddetto sonno "ortodosso"; non nascono dalla fantasia, ma da un affioramento di emozioni primitive: paura o panico. La maggior parte dei bambini non ne soffre mai; pochi bambini ne hanno alcuni ogni tanto. A volte possono insorgere a causa di un evento traumatico, come un'operazione chirurgica, la forzata separazione dai genitori o un incidente stradale.

Quando rispondete a un grido di terrore del bambino lo troverete seduto sul letto, con gli occhi aperti, che fissa un "qualcosa" di inesistente in un angolo della stanza. Non è solo impaurito, è terrorizzato. Se unita al terrore c'è anche la collera, sarà vera collera, carica di odio. Se c'è dolore, sarà disperazione.

Anche se sembra sveglio, il bambino non ha vera coscienza ed è difficile riportarlo in sé. Invece di essere immediatamente confortato dal vostro arrivo (come succede se ha incubi) ignorerà i vostri tentativi, oppure vi coinvolgerà nel suo terrore fino a confondervi con il suo nemico, gridando: "Via, via", o a vedere in voi una seconda vittima, e allora additerà nel vuoto dicendo: "Guarda, oh, guarda...". Talvolta piangerà chiedendo di voi: "Mamma, mamma, voglio la mamma", anche se voi l'abbracciate, lo consolate e cercate di renderlo consapevole della vostra presenza. Questi profondi timori sono contagiosi e c'è inoltre qualcosa di inquietante in un bambino che sembra del tutto sveglio ma non è in contatto con la realtà. Probabilmente rabbrividirete di disagio e dovrete vincere la tentazione di guardare, come il bambino, nell'angolo che egli stesso ha popolato di mostri.

Accendete tutte le luci. Calmerà i vostri nervi e muterà la stanza quel tanto che basta per disperdere le immagini che il bambino crede di vedere. Anche se al momento la luce non ha effetto su di lui, lo rassicurerà senz'altro se per caso riprendesse coscienza prima che l'incidente sia finito.

Non discutete con lui. Non è cosciente, quindi non è pronto ad accettare affermazioni ragionevoli sul fatto che i mostri sono svaniti o che non ci sono enormi lupi nella camera. Limitatevi a sussurrargli con dolcezza: "Va tutto bene, caro" o frasi simili. Ammesso che riesca almeno a percepire che si tratta della vostra voce, è in grado di riconoscerne solo il tono.

Non fate caso se dice cose offensive. Non è cosciente, quindi non è responsabile di ciò che dice. Se grida che vi odia e vi ucciderà, fate finta di niente. Non parla di voi, vi considera come parte di ciò che lo terrorizza e tenta solo di difendersi.

Non fate niente di particolare per svegliare un bambino che sta dormendo. È probabile che il terrore scompaia e lui ripiombi nel sonno normale senza nemmeno sapere che cosa è successo. Voi avrete probabilmente bisogno di calmarvi, ma il bambino non ne serberà nemmeno il ricordo.

Se questo terrore lo coinvolge anche fisicamente, così che scende dal letto, scappa o si dibatte e colpisce gli oggetti, cercate di prenderlo in braccio senza però accrescere il suo panico. Se ve lo lascerà fare, cullatelo, in modo che svegliandosi si trovi subito in una situazione affettiva calda e rassicurante e non in un'eventuale situazione anomala, per esempio, contro una porta in cui è andato a sbattere. Se si oppone, non prendetelo con la forza, ma seguitelo accendendo le luci ovunque andate e prendendolo in braccio appena ve lo permetterà.

Se sarà necessario svegliare il bambino da un terrore notturno, specialmente se il risveglio avviene in una stanza che non è la sua, ne rimarrà molto sorpreso. Non drammatizzate l'accaduto per il sollievo di rivederlo "normale". Ditegli soltanto che ha fatto un brutto sogno e chiedetegli se vuole bere o andare in bagno. Può darsi che sia del tutto sveglio, ora, tanto che dovrete rimetterlo a letto come se la notte cominciasse solo in quel momento. Se il giorno dopo ricorda di essersi svegliato in modo strano, liquidate l'incidente dicendogli: "Hai fatto un brutto sogno".

Nessuno sa con esattezza perché alcuni bambini soffrono di terrori notturni e altri no, né dove finisce un incubo e comincia un terrore notturno. I bambini che ne soffrono sembrano essere più portati ad averli quando una febbre alta li rende già un po' "deliranti", quando gli viene somministrato un sedativo per qualche ragione, o quando subiscono un forte trauma fisico o emotivo, per esempio un incidente stradale. Quando si presentano questi terrori notturni è necessaria la presenza dei genitori o almeno di adulti calmi ed esperti. Non lasciate il bambino con una baby-sitter giovane, se l'esperienza e le circostanze vi fanno supporre che potrebbe averne uno.

*Parlare nel sonno*

Molti bambini parlano nel sonno, alcuni così chiaramente che potrete capire le loro parole. Il bambino può anche ridere o parlare con un tono di voce come se prendesse in giro qualcuno. Tutto ciò sembra un po' misterioso, ma non ha molta importanza, a meno che il bambino non sia in preda a un incubo o a un terrore notturno.

Se i bambini che parlano nel sonno sono calmi, non occorre svegliarli o ascoltarli. Il giorno dopo è meglio non scherzare su ciò che hanno detto, perché troveranno allarmante l'idea di parlare quando non sono coscienti. Può darsi che il bambino che parla svegli il fratello o la sorella che dorme con lui; dei fratellini piccoli potrebbero spaventarsi. Se ciò accade dovete trovare un'altra sistemazione per i letti perché, quando cominciano a parlare nel sonno, in genere i bambini continuano a farlo di tanto in tanto per tutta l'infanzia.

### *Risvegli notturni*

Ogni tanto il bambino si sveglia, dopo diverse ore di sonno, senza alcuna ragione apparente. Non ha sognato, almeno per quanto ricorda, non è impaurito e non ha bisogno di niente. Semplicemente è del tutto sveglio e così stupito di trovarsi unico essere cosciente nella casa silenziosa che vi chiama solo per assicurarsi che il suo mondo non sia rimasto disabitato.

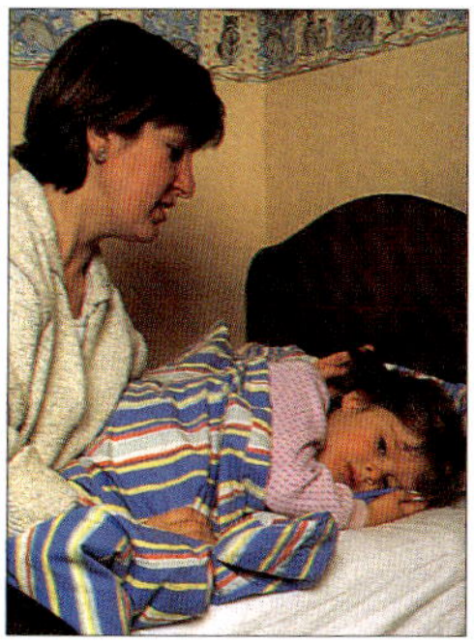

*Se il bambino si sveglia durante la notte, avrà probabilmente bisogno di una vostra visita che lo rassicuri.*

Una vostra visita e il permesso di guardare un libro fino a quando non ha di nuovo sonno è tutto ciò di cui ha bisogno; ma se accade spesso, dovete spiegargli che la maggior parte della gente gradisce dormire tutta la notte ed è un peccato svegliarla a meno che non ci sia una vera necessità. Sistemategli la stanza come se fosse quella di un bambino che si sveglia presto al mattino (vedi oltre) e incoraggiatelo a provvedere a se stesso.

Potrebbe invece essere che non sappia sopportare la solitudine e che abbia bisogno di assicurarsi che ci sono altre persone nel suo mondo. Se è così, mettetelo a dormire con un fratello o una sorella (anche piccolissimo): funziona a meraviglia. Ditegli di non svegliarli e lui starà zitto, gli basterà scorgere una forma umana addormentata e viva per sapere di non essere solo.

Se non c'è né un fratello né una sorella si adotteranno forme alternative di "compagnia". Alcune famiglie di mia conoscenza usavano con successo uno dei seguenti surrogati: un vaso di pesci rossi, una tartaruga in letargo, un orologio che rappresenta un viso umano amichevole che si muove a ogni tic-tac, uno speciale paralume (adatto per una lampada da notte a basso voltaggio) con delle stelle o dei disegni che si accendono e si spengono e una foto di tutta la famiglia.

### *Bambino che si sveglia presto*

Se al bambino piace la sua stanza e il suo letto, con tutti i suoi oggetti, il fatto che si svegli presto non è un problema. Non continuerà a dormire solo per farvi piacere, quindi è inutile irritarvi con lui perché lo fa, ma può giocare in silenzio senza svegliarvi. Poco dopo il terzo anno capirà che non deve svegliarvi, se non per un motivo speciale, fino a che non sente la sveglia o la radio o voi che vi muovete.

Naturalmente può svegliarvi per caso, perché lo sentite parlare con i fratelli, con gli orsacchiotti o con le bambole, ma ciò è diverso. Non si può pretendere che stia in silenzio assoluto. Dovrete solo mettere la testa sotto il cuscino e godervi l'ultima mezz'ora di sonno. Se insiste nel chiamarvi, può darsi che si sia svegliato bagnato, o con il bisogno urgente di andare al gabinetto, o con tanta fame o sete.

Se chiama perché è bagnato non è bene ignorarlo o rimproverarlo. È un fatto positivo che sia consapevole di essere bagnato e, se gioca troppo a lungo con il pigiama e le lenzuola bagnate, prenderà freddo. È giusto che lo cambiate, ma potete occuparvi del letto più tardi. Dategli un pigiama asciutto che tenterà di indossare mentre mettete un lenzuolo vecchio o un asciugamano sul letto bagnato.

Se invece la chiamata è dovuta alla fame o alla sete, prevenite una simile evenienza lasciandogli da bere e un paio di biscotti. Servirsi da solo gli farà bene, oltre che a risolvere il problema.

*A volte il mondo esterno sembra troppo difficile da affrontare.*

# IL PIANTO E COME CONSOLARLO

Il raggiungimento dell'età prescolare significa normalmente lasciarsi alle spalle alcune delle più acute tensioni emotive tipiche dei lattanti e dei bambini molto piccoli. Questo non vuol dire che il bambino cambierà la sua personalità. Se era nervoso prima, lo sarà ancora. Se era un ribelle prima, non diventerà mite e docile. Ma comunque sia, la sua capacità di far fronte alle tensioni della vita quotidiana e alle sensazioni che queste risvegliano in lui è migliorata. Vi renderete conto di questo miglioramento quando vi capiterà di separarvi dal bambino. Pochi mesi prima ne sarebbe stato sconvolto. Ora, per quanto la sua appassionata dipendenza da voi sia forte come prima, è in grado di restare calmo di fronte a brevi separazioni.

L'aiutano le parole. Quando uscite dalla stanza dicendo: "Vado in lavanderia", il bambino capisce e vede nella mente la lavanderia e voi che ci state andando. Lo aiuta anche un primo seppur vago senso del tempo. Se dite che tornerete a casa per colazione, non sa contare le ore che passano, ma sa che passeranno.

L'abitudine e il rapporto con altri adulti gli fanno sembrare il mondo più sicuro. Ha finalmente scoperto che intorno a lui ci sono altre persone che gli mostrano gentilezza e affetto: una nonna che può medicare un ginocchio ferito, una baby-sitter che gli porta un bicchiere d'acqua e una bambina più grandicella che lo tiene per mano sull'altalena.

Anche la sua crescente capacità contribuisce a rassicurarlo. Sa che sono ormai diverse le attività che può affrontare da solo. Non dipende più da voi o da un adulto per tutto ciò di cui ha bisogno, in ogni momento della giornata. Comincia ad apprezzare i compagni di gioco della sua età e, quando è con loro, voi finite per assumere un ruolo secondario.

Forse sono il tempo e l'esperienza che gli danno questa sicurezza. Molte volte l'avete lasciato (per un minuto, un'ora, o un giorno) e siete sempre tornati. Ha vissuto con voi, da bambino, abbastanza a lungo per cominciare ad avere fiducia in voi. Finché si sente sicuro del vostro amore e della vostra fidata presenza, può permettersi di distogliere da voi un po' della sua intensa attenzione per dedicarla al mondo esterno.

## NUOVE SFIDE SOCIALI

Se riuscite a dare al bambino la sensazione che ora può tranquillamente allontanarsi da voi e andarsene per conto suo in esplorazione, sempre e comunque sotto il vostro occhio vigile e protettore, getterete delle ottime basi per gli sforzi e la fatica di quando dovrà affrontare da solo la scuola. L'approccio con la vera scuola e con una maestra, più attenta all'educazione che alla cura del bambino, richiede senza dubbio da parte di quest'ultimo un maggiore livello di fiducia nella propria autonomia, qualunque sia l'asilo che il piccolo ha frequentato in precedenza.

*Giocare con altri bambini*

I rapporti con i bambini della sua età diventeranno sempre più importanti per il vostro piccolo, da questo momento fino all'adolescenza. Anche se un bambino guarda con interesse gli altri bambini e sa giocare accanto a loro, solo verso i tre anni sarà pronto per un gioco collettivo. In questa fase di grande collaborazione, i bambini si confrontano sulle proposte e mettono insieme tutta la loro abilità per poter giocare. Se ha sempre frequentato luoghi dove c'erano altri bambini, gli capiterà di partecipare attivamente al loro gioco senza che voi ve ne accorgiate. Le nozioni che apprenderà in quell'occasione gli saranno utili quando si troverà ancora a giocare, o parteciperà a feste di compleanno, o sarà in vacanza al mare. Addirittura ne farà tesoro fino al periodo scolastico. Ma, se non è abituato agli altri, possono sorgere dei problemi. Deve imparare delle lezioni fondamentali: aspettare il proprio turno, dividere le sue cose con gli altri, lasciare il passo. Deve scoprire che ne vale la pena, che molti giochi sono più divertenti se fatti in gruppo e che spesso in due si riesce là dove uno solo aveva fallito.

*Comportamenti difficili*

Il comportamento gentile, collaborativo, sociale costituisce un duro sforzo per la maggioranza dei bambini piccoli e coloro che vi riescono tendono a essere duri nei confronti di chi ancora non vi riesce. Se un gruppo ha appena scoperto come costruire un villaggio di sabbia senza calpestare uno le opere dell'altro, sarà pronto a sfogarsi sul nuo-

*Per inserirsi in un gruppo gli è utile osservare il gioco di bambini più grandi.*

vo arrivato dai piedi lunghi che non conosce le regole. Quindi, non pretendete che gli altri bambini siano "carini" con il vostro. Se ci sono dei guai, non sprecate energie a sentirvi offesi e ad arrabbiarvi con loro perché "se la rifanno con lui".

Alcuni bambini in età prescolare scaricano sugli altri tutte le tensioni che accumulano in casa.

Se il vostro bambino di tre o quattro anni morde, picchia, assale i bambini più piccoli, si impadronisce dei giocattoli altrui, insomma fa di tutto perché nessuno lo voglia per compagno di giochi, esaminate attentamente come vive in casa. Picchia gli estranei perché vorrebbe picchiare il nuovo fratellino e non osa? O forse perché, ora che in casa c'è un nuovo piccolo, andare all'asilo lo fa sentire rifiutato? Prende i loro giocattoli perché pensa di averne troppo pochi dei suoi, o perché gli sembra che quei giocattoli significhino che gli altri bambini sono amati, mentre lui non è sicuro di esserlo? Rovina i loro giochi perché vuole rendere la pariglia a voi che siete troppo autoritari?

Molti piccoli subiscono le tensioni di altri bambini. Le prepotenze esistono anche a questa giovane età e gli aggressivi tendono ad approfittarsene di quelli docili e indifesi che hanno già poca autostima. A volte la prepotenza assume un aspetto discriminante, concentrandosi sui piccoli mansueti che sembrano "diversi", nell'aspetto o nel comportamento, oppure sui bambini che fanno parte di una minoranza rifiutata dal resto del gruppo. Purtroppo, questo atteggiamento di discriminazione, come prendere in giro, attribuire nomignoli o escludere un bambino per la sua identità, dovrebbe essere considerato alla stessa stregua di un'aggressione fisica. Se vostro figlio viene preso in giro, non date poco peso a questo fatto pensando che "sono troppo piccoli per capire quello che fanno". Sono troppo piccoli per capire, è vero, ma non troppo giovani per imparare a capire. Evitare che la deviazione sia radicata profondamente nel credo dei bambini, è di cruciale importanza per la loro formazione etica.

Se invece essi non sono né aggressivi né miti, devono imparare a farsi valere, manifestando le loro necessità ed esprimendo i loro pensieri, difendendo i loro diritti nel rispetto dei diritti e del pensiero altrui. Il bambino che scappa, urlando, quando un altro gli ha rubato un gioco, ripaga quell'atteggiamento aggressivo senza fare nulla per sentirsi più sicuro. Se interviene un adulto a salvarlo ("Restituiscigliello, Marco!") contribuirà a porre fine al litigio, ma non servirà a evitare che ne nasca un altro. Entrambi i bambini vorranno che la vittima smetta di *essere* una vittima e continueranno a dire: "Non ho ancora finito" o: "Dammelo!", con la presenza di un adulto pronto a intervenire se Marco non restituirà il gioco. A volte i genitori, in nome della pace, agiscono nel modo sbagliato. Si potrebbe dire a Marco di chiedere il gioco in modo educato. Se poi mormora un "per piacere ..." il vero proprietario si convincerà di lasciarglielo per un po'. Ma se il bambino stava effettivamente ancora giocando con quella macchinina, anche se gli viene rivolta una domanda educata, non dovrà sentirsi obbligato a rinunciarvi: risponderà comunque con lo stesso garbo. I bambini devono sapere che hanno diritto di dire di no, oppure "No, finché non ho finito".

Se vostro figlio si trovasse ad avere un problema con gli altri che lo rende triste e questo vi preoccupa, parlatene con il suo insegnante nel modo più obiettivo che potete. Se, però, ha da poco trovato un nuovo gruppo di amici, il problema sarà dovuto al fatto che è l'ultimo arrivato in una compagnia dove tutti si conoscono bene.

Alcuni bambini a casa sono stati curati in modo talmente protettivo che trovano incomprensibile la vita meno protetta che conducono in mezzo al gruppo. Se avete sempre fatto in modo che il bambino di tre anni vincesse ogni volta alle carte, ricevesse le fragole più grosse e pensasse di essere più forte di voi, non accetterà certo con tranquillità di giocare con altri bambini che pretendono giustizia e realtà. "Ma io voglio essere il primo" dirà, stupito che un altro voglia avere lo stesso privilegio.

Poco dopo impartirà ordini a un bambino, dicendogli: "Scendi, sali, fai come ti dico io". Quando l'altro gli si parerà davanti, lui gli darà uno spintone. Rimarrà stupito a sentirsi dire: "Non si spinge" e, ancora di più, quando sarà rimproverato dalla maestra.

*Come aiutarlo a vivere con gli altri*

Imparare a vivere in società in questa fase della vita è il dovere di tutti i bambini, sebbene alcuni ci riescano meglio di altri. Anche se il piccolo non deve chiaramente essere abbandonato in un ambiente che lo fa sentire una vittima (che sia per colpa di altri bambini, dell'insegnante o di una bambinaia), la maggior parte delle difficoltà che incontra nei rapporti con gli altri ci indica solo che non è ancora molto capace di gestirli.

Osservate come si comporta il vostro bambino, guardate ciò che lo rende inaccettabile per il gruppo e insegnategli a cavarsela al meglio. Il bambino è in grado di adattarsi al comportamento che lo rende accettabile al gruppo che ha scelto, proprio come può imparare le buone maniere a tavola o delle nuove parole.

Quando esce dall'infanzia, è importante insegnare al bambino il principio fondamentale "comportati con gli altri come vorresti che

*Con l'aiuto di un adulto, il bambino impara che "uno alla volta" vuol dire che tutti giocano e che a ciascuno spetta il suo turno.*

gli altri si comportassero con te". Se riuscite a fargli capire che ogni bambino vorrebbe vincere ma non sempre può farlo, che tutti vorrebbero essere il capo ma solo uno può esserlo, che tutti vorrebbero avere il dolce più grosso ma solo uno potrà mangiarlo, alla fine capirà come giocare in modo corretto, anche se non riuscirà comunque a farlo sempre. Aiutatelo a comprendere che un buon comportamento sociale è necessario.

Se lo incoraggiate ad avere un comportamento molto competitivo, sarà per lui difficile capire che deve "giocare in modo corretto", evitando di dare calci agli altri, in senso stretto e in senso lato. Dopotutto, dietro ogni vincitore ci sono dei perdenti. Tanto più egli desidera vincere, tanto più amara è la sconfitta. Per quanto siate favorevoli a iniziarlo a giochi competitivi, come qualche attività sportiva, prima di tutto il bambino deve avere mille opportunità per rendersi conto che i sentimenti delle altre persone sono, di solito, simili ai suoi, e per questo meritano sempre rispetto.

Per esempio, se brontola perché un ragazzino è un piagnucolone, un bugiardo e corre sempre a lamentarsi dalla mamma, ditegli che forse è solo un po' timido e non abituato agli altri bambini. Ricordategli che anche lui lo è stato fino a poco tempo prima. Se fa scoppiare il palloncino di un altro e per questo le prende, baciategli i segni delle botte, ma poi spiegategli che ognuno ha il diritto di conservare o far scoppiare il proprio pallone.

*Come aiutarlo a farsi degli amici*

Non aspettatevi che i bambini in età prescolare giochino insieme senza che un adulto li controlli. Il loro comportamento sociale non è ancora abbastanza formato. Gli umori sono ancora instabili e, nell'entusiasmo del momento, la saggezza recentemente acquisita può volatilizzarsi di colpo. Se un bambino dà una racchetta da tennis sulla testa a un altro, staranno male tutti e due. È vostro preciso dovere proteggerli dalla violenza propria e altrui.

Questo controllo deve però essere esercitato in maniera oculata. Sicuramente vostro figlio avrà voglia di andare in altre case, dove si spera ci sia uno dei genitori a occuparsi dei bambini, non una severa bambinaia. Quando lascerà la vostra casa, con la relativa sistemazione che avete preparato per lui, per avventurarsi in un'altra casa, dove ci sarà una nuova situazione creata per un altro bambino, voi avete il diritto di conoscere quale essa sia. Perciò, non vi offendete se vi faranno la stessa domanda. Non sorvegliate i bambini come un poliziotto sorveglia una dimostrazione. Trovatevi qualche attività che possiate fare vicino a loro, ma siate sempre pronti a intervenire prima che la situazione vi sfugga di mano. Se i bambini sono armati di una spada di plastica e il combattimento si fa troppo acceso, è inutile esortarli a "stare attenti". Nascondete le spade e suggerite un altro gioco.

Se un gruppo gioca su un attrezzo che potrebbe essere pericoloso, per esempio uno scivolo, non pensate che per buon senso stabiliscano dei turni e non spingano. Andate a controllare personalmente e siate molto fermi: "Potete giocare solo se lo fate in modo corretto. Salite e scendete uno alla volta... chi è il primo?".

Sia che vostro figlio stia giocando con un gruppo di amici, o con uno solo, può darsi che le cose non vadano sempre bene. Persino gli "amici più cari" possono non essere dei compagni di gioco affidabili quando hanno solo tre anni. Quando la situazione degenera, cercate di ristabilire la pace invece di trovare chi ha torto e chi ha ragione: la lite ha rovinato il divertimento a tutti, quindi deve finire.

Anche se vostro figlio trascorre già tutto il giorno all'asilo, è importante che instauri un buon rapporto con i bambini del vicinato. Dopotutto, saranno i suoi amici del tardo pomeriggio o del fine settimana. Se poi resterete sempre nella stessa casa, alcuni di essi saranno suoi amici per tutta l'infanzia.

Ma non è facile incontrarsi, tra bambini che abitano in case vicine. In città sono pochi gli spazi dove i più piccoli possono giocare all'aperto senza incorrere in alcun pericolo, anche se ci sono zone pedonali studiate per loro. Uno dei grandi problemi delle famiglie moderne è proprio rappresentato dai pericoli, reali o supposti, che si celano tra le pieghe del mondo esterno. Questo impone un cosiddetto "arresto a domicilio" dei bambini, sollevati in parte solo dalla presenza dei genitori-sorveglianti, già tesi di per sé. Informatevi se vicino a voi vivono altri bambini in età prescolare che vostro figlio non conosce perché solo raramente escono se non per andare a casa dell'uno o dell'altro. Sarà in questo caso opportuno, in occasione di un compleanno, fare qualche invito: queste amicizie aiuteranno molto il vostro bambino a socializzare. Lui avrà trovato dei nuovi compagni di gioco, mentre voi potreste scoprire dei validi aiuti nell'assistenza quotidiana ai bambini.

## Paure e preoccupazioni tipiche

Anche se ogni bambino ha le proprie paure e preoccupazioni, ci sono alcuni tipi di ansietà diffusissimi tra i bambini, di entrambi i sessi, di questa età.

*Paura dei disastri*

Qualunque cosa stia facendo il bambino, la sua immaginazione galoppa. Per questa ragione è soggetto a tutti quei disastri che la sua fervida fantasia gli suggerisce. Mentre un bambino piccolo non si preoccupa di perdersi, finché non ne vede la probabilità, il bambino in età prescolare si vede piccolo in un grande parco e si domanda cosa accadrebbe se si perdesse. Allo stesso modo si preoccupa di qualsiasi calamità, per quanto improbabile: per esempio che la casa prenda fuoco, che muoiano entrambi i genitori o che il cane diventi furioso. Non potete certo dirgli che queste disgrazie non potrebbero accadere, ma dovete convincerlo di quanto siano improbabili. Usate degli esempi concreti per rassicurarlo, parlategli degli allarmi antincendio e del buono stato di salute di tutta la famiglia. Se però insistesse con domande del tipo "E se...?", fate in modo di avere una risposta pronta che rassicuri la sua preoccupazione, cioè che cosa succederebbe a lui. Ditegli che la nonna, o chiunque possa accettare come sostituto di un genitore, si prenderà cura di lui.

*Paura delle ferite*

Poiché ora è consapevole di se stesso come persona distinta con un suo corpo, il bambino tende a essere momentaneamente molto timoroso delle ferite. Il sesso rientra in questo timore esagerato di ferite anche piccole. Ora il bambino sa a quale sesso appartiene. Un maschietto capisce che il suo pene è una parte del suo corpo al tempo stesso preziosa e vulnerabile; nonostante tutte le spiegazioni avute, gli

*Un bambino che si è procurato un'escoriazione ha bisogno sia di conforto sia di una medicazione.*

riesce difficile capire che è normale che le bambine non l'abbiano: gli è molto più facile credere che l'abbiano perso. Anche la bambina è in genere molto stupita per il fatto di non possedere un pene, e un invisibile "buco speciale" sembra essere una povera compensazione; nonostante tutte le opportune spiegazioni, può pensare che il suo corpo sia già stato danneggiato dall'asportazione del pene. Quindi, per entrambi i sessi, ogni ferita provoca terribili fantasie che comportano fratture, danneggiamenti irrimediabili o la perdita di preziose parti del corpo.

La paura, in genere, si focalizza sul sangue. I bambini in età prescolare consumano più cerotti di qualsiasi altro gruppo di età, perché non riescono a vivere finché quel benedetto sangue non è imbrigliato. La paura si concentra anche sul dolore. Una normale iniezione, che un anno prima avrebbe causato solo un breve strillo, ora è temuta, odiata e ricordata con orrore. Ci vorrà tutto il vostro tatto e la vostra esperienza per estrargli dal dito una spina.

*Paura di rompere*

La paura di ferirsi si trasforma, in molti bambini, in un tremendo timore di danneggiare qualsiasi oggetto. Il bambino potrebbe rimanere sconvolto in modo eccessivo se rompe qualcosa. Se vede una bambola senza testa, reagisce come voi reagireste davanti a un topo morto. Solo pochi bambini in questa fase amano i puzzle, perché detestano profondamente le immagini incomplete e rotte.

*Paura delle parole degli adulti*

Anche se il linguaggio aiuta il bambino a esprimere le sue paure, talvolta la sua ridotta comprensione gliene provoca altre. Ascolta frammenti di conversazioni degli adulti, sente le parole al di fuori dal loro contesto e senza interpretare le drammatizzazioni o le abbreviazioni cui gli adulti ricorrono quando chiacchierano. Se a un convenzionale: "Come va?" rispondete: "Ormai ho poco da vivere...", il bambino non è in grado di considerare la frase scherzosa e può esserne terrorizzato. Lo stesso vale per i frammenti dei programmi radiofonici o televisivi che sente a metà e capisce solo in parte. Le immagini di bambini vittime della guerra o della carestia lo confermeranno nell'ansiosa impressione che il mondo sia un luogo pericoloso.

*Preoccupazione di fronte a luoghi e abitudini insoliti*

La sicurezza che il bambino riceve dal fatto di essere con voi gli deriva dalla comunicazione: dalla consapevolezza che voi siete lì per lui tanto spiritualmente quanto in carne e ossa. Vi sentirete molto più disponibili verso il bambino quando vi trovate in un ambiente familiare intenti a svolgere le faccende di casa e, anche se siete sia psicologicamente sia fisicamente vicino a lui, può darsi che questo non sia sufficiente a proteggerlo dall'ansietà che lo coglie nel momento in cui avverte qualcosa di strano. Non sorprendetevi se piange e fa i capricci per tornare a casa in anticipo da una vacanza tanto desiderata. Il bambino di quattro anni abbronzato che dichiara: "Non mi piace stare qui perché mamma non cucina!" interpreta il pensiero di molti bambini! Non rammaricatevi se un trasloco si è rivelato peggio di quanto vi aspettavate. Il miglioramento che si intendeva apportare alla vita della famiglia può anche verificarsi in seguito, ma questo non vi salverà da un inizio che potrebbe risultare dei più difficili.

Potrete ridurre al minimo il disorientamento di vostro figlio se portate con voi gli oggetti per lui più preziosi. Non mettete negli

*Quando vi accingete a traslocare, lasciate che sia il bambino a occuparsi personalmente di imballare le sue cose più preziose.*

scatoloni i suoi giocattoli, i vestiti e i libri molto tempo prima di traslocare e non affidate il loro trasporto a un'impresa addetta ai traslochi. Lasciate che vi aiuti a impacchettare tutti i suoi oggettini il giorno prima (in modo tale che sappia esattamente dove si trovano le sue cose e possa dargli un'occhiata di tanto in tanto) e caricate questo materiale in macchina nel sedile posteriore accanto a lui. Quando andate ad abitare nella nuova casa, sforzatevi di ricreare una copia il più vicino possibile all'abitazione precedente, incluso un angolino che assomigli al posto dove giocava, e cercate di trovare abbastanza tempo ed energia per calarvi nella parte che egli si aspetta, cucinando una comune minestra e mandandolo a lavarsi i denti.

In albergo, durante le vacanze, rispettate le sue abitudini domestiche fino a quando si sarà ambientato. In una nuova casa ricordatevi che è compito vostro ricostruire un contesto per lui familiare e che probabilmente raggiungerete prima il vostro scopo se lo incoraggerete a seguirvi e ad abituarsi al cambiamento con voi. Non aspettatevi che dia per scontato che voi arriverete subito da lui se vi chiama durante la notte, come avete sempre fatto. Non ha ancora in mente la mappa della vostra camera e del resto della casa; se non vi vede, non sa dove siete. Non fatelo dormire da solo se la prima notte soffre di nostalgia. Non vorrete sicuramente che la sua nuova cameretta venga associata a un senso di infelicità. Se ha sempre dormito con voi, questo non è certo il momento per lasciarlo solo. Se invece non ha più dormito nel vostro letto da quando era molto piccolo, permetterglielo può ridurre la tensione tanto a lui quanto a voi: "Solo per questa occasione speciale, finché non ci saremo abituati tutti...".

## Come affrontare queste paure

Per superare le paure può essergli d'aiuto permettergli di adottare un modo personale per raggiungere l'indipendenza. Aiutatelo guidando in modo fermo e costante lui e la sua vita, facendogli capire che non pretendete che si assuma la responsabilità della propria incolumità: questo è ancora compito vostro. Se vi chiede il permesso di fare qualcosa, per esempio andare al parco giochi con un amico, e capite che non è tranquillo a questo proposito, ditegli "no" decisamente. Si sentirà sollevato, scoprendo che anche secondo voi non era necessario essere già pronto a vivere questa esperienza. Quando ha paura, rassicuratelo. Non burlatevi di lui e non permettete che lo facciano altri. Se lo prendete in giro, può darsi che impari a nascondere le sue paure sotto una maschera di sfrontatezza, ma le paure resteranno.

*Non c'è da vergognarsi se un bambino è troppo attaccato alla mamma: parlare di indipendenza a quattro anni è assurdo.*

I timori del bambino in età prescolare passeranno quando avrà sperimentato di riuscire a far fronte a tutto ciò che gli accade. Piano piano imparerà che la pelle graffiata guarisce, che cadendo da un triciclo non ci si riduce in pezzi, che sua madre non lo perde mai, che i cattivi non irrompono in casa la notte e che è al sicuro e in grado di fare ciò che gli viene chiesto. Meno si spaventa nel frattempo, più rapidamente raggiungerà il felice stato della sicurezza di sé.

Non spingete vostro figlio in una corsa verso l'indipendenza. Non è una virtù particolare (caso mai può essere un rischio) avere un bambino di due anni che va dappertutto e fa qualsiasi cosa con chiunque. E non c'è motivo di vergognarsi se avete un bambino timidissimo di tre o quattro anni, oppure uno di cinque che si adatta lentamente alle nuove situazioni e alle persone che non conosce.

## Come affrontare i problemi di famiglia

Se la vostra famiglia è colpita da una disgrazia seria, come una morte o un divorzio, non cercate con troppa ostinazione di nascondere al bambino questa grande tristezza per il suo bene. Se vi sentite abbattuti e sconvolti, non servirà a nulla fingere di essere come lui vi vorrebbe. Parlategli, se è abbastanza grande per capire. Sarà meno scioccante per lui conoscere almeno la causa della vostra infelicità. Se dovrà accettare il fatto che voi siete strani e vi interessate poco a lui, si sentirà più a suo agio a casa sua, dove tutto gli è familiare. Ma se non riuscite a tollerare di restare a casa da soli, sarà certamente meglio che invitiate amici o parenti a stare da voi, piuttosto che andare voi da loro con i bambini.

Dopo una morte o un divorzio può darsi che non vogliate, o non possiate, continuare a vivere nella stessa casa. Ma dovete cercare di lasciargli del tempo perché cominci ad accettare l'idea che uno della famiglia non è più con voi, prima di fargli affrontare anche la perdita della sua adorata casa. Se tutto cambiasse di colpo, si troverebbe totalmente sconcertato.

### *Avere un solo genitore*

*Una gita in famiglia non è divertente se il bambino capisce che lui è la sola ragione per cui i genitori stanno ancora insieme.*

La perdita del padre può essere paragonata, per la sua gravità, solo a quella della madre o di entrambi i genitori. Sebbene non si possano mettere a confronto un lutto con una separazione o un divorzio, tuttavia un bambino le concepirà come simili. La sua reazione è rivolta all'improvvisa mancanza di un genitore e al frammentarsi della famiglia, piuttosto che alla vera scomparsa del padre, che è per lui inconcepibile. Tutti gli studi sulla separazione devono ancora scoprire le tecniche per aiutare un bambino piccolo che ne viene colpito.

Essere il "collante" della famiglia non è certo un bel ruolo per un figlio, dal momento che il bambino può essere un motivo di conflitti familiari come di unione. Raramente restare insieme "per il bene dei bambini" è utile o proficuo, a meno che non si stia prendendo tempo per permettere alla relazione di sanarsi. Ma se avete deciso di separarvi, non aspettatevi che i vostri figli, qualunque età abbiano, approvino o addirittura comprendano la vostra decisione. Tutte le ricerche a questo proposito dimostrano che il divorzio rende i bambini terribilmente infelici, anche se il rapporto che avevano con il genitore che lascia la famiglia, non sempre il padre, non era molto forte.

*Aiutatelo a crederci*

Non aspettatevi che un bambino piccolo possa credere nella separazione. Se vi siete sforzati, gli avete parlato e l'avete visto piangere per la grande tensione che percepiva in voi, crederete di "avercela fatta". Ma se il giorno successivo si svegliasse tranquillo e magari dopo una settimana venisse fuori con la domanda: "Dov'è papà?" potreste andare in collera. Non riesce ad accettare che suo padre sia davvero andato via, perché non è questo che vuole. Sicuramente a tre anni e spesso a cinque, crederà ancora nel suo potere magico di cambiare le cose del mondo solo con il pensiero. Dovrete rassegnarvi a continuare a dargli la brutta notizia.

*Riconoscete il suo senso di colpa*

L'insorgere di un senso di colpa nel bambino è inevitabile. Una volta che il piccolo accetta il fatto che suo padre è andato via di casa, potrà pensare di esserne la causa. Ci vuole molto tempo prima che un bambino capisca che la vita dei suoi genitori non ruota solo intorno a lui. Molti di loro a tre anni non credono che la loro mamma continui a esistere dopo che sono andati a dormire. Perciò un bambino è portato a pensare che ogni rottura in famiglia sia il risultato di qualcosa che lo riguarda.

Probabilmente si convincerà della sua colpa, ricordando una discussione che i genitori hanno avuto a causa sua: sul rumore che fa, i capricci e la sua sfrontatezza. Ma esistono anche motivi più reconditi. I bambini piccoli sono persone sessualmente coscienti. Durante il normale corso dello sviluppo, essi sognano di fare coppia con il genitore del sesso opposto e, magari, di sostituirsi al genitore del loro stesso sesso. Il maschietto che voleva che suo padre se ne andasse per avere la mamma tutta per sé, crederà che, quando suo papà lo lascerà davvero, i suoi desideri si siano avverati. La bambina che desiderava tutta l'attenzione del padre per lei, si convincerà che l'oggetto dei suoi desideri è andato via perché non poteva amare una piccola così maliziosa da volersi sostituire alla madre. Sebbene alcuni ritengono sia difficile pensare ai bambini in relazione agli istinti sessuali, è importante non liquidare queste teorie come troppo remote.

È questo tipo di colpa che alimenta le ansie del bambino nella famiglia appena disgregata. Se la sua cattiveria ha fatto andare via il papà, potrà essere sicuro che la mamma resti sempre con lui? Se il genitore che è rimasto conoscesse davvero il suo pensiero, lo amerebbe ancora o lo odierebbe? E comunque, i bambini che hanno di questi pensieri sono davvero meritevoli di affetto, dopotutto? D'ora in poi non stupitevi se si attacca ancora di più a voi e se vi tiene sempre d'occhio. La sua convinzione di non meritare affetto lo porterà persino a comportarsi come se tra di voi non ci fosse alcun legame. Passeranno mesi prima che si tranquillizzi e smetta di controllarvi. Solo quando sarà in grado di allontanarsi da voi per un pomeriggio o una giornata intera e avrà cessato di seguirvi, comincerà a convincersi che voi non lo abbandonerete.

*Aiutatelo a restare legato a entrambi i genitori*

Non incoraggiate vostro figlio a "dimenticare tutto". I padri, come le madri, sono essenziali da un punto di vista psicologico, anche se non sono fisicamente presenti. Il bambino che subisce la separazione ha bisogno di parlare con il padre; non schivate il suo dolore come farebbe con voi un amico poco disponibile.

Più di metà dei figli di genitori divorziati perdono il contatto con il padre dopo pochi mesi. Nella maggior parte dei casi questo avviene perché entrambi i genitori decidono che le visite sconvolgono il bambino emotivamente. Non lasciate che vostro figlio perda il contatto. Non importa quanto sembri terribilmente difficile fare visita con regolarità a un bambino, soprattutto se molto piccolo. Vi accorgerete che, per la sua felicità futura, ne sarà valsa la pena. I bambini sentono la necessità di avere la prova che la fine della relazione madre-padre non coincide con la fine dell'amore tra madre, o padre, e figlio. Il suo rapporto con i genitori non deve essere compromesso dalle fratture familiari. Questo comporta un enorme sforzo da parte dei genitori, ma per il bambino provato a causa di un comportamento incomprensibile degli adulti sarà prioritario.

*I genitori e i bambini che non vivono insieme hanno bisogno di stare insieme ancora più spesso.*

Il piccolo non può basare il suo rapporto con il padre esclusivamente su una gita al mese allo zoo. Deve vederlo almeno una volta alla settimana, per poter parlare e giocare con lui. All'età di due o tre anni potrebbe anche non voler lasciare la casa per uscire con il padre, soprattutto se non si sente sicuro di abbandonare la mamma. Se le visite a casa proprio non si possono tollerare, si pensi alla casa di un amico del bambino. Ma non appena il padre avrà una "sua" casa, con o senza un'altra donna, il piccolo vi si abituerà e smetterà di preoccuparsi. L'esilio dalla famiglia appare, agli occhi del bambino, qualcosa di orribile. Vi potrete trovare in difficoltà nel rispondere a domande come: "Ma chi prepara la cena per papà?". Queste cose lo preoccupano davvero. Solo quando vedrà, e crederà, che tutti e due siete disponibili e sistemati, sarà in grado di sentirsi di nuovo veramente felice.

## Corpo, mente e sentimenti

Il bambino in età prescolare è riuscito a conquistare la posizione eretta e un ragionevole controllo del proprio corpo. È finalmente pronto a usarlo. Si identifica con il suo corpo: le braccia non sono soltanto sue, sono lui. Si sente una persona completa. Poiché si sente tutt'uno con il proprio corpo, non separa le attività fisiche dal pensiero o dalle emozioni, come tendono a fare gli adulti. Agire lo aiuta a pensare, e pensare lo porta ad agire. L'azione lo aiuta a capire ciò che sente e a resistere alla forza dei suoi sentimenti, perciò i sentimenti lo inducono ad agire. Per questo motivo i tentativi di modificare il comportamento fisico del bambino, per esempio fargli usare la mano destra per un'attività in cui la sinistra prevale naturalmente, spesso conducono a una considerevole confusione e a uno sconvolgimento emotivo. Se invece non ricevono alcuna pressione dall'esterno, i bambini con problemi fisici, gravi malattie o lesioni sono spesso più calmi di quanto non siano gli adulti affetti dagli stessi mali e si prestano con maggiore disponibilità agli esercizi di riabilitazione e alla fisioterapia. Le attività fisiche sono importanti per lo sviluppo del bambino e la sua intelligenza quanto altri tipi di gioco: mentre si muove, impara.

*La verifica dei propri limiti*

Dal momento che per il bambino il suo corpo è "lui stesso", la forza e l'efficienza di questo corpo sono estremamente importanti per lui. Così si sfida, per verificare quali sono i suoi limiti. Si rende conto di saper camminare, ma non sa fino a dove; si rende conto di saper correre, ma vuole scoprire se può essere più veloce dei suoi amici. È consapevole di sapersi arrampicare, ma deve scoprire se quel determinato albero lo sconfiggerà. Quando si misura in queste sfide apprende delle nozioni fondamentali riguardo al suo fisico. Impara a individuare dove risiede la forza del suo corpo. Scopre, per esempio, che un letto non si muove se lo spinge solo con le mani e si sposta di poco quando fa forza con le spalle. Ma se si sdraia sul pavimento e spinge con i piedi, stendendo le gambe, riesce a muoverlo efficacemente.

Impara ad avere cura del proprio corpo in modo da ottenerne il massimo. Se porta un peso, i muscoli si stancano; quando cambia mano, si accorge che i muscoli riposati funzionano meglio. Se poi cambia nuovamente mano, i muscoli usati per primi, ormai riposati, sono di nuovo pronti a lavorare. Scopre anche i suoi punti deboli. Impara a proteggersi la testa con le mani quando cade e scarica sulle ginocchia i pericoli delle cadute, invece che sull'addome. Impara dolorosamente che le sue parti più intime devono essere protette quando si arrampica sulle sedie o sulle sbarre di uno scivolo!

Un po' alla volta scopre ciò che può o non può fare con il suo corpo. È abbastanza stabile da fermare una palla che rotola se i piedi sono uniti, ma se sono divaricati la palla passerà nel mezzo. Con le mani può formare una coppa che funziona abbastanza bene quando si tratta di trasportare sabbia bagnata, ma che serve poco o niente quando si tratta di sabbia asciutta o di acqua. La gravità influenza il

*È importante per vostro figlio mettere alla prova la sua forza fisica e scoprire di che cosa è capace.*

suo corpo: può correre in discesa e saltare degli scalini, ma impara che non può saltare molto in alto. Esercita continuamente il suo equilibrio o, come dice lui, impara "a non cadere". Può camminare lungo un'asse stendendo tutte e due le braccia, ma tende a cadere se piega un braccio per mettersi un lecca-lecca in bocca. Può sporgersi sopra un recinto per prendere qualcosa, ma se si sporge troppo non ha più equilibrio e non riesce a riprendere la posizione eretta. Quando ha tre anni riesce a stare in equilibrio su una gamba sola, ma solamente se si concentra: non è in grado di fare nessun'altra cosa nello stesso tempo.

*Il corpo e i sentimenti* I bambini in età prescolare, per riuscire a comprendere il mondo e tutto ciò che vi succede, devono coinvolgere il corpo e la mente. Quando guarda la televisione, il bambino di quattro anni spara contro i cattivi, applaude l'eroe e galoppa con i cavalli per la stanza. Non può e non deve stare quietamente seduto. Se non è in grado di impegnare il corpo, oltre che la mente, spegne il cervello anche se lascia accesa la televisione.

Le sue emozioni lo colpiscono allo stesso modo. Deve sfogare la sua rabbia gridando e battendo i piedi, esprimere la sua infelicità urlando mentre si butta drammaticamente sul pavimento, o saltare e gridare per manifestare la sua gioia.

Purtroppo questo tipo di esibizione emotiva imbarazza e infastidisce molti adulti. Noi tendiamo a controllarci, a usare parole invece di azioni e a nascondere agli altri i nostri sentimenti. Perciò molti genitori cercano di imporre ai bambini un atteggiamento che comporta la separazione tra corpo e sentimenti, proprio quando nei bambini questi due elementi sono completamente uniti.

Imporgli vincoli di questo tipo può rovinare tutto. Se non può ridere a crepapelle e battere le mani quando il clown entra nell'arena, non lo troverà più divertente. Inoltre, questa limitazione imposta a un atteggiamento che per il bambino è naturale può rendergli più difficile sopportare i propri sentimenti. Se un'imprevista delusione lo fa piangere disperatamente e voi gli dite: "Su, non piangere", può pensare che sono le sue lacrime che vi addolorano, non la sua delusione.

Se invece di reprimere la manifestazione fisica dei suoi sentimenti l'accettate e addirittura l'incoraggiate, lo aiuterete a capire che cosa prova e come comportarsi. Invece di dire di non piangere al bambino deluso, ditegli: "Questo fatto ti rende triste, vero? Siediti accanto a me per un po', fino a quando non hai più voglia di piangere. Poi, quando ti senti meglio, giocheremo...". Così fate capire al bambino che accettate la sua delusione, che le lacrime sono una reazione normale, che voi l'aiuterete a superare delusione e lacrime e che, quando smetterà di piangere, le sue sensazioni saranno diventate sopportabili.

Quando è più allegro, potrete anche giocare a simulare i sentimenti. Il bambino è per istinto un attore e si impegnerà a fondo nel gioco di essere una vecchietta molto stanca, oppure un uomo molto arrabbiato, o un bambino che ha perso il suo cagnolino, ecc. Deliberatamente modificherà e distorcerà viso e corpo, cercando di creare l'immagine di quel sentimento evocato dalle vostre parole. Mentre lo fa, impara a capire i sentimenti attraverso il corpo, a conoscerli, a renderli innocui.

Questa totale interconnessione tra il corpo e le emozioni rende il bambino vulnerabile soprattutto per quanto riguarda gli abusi da parte degli adulti. Quasi ogni genitore inorridisce di fronte all'idea di un abuso sessuale, che si tratti di incesto o di altro, ma esistono altri tipi di abusi meno orrendi e meno ovvi che possono essere altrettanto dannosi. L'essere punito fisicamente o il subire una violenza, per esempio, introduce nell'anima del bambino un nuovo senso di sé. Non può ancora dire: "Fate quello che volete con il mio corpo, non potrete mai toccare la mia mente". Qualsiasi cosa venga fatta al corpo influisce anche sulla mente. Ovviamente, qualche bambino dovrà essere frenato o punito per impedirgli di fare del male a se stesso o agli altri. Ma esiste una fondamentale differenza che ogni bambino è in grado di cogliere, tra l'intervento che mira a impedire che faccia qualcosa e quello teso a punirlo per quanto ha già fatto.

*È un diritto di tutti i bambini concedere o rifiutare coccole e baci.*

Una punizione fisica ferisce i sentimenti del piccolo così come ferisce il suo corpo, perciò, se il lato emotivo viene trascurato, il bambino subirà un danno considerevole anche se apparentemente è ben seguito. Essere forzato a fare dei gesti per dimostrare dell'affetto che non prova può essere tanto brutto quanto essere punito fisicamente. Forzare il bambino a baciare zia Maria, che magari lui non può soffrire, è come chiedergli di tradire se stesso attraverso il suo corpo, di usarlo per esprimere un'emozione che non prova veramente. Anche un genitore, che pure il bambino ama, può domandare troppi baci e abbracci. La piccola bambina che adora sedersi sulle ginocchia del padre vuole (e dovrebbe) farlo ogni volta che lo desidera. Se il padre l'afferra e comincia a darle dei baci quando lei sta giocando o facendo altre cose, probabilmente la bimba avrà la sensazione che lui stia usando il suo corpo per il proprio piacere, piuttosto che contraccambiare il suo amore quando lei glielo offre. Non chiedete o forzate l'affetto fisico. Se desiderate davvero una coccola dal bambino, domandategliela esplicitamente. Ma se vi viene rifiutata, accettate il comportamento di buon grado. Il rifiuto di una coccola, a due o tre anni, è sintomo di autonomia.

Il corpo e le sensazioni del bambino appartengono a lui e delle sue esigenze si deve sempre tener conto. Un bambino ha diritto di masturbarsi e quasi certamente lo farà, che voi ne siate consapevoli o meno. Potete gentilmente convincerlo a limitare il proprio piacere ai momenti privati, perlomeno per una questione di buone maniere, ma, se lo rimproverate o lo fate vergognare per questo rapporto che ha con se stesso, interferirete tra il corpo e il bambino. Se i bambini hanno il diritto di masturbarsi perché corpo e sensazioni appartengono loro, lo stesso ragionamento dà loro il diritto di non essere sessualmente stimolati dagli adulti né di essere costretti a stimolare persone adulte. Un bambino abituato dall'inizio ad avere con il proprio corpo tale duplice senso della sua importanza e della sua intimità troverà in questo un aiuto interiore per proteggersi da sgraditi approcci negli anni a venire.

## *Il vostro corpo e i vostri sentimenti*

I bambini in età prescolare sono così ben sintonizzati con il loro corpo e il loro comportamento fisico da intuire il "linguaggio del corpo" degli adulti con un'abilità sorprendente. Mentre un bambino piccolo deve vedere il vostro viso per riuscire a capire se siete allegre o tristi, un bambino in età prescolare riuscirà a interpretare che avete mal di testa dal vostro atteggiamento sofferente e dal modo spossato con cui vi sedete.

Difficilmente sbaglierà su ciò che sentite, mentre sbaglierà spesso su ciò che volete fargli sapere a proposito dei vostri sentimenti. Se anche desiderate nascondergli una grave lite, una malattia, o problemi di lavoro, lui capirà che siete tristi. Il vostro sorriso forzatamente allegro non lo ingannerà, ma gli confonderà le idee. Sa che siete tristi, eppure fate finta di essere allegri. Lo costringete a mettere in dubbio il messaggio dei suoi sensi. Sarà più tranquillo se, invece di tentare di nascondere la verità, gliene darete una versione semplificata. "La mamma è triste perché il papà è ammalato" preoccupa meno il bambino che pensare "Oggi la mamma è strana e non la capisco..." o addirittura "La mamma è triste. Devo aver combinato qualcosa...".

Il bambino che sente la tristezza nel vostro corpo userà il suo per consolarvi. La miglior consolazione che conosca è quella che lui stesso desidera quando è infelice: un grosso abbraccio. Angosciati dai vostri problemi, forse non vi sentite disposti all'abbraccio. Se però respingete spesso i suoi sforzi, il bambino smetterà di tentare. Accettate quello che vi offre con buona grazia. Essere genitore significa anche dargli da baciare il dito che vi fa male.

## Altre precauzioni

Le prodezze fisiche sono spesso occasione di incidenti, ma se è vostro dovere tutelare l'incolumità del bambino, è anche vostro compito ridurre al minimo la vostra sorveglianza. Se ripetete continuamente al bambino: "Scendi giù di là" oppure "Dammi la mano, altrimenti caschi" vi intromettete tra lui e il suo corpo. Gli impedite di scoprire che cosa può o non può fare: impedendogli di imparare, finirete proprio con il provocare quegli incidenti che volevate evitare.

A volte è utile che ricordiate a voi stessi che non esiste un modo di prevenire ogni tipo di incidente. Anche se seguiste vostro figlio tutto il giorno e ve lo teneste sempre vicino, potreste finire entrambi sotto una macchina. Cercate quindi di accettare il fatto che qualche bernoccolo e qualche graffio sono parte dell'impegno quotidiano di un bambino di età prescolare. Cercate di evitare le probabilità serie, ma non impazzite per pensare alle mille e una possibilità di incidenti trascurabili.

*Se pensa di farcela, forse ha ragione.*

- State tranquilli se il bambino gioca da solo. Quasi certamente resterà entro i suoi limiti. Non salirà quattro pioli dello scivolo se sa salirne solo tre. Lasciate che da solo trovi il limite delle sue possibilità e ricordate che i muscoli si irrobustiscono con l'uso, l'equilibrio migliora con l'esercizio e i nervi si rafforzano con il successo.
- State attenti quando altri bambini lo prendono in giro. Essere chiamato ironicamente "bambino" lo spingerà ad agire con audacia e incoscienza. Sarà bene che ricordiate a lui, e ai bambini con cui gioca, che c'è una grande differenza tra coraggio e follia.
- Pensateci due volte prima di lasciarlo con dei ragazzi più grandi. Morirà dalla voglia di emulare le loro imprese e per loro sarà più semplice portarselo insieme al lago che trovargli un gioco innocuo da fare e andare ogni tanto a controllarlo.

*Tenere i bambini al sicuro nelle strade trafficate, impone la continua sorveglianza di un adulto.*

■ State attenti alle macchine di casa. In questa fase, mentre sta scoprendo come funziona il suo corpo, non potete pretendere che abbia un'idea precisa di come funzionano le macchine che presentano caratteristiche via via diverse. Si stupirà quando si accorgerà che è molto più difficile fermare un'automobilina a pedali quando corre veloce che quando va piano. Non ricorderà di tenere lontane le dita dai raggi del triciclo. La falciatrice o la potatrice o altri utensili simili sono pericolosissimi: non è ancora in grado di mettere in relazione il premere un pulsante e l'improvviso agitarsi di lame che a suo parere sono così lontane.

■ State soprattutto attenti al traffico. Per quanto attento sembri a proposito di quel "fiume" che corre per le strade è incapace di valutare la velocità o le intenzioni di un veicolo in movimento. Anche se sembra pronto a obbedire alle vostre istruzioni di stare sul marciapiede, se ne dimenticherà appena qualcosa lo distrae.

*Sicurezza dagli estranei*

Quando deciderete di insegnare al bambino come difendersi dagli estranei, non insistete esclusivamente sugli ultimi orrendi rapimenti, o sui casi di violenza e omicidi. Queste disgrazie possono verificarsi, ma sono molto più rare di altri tipi di abusi sessuali e c'è ben poco che possiate fare per proteggere il bambino da essi. Pensate alla sicurezza quotidiana, non alle tragedie degli articoli giornalistici.

La raccomandazione più comune è: "Non parlare con estranei". Se però riflettete su questo suggerimento dal punto di vista di un bambino, vi renderete conto che non è un messaggio né facile né utile.

Chi è un estraneo? Voi volete che lui parli educatamente a un'infermiera o a un commesso che non ha mai incontrato prima, che sia in grado di chiedere quanto costa il biglietto dell'autobus all'autista o di chiedere aiuto a un poliziotto. Il semplice fatto di parlare non espone il bambino ad alcun rischio, in ogni caso. È quello che può seguire la chiacchierata che conta, come quando un estraneo lo prende per mano o lo invita a salire in macchina. Ma quando un bambino è esposto a un rischio, è piuttosto improbabile che il pericolo derivi da una persona estranea. La maggior parte degli abusi sessuali hanno luogo all'interno delle pareti domestiche, da parte degli stessi genitori, da parenti o da "amici", piuttosto che fuori casa; e quando un abuso di questo genere si verifica al di fuori della casa è molto spesso commesso da conoscenti o vicini, piuttosto che da persone completamente estranee.

Un insegnamento più ragionevole evita l'intero concetto di "estraneo" e l'identità di questa persona, non dà l'idea che parlare sia rischioso e fa in modo che non vengano introdotte paure e sospetti in una piccola mente fiduciosa e socievole. Tutto quello che dovete insegnare al vostro bambino di tre anni è che non deve mai andare in nessun posto con nessuno senza prima venirlo a dire a voi o alla persona che in quel momento si occupa di lui.

Il messaggio è particolarmente facile da recepire per i bambini di questa età, perché si adatta alla loro fase di sviluppo. Un bambino piccolo vuole sempre sapere dove vi trovate, anche se siete solo andate in bagno, quindi gli sembrerà assolutamente ragionevole che anche voi pretendiate lo stesso comportamento da lui. La lezione è facile da ricordare perché il bambino la mette in pratica ogni giorno e non soltanto in circostanze insolite o drammatiche. Se siete sedute su una panchina mentre lui sta giocando sull'altalena, verrà da voi e vi dirà che ha intenzione di andare a giocare con la sabbia prima di spostarsi. Se sapete che è dai vicini, verrà da voi e vi chiederà il permesso di uscire con loro a prendere un gelato.

Se il vostro bambino non si lascerà mai distrarre dalle attività che sta svolgendo, secondo un programma prestabilito, nessuna persona sarà mai capace di caricarlo su un'automobile per portarlo a vedere un cucciolo o allettarlo con la promessa di dolci. Non sta a lui decidere se andare o no; la decisione spetta a voi quando verrà a dirvi quello che ha intenzione di fare. E non dovrà mai avere un dubbio del tipo "Pensavo di poterlo fare, perché era un amico di papà..." perché deve assolutamente venire da voi e dirvi con chi è.

In seguito potrete parlargli dei pericoli che può correre e introdurre nella sua mente l'idea che non tutti gli adulti sono leali. Ma per i primi anni sarà sufficiente per lui sapere che la regola stabilita fra voi è assoluta e che tutti, amici e familiari, sono d'accordo sull'importanza che venga a chiedervi il permesso di allontanarsi. Chiunque cerchi di convincerlo a non venire da voi deve essere ignorato.

*Vacanze e viaggi fuori casa*

Molti bambini che sono ragionevolmente sicuri a casa hanno incidenti quando vanno in gita o in vacanza, o durante la prima settimana in una casa nuova. L'ambiente nuovo presenta nuovi pericoli. Il bambino non li ha mai affrontati prima e perciò non può né prevenirli né riconoscerli. Tocca a voi farlo per lui. Se ha sempre vissuto in un appartamento, può darsi che le scale rappresentino per lui un problema che altri bambini superano serenamente. Al mare, per esempio, i ragazzini del luogo avranno già imparato tutto circa le maree e la sabbia che frana: il vostro bambino no. Per lui la spiaggia che decresce poco alla volta non significherà nulla, come del resto l'impeto della corrente attorno alle gambe, o l'ingannevole scorrere della sabbia da una buca che sta franando.

Quando portate in vacanza il bambino, avrete probabilmente intenzione di lasciarlo libero di correre ma, se questa libertà non è sottoposta a continua sorveglianza, dovrete scegliere il luogo con estrema cura. Anche se andate in campagna e l'ambiente vi sembrerà sicuro c'è sempre la possibilità che ci sia un toro nel campo vicino, piante velenose di belladonna nella siepe, un pozzo nel giardino o un meraviglioso pagliaio con un forcone sul quale può saltare. Quando si trasloca in una nuova casa, tutti gli adulti sono sempre troppo impegnati per seguire il piccolo attentamente, proprio ora che ne ha più bisogno. Anche se avete una montagna di cose da fare, non dimenticate che vostro figlio deve essere tra le priorità.

Che si tratti di una nuova casa o solo di una dimora per le vacanze, è importante che vi caliate nei panni del più piccolo. Riflettete su questo nuovo ambiente e cercate di prevedere le sue reazioni. Fate un giro di ispezione appena arrivate. Immaginate il bambino che corre in giro e cercate di individuare le trappole in cui potrebbe cadere. Siate la sua guardia del corpo, poco esigente ma volonterosa, pronta a seguirlo sugli scogli o in piscina, al mare o alla fattoria. Se gli fate da cane da guardia, potete concedergli una certa libertà.

*Bambini che hanno la tendenza ad avere incidenti*

Certi bambini sembrano avere una particolare tendenza ad avere incidenti in continuazione. Al vicino Pronto Soccorso li conoscono ormai per nome, tanto spesso vi arrivano per farsi dare un paio di punti o per farsi fasciare o ingessare un braccio.

In alcuni di questi casi si potrà forse pensare a una forma di distrazione dovuta a preoccupazioni o ansie. Certi bambini sono incuranti della propria incolumità e goffi nel gestire il loro corpo perché si sentono da troppo tempo infelici. Se pensate che questa tendenza nel vostro bambino sia dovuta a scontentezza e a tensione, dovrete offrirgli una maggior protezione e cercare di scoprire e individuare le cause del suo turbamento.

Altri bambini, invece, sono semplicemente dotati di minor coordinazione dei loro coetanei, al punto che si fanno male anche se giocano in modo normale. Se questo è il caso di vostro figlio lo potete aiutare. Fornitegli la vostra assistenza pratica aiutandolo a fare quello che vuole, se sono cose ragionevoli, invece di impedirgli di farle a priori. Mostrategli il modo giusto per salire una scala; insegnategli ad aspettare di aver raggiunto l'equilibrio prima di mettersi a camminare su un muro e a sedersi quando comincia a vacillare; preparategli degli itinerari con ostacoli non pericolosi quando va in bicicletta perché impari a sterzare.

Se ha veramente delle difficoltà nel coordinare il movimento del proprio corpo potreste iscriverlo a un corso di ginnastica o di danza.

Sono pochi i bambini che, pur non sembrando né infelici né goffi, sono solo irragionevolmente audaci. Non solo si arrampicano su alberi troppo alti, ma poi saltano giù, rompendosi le gambe. La velocità non li spaventa, così che vincono tutte le gare di bicicletta, ma a costo di brandelli di pelle. Sono desiderosi di provare ogni tipo di sport, dall'equitazione al surf, sicuri di farcela da soli e per niente inclini agli insegnamenti.

Il bambino che presenta questa caratteristica imparerà la lezione con il tempo. Se volete che ciò avvenga al minor costo possibile, non rallegratevi con lui per le sue assurde imprese. Invece di applaudire fategli notare che la riuscita è dovuta solo alla fortuna e che è stato stupido a tentare. Se riuscite a fargli capire che voi tenete veramente alla sua incolumità, può essere capace di preoccuparsi di più di se stesso e di vedere la sua imprudenza come infantile e sciocca.

*Rabbia e violenza fisica*

Anche i genitori più tolleranti non ammettono giustamente di essere percossi o presi a calci perché il bambino è arrabbiato. Gli riconoscono il diritto di usare il corpo per esprimere i suoi sentimenti, ma non quello di usarlo per far male a qualcuno.

Molti genitori credono che il sistema migliore sia quello di picchiare il bambino che picchia (vedi p. 375). Alla base di questo comportamento c'è l'illusione che se il bambino prova su di sé cos'è uno schiaffo non ne darà più. E se continua a picchiare, sapendo che fa male, questa volta merita una punizione fisica che servirà da deterrente per il futuro.

Come disse Martin Luther King, la legge del taglione "occhio per occhio" lascia tutti ciechi. Dal punto di vista del bambino restituire pan per focaccia è un'argomentazione illogica. Se vi dà uno schiaffo e voi glielo rendete, l'unico messaggio che ne deduce è che voi vi siete comportati come lui. Non è in grado di prendervi sul serio quando schiaffeggiandolo gli ordinate: "Non devi picchiare la gente!".

La forza della vostra argomentazione è invece molto maggiore se nessuno in casa usa le mani contro gli altri. Quando vi colpisce, prendetegli le mani e ditegli: "No, so che sei arrabbiato, ma noi non picchiamo nessuno. Picchiare fa male ed è brutto". Siete molto più grandi e più forti del bambino. Non dovete fargli del male per impedirgli di aggredirvi perché, se necessario, potete semplicemente prenderlo e bloccarlo fin quando non si calma. Se gli suggerite qualche altro modo in cui sfogare la rabbia, probabilmente accetterà questa alternativa. In alcune famiglie si usa un cuscino speciale sul quale scaricarsi. Altre invece favoriscono manifestazioni più innocue, dicendo: "Avanti, urla, vediamo fin dove arriva la tua voce...". È fondamentale che voi chiariate al bambino arrabbiato che non disapprovate la sua rabbia, ma solo il modo di manifestarla. Non gli direte di non essere arrabbiato, e neanche di non dimostrarlo. Volete solo che usi la sua rabbia in modo costruttivo invece di essere aggressivo (vedi p. 473).

*Differenze sessuali*

Un figlio unico dà per scontata la forma del suo corpo. Tende a supporre che tutti gli altri coetanei siano fatti come lui. Anche la mamma e il papà sono dati per scontati; sono semplicemente se stessi e il bambino non vede nessuna somiglianza tra i loro grandi corpi coperti di peli e il suo corpo piccolo e liscio.

Le prime domande nascono quando il bambino vede un altro bambino nudo: "Che cos'è?". Ciò che vuole è un nome, "pene" o "vagina" a seconda che sia un maschio o una femmina.

*Se volete che vostro figlio impari a usare le parole invece degli schiaffi, concedetegli molto del vostro tempo e ascoltatelo.*

Nessuna ragione quindi di sentirsi imbarazzati di fronte a quest'argomento, se lo affrontate con serenità e cercate di dare informazioni precise che rispondano con esattezza alla domanda che vi è stata fatta. Non dovete "sistemare una volta per tutte l'intera questione", spiegandogli tutto sul sesso. È molto meglio lasciare che sia il bambino a rendersi conto di ciò che non ha capito e a chiedere al momento per lui opportuno le informazioni che gli mancano. Può darsi che abbia sei o sette anni quando vi farà la spinosa domanda: "Come fa papà a mettere il seme nella... come si chiama... della mamma?". Dopo anni di concise, precise risposte, vi sarà del tutto semplice rispondergli: "Mettendovi dentro il pene".

Se, ogni volta che il bambino vi fa una domanda che riguarda il sesso, voi create una particolare atmosfera seria e compunta finirà tutto in una farsa. Una bambina irrompe in cucina dicendo: "Svelta, mamma, dimmi da dove sono venuta. Sara lo vuole sapere". Con un profondo sospiro, la madre si lancia nella spiegazione preparata da molto tempo, mentre la figlia la guarda stupita e alla fine la interrompe: "Mamma, io volevo solo sapere da dove sono venuta. Da Roma, come Sara?".

In alcune famiglie si permette che i bambini vedano i genitori nudi, in modo da abituarli alle differenze tra i sessi degli adulti. In altre famiglie, invece, si evita di farlo. Quando c'è di mezzo il sesso e i bambini, probabilmente è meglio cercare di non fare niente. Non importa se il bambino vi vede o non vi vede nudi, purché l'atmosfera sia distesa e disinvolta. Quindi, comportatevi come avete sempre fatto, senza voler essere deliberatamente "all'antica" o "moderni".

Esibizioni intenzionali con lo scopo di mostrare al bambino che è fatto esattamente come il genitore del suo stesso sesso possono fallire miseramente il loro intento. Agli occhi del bambino, non c'è alcuna somiglianza tra una ragazzina piccola, liscia e glabra e una donna completamente sviluppata, come non c'è tra un ragazzino con un minuscolo pene e uno scroto quasi invisibile e un uomo maturo.

Guardando il genitore del suo stesso sesso, la bambina o il bambino in realtà si preoccuperà della propria inadeguatezza. Potrà mostrare delle preoccupazioni a questo proposito, quando, per esempio, la piccola esclamerà di voler sposare papà "quando sarò grande", in un tono tra l'eccitato e l'ansioso. Troverà almeno due motivi di conforto. Prima di tutto, anche se pensa di voler sposare il papà, e arriva persino a fantasticare di sostituirsi a voi, questa fantasia la spaventa perché la realtà dei fatti è che non siete una rivale ma la sua mamma, e non può pensare di vivere senza di voi. Ricordatele che il papà è già sposato, e che lei avrà un marito tutto suo al momento giusto. In secondo luogo, per la bambina sarà confortante sapere che tutte le parti del corpo crescono in modo proporzionato alle altre e che lei ha la forma e la misura adeguate alla sua età.

Non offritevi spontaneamente di parlare di sesso a meno che non sia il bambino a fare domande dirette. Ulteriori informazioni non gli serviranno a nulla. In questo stadio è meglio che i bambini non siano incoraggiati a pensare a se stessi in rapporto all'atto sessuale. Certamente è importante dare spiegazioni sulle differenze sessuali a questa età, e lo sarà altrettanto per quanto riguarda il modo in cui si fanno i bambini in futuro, ma il vero e proprio rapporto sessuale è un tema che si affronta in età adulta. Il rapporto sessuale è qualcosa di particolare al quale le persone arrivano quando sono adulte. Ecco perché è meglio evitare gli scherzi e le prese in giro a proposito del "fidanzato" o della "fidanzata".

# Il linguaggio

*Un amichetto, qualche volta, può rifiutarsi di rispondere quando gli parlate.*

I bambini in età prescolare sono occupatissimi a scoprire come funzionano le cose, a scoprire che cosa possono fare essi stessi, e a mettersi con l'immaginazione nei panni degli altri. Più ricco è il loro linguaggio, più rapido sarà lo sviluppo del pensiero. Più pensano, più linguaggio usano. Quindi il linguaggio e il pensiero, addirittura il linguaggio e l'"intelligenza", sono strettamente legati. Un bambino molto intelligente sarà, o almeno diventerà, molto progredito nel parlare: avrà bisogno del linguaggio per i suoi pensieri. Un bambino che viene aiutato a usare bene il linguaggio userà tutta la sua intelligenza con buoni risultati. Parlare alimenta la sua intelligenza.

L'uso del linguaggio diviene più difficile, invece che meno, quando il bambino raggiunge l'età prescolare. All'inizio, ha imparato delle parole che erano come delle etichette o che gli servivano per fare osservazioni su cose che erano realmente sotto i suoi occhi. Ma ora comincia a usare il linguaggio per lo scopo che è tipicamente umano: per parlare di ciò che non è nella stanza, ma nella mente, e per esprimere idee. Lo sentirete parlare di cose che non ci sono, ma che possono essere richiamate alla memoria, immaginate o programmate. Esprimerà idee astratte e descriverà emozioni che non saranno mai tangibili. Arriverà prima o poi a utilizzare il linguaggio anche per puro piacere, suo e degli altri, componendo rime, raccontando storie o facendo giochi di parole.

## Arricchire il suo vocabolario

Più conversate con il bambino, meglio è. Ma mentre tutti riconoscono l'importanza della quantità, spesso viene sottovalutata l'importanza della qualità. I discorsi di un adulto sono veramente utili solo quando il bambino riceve dei messaggi positivi su se stesso. Al contrario, se non fate altro che criticarlo e sgridarlo, il vostro fiume di parole non aiuterà il bambino a esprimersi meglio.

Per essere veramente utile deve trattarsi di una vera conversazione a due, non di un monologo. Lasciarlo parlottare, rispondendogli solo a monosillabi, non è comunicare. Il bambino capirà che non lo state veramente ascoltando. Neppure i monologhi da parte vostra servono a molto. Se non fate delle pause, nelle quali lui può intervenire, se non l'ascoltate e non gli rispondete, il vostro parlare è solo un piacevole rumore di fondo, come una radio accesa che nessuno sta a sentire. Il bambino capirà presto che non state veramente parlando con lui, che non vi importa che ascolti o capisca, e non vi seguirà più.

Se dunque conducete un'attenta conversazione a due, potete aiutare enormemente il bambino offrendogli etichette per oggetti o idee nel momento in cui ne ha bisogno. Sia che abbia già un vocabolario ricco, sia che usi solo poche parole, ne ha bisogno in numero sempre maggiore.

Supponete che stia tentando inutilmente di spostare un sacco di sabbia per metterlo nella cassa della sabbia. Ovviamente ha bisogno di un aiuto fisico, ma allo stesso tempo potete aiutarlo a imparare a parlare definendo il suo problema. Se dite solo: "Lascia che ti aiuti" non aggiungete alcuna parola nuova. Se gli dite: "Lascia che ti aiuti a portare quel sacco di sabbia, per te è troppo pesante" gli offrite diverse nuove idee nel campo del linguaggio. Può darsi che non gli sia mai capitato prima di sentire che la sabbia in quel contenitore è "un sacco di sabbia". Soprattutto, è probabile che non si sia mai reso conto che non riusciva a spostarlo perché era "troppo pesante". Gli avete così insegnato l'etichetta, la definizione di un'idea (peso) che avvertiva, ma che non sapeva esprimere.

Lo stesso procedimento lo potete applicare a tutte le idee. Arrivate a prendere un oggetto perché siete "più alti", gli togliete un po' di salsa dal piatto perché ne ha presa "troppa", avete lasciato cadere un piatto perché era "molto caldo" e scartate uno dei suoi maglioni perché è diventato "troppo piccolo".

Nello stesso modo potete aiutarlo con parole che si riferiscono al colore, al numero e alla forma delle cose. Se gli offrite un sacchetto di caramelle e lui sceglie quella rosa, potete dirgli: "Prendi quella, vero?". Si tratta di una conversazione amichevole che però non gli insegna niente. Se invece gli dite: "Prendi quella rosa, vero?" gli fornite la parola per definire un colore che gli piace, ma del quale non sapeva probabilmente che è definito "rosa". Due caramelle vi danno l'occasione di esprimere concetti più complessi, come: "Due caramelle! Una caramella per questa mano e una caramella per l'altra mano. Due caramelle per due mani...".

Anche i suoi giochi di immaginazione vi offrono l'occasione di insegnargli nuove parole. Munito di un minuscolo paio di guanti e di un enorme ombrello vi annuncia: "Sono papà". Sa che spesso il padre va fuori e sta quindi giocando nella sua testa al gioco del papà che va fuori casa. "Papà va in ufficio oppure va a passeggio?" gli chiedete. In questo modo gli offrite due nomi-etichetta per due dei luoghi nei quali papà potrebbe andare: l'avete aiutato a elaborare il suo pensiero mentre sta giocando.

Potete continuare questo tipo di elaborazione quasi ogni volta che il bambino vi parla. Non c'è niente di difficile o di forzato in tutto ciò. Se ascoltate con attenzione quello che il bambino dice, ciò che cerca di comunicare, vi troverete a farlo automaticamente. È il contrario della risposta mugugnata al chiacchierio del bambino. Dice: "Guarda! Cane grosso!". Un'esclamazione: evidentemente ha visto qualcosa di particolare in quel cane che ha suscitato il suo interesse. Cercate di vedere di che cosa si tratta e offritegli un'elaborazione del pensiero e delle parole che lo esprime: "Sì, è proprio un grosso cane da guardia. E poi guarda come corre veloce...".

*Aiutate il bambino a parlare con persone diverse*

Molti piccoli trovano così difficile comunicare con gli estranei, che spesso un familiare deve intervenire per tradurre entrambe le parti della conversazione. Ma in questa fase il bambino non ha più bisogno che gli facciate da interprete quando parla con altre persone, tuttavia potete ancora intervenire aiutandolo a parlare con loro. Quanto più diventa fiducioso di capire e di essere capito dagli altri, tanto più saprà gestire ogni situazione con i suoi coetanei, con gli adulti e quando affronterà la scuola.

Se, per esempio, andate dal dottore perché il bambino ha male alle orecchie, cercate di lasciare che sia lui a condurre la conversazione.

*Se, quando siete fuori insieme, incontrate uno sconosciuto che suscita il suo interesse fatevi indietro e lasciate che il bambino gli parli da solo.*

Non parlate in sua vece ma aiutatelo a farlo da solo. Probabilmente il dottore si rivolgerà al bambino direttamente, anche se si aspetterà di ricevere delle risposte sensate solo da voi. Non vi unite a lui in una cospirazione di adulti che lo esclude dal parlare del suo male. Piuttosto aiutatelo ad ascoltare (se necessario, ripetete quanto ha appena detto il dottore: "Il dottor Rossi ha chiesto se l'orecchio ti fa ancora male...") e accertatevi che abbia capito e possa rispondere. Se il dottore non capisce che cosa dice, invitatelo a ripetere. Il messaggio che gli dovete trasmettere è: "Quello che dici va bene". Se avrà fiducia in voi, lo troverà divertente e cercherà di dire sempre più cose con il vostro aiuto. Se il padre torna a casa e chiede: "Che cosa avete fatto oggi?" per lui probabilmente si tratta di una domanda retorica. Senza il vostro aiuto il bambino non risponderà perché la domanda è per lui troppo generica. Ma potete aiutarlo: "Racconta a papà dello scoiattolo che abbiamo visto al parco!". Comincerà a raccontare, e il suo racconto sarà confuso e incompleto, ma lo agevolerete intervenendo sempre con la stessa tecnica:

"Arriva lo scoiattolo... Impaurito... Io dico 'Oooh'...".

"Sì, hai detto 'Ooh', vero? E poi che cos'è successo? Lo scoiattolo è tornato di corsa sull'...?"

"Albero" finirà felice il bambino.

Qualche volta può capitare che non si capisca quello che il bambino sta dicendo, anche se lo ripete più volte. Non lanciatevi a indovinare, perché se non afferrate il messaggio potrebbe esserne confuso.

("Perché mi ha dato un biscotto se le ho detto che qualcuno ha suonato alla porta?") Siate onesti. Ammettete che non avete capito quello che vuole dire e fategli sapere che vi dispiace. Non siete certo tenuti a scusarvi ma volete che capisca che vi rammaricate di non aver colto quello che cercava di dirvi. Il messaggio questa volta è: "Quello che dici è interessante".

*L'uso dei pronomi*

Seguendo questo tipo di conversazione, il bambino imparerà rapidamente i nomi che indicano gli oggetti, gli aggettivi che li descrivono e i verbi che ne spiegano l'uso e lo stato. Ma i pronomi, paroline come "io, tu, me, lui, lei" rappresentano per il bambino un grosso scoglio e creano nella sua testolina una grande confusione, in quanto cambiano con il mutare del soggetto. Come può il bambino districarsi in frasi in cui l'adulto con disinvoltura cambia il soggetto? Per esempio, se parliamo di questo libro: "Io l'ho scritto perché voi lo leggiate". Ma se ne parlate con un altro interlocutore voi direte: "Io sto leggendo il libro che lei (e vi riferite all'io della frase precedente) ha scritto". Eppure per il bambino io sono sempre io, voi siete sempre voi e non è in grado di capire che la ragione per cui "io" è diventato nella seconda frase "lei".

Poiché i pronomi sono di uso difficile i bambini continueranno a usare i nomi propri (il loro, quello degli altri e degli oggetti a cui intendono riferirsi): "Roberto prende orso" invece di "Io lo prendo". Se cercate di correggerlo, vi troverete in un tremendo pasticcio. Dite: "Dì 'Io prendo l'orso', caro". Il bambino vi guarderà stupito e ripeterà la sua prima affermazione: "Roberto prende orso". Per lui significa che non siete voi a prendere l'orso, ma lui. Ma voi insistete perché lui dica parlando di sé "io". Che confusione!

Non cercate di fargli usare i pronomi, ma usateli voi correttamente, dicendo "Ti aiuto?" invece che "Mamma ti aiuta?". Un po' alla volta imparerà da solo.

*"Che cos'è?"*

Quando ha tre anni il bambino si rende conto di aver bisogno di più parole e ve le chiede continuamente, domandandovi: "Che cos'è quello?". Vi chiede di dirgli o di ricordargli il nome, quindi non mettetevi nei guai dandogli risposte complicate. Non vi ha chiesto: "A che cosa serve?". Se indica la lavatrice, rispondetegli: "La lavatrice". Non vi imbarcate in spiegazioni sul tipo: "Questa è la macchina speciale per lavare la biancheria...".

Non evitate di usare le parole altisonanti. Piacciono a tutti i bambini. Se potete dire Diplodoco, lo potrà fare anche lui. Pterodattilo è facile da pronunciare, anche se difficile da scrivere.

*Poi arriveranno i "perché?"*

Ce ne saranno centinaia al giorno: "Perché non posso?", "Perché è caldo?", "Perché papà è uscito?". E saranno logoranti. Ma ricordate che il bambino interroga perché ha bisogno di sapere. Sta incrementando la sua scorta di conoscenze e di comprensione e lo fa nel modo più efficace possibile, usando parole.

I perché sono un evidente segno di crescita. Se fosse stato più piccolo avrebbe cercato di trovare una risposta da solo con le sue azioni o addirittura non si sarebbe nemmeno posto il problema.

Ad alcuni perché non è possibile rispondere: il bambino supera i limiti del sapere umano, o supera i vostri limiti!

*Il bambino si stupirà di trovare le risposte alle sue domande scritte su un libro.*

"Perché tuona/piove/tira vento?"

"Perché papà è un uomo/grande/castano?"

"Perché le luci si accendono?"

"Perché non si può spegnere il sole?"

Cercate di non ricorrere ai "perché sì". Se la domanda è accessibile, rispondete brevemente, ma non esponete tutto ciò che sapete sul funzionamento della televisione e non fategli una lezione. La sua domanda è occasionale: il fenomeno della televisione che presenta quella particolare immagine ha per caso colpito la sua attenzione. "Perché il sole brucia per conto suo, molto lontano da noi" è probabilmente tutto ciò che vuol sapere.

Se la domanda supera le vostre forze, non abbiate paura ad ammetterlo. È non solo giusto, ma positivo rispondere al bambino: "È una domanda molto interessante, ma non so neppure io darti una risposta; domandiamolo alla mamma o guardiamo su un libro...". Non si è mai troppo giovani per la prima enciclopedia. Non certo perché lui la legga, ma per assicurare a voi una scorta di informazioni corredate di immagini per ogni tipo di argomento che lo possa interessare. Vuole saperne di più sulle lucertole? Senza un libro illustrato vi sarà difficile accontentarlo.

Alcuni dei suoi perché possono trasportare voi e lui in una sorta di mondo da *Alice nel paese delle meraviglie*.

"Perché sono Giovanna?"

"Perché quando eri appena nata, abbiamo deciso che ci piaceva questo nome e ti abbiamo chiamato così."

"Perché?"

"Perché ci sembrava un bel nome per una bellissima bambina."

"Perché?"

Il perché può essere semplicemente un mezzo per stimolare la vostra attenzione, per continuare la conversazione, oppure può darsi che il bambino non intenda dire "perché?", ma "continua a parlare". Se volete interrompere la serie dei perché, provate a dire: "Vuoi che ti racconti ancora di quando eri appena nato?".

Può darsi che vi chieda ancora "perché?", ma è un perché che non attende risposta in quanto non è una domanda. Usa la parola in modo sbagliato, quindi è priva di significato: "Perché sono tori?". Non rispondetegli: "Non capisco che cosa vuoi dire". Cercate di capire che cosa intendeva chiedere. Che cosa sono i tori? A che cosa servono? Sono pericolosi? Hai paura dei tori, e allora devo averla anch'io? Una risposta generica come: "Non sono tanto sicuro di aver capito che cosa vuoi sapere, ma parliamo dei tori e vediamo un po'. Sai che cos'è un toro? È il maschio della mucca..." darà inizio alla conversazione che il bambino voleva avviare.

### *Uso delle parole per controllare il suo comportamento*

Dopo essere stato per anni controllato e diretto da voi per ciò che riguarda il suo comportamento, il bambino in età prescolare comincia a provvedere da solo (vedi p. 498).Vi accorgerete di questa nuova autodisciplina da ciò che dice a se stesso mentre sta giocando. Usa le stesse frasi che sente da voi, indirizzandole però ai suoi giocattoli o a dei compagni immaginari: "Attento ora!", "Forza!", "Non toccare, lascia stare". Sarà molto severo. Udirete dei toni molto più duri di quelli che sapete di usare.

## *Perché la mia bambina parla sempre tra sé e sé?*

*Mia figlia di quattro anni è sempre stata una bimba chiacchierona. Ero abituata ad ascoltarla mentre parlava tra sé e sé nel suo letto. In seguito, prese l'abitudine di parlare ai suoi giocattoli. Durante questi ultimi mesi ho osservato che parla da sola in modo diverso, dicendosi cosa fare. Rimasi colpita un giorno in cui, mentre tentava di indossare le sue scarpe, la udii dire: "È la sinistra, Ellie, trova quella giusta" proprio come io le suggerivo. Ma ora accade così spesso che inizio a preoccuparmi, in special modo perché inizierà tra poco a frequentare una classe della scuola materna che vanta di insegnare ai bambini di concentrarsi lavorando in silenzio. Perché Ellie parla tra sé e sé ancora così tanto? È un segno di rallentamento dello sviluppo, di mancanza di concentrazione o magari di iperattività? O forse non c'è alcun pericolo?*

Il discorso privato dei bambini è molto di più che innocuo: è decisamente utile.

Fino alla scorsa generazione, sotto l'influenza di Piaget, i monologhi dei bambini erano chiamati "egocentrici" e considerati segno di immaturità. Si pensava che dialogassero con se stessi perché trovavano impossibile potesse esistesse un punto di vista di un'altra persona e che si potesse godere dell'interscambio di una reale conversazione a due. Si teorizzava che il discorso privato sparisse non appena il fanciullo divenisse capace di interagire socialmente.

Dagli ultimi anni Settanta invece, sotto l'influsso dei primissimi studi dello psicologo russo Vygotsky, la ricerca ha dimostrato che tutti i bambini utilizzano il discorso privato (sebbene alcuni lo facciano più spesso e più a lungo di altri), che esso nasce da importanti interazioni sociali e che è fondamentale alla prima erudizione rivolta al proprio io.

Vygotsky fece notare che per ogni fanciullo, in ogni momento, esiste una gamma di attività e di tecniche che egli ha già appreso, una gamma che è completamente incapace di gestire e, nel mezzo, una gamma (nota come la "zona del prossimo sviluppo") che un fanciullo sarebbe in grado di gestire con l'aiuto di un adulto. Quando un genitore o un insegnante aiutano un fanciullo ad affrontare una tale sfida, per prima cosa impartiscono direttive verbali riguardo ciò che va compreso e ciò che va fatto, per suggerirgli poi le strategie per farlo. Il discorso privato del fanciullo incorpora quei dialoghi al punto che, quando si accinge da solo a tale impresa, possa impartire a se stesso direttive e suggerimenti. Quando sta affrontando una sfida come indossare le scarpe da solo per la prima volta, è facile che un genitore lo senta ripetere frasi familiari come: "Non puoi uscire senza la tue scarpine, Ellie... Vai a cercarle". A mano a mano che la fiducia del bambino cresce, il discorso si riduce da intere frasi a rapide parole riguardanti solo ciò che a lui risulta ancora difficile. Come accade per molti bimbi, la difficoltà maggiore che Ellie trova nell'indossare le sue scarpe è quella di mettere il piede giusto nella scarpa giusta, cosicché "destra" e "sinistra" sono le parole che ripete a se stessa. In seguito, i fanciulli sono capaci di pensare alle parole senza dirle ad alta voce. Se stanno imparando a leggere, inizieranno a farlo in silenzio. Allo stesso modo, il discorso privato si trasformerà in un borbottio più pacato per poi diventare discorso interno muto. Ciò nonostante, non perderà mai la sua utilità. Tutti i fanciulli in età più tarda, perfino gli adulti, quando si trovano di fronte ad attività impegnative, o a materiale scritto che sembra incomprensibile, tendono a suggerire a se stessi, a richiamare strategie, o a sforzarsi di capire tramite il discorso privato.

Il discorso privato di Ellie non è che positivo e l'unica preoccupazione è la scuola che frequenterà. Ci sono ancora insegnanti che vedono nel discorso privato del fanciullo un comportamento socialmente inaccettabile o addirittura un sintomo di malattia. Verificate che cosa questa scuola intende con il termine "lavoro in silenzio". Vietare ai fanciulli di cinque anni di parlare tra loro è assurdo; vietare loro di parlare, persino a se stessi, mentre contano sulle dita, o disegnano, potrebbe risultare dannoso nei confronti del loro sviluppo.

In seguito comincerà a parlare nello stesso modo anche a se stesso, ma i suoi avvertimenti seguono il fatto. Calcia la palla nell'aiuola e si rimprovera: "Non in mezzo ai fiori, Giovanni!". Un po' più avanti si avverte in anticipo. Pronto per calciare la palla, dice: "No, Giovanni, non nei fiori" e, proprio come se avesse parlato un'altra persona, si volta e calcia la palla nell'altra direzione.

È segno che sta veramente interiorizzando le vostre istruzioni, le vostre norme e le sta applicando da solo. Ma se spesso vi capita di sentirlo darsi con severità degli ordini e poi disobbedirli, per esempio quando dice: "Non devi far male al cane" proprio mentre gli tira la coda, state attente a ciò che dite voi per qualche giorno. Può darsi che lo stiate sommergendo sotto un fiume di rimproveri e ordini, senza spiegargliene la ragione e senza assicurarvi che vi obbedisca. Potrebbe essere il momento giusto per fermarsi a riflettere su come si possa aiutare il bambino a imparare a comportarsi (vedi p. 523).

*Uso delle parole per controllare il comportamento degli altri*

Essendo il polo ricevente di tutti gli ordini e gli avvertimenti, il bambino vuole sperimentare anche questo particolare uso del linguaggio. A quattro anni, specialmente, tende a essere molto autoritario. "Smetti subito!" urla al fratellino che lo guarda sorpreso. "Vieni qui immediatamente!" ordina al cane distratto. Cerca di trovare qualcuno che sia inferiore a lui nella gerarchia, in modo da poter comandare, oltre che essere comandato. Cerca anche di scoprire se le sue parole hanno sugli altri lo stesso potere che le vostre hanno su di lui. Quindi siate tolleranti in questa fase abbastanza noiosa. Non vuole essere scortese. Se la sua prepotenza vi dà fastidio, insegnategli a rendere più gentili i suoi ordini e le sue esortazioni accompagnandoli con "grazie" e "per favore", e riflettete anche sul modo in cui voi vi rivolgete a lui. Non è escluso che accentui il tono severo di un'esortazione, ma non l'inventerà di sana pianta.

*Uso delle parole per vantarsi*

Vantarsi a parole di questo e quello è un'altra tipica caratteristica del bambino di quattro anni e non deve essere presa troppo sul serio. Due bambini che si trovano insieme avranno spesso di questi scontri, che sono una specie di partita a tennis verbale, ed entrambi sapranno benissimo che si tratta solo di un gioco:

"La mia casa è più grande della tua."
"La mia è ancora più grande."
"La mia è grande come un palazzo."
"La mia come un parco."
"La mia è grande come, come... come tutto!"

Anche se gli adulti che ascoltano conoscono la situazione dell'uno o dell'altro dei due bambini, non devono intervenire né preoccuparsi che uno dei due ferisca l'altro nei suoi sentimenti. I bambini sanno che si tratta solo di un gioco verbale. Ma al contrario, se si tratta di uno scambio di insulti, la questione cambia. Uno dei due potrà sentirsi offeso e comunque è un comportamento maleducato. Diteglielo e fateli smettere.

Se però il vostro bambino non fa altro che vantarsi, chiedetevi se per caso non ha bisogno di apparire ricco, grande e potente perché in realtà si sente umile, piccolo e povero. Allora intervenite, ma solamente dandogli più amore, più elogi e complimenti quando se li merita ed evitando critiche e rimproveri.

*Uso delle parole per chiedere l'approvazione*

Spesso il bambino di quattro anni, oltre che prepotente, è sdolcinato. "Giovanni è un bravo bambino" dice con aria di sufficienza. Non sottoponetelo a un esame, dicendogli: "Non saprei...". Ferireste i suoi sentimenti e gli confondereste le idee. Il fatto che voglia farvi pensare che è buono è un segno positivo riguardo al suo comportamento futuro. Ed è anche un buon segno dello sviluppo futuro del linguaggio che lui voglia parlare di questo argomento.

Talvolta queste conversazioni "virtuose" significano che il bambino ha bisogno di essere rassicurato da voi che lo amate anche quando non amate ciò che fa. Il suo linguaggio è ancora molto letterale perciò queste distinzioni sono per lui molto importanti. Se, con il fratello, ha fatto tanto chiasso che siete quasi impazziti per il rumore, evitate di dire: "Via in giardino, voi due, ci fate diventare pazzi". Distinguete loro (che amate) dal rumore che fanno (che non amate) e dite: "Se volete continuare questo gioco andate in giardino; il rumore ci fa impazzire...".

*Il vostro bambino vuole soprattutto essere buono e a volte sembra troppo buono per essere vero.*

## Parlare di idee astratte

Una volta che il bambino si renderà conto che le parole giocano a suo favore, che può esprimere tutto quello che pensa e capire i pensieri che gli altri esprimono, comincerà a usarle per la loro funzione tipicamente umana: lo scambio di idee. Non tutti i bambini chiedono di Dio a quattro o cinque anni o cercano di spiegarvi le sensazioni che un determinato pezzo musicale suscita in loro a cinque o sei anni. Non è certamente importante se a questa età non condividete con lui conversazioni di tal genere, ma può diventarlo se lui cerca di affrontare un discorso serio e viene deriso o schernito dai componenti della famiglia, o bloccato dal vostro evidente imbarazzo. Importa perché ognuna di queste reazioni equivale a farlo zittire. E per quanto, qualche volta, vi auguriate che stia zitto per un minuto, parlare, ascoltare, pensare e parlare di più sono parti essenziali della sua educazione nel senso più ampio della parola.

Condividere i pensieri e i sentimenti con qualcuno che dispone di una limitata esperienza e capacità di comprensione non è sempre facile, soprattutto se non siete il tipo di persona abituata ad affrontare conversazioni profonde neppure con gli adulti. È facile stroncare i bambini piccoli senza motivo, come fu sul punto di fare questa madre: "Era l'inverno in cui aveva quattro anni. La trovai mentre guardava fisso fuori dalla finestra, con le lacrime che le rigavano il volto. Le chiesi quale fosse il problema, pensando che quella sera non volesse andare a letto. Ma la sua risposta fu: 'Oh mamma, non so cosa pensare della luna'. Fu una frase talmente inaspettata e improvvisa che fui sul punto di ridere e di dirle: 'Non essere sciocca' o qualcosa del genere. Tuttavia, sono stata felice di non averlo fatto. Abbiamo parlato di cose che sono troppo lontane e troppo grandi per lei e perché la luce della luna era quel genere di bello che ispirava tristezza. Non so nemmeno io cosa pensare della luna. Ma il punto era che lei voleva parlare con me".

A parte i classici argomenti di discussione sui "fatti della vita" (vedi p. 491), i discorsi potenzialmente difficili di solito riguardano uno dei tre gruppi seguenti, ognuno dei quali ha le proprie tecniche utili.

*Parlare di fatti* Quando il bambino vi chiede qualcosa riguardo a complicate questioni di fatti specifici, non dovete pretendere di sapere tutto in proposito. Parte della vostra abilità consiste nel sapere come scoprire cose che ancora non conoscete. E parte del valore insostituibile che rappresentate per lui sta nell'essere interessati per cercare una risposta. Quindi, se nota stormi di uccelli che volano all'inizio dell'inverno e, non soddisfatto della giustificazione che stanno volando verso un paese più caldo, vi chiederà dove si stanno dirigendo esattamente, scopritelo consultando insieme un libro o chiedetelo a un amico che si intende molto più di voi di uccelli. Spesso il bambino vi chiederà cose che per voi saranno facili da capire, ma non da spiegare (le stesse maestre d'asilo devono imparare come si insegna ai bambini).

"Perché gli aeroplani non cadono dal cielo?", "Perché i fiori diventano gialli se li teniamo sul tavolo anziché sul davanzale?", "Perché questo dente sta dondolando?". Sono tutti tipi di domande che possono mettervi in imbarazzo. Avrete bisogno di libri scritti apposta per i bambini come riferimento. Cercateli in biblioteca, eventualmente richiedendo l'aiuto del bibliotecario che si occupa di questo genere di testi: può essere un esercizio divertente e al tempo stesso utile per quando il bambino, più grande, dovrà fare delle ricerche per la scuola.

*Parlare di religione* Le domande riguardo alla fede possono essere ancora più difficili. Vi sarà chiesto di spiegare il vostro atteggiamento in proposito e questo tipo di risposta non potrete certo ricavarla da un libro. D'altra parte, vi viene offerta la possibilità di trasmettere al bambino quel qualcosa che fa di voi la persona che siete e che caratterizza quella parte importante che vi distingue come genitore. Queste domande possono essere formulate in modi diversi. Che la vostra famiglia preveda o meno l'osservanza di riti religiosi, il bambino prima o poi noterà che le altre famiglie si comportano analogamente o diversamente. Gli amici potrebbero frequentare un tipo di chiesa diversa e avere abitudini differenti. Un amico più grande potrebbe persino dirgli: "Noi non abbiamo Dio, noi abbiamo Allah".

Se credete in una fede precisa, condividetela con lui, ma cercate di fare in modo che gli risulti chiaro che si tratta di un credo piuttosto che di fatti concreti. Questo vi permetterà di accettare rispettosamente le differenti fedi seguite da altre persone e potrebbe anche proteggere entrambi dal genere di discussioni a carattere religioso che di solito rappresentano uno degli argomenti più difficili da affrontare con i bambini piccoli. A questa età il pensiero del bambino è ancora troppo concreto, troppo basato su quanto può essere osservato, sperimentato e provato, per capire che cos'è la fede. Del resto è facilmente suggestionabile da idee sul paradiso e l'inferno e da dipinti che raffigurano uomini con la barba bianca seduti su una nuvola.

Se voi stesse non appartenete a nessuna fede, parlatene con vostro figlio, ma fate in modo di evitare che offenda la nonna con frasi del tipo: "Dio è solo un'invenzione. Me l'ha detto mamma".

*Parlare della morte* Le domande riguardo ad argomenti considerati tabù sono le più difficili in assoluto. Un paio di generazioni fa gli argomenti tabù erano "i fatti della vita", adesso sono "i fatti della morte". Per la nostra cultura è particolarmente difficile accettare il semplice fatto che la morte è la fine inevitabile dell'esistenza. Molte persone trascorrono tutta

*Non evitate di parlare della morte.*

la loro vita in un rassegnato, semicosciente terrore degli eventi che potrebbero accadere: la loro morte o quella delle persone che più amano. Il terrore ci rende dei pessimi interlocutori, così che terrore e tabù possono trasmettersi di generazione in generazione, a meno che i genitori non comincino a spezzare questo ciclo.

Non potete cambiare la realtà della morte per vostro figlio. Non potrete impedirgli di pensare alla morte perché la noterà nelle piante, negli insetti, negli uccellini e negli animali investiti dalle automobili che giacciono ai cigli delle strade, e si farà delle domande. Potreste limitarvi a proteggere voi stessi dalle sue curiosità in proposito rispondendogli, la prima volta che vi chiede qualcosa, che morte è una parola che non si può menzionare; ma il fatto di interrogarsi da solo su questo argomento lo renderà più soggetto all'ansietà e lo priverà di ogni contesto intellettuale entro il quale situare un episodio luttuoso, sia di un cucciolo sia di una persona, che lo riguardi direttamente.

Il punto di partenza è il più difficile. Una volta che gli avrete spiegato che tutti gli esseri viventi muoiono, sicuramente vi domanderà: "Io morirò?" oppure "Tu morirai?". Se sarete capaci di affrontare questo, sarete anche in grado di lasciarlo continuare a porre domande, così che potrà avere più informazioni a cui far riferimento quando gli si presenterà la necessità. Nell'affrontare queste prime domande, ricordatevi che un bambino non può anticipare o partecipare al dolore. Non sa che cosa significhi la parola "morte", infatti è questo che sta cercando di scoprire, per cui, anche se questa parola vibra in voi suscitando dolore, non avrà lo stesso effetto su di lui. Dategli delle risposte concrete. Sarà affascinato di conoscere i diversi periodi di vita di ogni creatura, dalla vita di alcune ore di una farfalla, alla breve gestazione e vita dei piccoli mammiferi (come il suo criceto), fino alla longevità delle persone o degli elefanti. Nel contesto potete dirgli che i genitori solitamente vivono non solo per tutto il periodo dell'infanzia del bambino, standogli a fianco, ma che la loro vita continua fino a quando i figli, a loro volta, diventeranno genitori.

La morte naturale è collegata all'invecchiamento. Anche un bambino piccolo osserva gli oggetti e le persone che invecchiano e sente gli adulti usare frasi come "Non ne avrà per molto" riferite a ogni cosa, dalle automobili ai cani ai vicini di casa. Se vi domanda: "Gianni morirà presto?" cercate di evitare una reazione di orrore che non farà altro che contraddire tutto quello che gli avete detto tempo prima in proposito. Potreste essere rassicuranti e sinceri se gli dite qualcosa del tipo: "La maggior parte delle persone vive fino a 70 anni e alcune fino a 100, quindi non è il caso di preoccuparsi...".

Le ansietà dell'infanzia (e non solo dell'infanzia) nei confronti della morte solitamente si concentrano sulla maniera di morire e su quanto potrà succedere in seguito. Se il bambino non ha alcun concetto della morte, la associa a un evento violento come quelli che è abituato a vedere in televisione. Ha bisogno di sapere che la morte naturale è solitamente un tranquillo passaggio nell'oscurità, un concludersi della vita piuttosto che un omicidio. Può vedere una farfalla raggiungere uno stato di immobilità permanente su un fiore. Potrà trovare il pesce che galleggia sull'acqua, o andare a nutrire il suo porcellino d'India e trovarlo ancora apparentemente addormentato nella sua gabbietta. Questo può essere terribilmente triste per lui, ma occorre aiutarlo a rendersi conto che non è stato in nessun modo terribile per l'animaletto. Qualsiasi concetto vogliate trasmettergli riguardo una possibile vita dopo la morte, è assolutamente indispensabile che capisca che la morte fisica (di insetti, animali o persone) è sempre definitiva; che un essere morto non rivivrà mai più né avrà più coscienza né proverà dei sentimenti. Le storie dei fantasmi sono solo storie e i funerali sono per i vivi e non per i morti.

Se è importante che i bambini siano aiutati ad accettare l'inevitabilità della morte naturale come fine della vita, è ancora più importante che imparino a distinguere tra la finzione e la realtà di quello che vedono alla televisione. Quando il bambino vi pone domande sulla morte, potete parlargli in maniera per lui comprensibile del rispetto per la vita e dell'importanza che le persone abbiano cura di se stesse, delle altre persone e delle altre creature. Se questo genere di discorso spinge il bambino a porvi delle domande imbarazzanti come: "Perché è giusto schiacciare una vespa?" forse trovare una risposta aiuterà anche voi a chiarire i vostri stessi pensieri!

## Problemi del linguaggio: piccoli e grandi

Una delle ragioni più comuni per lo sviluppo ritardato del linguaggio è la sordità. Il linguaggio del bambino però può soffrire non solo per la attuale perdita di udito ma anche per le infezioni all'orecchio avute in passato. L'udito dei bambini deve essere regolarmente controllato, ma i bambini che non parlano del tutto all'età di due anni dovranno essere visitati dal punto di vista del loro sviluppo generale. Rivolgetevi a una clinica pediatrica specializzata. Se non troveranno niente fuori posto (e probabilmente sarà così), vi suggeriranno di concedergli ancora del tempo e di riportarlo per un altro controllo dopo sei mesi, se non ha ancora cominciato a parlare. Verso i due anni e mezzo potrete richiedere degli accertamenti se il bambino ha qualche problema nel linguaggio, ma sappiate che molti bambini sono lenti a ingranare e poi riprendono il passo degli altri a circa tre anni.

*Sviluppo del linguaggio inferiore alla media*

Se vostro figlio dice solo poche parole ma ne capisce molte di più, quasi certamente non c'è motivo di preoccuparsi. Il progresso di un bambino nel linguaggio varia come quello di un bimbo più piccolo nell'acquisizione dei vocaboli. Se a tre anni è più lento nel parlare di molti suoi amici, può essere per una delle seguenti ragioni (o semplicemente può essere dovuto al suo personale programma di sviluppo):

- Sta concentrando tutta la sua energia nell'acquisizione di altre conoscenze. Non può far tutto in una volta. Parlerà probabilmente di più quando avrà imparato a camminare bene.
- È un gemello, o ha un fratello o una sorella di età molto vicina. Il problema non sta in un "linguaggio personale", ma in troppo poca attenzione individuale da parte degli adulti.
- È un maschietto e non una femminuccia! L'evoluzione dei maschi è un po' diversa, quindi non fate confronti tra i sessi.
- Ha molti fratelli e sorelle più grandi. I ragazzi più grandi lo capiscono troppo bene, così ha poco tempo o poco bisogno di parlare. Parlano sempre loro, e a lui restano poche occasioni per fare conversazione a due con voi.

■ È in un gruppo scolastico con un rapporto adulti/bambini troppo basso. Gli manca la conversazione diretta con una persona nota e/o può darsi che ne soffra.

■ È curato da una persona straniera. Per tutti e due possono essere più comodi i gesti che le parole. Ha bisogno di una persona adulta che parli correntemente la sua lingua.

■ La sua famiglia è bilingue. Per imparare due lingue contemporaneamente gli occorrerà più tempo che per impararne una sola.

### *Menomazione specifica del linguaggio*

Alcuni bambini, più o meno uno su 1000, possono avere problemi con il linguaggio, che diventano seri se trascurati. Se invece vengono individuati per tempo, potranno ricevere un valido aiuto da un terapista del linguaggio. La Menomazione specifica del linguaggio, che viene anche chiamata "afasia infantile", identifica un difetto nello sviluppo del linguaggio che non è dovuto a un problema di udito, né a un fatto neurologico, né ad autismo infantile né a uno scarso livello di intelligenza. In altre parole rappresenta la condizione di un bambino normale che non riesce a raggiungere le normali tappe della capacità di esprimersi. Si presenta in diversi modi. Alcuni bambini sono visibilmente ritardati nel comprendere e utilizzare le parole; altri riescono ad acquisire i vocaboli ma hanno enormi problemi con la grammatica; altri ancora imparano parole e frasi secondo uno standard normale, ma trovano difficoltà a ricordare i nomi delle cose o a imparare le buone regole della conversazione.

### *Balbuzie e balbettii*

Le idee del bambino in età prescolare sono più grandi del suo vocabolario. È difficile esprimere i suoi pensieri, specialmente quando, per cercare la parola giusta, deve arrestare il flusso del discorso. Quando è eccitato o turbato, vorrebbe dire qualcosa ma le parole escono spezzate. Capita a quasi tutti i bambini in età prescolare di parlare per un certo periodo in modo spezzato, inceppato, ma solo raramente si arriva a una vera e propria balbuzie o a un balbettio cronico.

Molti bambini che da piccoli parlavano in modo poco scorrevole riescono a superare questo scoglio quando arrivano all'età della scuola, soprattutto se nessuno ha fatto loro notare la loro difficoltà. Ecco perché molti pediatri consigliano ai genitori di piccoli che balbettano di aspettare che abbiano cinque o sei anni prima di affidarsi all'aiuto di un medico che renderà consapevole il bambino della sua difficoltà. D'altra parte, gli specialisti della balbuzie sostengono con crescente convinzione che i genitori devono consultare degli esperti del linguaggio entro le prime settimane dal manifestarsi del disturbo.

Se state cercando di stabilire se il vostro piccolo di tre o quattro anni ha veramente un problema di balbuzie, potrà esservi utile considerare i seguenti punti prima di intraprendere una terapia che renderà il bambino consapevole del suo problema. Controlla deliberatamente i muscoli del volto, labbra e lingua così che fa delle smorfie quando parla? Se è così significa che è consapevole della sua difficoltà espressiva. Quando è solo parla in maniera più sciolta? In questo caso il balbettamento che si verifica quando parla con altre persone è dovuto sicuramente all'ansietà causata dalla troppa tensione.

Ridurre per un po' di tempo la tensione in ogni campo della sua vita, offrendogli più calore, più affetto e compagnia per giocare può produrre di nuovo un modo di parlare scorrevole. Se invece non succede niente, chiedete al medico di indirizzarvi a un terapista del linguaggio, così che vostro figlio possa tempestivamente ricevere un valido aiuto prima che la mancanza di fiducia in questa sua nuova abilità comprometta anche la sua sicurezza in altre capacità.

Cercate di restare calmi davanti a lui (anche se uno di voi genitori balbettava da piccolo e quindi siete sensibili a questo argomento) e accettate il modo in cui il bambino si esprime. Se riuscite a non innervosirlo e a renderlo consapevole del modo con cui parla, quasi certamente supererà questa fase. Ascoltate quello che vi dice, non come ve lo dice. Non mettetegli fretta: non terminate le frasi per lui e non ditegli di parlare più lentamente. Queste reazioni alla balbuzie, per quanto naturali, non solo riusciranno a imbarazzarlo e a innervosirlo, ma lo faranno balbettare di più. La parola ha un senso esplicito, ma il processo che produce i suoni delle parole avviene inconsciamente. Se lo fate pensare al modo in cui produce una parola lo farete impappinare. Rendete facile la comunicazione verbale. Se per farsi sentire da voi deve far tacere a forza di grida sua sorella o ripetere le cose sei volte, la ripetizione e il balbettio diventano più probabili.

*Chiacchierio infantile*

Certi bambini continuano per molto tempo a parlare in modo infantile. È come se rifiutassero di accettare le parole e le espressioni degli adulti, e insistono nell'usare le "parole" con cui hanno cominciato uno o due anni fa. "Biccocco bimbo" vi chiede il bambino di quattro anni perfettamente capace di dire: "Voglio un biscotto".

In genere questo bambino ha scoperto che gli adulti trovano "delizioso" il suo modo infantile di parlare. Forse quando vi ricorre il vostro viso assume un'espressione intenerita. Forse gli rispondete con lo stesso linguaggio. Forse vi ha sentito mentre dicevate a degli ospiti che non lo comprendevano che voi "capite ogni parola che dice".

Ma poi, improvvisamente, vi rendete conto che la maggior parte della gente non riesce a capirlo e che sarà nei guai quando andrà all'asilo o a scuola. Oppure constatate che è cresciuto e vi accorgete (un po' tardi) che il suo modo di parlare non è più adatto alla sua età.

Ovviamente il bambino si sente offeso se improvvisamente rifiutate un linguaggio che finora sembravate incoraggiare. Quindi non affrontate la questione bruscamente. Non imitatelo più e non inteneritevi più di fronte a questo parlare infantile; traducete tutto ciò che dice in linguaggio corretto, in modo da affiancare la vostra versione alla sua. In pochi mesi, il bambino smetterà.

Certi tipi di espressioni infantili sono tuttavia veramente utili. Quando il bambino non conosce la parola per indicare qualcosa che desidera, spesso inventerà un nome molto immaginifico. Quei cereali che la pubblicità presenta come "granturco soffiato croccante e scricchiolante" fu battezzato dai miei ragazzi "croccantino" prima che i pubblicitari avessero la stessa idea. Le parole di questo genere dimostrano che il bambino pensa veramente alle parole e ne crea per se stesso. Spesso questi termini vengono adottati nel linguaggio familiare, e perché non dovrebbe essere così? Sono un ponte tra il linguaggio del bambino e quello degli adulti e, quando vengono usate anche da altre persone, sono la dimostrazione che anche lui può creare delle parole belle e significative. È facile dirgli il nome corrente, pur consentendo ai familiari e ai conoscenti di usare quello creato da lui.

*Il chiacchierone* La maggior parte dei bambini di tre e quattro anni parla in continuazione. Con un vocabolario di sole 500 parole, il bambino può pronunciare 20 000 parole al giorno. È una continua ripetizione e alcuni genitori ne sono profondamente annoiati.

Ma lui deve parlare, perché deve esercitarsi a produrre i suoni. Deve trovare inflessioni diverse per le parole che dice e deve sperimentarle in combinazioni diverse. Il bambino si eserciterà a usare ogni parola che sa e insisterà in particolare con una. Può dire: "papà andato" quando il padre va a lavorare. Poi comincia a guardare nella stanza alla ricerca di altre parole da usare con "andato": "colazione andata", "acqua andata", "cane andato". Quando ha finito con ciò che vede e che è "andato", inventa altre cose "andate": "albero andato", "Gianni andato", "letto andato", "casa andata", "io andato...". Tutto ciò è privo di senso perché non è vero, ma al tempo stesso è importante, perché sta dando un senso all'uso della parola.

Fatene un gioco e giocate con lui. Il bimbo non pensa sul serio che l'albero sia andato veramente: dopotutto lo sta guardando mentre lo dice. Gioca con le parole, allora giocate anche voi con lui. Fissate i suoi pantaloni e ditegli: "Pantaloni andati?" o nascondetevi a metà dietro le tende e dite: "Mamma andata?". Probabilmente si farà una grande risata e continuerà a giocare su questa falsa riga.

*Le parole prive di senso o con doppio senso* Le parole sono cose potenti. Quando è capace di usarle, il bambino in età prescolare si sente più capace di controllare il proprio mondo. Se trova delle parole che hanno un effetto particolarmente forte sugli altri, è capace di usarle all'infinito. "Pipì" grida. Se ne ricava una reazione abbastanza decisa, aggiungerà: "Piss, piss, piss" per sottolineare.

Se fate finta di niente, probabilmente non si spingerà oltre. Se lo rimproverate, correrete un grosso rischio. Di che cosa lo rimproverate? Di una parola? Una parola può essere cattiva? No, ovviamente. Se cercate di spiegargli che questa particolare parola è brutta, tranne quando è usata nel contesto "adatto", gli metterete in testa una grande confusione. Se queste parole vi infastidiscono, il modo migliore è di sostituirle con altre parimenti assurde ma non "brutte".

Tutti i bambini in età prescolare amano le filastrocche e le parole prive di senso. "Dandola, dindola, dondola, hi" cantano, godendo del ritmo e dei suoni ed esercitandosi con le consonanti difficili e con nuove accentuazioni. Se la continua ripetizione di questo ritornello vi fa impazzire, insegnategliene uno nuovo: "Ambarabà cici-cocò, tre civette sul comò" per esempio. Il bambino che ama le filastrocche è pronto per i suoni e i ritmi della poesia, anche se non può capire tutte le parole. Potete leggergli alcune strofette ben ritmate e con suoni piacevoli. L'aiuterà ad ascoltare, pensare e gustare le parole.

*Insulti ed espressioni di rabbia* Noi cerchiamo di insegnare ai bambini in età prescolare a usare le parole invece delle mani. Il guaio è che dopo avere insistito su questa idea, spesso i genitori non ammettono neppure le parole di rabbia. Il bambino si mette nei guai, se si scaglia contro di voi come se volesse uccidervi, ma si mette nei guai anche se resta immobile e grida: "Ti ammazzo...". In genere il bambino che si esprime così è spaventato. La sua stessa violenta furia lo spaventa e non è ancora sicuro di poterla dominare. Non sa che gli sarebbe impossibile farvi veramente del male. Vuole che lo fermiate, che lo teniate sotto controllo finché non sa controllarsi da solo. Se vi arrabbiate per le sue parole e gli rispondete gridando, aumenterete la sua paura. Non avete ragione per inquietarvi. Sta dando prova di un grande autocontrollo, quando usa le parole invece della forza fisica. Perciò cercate di restare calmi, perché lui ha un estremo bisogno di voi. Rassicuratelo dicendogli che sapete che non vi odia davvero e per questo non siete in collera con lui. Tuttavia vedete che ora è molto arrabbiato e questo vi dispiace.

Gli insulti meno gravi possono essere trasformati in uno scherzo, se riuscite a tener presente che è un bambino che vi ha chiamato "vecchia mucca sciocca". Non occorre reagire come se ve lo avesse detto un adulto! "Se io sono una vecchia mucca sciocca, tu sei un giovane vitello arrabbiato" ditegli e l'episodio finirà in una risata.

L'importante è non dare al bambino l'idea che le parole siano brutte di per sé. Voi volete che usi le parole, che gli piacciano, che tragga divertimento dalle sue e da quelle degli altri. Non volete certo che gli facciano paura o che le usi come delle armi. Quindi cercate di applicare, e di insegnargli, il vecchio detto: "Bastoni e pietre possono romperti le ossa, ma le parole non ti feriranno mai". Non è del tutto vero, naturalmente, ma è utile in questa fascia di età.

*Gli insulti possono sembrare sintomo di aggressione, ma dimostrano che il bambino sta dando prova di grande autocontrollo.*

*Ampliare gli orizzonti del bambino non è per i genitori solo un dovere, ma anche un piacere.*

# Il gioco e lo sviluppo del pensiero

Le fasi che il gioco e il pensiero del bambino attraverseranno negli anni prescolari non sono né così definite né così facili da distinguere come quelle attraversate nell'età precedente. Come esploratore che scopriva il suo piccolo mondo e come ricercatore che ne sperimentava le proprietà e il comportamento ha imparato una quantità enorme di fatti e particolari. Contemporaneamente ha cominciato a sviluppare la capacità di pensare alle cose che scopriva. Ora, negli anni prescolari, è questa capacità di pensare, immaginare, creare e "giocare con la testa" che domina il suo gioco-apprendimento. È come se negli anni della primissima infanzia avesse raccolto i distinti, minuscoli pezzi di un caleidoscopio, e negli anni prescolari fosse infine capace di inserire tutti questi pezzi nella sua mente caleidoscopica e di scuoterli in modo da creare nuove forme diverse a suo piacimento.

Non è solo la sua capacità di pensare che matura. Anche il suo corpo, e la sua destrezza manuale, stanno crescendo. Sarà sempre più capace di fare le cose che ora sa pensare. Sa pensare come funziona qualcosa e farla funzionare; sa pensare un colore e metterlo sulla carta; riesce a immaginare di essere la mamma o il lattaio, la bambinaia o il signor Rossi, e agire in modo da continuare il gioco.

## Un mondo più vasto

Le condizioni di gioco suggerite per il bambino più piccolo nella sezione precedente vanno ancora bene. Ha ancora bisogno di spazio sufficiente, di una compagnia non esigente, di amici volonterosi e di quelle attrezzature che gli servivano prima: solo che ora non gli basteranno più. Il mondo in cui vive gli è ormai noto, ha bisogno di un orizzonte più vasto. Avendo come base la casa e tutti gli oggetti familiari, deve fare nuove esperienze, conoscere nuove persone, nuovi oggetti, nutrire la sua immaginazione.

Le circostanze familiari vi diranno fino a che punto dovete ampliare deliberatamente la sua vita. Se vivete in un villaggio molto unito o in una comunità suburbana, non dovrete fare molto, in quanto il mondo dei vostri figli si allargherà gradualmente a mano a mano che cresceranno a contatto con gli altri bambini che vi abitano. Se, invece, il bambino vive in campagna, avrà bisogno di fare esperienza anche in un ambiente urbano e se, come la maggioranza dei bambini, vive in città, quindi senza il beneficio di una realtà integrata che egli possa tranquillamente esplorare e far sua, è molto probabile che, per allargare i suoi orizzonti, dobbiate scegliere tra qualche forma di gruppo prescolare o dedicarvici voi personalmente. Ciò che la casa gli deve offrire, se la casa è tutto il suo universo, sarà totalmente differente da ciò che gli occorrerebbe se la casa fosse solo lo sfondo di nuove esperienze di gruppo. E le cose che voi gli dovrete dare saranno quelle che gli altri probabilmente non gli daranno. Frequenta un gruppo così numeroso all'asilo nido che la sera a casa non necessita che pace, addirittura solitudine? Durante il giorno fa del moto e si svaga e la sera sente il bisogno di parlare o di leggere? O al contrario passa le sue giornate su un banco di scuola così che la sua casa deve essere un posto in cui possa correre all'impazzata e saltare dalla gioia?

L'ampliamento graduale degli orizzonti del bambino richiede che tra di voi si instauri un nuovo tipo di comunicazione. Parlandogli potete fornirgli informazioni e idee, e coinvolgerlo direttamente in ciò che fate e vedete insieme. Se riuscite a capire il modo in cui pensa e a suscitare le sue osservazioni, potrete rendere affascinante anche il più banale dei fatti. Per esempio, è probabile che sentendo un'ambulanza passare faccia dei commenti. "Perché fa tutto questo rumore?" vi chiederà. Potrete sfruttare la sua domanda per descrivergli con calore il dramma del trasporto urgente all'ospedale delle persone malate, spiegargli che le ambulanze hanno la precedenza nella circolazione stradale. Se continua a fare domande, potrete portarlo, un giorno, a vedere l'ospedale più vicino e le infermiere in uniforme.

Coinvolgetelo anche nelle situazioni più abituali. Il supermercato è stato a lungo uno dei suoi luoghi preferiti, ma ora può cercare determinati articoli, prendere quelli che riesce a raggiungere, spingere il carrello invece di starci seduto dentro e scegliere il tipo di succo di frutta che dovete comprare.

Dovunque vi rechiate, usate l'ingenua facilità del suo linguaggio per aiutarlo a notare le persone che vedete. Il postino, per un bimbo nella fase della primissima infanzia, è una persona con un furgone interessante, un cappello e un sacco di lettere. Per il vostro bambino di quattro anni potrebbe essere qualcuno che si alza presto il mattino, porta borse pesanti, tenta di decifrare gli scarabocchi delle persone sulle buste e affronta i loro cani ringhiosi. Anche gli adulti che fan parte della vita quotidiana del vostro piccolo e vengono dati per scontati, possono divenire per lui più "veri". Aiutatelo a pensare a voi come persone. Quali delle cose che vi vede fare tutti i giorni vi piacciono? Che cosa desiderate per il futuro? Come passate il vostro tempo in quel luogo misterioso chiamato "lavoro"? Alimentando il suo interesse e la sua immaginazione con nuove cose da osservare, da sentire e da capire, noterete che il suo modo di giocare cambierà. Se lo guardate e lo ascoltate in silenzio mentre gioca, scoprirete delle nuove aree in cui sarà pronto ad applicare l'aiuto e le idee che gli date.

*Come a teatro*

Il bambino in età prescolare gioca quasi sempre a essere qualcun altro. Sperimenta ogni attività che vede svolgere agli adulti, non limitandosi a copiare ciò che fanno (come farebbe un bambino più piccolo), ma cercando di mettersi nei loro panni e di essere "loro". Quando fa il muratore, non pensa solo alla sabbia e ai mattoni, ma anche al sudore e al linguaggio.

Anche se gli piace molto travestirsi, non ha bisogno di costumi complicati. Cambia personaggio con l'immaginazione. Più utili dei vestiti sono gli strumenti allusivi. Un investigatore ha bisogno della lente di ingrandimento, un commesso di un negozio e un cavaliere della spada.

Talvolta ricorrerà alla drammatizzazione per rivivere degli incidenti che per lui sono stati emotivamente importanti. Con la pratica, li potrete prevedere. Una notte passata all'ospedale, per esempio, determina quasi sicuramente una serie di giochi "ospedalieri" e merita

*La nascita della sorellina viene continuamente recitata con le bambole avute nello stesso periodo.*

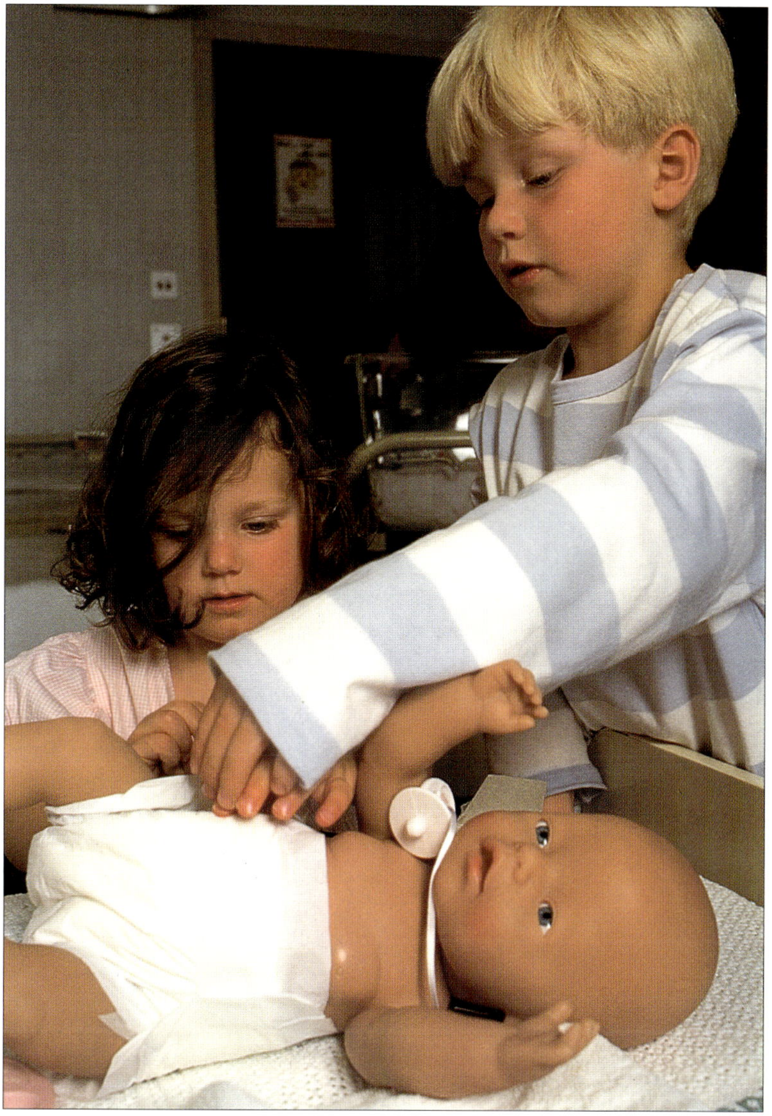

un'attrezzatura da medico o un corredo da infermiere. Lo sentirete tranquillizzare il suo orsacchiotto dicendo che "questa è soltanto una cosa per sentire; sta tranquillo, non ti farà male... non tanto".

Non ascoltate e tanto meno insistete per prendere parte a queste drammatizzazioni. C'è spazio per un solo attore, e questo è il bambino. Se sta giocando all'ospedale, non vorrà che voi interpretiate il ruolo dell'infermiera e lui quello del paziente. Questa è la sua commedia e lui è il medico. Il suo paziente sarà un bambino più piccolo, una bambola, un peluche o addirittura un personaggio immaginario creato dalla sua fantasia. Se mai avrete una parte sarà un ruolo assolutamente subordinato. Sarete l'assistente o il distributore della "medicina rosa". Meglio tenervi discretamente in disparte. Sta creando da solo un suo mondo privato utilizzando la materia prima del mondo reale che voi gli avete mostrato.

## *Attività artistica manuale*

Costruire e creare cose con le mani è di fondamentale importanza per il bambino in età prescolare. Quando era più piccolo ha voluto scoprire come funzionavano oggetti come le forbici e i pennarelli. Ora, un po' alla volta, scopre come usarli per conseguire il suo scopo. Il bambino tagliuzza deliberatamente un pezzo di carta. Non chiedetegli che cosa ha fatto. La risposta ovvia è che si tratta di un pezzo di carta con degli intagli. Se gli chiedete una definizione precisa, gli date da pensare che avrebbe dovuto fare qualcos'altro. Dopo un po' di esercizio, guarda il pezzo di carta che ha ritagliato per ultimo e decide che è un "merletto". Avrà raggiunto uno stadio ancora più avanzato quando deciderà in anticipo di ritagliare la carta per farne un merletto. Lo stesso ragionamento vale per il disegno e la pittura. Comincia a esaminare i materiali. Vuole dipingere con l'unico scopo di dipingere, non per rappresentare una casa. Per molto tempo il messaggio è il mezzo usato.

I colori sono importanti. Mentre impara i loro nomi e i loro rapporti, scoprendo che il rosa è in qualche modo collegato al rosso, li studierà deliberatamente. In una settimana può dipingere una cinquantina di arcobaleni. Dategli il materiale e tenetevi in disparte. Se chiede il vostro parere, attenetevi a ciò che vedete sulla carta: "Quei colori mi piacciono" è la valutazione corretta. "È papà?" è una domanda che lo obbligherà a pensare che siete irrimediabilmente sciocche (perché nella sua mente non è ancora presente l'idea della pittura figurativa) oppure lo farà sentire incapace: "Doveva essere papà?".

Anche nel disegno passa attraverso stadi precisi, senza che nessuno glielo insegni. A tre anni, gli sarà più facile tracciare linee verticali e cerchi piuttosto che linee orizzontali. I suoi disegni sono quindi scarabocchi dall'alto al basso o cerchi più o meno a spirale.

Presto arriverà il giorno in cui vedrà negli scarabocchi qualcosa che gli ricorda una persona. Se ha fatto un cerchio, vi aggiungerà delle righe per fare gli arti e magari dei trattini per gli occhi. Poi annuncerà che ha fatto il primo disegno rappresentativo: "Un uomo". Quando ha quattro anni intenderà veramente disegnare una persona,

*Quando gli scarabocchi diventeranno oggetti riconoscibili, presto i vostri bambini avranno un controllo tale sulla matita da essere in grado di iniziare a scrivere.*

piuttosto che fare degli scarabocchi da identificare successivamente. Il suo uomo avrà una grossa testa rotonda, con gli occhi e forse anche il naso e la bocca e le orecchie. Direttamente alla testa sono attaccate le gambe. L'uomo non ha un corpo distinto e probabilmente non ha neppure le braccia. Nel corso del quinto anno l'uomo diventa sempre più verosimile. Quando il bambino ha cinque anni, la figura avrà un corpo e una testa, gambe con i piedi e braccia con le mani, e anche dei vestiti.

### *Giochi "sporchevoli"*

*È sporchevole ed è gioco, ma si tratta pur sempre di una scienza sperimentale.*

Spesso i giochi con l'acqua, l'argilla, il fango, la pasta di pane o la sabbia sono dei giochi creativi e di drammatizzazione. Possono avere l'una o l'altra di queste caratteristiche o entrambe contemporaneamente. In una certa misura il bambino può ampliare da solo queste attività ricorrendo alla sua grande immaginazione. Può passare tutto il pomeriggio nella cassa della sabbia, ma non per fare esperimenti con questo materiale come faceva prima, bensì per mescolare "cemento" e riempire ogni fessura. Ha però bisogno di aiuto per sviluppare e applicare le lezioni che ha imparato sui materiali. Ha un'idea più precisa del volume, ma non ci fa molto caso quando versa dell'acqua per giocare; una piccola inondazione fa parte del gioco. Ha pasticciato con la pasta di pane. Ora è il momento di provare a fare dei pasticcini.

Non pensate che sappia quando fermarsi. Mettete davanti al vostro bambino di tre anni la sua tazza piena di succo di frutta e una tazza identica ma vuota, nonché uno dei vostri bicchieri alti e stretti. Travasate il succo da una tazza all'altra: il bambino non avrà dubbi che la quantità è rimasta invariata. Sarà anche disposto a credere che si tratti dello stesso succo. Ma versate sotto i suoi occhi il contenuto della tazza nel bicchiere e il piccolo sarà sicuro che ora la quantità è maggiore: ne vede di più. Anche lasciandogli travasare con le sue mani e più volte il succo dalla tazza al bicchiere e viceversa, non riuscirà a convincersi che i suoi occhi lo ingannano.

Accetterà il "principio di conservazione", che ora divide la sua realtà dalla vostra, solo tra qualche anno, dopo aver fatto molti esperimenti con tutti i materiali possibili. Ha bisogno di mettere in pratica tutte queste abilità in modi che siano ovviamente tanto utili quanto divertenti. Deve fare un po' di disordine con il pane. Ora è venuto il momento di creare dei veri pezzetti di pasticcini. Ha mischiato sabbia e acqua, adesso può essere giunto il momento di usare dei tegami per dolci e di porre domande senza fine sulla ragione per cui la pasta lievita nel forno.

### *Le costruzioni, i giochi a incastro e il gioco di "contare"*

Sono i giochi più "educativi" e di conseguenza i più comprati, ma sono anche il tipo di gioco che molti bambini di età prescolare trovano inutile. Quando un armadio è pieno di giocattoli poco usati, si tratterà per la maggior parte di costruzioni, puzzle e giochi a incastro. Pensateci attentamente prima di spendere ancora soldi per altri giochi di questo genere.

Per la sua educazione, al bambino non servono molti giocattoli "educativi". Svolgerà tutte le attività intellettuali, che si ritiene questi giocattoli agevolino, se gli darete dei materiali che si prestano anche a usi più fantasiosi e vari. Probabilmente ne possiede già un buon numero, come per esempio i cubi.

Ampliare questo tipo di gioco significa aiutarlo a usare le sue conoscenze e capacità in contesti per lui più utili. Contare su un pallottoliere è un gioco, ma contare i cucchiai per la cena o le scatole di alimenti per il gatto al supermercato ha un fine evidente.

Per costruire non ha bisogno di giochi appositi. Può costruire con i cubi, ammucchiare le lenzuola pulite nell'armadio della biancheria o fare un castello con scatole di cartone.

"Incastrare" con attenzione e precisione fa parte della vita di tutti i giorni. Se sa mettere le posate negli appositi contenitori e aprire la porta di casa con la chiave può anche fare a meno di quei giocattoli.

Un po' alla volta potete aiutarlo a usare un numero sempre maggiore di strumenti da adulti. Gli farà piacere farlo con voi. Oltre che una lezione per esercitare la sua abilità manuale, imparare a servirsi di questi strumenti farà diminuire in seguito la possibilità di incidenti. Dategli un frullino e fategli vedere come si sbattono le uova per la frittata; permettetegli di maneggiare un piccolo coltello poco affilato e di usare gli strumenti da giardinaggio e falegnameria più leggeri e meno taglienti.

## *Giochi di società*

I giochi con turni e regole possono offrire spazio anche per altre conoscenze. Ci vuole una vera destrezza manuale per lanciare i dadi e muovere la pedina sul tabellone senza far cadere tutto. Ogni gioco di società, anche il più elementare, richiede come requisito minimo che il bambino sappia contare e abbia voglia di rispettare le regole da esso dettate. Sono i figli minori, particolarmente nelle famiglie numerose, quelli che diventano per primi esperti in questo tipo di giochi. Ciò è dovuto in parte al fatto che il bambino, che ha fratellini o sorelline, può esercitarsi in questi giochi più spesso e in parte al fatto che il gareggiare contro bambini più grandi lo costringe ad affrontare la realtà brutale della sconfitta. I primogeniti che giocano soprattutto contro gli adulti vengono solitamente avvantaggiati con regole meno rigide e turni regalati. Giocare con un bambino senza imporgli le reali regole del gioco non ha questa grande utilità, e farlo giocare se non è pronto a imparare quali sono le regole e qual è il loro significato non ha utilità affatto. Se non siete sicuri che il vostro bambino abbia o meno raggiunto questa consapevolezza, mettetelo alla prova con un classico come "il gioco dell'oca". Se accetta di indietreggiare o di perdere un turno quando deve farlo, perché così sono le regole del gioco, allora è probabilmente pronto a giocare. Ma se la sua reazione è una domanda "Perché dovrei?" allora non lo è.

*Ogni gioco ha le sue regole ma tutte insegnano a comportarsi socialmente, rispettando i turni e mantenendo un controllo.*

## *Il gioco fisico*

Il bambino in età prescolare continua a coinvolgere il proprio corpo in qualsiasi cosa faccia (senta o pensi) tanto che la sua attività fisica, come nella sua prima infanzia, è quasi ininterrotta. Dal momento che egli cerca continuamente di verificare i propri limiti, è preferibile che si metta alla prova salendo sul quadro svedese o saltando sul tappeto elastico, piuttosto che sulla ringhiera o sul divano di casa. Un bambino le cui attività fisiche sono limitate per ore durante il giorno (per esempio in una scuola a tempo pieno) o che viene forzato a rimanere completamente fermo anche per solo mezz'ora (per esempio a un concerto o a messa) trova nel movimento fisico un grande sollievo. Se non sopportate il solo pensiero che lui e il suo amichetto vi mettano la casa sotto sopra, accompagnateli al parco.

*Le abilità fisiche acquisite a questa età possono seguire il vostro bambino per tutta la vita...*

*...quindi fategli sperimentare ogni attività che susciti la sua curiosità.*

A patto che il vostro bambino venga lasciato estremamente libero di muoversi, vi si presenta l'opportunità di aiutarlo a espandere ed elaborare anche questo tipo di gioco: fate in modo, per esempio, che l'attività includa qualche autentico e impegnativo lavoro da adulto, coinvolgendolo sempre più nella vita dei grandi. Se è capace di salire su una scala, può arrivare fino in cima e prendere ciò che vi serve da uno scaffale alto. Se è capace di correre veloce, può essere lui che va a rispondere al telefono prima che smetta di suonare. Se è capace di saltare, può guadare il torrente camminando sui sassi senza essere portato in braccio. E può aiutarvi con le sue piccole ma orgogliose forze a portare la borsa della spesa.

Le capacità fisiche conquistate in questi anni prescolari vanno raramente perdute. Pensate al futuro: cercate di immaginare, tra le attività che in seguito dovrà saper fare, ciò che potete insegnargli subito. Può senz'altro imparare a nuotare: prima impara, meglio è. Può divertirsi con i giochi più elementari dell'asilo, come il gioco del mondo o il salto della corda, e conoscendoli già si sentirà a casa quando andrà alla "vera scuola"; se gliene date la possibilità può imparare a sciare, a cavalcare un pony o a pattinare.

Non fate fretta al vostro bambino perché pratichi sport di squadra. Presso alcune comunità diventano parte della vita quotidiana di ogni bambino una volta che inizia ad andare a scuola e ci possono essere anche "mini-federazioni" che praticano questi sport durante i fine settimana. Già a cinque anni i vostri bambini possono essere in grado di apprendere i rudimenti di qualche gioco di squadra, ma il controllo della palla, lo spirito sportivo e il coraggio fisico sono fattori per loro così difficili che diventa più costruttivo farli esercitare a casa, giocando senza penalità, piuttosto che nel mezzo di un'atmosfera di vera sfida. Inoltre, passeranno anni prima che possano utilizzare al meglio la loro competitività sportiva. Quando i bambini di questa età competono fisicamente, dovrebbero farlo contro se stessi e non uno contro l'altro.

## *Musica*

Ogni essere umano ha un senso del ritmo; dopotutto la vita è basata sul ritmo, da quello delle stagioni a quello del nostro cuore. Ma, mentre ogni bambino piccolissimo dotato di un udito normale afferrerà i diversi suoni che formano la musica, solo di recente si è scoperto che è possibile insegnare ai piccoli a interpretare questi suoni, ad ascoltarli come musica e a riprodurli con la voce. La musica di culture completamente diverse dalla nostra tende a essere incomprensibile per noi, perché non abbiamo imparato ad ascoltarla. Più il bambino ascolta musica, più imparerà a capirla.

Il bambino che non sa ripetere un motivo o cantare non è un bambino con un difetto congenito, ma un bambino al quale non è stato insegnato niente. Come tutto il resto, anche la musicalità può essere insegnata, a parte quella peculiare e misteriosa disposizione chiamata "talento musicale". Ascoltare con voi e cantare dei motivi semplici fa parte di questa educazione, ma il bambino ha bisogno anche di un insegnamento più sistematico. Un buon strumento è lo xilofono, meglio se acquistato in un negozio specializzato che non in uno di giochi; anche il pianoforte lo è, ma una pianola elettrica produce con estrema facilità suoni più eccitanti e richiede una pressione delle dita molto più leggera. Con o senza il vostro aiuto, produrrà e ascolterà dei suoni puri che, più alti e più bassi, più forti e più deboli, sono uguali o diversi. Scoprirà da solo che due note distanziate di un'ottava sono uguali, anche se una più acuta dell'altra, mentre due note distanti sette toni sono diverse. I bambini di due o tre anni in Giappone imparano a suonare il violino, e un bambino interessato ai suoni può accostarsi molto precocemente al pianoforte. Se gli vengono concessi opportunità e incoraggiamenti di questo tipo, il vostro bambino può già a tre o quattro anni d'età considerare i suoni tanto interessanti quanto i colori e le forme.

*Libri* Quasi tutti i bambini amano guardare le illustrazioni dei libri e udire qualcuno che li legga ad alta voce. Ma gli anni prescolari costituiscono il momento ideale per sviluppare la conoscenza e l'amore per i libri e per ciò che contengono. Più che in qualsiasi altro caso, quando si tratta di libri, il bambino ha veramente bisogno della vostra partecipazione e collaborazione diretta in quanto non può immaginare il piacere che può ricavare da quelli che leggono gli altri bambini o che vede pubblicizzati in televisione, come accade con i giocattoli. Non può "inventarli" nella sua testa. Non sa quali libri ci sono, né che cosa dicono. I bambini necessitano come minimo di tre tipi di libri sia come fonte di piacere, sia come fondamento della loro educazione futura. L'ordine è importante. In questa fase della vita del bambino, il valore educativo dell'oggetto dipende interamente dal piacere che esso suscita.

*È bene che vostro figlio sappia che i libri non sono solo per i bambini.*

I libri di figure sono ancora importanti. "Leggendo le figure" il bambino si prepara a leggere le parole. Dopotutto, sono entrambe simboli e le parole sono solo un'ulteriore astrazione delle immagini. Guardateli con lui. Aiutatelo a osservare attentamente ogni illustrazione nei minimi particolari. Quanti uccelli ci sono su quell'albero? Che cosa sta facendo quel ragazzino in secondo piano? Cercategli dei libri con illustrazioni colorate, grandi e dettagliate, piuttosto che il convenzionale "A come Antilope" (Quanti bambini hanno mai visto un antilope?).

Sono molto importanti anche i libri di fiabe con molte illustrazioni. Se ne scegliete di buoni, potrà seguire sulle pagine illustrate la storia che gli leggete e interrompervi a metà frase per studiare nei dettagli i punti fondamentali della trama. Avete letto che i bambini erano pronti per la festa. Ora nel disegno su questa pagina lui può osservare la festa, scoprire che cosa indossano i bambini e che cosa hanno da mangiare sulla tavola...

Anche i vostri libri sono importanti. Deve cogliere l'idea che i libri sono importanti per voi, per il mondo degli adulti, come per i bambini. Se voi siete solite leggere perché amate la lettura, ciò avverrà automaticamente. Se non leggete, sforzatevi di cercare in un libro la risposta a una delle sue domande o di trovarvi l'immagine di qualcosa che gli interessa. Aiutatelo a capire che i libri sono utili, oltre che divertenti.

*Videocassette, CD-Rom e videogiochi* I bambini dedicano una quantità sempre maggiore del loro tempo ad attività concentrate sul video. Se da un lato il televisore può costituire un problema (vedi p. 520), dall'altro è da considerarsi una vera e propria benedizione. Il bambino che non è disposto a sedersi per leg-

## *Quali sono i migliori giocattoli da regalare in fase prescolastica?*

***Durante la sua primissima infanzia la nostra bambina di quattro anni ha accumulato moltissimi giocattoli. Tuttora ne utilizza ancora molti. Non sembra essere pronta a passare a giocattoli per bambini più maturi, come una casa di bambola, per esempio; allo stesso tempo, però, riteniamo che con altri regali simili si rischierebbe di cadere nella monotonia. È sbagliato pensare che esistano giocattoli, o categorie di essi, particolarmente adatti alla sua età?***

Trovare dei giocattoli che più di altri divertano i bambini in età prescolare risulta complicato. Si tratta infatti di un'età in cui l'inventiva di molti di essi sorpassa la destrezza manuale, per cui le cose che desiderano fare risultano troppo difficili per divertirli e quelle che sarebbero in grado di fare risultano noiose. Le case di bambola ne sono un esempio: quelle dell'asilo nido non lascerebbero spazio all'immaginazione della vostra bimba, ma ha ragione a pensare che nel giro di uno o due anni quelle originali la divertiranno di più. Alla sua attuale età i suoi sforzi per sistemare i piccoli mobili al suo interno presto fallirebbero, dal momento che tutto continua a cadere.

Non è comunque vero che altri giocattoli, dello stesso tipo di quelli che già possiede, risulterebbero noiosi. Un fanciullo che ha accumulato montagne di macchinette, peluches o bambole, non potrebbe che desiderarne altri.

Questi giocattoli alla fin fine potrebbero risultare eccellenti regali, perfettamente adeguati ai suoi gusti, ai suoi interessi; senza contare che saranno probabilmente più economici di tanti altri e, allo stesso tempo, di maggior valore.

Un altro gioco gradito a quest'età: potreste organizzarle un piccolo ufficio postale, raccogliendo alcuni articoli di cancelleria autentici, come francobolli commerciali, scontrini, inchiostri e timbri e, perché no, un salvadanaio e una collezione di adesivi colorati, che la maggior parte dei bambini trovano divertentissimi.

Qualche oggetto in più trasformerebbe l'ufficio postale in un grande magazzino. Potreste utilizzare confezioni alimentari giocattolo, ma anche pentoline trovate in casa e contenitori di riso e zucchero, pasta e farina, vasetti in miniatura di marmellata e miele; ketchup e maionese risulterebbero forse più divertenti. Perché non suggerite poi alla vostra bambina di creare frutta e verdura con la pasta di sale? Aggiungete a tutto ciò una piccola bilancia e qualche soldino finto.

Se invece pensate che non sia interessata all'aspetto commerciale, mettete insieme qualcosa che si avvicini di più ai suoi gusti. Per creare il kit adatto a una casa di bambola, per esempio, non si deve far altro che tagliare delle forme base di legno di balsa, facendovi già dei fori, per esempio per le gambe del tavolo, e presentarli con colla, carta vetrata e avanzi di stoffa da utilizzare per i cuscini. Il kit ideale per l'abbigliamento delle bambole, invece, è costituito da vestiti e pantaloni fatti con velcro ed elastico cosicchè risultino adatti a bambole di varie misure: andranno presentati con una collezione di bottoni fantasia, frange, nastri e pizzi. La bambina avrà così la possibilità di rifinirli a suo piacere o utilizzarli così come sono. Con delle confezioni simili potrà creare mille altri oggetti, come per esempio pupazzi imbottiti o maschere, corone e cappellini da indossare.

Infine, se la piccola è portata per il disegno, che gioia sarebbe per lei ricevere in regalo tutto ciò che serve per disegnare, dipingere, tagliare e fare dei collage! E tutto nuovo! Se trovate solamente uno o due articoli che non ha mai posseduto (pennarelli color oro e argento, adesivi a stella colorati, cartoncino nero e carta da lucidi) comprateglieli e poneteli in una scatola: sarà il regalo che userà di più e ricorderà più a lungo.

gere un libro di storia naturale guarderà volentieri un programma sulla vita degli animali, dal quale trarrà immagini e idee di meraviglie altrimenti inconcepibili. Il piccolo che ama farsi leggere i libri potrà ascoltare una bella storia per bambini letta dal miglior narratore del momento. Il bimbo che vive in città potrà scoprire da dove proviene il latte in bottiglia; quello che vive in campagna potrà vedere le metropoli brulicanti di vita e i loro scorci. E tutti i bambini potranno scoprire che esistono altre persone e stili di vita diversi dai loro, in un mondo molto più grande e più complesso di quello che loro stessi possono conoscere.

Il problema principale per i bambini più piccoli sta nel fatto che questo mezzo di comunicazione va troppo velocemente e non ripete le cose. Le videocassette per bambini danno una soluzione a questa mancanza. Il vostro bambino può guardare il suo video preferito così spesso da impararlo a memoria.

I benefici potenziali della tecnologia multimediale costituiscono ancora argomento di speculazione. In teoria, un CD-Rom potrebbe fornire al vostro bambino quel genere di informazioni sulle quali fondate la vostra conversazione abituale con lui, non solo al livello e al ritmo a lui più adatto e tante volte quante desidera, ma anche corredate da immagini migliori rispetto a quelle che magari trovereste sull'enciclopedia. Gli permetterebbe, per esempio, di ascoltare i versi degli animali o di imparare i nomi dei loro cuccioli e, solamente puntando il vettore sull'icona che ritrae l'animale, di ottenere, una volta imparato, come utilizzare al meglio tale mezzo, informazioni sempre più estese.

La maggior parte dei videogiochi sono troppo veloci e complicati per un bambino di tre o quattro anni, anche se talvolta sono impressionanti le performance di alcuni fratelli o sorelle minori i quali vedono nell'abilità nei videogiochi l'unico passaporto per accedere a

*Le attività al computer devono diventare parte integrante della vita di ogni bambino.*

un'amicizia fraterna. I prodotti software educativi disponibili sul mercato aumentano di giorno in giorno e alcuni di essi risultano molto validi. L'educazione del bambino non deve certo dipendere esclusivamente da un computer, ma l'imparare a usarlo precocemente è comunque utile.

## Problemi inerenti al gioco

Il mondo ludico del bambino è solo suo. In teoria quello che fa quando gioca non dovrebbe riguardare nessuno, se non lui, purché non si faccia male e non ne faccia agli altri. Talvolta però capita che il gioco del bambino inevitabilmente venga influenzato dall'esterno o influenzi l'esterno, facendo sorgere dei problemi.

*Fucili, guerra e violenza*

In tutte le culture la guerra e la violenza fanno parte dei normali giochi dei bambini di entrambi i sessi. Se vi sconcerta avere in casa fucili giocattolo, armi e videogiochi nucleari, la soluzione più immediata è ovviamente quella di non comprarli. In tal caso non dovrete però sorprendervi se il bambino userà un semplice bastone come fucile o trasformerà un gioco innocuo nella terza guerra mondiale. La nostra storia, e quindi la nostra cultura, con tutti i suoi racconti di fate e tutti i suoi eroi popolari, è piena di sangue e di battaglie.

Tuttavia, le armi giocattolo hanno effetto diverso. La ricerca sostiene vivamente l'opinione comune che esse stimolino i bambini a giocare con più aggressività di quando essi fingono di sparare con le dita o con dei bastoni. La semplice presenza di armi accresce sia la quantità sia la violenza del gioco aggressivo. La spiegazione suggerita sembra essere che mentre un fucile è solamente una tra le mille cose che si possono simulare con l'uso delle dita o di bastoni, i fucili giocattolo si possono utilizzare in un solo modo.

Se state meditando di eliminare le armi dai giocattoli di vostro figlio, rivedete anche altri giochi aggressivi come per esempio i supereroi. Quelle compagnie di bambini che trascorrono il loro tempo progettando schemi di battaglia, giocano più aggressivamente di quei bambini che lo trascorrono con animali domestici e veicoli giocattolo. Una seduta d'ascolto di racconti con temi violenti provoca aggressività, soprattutto se i bambini vengono incoraggiati a recitarli. Lo stesso accade anche più avanti quando il ragazzino giocherà con videogiochi nei quali vincere significa ammazzare più persone possibili nel modo più orribile.

Il gioco aggressivo è sempre esistito, ma è logico che, arricchito da sempre nuovi strumenti e spunti, cresca in estensione e intensità. Se allora volete che il gioco del vostro bambino rimanga il meno violento possibile, l'atteggiamento migliore è di prenderlo per quello che è, rendendovi conto che, a questa età, vostro figlio non ha nessun concetto delle stragi reali e che "bang-bang, sei morto" non significa certo che egli nutra sentimenti omicidi. Ricordate comunque che qualsiasi intervento nei confronti dei suoi giochi non influenzerà mai la sua tendenza alla violenza quanto il suo osservare il vostro comportamento. Qualsiasi tipo di violenza genera violenza, ma la vera violenza in famiglia, quella che un bambino subisce o solo vede, genera qualcosa che va oltre il gioco (vedi p. 375).

*Differenze di sesso*

*Fate in modo che il bambino possa esplorare tutta la realtà circostante e non solo gli aspetti "maschili" o "femminili" di essa.*

Il fatto che i bambini siano maschi o femmine non dovrebbe privarli dell'opportunità di esplorare ogni aspetto dell'essere umano. Cercate di non distinguere tra "giocattoli per maschietti" e "giocattoli per femminucce", ma comperate qualsiasi gioco pensiate possa divertire il vostro bambino. Non è facile come sembra. Molte famiglie, felici di portar fuori da un negozio la figlia mascherata da re, rabbrividiscono all'idea di fare lo stesso con il figlio mascherato da regina. Gli stessi padri che spingerebbero senza problemi un bambino nel passeggino non amano farsi vedere con il proprio figlio che spinge una carrozzina delle bambole. L'eventuale orientamento sessuale di vostro figlio non sarà certo determinato dal genere di gioco svolto durante l'infanzia. Se cercate di dirigere un bambino verso il sesso "giusto" lo priverete di metà mondo e, se permettete di cambiare sesso per gioco a una bambina ma non a un bambino, contribuirete inevitabilmente a creare le inuguaglianze sessuali che ancora oggi sono motivo di discordia fra noi adulti.

Queste disuguaglianze sessuali sono ancora così diffuse, soprattutto nei mezzi di comunicazione e nella pubblicità, che è impossibile che il vostro bambino non subisca la loro influenza. Durante l'età che va dai due ai cinque anni, il bambino cerca di capire che cosa significhi essere maschio ed essere femmina e desidera identificarsi con modelli del suo sesso. I modelli dei maschietti sono eroi la cui forza deriva dalla potenza fisica. La loro aggressività e i loro giocattoli preferiti riflettono questa preferenza. I modelli delle femminucce, invece, sono spesso vittime belle, salvate da quei potenti maschi. Se hanno una loro forza è solitamente per magia e sempre avvolta nella bellezza. Le bambine giocano a essere belle.

L'anti-sessismo intenzionale è importante, ma non dovete aspettarvi che produca un gioco senza sesso o un bambino cieco alla differenza. Potete fare in modo che i vostri bambini dividano lo spazio di gioco, ma non potete costringerli a giocare insieme se non lo vogliono. Allo stesso modo, non potete costringere una bambina ad abbandonare le bambole e i suoi cavallini di stoffa per giocare con i trenini e i modellini delle automobili bandendo i primi e preferendo i secondi. Il massimo che potete fare è lasciar loro aperto il mondo intero, così che possano esplorare ogni possibilità di gioco, con i veicoli come con gli animali, con le femminucce come con i maschietti. Forse metteranno tutto insieme (veicoli con animali, femmine con maschi) ma, se anche non dovessero farlo, l'importante è che sappiano che ne hanno la possibilità.

La vostra influenza non finisce con i giochi. Come l'orientamento dei vostri figli verso la violenza, anche quello verso le differenze di sesso dipende dalla realtà che li circonda e dall'esperienza familiare.

*Televisione*

È facile criticare l'effetto della televisione sulla vita dei bambini. La combinazione di immagine e suono, di movimento e colore la rende un mezzo di comunicazione facile, che richiede meno concentrazione del leggere un libro o ascoltare la radio. A differenza di un gioco con vere persone od oggetti non richiede nessuna partecipazione o manipolazione fisica. Per questo molti genitori o educatori vedono nella televisione uno strumento negativo dei più seducenti: un mezzo che fa perdere al bambino quello stesso tempo che avrebbe speso meglio leggendo dei libri o ascoltando della musica o cimentandosi in giochi attivi. La domanda solitamente tacita è "Che cosa starebbe facendo tuo figlio se non stesse guardando la TV?". Se la risposta sincera fosse: "Starebbe litigando con la sorellina" o "Starebbe bighellonando in attesa del mio rientro dal lavoro" è difficile capire quanto il guardare la TV sia una perdita di tempo, e non accorgersi che vi sta salvando da un esaurimento nervoso. Molti genitori trovano che TV e videocassette possano offrire una quiete irresistibile. E se "usare la TV come baby-sitter" non è un metodo esemplare di fare i genitori, è sicuramente meglio che lasciare che stress e nervosismo arrivino al punto tale da urlare al proprio bimbo o mortificarlo.

Ovviamente la televisione potrebbe rappresentare una parte opprimente e negativa nella vita di un bambino piccolo, ma in certi casi può anche costituire una parte positiva. Le qualità principali che la rendono seducente la rendono anche uno strumento di comunicazione superbo ai fini educativi, nel senso più ampio della parola. È evidente che guardare un programma di morale "pro-sociale" conduca i bambini verso direzioni piacevoli, con la stessa facilità con cui accade il contrario. Non ci sono molti programmi di questo tipo che bilancino l'esposizione dei bambini verso la violenza deleteria che vedono alla TV. Certamente non tutti i bambini vengono influenzati nello stesso modo o allo stesso livello. A bambini e bambine vengono offerti modelli diversi, così come ai bambini di gruppi etnici diversi dal nostro. Preoccupa che ci siano ancora così pochi personaggi di colore e che troppi di loro siano o persone violente o vittime. Può preoccupare ancora di più che ai bambini in sedia a rotelle, come a quelli che necessitano di determinati apparecchi per udire e per vedere, non sia offerto nessun modello: per loro guardare la TV è come guardarsi allo specchio e non vedere nessuno riflesso in esso. Se prevenire gli effetti più negativi è difficile, è possibile attenuarli aiutando il bambino a riconoscere l'assurdità degli stereotipi e la differenza tra realtà e fantasia. Comunque sia, non c'è alcun dubbio che tutte le categorie principali di effetti negativi riconosciute dagli studiosi, quali, per esempio, la crescente aggressività e l'indifferenza nei confronti di reali episodi di violenza, debbano essere evitate controllando ciò che i bambini guardano.

Molti piccoli iniziano a selezionare i loro programmi preferiti a tre anni. È più o meno alla stessa età che si inizia a offrire loro videocassette e che vengono a definirsi le loro abitudini riguardo la TV. Se gli permettete di vedere solo quei programmi che sinceramente approvate, e dei quali spesso condividete con loro la visione, il bambino accetterà spettacoli limitati e altamente selettivi. Se non gli è mai passato per la mente che la televisione è una fonte inesauribile di tranquillo intrattenimento, non vi perseguirà per vedere questo o quel programma almeno fino a quando non sarà abbastanza grande da leggere le guide ai programmi e recitare con i compagni una scena di un telefilm nel cortile della scuola. E da quel momento, se tutto va bene, la sua vita sarà troppo piena di persone e attività perché la televisione possa assumere un'importanza decisamente sproporzionata.

Sfortunatamente, però, la scelta di spettacoli selezionati sta diventando sempre più difficile, in quanto un numero sempre maggiore di canali, inclusi quelli che trasmettono senza pausa cartoni animati e programmi erroneamente chiamati "per bambini", sono disponibili a un numero sempre maggiore di persone e la maggior parte degli adulti ha meno tempo a disposizione. Se piazzate il bambino davanti allo schermo ogni volta che volete concedervi mezz'ora di tranquillità, o permettete che la bambinaia se ne serva per intrattenerlo senza fatica, o lasciate l'apparecchio acceso su qualsiasi programma come sottofondo o come alternativa meccanica alla compagnia, il piccolo vedrà, o vedrà per metà, molti programmi, per la maggior parte violenti. Molti bambini si rivolgono al televisore ogni volta che hanno terminato qualche attività e non hanno ancora pensato a che cosa fare poi. Altri riescono raramente a concentrarsi pienamente nel gioco perché suoni o movimenti provenienti improvvisamente dal televisore li distraggono in continuazione. Catturati da immagini comprensibili solo per metà e da ritornelli orecchiabili, succhiando il pollice e completamente coinvolti, trovano sempre più difficile riuscire a distogliere lo sguardo dallo schermo, ascoltare ciò che dite loro e continuare con la loro vita.

Se sapete che una scelta di spettacoli selezionati è un ideale irraggiungibile a casa vostra, sarebbe meglio che il vostro bambino potesse ripetere la visione di video scelti con cura, piuttosto che di programmi televisivi che non vengono selezionati affatto. Potrebbe allo stesso modo passarci troppo tempo davanti, trascurando altre attività, ma almeno questo programma sarebbe migliore e privo di rischi. Dovreste, comunque, porre delle regole innanzi tutto a voi stessi, rieducare i vostri figli maggiori ed essere convincenti con la baby-sitter: è sufficiente un solo giorno perché vostro figlio diventi per sempre un tele-dipendente.

## CONSIGLI AI GENITORI

### *Lo strangolamento*

Un bambino con al collo un qualsiasi tipo di corda che abbia una tensione di rottura che si avvicini al suo peso corporeo, costituisce il presupposto perché accada una disgrazia.

Controllate con attenzione se la vostra bambina indossa i vostri gioielli. Se solo le permettete di indossare una "collana", sia essa una catena d'oro o una fila di perle infilate da lei, assicuratevi che non si possa impigliare nel finestrino elettrico dell'auto o nel manubrio del suo triciclo dovesse cadere. Per maggior sicurezza, fate il possibile perché la catena o la corda che porta al collo sia molto fragile. Un filo di cotone non potrà strangolarla; già un laccio di scarpa potrebbe farlo.

Un altro oggetto ad altissimo rischio è costituito dalla corda delle tende e delle persiane automatiche; pende a un'altezza che invita il bambino ad altalenarsi; ha il nodo a cappio ed è resistente. Se non potete eliminarla, cercate almeno di renderla irraggiungibile accorciandola un po'. Dovreste insegnare ai vostri piccoli, con la stessa insistenza con cui vietate loro l'uso di sacchetti di plastica, a non mettere al proprio collo o al collo dei loro compagni di gioco qualsiasi tipo di stringa, sia essa la cravatta del babbo, il guinzaglio del cane o una cintura.

La responsabilità è vostra: non potete pretendere che essi conoscano tutti i pericoli che ogni loro oggetto di gioco nasconde.

Siete sicuri che, giocando sulla scala di corda, il vostro bambino non vi incastri la testa e magari scivoli? O che le redini di quello splendido cavallo a dondolo siano fissate tanto quanto il vostro bimbo alla sella in modo che, se egli dovesse cadere imbrigliato, anche queste si stacchino?

# IMPARARE A COMPORTARSI

Gli adulti trovano che vivere con un bambino sia a volte un po' difficile. Il problema principale dei bambini non è la loro cattiveria, ma il fatto che siano così noiosi. I bambini sono rumorosi, disordinati, trasandati, smemorati, incauti, perditempo, esigenti e sempre presenti. A differenza di un ospite che, per quanto a lungo si possa trattenere, prima o poi se ne andrà, il bambino è sempre lì, non va mai via. Non potete metterlo da parte per qualche settimana se attraversate un periodo in cui avete tantissime cose da fare. Non può essere ignorato, come se fosse un cucciolo, in una domenica che avevate previsto di dedicare solo a voi stessi e al riposo, perché ha un'infallibile capacità di farvi sentire colpevole. L'amore accentua le vostre reazioni ai suoi sentimenti, nella gioia come nel dolore. L'amore può persino rendere difficile per voi ammettere che occuparsi di un figlio può essere una scocciatura.

È importante essere in grado di ammetterlo almeno con voi stessi. Tutti noi abbiamo dei giorni in cui non facciamo altro che tormentarlo continuando a ripetere: "Finiscila", "Non farlo", "Lascia stare". E dei giorni in cui solo un grave silenzio separa una frase irosa dall'altra. Tutti noi abbiamo momenti in cui interveniamo sul bambino con più forza del necessario; quando lo trattiamo con modi bruschi che ci ricordano alcuni spiacevoli episodi della nostra infanzia e che, un tempo, giurammo di evitare con nostro figlio, e quando lo detestiamo perché ci rende così odiosi.

Ci aiuta sapere che queste cose accadono a tutti e che le preoccupazioni di tanti genitori sul comportamento dei figli, non riguardano azioni sconsiderate specifiche, ma derivano da un senso di irritazione generale. E aiuta voi a evitare di arrivare alla conclusione che il bambino è disubbidiente, indisciplinato e viziato, rischiando così di sentirvi dei cattivi genitori (sensazione che vi farà sentire veramente in colpa) e di dare al bambino quel tipo di etichetta alla quale a lungo andare finirà per adeguarsi. Date al bambino l'impressione che voi pensiate che sia cattivo e impertinente e lui confermerà la vostra opinione: con il tempo arriverà anche a condividerla e a renderla nota anche al suo insegnante. Ma la semplice verità è che vostro figlio è molto piccolo e la vita familiare è difficile: il bambino cambierà, perché la sola cosa di cui entrambi potete essere sicuri è che lui sta diventando grande.

*Calcolare i tempi giusti*

La socializzazione che preoccupa genitori e figli si focalizza sulla completa padronanza, nei bambini, dei loro impulsi e dei loro corpi e quindi della gestione di se stessi all'interno dei confini familiari della casa o dell'asilo nido, dell'ambiente in cui vive, e in relazione ai membri della famiglia e a coloro che si prendono cura di lui. Quando il bambino ha raggiunto una sufficiente autonomia da passare dalla prima infanzia alla seconda, deve cominciare a imparare a comportarsi in un modo che lo renda accettabile anche a un mondo esterno più vasto della cerchia familiare.

La società ripone infinite speranze nel comportamento delle persone e, anche se nessuno si aspetterà che un bambino di tre anni le realizzi tutte insieme, gli anni prescolari sono il momento migliore per imparare a sapersi comportare bene.

I bambini non hanno difficoltà a imparare quasi tutto ciò che gli adulti cercano di insegnare loro. Amano imparare perché vogliono sapere, e in particolare vogliono sapere come devono comportarsi per piacervi. Ma questo processo, che dovrebbe essere gratificante e interessante sia per voi sia per il bambino, è spesso rovinato dalla pesante parola "disciplina" e da tutti i fantasmi a lei connessi: disobbedienza e slealtà.

Se amate vostro figlio, se siete orgogliosi di lui e compiaciuti del lavoro che finora avete svolto in quanto genitori, potete facilmente superare la sua infanzia senza neppure accennare alla "disciplina". Il bambino ha dei momenti di malumore e insoddisfazione esattamente come voi, commette degli sbagli come voi e talvolta fa ciò che gli piace, invece di ciò che dovrebbe, proprio come capita a tutti. Se i vostri rapporti sono buoni e vi trattate reciprocamente come esseri umani, è tutto ciò che occorre. Se questo è il vostro caso, saltate questo capitolo, che è destinato a quei milioni di genitori che non riescono ad avere questo approccio disinvolto, perché pensano di avere dei problemi di disciplina.

### *Che cos'è la disciplina?*

I dizionari definiscono il termine disciplina come "l'insegnamento di regole e forme di comportamento mediante continue ripetizioni ed esercizi...". Una persona disciplinata viene descritta come "una persona della cui obbedienza non si pongono dubbi". La parola stessa, con tutti questi significati severi, rigidi, ha rovinato i nostri tentativi di mostrare ai bambini il modo di comportarsi. Potete essere sicuri che il bambino vi obbedisce, vi dice la verità, si comporta come dite voi e ha paura di dispiacervi, ma tutto ciò non contribuirà a renderlo socievole, gentile, buono e bravo quando non ci siete voi a dirgli che cosa fare e come comportarsi.

La vera disciplina tende a costruire nel bambino ciò che chiamiamo coscienza. Si tratta dell'autodisciplina che un giorno lo spingerà ad agire nel modo giusto e a comportarsi come deve anche quando non c'è nessuno a dirgli come agire o a guardare quando sbaglia. Dire al bambino che cosa deve o non deve fare è solo un mezzo per raggiungere questo fine. Quello che gli insegnate ha valore solo in quanto vostro figlio lo assimila e lo rende suo.

Per insegnare l'autodisciplina occorre molto tempo e pazienza. Alcuni bambini non acquisiscono abbastanza fermezza da riuscire a superare gli sconvolgimenti dell'adolescenza. Il controllo di alcuni individui rimane rudimentale, così che, anche da adulti, non riescono a fidarsi del loro giudizio e dei loro impulsi. Quando il bambino era piccolo voi dovevate essere lui. Agivate per lui tutte le volte che non poteva fare da solo e pensavate per lui quando non poteva pensare da solo. Con la sua crescita, avete dovuto fondere la sua libertà di essere se stesso con un controllo totale e continuo sulla sua incolumità, conciliare la sua sicurezza con la sua accettabilità sociale. Ora che è un bambino in età prescolare, è pronto a imparare come restare incolume, sano e socialmente accettabile. Gli mostrerete come comportarsi in un numero infinito di situazioni e circostanze diverse. Poi, a poco a poco, diminuirete il vostro controllo, lasciando che sia lui ad applicare il vostro insegnamento.

*Insegnargli come comportarsi*

Dal momento che il bambino prende a modello il vostro comportamento più che fare ciò che gli dite, "mostrarsi" è la parola chiave. Se infatti esiste un lasso di credibilità tra ciò che dite e ciò che fate, egli farà ciò che fate senza neppure prendere in considerazione ciò che dite; lasciate quindi da parte quelle tecniche disciplinari datate per le quali la miglior cosa da fare quando un bambino colpisce è ricolpirlo. Anche "come farlo" è molto importante in quanto i bambini trovano molto più facile capire e ricordare istruzioni positive piuttosto che istruzioni negative: quello che devono fare più di quello che non dovrebbero fare. Provate quindi a dire "così" piuttosto che "non così", e "sì" e "continua così", piuttosto che "no" e "finiscila con questo". Sebbene ogni genitore vuole che suo figlio si comporti in modo diverso, ci sono alcune utili regole di base che sembrano comuni a tutti i sistemi di valori:

- La primissima regola per arrivare a una valida disciplina senza dei grossi problemi è "comportati con gli altri come vorresti che gli altri si comportassero con te". Il bambino non vi offrirà cortesia, rispetto e collaborazione maggiori di quelli che voi offrite a lui. Se vi chiede di aiutarlo con il puzzle e gli rispondete che avete troppo da fare, o se vi cammina sui piedi e lo sgridate, non sarà disposto ad aiutarvi ad apparecchiare la tavola né a perdonarvi quando, pettinandolo, gli tirerete per sbaglio i capelli.
- Fate in modo che il buon comportamento sia ricompensato e non lo sia quello cattivo. Sembra una cosa talmente ovvia, ma non sempre lo è. Se lo portate con voi a far la spesa, per esempio, e lui piagnucola per avere dei dolci, può darsi che per amore di pace gliene compriate. Se lo portate a fare la spesa e non piagnucola per avere dei

*Insegnare al bambino più grande come comportarsi con il nuovo fratellino lo aiuta a essere più attento e premuroso nei suoi confronti.*

dolci, ottiene una qualsiasi ricompensa, che si tratti di dolci o di una gradita passeggiata?

■ Ricordate che l'attenzione dell'adulto agisce come una ricompensa e che il bambino spesso preferirebbe gli venisse indirizzato un rimprovero piuttosto che non essere preso affatto in considerazione. "Non svegliare il can che dorme" non è una massima da seguire in famiglia. Se considerate il vostro bambino solamente quando siete costretti a farlo, per voi ricompensarlo è un dispiacere e rimproverarlo un piacere.

■ Siate chiari. Ogni istruzione positiva non funziona molto bene se non è chiara. "Comportati bene" sembra un'istruzione positiva, ma è priva di senso per un bambino di questa età. Voi in realtà volete dire: "Non fare niente che non mi piaccia" ed è un ordine assurdo, perché lui non sa quello che a voi piace!

■ Spiegategli sempre il perché. A parte i casi di emergenza, quando le spiegazioni devono essere rimandate, è un insulto all'intelligenza del bambino dargli un ordine senza spiegarne la ragione. "Perché sì!" è il genere di risposta, se così si può chiamare, che non insegnerà mai nulla di utile a un bambino. Senza un motivo comprensibile, vostro figlio non può inserire l'istruzione nel modello generale del "come comportarsi" che lui sta costruendo nella sua mente.

"Metti a posto la paletta" dite in tono irato.

Perché? Perché è pericolosa? Sporca? Fragile? Non adatta a lui? Perché volete essere sicure di ritrovarla la prossima volta che ne avrete bisogno? Se gli spiegate che è dei muratori, che hanno il diritto di ritrovarla dove l'hanno lasciata, lui potrà applicare questo medesimo concetto in un'altra occasione. Se invece gli dite: "Perché sì!" non gli insegnate niente.

■ Riservate il "no" alle proibizioni vere e proprie. Con il bambino, il "no" funziona solo se lo usate quando volete proibire una specifica azione una volta per tutte. Se volete proibirgli un certo comportamento in una data occasione, è meglio che usiate una frase positiva. Per esempio la frase comunemente usata: "Non interrompermi mentre sto parlando" è inutile. Sono molte le volte in cui vorrete che vi interrompa, per dirvi che l'acqua delle patate sta bollendo ed esce dalla pentola, che il fratellino sta piangendo o che ha bisogno di voi per andare al gabinetto. Avrebbe sicuramente una reazione migliore se gli dite una frase del tipo: "Aspetta un momento, finché abbiamo finito di parlare". I "no" specifici diventano regole. Più li ridurrete, più il bambino li accetterà facilmente, soprattutto se gliene spiegherete le ragioni.

"Non salire mai su quest'albero, è pericoloso." Se restate coerente a questa proibizione e non lo lasciate provare "nemmeno per una volta" accetterà la proibizione.

"Non devi mai attraversare la strada se non c'è un adulto." Anche questa è una norma valida, purché non lo mandiate poi a comprare il giornale all'edicola all'angolo perché la strada è secondaria e comunque voi volete il giornale!

Queste regole sono utilissime per garantire l'incolumità del bambino, ma in realtà non hanno una parte di rilievo nell'insegnargli il comportamento corretto. Sono troppo rigide e inflessibili per essere particolarmente utili nella vita di tutti i giorni. Perciò, cercate di ri-

*Se gli mostrate come fare le cose difficili in modo sicuro, lo proteggerete più che dicendogli di non farle.*

servarle ad argomenti precisi e di non applicarle a questioni di rilievo che condizioneranno tutta la sua vita.

Siate coerenti con i vostri principi. È evidente che non potete insegnare al bambino come comportarsi, se neppure voi siete sicuri di come dovrebbe comportarsi. È questo il solo tipo di coerenza che importa veramente. Il bambino non è un animale da circo che ha imparato a reagire a un particolare segnale con un particolare comportamento. È un essere umano, a cui è stato insegnato a reagire nel miglior modo possibile a un gran numero di segnali.

Accetterà che le diverse circostanze modifichino un caso specifico: dolci a volontà per Natale non lo indurranno a pretenderli quando le feste sono finite; il permesso di saltare sul letto della nonna non lo indurrà a chiedervi di saltare sul vostro, che gli è sempre stato interdetto. Perfino i disaccordi tra i genitori non hanno eccessiva importanza, purché vengano francamente affrontati in sua presenza in modo che non possa giocare su una situazione equivoca, dicendo: "Papà mi ha detto che posso farlo" piuttosto che: "La mamma mi ha dato il permesso di...".

*Credere di essere adulti*

Abbiate fiducia in lui. Se il bambino sente che gli siete sempre addosso, pronti a correggerlo o a dirgli come comportarsi, finirà con il non pensare nemmeno a ciò che deve o non deve fare. Quindi, nei limiti della sua età e dello stadio raggiunto, lasciategli tutta la responsabilità del suo comportamento che ritenete di potergli dare, e fategli sentire che sapete di potervi fidare di lui.

Se deve andare da un'amica, per esempio, non ricopritelo di asfissianti istruzioni come "ricordati di ringraziare per l'ospitalità" e "non scordare di pulirti i piedi". Se gli permettete di andare, dovete lasciare che assuma la responsabilità di se stesso. Le vostre esortazioni non l'aiuteranno certo a comportarsi bene, gli rovineranno solamente il piacere di andare.

Quando avete torto, ammettetelo. Poiché i bambini piccoli osservano come vi comportate e in qualche misura modellano il loro comportamento sul vostro, è importante che siate pronti ad ammettere di aver sbagliato e a scusarvi.

Un'utile frase familiare, usata per giustificarsi, scusarsi o chiedere perdono, è "tutti sbagliano ogni tanto". Se il bambino cresce accettando la verità di questa affermazione, non pretenderà l'impossibile da voi, da se stesso o dagli amici, e non resterà male e deluso la prima volta che vi sorprenderà mentre commettete un vero sbaglio, vi comportate ingiustamente o dite un'innocente bugia.

*L'essere creduti trasforma il divertimento i giochi domestici in una vera soddisfazione di lavoro.*

## Problemi di comportamento

Se per voi "disciplina" significa veramente mostrare al bambino come comportarsi, vedrete che la maggior parte dei problemi relativi svanirà del tutto. In alcuni casi, il fatto che vostro figlio cerchi di attirare l'attenzione è dovuto alla cura razionata da parte vostra. Se la aumentate, non dovrà urlare per farsi rimproverare da voi.

*Disobbedienza*

L'obbedienza assoluta e immediata probabilmente rendeva tranquilla la vita dei genitori dell'età vittoriana, ma non è fatta per formare bambini capaci di pensare in modo autonomo e di provvedere a se stessi fin da un'età precoce. Questo fatto risultò evidentissimo in un recente caso di cronaca, quando tre bambine furono adescate da uno sconosciuto all'uscita dell'asilo e fatte salire sulla sua automobile. Una quarta bambina corse a casa e dette l'allarme.

Quattro ore dopo le tre rapite erano di nuovo a casa e un padre distrutto dal dolore chiedeva: "Perché sei andata in macchina con quell'uomo, tesoro? Ti avevamo sempre detto di non andare mai via con degli estranei...". "Ma quell'uomo ha detto: 'Tuo padre ti manda a dire che tu venga con me subito. Mi ha mandato a prenderti.' E io sono andata. Mi dici sempre: 'Devi fare quello che ti si dice'. Lo ripeti sempre."

La bambina che aveva dato l'allarme fu interrogata dalla polizia: "Perché tu sei corsa a casa, invece di andare con lui?". "Non lo so, ma papà e mamma mi dicono sempre: 'Pensa!'. Dicono: 'Hai una testa, usala'. Allora ho pensato. Ho pensato che se il papà mi voleva veramente sarebbe venuto di persona, e che quell'uomo aveva parlato di un solo papà, e invece ne abbiamo tre, voglio dire tutte noi. Allora sono scappata." Se si lasciano da parte l'"obbedienza" e la "disobbedienza" e si pensa solo alla collaborazione da parte del bimbo, tutto il problema è risolto. Talvolta non vorrà fare quello che voi volete perché ha in mente qualcosa di diverso. Non vorrà andare a letto perché vuol finire il gioco che sta facendo. Non è la sua disobbedienza che provoca dei fastidi, è un semplice conflitto di interessi. Invece di gridare: "Fa subito come ti dico" cercate un compromesso: "Altri cinque minuti".

Talvolta non vorrà fare quello che volete perché non ha capito quel che desiderate. Se gli dite di restare seduto a tavola fino al termine del pranzo, può darsi che salti giù appena il suo piatto è vuoto. Non ha capito che voi volevate che restasse a tavola fino a quando tutti avevano finito. Non si tratta di disobbedienza, ma di mancata comprensione. Di tanto in tanto non farà quello che voi volete perché si sente in vena di infastidirvi. Ha voglia di ostentare la sua indipendenza. Si sente rivoluzionario. Gli dite di non toccare il vostro libro nuovo e lui va dritto a toccarlo. Questa, e solo questa tra tutti gli esempi, è vera disobbedienza. È un deliberato tentativo di provocarvi e la riuscita del misfatto dipende dall'entità del danno. Se vi rovina il vestito più bello, sarete furiosi con lui. Questa è la realtà. Anche lui si arrabbierebbe se foste voi a danneggiare qualcosa di suo: quella che ha suscitato è una reazione umana universale. Ma è il genere di danno che merita irritazione, non la disobbedienza in sé. Se non è stato fatto alcun guaio reale potreste risolvere l'intera situazione rifiutandovi di raccogliere la provocazione: "Ma chi l'avrebbe detto che sei così sciocco da andare dritto dritto a fare l'unica cosa che ti avevo chiesto di non fare. Devi essere di cattivo umore". Dove è andata a finire la discussione che si aspettava?

*Bugie* I bambini vivono in un mondo difficile da gestire e nel quale spesso vengono accusati di fare in un modo o nell'altro dei danni. Negare di aver fatto qualcosa di sbagliato è il tipo di bugia che in genere mette nei guai i bambini. Il bambino rompe per disgrazia la bambola della sorella. Messo di fronte al misfatto, nega tutto. Probabilmente sarete più arrabbiate con lui per la bugia che per il misfatto.

Quello che importa è che si renda conto di ciò che ha fatto. Che lo confessi non è altrettanto importante.

Ma se per voi è indispensabile che il bambino confessi quando ha fatto qualcosa di male, rendeteglielo facile. "Questa bambola è rotta. Chissà che cos'è successo?" è una frase che lo metterà in condizione di dire: "L'ho rotta io, mi spiace" molto più facilmente che non: "Hai rotto la bambola, sei stato cattivo!".

Se ammette, costretto da voi o di sua spontanea volontà, di aver fatto qualcosa di male, non sommergetelo di rimproveri e punizioni. Se volete che vi confessi i suoi misfatti, non dovete assolutamente arrabbiarvi con lui. Se vi lasciate trascinare dall'ira sembrerà stupido al bambino, la volta seguente, confessare le sue marachelle, non vi pare? Anche quando devono raccontare un avvenimento i bambini si trovano nei guai in quanto, quando sono in età prescolare, non sono molto abili nel distinguere la realtà dalla fantasia o ciò che vorrebbero fosse accaduto da ciò che è realmente accaduto. Possono tranquillamente accettare le storie di Paperino, pur avendo in casa una vera papera, senza scorgere nessuna incongruenza tra il personaggio immaginario e l'animale reale.

Se siete soliti leggere delle fiabe al bambino e continuate a far vivere per lui la leggenda di Babbo Natale, è assurdo che l'accusiate di mentire quando, tornando a casa da una passeggiata, vi racconta di aver incontrato un leone che lo ha accompagnato per tutto il tragitto e di avergli persino tolto una spina dalla zampa ferita. Divertitevi di queste sue fantasie. Non sono bugie in senso etico.

I genitori talvolta si lamentano perché hanno l'impressione che i loro figli non abbiano alcun rispetto per la verità. Magari li hanno sentiti parlare del vestito nuovo della mamma quando la mamma non ha comperato nessun vestito nuovo, affermare che la sera precedente si sentivano male quando invece stavano bene, o dire che andranno a fare visita a un'amica mentre non è vero.

Molti sono i motivi di queste casuali affermazioni inventate: ma per il bambino l'importante è che le sente fare dai genitori. Gli adulti mentono per educazione, per gentilezza, per non offendere i sentimenti altrui. Il bambino se ne accorge. Vi sente quando vi dite d'accordo con la signora Rossi che il tempo è troppo caldo e afoso, mentre avevate appena detto al bambino quanto vi piaceva il caldo. Se non gli spiegate le ragioni per cui queste sono considerate delle bugie "innocenti", non potete pretendere che lui non esageri la realtà o non se la inventi.

Se il bambino racconta tante bugie e abbellisce di invenzioni la descrizione della sua vita quotidiana, al punto che non riuscite a capire ciò che è vero e ciò che non lo è, allora è il momento di spiegargli perché la verità è importante. Non cominciate con il dirgli che è "da cattivi" mentire. Invece provate con la favola del ragazzo che gridava "al lupo". È una fiaba utile. Lo divertirà. Dopo avergliela raccontata, potrete discuterla con lui. Fategli capire che, se non riuscite a distinguere ciò che è vero da quello che non lo è, non potrete sapere quando gli accade qualcosa di veramente importante e quando si sente veramente male. Fate in modo che senta che voi pretendete la verità perché vi preoccupate per lui e volete essere sicuri di curarlo nel modo adeguato.

**Furti**

I bambini in età prescolare hanno sui diritti di proprietà le stesse idee vaghe che hanno circa la verità. Nell'ambito familiare ci sono moltissime cose che appartengono a tutti, alcune che appartengono a determinate persone ma possono essere prese in prestito, e poche che sono "proprietà privata" di colui che le possiede. Anche al di fuori della famiglia la situazione è complessa.

Può tenersi la pallina che avete trovato tra i cespugli al parco, ma non del denaro. Può portarsi a casa da scuola il disegno fatto, ma non un pezzo di plastilina. Nei negozi si possono prendere i volantini, ma non scatole di pelati.

*I diritti di proprietà sono difficili da stabilire. Insegnategli esattamente ciò che può e ciò che non può tenere per sé.*

È evidente che voi non volete che la gente pensi che il bambino ruba, poiché la gente è incline a farne una tragedia. Ma, a questa età, non considerate quest'evenienza come un problema morale. In casi del genere stabilite delle semplici norme di comportamento.

Non portare via nulla dalla casa di un altro, senza prima chiederlo. Chiedere sempre a un adulto se può tenere ciò che ha trovato.

Non siate particolarmente moralistici a proposito del denaro. Se il bambino ve ne prende dalla borsa, prima di reagire fermatevi a pensare che cosa avreste detto se avesse preso il rossetto, e usate lo stesso criterio applicandolo al denaro. Per lui è la stessa cosa: rappresenta un tesoro. Sa che il denaro è prezioso perché sente che ne parlate e vede che lo scambiate con cose piacevoli, ma per lui è né più né meno del gettone che infilate nelle macchinette. Non ha un'idea del reale valore del denaro.

Tuttavia, il bambino che prende in continuazione degli oggetti, comportandosi come una gazza ladra e nascondendo gli oggetti altrui in un cassetto, probabilmente soffre di turbe emotive. In modo simbolico cerca di prendere qualcosa di cui sente la mancanza: si tratta forse di amore o di approvazione. Invece di sentirvi furiose e sconvolte, e di renderlo subito infelice, perché non cercate di dargli ciò di cui ha bisogno? Se non vi riesce e lui continua a rubare, siate tanto ragionevoli da ricorrere alla locale clinica di psicologia infantile. Vi aiuteranno ad affrontare con calma il problema e a uscirne.

**Discussioni e trattative**

Alcuni bambini, e in genere quelli piuttosto intelligenti, sono convinti di avere un potere di contrattazione quando voi volete che facciano qualcosa che loro non vogliono fare. Invece di andare zitto zitto a mettersi la maglietta pulita, il bambino dice: "Se mi metto la maglietta pulita perché tu vuoi che lo faccia, mi darai i miei colori perché li voglio io?". Disgraziatamente, i genitori spesso giudicano "sfrontato" questo modo di fare. Hanno il diritto di dirgli cosa fare, ma non vogliono riconoscergli il diritto di fare altrettanto. "Fai come ti dice la mamma e non discutere" urla il padre. Torniamo a quell'obbedienza immediata che non è educativa.

La negoziazione può essere un'utilissima forma di scambio umano, come ha scoperto ogni civiltà della storia. Ma ovviamente vi irriterete se, per ogni cosa che gli dite di fare, il bambino vorrà qualcosa in cambio. Riservate la contrattazione solo alle richieste più eccezionali o a quelle particolarmente odiate dal bambino e talvolta proponetela voi stessi, invece che aspettare la sua iniziativa. "So che sei comodo con quei pantaloni, ma sono molto sporchi. Vai a cambiarteli e ti porterò fuori la bicicletta così ti farò risparmiare tempo."

## COME TRATTARE IL BAMBINO

Esiste un detto spiritoso riguardo il comportamento dei bambini: più ci si preoccupa per esso e più sforzi si fanno per cambiarlo, più tende a peggiorare.

Questo succede perché è più facile vivere con un bambino quando gli adulti affrontano il suo comportamento in modo positivo, supponendo che le sue intenzioni siano buone, facendogli osservazioni quando è bravo, assicurandosi che capisca ciò che gli chiediamo in diverse circostanze e premiando il suo comportamento corretto in modo che sia motivato a tenerlo sempre. Quei genitori che decidono che i loro figli si sono comportati male rischiano di cadere nella situazione opposta. La disciplina negativa si concentra sui comportamenti cattivi: li attende e li punisce con l'intenzione di cambiarli ma, in realtà, essi rimarranno tali.

*Punizioni*

L'idea di una punizione formale si addice meglio alla "disciplina" che all'"imparare come comportarsi". I ragazzi più grandi e gli adulti sanno come dovrebbero comportarsi, anche se non sempre lo fanno, e possono essere persuasi al rispetto delle regole dal costo della trasgressione (una punizione per aver parlato in classe o una multa per aver parcheggiato l'automobile sul marciapiede), ma i bambini piccoli non sono in grado di calcolare le punizioni future in rapporto agli impulsi del momento.

Stanno incominciando a imparare a vivere con persone vere in situazioni reali e quotidiane, e l'unica sanzione che funziona per loro è la disapprovazione degli adulti. Qualsiasi punizione decisa quando siete contrariati sarà dettata unicamente dal vostro malumore. Se questa affermazione vi fa sorridere perché il bambino sta toccando i limiti di una fase particolarmente insolente, provate a pensare a come reagirebbe di fronte a una punizione formale annunciata in due modi differenti.

La punizione è che non ci sarà gelato per merenda questo pomeriggio. Diteglielo con serenità e in tono disinvolto, come un fatto di normale amministrazione, e probabilmente lui rimarrà impassibile. (Di solito mangia un gelato per merenda? Vuole soprattutto gelato per merenda? Che cosa è abituato a mangiare all'ora del tè?) Se invece glielo dite aspramente: "È così. Quindi oggi non mangerai il gelato per merenda..." piangerà e si arrabbierà. Indipendentemente dal fatto di aspettarsi o volere un gelato: quello che davvero non vuole è che voi siate in collera con lui.

Supponiamo che abbiate formulato la proibizione del gelato nella seconda versione (giustificata dalla rabbia del momento) e abbiate quindi ottenuto l'effetto desiderato di chiarire al bambino i vostri sentimenti. Lo stesso effetto sarebbe stato ugualmente sortito da qualunque altra dichiarazione del vostro stato d'animo, come: "Questa passeggiata semplicemente non mi diverte più perché ti sei comportato malissimo, quindi adesso si torna subito a casa". Il problema con la versione irosa è che, per l'ora della merenda, l'intero episodio potrebbe essere superato e dimenticato. Per rimanere fedeli alla decisione presa, dovete ricordargli di nuovo l'accaduto e così, in effetti, lo punite una seconda volta. Che peccato se per il resto del pomeriggio si fosse comportato in maniera impeccabile...

La vostra disapprovazione, o la vostra rabbia, è la sanzione più efficace. Se vi conduce a una punizione spontanea e immediata così che il bambino può chiaramente rendersi conto che il suo comportamento ne è la causa diretta, la punizione può rafforzare la vostra posizione. Non andare a fare la coda per comperargli il gelato quando lui si è appena comportato male significa che deve rinunciare al gelato proprio ora. È una conseguenza diretta del suo comportamento più che una punizione. Non può tirar fuori pacchetti dagli scaffali del supermercato: prendetelo in braccio e mettetelo nel seggiolino del carrello. Ha abusato della sua libertà e quindi l'ha sacrificata. Non volete che i vostri cosmetici vadano sprecati ogni volta, quindi, considerato che lui non è capace di smettere da solo, lo obbligate a smettere voi mandandolo fuori dalla stanza. Tutti questi gesti varrebbero come punizioni se fossero freddi e calcolati. In quanto reazioni spontanee a una situazione immediata, sono invece il risultato logico delle azioni sconsiderate del bambino.

Molti bimbi vengono picchiati come conseguenza diretta dell'aver condotto i genitori oltre il limite di sopportazione. Se in una situazione del genere siete arrivati al punto di sculacciare vostro figlio,

*Di solito infliggete una punizione perché siete turbati, ma è il vostro turbamento che è già una punizione.*

non preoccupatevi, specialmente se una pacca sul sedere spinge entrambi a scusarsi reciprocamente e a chiarire subito l'episodio senza avere dei risentimenti. Diffidate invece della sculacciata eletta a metodo di insegnamento. Se vi guardate attorno vedrete che la maggior parte delle sculacciate sono date a bambini sotto i cinque anni che stanno piangendo o urlando.

Non è davvero logico aspettarsi che il dolore fisico possa far diventare di buon umore un bambino già arrabbiato. I piccoli imparano il loro comportamento dai genitori, così dovete essere voi a decidere se volete davvero che vostro figlio impari che la violenza è un modo legittimo per far valere le proprie idee. Inoltre, schiaffi e altre punizioni fisiche possono essere più pericolosi del previsto. Uno schiaffo può far perdere l'equilibrio al bambino e farlo cadere, un colpo all'orecchio può significare una rottura del timpano, scuoterlo, quando la sua testa è ancora relativamente pesante rispetto al corpo, può provocare danni alla colonna vertebrale o addirittura una commozione cerebrale.

Il vero rischio delle punizioni fisiche è che, poiché sono inefficaci nel convincere i bambini a comportarsi bene, tendono quasi automaticamente a diventare sempre più pesanti. Buona parte del comportamento sbagliato del bambino è causato da impulsività e negligenza. Oggi avete trascorso l'intero pomeriggio a urlargli di non correre sull'aiuola. Alla fine gli date una pacca sul sedere. Domani farà ancora la stessa cosa. Logicamente dovrete colpirlo ancora, questa volta più forte. Se vi lasciate coinvolgere in questo circolo vizioso, la punizione che quest'anno consiste in una sculacciata o in una mezz'ora rinchiuso nella sua camera, il prossimo anno diventerà uno schiaffo o un'ora trascorsa in bagno. Studi vari mostrano che i bambini picchiati o confinati non ricordano il motivo per cui sono stati puniti. Le punizioni fisiche li rendono così furiosi e deboli che ne escono pieni di rancore piuttosto che di pentimento. Una delle ragioni principali che portò a eliminare il ricorso alle punizioni corporali nelle scuole fu che i registri delle punizioni mostravano che il numero di bambini puniti non diminuiva, per quanto sempre più severa fosse la punizione, per cui nessuno sembrava "imparare la lezione".

Quindi, che vi capiti o meno di dare una sculacciata violenta a vostro figlio perché avete perso la calma, non pretendete di usare la punizione fisica come un modo per insegnargli qualcosa. Non potete certo pensare di ottenere la collaborazione che volete attraverso la vostra forza fisica nettamente superiore.

Evitate anche di fare affidamento sulla superiorità della vostra forza emotiva. Le punizioni destinate a far dubitare il bambino della propria intelligenza o della propria dignità sono inefficaci ed emotivamente pericolose quanto le punizioni di carattere fisico. Se togliete le scarpe al bambino per non farlo correre via, o lo obbligate a mettere il bavaglino per non sporcarsi i vestiti, lo farete sentire indifeso, senza importanza e decisamente incapace di imparare le lezioni di crescita che state cercando di impartirgli. Se un pasto sta causando un reale problema di bucato, bisognerà mostrargli come servirsi meglio delle posate ed eventualmente tentare di ovviare il problema facendogli indossare un grembiulino sopra gli abiti "perché questo sugo è così sgocciolante...".

Se siete sinceramente intenzionati a insegnare al bambino come deve comportarsi, non ci sarà bisogno di infliggergli delle punizioni facendogli del male o facendolo vergognare. Imparerà molto di più soprattutto dagli elogi e dai complimenti che gli rivolgerete per le cose che fa in modo giusto (e non faticherete a trovarne alcune!), e trarrà un grande incentivo dal dispiacere che leggerà sul vostro volto ogni volta che fa qualcosa di sbagliato e anche dalle esplosioni di rabbia che si verificheranno ogni volta che tutti voi accumulerete una certa quantità di tensione.

Le punizioni formali per un bambino di questa età, che comprendono sculacciate e limitazioni della sua libertà, lo renderanno meno e non più incline ad ascoltare quello che dite e a cercare di compiacervi. State cercando di insegnargli a controllare se stesso e ad assumere la responsabilità delle proprie azioni. In seguito, quando affronterà i problemi senza di voi, non ci sarà nessuno a risvegliargli la memoria con un sonoro ceffone, per cui cercate di farne a meno sin d'ora, tenetelo accanto a voi ed educatelo come meglio potete.

*Ricompense e premi*

Chi è contrario all'idea di dover contrattare con un bambino piccolo troverà probabilmente ancora più sgradevole l'idea di premiarlo. Dopotutto, lui dovrebbe fare ciò che gli dite senza discutere.

Ma le ricompense o, se vi sembra meno immorale, i premi possono essere utilissimi. I bambini hanno un preciso senso della giustizia e hanno le idee chiare a proposito della buona volontà degli altri. Se desiderate convincerlo a fare qualcosa che detesta profondamente, offrendogli un premio gli farete capire che vale la pena di collaborare e che voi siete disposti a rendergli la fatica meno sgradevole.

Supponete che in un pomeriggio caldo il bambino stia sguazzando nella sua piscina gonfiabile. Vi accorgete di aver finito le patate e dovete correre a comprarle. Non potete lasciarlo dov'è perché in casa non c'è nessuno. Perché non allettarlo con una ricompensa offerta onestamente? "Lo so che preferiresti restare a casa, ma non è possibile: devo uscire a prendere le patate. Che ne dici se dopo, tornando a casa, passiamo dal panettiere a prendere una focaccia?" Offrite è vero una ricompensa, ma si tratta di una trattativa ragionevole, purché il bambino abbia voglia della focaccia.

Per un bambino che deve subire un'esperienza davvero sgradevole, un premio può cambiare la situazione. Se per esempio deve essere anestetizzato o gli devono suturare una ferita, pensare al premio promesso l'aiuterà a superare lo spavento. Non è l'oggetto che conta, è il fatto che a un brutto momento seguirà qualcosa di bello. I premi non devono dipendere dal buon comportamento. Se gli offrite un premio a condizione che "stia tranquillo", lo metterete in uno stato di tensione. Il bambino a volte ha bisogno di non rimanere tranquillo e deve essere certo che, indipendentemente dal suo comportamento, voi siete dalla sua parte.

*Viziare il bambino*

Tutti sanno che un bambino viziato rappresente una disgrazia per sé e per gli altri e la maggior parte della gente è indotta a giudicare male il comportamento dei genitori. Pochi si soffermano a pensare che cosa li fa decidere che un bambino è viziato e qual è la ragione che ha spinto i genitori a viziarlo. "Viziare" è una specie di spettro che ossessiona i genitori, terrorizzati di sentire questa parola riferita al proprio figlio o al loro modo di educarlo. Alcuni addirittura si trattengono dall'essere gentili e generosi perché "non vogliamo che diventi un bambino viziato".

Esiste purtroppo un triste equivoco. Il viziare non ha nulla a che fare con favori e divertimenti; riguarda, invece, arroganza e ricatti. Non potete viziare vostro figlio con troppe chiacchiere, troppi giochi e troppe risate o con troppi sorrisi e coccole o regali, se glieli date perché avete voglia di farlo. Non lo vizierete certo comprandogli le caramelle al supermercato o facendogli quindici regali di compleanno. Ciò che lo renderà veramente viziato sarà la scoperta di potervi sopraffare facendo il prepotente quando gli negate qualcosa. Non è viziato per ciò che ottiene, ma per come lo ottiene. Viziare un bambino è un modo di agire strettamente connesso con l'equilibrio familiare dei poteri.

*I limiti e gli adulti che li seguono fedelmente*

I bambini necessitano di adulti che hanno il coraggio delle loro convinzioni e il coraggio di porre dei limiti all'interno dei quali essi possano sentirsi protetti e buoni. I limiti non sono solamente qualcosa che gli adulti impongono ai bambini. Tutti noi dobbiamo rispettare i limiti che ci separano dagli altri, sia letteralmente sia figurativamente. I bambini hanno bisogno di ulteriori limiti all'interno dei quali possano essere salvaguardati mentre imparano a salvaguardarsi, controllati mentre sviluppano il loro auto-controllo. Sono dei limiti che servono ad assicurarsi che non perdano il loro spazio mentre imparano lezioni di vita sociale come "comportati come vorresti che gli altri si comportassero".

I limiti sono limiti e basta se il bambino non può varcarli. E gli danno solamente una libertà di azione protetta da ogni pericolo se sanno di non poterlo fare. I genitori che dicono che i loro figli non vogliono stare dentro i limiti, solitamente confondono l'obbedienza, che fa affidamento sulla cooperazione da parte del bambino, con i limiti, che non lo fanno. Se ponete un limite, assicuratevi che il bambino non possa oltrepassarlo. Se per esempio lo steccato del giardino limita la sua zona di gioco, non aspettate che apra il cancello per sgridarlo. Avvolgete il chiavistello con un filo di ferro fin dall'inizio.

Se non vi sentite pronti a far rispettare un limite, evitate di porlo. I genitori solitamente dicono di non essere capaci di far rispettare un limite posto perché pensano richiederebbe troppi sforzi. È molto meglio, sia per lui sia per voi, che a vostro figlio siano concesse due ore di televisione, piuttosto che una sola e che poi si prenda la seconda anche se gli era stata proibita.

Talvolta i bambini attraversano delle fasi in cui la loro volontà di fare sembra andare oltre la capacità di controllo di qualsiasi genitore. Se ritenete cosa ardua che vostro figlio si trattenga entro i vostri limiti, poneteli il meno possibile e assicuratevi che ognuno di essi sia veramente fondato in modo tale che siate veramente motivati a fare il possibile perché venga rispettato.

*Andando verso la divisione dei poteri*

Il bambino in età prescolare si vede come un individuo tra gli altri ed è estremamente interessato alla misura in cui può controllare loro e se stesso. È a questa età che cominciano i giochi di potere. Verifica i limiti della sua influenza proprio come quelli dei suoi muscoli. È giusto che scopra di avere influenza sulle persone: non può crescere se lo tenete sottomesso. Tuttavia non è giusto che faccia il prepotente. Ha bisogno di imparare una maniera accettabile per affermare il suo potere o un suo modo per influenzare le cose.

Reagite più favorevolmente alla ragione che alle lacrime e alla collera. Anche se gli è ancora difficile controllarsi, voi volete che il bambino si renda conto che, mentre non siete disposti a dire "sì" per paura delle lacrime, siete pronti a farvi convincere. Convincere la gente è un'arte che dovete insegnargli. È importante incoraggiarlo a usare la ragione.

Se riesce a riflettere e a dire perché vuole con tanta determinazione una cosa, non solo vi offre la possibilità di mettere a confronto la sua esigenza con la vostra politica, ma vi permette anche di ammorbidire il "no" cercando un'altra strada per andare incontro a un suo bisogno chiaramente formulato. Se si limita a piagnucolare: "Gioca con me" ha scarse probabilità di giocare. Se dice: "Mi sono annoiato da solo, giochi con me?" potreste rispondergli: "Adesso non posso perché devo stirare, ma perché non porti qui il tuo orsacchiotto e non gli stiri i vestitini?".

Lasciatelo partecipare alle decisioni. Man mano che cresce ci saranno sempre più decisioni da prendere. Scoprirà ciò che viene consentito ai suoi coetanei, sentirà parlare di programmi televisivi che non ha mai visto e in generale cercherà di ottenere nuove concessioni. Poiché gli argomenti sono nuovi, non avete risposte già pronte. Non pretendete di risolvere tutto da soli e in un momento. Discutetene con il vostro partner e con il bambino. Che il risultato gli sia favorevole o contrario, saprà che i genitori hanno trovato un accordo e che lui ha avuto la possibilità di parlare.

Trovate un equilibrio tra i suoi e i vostri diritti, proprio come lo cercate tra quelli di un ragazzo e un altro, o tra i vostri e quelli del partner. Vivete tutti insieme e la regola principale di un rapporto di amore è che ognuno rispetti lo spazio altrui, e a volte sacrifichi addirittura un po' del proprio a favore di un altro membro della famiglia. Vostro figlio non si comporterà sempre come voi vorreste. Voi non dovete sempre comportarvi come lui vorrebbe.

I contrasti dovranno essere risolti tra voi due. Se voi volete rimanere a casa a leggere un libro e lui, al contrario, desidera uscire per una passeggiata, affrontate apertamente il problema. Se voi non riuscite a reggere l'idea di una passeggiata, diteglielo. È meglio rifiutargliela piuttosto che percorrere ogni metro trascinando i piedi, sentendosi dei martiri e negandogli la possibilità di divertirsi. Ma se pensate che anche lui abbia il diritto di fare una passeggiata come voi lo avete di leggere un libro, trovate un compromesso di mezz'ora ciascuno e insistete perché anche lui accetti di buon grado la sua parte di rinuncia.

*È bene che il bambino sappia che "chiedere con cortesia" spesso ha effetto.*

Aiutatelo a capire i sentimenti degli altri. Quanto più attirerete la sua attenzione sui sentimenti del prossimo, facendogli notare che sono simili ai suoi, tanto più riuscirà a essere comprensivo con gli altri. Capire i sentimenti del prossimo è la base dell'altruismo e quindi il contrario dell'egoismo: un bambino così non potrà mai essere viziato. Quando vi si presenta un'opportunità, afferratela al volo. Ditegli quel che ha provato un suo piccolo amico quando gli hanno rubato la bicicletta. Se vi risponde tranquillamente che ne può comperare un'altra, fategli notare che spesso i genitori vorrebbero comperare tanti giocattoli per i figli, ma che non sempre possono permetterselo. Quando pianificate la vita familiare fategli notare quanto sia difficile distribuire svaghi e vacanze in modo che tutti i componenti della famiglia ottengano ciò che preferiscono. Riuscirete così a fargli capire che, come non sarebbe giusto nei suoi confronti preparare ogni sera il cavolo che lui detesta, sarebbe altrettanto scorretto nei confronti del padre negargli sempre la sua verdura preferita.

Il bambino in età prescolare adora parlare con gli adulti e avere informazioni di tutti i tipi. Finché non trasformate i vostri colloqui in una serie di lezioni, ciascuna ispirata da un suo misfatto, lui li gradirà enormemente. Gli concedete l'onore di discutere con lui non solo degli avvenimenti quotidiani, ma anche dei sentimenti. L'aiutate a mettersi nei panni degli altri e richiamate la sua attenzione su una sfera di esperienza che potrebbe essergli sfuggita. Più vi impegnerete in questo, prima e più chiaramente arriverà a capire di essere una persona importante e amata, in un mondo di persone importanti quanto lui.

# L'EDUCAZIONE NEI PRIMI ANNI

Questo capitolo non è intitolato educazione prescolare perché gli anni tra i tre e i cinque rappresentano molto di più di un periodo di attesa prima di iniziare la scuola o addirittura di preparazione alla scuola. Infatti, sebbene molti identifichino i bambini sotto i cinque anni come un gruppo che si distingue per molti aspetti dai più grandi di cinque o sei, tuttavia non è una fase determinante dal punto di vista dello sviluppo. Si passa dalla prima infanzia al periodo propriamente detto "età infantile", che dura dai cinque ai sette anni, fino alla cosiddetta "infanzia di mezzo". La tappa dei sette anni è molto più importante di quella dei cinque.

L'età infantile ha un programma di sviluppo tutto suo che ha poco a che vedere con la scuola, così come accade nella società dove il vero "inizio della scuola" avviene molto più tardi o non avviene affatto. Per la formazione generale del bambino e i suoi successi futuri, l'educazione infantile assume la stessa importanza di quella che riceverà

*L'educazione dei primi anni è piena di sorprese...*

alla scuola elementare, alle medie e oltre, ma è completamente diversa. Oltre a prendere in considerazione il processo cognitivo, ruota attorno a sentimenti ed emozioni, al modo di esprimerli e di controllarli. Si occupa più di comportamento che di apprendimento. Anche se saper leggere e scrivere a un'età precoce fa sì che il bambino si senta più avanti rispetto ai suoi compagni quando comincerà la scuola dell'obbligo, tuttavia queste capacità da sole non gli daranno una marcia in più. Le ultime ricerche ci dimostrano che la durevole valenza dell'"educazione prescolare" non sta nel preparare il bambino alla scuola, ma nel prepararlo alla vita.

Quando fu coniato il termine "prescolare", l'intervallo tra la fine della primissima infanzia e l'età scolastica era più lungo di quanto non sia oggi, e cominciava a essere riconosciuto come un periodo di sviluppo a tutti gli effetti, basato su una ricca varietà di giochi di società. I primi gruppi di gioco "prescolari" di almeno due generazioni fa, si ispiravano alla difficoltà di fornire ai bambini un luogo dove giocare che non fosse all'interno dei ristretti ambienti delle case di città. Il gioco era fondamentale negli asili inglesi dove i bambini restavano fino a sette anni, quando entravano nella fase chiamata "infanzia di mezzo" e andavano alle elementari.

*...e di misteri, come questi dinosauri che spariscono.*

Tuttavia, oggi, la prima educazione è interpretata in modo diverso dalle generazioni moderne. Ormai i genitori di tutto il mondo sono consapevoli che l'ambiente in cui allevano i loro figli è altamente competitivo, e che il loro futuro dipende tutto dall'educazione che ricevono. Essi desiderano che i loro bambini possano avere più di quanto non abbiano avuto loro alla stessa età, e che possano ottenerlo prima e con più facilità. Perciò, anche se l'educazione viene impartita con modalità differenti a seconda dei posti, la tendenza attuale è sicuramente basata su "di più" e "prima". Molti paesi europei prevedono tre anni di asilo prima di incominciare la scuola a sei o sette anni, con l'integrazione di qualunque tipo di assistenza di cui necessitino le famiglie. Nell'Italia settentrionale, per esempio, si pratica un'ottima soluzione che fornisce educazione e mille altri servizi ai bambini più grandi, come le attività "dopo scuola", in centri di educazione integrata.

In Inghilterra e negli Stati Uniti, invece, si è accolta con entusiasmo la decisione di anticipare l'età in cui si considera importante stimolare i bambini con giochi educativi, passando dai tre-quattro anni alla primissima infanzia. Minor entusiasmo riscuote la tendenza a posticipare l'inizio dell'apprendimento accademico. È vero che i bambini americani e inglesi devono, per legge, cominciare la scuola al compimento rispettivamente del loro sesto e quinto compleanno ma, qualunque sia l'età obbligatoria, accade sempre più spesso che i bambini siano mandati a scuola (invece che all'asilo) quando hanno circa quattro anni, per affrontare programmi studiati per bambini di almeno due anni più grandi di loro.

I primi anni di educazione sono complicati anche dal fatto che le pressioni provenienti da quello stesso mondo competitivo, che rende i genitori desiderosi di un'educazione sempre migliore per i loro figli e a un'età sempre più giovane, li costringono anche ad avvalersi di maggiore assistenza. Cura ed educazione dovrebbero procedere parallelamente all'età di pochi mesi come a cinque anni. Infatti la qualità di entrambe si basa sulla loro complementarietà. Si discute su come "educare", concludendo che si debba dedicare più attenzione alle attività di un centro per l'educazione infantile, oppure che si debba aggiungere alle cure dei genitori, quando lavorano, l'assistenza di un asilo o di un centro di giochi.

Ma quanto bisogna aggiungere e che cosa dovrebbe essere? Sapendo che i genitori di solito sono sensibili a queste cose, molti asili in competizione tra loro presentano dei programmi sempre più apparentemente accademici anche per i più piccoli. Pare, ed è, assurdo parlare di biologia e fisica nel caso di bambini di due anni, ma come fanno i genitori a essere sicuri che non si tratta solo di dar loro la possibilità di piantare dei semi in giardino e giocare con un mulino ad acqua? Quante più offerte ci sono da parte delle istituzioni, tanto più i genitori crederanno che i bambini che ricevono meno non avranno un'educazione sufficiente.

Naturalmente l'educazione non deve essere affidata solo alle istituzioni. Può darsi che vostro figlio riceva già in casa tutti gli stimoli educativi di cui ha bisogno, quando viene seguito dai voi, dalla bambinaia o da un parente. Se vi accorgete che il piccolo di tre anni è sempre in movimento, indaffarato e curioso, sarà perché la sua vita quotidiana è particolarmente ricca di esperienze diverse e interessanti. Se poi coinvolge anche voi nel suo entusiasmo per i libri, i giochi e gli amici di tutte le età, non ci sarà alcuna ragione di cambiare qualcosa, almeno per ora.

Esistono altri fattori che influiscono sull'educazione dei primi anni di vita di un bambino e sulla vostra valutazione di cosa sia utile per lui. Si tratta di agenti esterni al suo sviluppo personale e intellettuale, che sono regolati dal tipo di società in cui vive. Va benissimo che un bambino riceva un'educazione individuale a casa propria, comunque dovrà avere molte stimolazioni e tanta compagnia a disposizione. Ma se tutti i suoi coetanei trascorrono almeno metà della giornata all'asilo, il parco giochi sarà sempre vuoto; a parte i fine settimana, le strutture per i bambini sotto gli otto anni potrebbero non esistere e le biblioteche per i più giovani non aprono prima delle tre di pomeriggio. A questo punto vostro figlio potrà sentirsi solo e intravedere uno strano futuro prospettato per lui.

In alcune società, invece, la maggior parte dei bambini rimane a casa, ed è per questo motivo che vengono organizzati corsi di nuoto e validi gruppi di gioco per intrattenerli e stimolarli. Queste strutture offrono al bambino e al suo accompagnatore adulto mille occasioni (a volte costose) di fare nuove amicizie e di trascorrere un pomeriggio d'inverno in modo differente dal solito. D'altra parte però, dimostrano anche che in fondo il parco resta sempre il luogo ideale dove incontrare tanti amici gratuitamente.

Anche se gli asili sono frequentati da tanti bambini, non siete costretti a iscrivere anche vostro figlio se ritenete che non ne abbia bisogno o che non sia ancora pronto ad affrontare un'esperienza di gruppo. Ma non accantonate la questione, permettendo che la sua vita proceda immutata negli anni a venire. Ricordatevi che prima o poi verrà il giorno in cui dovrà andare a scuola, che lo voglia oppure no, e molte scuole prevedono il tempo pieno per tutti i giorni della settimana. Dovrà fare a meno di voi quasi fin dall'inizio. Non basta fargli fare delle gite insieme a voi o alla bambinaia per abituarlo a diventare un membro di una classe dove l'assistenza di un adulto è molto limitata. Quando avete cominciato la scuola, e sicuramente quando la cominciò vostro padre, il primo giorno coincideva anche con la prima volta che un bambino si allontanava dai genitori per trovarsi in un gruppo di coetanei. Ma oggi queste situazioni sono molto rare e per questo gli insegnanti non sono pronti ad affrontarle. Per quanto vi appaia idilliaca la sua vita presente, dall'età di quattro anni trarrà molto vantaggio da un'educazione più formale e da un'esperienza di gruppo.

*L'educazione dei primi anni di vostro figlio*

È facile fare confusione tra quello che si richiede a un asilo e quanto si vorrà in seguito dalla scuola. Se state cercando un programma che sia più educativo per vostro figlio, che finora non ha fatto altro che giocare in centri per i più piccoli, non commettete l'errore di eccedere nell'altro senso, tentati da file di banchetti ordinati. I bambini imparano giocando, quindi un insegnamento di ottima qualità incoraggia il gioco: la scelta di che cosa fare, quando e per quanto tempo; l'importanza di toccare le cose, di manipolarle e di fare esperienze dirette, oltre a osservare e ascoltare; muoversi fisicamente, coinvol-

*Il bambino ha bisogno di giocare a suonare prima di imparare a suonare.*

gendo corpo, mente e sentimenti e parlare, parlare sempre. I tentativi di insegnare ai bambini di tre o quattro anni in modo tradizionale, tenendoli seduti e zitti mentre ascoltano e osservano, o far loro imparare a memoria cose che non hanno ancora un senso compiuto, costituiscono dei fallimenti, anche se alla fine i bambini sapranno i nomi di tutte le lettere dell'alfabeto a quattro anni.

Se volete che vostro figlio impari tutto ciò che è in sua facoltà, dovete fare in modo che lo desideri anche lui. I piccoli non conoscono differenze tra giocare e imparare, ma fanno una netta distinzione tra gioco e lezione. Va bene che conosca la differenza, ma è triste che decida fin da adesso che il gioco è divertente e le lezioni noiose.

Insegnare a un bambino qualcosa che non lo interessa particolarmente, oppure fargli fare quello che gli adulti ritengono giusto per lui, anche se i loro criteri di giudizio non significano nulla per il piccolo, è di certo un'inutile perdita di tempo per tutti e al peggio sarà anche un modo di disinteressarlo all'apprendimento. Se vostro figlio di tre anni si diverte a strimpellare sul piano dimostrando concentrazione, probabilmente starà suonando più nella sua testa che sulla tastiera, interpretando un ruolo, il padre o un personaggio della TV, senza dare alcun peso ai suoni prodotti. Tuttavia sarà felice se il papà gli insegnerà a suonare un motivetto familiare, e saprà allietarlo con la sua esibizione compiaciuta. Ma che cosa accade se il papà decide di impartirgli lezioni di piano e gli spiega che, facendo 10 minuti di pratica tutti i giorni, potrà suonare sempre meglio? Semplicemente niente: il suo interesse per il piano svanirà all'istante e si opporrà all'imposizione di lezioni ed esercizi. Suonare "meglio" il piano non fa parte dei suoi programmi. Ciò che vuole è giocare suonando come sa fare adesso, e non imparare a suonare per essere più bravo in un futuro difficilmente concepibile.

Giocare, però, non significa "gioco libero", senza alcuna sorveglianza. Ciò che distingue un buon insegnante di bambini in età prescolare è la sua capacità di comprendere le attitudini di ciascuno osservandolo giocare, e di utilizzare la sua conoscenza e l'esperienza acquisita con il tempo per aiutarlo a progredire entro questi parametri. Molti adulti posso facilitare il gioco di un bambino, come dimostrano i capitoli precedenti, ma un insegnante esperto possiede delle capacità speciali. Prima di tutto è il solo che riconosce in modo chiaro quali progressi ha fatto il piccolo in ogni campo. Capisce di che cosa è capace adesso e che cosa sta già tentando di imparare. Intuisce dove potrà arrivare, e fornisce un aiuto sempre aggiornato e adeguato per superare quel vuoto esistente.

## *Trovare la giusta educazione che fa per lui*

Esistono molti gruppi che forniscono un'educazione per i primi anni di età, perciò informatevi presso il centro più vicino a voi. I relativi programmi sono regolati da orari precisi, ma decisiva sarà anche la collocazione della scuola. Probabilmente non potrete scegliere solo per ciò che vi sembra più adatto dal punto di vista educativo, perché le questioni logistiche regoleranno gran parte della vostra vita. Prima di tutto dovete considerare se state cercando un'assistenza a tempo pieno, o se invece il bambino frequenterà solo mezza giornata. In questo secondo caso avrete più scelta. Le alternative aumenteranno ancora se candiderete vostro figlio a frequentare la classe del pomeriggio invece di quella del mattino, molto più popolata. È comprensibile che poche scuole consentano un orario flessibile di frequenza, ma altre propongono due o tre giorni a tempo pieno alla settimana invece di cinque mezze giornate, cosa che potrebbe conciliarsi con il vostro lavoro e risparmiarvi dei viaggi.

È comunque importante che l'educazione del vostro piccolo non aggiunga altre complicazioni alla vita di tutti i giorni. Se ha già una bambinaia e frequenta un gruppo di gioco due volte alla settimana, può essere esagerato aggiungere ai suoi programmi quotidiani anche l'asilo. Continuare a cambiare insegnante o bambinaia può essere faticoso per lui e per voi.

Le istituzioni che impartiscono l'educazione ai bambini più piccoli e che non rientrano nel novero delle scuole o degli asili, sono a parte e vengono spesso individuate con il termine "prescolari". Sono di norma di piccole dimensioni con una forte influenza degli insegnanti più anziani. Se iscrivete vostro figlio a una di queste scuole con un anno di anticipo, eventuali cambiamenti nel corso di questo periodo nel personale docente potranno sovvertire le premesse che vi avevano spinti a quella scelta. Prima di mandarci il bambino, vale la pena di verificare bene.

Se siete in cerca del gruppo giusto per lui, diffidate da eventuali legami, per esempio, con la religione. D'altro canto non vi fate troppo influenzare dalla filosofia di un certo gruppo. Per citarne uno, "Montessori" oggi implica un programma in cui le attività del bambino sono rigidamente controllate dal materiale offertogli. Tuttavia può anche significare un alto livello di insegnanti qualificati che utilizzano materiale di vario genere.

La professionalità degli insegnanti è decisamente prioritaria. Controllate sempre la vera qualifica del corpo docente della scuola prescelta e ricordate che un assistente all'infanzia sarà adatto per quanto concerne il gioco ma non per l'insegnamento. È importante che tutto lo staff sia di docenti e che vostro figlio impari da personale qualificato che ha studiato per insegnare.

Anche il coinvolgimento dei genitori e una stretta collaborazione tra scuola e casa sono importanti.

*La scelta del gruppo*

Per quanto una scuola materna possa essere rinomata e piena di iscrizioni, non lasciatevi mai condizionare dall'apparenza. Per visitare l'asilo, fissate un appuntamento e andateci nell'orario di attività, ma senza portare il bambino con voi. Incontratevi con la persona responsabile, ma, se l'asilo è diviso in vari sottogruppi o "classi", cercate di conoscere soprattutto la persona che avrà l'incarico di parlare, confortare, educare e disciplinare il bambino. Vi piace? Sembra che i bambini le piacciano veramente, ne parla con simpatia o è troppo pronta a scherzare con voi a loro spese o a liquidarli dicendo "tutti uguali a questa età"? Vi fa domande su vostro figlio che vi fanno supporre che stia cercando di ricavarne l'immagine di una persona piuttosto che di un tipo? Chiedete di poter assistere alla vita del gruppo. Avete l'impressione che i bambini siano felici e sempre indaffarati? Parlano con facilità con i coetanei, con se stessi e con gli adulti? Vengono incoraggiati, sia i maschietti sia le femminucce, a giocare insieme e a rispettare il gioco altrui? Ci sono dei programmi di gioco e delle alternative, così da non costringere un bambino che non vuole cantare a restare da solo in un angolo? C'è un adeguato controllo del "gioco libero" o degenera facilmente in un caos di urli e lacrime? Riuscite a riconoscere quali sono le regole del gioco corretto e vi pare che i bambini le rispettino?

Osservate i locali e le attrezzature. Un brutto edificio non è una valida ragione per rifiutare un gruppo che sotto gli altri aspetti è buono: sono le persone che fanno il successo o la rovina di un gruppo prescolare, non gli edifici.

Ma se la desolazione degli ambienti non è nemmeno ingentilita da pittura ai muri, tende colorate e disegni dei bambini, vi dovete chiedere se il personale ha davvero dimostrato entusiasmo per trarre il meglio dall'esiguo materiale presente. E potete anche pensare che persino i genitori non se ne interessino molto. Tuttavia l'efficienza di alcuni servizi può favorire la vostra scelta. Gabinetti puliti, ordinati e ben riscaldati, per esempio, oppure un giardino vario e spazioso con alcuni nascondigli dove il bambino possa rifugiarsi quando ha voglia di starsene da solo.

Prendete in considerazione le dimensioni della scuola e, cosa più importante, quelle dei gruppi al suo interno. Una scuola materna di piccole dimensioni non gli sembrerà piccola se i 30 bambini che la frequentano costituiscono un unico gruppo. La maggior parte dei piccoli di tre o quattro anni preferiscono gruppi formati da un massimo di 10 o 15 bambini, perciò mantenendo piccole le classi si ottengono dei vantaggi sia nelle scuole grandi sia in quelle piccole. Nelle grandi ci saranno lezioni più varie come corsi di musica o di linguaggio, e aumenteranno le occasioni di fare nuove amicizie (anche di età diverse). Le piccole scuole invece consentono un rapporto più diretto tra bambino e insegnante, con la conseguenza di un rapido intervento in ogni circostanza da parte di un preside che conosce davvero ogni alunno. Dal punto di vista di vostro figlio, piccolo può voler dire sicuro e tranquillo, mentre grande equivale a eccitante e invitante, ma qualunque idea abbia adesso essa potrà modificarsi durante il corso degli anni.

*Ci vuole un abile insegnante per organizzare attività che coinvolgono ed entusiasmano ogni bambino.*

*Come prepararlo a iniziare la prescuola*

La facilità con cui vostro figlio si unirà a un gruppo di prescuola dipende molto dalla provenienza del piccolo e dalla sua destinazione. Naturalmente avrà maggiore impatto il bambino che non ha mai fatto esperienza di gruppo senza qualcuno che lo assistesse, ma anche quello che ha passato molto tempo in una scuola materna e sta cambiando per arricchire la sua educazione può non trarre profitto dal cambiamento. Sicuramente è già abituato alla vita di gruppo e alla lontananza da casa, ma mutare continuamente luoghi e abitudini è sempre faticoso, soprattutto perché sottintende l'allontanamento dagli amici e dagli assistenti cui era affezionato.

Se siete incinte, fate in modo che cominci ad andare all'asilo molto prima del parto, oppure rassegnatevi a tenerlo a casa per molti mesi dopo la nascita. Diventare il fratello maggiore è un grande evento che ogni bambino dovrebbe affrontare.

Sarà importante la scelta del tempo giusto, se è alla sua prima esperienza di gruppo. Se lo inserite nel gruppo proprio quando il neonato entra nella sua vita, si sentirà espulso e respinto. Se cercate di inserirlo subito dopo la nascita, non avrete il tempo e le energie per sostenerlo durante le prime settimane.

Se però, attualmente frequenta un asilo a tempo pieno e presto dovrà passare alla scuola materna, cercate di prendervi almeno un paio di settimane prima del parto per inserirlo allora. Sarà un'eccellente soluzione che coniuga il suo desiderio di stare con voi e l'abitudine di frequentare la scuola.

*Presenza e assenza*

La maggior parte dei bambini di tre anni pensa di sapersela cavare quasi sempre finché è presente la mamma, quindi, se il bambino va in un gruppo che vi permette di rimanere presenti fino a quando il bambino è pronto a rimanere solo, non avrete molti problemi.

Siate oneste con il bambino riguardo la vostra disponibilità e assicuratevi che anche suo padre, o chiunque si prenderà cura di lui in questi primi giorni, lo sia. Se intendete rimanere tutta la mattina, ogni mattina finché lui non è felice di restare da solo, diteglielo e fatelo. Non decidete improvvisamente di scivolar via a metà mattina perché sembra divertirsi. In seguito, quando volete restare solo mezz'ora, comunicateglielo e ditegli "arrivederci" quando ve ne andate. Non può concentrarsi sulle attività del gruppo se deve controllare i vostri movimenti.

È certamente importante che siate voi ad accompagnare vostro figlio e che vi fermiate con lui, ma dipende dallo spirito con cui lo fate. Non trattate il gruppo come se presupponesse la vostra partecipazione. La vostra funzione è di fornire un supporto temporaneo a vostro figlio fino a quando non avrà fatto conoscenza delle persone, bambini e adulti, che compongono questa classe. Se giocate con il bambino, gli procurate i giocattoli e lo portate al gabinetto, vi ponete come una barriera tra lui, gli altri adulti e gli altri bambini. Può darsi che abbia bisogno nei primissimi giorni che facciate da tramite tra lui e gli altri, ma a parte questo dovete aiutarlo a comportarsi come se voi non ci foste, a prepararsi per il giorno in cui non ci sarete più. Cercate, durante le primissime mattine, di rendervi quanto più potete invisibile. Se continua a venire da voi per mostrarvi un qualche oggetto che l'ha colpito, ditegli: "È bello, perché non lo fai vedere alla signorina?". Se vi dice di aver bisogno di andare al gabinetto, ditegli: "Sono sicura che la signorina ti ci porterà, come fa con gli altri". Soprattutto cercate di non interferire tra il bambino e gli altri. L'insegnante lo proteggerà, se è necessario, o lo controllerà se è troppo brusco o aggressivo.

Quando, insieme alla maestra, decidete che è arrivato il momento di lasciarlo solo, ditegliélo. Ricordategli, nominandole, tutte le persone che adesso conosce e tutti i giochi che gli piace fare. Fategli presente che solo le madri dei "nuovi" sono presenti e lui ormai non è più un "nuovo".

Portate voi stesse il bambino nel gruppo, lasciatelo con l'insegnante e rassicuratelo dicendogli che vi troverà lì, nello stesso posto, per riportarlo a casa, alla fine della lezione. Questo gli darà la sicurezza che non ci saranno vuoti tra il periodo in cui lo curate voi e quello in cui lo cura la maestra.

Andate a prenderlo in anticipo i primi due o tre giorni. Lui non sa, naturalmente, l'ora precisa, ma dovreste in ogni caso cercare di arrivare prima che l'ultima attività sia finita, cioè prima che abbia il tempo di cominciare ad aspettarvi.

Non siate in ritardo quando andate a prenderlo, soprattutto le prime settimane. I bambini che restano ad aspettare con la maestra dopo che tutti se ne sono andati si sentono abbandonati. È comprensibile che l'adulto che ha in consegna il bambino (magari neanche la sua maestra) si indispettisca e questo stato sarà avvertito dal piccolo che si sentirà rifiutato. Il bambino può in questo caso decidere che non è prudente lasciarvi andar via quando lo accompagnate al mattino.

*Problemi?* Dovervi separare da vostro figlio che non vuole lasciarvi è un pessimo modo di iniziare la giornata, la vostra e la sua. Poco importa che ciò avvenga alla scuola materna o alle elementari. Se ha tre o cinque anni, però, e le lacrime per la separazione sono l'unico segno di tristezza, non prendetele troppo seriamente. Molti bambini, anche se si divertono e traggono vantaggio dalla vita all'asilo, trovano duro il

*Se vostro figlio non ha mai frequentato dei gruppi, sarà meglio cominciare da casa.*

*Siate puntuali (o in anticipo) quando andate a prenderlo. Il ritardo può mettergli ansia.*

*Una maestra può fare molto per aiutare un bimbo che sta lottando a testa alta per superare gli ostacoli.*

momento del distacco. Se la maestra è brava, vi dirà onestamente se il bambino si riprende e raggiunge gli altri appena siete uscite. Se non vi fidate di lei, cercate di dare un'occhiata dal muro del giardino o attraverso la porta. Se sta fissando disperatamente la porta succhiandosi il pollice, osservatelo anche il giorno dopo: può darsi che lo abbiate visto in un momento di particolare sconforto. Se però il bambino è sempre triste, parlate con la maestra e chiaritele che desiderate mandare il bambino all'asilo solo se ci va volentieri.

Ma è probabile che quando, inosservate, seguirete i movimenti del vostro bambino, lo vedrete giocare allegramente con gli altri. Se è solo il commiato che provoca le lacrime, non dategli l'impressione di prenderle troppo sul serio, altrimenti penserà che lasciarvi andare è veramente pericoloso. Parlategli delle difficoltà della separazione e ingaggiatelo perché vi aiuti a pensare ai modi di farlo più serenamente. Dategli qualche giocattolino da portare a scuola. Se all'asilo non vogliono che i bambini portino giocattoli da casa, per paura che vadano persi o sottratti, potete dargli, perché lo tenga in tasca, il fazzoletto che toglierete dalla vostra borsa, o semplicemente una mela da mangiare al momento della merenda.

In ogni caso, parlate con la maestra. Ammesso che la maestra gli sia simpatica (ma ci sarebbe scarsa possibilità di inserimento nella classe se non fosse così), chiedete al bambino il permesso di parlarle della sua difficoltà a separarsi da voi, e di chiederle aiuto. Un saluto e una mano affettuosa, insieme alle sue attenzioni per i primi minuti, lo aiuteranno nel difficile passaggio da voi a lei.

Un altro modo per risolvere il problema potrebbe essere un lavoro regolare e importante, come mescolare i colori, che la maestra assegna al bambino appena arriva in classe. Cercate di trovare un'altra mamma e un altro bambino con cui fare il tragitto da casa all'asilo, in modo che i due ragazzini entrino insieme correndo nell'aula. Magari potrebbe essere più facile per il bambino separarsi da suo padre, dopo avervi lasciata a casa nel vostro ambiente. Oppure parte dei suoi problemi sta nel fatto che la sua giornata è costellata di separazioni da un adulto a un altro. Sarebbe quindi consigliabile che il piccolo partisse per la scuola dalla casa della sua bambinaia e che vi ritornasse all'ora di pranzo.

## Preparatelo ad andare a scuola

Per il bambino andare a scuola rappresenta l'inizio di una nuova vita. La scuola regolerà la sua vita per i prossimi anni e la rigidità dei suoi orari, dei trimestri e delle vacanze regolerà probabilmente anche la vostra. Un buon inizio può caratterizzare il suo atteggiamento verso la scuola e i vostri lunedì mattina per i prossimi anni, e c'è davvero molto che potete fare per facilitargli l'inserimento fin da ora.

Ma dovete cominciare presto. Potreste preparare i suoi vestiti e la cartella per la scuola la sera prima ma ci vorrà tempo prima che prenda confidenza. È consigliabile che cerchiate l'aiuto della bambinaia o di chi si occupa del bambino quando siete assente. Dovreste cominciare a discutere anche della scuola con lui. Se ha delle esigenze particolari, deve conoscere tutti gli ostacoli che incontrerà e quello che l'aspetta. Se ha un fratello gemello e si discute dell'eventualità

## *Possiamo evitare di somministrare medicinali al nostro bambino iperattivo di cinque anni?*

*È trascorso quasi un anno da quando al mio bambino di cinque anni venne diagnosticato il Disordine e Deficit dell'Attenzione (DDA). Accadde negli Stati Uniti, dopo che fu espulso dall'asilo nido e dalla scuola materna. In seguito fu ammesso a una prescuola materna a condizione che gli venisse somministrato il Ritalin, e tutto andò bene. Ora abitiamo nel Regno Unito. Staremo qui per tre anni e, purtroppo per noi, il medico si rifiuta di prescrivere i medicinali per Caleb e la scuola non ha intenzione di sostenerci nelle nostre ulteriori insistenze. Dicono sia affetto da alcuni problemi comportamentali ai quali, però, essi possono far fronte. Ma questi professionisti possono agire in questo modo? Non si rendono conto del fatto che stanno condannando Caleb a difficoltà senza fine e il resto della sua famiglia al tentativo di amare e di vivere con un figlio indomabile?*

Il Disordine e Deficit dell'Attenzione (DDA) è diagnosticato e curato con farmaci stimolanti come il Ritalin, molto più spesso in Nord America che in Europa. La percentuale del 5% di tutti i bambini americani è una cifra alta per gli standard europei. Esiste comunque una grande differenza anche tra i singoli paesi europei. Quando i pareri dei professionisti non coincidono, figli e genitori rimangono intrappolati nel mezzo; ma la risposta alla domanda che mi avete posto ("I professionisti possono fare questo?") suppongo sia che essi possono (e in verità devono) fare ciò che ritengono meglio secondo i loro canoni professionali.

Alcuni psicologi e medici rifiutano di definire "disturbo" un insieme di caratteristiche (iperattività, eccitabilità e impulsività) che tutti i bambini, in determinate circostanze, dimostrano. Si rendono conto del fatto che un bambino possa interrompere la lezione perché la trova noiosa, perché i suoi genitori si stanno separando, perché il suo modo di apprendere non corrisponde al metodo di insegnamento del suo maestro, perché è depresso e per mille altre ragioni. Ma questo non significa che essi non credano nell'esistenza del DDA o che non si preoccupino delle reali difficoltà dei genitori con bambini iperattivi. Ciò significa che, prima di dare per scontato che il sistema cerebrale del bambino sia carente e di prescrivere quindi i medicinali adeguati, vogliono studiare le cause sociali, emotive e ambientali di quel comportamento, insieme alle relative difficoltà a esso collegate.

Sono pochi i medici completamente contrari alla cura farmacologica del DDA (il Ritalin ha più volte risolto tali problemi), ma molti si preoccupano dell'aspetto etico della somministrazione di farmaci psicoattivi per tenere sotto controllo un comportamento. In verità, all'aumento della diffusione e della reperibilità di tali farmaci dovrebbe corrispondere a una diminuzione di altri interventi di sostegno, siano essi sociali, educativi o psicologici, nei confronti di genitori e figli. Preferiscono considerare i farmaci come risorsa ultima, piuttosto che come la scelta più facile. Questa sembra essere anche l'opinione di molti insegnanti. Essi vantano la propria capacità di attrarre e mantenere l'interesse e la vitalità di quasi tutti i loro alunni, in particolar modo di quelli sotto i sette anni d'età, in modo tale da poterli istruire. La sospensione di alunni dalla scuola o dall'asilo risulta essere un fenomeno recente e molto sgradito.

Se da un lato la vostra preoccupazione per la mancata prescrizione è comprensibile, potrebbe essere che sia il trasferimento in un nuovo stato, sia i diversi atteggiamenti professionali, provino che la vostra ansia sia infondata. Dopotutto, nella sua scuola attuale, Caleb non è sempre nei guai. Magari risulterà essere a lui più adatta della precedente; o magari le diversità che troverà in essa lo spingeranno a cambiare. E non si può nemmeno dire che in casa sia indomabile, per ora. Forse non lo sarà mai. E se privandolo dei medicinali vi sarà data l'opportunità di scoprire che può cavarsela anche senza e che diventerà più trattabile? Se la scuola è d'accordo, non pensate valga la pena provare?

di metterli nella stessa classe o nello stesso gruppo, entrambi dovranno prendere parte alla discussione (vedi p. 550).

Insegnategli a cavarsela da solo. La sensazione di essere in grado di fronteggiare qualsiasi eventualità è una parte vitale della fiducia che ognuno di noi ha in se stesso. Il vostro piccolo bambino non può sapere ciò che lo aspetterà a scuola, quindi tocca a voi saperlo per lui. Per esempio, sapete che dovrà andare in bagno da solo. Ovviamente ci sarà una persona adulta a cui potrà chiedere di aiutarlo ma, a differenza della scuola materna, non ci sarà un adulto che si offrirà spontaneamente di farlo. Il fatto di chiedere aiuto lo farà sentire molto indifeso. È importante rendergli ogni cosa più facile con una tuta o con dei pantaloni stretti in vita da un elastico, piuttosto che chiusi con la cerniera, o con delle bretelle. La stessa cosa vale per tutti i tipi di aiuti pratici, dall'allacciarsi le scarpe al semplice riuscire ad aprire la merenda o la cartella e a tutte quelle incombenze connesse con l'andare a scuola, come bere dal rubinetto o trovare il grembiule con il giusto nome scritto sopra. Un bambino che affronta con sicurezza questi piccoli problemi di ogni giorno fa risparmiare tempo e problemi all'insegnante e salva se stesso da qualcosa di molto più importante: dall'ansia di aver bisogno di aiuto e di doverlo domandare, cose che molti bambini timidi trovano penosamente difficile.

Andare a scuola significa incontrare molti adulti. Quanto più parlerà in modo chiaro, tanto più scoprirà di essere compreso. Fatelo esercitare nei mesi prima dell'inizio della scuola perché sia sicuro di essere sempre compreso. Aiutatelo a parlare con le persone adulte. Insegnategli a salutare gli ospiti che vengono a casa e magari a mostrare loro la sua cameretta o il porcellino d'India. Anche portarlo fuori con voi è un ottimo sistema per fargli incontrare gente nuova, sia che dobbiate comperare i dolci per lui o la carne per voi, e avrà occasione di parlare con il medico, con l'autista dell'autobus o con il bibliotecario. La pratica non serve solo per affrontare persone estranee, ma anche per farsi capire, per scoprire quanto forte deve parlare. Aiutatelo a scoprire la tonalità esatta della voce per farsi sentire e accertatevi che, se fa ancora uso delle parole infantili per indicare le cose, conosca anche quelle corrette. Insegnate al bambino a ripetere quello che ha detto (invece di vergognarsi nascondendo la faccia nella gonna della mamma) se non è stato capito la prima volta, e a ricordarsi di ascoltare la risposta e di "decodificarla" anche se la voce o l'accento non sono familiari.

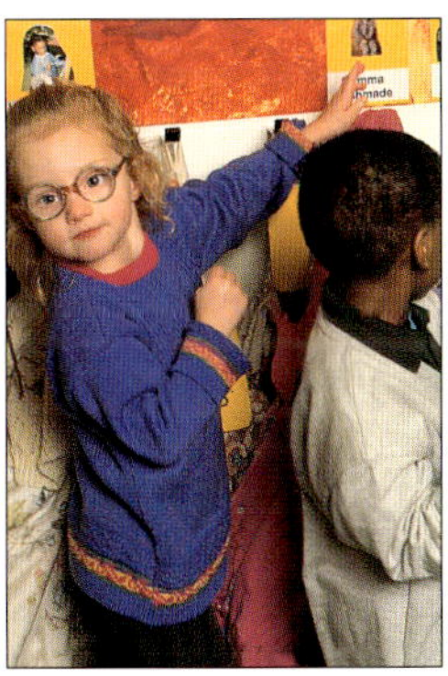

*Aiutatelo ad avere fiducia nelle sue capacità e a essere fiero del suo nuovo compito.*

Molti bambini piccoli non amano la folla, soprattutto se particolarmente rumorosa. Un'aula con venti bambini può apparire come una folla rumorosa quando sono tutti estranei; quando un bambino sta lottando per cercare di autocontrollarsi, spesso è il gruppo che si rivela più numeroso e vivace alle assemblee, in mensa o nel cortile della scuola che alla fine lo fa crollare. Organizzate delle occasioni di affollato divertimento nella vita di vostro figlio, e insistete anche se per lui folla e divertimento creano una contraddizione nei termini. Se è capace di arrangiarsi in piscina e di andare da solo al bar per comperarsi un gelato un sabato mattina, e sa unirsi alla confusione e al rumore di uno spettacolo per bambini, al circo o a teatro, sarà meno facile che venga preso dal panico la prima volta che si siede nella grande mensa della scuola.

*Il bambino in età scolare in famiglia*

Ogni cultura riconosce che l'età tra i cinque e i sette anni, cioè il passaggio all'infanzia di mezzo, fa da spartiacque nella crescita cognitiva, culturale e di apprendimento, e questo fin dai tempi di Aristotele. Durante questo periodo vostro figlio acquisirà gradualmente consapevolezza della più ampia società che circonda la sua famiglia, e diventerà una persona che impara e desidera imparare la propria storia,

## LE DOMANDE DEI GENITORI

### *Gemelli al primo giorno di scuola: insieme o separati?*

***I nostri gemelli inizieranno presto la scuola. Sono sempre stati molto vicini e raramente si sono separati. Durante una visita alla nuova scuola fummo sorpresi che il direttore ci proponesse di iscriverli a classi diverse. Non sopravviverei al solo pensiero che venisse a spezzarsi quel legame che li unisce e avrei scartato l'idea a priori, se non che, alla domanda diretta ai due fratelli, uno dei due rispose che frequentare classi separate sarebbe stato divertente. Quando, in seguito, gli chiedemmo la ragione della sua risposta, ci disse che "per un po' gli sarebbe piaciuto essere solo se stesso". Il fratello invece si rifiuta di andare a scuola se non saranno compagni di banco. Non credo che i bambini siano abbastanza grandi da poter prendere una decisione. Comunque sia, ritiene giusto dividere due gemelli così giovani?***

Se escludiamo le preoccupazioni dei genitori, il rischio non sta nella perdita della loro unità, ma nell'incapacità di ottenere l'indipendenza l'uno dall'altro. Anche se è lecito che soffriate perché i vostri figli non la pensano allo stesso modo, è comunque positivo il fatto che almeno uno di loro si senta pronto a una maggiore indipendenza dal suddetto legame e sarebbe sbagliato rifiutargli l'opportunità di essere "solo se stesso" a causa della dipendenza che il fratello prova nei suoi confronti.

Sebbene vi abbia preso in contropiede, il direttore vi ha fatto una cortesia ponendo l'alternativa in presenza dei gemelli. Sono loro i diretti interessati e tramite lui avete saputo alcune dinamiche della loro relazione che vi erano prima sconosciute. Ora sapete che la loro vicinanza non va data per scontata; che la sicurezza di uno potrebbe opprimere l'altro. Potreste tentare di conoscere i diversi bisogni di coloro che, dopotutto, sono due creature distinte. Quello tra i due che non si sente "solo se stesso" dovrebbe essere in grado di sentirsi tale a casa e a scuola, con o senza il fratello. Se li avete sempre vestiti allo stesso modo, pensato che necessitassero della stessa alimentazione, delle stesse ore di riposo, e dato per scontato che dividessero amicizie, programmi televisivi ed esperienze, è giunto il momento di cambiare atteggiamento. Provate a minimizzare il fatto che siano gemelli e ad apprezzare il fatto che sono fratelli, che hanno il diritto di pensarla in modo diverso su qualsiasi cosa, senza che questo costituisca una minaccia per il loro amore reciproco.

Se sarete in grado di fare tutto ciò, andrete incontro anche ai bisogni dell'altro vostro figlio, la cui sicurezza consiste nell'essere la metà di una coppia, ma il cui futuro giace nell'essere un individuo a sé stante. Se imparasse a non sentirsi a disagio quando il gemello indossa qualcosa di diverso da lui, sarebbe sulla strada giusta per essere in grado di scegliere da sé il proprio abbigliamento. Se riuscisse a comprendere che l'amicizia del fratello con altri coetanei non è una minaccia nei confronti di ciò che li accomuna, potrebbe crearsi una propria cerchia di amicizie. E se, all'inizio della sua carriera scolastica, fosse in grado di fare tutto ciò, potrebbe accettare tranquillamente di frequentare una classe diversa da quella del fratello. Dovesse tuttavia trovare difficile l'ambientazione scolastica, cercate di non biasimare quella separazione. A molti fanciulli l'inizio della scuola porta stress. E per la maggior parte di loro non esiste il problema della mancanza del proprio gemello. Verrà aiutato in questa fase di ambientamento al pari di tutti gli altri. E quando si sarà ambientato sarà parte di una classe di molti bambini e non solo di una coppia.

*Molti bambini ritengono che l'affollamento e il rumore siano gli aspetti peggiori della scuola.*

arricchirsi con la sapienza e con ogni capacità. Dato che i bambini sono animali sociali, vorrà anche conoscere e condividere i valori delle persone intorno a lui, piccoli o grandi. Non fallirà nel riconoscere il bene dal male, ma potrà imparare dalle persone sbagliate. Il passaggio nell'infanzia di mezzo non gli toglierà il piacere di stare con voi e di volervi imitare, non perderete la vostra enorme influenza su di lui. Ma il suo crescente desiderio di avere successo tra i suoi coetanei e di adeguarsi ai loro gusti e atteggiamenti, può creare una sorta di competizione. Se volete influenzarlo perché sia la persona che volete voi, questi primi anni di scuola vi daranno una grande opportunità di farlo.

Ma non tutti i genitori ne approfittano. Alcuni non si accorgono del loro enorme potere sui bambini di cinque-sette anni, e considerano questa una fase semplice della crescita; per non parlare di quei genitori che passano dalla fatica di prendersi cura di un neonato o di bambini molto piccoli ad affrontare la crescita di un adolescente. È come se pensassero che una volta che il bambino comincia ad andare a scuola il loro lavoro sia terminato perché è la scuola stessa che si fa carico della vita dei bambini.

Le scuole sono sicuramente un valido strumento educativo, e rappresentano il modo migliore per cercare di impartire una buona educazione. Ogni tipo di insegnamento accademico implica l'acquisizione di un ampio spettro di conoscenza che un bambino non potrebbe assorbire da solo unicamente con l'osservazione e la trasmissione di conoscenza durante il gioco. Inoltre, molta parte della scienza deve essere elaborata, e molte abilità perfezionate con tante ripetizioni e tanta pratica che nessun bambino apprezzerebbe mai. Anche i migliori insegnanti non possono garantire che ogni bambino amerà tutte le lezioni che deve imparare a scuola, o che vorrà sempre trascorrere il suo tempo libero a casa sui compiti. Ma le particolari capacità degli insegnanti, sostenute dalla struttura istituzionale della scuola, serviranno a invogliare i bambini a dedicare tempo e sforzi per raggiungere certi traguardi come avere una grafia leggibile o conoscere le tabelline, cose che non saranno piacevoli ora, ma che sono alla base della loro futura felicità.

Ma anche se le scuole sono la fonte dell'apprendimento accademico e sono alla base della crescita intellettuale dei bambini, non devono, né possono, essere il punto focale della loro vita. Le scuole sono istituzioni e come tali non si possono sostituire alla famiglia né dovranno allontanare i bambini dalla vita nelle loro case. Scuole e famiglie, insegnanti e genitori trasmettono la cultura ai bambini. Se c'è violenza nelle strade, portare i piccoli a scuola non servirà a escluderli da quella spiacevole situazione che entrerà in classe con loro. Se nelle case ci sono solo riviste di moda, di sport o pornografiche e neanche un libro, anche il più zelante tra i professori non riuscirà mai a interessare i bambini alla letteratura che magari apprezzerebbero molto. E nessun insegnante potrà mai parlare abbastanza con un bambino nella cui casa il televisore è sempre acceso o dove regna il silenzio perché i genitori sono assenti o sempre troppo impegnati. La scuola non può ottenere successo laddove fallisce la famiglia. Ma se una buona scuola e una buona famiglia collaborano fianco a fianco, aumenteranno le possibilità degli insegnanti di ottenere degli ottimi risultati dai loro alunni, così come aumenteranno quelle dei genitori nei riguardi dei propri figli e nessuno dichiarerà fallimento, meno di tutti i bambini.

Perciò non crediate che una volta che vostro figlio sarà entrato nel mondo della scuola, lo avrete perso o lo dovrete lasciare perché non potrete mai più controllare ogni singolo dettaglio della sua vita. Non lo avrete perso. Lo avrete lanciato verso la nuova tappa di un viaggio nel mondo degli adulti, in cui vivete anche voi.

Ma il fatto di costruirsi un mondo, di cui voi non fate parte, costituisce una tappa fondamentale della sua crescita e, lungo questo processo, il bambino ha bisogno di sentire che voi lo accompagnate a scuola e che poi, con totale fiducia, lo affidate alla sua insegnante. All'inizio potete farlo letteralmente: accompagnatelo ogni volta fino in classe e lasciandogli la manina mettetegliela in quella della maestra. In seguito potrete farlo in modo più simbolico: accompagnatelo fino al refettorio dove appende il cappotto, e poi salutatelo nel corridoio che lo separa dalla sua insegnante. E anche dopo occorrerà continuare a farlo con atteggiamenti e parole, così che casa e scuola costituiranno una sola cosa per il bambino e lui potrà sempre lasciarvi andare via senza che questo significhi perdervi.

*Crescendo il bambino sente il bisogno di allontanarsi da voi senza perdervi.*

# INDICE

# C



# D

# L



# M



# N



# O



# P

# R



# S

# T



# U



# V

# DAL PIANTO ALLA PAROLA: UNA REVISIONE DELLA LETTERATURA IN UNA PROSPETTIVA COMPARATA[1]

## FROM CRYING TO SPEECH: A REVIEW OF LITERATURE IN A COMPARATIVE PERSPECTIVE

Daniela Lenti Boero[2]

Corso di Laurea in Psicologia, Facoltà di Scienze della Formazione, Università di Urbino

## Introduzione

Nel primo anno di vita il neonato umano passa da una comunicazione infantile precoce specie-specifica, analoga a quella degli altri cuccioli di mammiferi (Peters, 1980), alla comunicazione semantica olofrastica che prelude all'organizzazione sintattica del discorso (Kagan, 1984; Mussen, Conger e Kagan, 1981). Il passaggio dalla prima alla seconda fase è correlato allo sviluppo delle competenze affettive e sociali dell'individuo, generalmente riferite alla madre e agli accuditori (Bowlby, 1969; Bruner, 1977, 1979; Camaioni, Volterra e Bates, 1976; Spitz, 1973; Trevarthen, 1979), e alla coerente maturazione neurofunzionale delle strutture neurologiche e fonologiche sottostanti la fonazione (Liebermann, 1975, 1985). La complessità degli aspetti coinvolti ha fatto sì che studiosi di molte discipline si siano dedicati allo studio del pianto e dei suoni che precorrono il linguaggio utilizzando all'inizio la semplice descrizione fonetica fino alle sofisticate tecniche di indagine sonospettrografica in uso attualmente (Lynip, 1951; Lester e Boukydis, 1992; Mende, Herzel e Wermke, 1990a).

---

[1] Questo articolo, dalla lunga gestazione, è stato iniziato durante una borsa post-dottorato ottenuta presso l'Istituto di Psicologia Medica della Facoltà di Medicina di Milano, e terminato grazie ad un finanziamento MURST per il progetto: *Indicatori acustici dell'individualità, degli stati motivazionali e dell'ontogenesi della comunicazione: uno studio sul neonato umano normale e patologico in una prospettiva comparata* . Ringrazio il Prof. Marcello Cesa-Bianchi e il Prof. Marco Poli per l'ospitalità fornita durante la ricerca bibliografica preliminare, il Dott. Claudio Zmarich per aver posto alla mia attenzione alcuni lavori in ambito linguistico e un referee anonimo per apprezzate indicazioni bibliografiche.

[2] Indirizzare le richieste di estratti a: Corso di Laurea in Psicologia, Facoltà di Scienze della Formazione, Via Saffi 15, 61029 Urbino, e-mail: dlenti@digibank.it.

I pediatri e i neuropsichiatri infantili hanno indagato sulle alterazioni del pianto che potevano essere patognomoniche o predittive di sofferenza o danno cerebrale (Koivisto, 1987; Lenti Boero, Lenti, Volpe e Bianchi 1997; Lester, 1987; Lester, Corwin e Golub, 1989; Ostwald, Phibbs e Fox, 1968; Wasz-Hockert, Michelsson e Lind, 1985). Gli psicologi dell'età evolutiva hanno studiato gli aspetti psicologici e relazionali che l'emissione di suoni induceva negli accuditori (Acebo e Thoman, 1995; Anisfeld, Casper e Nozyce, 1990; Bloom e D'Odorico, 1989; Bloom e Lo, 1990; Camaioni, Volterra e Bates, 1976; D'Odorico, Franco e Vidotto, 1985; Lounsbury e Bates, 1982). I linguisti si sono occupati delle strutture della fonazione e delle modalità di emissione dei segnali (Liebermann, 1985). Infine gli etologi si sono occupati degli aspetti comparati della comunicazione (Buchwald e Shipley, 1985; Gordon, 1992; Jurgens, 1992; Marler, 1970; Newmann 1985; Ploog, 1992; Williams, 1992; Young e Gouin Décarie, 1977), e degli stati motivazionali sottostanti le diverse tipologie di pianto e, insieme ai pediatri, delle caratteristiche sonospettrografiche della comunicazione precoce (Papoushek e Papoushek, 1979, 1981; Lenti Boero, Lenti, Volpe e Bianchi, 1993a, 1996; Scherer, 1992; Wolff, 1969).

L'ampiezza delle problematiche e il numero delle discipline che, seppure con diverso taglio, sono interessate allo studio dei processi comunicativi nel primo anno di vita, rendono una revisione della letteratura sull'argomento un compito arduo e, nello stesso tempo, stimolante. E' con questo spirito che mi sono dedicata a questo lavoro preliminare, che non ha la pretesa di esaurire tutto il già scritto, ma di aiutare il lettore ad organizzare le proprie conoscenze adottando di volta in volta prospettive diverse.

## I meccanismi della fonazione in una prospettiva comparata.

Nella fonazione vengono utilizzati la laringe, la faringe, l'apparato muscolare del torace e dell'addome e il diaframma. Questi organi hanno come funzione primaria la respirazione e non la comunicazione in quanto tale (Liebermann, 1985; Liebermann, Harris e Wolff, 1968; Ploog, 1992), e sono omologhi per tutti i mammiferi. L'apparato fonatorio dei mammiferi si è progressivamente evoluto per tappe successive a partire da una laringe primitiva che ha permesso ai primi vertebrati terrestri di inspirare l'aria con il suo contenuto di ossigeno necessario alla sopravvivenza. In una fase successiva si sono evolute cartilagini e lunghe corde o pieghe vocali, che nell'uomo, ma non nei primati, sono controllate da un sofisticato apparato neuromotorio (Ploog, 1992). E' stato dimostrato che la laringe di molti animali, uomo compreso, si è specializzata per la fonazione a discapito della respirazione (Negus, 1949). Il cavallo, ad esempio, possiede una laringe che massimizza il flusso d'aria e lo rende uno specialista nella corsa, mentre i canidi, che sono sia abili vocalizzatori che cacciatori, hanno una laringe di tipo intermedio tra il cavallo e l'uomo, vocalizzatore per eccellenza. La grande abilità articolatoria tipica del linguaggio umano è dovuta al fatto che la nostra laringe è collocata all'altezza della VI vertebra cervicale, quindi in posizione più bassa rispetto alla cavità orofaringea (Lieberman, Harris e Wolff 1968; Lieberman, Harris, Wolff e Russel, 1971). Questo dà origine a un tratto vocale sopralaringeo lungo circa 15 cm e plasmabile dai movimenti dei muscoli buccali e dell'orofaringe; all'interno di questo sistema l'aria emessa dai polmoni e le risonanze acustiche garantiscono l'articolazione e l'emissione dei fonemi.

Nelle prime settimane di vita i neonati umani, a causa della immaturità neuromotoria presente alla nascita, non sono in grado di variare la forma del tratto vocale sopralaringeo, che si configura come un tubo rigido; inoltre l'imboccatura della laringe è situata al livello della IV vertebra cervicale, più in alto rispetto all'imboccatura del tratto esofageo, in una posizione più simile a quella dei primati che non a quella dell'adulto (Lieberman, 1985; Lieberman, Harris e Wolff 1968; Lieberman, Harris, Wolff e Russel, 1971). Il vantaggio selettivo è evidente: il neonato può contemporaneamente respirare e succhiare il latte materno senza il rischio di rimanere soffocato dal cibo ingerito. Questo fatto, però, limita la possibilità di modulare le vocalizzazioni, che sono costituite da un repertorio acustico relativamente limitato. Tra il secondo e terzo mese la laringe inizia ad abbassarsi, ed è questo il periodo in cui il repertorio si arricchisce di ulteriori suoni (Lester e Boukydis, 1992). Mentre la separazione definitiva dell'epiglottide dal palato avviene tra i quattro e i sei mesi di età, quando si rafforza la modulazione similconsonantica e similvocalica (D'Odorico, 1984; De Boysson-Bardies, Bacri, Sagart e Poizat,1981; Oller, 1980; Oller & Eilers, 1988, 1992; Roug, Landberg e Lundberg,1989; Stark, 1980)

## Il controllo delle emissioni acustiche

Le nostre informazioni sul controllo neuromotorio della fonazione umana sono tratte dagli studi elettrofisiologici e neuroetologici effettuati sul sistema nervoso di numerose specie di primati. Jurgens (1992) ha proposto un modello basato su tre sottosistemi interagenti tra loro, ma organizzati in modo gerarchico.

Il livello inferiore è costituito dalla formazione reticolare della porzione inferiore del tronco. Ad essa affluiscono afferenze propriocettive dal nucleo del tratto solitario, dal nucleo sensoriale del trigemino e dal corno posteriore del midollo spinale. E si dipartono efferenze motorie dirette al nuclei motori del trigemino, del facciale e dell'ipoglosso, al nucleo ambiguo che coordina la motricità laringea, e al corno anteriore del midollo spinale. Questo livello è responsabile dell'integrazione tra l'attività laringea e quella respiratoria, e probabilmente possiede le subroutines per organizzare in modo automatico alcuni moduli vocali fissi, preprogrammati come risposta a insulti esterni, quali il grido in risposta a stimoli dolorosi, che può essere emesso anche da neonati anencefalici (Jurgens, 1992). Questo sottosistema non è però in grado di produrre da solo vocalizzazioni che implicano un coinvolgimento motivazionale o emozionale complesso, e neppure di organizzarne il contorno melodico e intonazionale. Per questo è necessario l'input di un secondo sottosistema, costituito da un gruppo di strutture cerebrali tronco-mesencefaliche implicate nel controllo della motivazione e a loro volta connesse in modo gerarchico.

Le strutture caudali del secondo sottosistema sono costituite dalla sostanza grigia periacqueduttale e dal tegmento laterale, che ricevono input direttamente dal sistema sensoriale e hanno la potenzialità di accoppiare specifici stimoli esterni con specifici moduli acustici. Queste aree sono necessarie ma non sufficienti per produrre le vocalizzazioni e sono filogeneticamente molto antiche, in quanto la loro stimolazione elicita vocalizzazioni negli anfibi, rettili e uccelli (Buchwald & Shipley, 1985; Jurgens, 1992).

Le strutture rostrali del secondo sottosistema sono costituite da numerose strutture limbiche sottocorticali, come l'ipotalamo, l'amigdala, il talamo mediale e la regione preottica, e la corteccia limbica anteriore. Esse sono coinvolte nella generazione di stati emozionali in quanto collegano gli stimoli esterni a stimoli interni rilevanti sul piano motivazionale, e possiedono l'energia motivazionale necessaria per iniziare le vocalizzazioni.

Il controllo volontario è persino in grado di inibire l'emissione delle grida in risposta a stimoli dolorosi, come è stato dimostrato nei macachi resi con il condizionamento operante (Aitken e Wilson, 1979), mentre le lesioni in queste aree alterano le risposte volontarie, ma non quelle innate ai predatori. Questo indica che il mesencefalo costituisce la più alta struttura del nevrasse necessaria e sufficiente alla vocalizzazione.

Il terzo sottosistema è situato al più alto livello gerarchico ed è composto dal cervelletto, che invia fibre al talamo ventrolaterale a sua volta collegato con la corteccia motoria, che a sua volta invia fibre ai gangli della base a alla formazione reticolare sottostante. Esso è responsabile del controllo vocale volontario sulla struttura acustica dell'emissione vocale, inclusa la possibilità di apprendere per imitazione moduli vocali e di inventare moduli nuovi. Tutte queste competenze esistono in forme sufficientemente sviluppate solamente nella nostra specie e in alcune specie di uccelli canori, che analogamente all'uomo attraversano uno stadio sensoriale, uno sensoriomotorio ed infina una fase di cristallizzazione nell'apprendimento del canto (Doupe, 1993).

Sulla base di questo e di altri modelli similari Lester e Boukydis (1992) hanno proposto un modello neuromotorio dell'organizzazione del pianto del neonato, anch'esso costituito da tre livelli gerarchici. Al primo livello si trova il tronco cerebrale che presiede alla meccanica della produzione del pianto e organizza la motricità dei movimenti respiratori e della laringe, al secondo livello si trova il mesencefalo, che configura le risposte appropriate, al terzo livello si trova il sistema limbico, che inizia il pianto.

L'approccio comparato al controllo della fonazione è indubbiamente di fondamentale importanza per la comprensione della neurofisiologia umana, ma va altresì sottolineato che esistono ampie divergenze nelle strutture specifiche che controllano i sistemi di fonazione nelle varie specie di primati studiate (Jurgens, 1990, 1997), nonostante l'omologia dovuta alla comune filogenesi.

A maggior ragione potrebbero esistere differenze anche sensibili tra la nostra specie e i primati non umani, dovute sia alle diverse modalità ontogenetiche e maturative del SNC, sia a pressioni selettive sul sistema fonatorio e parentale degli ominidi differenti da quelle che hanno operato sui primati. Una validazione empirica dei modelli proposti per il controllo neuromotorio della fonazione nel neonato umano è possibile soltanto con studi di tipo neuropsicologico e neurodiagnostico che mettano a confronto malformazioni e lesioni indotte da diverse patologie con le caratteristiche spettrali (Lenti, Lenti Boero, Volpe, Bianchini e Bianchi 1994a; Lenti Boero, Lenti, Volpe e Bianchi 1997). Ad esempio, in un recente lavoro preliminare è stato individuato un soggetto asfittico le cui uniche strutture cerebrali integre erano costituite dal cervelletto, dal tronco e dalle regioni anteriori del mesencefalo e del ponte. L'analisi spettrale del pianto di questo soggetto, in seguito deceduto, ha messo in evidenza spezzoni con alterazioni sonografiche comparabili a quelle di altri neonati asfittici con danno cerebrale, quali la forcazione e la bifonazione (Koivisto, 1987; Lenti Boero, Lenti, Volpe e Bianchi, 1994; Volpe, Lenti Boero, Bianchi e Lenti, 1995) e altre alterazioni quali salti in frequenza e interruzioni totali dell'andamento melodico che non sono state evidenziate in nessun altro pianto esaminato finora. Inoltre qualcuno dei vagiti presentava un andamento melodico quasi normale e i vagiti erano riconoscibili percettivamente da un genitore esperto. Questo dato è indicativo del coinvolgimento importante delle strutture profonde del ponte e del mesencefalo nel processo di fonazione e risulta essere attualmente il primo tentativo di correlare l'indagine radiodiagnostica all'indagine sonospettrografica e a quella clinica sia a scopo prognostico (Lester e Boukydis, 1992), sia allo scopo di aumentare le nostre conoscenze sui meccanismi di base della fonazione nell'uomo. Il fatto che non esiste una corrispondenza biunivoca tra le lesioni evidenziabili radiologicamente e le alterazioni spettrali (Lenti Boero, Lenti, Volpe e Bianchi, 1994a, b; Lenti

Boero, Lenti, Volpe e Bianchi 1997; Volpe, Lenti Boero, Bianchi e Lenti, 1995) sembra validare l'ipotesi che, nonostante che le aree coinvolte e le strutture della fonazione siano le stesse, la loro interazione sia regolata non da un sinergismo lineare, ma da processi di tipo caotico (Mende, Herzel e Wermke, 1990a; Mende, Wermke, Schindler, Wilzopolski e Hock, 1990b.).

## La fisioacustica della fonazione

Parallelamene agli schemi interpretativi del controllo neuromotorio delle emissioni sono stati sviluppati modelli che cercano di spiegare la produzione acustica e le modalità di fonazione del neonato partendo dalle conoscenze sulla produzione del parlato nell'adulto (Golub e Corwin, 1985). Il modello proposto da questi autori divide la produzione del pianto in tre distinte partizioni funzionali.

La prima partizione è costituita dal sistema sottoglottale (diaframma, polmoni, trachea) che espandendosi incamera l'aria che fornisce l'energia necessaria all'emissione durante l'espirazione.

La seconda partizione, definita glottale, è costituita dalla sorgente sonora localizzata nelle pieghe vocali della laringe che entrano in vibrazione, producendo un suono di frequenza periodica, in altre occasioni le pieghe si chiudono in modo incompleto, e l'aria che viene forzata attraverso questo stretto passaggio dà origine a turbolenza (suoni rochi o sordi). Rothenberg (1974) ha mostrato che gli adulti esibiscono, anche se in minor grado, un rumore analogo durante l'emissione vocalica. Secondo altri autori nell'adulto il suono periodico viene prodotto non già dalla vibrazione delle pieghe vocali ma dal fatto che esse si aprono e si chiudono alternativamente emettendo ad ogni chiusura un "click" che risuonando nella laringe dà origine al suono (Sataloff, 1993).

La terza partizione nella produzione acustica è definita sopraglottale ed è costituita dal tratto vocale e nasale che si trovano al di sopra della laringe. Questa parte funziona come un filtro acustico che possiede una funzione di trasferimento che fa sì che alcune delle frequenze di vibrazione delle pieghe vocali risuonino meglio di altre. Queste frequenze vengono definite formanti e possiedono una carica di energia acustica maggiore della frequenza di base, chiamata fondamentale ($F_0$). Come negli strumenti musicali a fiato la frequenza di risonanza cambia in relazione alle dimensioni del sistema di risonanza, i suoni del neonato e dell'adulto cambiano in base all'utilizzo delle cavità nasali connesso all'apertura e chiusura della porta velofaringea e con la forma e la lunghezza del tratto vocale, che nel neonato umano a termine è di 7,5 cm (Lieberman, Harris e Wolff 1968; Lieberman, Harris, Wolff e Russel, 1971).

La tab. 1 fornisce un dizionario della terminologia più utilizzata in bioacustica tratto da Golub e Corwin (1985), e le Fig. 1 e 2 illustrano alcuni dei parametri e delle alterazioni descritte.

Il modello tripartito di Golub e Corwin (1985) considera che le tre componenti della produzione acustica sono controllate indipendentemente a livello centrale da tre livelli di processori: basso per la componente sottoglottale respiratoria, medio per la componente glottale laringea, e alto per la componente sopraglottale del tratto sopralaringeo. Il controllo indipendente implica che i parametri implicati da ogni livello possano variare separatamente e che sia possibile individuare differenze nel pianto causate da alterazione del respiro, della laringe o del tratto vocale.

Green e Gustafson (1990) hanno obiettato che in realtà questo modello tripartito può essere sottoposto a verifica sperimentale utilizzando tecniche di statistica multivariata quali lo scaling multidimensionale, l'analisi fattoriale e soprattutto l'analisi fattoriale confirmatoria. Analizzando con quest'ultima tecnica nove parametri acustici includenti le componenti sotto e sopraglottali e quelle laringee, questi autori hanno messo in evidenza che la frequenza fondamentale media e massima che il modello di Golub e Corwin (1985) considera controllate solamente dai processi sottoglottali, sono in realtà soggette anche al controllo laringeo. In altre parole la frequenza fondamentale del segnale dipende sia dalla quantità di aria emessa nell'espirazione, sia dalla tensione delle pieghe vocali. Viceversa la distribuzione dell'energia spettrale è controllata dai processi sopraglottali che restano indipendenti dai primi due anche nel nuovo modello proposto dopo la validazione statistica.

## Il pianto come segnale acustico

Il vagito è il primo suono emesso dall'individuo dopo la nascita, e non pare abbia un omologo segnale nei primati (Newmann, 1985). Si tratta di un segnale acusticamente molto complesso che viene ripetuto nel tempo. Il pianto è stato definito come una vera e propria "sirena biologica" (Ostwald, 1972) che permette al neonato di sopravvivere in quanto è in grado di attivare l'attenzione e l'interesse della madre fin dai primi attimi di vita extrauterina. In questo senso esso può essere considerato come il primo atto di comportamento umano che abbia un valore sociale (Ostwald e Peltzmann, 1974). Nel neonato normale, dopo la nascita, le sequenze di vagiti vengono emesse sia in modo spontaneo (Barr, 1990; Barr, Konner, Bakeman e Adamson, 1991; Lind e Wermke, in corso di stampa), sia in occasione di ben definiti stati motivazionali. Il più utilizzato dai ricercatori è il dolore elicitato da diverse procedure (vedi oltre). Il pianto viene anche frequentemente emesso in risposta a stimoli cinetici quali possono essere le manovre praticate durante l'esame neurologico (Lenti Boero, Lenti, Volpe e Bianchi, 1993a, 1996; Lenti Boero, Lenti, Volpe, Bianchi e Marcello

1997). La fame è un altro stato motivazionale che induce il pianto. Dal momento che si tratta di uno stimolo endogeno, la cui insorgenza e intensità non è possibile controllare, nella sperimentazione viene generalmente considerato come pianto da fame un pianto che insorge da tre a tre ore e mezza circa dall'ultima poppata (Lenti Boero, Lenti, Volpe e Bianchi, in revisione). E' stato fatto notare (D'Amato com. pers.), che questi stimoli sono i medesimi che vengono utilizzati per indurre l'emissione di segnali acustici nei piccoli di ratto o di topo.

## Pianto e stati motivazionali: segnali graduati o discreti?

Numerosi ricercatori hanno cercato di chiarire se i pianti emessi nei diversi contesti sono differenziabili sia sul pianto spettrografico sia su quello percettivo, ma i risultati sembrano ancora contradditori.

Wolff (1969) considera che i tipi di pianto siano differenziabili sulla base della discriminazione uditiva, della spettrografia e dall'analisi dei parametri temporali. In uno studio effettuato sui suoni emessi nei primi 4 giorni di vita, questo autore ha delineato numerose vocalizzazioni discretizzabili in base alla durata: a) pianti di "base", o da fame: che durano meno di un secondo, b) pianti di dolore e di irritazione, che durano parecchi secondi. Più recentemente Lester e Boukydis (1992) applicando l'analisi della funzione discriminante a parametri misurati su vagiti emessi da bambini prematuri registrati a 36, 40 e 44 settimane, hanno differenziato con successo pianti da dolore e pianti "di base", emessi sia in contesti di fame, sia in altri contesti. La discriminazione era effettuata utilizzando la $F_0$ e altre variabili che venivano elaborate da un apposito sistema computerizzato.

La suddivisione dicotomica tra pianti "di base" e di dolore non è però l'unica che si riscontra in letteratura. Wasz-Hockert, Lind, Vuorenkoski, Partanen e Valanne (1968) hanno evidenziato, sulla base dei contesti situazionali di emissione, quattro diversi tipi di pianto: a) Pianto alla nascita, con $F_0$ media di 550 Hz e $F_0$ minima di 450 Hz. Esso è caratterizzato da una breve durata temporale (1 sec.) e da una forma melodica piatta o discendente, a volte è sordo, e manca di un evidente tracciato della fondamentale. b) Pianto di dolore: con melodia discendente, di durata variabile, alta frequenza fondamentale e alta variabilità frequenziale del segnale. c) Pianto da fame: forma melodica ascendente/discendente, $F_0$ massima minore della $F_0$ del pianto di dolore, rara variabilità frequenziale. d) Pianto di piacere: forma melodica piatta con una frequenza fondamentale variabile, è un pianto che risuona. Papoushek (1992), studiando in setting naturalistici le interazioni diadiche tra madri e neonati americani e tedeschi, ha messo in evidenza che nello stato di eccitamento gioioso erano presenti anche pianti di piacere, la cui durata, frequenza fondamentale e gamma dinamica non erano discriminabili da quelli dei pianti emessi in situazioni di disagio, dai quali differivano solamente per le ampiezze relative dell'energia spettrale. Lo stato di eccitamento di piacere nei neonati molti piccoli sembra accompagnato da livelli di arousal intollerabilmente alti (Wolff, 1969), e questo potrebbe essere il motivo in base al quale i pianti emessi nei due contesti sono scarsamente discriminabili.

Anche Sagi (1981) ritiene che a stati motivazionali diversi sono associati diversi moduli di pianto (alla nascita, di fame, di dolore, di piacere).

La possibilità che i pianti dei neonati siano segnali discretizzati e non graduali non è però condivisa da tutti gli autori. Bosma, Truby e Lind (1965), Murray (1979, 1985) e Zeskind, Sale, Maio, Huntington e Weiseman (1985), seppure con sfumature interpretative diverse, ritengono che i differenti tipi di pianto non siano differenziabili in base alle caratteristiche acustiche, ma che la diversità tra un pianto e un altro sia da attribuirsi piuttosto ad una variazione continua di numerosi parametri tra cui l'intensità, la lunghezza dei segnali, l'insorgenza improvvisa ecc. In altre parole il neonato avrebbe a disposizione un unico segnale, il vagito, del quale potrebbe variare le caratteristiche di frequenza, di durata e di intensità entro determinati limiti. Le combinazioni, praticamente infinite, di queste possibilità espressive darebbero ragione della grande variabilità dei pianti riscontrata nei diversi contesti situazionali e anche dai diversi autori.

## Il pianto da dolore

Il pianto emesso in seguito a stimoli dolorosi è quello maggiormente studiato fin dall'inizio delle ricerche sul pianto, in quanto risulta essere il più semplice da elicitare soprattutto in ambito ospedaliero, dove vengono effettuati routinariamente prelievi di sangue e manovre cliniche che sono già di per sé stimoli dolorosi (Lind, Wasz-Hockert, Vuorenkoski, Partanen, Theorell e Valanne, 1966; Raes, Dehaen e Despontin, 1990; Thoden e Koivisto, 1980). Alcuni autori hanno studiato l'effetto di diverse procedure mediche con un diverso grado di invasività (circoncisione e prelievi ematici), allo scopo di evidenziare una discretizzazione o una gradualità nei segnali emessi (Porter, Miller e Marshall, 1986; Porter, Porges e Marshall, 1988). Nelle procedure più cruente la durata totale del pianto aumentava, le pause tra un vagito e un altro diventavano più brevi, e anche i singoli vagiti diventavano più brevi, ma più frequenti. La media dei massimi delle Fo era significativamente più alta durante tutte le manovre chirurgiche rispetto a procedure meno cruente, la variabilità della fondamentale e delle armoniche era più alta e le armoniche diventavano indistinte. Questi parametri sembravano essere i migliori correlati dell'invasività delle manovre.

Recentemente Lenti Boero, Lenti, Volpe, Bianchi e Marcello (1997), comparando pianti indotti da prelievi ematici, da stimoli cinetici e da fame hanno messo in evidenza che il pianto da dolore presenta $F_0$ più alte e una maggior percentuale di vagiti non vocalizzati o sordi. Questo confermerebbe l'ipotesi formulata da Grunau, Johnston e Craig (1990) che le risposte vocali al dolore tendono a riflettere la tensione del tratto vocale consistente con una risposta indotta dallo stress prodotto dagli stimoli dolorosi, e deporrebbe a favore dell'ipotesi della gradualità della comunicazione precoce. Truby, Bosma e Lind (1965) hanno affermato che si osserva una struttura non armonica nelle emissioni acustiche quando l'energia della pressione sottoglottale, data dal quantitativo di aria emessa dai polmoni supera un determinato livello critico. In questo caso le pieghe vocali del neonato vengono mantenute in posizione divaricata, in quanto egli non è apparentemente in grado di modificare la compressione mediale della laringe e di correggere aumentando la tensione delle corde, come sarebbe richiesto dall'aumento dell'energia sottoglottale. Anche nell'infante dai quattro agli otto mesi di età i suoni di disagio hanno strutture più disarmoniche (Franco, 1984).

Va ricordato che anche in molti segnali animali (gabbiani, scimmie) la maggior confusione tra le varie armoniche si correla con un maggior disagio e che l'emissione forzata di aria dai polmoni è un segnale di minaccia per molti rettili e alcuni mammiferi, ad esempio il gatto (Lenti Boero, 1995).

### Altri suoni emessi dal neonato

Benché il pianto sia sicuramente il segnale acustico di maggior rilevanza biologica emesso nella primissima infanzia, già nel corso delle prime 24 ore di vita il neonato emette una quantità di altri suoni, la cui funzione comunicativa è stata studiata soltanto in minima parte (Ostwald e Peltzman, 1974; Papoushek e Papoushek, 1981). Secondo Papoushek & Papoushek (1981) già a tre giorni di età il neonato può esibire una ricca varietà di tonalità connessa a contesti situazionali positivi. Essa si esprime attraverso il timbro, la musicalità dell'intonazione e l'andamento della $F_0$ e delle armoniche anche in assenza di contatto visivo. All'opposto, nelle situazioni di disagio la $F_0$ acquista la forma di un precursore del pianto, con una leggera modulazione che si rispecchia anche nelle armoniche superiori o con un aumento di tonalità irregolari. Nelle interazioni diadiche con la madre i neonati esibivano suoni di confortevolezza quando erano in stato di attività vigile, mentre emettevano suoni di disagio quando erano stanchi o annoiati, oppure esibivano suoni neutri. La durata, la frequenza fondamentale e la gamma dinamica erano inferiori nei suoni neutri rispetto ai suoni di disagio e di confortevolezza, che non differivano tra loro in nessun parametro tranne che nella frequenza di picco, più alta nei suoni di disagio (Papoushek, 1992). Inoltre erano evidenziabili suoni che indicavano l'eccitazione gioiosa quali i pianti, le risate, gli squittii e elaborate forme di tubare.

Secondo Scherer (1992) i neonati eseguono diversi tipi di vocalizzazioni che possono essere interpretate come stati affettivi a partire dalla seconda settimana di vita fino al quarto mese. Vocalizzazioni non indotte da stress emesse da bambini di età variabile da 0 a 12 mesi sono state registrate in 4 diverse situazioni. Esse avevano una $F_0$ media di 355 Hz, inferiore a quella generalmente riportata per il pianto, un intervallo di variazione della frequenza da 85 a 110 Hz, e una prevalenza di contorni di intonazione ascendenti-discendenti che rimanevano stabili lungo tutto il primo anno di vita. Le vocalizzazioni positive venivano emesse a intensità bassa o moderata e generate in un processo di espirazione tranquilla. Esse consistevano in suoni espiratori simili alla vocale "a", che è, insieme alla i e alla u, una delle tre vocali presenti in tutti gli alfabeti umani (Lieberman, 1975; O'Connor, 1973), suoni melodici, lallazioni e balbettii, gruppi vocalici e consonantici, risate, suoni ripetitivi. Venivano anche emessi suoni aspirati da sforzo, in combinazione con un movimento. In uno studio longitudinale la variabilità delle vocalizzazioni aumentava nel corso dei primi quattro mesi di vita. La frequenza al minuto aumentava fino al compimento della 10ma settimana, quindi diminuiva fino alla 14ma.

Le vocalizzazioni legate a stati positivi aumentano molto con il crescere dell'età. A due settimane esse rappresentano il 3% delle vocalizzazioni, mentre all'età di 14 settimane questa percentuale sale al 35%. Inoltre, a partire dalla 14ma settimana esse aumentano in presenza di contatto oculare. All'opposto, le vocalizzazioni legate a stati negativi sono inizialmente molto numerose, poi diminuiscono gradatamente: dal 43% a due settimane di età fino a 24% a quattordici settimane, ma aumentano in assenza di contatto oculare. Le vocalizzazioni da sforzo aumentano, mentre quelle fisiologiche spariscono: 1% a quattordici settimane.

In musica l'estensione della gamma sonora è data da tutte le possibili frequenze che uno strumento può emettere (Pierce, 1983). E ogni apparato fonatorio possiede una tipica gamma sonora, analogamente agli strumenti musicali. Per poter includere i segnali infantili diversi dal pianto nello studio ontogenetico dell'intero repertorio comunicativo, è necessario prendere in esame anche l'estensione della gamma sonora emessa dal neonato, che è considerata un parametro molto importante per poter valutare clinicamente lo sviluppo fonetico e neurologico. Papoushek e Papoushek (1981) hanno trovato che all'età di un mese l'estensione della gamma emessa copriva l'intervallo di un'ottava a partire dai 220 Hz fino ai 440 Hz con una mediana di 329,6 Hz. Questo intervallo si è esteso successivamente verso le tonalità superiori fino ad 880 Hz. All'età di 4 mesi il soggetto studiato esibiva dei veri e propri periodi di gioco di emissione sonora in cui l'intervallo di emissione copriva quasi 3 ottave: da 195,9 Hz a 1318 Hz. Tra i 10 e i 12 mesi esso variava da 174 Hz a 2093 Hz, vale a dire sull'arco di tre ottave e mezzo. L'estensione della gamma sonora dipendeva di volta in volta dagli stati comportamentali.

## Il pianto in una prospettiva transculturale e gli stili di allevamento

Il pianto nel neonato umano viene utilizzato non solamente nella comunicazione con l'adulto ma anche con i coetanei (Simner, 1971), ed anche nelle nostre modernizzate nursery è ben evidente che i neonati piangono quando odono il pianto di altri neonati (Sagi e Hoffmann, 1976), la sua insorgenza e anche la sua efficacia comunicativa vengono però ampiamente modificati dagli stili di allevamento.

Konner (1972), è stato tra i primi a mettere in evidenza questo fenomeno. Nel corso di molti anni egli ha studiato una società di cacciatori raccoglitori che vive nel deserto del Kalahari, in Africa in uno stadio dell'evoluzione culturale assimilabile al tardo paleolitico: i !Kung San. I loro neonati vengono tenuti in reti e teli e restano a contatto con il corpo della madre per più dell'80% del tempo. La risposta della madre tra i !Kung è rapida, multisensoriale, virtualmente universale (più del 90% delle volte) e positiva e questo rende i bambini più tranquilli. Essa contrasta con quella di un gruppo studiato di madri americane e olandesi che ignoravano i segnali nel 40, 50% dei casi. Confrontando i pianti emessi da bambini appartenenti alle due culture è stato messo in evidenza che gli episodi di pianto emessi dai bambini !Kung erano significativamente più brevi che non quelli dei bambini U.S.A. e olandesi, ma altrettanto frequenti; il totale del tempo di emissione era dimezzato nei bambini !Kung rispetto a quello dei bambini occidentali. Inoltre il picco di maggior emissione si verificava nel corso del 3o mese (4,5 min di pianto all'ora), ed era seguito da un declino fino al 6o mese (2 min di pianto all'ora) (Barr, Konner, Bakeman e Adamson, 1991).

L'influenza dello stile di allevamento è stata anche messa in evidenza da Hunziker e Barr (1986) che in uno studio controllato hanno dimostrato che l'andamente ontogenetico della modalità di emissione e l'agitazione non presentavano più il tradizionale picco nel corso della sesta settimana di vita per quei neonati che venivano tenuti in braccio più a lungo (almeno quattro ore) a partire dalla quarta settimana. Anche Acebo e Thoman (1992) hanno riscontrato che i neonati americani piangono anche quando vengono tenuti in braccio, anche se i periodi di pianto sono più brevi e meno frequenti.

Viceversa il tenere il neonato per almeno due ore al giorno in un marsupio a contatto con il corpo della madre non ha nessuna influenza sulla quantità di vagiti emessi (Walker e Menahem, 1994). Dal momento che il tenere in braccio implica un maggior coinvolgimento interattivo tra il neonato e l'accuditore, sembrerebbe che il fattore decisivo per diminuire la durata del pianto sia proprio la maggior interazione.

L'alimentazione a domanda riduce il pianto anche nella società americana contemporanea (Barr e Elias, 1988). Un gruppo di neonati veniva allevato secondo un metodo suggerito da "La Leche Ligue", una associazione che patrocina modalità più naturali di allevamento, tra le quali quella di salvaguardare al massimo il contatto corporeo del piccolo con la madre e di alimentarlo a richiesta. Il gruppo di controllo era costituito da neonati che venivano allevati secondo le tradizioni della società modernizzata, alimentati a orari fissi e tenuti nelle culle. I bambini del primo gruppo a due mesi di età piangevano di meno rispetto ai loro coetanei del gruppo di controllo, ma all'età di quattro mesi esibivano la stesse quantità di pianto. L'alimentazione più ravvicinata diminuiva il pianto. I bambini più tranquilli erano quelli che venivano nutriti ad intervalli più brevi e le cui madri fornivano risposte più rapide alle loro richieste. I maggiori intervalli di tempo tra un allattamento e un altro si correlavano con pianto precoce e agitazione. Un altro studio transculturale effettuato a Londra e a Manali, India, dove le madri tengono i bambini a dormire nel loro stesso letto e li allattano al seno fin quasi all'anno, non ha messo in evidenza differenze di grande rilievo sulle modalità di insorgenza del pianto (St. James Roberts, Bowyer, Varghese e Sawdon, 1994). Questo è significativo in quanto i ricercatori hanno utilizzato non solamente questionari compilati dalle madri, ma anche audioregistrazioni effettuate ad intervalli regolari nelle abitazioni dei soggetti studiati. Anche in Corea, Lee (1992) ha messo in evidenza che le modalità di allevamento non influenzavano la frequenza di risveglio e del pianto in bambini da zero a due anni, questo ricercatore mette l'accento su un forte fattore individuale, ma sottolinea anche negativamente la pratica del "cosleeping", vale a dire del dormire insieme ai genitori.

Il fattore individuale è molto forte anche nelle società modernizzate: nel lavoro di Acebo e Thoman (1992) ciascun neonato presentava una forte caratterizzazione riguardo al quantitativo di pianto emesso quando era tenuto in braccio e quando veniva lasciato solo. In particolare alcuni bambini piangevano di meno quando venivano tenuti in braccio, mentre per altri questa pratica non aveva nessun effetto (Acebo & Thoman, 1995). Anche Brazelton (1962) e Brazelton, Robey e Collier (1969) hanno messo in evidenza che, indipendentemente dagli stili di allevamento, esiste una minoranza di neonati che piange per più di tre ore al giorno nei primi mesi di vita. Questa variabilità è determinata dal ritmo biologico e di attività del neonato e incide sulla frequenza giornaliera delle emissioni, sulla durata degli episodi di pianto, e sul picco del massimo quantitativo di vagiti emessi (Bensel, in corso di stampa).

E' inoltre probabile che lo stato socioeconomico della madre influenzi i suoi atteggiamenti e l'immagine che essa ha del pianto del bambino, e che questi atteggiamenti, a loro volta, influenzino con il progredire del tempo e l'instaurarsi della relazione i ritmi del pianto (Lester, 1984; Murray, 1979, 1985). Essi passerebbero così da modalità di insorgenza determinate prevalentemente a livello biologico a modalità determinate a molteplici livelli: quello biologico e quello psicologico, intrinseco alla relazione con la madre (D'Odorico, 1984; Franco, 1984).

Altri studi indicano che le modalità di allevamento della società modernizzata sono ormai lontane dalla biologia riproduttiva originaria della nostra specie e che influiscono sul comportamento precoce del neonato (Hopkins, Janssen, Kardaun e van der Shoot, 1988; Hopkins e von Wulfften Palthe, 1987). Questi autori prendono in esame le "attività di autotranquillizzazione" e "tranquillizzazione senza intervento", come le definiscono rispettivamente. La risposta comportamentale più tipica è quella del contatto mano-bocca operato dal bambino. Questo comportamento mette termine alle emissioni di pianto a cui non viene data risposta, e viene appreso, con ogni probabilità secondo uno schema S-R, in quanto all'inizio la mano viene mossa a caso verso altre parti del viso oltre che la bocca, e solamente in un secondo tempo essa viene direttamente portata alla bocca. Va ricordato che la suzione stimola l'increzione di endorfine e che questa increzione potrebbe costituire un rinforzo interno contingente al contatto mano-bocca. Sembra infatti impensabile che all'inizio il neonato avvicini la mano alla bocca con l'intenzione di terminare il pianto. Questa risposta sembra costituire un adattamento precoce alla mancanza di intervento materno, infatti essa non viene mai esibita dai bambini !Kung, per i quali non è necessaria. Si sviluppa invece in tutti i bambini occidentali nel corso delle prime settimane di vita.

## Ritmicità di emissione dei vagiti

Come molti altri fenomeni biologici (Faienza, Capone e Sani, 1995) l'emissione di vagiti nei primi mesi di vita è organizzata secondo una duplice ritmicità: circadiana e longitudinale. Lo studio di questa ritmicità è importante in quanto ci permette di comprendere meglio le fasi dello sviluppo e di affrontare con maggior conoscenza del fenomeno di base i problemi clinici connessi all'eccesso di pianto. Esso presenta dei picchi costanti e simili che insorgono tra le quattro e le sei settimane per tutti i neonati (Barr, 1990), e viene emesso quotidianamente ma con blocchi di emissione più frequenti durante le ore serali (Brazelton, 1962; Lee, 1992; St. James Roberts, Bowyer, Varghese e Sawdon, 1994).

Il picco di emissione può essere in parte influenzato dagli stili di allevamento: Acebo e Thoman (1992) hanno riscontrato che a quattro settimane esso è meno evidente se i neonati vengono tenuti in braccio. Il picco corrisponde a cambiamenti drammatici nello stato di veglia, caratterizzati dall'aumento rapido di attività vigile e dal contemporaneo declino di inattività vigile e pare riflettere cambiamenti maturazionali fisiologici. Dopo questo picco l'emissione del segnale acquista maggiori caratteristiche di intenzionalità ed è più contingente con le risposte della madre e a partire da questo periodo è possibile ipotizzare che il neonato "intenzionalmente" (Trivers, 1971) utilizzi il pianto per manipolare le risposte della madre. Il periodo di insorgenza del picco è scarsamente modificabile dagli stili di allevamento e sembra avere una base biologica, in quanto acquista progressivamente un andamento stabile e una ritmicità di insorgenza.

Il ritmo circadiano di emissione è già distinguibile nel corso dei primi dieci giorni di vita, si evidenzia completamente nel secondo mese e diminuisce progressivamente in seguito. Dato che i bambini non nascono tutti alla stessa ora, non è chiaro se questo precoce apparire nelle ore serali sia legato all'influenza dell'ambiente fisico esterno, oppure all'adattamento precoce ai ritmi di accudimento della madre, oppure ancora all'eredità di una pressione selettiva del passato che induceva i neonati a richiamare le madri prima dell'arrivo del buio notturno. L'emissione circadiana del pianto presenta una grande variabilità sia a livello interindividuale sia in uno stesso bambino. Nelle ricerche condotte da Barr (1990) il pianto serale costituiva il 40% del totale delle emissioni, il pianto notturno non veniva preso in considerazione. Questi dati sono stati confermati da altri autori: Brazelton (1962) ha riportato che i neonati nella seconda settimana piangevano 1,75 ore al giorno, e 2,75 ore al giorno nella sesta e meno di un'ora al giorno nella dodicesima settimana. C'é dunque una maggior emissione di pianto nel primo quadrimestre del primo anno di vita che in ogni altro periodo.

## Percezione del pianto e discriminazione degli stati motivazionali di base

Un sistema di comunicazione è, per definizione, costituito da un emettitore e da un ricevitore (Shannon e Weaver, 1949; Eco, 1987) e i sistemi di comunicazione biologici non fanno eccezione (Sebeok, 1977; Lenti Boero, 1992, 1995). Le risposte al pianto sono state indagate sia a livello psicofisiologico (risposta elettrodermica, variazione del battito cardiaco e della pressione arteriosa) (Bryan e Newman, 1988), sia a livello psicologico (percezione, giudizi collocati su scale bipolari quali il differenzialc semantico e le scale di Likert, e simulazione di comportamenti) in vari gruppi di soggetti (Boukydis, 1985). Esse sono risultate diverse in gruppi analoghi in base ai metodi e soprattutto ai livelli di indagine. La risposta elettrodermica cutanea non differisce tra maschi e femmine e nemmeno tra adulti non genitori e adulti con più di un'esperienza parentale (Boukydis e Burgess, 1982; Zeskind, 1987), mentre il battito cardiaco decelera, vale a dire esibisce una risposta di attenzione e orientamento (Donovan, 1981; Donovan & Leavitt, 1985). Negli ascoltatori adulti i pianti ad alta frequenza hanno un effetto stimolatorio sull'asse ipotalamo-ipofisario-cortico-surrenale.

Il pianto è stato considerato uno stimolo avversivo oppure uno scatenatore innato del comportamento parentale (Murray, 1979, 1985). Nel primo caso esso viene seguito dal tentativo da parte dell'ascoltatore di ridurre egoisticamente il proprio disagio, magari allontanandosi dal bambino che piange. Nel secondo esso viene considerato un indicatore di disagio che viene seguito dal tentativo altruistico del ricevente di ridurre il disagio dell'emettitore. Oltre alle caratteristiche "oggettive" dello stimolo quali il contesto di emissione, i parametri e il contorno melodico utilizzati, anche lo stato psicologico, l'età, i fattori esperienziali e lo stato socioeconomico del ricevente sono in grado di influenzarne le risposte (Boukydis, 1985; Lester, Garcia-Coll, Valcarcel, 1989; Zeskind, 1983, 1985).

Papoushek (1992) ritiene che finora non è stata posta abbastanza attenzione nel separare e definire le componenti rilevanti della risposta parentale tout court (latenza di risposta) e dalla *qualità* della risposta ai segnali infantili. In uno studio in cui venivano utilizzati i playback di pianti di piacere e di dolore e di confortevolezza e disagio, questa autrice ha messo in evidenza che i riceventi discriminavano tra questi ultimi e tra suoni di disagio e pianti, ma non tra altre categorie acustiche e i pianti di gioia che erano i meno riconoscibili. In questo studio l'abilità del ricevente di decodificare l'informazione inerente lo stato di arousal e emozionale variava significativamente in funzione dell'età e dell'esperienza ma non in relazione allo stato parentale e al sesso.

Per quanto riguarda gli stati motivazionali e contesti di emissione, le ricerche hanno dato fin qui risultati contradditori: in numerosi studi si è verificato che né le madri, né i vari soggetti sperimentali sono sempre in grado di identificare i vari tipi di pianto. Secondo Muller, Hollien e Murry (1974) i vari pianti vengono genericamente interpretati come pianti da fame, non pare che ci sia un riconoscimento definito dei segnali emessi. Viceversa altri studi indicano che l'esperienza sembra essere il fattore principale nell'identificazione del tipo di pianto (Gladding, 1979), ad essa va aggiunta la predisposizione biologica dovuta ai cambiamenti ormonali nel corso della gravidanza o del parto e a quelli che risultano dall'esperienza emozionale e dalle attese sociali associate alla maternità (Sagi, 1981).

## Percezione del pianto e rappresentazioni cognitive delle esigenze del neonato

Oltre alla discriminazione tra gli stati edonici di base gli studi sulla percezione hanno riguardato i giudizi emessi sullo stato di salute, sull'avversività e sull'urgenza di chiamata e il riconoscimento dell'individualità.

*Stato di salute.* Zeskind (1980) e Zeskind e Lester (1978) hanno dimostrato che la variabilità della $F_o$ influenzava il giudizio emesso dagli ascoltatori sullo stato di salute del neonato che aveva emesso il segnale. Il giudizio sullo stato di salute era formulato in base ad una dimensione percettiva diversa da quella in cui venivano giudicati lo stato di urgenza, lo stato di arousal e quello di disagio, i quali, va sottolineato, sono stati transeunti in relazione alla salute.

*Avversività.* Sul piano psicologico il pianto può paradossalmente essere considerato uno stimolo avversivo che elicita risposte ostili ed è considerato da numerosi autori tra gli stimoli scatenanti del maltrattamento del bambino piccolo (Frodi, 1985; Frodi e Senchack,1990; Zeskind e Lester, 1978). I pianti di ira ($F_o$ = 418 Hz) sembrano essere meno avversivi dei pianti di dolore ($F_o$ = 539 Hz) che hanno una frequenza fondamentale più alta (Wiesenfeld, Zander-Malatesta e DeLoach, 1981) mentre il pianto a bassa frequenza dei bambini con sindrome di Down viene considerato meno avversivo del pianto prodotto da bambini normali (Freudenberg, Driscoll e Stern, 1978). E' possibile che siano proprio le caratteristiche di maggior complessità del pianto di dolore a rendere questo segnale maggiormente avversivo dal punto di vista percettivo. Questo potrebbe essere causato dal fatto che quando il tratto vocale si irrigidisce come conseguenza di un importante output emozionale, oppure a causa di una immaturità neuromotoria, la modulazione della $F_o$ diminuisce e l'andamento melodico del segnale diventa più monotono (Bisping, Steingruber, Oltmann e Wenk, 1990; Lenti Boero, Lenti, Volpe e Bianchi, 1993a,b; Williams e Stevens, 1972, 1981;). Da un punto di vista evoluzionistico l'avversività di un segnale emesso da un neonato il cui sviluppo è a rischio è stata messa in relazione con le scelte di ulteriore investimento parentale da parte della madre (Lenti Boero, Lenti e Volpe, 1993b).

Sembra infatti che esista una "soglia" frequenziale alv di là della quale i soggetti percepiscono il segnale come maggiormente aversivo: i pianti dei bambini prematuri, con frequenze fondamentali che arrivavano fino a 710 Hz circa e con maggior complessità spettrale, risultano maggiormente avversivi rispetto a quelli dei neonati nati a termine con frequenze fondamentali di circa 330 Hz (Freudenberg, Driscoll e Stern, 1978; Friedman, Zahn-Waxler e Radke-Yarrow, 1982; Frodi e Senchack, 1990).

L'effetto avversivo del pianto può in parte essere modificato anche dalla "rappresentazione cognitiva" dello stato di salute del neonato, che risulta essere una componente importante nel determinare le risposte degli ascoltatori. Quando in associazione allo stimolo costituito da un determinato tipo di pianto emesso da un bambino nato a termine, veniva detto agli ascoltatori che l'emettitore era un neonato pretermine, aumentava la risposta elettrodermica e il pianto veniva percepito come più avversivo. Viceversa, quando il pianto di un bambino prematuro e quello di un bambino normale venivano associati allo stesso spezzone video di un neonato piangente, il pianto del prematuro suscitava un maggior arousal e giudizi più negativi rispetto a quello del neonato a termine (Frodi, Lamb, Leavitt e Donovan, 1978; Frodi, Lamb, Leavitt, Donovan, Neff e Sherry, 1978; Lester e Boukydis, 1992). Questo suggerisce che, oltre alla tipologia della rapprentazione cognitiva, anche le caratteristiche acustiche del pianto del bambino pretermine sono intrinsecamete importanti. Infatti la percezione soggettiva dei pianti emessi da bambini di cinque mesi di età in due contesti situazionali diversi (dolore e costrizione) veniva influenzata, lungo la dimensione dell'avversività, dall'alta frequenza fondamentale, dalla lunga durata del segnale, dal rapporto segnale rumore e dalle frequenze di picco, dalla quantità media di energia negli intervalli tra 0,1 e 1 e tra 1 a 2 kHz, e infine dai contorni di intonazione della fondamentale.

*Urgenza di chiamata.* La percezione soggettiva da parte delle madri dell'"urgenza" del pianto da dolore emesso da neonati di due giorni di età è correlata alla frequenza media, al picco e alla variabilità della frequenza fondamentale (Sagi, 1981; Zeskind e Marshall, 1988). In altri studi essa era correlata con la frequenza massima e la sua variabilità con la struttura armonica dei pianti mentre i suoni più lunghi, più melodici e con minor frequenza massima vengono percepiti come meno urgenti rispetto ai suoni in cui la frequenza massima è più elevata e le armoniche sono indistinte (Porter, Miller e Marshall, 1986). Boukydis (1985) ritiene che le differenze nella frequenza fondamentale siano i fattori prevalenti che modificano le risposte al pianto da parte degli adulti.

*Fattori che influenzano la percezione del pianto e parametri che caratterizzano l'individualità.* L'esperienza dell'accudimento sembra essere un fattore più importante del sesso e dello stato parentale nell'influenzare la percezione del pianto, come se "sintonizzasse" un processo percettivo di base, comune a tutti gli esseri umani (Green, Jones e Gustafson, 1987; Gustafson e Green, 1989; Gustafson e Harris, 1990). Questo potrebbe deporre a favore di un accudimento collettivo degli infanti nella nostra filogenesi. Peraltro alcuni studi mettono in evidenza che fin dalla prima settimana di vita e in particolare tra il terzo e il sesto giorno la madre è in grado di riconoscere il pianto del proprio neonato (Cismaresco e Montagner, 1990; Valanne, Vuorenkoski, Partanen, Lind e Wasz-Hockert, 1967). Anche Green e Gustafson (1983) e Green, Jones e Gustafson (1987) hanno messo in evidenza che il pianto di ogni bambino può essere considerato come una "firma acustica" in quanto viene riconosciuto sia dalle madri che dai padri, ma anche da adulti non imparentati dopo un breve addestramento.

I parametri acustici dei vagiti si correlano con le dimensioni dei neonati (Lester e Zeskind, 1978), e Huffman et al. (1994) hanno messo in evidenza che alcuni parametri acustici erano stabili e correlabili da un giorno all'altro per ciascun soggetto, in un gruppo di 17 neonati il cui pianto veniva registrato tra il settimo e il quattordicesimo giorno di vita. Questi parametri potrebbero essere considerati dei validi indicatori dell'individualità e sono: la durata di ogni singolo vagito, l'intensità del pianto, la percentuale di fonazione, la Fo, la prima formante, la gamma dinamica della prima formante e infine la seconda formante. Queste variabili erano anche correlate ai giudizi sul temperamento del neonato e sulla sua emozionalità formulati dalle madri in base a dei questionari. Nello studio di Bates, Bennet-Freeland e Lounsbury (1979) l'eccosso di pianto era correlato al giudizio sul temperamento del bambino formulato dalla madre. Anche Adachi, Murai, Okada e Nihei (1985) hanno trovato che la Fo e la fonazione vocalizzata erano validi predittori dei giudizi formulati da madri giapponesi sui loro neonati.

## L'ontogenesi delle competenze linguistiche

Alla fine del primo anno di vita il bambino possiede una elementare comunicazione semantica e riconosce i nomi di alcuni oggetti, inoltre vocalizza in duetto con la madre. Per dare un'idea della complesse competenze che egli ha messo in atto è utile cercare di suddividerne gli ambiti. La comunicazione verbale si fonda su capacità motorie, cognitive e sociali (Argyle, 1975, 1978; Bruner, 1977, 1979; Connolly e Bruner, 1974; Vigostki, 1966, 1973).

Le competenze motorie e vocaliche garantiscono precocemente l'utilizzo del canale vocale soprasegmentale che comprende l'intonazione e il contorno melodico, e, nell'adulto, la qualità della voce, il ritmo e le pause, tutti elementi che contribuiscono in modo sostanziale alla comprensione del messaggio parlato (Hinde, 1972; Weitz 1974; Rosenhouse, 1986). Verso l'ottavo/decimo mese, dopo un lungo periodo di pratica, esse assicurano la corretta articolazione dei fonemi, unità minime del linguaggio che vengono emesse in modo discreto con valori acustici di tipo categorico, ex. **p**ane, **c**ane (Hockett, 1960; O'Connor, 1973). Per la loro categoricità i fonemi vengono definiti unità segmentali (Oller & Eilers, 1992).

Il sistema cognitivo permette la combinazione seriale dei fonemi utilizzando un limitato numero di regole parasintattiche (Lyons, 1972), nonché la memorizzazione di quelle combinazioni che sono selezionate culturalmente e in modo diverso per ogni linguaggio: le parole, e quella, parallela, dei loro referenti. In ultima analisi le parole potrebbero essere considerate delle icone acustiche condivise all'interno di una cultura (Lenti Boero, 1994, 1995).

Infine, la competenza sociale garantisce l'apprendimento del turno di parola, universale linguistico necessario alla comprensione del dialogo, considerato l'unità di base del parlato. Nei paragrafi successivi esamineremo più in dettaglio l'ontogenesi di queste competenze.

## La lallazione come precursore del linguaggio

E' noto che il neonato emette *spontaneamente* una serie di suoni su entrambi i sistemi fonetici: quello consonantico e quello vocalico (O' Connor, 1973), e, per quanto possa sembrare sorprendente, il neonato umano non è il solo ad esibire le necessarie competenze articolatorie. Infatti alcune specie di pappagalli (*Psittacus erithacus* e *Amazonica ochrocephala auropalliata*) sono in grado di elaborare suoni similvocalici (Patterson e Pepperberg, 1994), anche se utilizzano movimenti articolatori in parte diversi dai nostri. Questi suoni servono ad articolare parole apprese dagli addestratori umani.

I suoni similfonetici emessi dal neonato vengono considerati da numerosi autori (Blurton Jones, 1972; De Boysson-Bardies, Bacri, Sagart e Poizat, 1981; Gordon, 1992; Lancaster, 1968; Mussen, Conger e Kagan, 1981; Oller, 1980; Papoushek & Papoushek, 1981; Roug, Landberg e Lundberg, 1989; Stark, 1980) i precursori dell'attività fonetica vera e propria, in quanto gli inventari acustici del linguaggio precoce e la lallazione sono estremamente simili. E' stato affermato che esiste una continuità funzionale tra le vocalizzazioni prelinguistiche collaterali al pianto e il linguaggio (Bates, Camaioni e Volterra 1975; D'Odorico, 1984). Recentemente Lind e Wermke (in stampa) hanno proposto che questa continuità funzionale possa essere valida anche per il pianto. Infatti le loro registrazioni hanno messo in evidenza che a partire dal secondo mese di vita i neonati modificano il contorno melodico del pianto spontaneo. In questo modo affinerebbero le loro capacità articolatorie che precorrono le competenze motorie necessarie alla prima produzione di tipo vocale.

L'ontogenesi della lallazione attraversa numerose tappe, sulla cui durata e funzioni non c'é accordo unanime tra i ricercatori, probabilmente anche causa delle diverse tecniche di indagine utilizzate (Roug, Landberg e Lundberg, 1989; Stark, 1980).

Oller & Eilers (1992) descrivono quattro stadi successivi in cui vengono successivamente sviluppate le capacità articolarie che permettono le competenze fonetiche:

**Primo stadio** (o stadio della fonazione): dalla nascita al secondo mese di vita i neonati emettono suoni quasi-vocalici assimilabili ad una fonazione normale. Sebbene non abbiano una funzione biologica evidente, questi suoni vengono emessi in modo ripetitivo. Questa pratica fonemica precoce dà un gran piacere ai bambini (Papoushek & Papoushek, 1981).

**Secondo stadio** (o stadio dell'articolazione primitiva): tra il primo e il quarto mese di vita la maggior parte dei neonati produce sequenze di suoni quasi vocalici e protoconsonantici, che vengono articolati nel retrofaringe. L'infrafonologia, un sistema altamente sofisticato di regole descrittive dei suoni biologici (Oller & Eilers, 1992), ha permesso di mettere in evidenza una distinzione primitiva tra il nucleo vocalico e il margine consonantico in queste protosillabe, infatti in questo stadio ne viene appresa la segmentazione articolatoria in fase espiratoria (Papoushek & Papoushek, 1981). Questi due stadi sembrano avere un'ontogenesi innata e non necessitano apparentemente di un feed-back acustico, in quanto sono comuni sia a bambini normali sia a bambini sordi (Lenneberg, Rebelsky e Nichols, 1965). Essi sono inoltre comuni a tutti i neonati in tutte le culture (Roug, Landberg e Lundberg, 1989).

**Terzo stadio** (o stadio dell'espansione): tra il terzo e l'ottavo mese il bambino riesce a controllare l'emissione di una quantità di suoni nuovi. Suoni completamente vocalici (precursori delle vocali) vengono emessi in modo ripetitivo. Ci sono indizi che indicano che egli stia tentando di manipolare il contorno melodico soprattutto nell'interazione con la madre (D'Odorico, 1984; Papoushek, 1992; Papoushek e Bornstein, 1992). Nel corso dell'ontogenesi il controllo volontario della respirazione inizia attorno al terzo mese e rapidamente si sviluppa nel corso del quarto, esso permette di prolungare l'espirazione a favore dell'emissione vocale.

Parallelamente, sul versante vocalico all'incirca in questo periodo sono presenti in tutti i tipi di vocalizzazioni (pianto e non-pianto) contorni melodici specifici di disagio, richiamo e richiesta (D'Odorico, 1984) e sono evidenziabili gli andamenti prosodici indicativi di interrogazione, vocazione e declarazione (Papoushek e Papoushek, 1981); gli adulti sono in grado di riconoscere questi "contorni di intonazione" come "domande", commenti o altro. Bruner (1977) considera questi contorni intonazionali come parti di atti linguistici. Finché il bambino non ha sei mesi di età questa espressione vocale di tipo prosodico è sostanzialmente priva di riferimenti ad oggetti esterni, ma fa invece riferimento a contesti situazionali ben individuabili (D'Odorico, 1984; Franco, 1984).

**Stadio canonico**: le *sillabe canoniche* vengono definite come sillabe comuni a tutti i linguaggi umani. Esse sono costituite da un "nucleo" di energia acustica (una vocale) e almeno un "margine" (una consonante) che insieme rientrano nel periodo sillabico di 100-550 millisecondi che garantisce la percezione distinta della sillaba nell'ascoltatore. Lo stadio canonico dura da cinque a dieci mesi per la maggior parte dei neonati e in esso giungono a completa maturazione i processi che risultano nella produzione di sillabe ben formate (mama, baba ecc.), alcune delle quali sono parole appartenenti ai linguaggi naturali. La maturazione cruciale che avviene nello stadio canonico rispetto a quello precedente è che i tempi di emissione del nucleo e del margine della sillaba vengono posti sotto controllo, assicurando così la completa intelligibilità del segnale. L'ingresso nello stadio canonico non è semplicemente legato alla maturazione ma è anche legato all'automonitoraggio acustico. Infatti i neonati sordi dalla nascita non entrano nello stadio canonico fino al decimo mese di vita, con rare eccezioni (Oller e Eilers, 1988).

Per quanto riguarda le tipologie articolatorie dei suoni emessi, Roug, Landberg e Lundberg (1989) in uno studio durato diciotto mesi sull'ontogenesi della lallazione in quattro bambini svedesi, hanno messo in evidenza che nel 92% dei casi venivano utilizzati solamente quattro spazi articolatori: bilabiale, dentale/alveolare, velare e glottale. Questo a dispetto della praticamente infinita quantità dei luoghi di articolazione nel tratto vocale (Pike, 1941). Se i risultati di questo studio venissero confermati si potrebbe ritenere che la scelta dello spazio articolatorio è in qualche modo predeterminata, almeno all'inizio.

## Percezione dei suoni da parte del neonato

Lo stabilirsi di un sistema di comunicazione su base linguistica implica che il neonato non sia solamente un emettitore, ma anche un ricevente. Infatti egli sembra essere un decodificatore di segnali altamente competente fin dal primissimo periodo di vita. Questa competenza si esplica a molteplici livelli: il primo riguarda le caratteristiche acustiche della voce della madre (De Casper e Fifer, 1980), che viene identificata e preferita, anche quando viene filtrata in modo da renderla meno riconoscibile (Fifer e Moon, 1987) e probabilmente è già stata appresa in fase prenatale (Busnel, Granier-Deferre e Lecanuet, 1992). Va ricordato che molti cuccioli di mammiferi, tra cui agnelli e altri ungulati (Peters, 1980) sono in grado di riconoscere il belato della madre immediatamente dopo la nascita, ed è stato dimostrato che questa competenza è legata all'apprendimento nella vita intrauterina.

Per quanto riguarda il canale vocale è stato messo in evidenza che i neonati riconoscono già dai primi giorni il "contorno di intonazione" del linguaggio nativo, e la loro attenzione è attratta dai contorni melodici del "baby talk", lo speciale contorno intonazionale utilizzato inconsapevolmente dagli adulti, (vedi oltre) (Cooper & Aslin, 1989; Mehler, 1979; Mehler, Jusczyk, Mamberz, Halsted, Bertoncini e Amiel-Tison, 1988). Bambini di quattro mesi di età dimostrano una preferenza selettiva nell'ascolto del "baby talk" rispetto al parlato indirizzato agli adulti presintonizzano il SNC del neonato a rispondere automaticamente a input rappresentati da pattern complessi.

Ma la competenza che apparentemente appare più sorprendente è quella inerente ai processi specializzati per la comprensione fonemica messi in evidenza da studi di tipo elettrofisiologico e comportamentale. Questi processi sono attivi fin dalla prima settimana di vita e fanno sì che all'età di pochi giorni i neonati siano in grado di discriminare tra le a e le i (Clarkson e Berg, 1983) e di operare distinzioni tra stimoli fonologicamente rilevanti all'età di un mese (Eimas, Siqueland, Jusczyk e Vigorito, 1971). Nell'adulto la discriminazione fonemica permette l'esplorazione delle caratteristiche fonetiche distintive e dei rapporti temporali intercorrenti tra loro ed è quindi alla base della comprensione del linguaggio parlato. Ed è stato dimostrato che non si tratta di una competenza tipicamente umana, infatti questa capacità è presente in alcune specie di mammiferi e uccelli quali i macachi resi, i cani, i cincillà e le quaglie (Kuhl e Miller,1975; Miller, 1977; Morse e Snowdon, 1975; Kluender, Diehl e Killeen, 1987)

## Lo sviluppo della comunicazione interattiva

In tutte le culture umane il dialogo costituisce l'unità di base del parlato. E ontogeneticamente è alla base dell'apprendimento di una corretta competenza verbale (Bruner, 1977, 1979). La capacità di instaurare un dialogo con la propria madre implica, da parte del neonato, numerose e complesse competenze sia di tipo percettivo - vocale, sia di tipo sociale.

### *Il "Babytalk" o maternese.*

Uno dei problemi tipici di ogni sistema comunicativo è quello del rapporto tra segnale utile e rumore di fondo (Shannon e Weaver, 1981), più alto è questo rapporto migliore sarà la ricezione del segnale. E' interessante notare che, in tutte le culture fin qui studiate, le madri utilizzano una frequenza fondamentale preferenziale, che si avvicina a quella delle vocalizzazioni infantili ed è più alta di quella utilizzata nel parlato tra adulti quando si rivolgono ai loro bambini. Essa è stata definita "babytalk" o "motherese" dagli autori di lingua anglosassone. Già Darwin (1877) aveva notato questo fenomeno e capito che i bambini "comprendono l'intonazione" prima di capire il significato delle parole.

Le modificazione prosodiche di questo contorno intonazionale sono: frequenza fondamentale media, minima e massima più alta, maggior variabilità della fondamentale, frasi più brevi e pause più lunghe (Fernald e Simons, 1989; Fernald, 1992). Papoushek e Papoushek (1981) mettono in evidenza che l'intonazione del "babytalk" è simile a quella di molte filastrocche infantili e contribuisce al rallentamento del battito cardiaco del neonato. Questa modalità vocale appare spontaneamente nelle madri e viene a volte utilizzata anche con cuccioli e animali domestici (Lenti Boero oss. pers.). E' probabile che il "baby talk" abbia una componente innata, e faccia parte delle "funzioni parentali intuitive" che costituiscono un preadattamento biologico all'attività parentale descritte da Papoushek (1992). Il "baby talk" avrebbe la funzione di fornire una fonte di informazione linguistica indipendente ( Papoushek, 1992; Stern, Spieker e McKain, 1982) che aiuta il neonato a distinguere tra il "rumore acustico di fondo", ad esempio il dialogo tra i genitori o in genere tra gli adulti, e la comunicazione esplicitamente diretta a lui. Le funzioni linguistiche hanno una valenza transculturale: madri cinesi, tedesche e americane utilizzavano tutte indistintamente contorni intonazionali ascendenti nei contesti di incoraggiamento, discendenti quando desideravano calmare i bambini e contorni discendenti o a campana quando volevano premiarli o scoraggiarli (Papoushek, 1992). Anche Fernald (1992) ritiene che il linguaggio acquisti significato per il bambino in relazione alla prosodia piuttosto che non in relazione alle singole parole. In uno studio transculturale è stato dimostrato che madri francesi, tedesche, italiane, inglesi britanniche e inglesi americane utilizzavano i medesimi contorni intonazionali per veicolare messaggi di attenzione, approvazione, proibizione e conforto.

*Il turno di parola.*

Alla base di ogni dialogo sta l'ascolto reciproco, senza il quale non può esistere comunicazione, è infatti impossibile mandare un segnale e contemporaneamente riceverlo, a meno che non si tratti di segnali estremamente brevi, mentre la simultaneità di invio e ricezione è impossibile per il parlato. Negli adulti l'alternanza tra le modalità di invio e di ascolto viene garantita dall'alternarsi del "turno di parola", che richiede una comunicazione complessa comprendente sia il canale visivo: direzione dello sguardo e postura della testa e del corpo (Argyle, 1972, 1974, 1978), sia quello vocale (intonazione della voce), sia quello semantico sintattico (significato della frase). Il turno di parola viene considerato un universale linguistico, che peraltro implica una pratica sociale. A livello ontogenetico questa potenzialità è presente fin dai primi giorni di vita, come suggeriscono gli studi di Rosenthal (1982) sul dialogo vocale tra le madri e dei loro neonati di tre giorni di età durante l'allattamento al seno. L'emissione di vocalizzazioni da parte della madre non era influenzata dall'emissione da parte del neonato, mentre l'emissione da parte del neonato rispondeva alla vocalizzazione della madre già all'età di tre giorni. Queste vocalizzazioni coazionali (= simultanee) erano indicative di uno stato di arousal positivo nei membri della diade.

Trevarthen (1979) ha messo in evidenza un comportamento protoconversazionale, che si instaura assai precocemente. I neonati rispondevano con piccoli suoni accuratamente coordinati alle continue proposte musicali del "baby talk" della madre, essi muovevano le labbra analogamente a un adulto che parla, quasi si trattasse di una forma embrionale di linguaggio. Questi movimenti venivano associati agli atti respiratori, e progressivamente aggiustati alle necessità del parlato, come quelli che sono essenziali alla vocalizzazione controllata dell'adulto. Nel suo studio, inoltre, i neonati vocalizzavano di più quando le madri tacevano, e viceversa. La sovrapposizione comunicativa era estremamente rara anche quando il dialogo avveniva con bambini piccoli. Essa insorgeva nel caso di richiami di allarme inviati dalla madre quando il bambino era in pericolo o quando piangeva, o in occasione di una risata. Un'ultima modalità di comunicazione coazionale era costituita dal "coro": in cui la madre si aggiunge alla vocalizzazione del bimbo. Papoushek e Papoushek (1979) hanno messo in evidenza che il turno di emissione può essere utilizzato dal bambino per imitare i suoni emessi dai genitori, in una sorta di "eco biologica" che influenza lo sviluppo del sé. Tra gli uccelli canori l'imitazione vocale è la regola, mentre tra i mammiferi, l'imitazione vocalica sembra essere un tratto distintivo degli esseri umani. Il suo significato ha acceso l'interesse dei linguisti in relazione allo stabilirsi dei circuiti automatici (Liebermann, 1985) e dei collegamenti tra i movimenti articolatori percepiti, le percezioni uditive e i controlli motori corrispondenti.

La comunicazione vocale diadica risente dei continui aggiustamenti indotti progressivamente dall'interazione tra la personalità della madre e lo stile temperamentale del bambino, ma anche dai contesti in cui questa interazione si svolge, in particolare quello della nutrizione. Dunn (1975) ha studiato lo sviluppo delle interazioni tra madre e figlio nei primi giorni di vita: le modalità comportamentali della madre mostravano alcuni cambiamenti a partire dal secondo-terzo giorno. Le madri che allattavano al seno baciavano, cullavano e toccavano i loro bambini più di quelle che lo allattavano con il poppatoio. Nello studio transculturale eseguito da Papoushek (1992) è stato messo in evidenza che le attività di madri e bambini nelle loro abitazioni progressivamente corrispondono: le madri che intrattenevano socialmente i loro piccoli avevano bambini più socievoli, mentre le madri che svolgevano di più un'attività didattica avevano bambini più interessati all'ambiente che li circondava, e a due anni avevano una maggior comprensione del linguaggio e decontestualizzazione simbolica (Tamis-Le Monda e Bornstein, 1989).

## Conclusioni

La molteplicità di aree disciplinari interessate ai numerosi aspetti della comunicazione nel primo anno di vita è potenzialmente riconducibile a quattro polarità di indagine: quella biomedica, quella psicologica, quella neurolinguistica e quella comparata. Benché situate in aree epistemologicamente distanti tra loro queste polarità si trovano ad essere interdipendenti a causa dell'unicità dell'oggetto di studio e della complessità delle interfacce studiate.

Le discipline biomediche (neuropsichiatria infantile, pediatria) sono interessate allo studio della comunicazione precoce, e in particolare del pianto, perché l'analisi spettrale riflette lo stato funzionale del SNC sotto stress e pone le premesse per una valutazione non invasiva dell'integrità neurofisiologica, utile per l'individuazione precoce dei bambini a rischio (Lester e Boukydis, 1992). La valutazione delle alterazioni spettrali del pianto connesse a numerose patologie è stata messa in evidenza dal gruppo leader che ha iniziato le ricerche in quest'area negli anni "60 in Scandinavia (Wasz-Hockert, Michelsson e Lind, 1985). Essa ha posto le premesse per la costruzione di un ausilio diagnostico non invasivo integrativo e complementare alla diagnosi neuroradiologica (Lester, 1987; Mende, Wermke, Schindler, Wilzopolski e Hock, 1990b; Lenti, Lenti Boero, Volpe, Bianchini, Bianchi, 1994; Ostwald, Phibbs e Fox, 1968). Ad esempio, Lester (1987) in un lavoro preliminare, ha messo in evidenza che i neonati con maggior alterazioni sonospettrografiche e una maggior $F_0$ avevano un ritardo cognitivo misurato con le scale Bayley a un anno e con le scale McCarty a cinque anni rispetto ai neonati con meno alterazioni e una $F_0$ più bassa. L'analisi spettrografica, quindi, ha il vantaggio di inserirsi in modo intermedio tra l'indagine clinica e quella neuroradiologica strumentale, mettendo in luce alterazioni sottili a livello neurofunzionale non evidenziabili con tecniche invasive (Lenti Boero, Lenti, Volpe, Bianchi, 1997).

Lo studio della alterazioni sonospettrografiche non ha però solamente una valenza neurobiologica e biomedica, ma anche psicologica e percettiva perché il canale acustico è uno degli elementi di costruzione del legame diadico con la madre in quanto permette il contatto a distanza e la comunicazione interattiva (D'Odorico, 1984; Boukydis, 1985). Numerosi altri studi hanno seguito il modello biosociale collegando i parametri spettrografici dei pianti emessi in numerose altre condizioni alla percezione di varie classi di soggetti adulti o in età evolutiva per valutare gli effetti dell'età, del sesso, dello stato e dell'esperienza parentale, del livello socioeconomico e dell'abitudine acquisita professionalmente. E' stato scritto che quest'area di ricerca ha ottenuto la parte del leone nelle ricerche sul pianto (Boukydis, 1985).

Lo studio delle altre vocalizzazioni emesse dal neonato, soprattutto nella fase precoce della lallazione è quantitativamente uno dei meno sviluppati, soprattutto se viene paragonato al pianto (Sherer, 1992). Ciò è probabilmente dovuto alla maggior difficoltà di reperimento dei dati longitudinali nei setting naturalistici rispetto al pianto, che viene generalmente registrato nelle strutture ospedaliere, ma forse anche al minor interesse biomedico che i segnali "collaterali" presentano. Eppure, è stato rilevato che questi segnali costituiscono ben il 90% dei segnali acustici emessi nelle interazioni diadiche (Papoushek, 1992) e virtualmente rivestono un ampio ruolo comunicativo tuttora inesplorato (Papoushek & Papoushek, 1981; Sherer, 1992).

Le diverse tradizioni epistemologiche divergono nel considerare il rapporto tra il pianto e la lallazione. Infatti gli studiosi di estrazione etologica e psicologica, maggiormente sensibilizzati al ruolo dell'intonazione e dei contorni melodici, in altre parole, delle componenti soprasegmentali, ritengono che il perfezionamento e la duplicazione del contorno melodico che appaiono verso il terzo mese di vita costituiscano un "precursore motorio" che verrà utilizzato successivamente nella lallazione e che esista una relazione funzionale tra il linguaggio e le vocalizzazioni prelinguistiche (Bates, Camaioni e Volterra 1975; D'Odorico, 1984; D'Odorico, Franco e Vidotto, 1985; Lind e Wermke, in stampa), mentre molti studiosi di linguistica tendono a negare una continuità tra i segnali infantili precoci come il pianto e la lallazione precoce dalla parola (Jakobson, 1968). Recentemente però, un autorevole linguista ha messo in evidenza come il linguaggio parlato sia intimamente connesso con il contenuto vocale (Ohala, 1996).

L'approccio comparato allo studio della comunicazione precoce è di fondamentale importanza per comprendere l'origine del linguaggio umano in quanto permette di affiancare l'aspetto ontogenetico a quello filogenetico. Molte delle competenze necessarie per parlare e per comprendere il parlato e che sono riunite nel nostro sistema comunicativo, appaiono separatamente nel regno animale. Alcune specie di uccelli canori, come l'usignolo (*Melospiza melodia*) sono in grado di comporre canti in modo produttivo, vale a dire combinando e ricombinando le note a loro disposizione come in una partitura musicale, o come i fonemi nel parlato umano. Abbiamo visto che alcune specie di pappagalli sono in grado di articolare suoni similvocalici, mentre altre specie di uccelli come la quaglia giapponese e il papagallino ondulato (Dooling e Brown, 1990) sono in grado di discriminare i fonemi. Anche altri mammiferi oltre all'uomo sono in grado di discriminare i fonemi, e, oltre a queste competenze, i macachi resi esibiscono un controllo volontario sulle proprie vocalizzazioni e usano lo spazio sopraglottale per articolare i contorni intonazionali di determinati segnali (Lieberman, Klatt e Wilson, 1969). Inoltre molti mammiferi superiori sono in grado di scambiarsi segnali dotati di significato (Marler, 1984, 1988; Lenti Boero, 1992; Seyfarth e Cheney, 1980, 1993; Seyfarth, Cheney e Marler, 1980).

Il neonato umano possiede inizialmente in modo separato molte di queste competenze, e, nel corso del primo anno di vita le assembla fino ad ottenere il risultato atteso: la prima parola dotata di articolazione, contorno intonazionale e significato, ad essa seguirà la strutturazione sintattica e grammaticale, il cui apprendimento viene facilitato da uno speciale programma biologico previsto per la nostra specie: il "baby talk" (D'Odorico e Franco, 1985).

L'ottica transculturale risulta essere certamente di grande rilevanza teorica e interpretativa nell'esame del significato filogenetico del pianto come segnale e del suo ruolo nell'evoluzione e adattamento delle cure parentali nella nostra storia evolutiva. Si tratta di un argomento che ha suscitato numerose controversie nell'interpretazione della comunicazione precoce. Il fatto che alcuni studi iniziali abbiano messo in evidenza che i neonati nelle culture non modernizzate piangono poco, e comunque meno che non quelli allevati nelle culture occidentali, ha indotto alcuni ricercatori a ritenere che il pianto dei bambini occidentali costituisca un artefatto socio-culturale esterno alla filogenesi. Ricerche più recenti hanno però messo in luce che le differenze nelle emissioni di pianto nelle varie culture non sono incolmabili e che i neonati allevati a contatto del corpo della madre piangono ugualmente, anche se di meno. Più che deporre per l'artificialità del pianto i dati presi nel loro complesso indicano che la separazione precoce del bambino dal corpo della madre, che viene praticata ancora troppo diffusamente in occidente, induce modificazioni in numerose caratteristiche psicologiche del neonato, tra cui va inclusa la frequenza temporale di emissione dei vagiti (Lenti Boero, 1995).

Il pianto in sé e per sé resta un imponente fenomeno biologico innato che ci può aiutare a comprendere il passato riproduttivo della nostra specie. Le risposte psicofisiologiche selettive al pianto date dai genitori e da altri soggetti adulti e in età evolutiva, la soglia di avversività di determinati segnali indicano la presenza di un sistema di ricezione preadattato, in coevoluzione con l'emettitore (Ploog, 1992). Mentre la ritmicità dell'emissione circadiana, il suo affollarsi alla sera e il picco di emissione tra la quarta e la sesta settimana, che appaiono in tutte le culture, e soprattutto l'effetto di reclutamento per cui i neonati delle nostre nursery piangono "a cascata" dopo che uno di loro ha iniziato, inducono a pensare a nursery collettive, al riparo dai predatori, dove ominidi senza peli, ma ancora senza reti lasciavano con pochi sorveglianti i piccoli, sirene viventi in grado di far accorrerre rapidamente il resto del gruppo. Ma, come è evidente, si tratta solo di uno degli scenari possibili. E' auspicabile che il lavoro sperimentale sul pianto sia in futuro in grado di formulare e sottoporre a verifica anche le ipotesi evoluzionistiche riguardanti il nostro lontano passato.

**Abstract**

Early human communication is a fundamental topic for understanding both ontogeny and phylogeny of human language. In recent years it has been investigated by many different students such as paediatricians, developmental neuropsychiatrists, neurolinguists, developmental psychologists and ethologists with different purposes. Early crying is produced by a complex neuromotor chain and considered an important cue for non invasive diagnosis and prognosis of brain damage. Together with other early vocalizations it is a basic signal in establishing the psychological dyadic bond with the care-giver. The human newborn is also a competent discriminator of features typical of the adult language, such as vowels, phonemes, native pitch contour and baby talk. And is him/herself an early producer of presyllabic and syllabic vocalizations. Different animal model both for the neurophysiological mechanisms of cry production and for human language evolution have been proposed by different authors. In this preliminary review all these aspects are considered and discussed.

**Riassunto**

La comunicazione precoce del bambino è un argomento di fondamentale importanza per comprendere sia l'ontogenesi che la filogenesi del linguaggio umano. In anni recenti è stata indagata da studiosi appartenenti a diverse discipline (pediatri, neuropsichiatri infantili, neurolinguisti, psicologi dello sviluppo e etologi) con obiettivi diversi. Il pianto neonatale è prodotto da una complessa catena neuromotoria e considerato un elemento importante per la diagnosi non invasiva e la prognosi del danno cerebrale. Insieme ad altre vocalizzazioni infantili è un segnale di fondamentale importanza per stabilire a livello psicologico il legame diadico con l'accuditore. Il neonato umano è anche un discriminatore competente degli elementi propri del linguaggio adulto, quali vocali, fonemi, contorno intonazionale nativo e maternese. E lui stesso è un precoce emettitore di vocalizzazioni presillabiche e sillabiche. Sono stati proposti numerosi modelli animali sia riguardo ai meccanismi neurofisiologici della produzione del pianto, sia riguardo l'evoluzione del linguaggio umano. In questa revisione preliminare tutti questi aspetti vengono presi in considerazione e discussi.

**Bibliografia**

Acebo C. e Thoman E. B., 1992. Crying as social behavior. *Infant Mental Health Journal*, 13 (1) 67-82.

Acebo C. Thoman E. B., 1995. Role of infant crying in the early mother-infant dialogue. *Physiology & Behavior* , 57(3), 541-547.

Adachi T., Murai N., Okada H., & Nihei Y. 1985. Acoustic properties of infant cries and maternal perception. *Tohoku Psychologica Folia* , 44 (1-4) , 51-58.

Aitken P.G. & Wilson Wm. A., 1979. Discriminative conditioning in Rhesus Monkeys: evidence for volitional control? *Brain and Language* 8, 227-240.

Anisfeld E., Casper V., Nozyce M., 1990. Does infant carrying promote attachment? An experimental study of the effects of increased physical contact on the development of attachment. *Child Development* , 61 , 1617-1627.

Argyle M., 1975. *Bodily communication.* Methuen, London, pp. 403.

Argyle M., 1978. *Il corpo e il suo linguaggio. Studio sulla comunicazione non verbale.* Zanichelli, Bologna, pp.. 306

Barr R.G., 1990. The normal crying curve: What do we really know? *Developmental Medicine and Child Neurology* , 32 , 356-362.

Barr R. G. e Elias M. F., 1988. Nursing interval and maternal responsivity: effect on early infant crying. *Pediatrics*, 81 (4), 529-536.

Barr R. G., Konner M., Bakeman R., Adamson L., 1991. Crying in !Kung san infants: a test of the cultural specifity hypothesis. *Developmental Medicine and Child Neurology*, 33, 601-610.

Bates F., Camaioni L. e Volterra V., 1975. The acquisition of performatives prior to speech. *Merril Palmer Quarterly*, 21, 205-226.

Bates S., Bennett-Freeland C.A. & Lounsbury M.L., 1979. Measurement of infant difficultness. *Child Development* , 50 , 794-803.

Bensel J. in stampa. Early crying -developmental constant or civilizatory artifact? In: Schmitt A. (Ed.): *New Aspects of Human Ethology*. Plenum Press, London.

Bisping R., Steingrueber H.J., Oltmann M., Wenk C., 1990. Adult's tolerance of cries: An experimental investigation of acoustic features. *Child Development*, 61 , 1218-1229.

Bloom K., D'Odorico L., 1989. Caratteristiche e ruolo della percezione del comportamento vocale del neonato da parte dell'adulto. *Ricerche di Psicologia* , 13 (3), 107-126.

Bloom K., Lo E. 1990., Adult perception of vocalizing infants. *Infant Behavior and Development* 13(2) 209-219.

Blurton-Jones N., 1972. Characteristics of ethological studies of human behaviour. In: Blurton-Jones, N.G. (Ed.): *Ethological studies of child behaviour.* Cambridge University Press, Cambridge, pp. 3-36. Trad. it.: Blurton-Jones, N.G., (a cura di), 1980. *Il comportamento del bambino. Studi etologici.* La Nuova Italia, Firenze, pp.. 460.

Bosma J. F., Truby H. M. & Lind J., 1965. Cry motions of the newborn infant. *Acta Paediatrica Scandinavica Supplement*, 163, 61-92.

Boukydis C. F. Z., 1985. Perception of infant crying as an interpersonal event. In: Lester B. M. & C. F. Z. Boukidis (Eds.).: *Infant crying: Theoretical and research perspectives.* Plenum Press New York and London pp. 187-216.

Boukydis C. F., e Burgess R., 1982. Adult physiological responses to infant cries: effects of temperament of infant, parental status, and gender. *Child Development* 53, 1291-1298.

Bowlby J., 1969. Attachment. *Attachment and Loss, Vol. 1.* New York: Basic Books.

Brazelton T.B., 1962. Crying in infancy. *Pediatrics*, 29 , 575-588.

Brazelton T.B., Robey J.S. & Collier G.A., 1969. Infant development in the Zinacanteco Indians of southern Mexico. *Pediatrics* , 44 , 274-290.

Bruner J., 1977. Early social interctions and language acquisition. In H. Schaffer (Ed.): *Studies in mother infant interaction* (pp. 271-289). New York. Academic Press.

Bruner J., 1979. Early social interaction and language acquisition. In: D. Shaffer & Dunn J. (Eds.): *The first year of life. Psychological and medical implications of early experience..* J. Wiley & Sons, Chichester. pp. 457-474.

Bryan Y.E. e Newman J.D., 1988. Influence of infant cry structure on the heart rate of the listener. In: J.D. Newman (Ed.): *The Physiological Control of Mammalian Vocalizations* . New York , London : Plenum Press.

Buchwald J. S. & Shipley C., 1985. A comparative model of infant cry. In: Lester B. M. & C.F.Z. Boukydis (Eds.): *Infant crying: Theoretical and research perspectives.* Plenum Press. New York and London. pp. 279-306.

Busnel M.C., Granier-Deferre C. & J.P. Lecanuet. 1992. Fetal audition. *Developmental Psychobiology, Annals of the New York Academy of Sciences* 662, 118-134.

Camaioni L., Volterra V., Bates E. 1976. *La comunicazione nel primo anno di vita.* Editore Boringhieri. Torino.

Cismaresco A.S., Montagner H., 1990. Mother's discrimination of their neonates' cry in relation to cry acoustics: The first week of life. *Early Child Development & Care* , 65 , 3-13.

Clarkson M.G. e Berg W.K., 1983. Cardiac orienting and vowel discrimination in newborns: crucial stimulus parameteres. *Child Development*, 54: 162-171.

Connolly K. & Bruner J., (eds.), 1974. *The growth of competence.* Academic Press, London, pp.. 327.

Cooper R.P. e Aslin R.N. 1989. The language environment of the young infant: implications for early perceptual development. *Canadian Journal of Psychology*, 43, 247-265.

D'Odorico L., 1984. Non-segmental features in prelinguistic communications: An analysis of some types of infant cry and non-cry vocalization. *Journal of Language* , 11 (1) , 17-27.

D'Odorico L. e Franco F. 1985. The Determinants of baby talk: relationship to context. *Child Language*, 12, 567-586.

D'Odorico, L., Franco, F. e Vidotto, G., 1985. Temporal characteristics in infant cry and non cry vocalizations. *Language & Speech* , 28 (1), 29-46.

De Boysson-Bardies B., Bacri N., Sagart L., & Poizat M., 1981. Timing in late babbling. *Journal of Child Language* 8, 525-539.

De Casper A.J. e Fifer W.P., 1980. Of human bonding: newborns prefer their mothers' voice. *Science*, 208, 1174-1176.

Donovan W.L. 1981. Maternal learned helplessness and physiologic response to infant crying. *Journal of Personality and Social Psychology*, 40, 919-926.

Donovan W. L. & L.A. Leavitt 1985. Physiology and behavior: parents' response to the infant cry. In: Lester B. M. & C.F.Z. Boukydis (Eds.): *Infant crying*. Plenum Press. New York and London. pp. 241-278

Doupe A.J., 1993. A neural circuit specialized for vocal learning. *Current opinion in Neurobiology* 3 : 104-111.

Dunn J.B., 1975. Patterns of early interactions: continuities and consequences. In: Shaffer D. & J. Dunn (Eds.): *The first year of life. Psychologicl and medical implications of early experience*. pp. 457-474

Eco U., 1987. *Trattato di semiotica generale*, 10ma edizione Milano: Bompiani, 408pp.

Eimas P. D., Siqueland E. R., Jusczyk P., Vigorito J., 1971. Speech perception in infants. *Science* 171, 303-306.

Faienza C., Capone C., Sani E. 1995. Il ruolo dei ritmi biologici nell'organizzazione dei fenomeni evolutivi. In: Cazzullo A.G., Lenti C., Musetti C. e L. Musetti (acura di): *Processi mentali in età evolutiva. Modelli Neuropsicologici e clinici.* pp. 60-79.

Fernald A., 1992. Meaningful melodies in mothers' speech to infants. Papousek H., Jurgens U., and M. Papousek (Eds.): *Nonverbal vocal communication.* Cambridge University Press. pp. 262-282.

Fernald A. e Kuhl, P.K., 1987. Acoustic determinants of infant preference for motherese speech. *Infant Behavior and Development*, 10, 279-293.

Fernald A. e Simons T., 1984. Expanded intonation contours in mothers' speech to newborns. *Developmental Psychology* , 20 , 104-113.

Fifer W. P. & Moon C., 1989. Early voice discrimination. In: C. von Euler, H. Forssberg, & H. Lagerkranz (Eds.): *The neurobiology of early infant behavior* pp. 277-286. Basingstoke: Macmillan

Freudenberg R. P., Driscoll J. W. & Stern G. S., 1978. Reaction of adult humans to cries of normal and abnormal infants. *Infant Behaviour and Development*, 1, 224-227.

Franco F., 1984. Differences in manner of phonation of infant cries: Relationship to communicative context. *Language and Speech* , 27, (1), 59-78.

Freudenberg R. P., Driscoll J. W. & Stern G. S., 1978. Reaction of adult humans to cries of normal and abnormal infants. *Infant Behaviour and development*, 1, 224-227.

Friedman S.L., Zahn-Waxler C. & Radke-Yarrow M., 1982. Perceptions of cries of full-term and preterm infants. *Infant Behaviour and Development*, 5, 161-173.

Frodi A., 1985. When empaty fails: aversive infant crying and child abuse. In: Lester B. M. & C.F.Z. Boukydis (Eds.): *Infant crying: Theoretical and research perspective*. Plenum Press. New York and London. pp. 263-278.

Frodi A.M., Lamb M.C., Leavitt L. & Donovan W., 1978. Fathers' and mothers' responses to infant smiles and cries. *Infant behavior and development* , 1, 187-198.

Frodi A.M., Lamb M.E., Leavitt L.A., Donovan W.L., Neff C. & Sherry D., 1978.

Fathers' and mothers' responses to the faces and cries of normal and premature infants. *Developmental Psychology* ,14, 490-498.

Frodi A. & Senchack M., 1990. Verbal and behavioral responsiveness to the cries of atypical infants. *Child Development* 61, 76-84.

Gladding S., 1979. Effects of training versus non training in identification of infant cry signals: a longitudinal study. *Perceptual and Motor Skills* , 48, 752-754

Golub H. & Corvin M., 1985. A physioacoustic model of the infant cry. Lester B. M. & C. F. Z. Boukidis (Eds.).: *Infant crying: Theoretical and research perspectives.* 187-216. New York Plenum.

Gordon B., 1992. Human language. In: Kesner, R. P. & Olton, D. S. (Eds.): *Neurobiology of comparative cognition.* Lawrence Erlbaum Associates, Publishers. Hillsdale, New Jersey. pp. 21-49.

Green J.A., Gustafson G.E., 1983. Individual recognition of human infants on the basis of cries alone. *Developmental Psychobiology*, 16, 485-493.

Green J.A., Gustafson, G.E., 1990. Interrelations among the acoustic features of cries: How many features do we need ? *Early Child Development & Care*, 65 , 31-45.

Green J.A., Jones L. & Gustafson G.E., 1987. Perception of cries by parents and non parents: Relation to cry acoustics. *Developmental Psychology* ,23 , 370-382.

Grunau R.V.E., Johnston C. C. e Craig K.D., 1990. Neonatal facial and cry responses to invasive and non-invasive procedures. *Pain* , 42, 295-305.

Gustafson G.E., Green, J.A., 1989. On the importance of fundamental frequency and other acoustic features in cry perception and infant development. *Child Development* , 60, 772-780

Gustafson G.E., Harris K.L., 1990. Women's responses to young infants' cries. *Developmental Psychology* , 25 , 144-152.

Hinde R.A., 1972. *Non-verbal communication.* Cambridge University Press, Cambridge.

Hockett C.F., 1960. The origins of speech. *Scientific American* 203, 88-96.

Hopkins B. & Von Wulfften Palthe T., 1987. The development of the crying state during early infancy. *Developmental Psychobiology* , 20, 165-175.

Hopkins B., Janssen B., Kardaun O. & van der Shoot T., 1988. Quieting during early infancy: evidence for a developmental change? *Early Human Development*, 18 , 111-124.

Huffman L.C., Bryan Y. E., Pedersen F. A., Lester B.M., Newman J.D. e del Carmen R., 1994. Infant Cry acoustics and maternal ratings of temperament. *Infant Behavior and Development* 17, 45-53.

Hunziker U.A. e Barr R.G., 1986. Increased carrying reduces infant crying: A randomized controlled trial. *Pediatrics* , 77 , 641-648.

Jakobson R., 1968. *Child Language, aphasia and phonological disorders*. The Hague: Mouton.

Jurgens U., 1990. Vocal communication in primates. In: Kesner, R. P. & Olton, D. S. (Eds.): *Neurobiology of comparative cognition*. Lawrence Erlbaum Associates, Publishers. Hillsdale, New Jersey. pp. 51-76.

Jurgens U., 1992. On the neurobiology of vocal communication. Pp. 31-42. In: Papoushek H., Jurgens U. & M. Papoushek (Ed.) *Nonverbal vocal communication. Comparative and developmental approaches*. Cambridge University Press. Cambridge.

Kagan J., 1984. *The nature of the Child*. Basic Books Inc., Publishers. New York. 309 pp.

Kluender K.R., Diehl R.L. & Killeen P.R., 1987. Japanese quail can learn phonetic categories. *Science*, 237, 1195-1197.

Koivisto M., 1987. Cry analysis in infants with Rh haemolitic disease. *Acta Paediatrica Scandinavia Suppl*. 335, 1-73.

Konner M. J., 1972. Aspects of the developmental ethology of a foraging people. In : Blurton-Jones, N.G. (ed.) *Ethological studies of child behaviour*. Cambridge University Preess, Cambridge, pp. 285-304.

Kuhl P.K. & Miller J.D., 1975. Speech perception by chinchilla: voiced voiceless distinction in alveolar plosive consonants. *Science*, 190: 69-72.

Lancaster J.B., 1968. Primate communication systems and the emergence of human language. In: J. C. Jay (Ed.): *Primates*. New York: Holt.

Lee K., 1992. Pattern of night waking and crying of Korean infants from 3 months to 2 years old and its relation to variuos factors. Developmental and Behavioral Pediatrics, 13, (5), 326-329.

Lenneberg E.H., Rebelsky F.F. & Nichols I.A. 1965. The vocalizations of infants born to deaf and hearing parents. *Human Development*, 8, 23-37.

Lenti C., Lenti Boero D., Volpe C., Bianchini E. e Bianchi C., 1994. Il neonato con sofferenza cerebrale: correlazioni clinico sonografiche e di neuroimmagini. *Rivista di Neuroradiologia*, 7, 276-277.

Lenti Boero D., 1992. Alarm calls in marmots: evidence for semantic communication. *Ethology, Ecology, Evolution,* 4 (2), 125-138.

Lenti Boero D., 1994. Oltre le parole: la comunicazione umana non verbale come comunicazione universale. Teoria Sociologica, 2/3, pp.94-122.

Lenti Boero D., 1995. La dimensione etologica della comunicazione: un approccio comparato allo studio della comunicazione umana. In: Cazzullo A.G., Lenti C., Musetti C. e L. Musetti (a cura di): *Processi mentali in età evolutiva. Modelli Neuropsicologici e clinici.* pp. 15-51

Lenti Boero D., Lenti C., Volpe C., Bianchi C., 1993a. *Il pianto del neonato in diverse situazioni comportamentali.* In: Riassunti delle comunicazioni del Congresso Nazionale della Divisione di Età Evolutiva. pp. 84-85.

Lenti Boero D., Lenti C., Volpe C., 1993b. *How and why preterm cries are aversive?* In: Proceedings of the XXIII International Ethological Conference. p. 138.

Lenti Boero D., Lenti C. , Volpe C., Bianchi C., 1993c. *A preliminary analysis of the cries in preterm and full newborn babies.* In: E.V. Cosmi and G.C. Di Renzo (Eds.), 2nd World Congress of Perinatal Medicine. Proceedings of communications and posters. Monduzzi Editore S.p.A. Bologna, Italy. pp.523-527.

Lenti Boero D., Lenti C., Volpe C., Bianchi C., 1994a. *Il pianto del neonato con sofferenza cerebrale.* Atti XVI Congresso Nazionale Società Italiana di Neuropsichiatria Infantile, vol. III. La Ginestra, Brescia. Pp. 1136-1437.

Lenti Boero D., Lenti C., Volpe C., Bianchi C., 1994b. *Ontogenesi del pianto di neonati con differente età gestazionale.* Atti XVI Congresso Nazionale Società Italiana di Neuropsichiatria Infantile, vol. III. La Ginestra, Brescia. Pp. 1142-1145.

Lenti Boero D., Lenti C., Volpe C., Bianchi C., 1996. *Stato motivazionale e gradualità dei segnali nel pianto del neonato umano.* In: Atti del XVII Convegno della Società Italiana di Etologia. Tipografia Editrice Polistampa, Firenze. pp. 56-57.

Lenti Boero D., Lenti C., Volpe C., Bianchi C., 1997. *Analisi comparativa del pianto in neonati sani e affetti da danno neurologico in una prospettiva neurofunzionale*. Associazione Primatologica Italiana, XII Convegno, Riassunti, p.32.

Lenti Boero D., Lenti C., Volpe C., Bianchi C., Marcello A. in stampa. *Motivation and Crying in human infants*. Abstracts of XXV International Ethological Conference. Vienna.

Lenti Boero D., Lenti C. , Volpe C. , Bianchi C. (in revisione). Newborns crying in different situational contexts. *Perceptual and Motor Skills*.

Lester B. M., 1984. A Biosocial Model of infant crying. In: Lipsitt L. (Ed.): *Advances in infant behaviour and development*.. Norwood N. J., Ablex. pp.167-212.

Lester B.M., 1985. Introduction: there's more to crying than meets the ear. pp. 1-28. In: Lester, B.M. & Boukydis, C. F. Z., (Eds.) *Infant crying: Theoretical and research perspectives*. New York. Plenum Press.

Lester B.M. 1987. Developmental outcome prediction from acoustic cry analysis in term and preterm infants. *Pediatrics* , 80 , 529-534.

Lester B. M. & C.F. Boukydis, 1992. No language but a cry. In: Papoushek H., Jurgens U., Papoushek M. (Eds.): *Nonverbal vocal communication. Comparative and developmental approaches*. Cambridge University Press. pp. 145-173.

Lester B.M., Corwin M., & Golub H., 1989. *Early detection of the infant at risk through cry analysis*. In J. Newman (Ed.), The physiological control of mammalian vocalization (pp. 99-118). New York : Ablex.

Lester B.M., Garcia-Coll C.T., & Valcarcel M., 1989. Perception of infant cries in adolescent and older mothers. *Journal of Youth and Adolescents* , 18 , 231-243

Lester B. M., Zeskind P. S., 1978. Brazelton Scale and Physical size correlates of neonatal cry features. *Infant Behavior and Development* 1, 393-402.

Liebermann P., 1975. *On the origins of language*: *an introduction to the evolution of human speech.* Macmillan Publishing Co. New York.

Liebermann P., 1985. The physiology of cry and speech in relation to linguistic behavior. Pp. 29-58. In: Lester, B.M. & Boukydis, C. F. Z., (Eds.) *Infant crying: Theoretical and research perspectives*. New York. Plenum Press.

Lieberman P.H., Klatt D. H., Wilson W.H., 1969. Vocal tract limitations on the vowel repertoires of rhesus monkey and nonhuman primates. *Science*, 164, 1185-1187.

Lieberman P., Harris K.S., e Wolff P., 1968. Newborn infant cry in relation to nonhuman primate vocalizations. *Journal of Acoustic Society of America*, 44, 365 (A).

Lieberman , Ph., Harris , K.S. ,Wolff , P. & Russel , L.H., 1971. Newborn infant cry and nonhuman primate vocalization. *Journal of Speech and Hearing Research*, 14 , 718-727.

Lind J., Wasz-Hockert O., Vuorenkoski V., Partanen T., Theorell K., e Valanne E. 1966. Vocal response to painful stimuli in newborn and young infants. *Annales Paediatriae Fenniae* , 12, 55-63.

Lind K. & Wermke K., in stampa. Ontogenetic development of prespeech vocalisations. In: Schmitt, A. (Ed.): *New Aspects of Human Ethology*, Plenum Press, London.

Lounsbury M. L. e Bates J. E., 1982. The cries of infants of differing levels of perceived temperamental difficultness: acoustic properties and effects in listeners. *Child Development*, 53, 677-686.

Lynip A.W., 1951. The use of magnetic devices in the collection and analysis of the preverbal utterances of an infant. *Genetic Psychology Monographs* , 44 , 221-262.

Lyons J., 1972. Human Language. In R. A. Hinde (Ed.): *Non verbal communication*. Cambridge University Press.

Marler P., 1970. Birdsong and speech development: could there be parallels? *American Scientist*, 58, 669-673.

Marler P., 1984. Animal communication: affect or cognition?, pp. 346-365. In: Scherer, K. R. & Ekman, P., (Eds). *Approaches to emotions*. London. Lawrence Erlebaum.

Marler P., 1988. Are animal signals reflexive, emotional, semantic or intentional? *International Conference on Evolution and Ecology of Social Behaviour*. Firenze, Italy

Mehler J., Juskzyc P., Lamberz G., Halsted N., Bertoncini J. e Amiel-Tison C., 1988. A precursor of language acquisition in young infants. *Cognition*, 29, 143-178.

Mende W., Herzel H-P. & Wermke K., 1990a. Bifurcations and chaos in newborn infant cries. *Phisics Letters A* , 145 (8,9), 418-424.

Mende W. , Wermke K., Schindler S., Wilzopolski K., Hock S., 1990b. Variability of the cry melody and the melody spectrum as indicators for certain CNS disorders. *Early Child Development & Care* , 65 , 95-109.

Mehler (1979). Lezione tenuta al 1mo Convegno della Ricerca di Base in Psicologia. Acireale.

Miller J. D., 1977. Perception of speech sounds in animals: evidence for speech processing by mammalian auditory mechanisms. In: T. Bullock (Ed.): *Dahlem workshop on recognition of complex acoustic signals. Life Sciences report*, 5, 49-58. Berlin: Abakon.

Morse P.A. & Snowdon C.T., 1975. An investigation of categorical speech discrimination by rhesus monkeys. *Perception and Psychophysics*, 17, 9-16.

Muller E., Hollien H., Murry T., 1974. Perceptual response to infant crying: identification of cry types. *Journal of Child Language*. 1, 89-95.

Murray A.D., 1979. Infant crying as an elicitor of parental behavior: An examination of two models. *Psychological Bulletin*, 86, 191-215.

Murray A. D., 1985. Aversiveness in the mind of the beholder: perception of infant crying by adults. Lester B. M. & C.F.Z. Boukydis (Eds.): *Infant crying: Theoretical and research perspective* Plenum Press, New York and London. pp. 217-240.

Mussen P. H., Conger J. J. & Kagan J. 1981. *Lo sviluppo del bambino e la personalità*. Zanichelli, Bologna.

Negus V.E., 1949. *The comparative anatomy and physiology of the larynx*. New York: Hafner.

Newman J. D., 1985. The infant cry of primates: an evolutionary perspective. In: Lester B. M. & C.F.Z. Boukydis (Eds.): *Infant crying. Theoretical and research perspectives*. Plenum Press. New York and London. pp. 307-324

O'Connor J. D., 1973. *Phonetics*. Penguin Books Ltd, Harmondsworth, Middlesex England.

Ohala J.J., 1996. Ethological theory and the expression of emotion in the voice. *Proceedings of the International Conference of Spoken Language* , 1812-1815.

Oller K.D., 1980. The emergence of the sounds of speech in infancy. In: G.H. Yeni-Komshian, J.F. Kavanagh & C.A. Ferguson (Eds.): *Child Phonology*, Vol. 1: Production, New Yor : Academic Press.

Oller K.D. e Eilers R.E., 1988. The role of audition in infant babbling. *Child Development* , 59, 441-449

Oller D.K. & Eilers, R.E., 1992. Development of vocal signaling in human infants: toward a methodology for cross-species vocalizations. Pp. 174-191. In: Papoushek H., Jurgens U. & M. Papoushek (Eds.) *Nonverbal vocal communication. Comparative and developmental approaches.* Cambridge University Press, Cambridge.

Ostwald, P. F. e Peltzman, P. Il pianto del neonato. *Le Scienze.*

Ostwald, P.F., Phibbs, R. e Fox, S., 1980. Diagnostic use of infant cry. *Biology of Neonate*, 13, 68-82.

Papousek M., 1992. Early ontogeny of vocal and verbal development in human infants. In: Papousek H., Jurgens U., and M. Papousek (Eds.): *Nonverbal vocal communication.* Cambridge University Press. pp. 230-261.

Papousek H. e Bornstein M.H., 1992. Didactic interactions: Intuitive parental support of vocal and verbal development in human infants. In: Papousek H., Jurgens U., and M. Papousek (Eds.): *Nonverbal vocal communication.* Cambridge University Press. pp. 209-229.

Papoushek H. e Papoushek M., 1979. Mothering and the cognitive head-start: psychobiological considerations.In: D. Shaffer & Dunn J. (Eds.) *The first year of life. Psychological and medical implications of early experience.* J. Wiley & Sons, Chichester. pp. 457-474"

Papoushek M. e Papousek H., 1981. Musical elements in the infant's vocalization: their significance for communication, cognition, and creativity. In: Lipsitt, L.P. (ed.). *Advances in infancy research.* Vol 1. Ablex, Norwood, New Jersey.

Parkes C.M. & Hinde J.S., (eds.). 1982. *The place of attachment in human behavior.* Tavistock, London.

Patterson D.K. e Pepperberg I.M., 1994. A comparative study oh human and parrot phonation: acoustic and articulatory correlates of vowels. *Journal of Acoustic Society of America*, 96 (2), 634-648.

Peters R., 1980. *Mammalian communication. A behavioral analysis of meaning.* Brooks/Cole, Monterey.

Pierce J. R., 1988. *La scienza del suono.* Zanichelli editore. Bologna. pp. 249.

Pike K.L., 1941. *Phonetics.* Ann Arbor: University of Michigan press.

Ploog D.W., 1992. The evolution of vocal communication. In: Papousek H., Jurgens U., and M. Papousek (Eds.): *Nonverbal vocal communication.* Cambridge University Press. pp. 6-30

Porter F.L., Miller R.H. e Marshall R.E., 1986. Neonatal pain cries :effects of circumcision on acoustic features and perceived urgency. *Child Development* , 57 , 790-802.

Porter F.L., Porges S.W. e Marshall R., 1988. Newborn pain cries and vagal tone: Parallel changes in response to circumcision. *Child Development* , 59, 495-505.

Raes J., Dehaen F. e Despontin M., 1990. Towards a standardized terminology and methodology for the measurement of durational pain cry characteristics. *Early Child Development & Care* , 65 , 127-139.

Rosenhouse J., 1986. Intonation problems of hearing-impaired ebrew speaking children. *Language and Speech*, 29, 1, 69-92.

Rosenthal M.K., 1982. Vocal dialogues in the neonatal period. *Developmental Psychology*, 18 (1), 17-21.

Rothenberg M., 1974. Glottal noise during speech. *Speech Transmission Laboratory Quarterly Progress and Status Report* , pp.2-3.

Roug L., Landberg I. e Lundberg L.J., 1989. Phonetic development in early infancy: A study of 4 Swedish children during the first 18 months of life. *Journal of Child Language* , 16, 19-40.

Sagi A., 1981. Mothers' and non-mothers' identification of infant cries. *Infant Behavior and Development* 4, 37-40.

Sagi A. e Hoffman M. L., 1976. Empathic distress in the newborn. *Developmental Psychology* 12, 175-176.

Sataloff R. T.,1993. La voce umana. *Le Scienze*, 294, 60-69.

Scherer K.R., 1992.*Vocal affect expression as symptom, symbol, and appeal.* Papoushek H., Jurgens U. & Papoushek M. (Eds.): Non verbal vocal communication. Comparative and developmental approaches. Cambridge University Press, Cambridge.

Sebeok T.A. (ed.). 1977. *How animals communicate.* Indiana University Press, Bloomington.

Seyfarth R. M., Cheney D. L., 1980. Monkey Responses to Three Different Alarm

Calls: Evidence of predator classification and semantic communication. *Science*, 210, 801-803.

Seyfarth R. M. & Cheney D. L., 1993. Attività mentale e comunicazione nelle scimmie. *Le Scienze*, 294, 70-77.

Seyfarth R. M., Cheney, D. L., e Marler, P., 1980. Vervet monkey alarm calls: semantic communication in a free-ranging primate. *Animal Behaviour* 28,1070-1094.

Shannon C. E., & Weaver W., 1949. *The mathematical theory of communication.* University of Illinois Press, Urbana. pp. 117.

Simner M.L., 1971. Newborn's responses to the cry of another infant. *Developmental Psychology* 5, 136-150.

Spitz R. A., 1973. *The first year of life. A psychoanalytic study of normal and deviant development of object relations*. International Universities Press, Inc., New York.

St. James Roberts I., Bowyer J., Varghese S. e Sawdon J., 1994. Infant crying patterns in Manali and London. *Child: care, health and development*, 20, 323-337.

St. James Roberts I., Murry J., Bowyer J., Barr R.G., 1995. Supplementary carrying compared with advice to increase responsive parenting as interventions to prevent persistent infant crying. *Pediatrics* , Vol. 95 No.3.

Stark R.E., 1980. Stages of speech development in the first year of life. In: G. Yeni-Komshian, J. Kavanagh, & C. Ferguson (Eds.): *Child Phonology*, Vol. 1. Production, pp. 73-90. New York: Academic Press.

Stark R.E., Rose S.N. e McLagen M., 1975. Features of infant sounds: The first three weeks of life. *Journal of Child Language* , 2 , 205-221.

Stern D.N, Spieker S. e McKain K., 1982. Intonation contours as signals in maternal speech to prelinguistic infants. *Developmental Psychology*, 18, 727-735.

Tamis-LeMonda C.S. e Bornstein M.H., 1989. Habituation and maternal encouragement of attention in infancy as predictors of toddler language, play and representational competence. *Child Development*, 14, 143-162.

Thoden C. J. e Koivisto M., 1980. Acoustic analysis of the normal pain cry. In T. Murry e J. Murry (Eds.): *Infant communication: cry and early speech*, pp. 124-151, Houston: College Hill.

Todt D. 1988. Serial calling as a mediator of interaction processes : crying in primates. In : *Primate Vocal Communication* , D. Todt, P. Goedeking, e D. Symmes (Eds.). Berlin, Heidelberg : Springer. (pp. 88-107).

Trevarthen C., 1979. Descriptive analyses of infant communicative behaviour. In: D. Shaffer & Dunn J. (Eds.): *The first year of life. Psychological and medical implications of early experience.* J. Wiley & Sons, Chichester. pp. 457-474.

Trivers, 1971. The evolution of reciprocal altruism. *Quarterly Review of Biology* 46, 35-57.

Valanne E.K., Vuorenkoski V., Partanen T.J., Lind J. & Wasz-Hockert O., 1967. The ability of human mothers to identify the hunger cry signals of their own newborn infants during the lying-in period. *Experientia* , 23, 768-769

Vigotski L. S., 1966. *Pensiero e linguaggio.* Giunti-Barbera, Firanze.

Vigotski L. S., 1973. *Lo sviluppo psichico del bambino.* Editori Riuniti. Roma.

Volpe C., Lenti Boero D., Bianchi C. & C. Lenti., 1995. *Studio sul pianto in epoca neonatale in soggetti con sofferenza cerebrale.* In: Atti del XVI Convegno di Neurologia dell'Età Evolutiva. P. Benedetti; S. Ottaviano, F. Galletti, ( a cura di), Tipografia Roma, p. 143.

Vuorenkoski V., 1975. Maternal recognition of infant sounds. *Symposium Zoology London*, 37, 331-338

Walker A., Menahem S., 1994. Intervention of supplementary carrying on normal baby crying patterns: a randomized study. *Developmental and Behavioral Pediatrics*, 15 (3), 174-178.

Wasz-Hockert, O, Lind, J., Vuorenkoski, V., Partanen, T., & Valanne, E., 1968. The infant cry: a spectrographic and auditory analysis. *Spastics International Medical Publications*, London: Heinemann.

Wasz-Hockert O., Michelsson K., e J. Lind, 1985. Twenty-five years of Scandinavian cry research. In: Lester B. M. & C.F.Z. Boukydis (Eds.): *Infant crying: Theoretical and research perspective.* Plenum Press. New York and London. pp. 83-104

Weitz S., 1974. Paralanguage. In: Weitz S. (Ed.): *Non verbal communication.* Oxford University Press.

Wiesenfeld A., Zander-Malatesta C., e DeLoach L., 1981. Differential parental responses to familiar and unfamiliar infant distress signals. *Infant Behavior and*

*Development* , 4(3) , 305-320.

Williams, C. E., Stevens, K.M., 1972. Emotions and speech: some acoustical correlates. *Journal of the acoustical society of America*, 52, 1238-1250.

Williams C. E. & Stevens K.M., 1981. Vocal correlates of emotional states. Darby J. (Ed.).: *The evaluation of speech in psychiatry*. New York: Grune & Stratton.

Williams H., 1992. Bird songs. In: Kesner, R. P. & Olton, D. S. (Eds.): *Neurobiology of comparative cognition*. Lawrence Erlbaum Associates, Publishers. Hillsdale, New Jersey. pp. 77-126.

Wolff P. H., 1969. The natural history of crying and other vocalizations in early infancy. In B. M. Foss (Ed.): *Determinants of infant behaviour (Vol. 4, pp. 88-295)* London: Methuen.

Young G. & Gouin Décarie T., 1977. An ethology-based catalogue of facial/vocal behaviour in infancy. *Animal Behaviour* 25, 95-107

Zeskind P. S., 1983. Cross-cultural differences in maternal perceptions of cries of low- and high-risk infants. *Child Development*, 54, 1119-1128.

Zeskind P. S., 1985. A developmental perpective of infant crying. In: Lester, B. M. & Boukidis, C. F. Z. (Eds.).: *Infant crying: Theoretical and research perspectives.* pp. 187-216. New York Plenum.

Zeskind P. S., 1980. Adult responses to cries of low and high-risk infants. Infant Behaviour and Development, 3, 167-177.

Zeskind P. S., 1987. Adult heart rate responses to infant cry sounds. *British Journal of Developmental Psychology*, 5, 73-79.

Zeskind P. S. & Lester B.M., 1978. Acoustic features and auditory perceptions of the cries of newborns with prenatal and perinatal complications. *Child Development*, 49, 580-589.

Zeskind P.S. e Marshall T. R., 1988. The relation between variations in pitch and maternal perceptions of infant crying. *Child Development* , 59, 193-196.

Zeskind P. S., Sale, J., Maio M. L., Huntington L. & Weiseman J. 1985. Adult perception of pain and hunger cries: A synchrony of arousal. *Child Development*, 56, 549- 554.

Tab. 1. Definizioni dei più importanti parametri utilizzati nella bioacustica del neonato (da Golub e Corwin, 1985), in grassetto le opinioni diverse e i nomi degli autori che le propongono.

*Frequenza Fondamentale* (Fo): E' una caratteristica di tutte le forme d'onda periodiche. Viene misurata in cicli per secondo o Hertz (Hz), e si riferisce al numero di volte in cui un'onda complessa si ripete in un secondo.

*Armonica* : E' un multiplo della Fo. Ad esempio, se la Fo è di 100 Hz, allora la prima armonica sarà di 200 Hz, la seconda di 300 Hz, e così via.

*Tono puro* : E' un'onda periodica che contiene una sola frequenza, ad esempio un'onda prodotta da un diapason.

*Tono complesso* : E' un'onda periodica la cui forma è determinata dalla Fo e dalla relativa ampiezza delle sue armoniche.

*Spettro di frequenza* : Evidenzia tutte le frequenze contenute in un segnale. Esso può essere reso in forma grafica utilizzando algoritmi che implementano l'analisi di Fourier.

*Frequenze di risonanza* : Le frequenze di ingresso alle quali un sistema acustico risponde con la massima ampiezza. Queste frequenze sono proprietà fisiche intrinseche al sistema.

*Frequenze Formanti* : Sono le frequenze di risonanza del tratto vocale. Sono definite come 1ma, 2a, 3a formante, e così via. Secondo Golub e Corwin (1985) le frequenze formanti sono generalmente indipendenti dalla Fo e dalle sue armoniche, **ma la loro alta correlazione statistica con la Fo potrebbe suggerire il contrario (Wermke, com.pers., e Lenti Boero, dati non pubblicati).**

*Altezza (del suono)* : E' la proprietà di un suono che ci permette di classificarlo lungo una scala che varia da" basso" a "alto". La sua unità di misura è il mel. Non si tratta di una proprietà fisica ma di un giudizio umano che dipende principalmente dalla Fo, ma è influenzata anche dall'intensità e dalle altre componenti frequenziali.

*Ampiezza di banda* : Un'intervallo di frequenze specificato.

*Ottava* : Una banda in cui la frequenza più alta è il doppio della più bassa. Ad esempio 100-200 Hz e 800-1600 Hz sono entrambi uguali ad un'ottava.

*Tipologia del pianto* : Uno dei quattro tipi di suono che il neonato può esibire in un vagito:

*Fonazione* : Un segmento di vagito periodico con Fo generalmente compresa tra i 250 e i 700 Hz. Fig. 1.

*Iperfonazione* : Un segmento di vagito con Fo che varia da 1000 a 2000 Hz. **Lieberman (1985) ritiene invece che il tratto ad alta frequenza non sia costituito dalla Fo, ma da una frequenza di risonanza glottale, mentre le pieghe vocali non vibrano. A favore di questa ipotesi deporrebbe il fatto che questo tratto è dotato di un'alta energia acustica analogamente ad una formante (Lenti Boero oss. pers.).** Fig. 2.

*Disfonazione* : Un segmento di vagito non periodico.

*Fonazione inspiratoria*: Ogni suono prodotto durante l'inspirazione.

Fig. 1. Pianto da manipolazione emesso da un neonato normale. In alto: sonogramma. In ascissa il tempo in secondi, in ordinata le frequenze in kiloHerz. La Fo è la prima traccia in basso. Il contorno melodico è piatto. Immediatamente dopo il 2°, 3° e 4° vagito è ben evidente un tratto di fonazione inspiratoria. In basso: lo stesso vagito in modulazione di ampiezza. La forma dell'inviluppo cambia in relazione all'energia acustica dell'emissione.

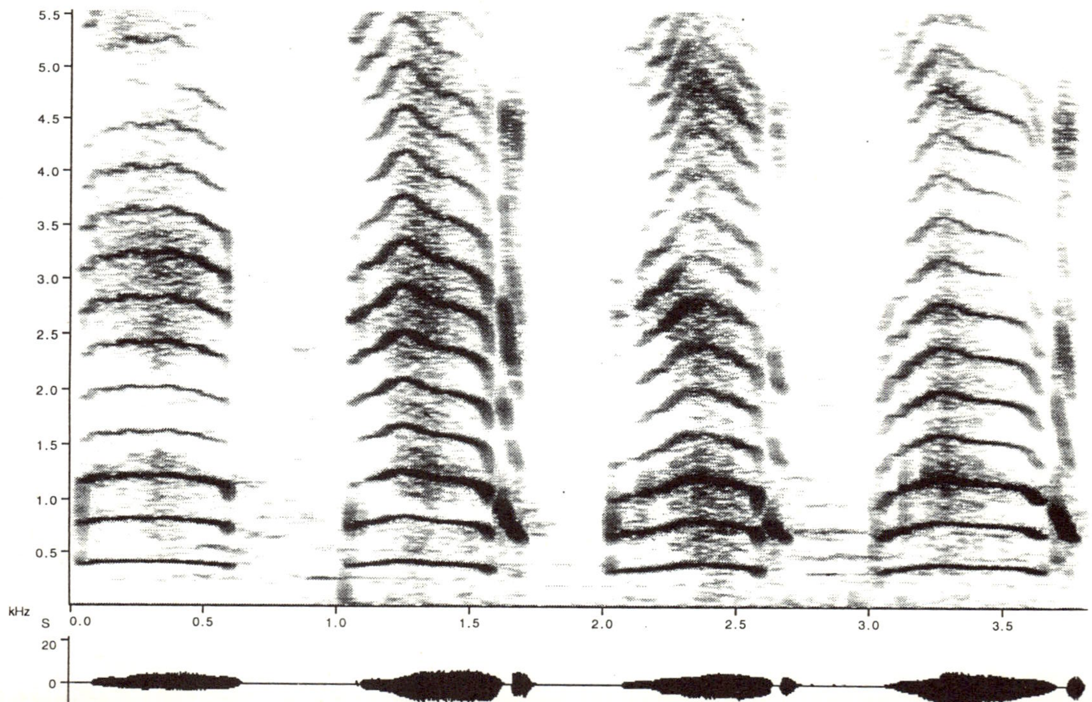

Fig. 2. Pianto da fame emesso da un neonato normale. Nel sonogramma in alto è evidente il tracciato della Fo con la formante soprastante e un tratto iperfonato, molto più modulato, che è il proseguimento della prima formante, ma che manca della Fo.